# 布达拉宫 罗布林卡 萨迦寺
# 西藏三大重点文物保护维修工程实录

尼玛次仁　主编

西藏藏文古籍出版社

总 顾 问：甲热·洛桑丹增　单霁翔

顾　　问：陈　锦　　张之平　　常兴照

主　　编：尼玛次仁

编 委 会：尼玛旦增　　刘世忠　　强巴格桑
　　　　　格　桑　　马宜刚

资料整理：扎西玉珍（女）　次旦卓玛（女）　尼　玛（女）

摄　　影：扎西次仁　　旦木啦　　尼玛次仁

编　　辑：路大勇　　何　莎

# 序 言

## 建设"中华民族特色文化保护地"的生动实践

——祝贺《西藏三大重点文物保护维修工程实录》出版

甲热·洛桑丹增

西藏自治区副主席

(西藏三大重点文物保护维修工程领导小组副组长兼工程办主任)

我国是一个多民族共同组成的大家庭，各族人民在漫长的岁月中，共同缔造了灿烂而辉煌的中华文明。布达拉宫、罗布林卡、萨迦寺西藏三大重点文物保护单位是广大劳动人民用勤劳的双手和聪明才智创造出的智慧结晶，是中华文明的重要组成部分。

布达拉宫是当今世界上现存海拔最高、规模最大、保存最完整的集藏式古城堡与寺院建筑为一体的宫堡式古建筑群和辉煌的艺术殿堂。罗布林卡是藏式宫殿建筑与汉式园林营造技艺完美结合的高原明珠，素有"宝贝园林"之称，是雪域高原难得一见的生态绿洲和独特的人文景观。号称"第二敦煌"的萨迦寺是防御性建筑与寺庙建筑有机融合的杰作，是藏传佛教萨迦教派的祖庭和元朝时期西藏地方政权的统治中心，也是见证祖国统一发展史的重要象征。以布达拉宫为代表的西藏三大重点文物保护单位不仅反映了藏族优秀传统文化艺术的特点，也反映了汉、藏等中华各民族之间长期交往交流交融的历史，是中华民族团结友爱，共创文明的重要实物例证。

党中央、国务院历来高度重视西藏工作，对保护历史文化遗产、传承弘扬中华优秀文化工作倍加关心。1961年3月4日，国务院分别将布达拉宫和萨迦寺公布为第一批"全国重点文物保护单位"。1988年1月13日，将罗布林卡公布为第三批"全国重点文物保护单位"。国家和自治区每年投入大量资金对我区文物保护单位进行常态化保护修缮。特别是1989—1994年，国家累计投资5500万元和大量黄金白银，以"抢险加固"为主实施的布达拉宫第一期维修工程成为新中国建国以来国家在单体文物维修中投资最多、规格最高、规模最大的历史性文物保护维修工程，为永葆布达拉宫辉煌，有效保护中华文明起到了重要作用。工程实施期间，时任中共中央总书记江泽民同志在胡锦涛等自治区主要领导的陪同下视察了维修现场，并题词"加强民族团结 弘扬民族文化"，勉励大家要以对祖国优秀传统文化遗产保护工作高度负责的精神做好布达拉宫维修工作。1994年8月，布达拉宫第一期维修工程竣工之际，国务院决定启动布达拉宫申遗工作，经过一系列申报程序，同年12月17日，布达拉宫被联合国教科文组织列入《世界遗产》名录，成为我区首个世界文化遗产地。2000年和2001年，拉萨大昭寺、罗布林卡先后成功列入"世界遗产·布达拉宫历史建筑群"扩展项目。

2001年，时任中共中央政治局常委、国务院副总理李岚清同志视察西藏工作时提出了布达拉宫二期维修工程的计划，对罗布林卡、萨迦寺实施全面维修作出重要批示。同年，经国务院总理朱镕基主持召开的国务院第131次总理办公会研究，决定将布达拉宫、罗布林卡、萨迦寺西藏三大重点文物保护维修工程作为中央第四次西藏工作座谈会确定的重点文化项目，中央政府投资3.8亿元，实施4大类289个项目。责成由国家计委（发改委）牵头，在京成立了由国家民委、财政部、文化部（文旅部）、住建部、国家文物局、国家宗教局等中央有关部门和西藏自治区领导同志组成的"西藏三大重点文物保护维修工程中央部门碰头会"，建立了投资落实、项目审批、技术指导、协调工作等各方面的工作机制。

2002年6月26日，西藏三大重点文物保护维修工程开工典礼在拉萨举行，国务院派出高规格代表团参加典礼，时任国务院副秘书长高强代表国务院讲话并宣布开工。工程实施期间，李岚清、李源潮、孙家正等党和国家领导同志多次作出重要批示，明确了维修工程的指导思想、基本原则和目标要求。2009年8月23日，西藏自治区党委、政府在拉萨举行"三大工程文物本体修缮竣工庆典"，时任中共中央政治局委员、国务院副总理刘延东同志率团出席活动并作重要讲话。

西藏自治区党委、政府高度重视并全力支持三大文物保护维修工程各项工作，建立了工程领导小组、工程办公室和工程指挥部三级管理体系。胡春华、郭金龙、热地、向巴平措、列确等自治区的老领导多次作出批示或视察工地，及时解决工程中遇到的困难和问题。国家文物局、公安部消防局等国家有关部门和全国8省（市）先后派出120多位专家、工程技术人员参与险情勘察、工程设计、技术指导和项目验收；清华大学、北京交大、中国林科院、敦煌研究院等科研院校承担了大量的科研攻关和技术服务工作；苏州香山、山东曲阜、西藏宏发、拉萨哈达、城关古建等一批区内外古建施工队伍先后组织6000多人参与工程建设。

在工程实施期间，始终坚持文物维修"保持原状"的原则和《世界遗产公约》相关要求，精心设计、精细施工、尊重传统、尊重科学、加强管理，有效实施了以"文物本体修缮、结构加固维修、壁画保护修复、公用设施改造、环境整治工程"为主的5大类322项工程，完成总投资4.059亿元。排除了布达拉宫、罗布林卡、萨迦寺存在的重大安全隐患，提升了古建筑承载能力和游客接待规模，强化了文物技防能力和有组织给排水功能，消除了用电等消防安全隐患和重点保护范围内的环境问题。同时，培育和造就了一批我区古建保护维修工程设计、施工、监理队伍的成长；积累和推广了低压灌浆加固、木材防虫防腐、结构监测应用、壁画修复技术等一批有效的现代技术手段；研究和制定了我区古建筑保护维修工程传统工艺造价定额等。创下了我区文物保护维修史上"攻克技术难关最多、获得科研成果最丰硕、执行组织管理最严谨"的新记录，为"十一·五""十二·五"乃至"十三·五"期间我区文物保护维修工程提供了可推广、可借鉴、可复制的经验和做法，产生了重大而深远的影响。

10年间的浩大工程没有发生一起安全责任事故、没有丢失或损毁一件文物，得到了党中央、国务院，自治区党委、政府的充分肯定，得到了西藏人民在内的全国人民的高度赞誉，被联合国教科文组织评价为"对中国传统文化乃至世界文化遗产保护做出了巨大贡献"。

随着工程的全面竣工，为总结维修工程基本做法和经验，为后人留下一笔宝贵的历史文献资料，经过4年多的整理和编撰，《西藏三大重点文物保护维修工程实录》即将出版之际，我谨代表工程领导小组和办公室衷心感谢党中央、国务院对西藏文物保护事业的关心、关怀，向支持、参与工程建设的各级领导和汉、藏各族工程技术人员、工程管理人员、施工工人、专家学者、各界人士致以崇高的敬意和由衷的感谢！

2021年1月18日

# 目　录

| | |
|---|---|
| **1** | **第一部分　布达拉宫** |
| **2** | **第一章　布达拉宫概况** |
| 3 | 第一节　历史沿革 |
| 14 | 第二节　布达拉宫建筑结构形制与营造工艺 |
| 22 | 第三节　布达拉宫建筑的文化艺术特征 |
| 24 | 第四节　壁画艺术 |
| 36 | 第五节　雕塑艺术 |
| 45 | 第六节　布达拉宫内的塔类 |
| **54** | **第二章　布达拉宫（第二期）维修工程总结** |
| 54 | 第一节　总论 |
| 61 | 第二节　布达拉宫第二期维修工程总体方案 |
| 100 | 第三节　布达拉宫二期维修工程参建单位及投资执行情况 |
| **105** | **第二部分　罗布林卡** |
| **106** | **第一章　罗布林卡概况** |
| 106 | 第一节　历史沿革 |
| 107 | 第二节　园林建筑 |

| | | |
|---|---|---|
| 117 | 第三节 | 藏式园林艺术的杰出代表 |
| 120 | 第四节 | 震撼强烈的装饰艺术 |

## 122　第二章　罗布林卡维修工程技术总结

| | | |
|---|---|---|
| 122 | 第一节 | 总论 |
| 127 | 第二节 | 罗布林卡维修工程总体方案 |
| 178 | 第三节 | 环保、节能、安全和防疫措施 |
| 179 | 第四节 | 工程参建单位和投资执行情况 |

# 183　第三部分　萨迦寺

## 184　第一章　萨迦寺概况

| | | |
|---|---|---|
| 186 | 第一节 | 历史沿革 |
| 190 | 第二节 | 萨迦五祖与昆氏家族的兴衰 |
| 192 | 第三节 | 萨迦王朝政权组织机构图 |
| 192 | 第四节 | 萨迦寺古建筑简介 |

## 209　第二章　萨迦寺维修工程技术总结

| | | |
|---|---|---|
| 209 | 第一节 | 总论 |
| 209 | 第二节 | 萨迦寺维修工程总体方案 |
| 232 | 第三节 | 环保、节能、安全和防疫措施 |
| 233 | 第四节 | 工程参建单位和投资执行情况 |

# 237　西藏三大重点文物保护维修工程大事记

# 263　工程图纸

# 517　附录

# 第一部分
# 布达拉宫

# 第一章
# 布达拉宫概况

遍及西藏高原的无数藏式传统建筑中，耸立在拉萨红山之上的布达拉宫最令人倾倒。这座恢弘博大、内涵丰富、具有神秘色彩的建筑，所凝聚、升华出的那种威慑力量，足以令人们心生震撼！

"布达拉"为梵文音译，意为"持舟山"，即脱离苦海之舟船。汉文通常译为"普陀山或普陀罗山"。相传，布达拉宫堪与观世音菩萨的圣地普陀山相媲美，世人称其为观世音菩萨的第二刹土，故得名"布达拉"。

布达拉宫始建于公元七世纪30年代吐蕃第三十三代赞普松赞干布时期。公元九世纪50年代，随着吐蕃政权的灭亡而被毁。公元十七世纪中叶，五世达赖喇嘛时期重建，到二十世纪30年代初形成了今日之规模。

布达拉宫坐落于拉萨河谷冲积平原中央海拔3700米的红山（玛坡日）之上，占地面积达366775平方米，建筑面积138025平方米，本体建筑东西长378米、南北宽367米，大小房屋约有2800余间（套）。主体建筑分为红宫（颇章玛布）和白宫（颇章嘎布）两大部分。红宫作为主楼，高115.703米，共13层。附属建筑大多分布在山上、山前、山后。

布达拉宫不仅拥有其独一无二的建筑形制，宫内还保存有自唐代以来各个不同历史时期遗存的数以万计的历史、艺术、宗教和民俗文物。完整地保存了自五世达赖喇嘛以来，除六世达赖喇嘛之外的历代达赖喇嘛金质灵塔和不同材质的坛城、佛像、佛塔、法器、供器等独特的宗教文物多达数万件；保存了以贝叶经为代表，包含"十明学"[1]等内容的珍贵古籍多达6万余部（函、卷）；唐卡、面具、服饰、卡垫、金属器皿等特色艺术品近万件；遍布各殿堂、回廊的精美壁画面积达2500余平方米；特别是清、民国中央政府敕封达赖喇嘛的诏书、金印金册、玉印玉册，乾隆帝御容像唐卡、藏汉满蒙四种文字书写的康熙帝金字长生禄位，乾隆、同治帝御笔书写的《涌莲初地》《福田妙果》《振锡绥疆》金字牌匾等重要历史文物，以及赏赐的朝珠、瓷器、玉器、漆器、珐琅器、骨角象牙器、丝织品等大量精美文物，极大地丰富了我国的文化艺术宝库。

这座凝结着古代各族人民智慧、技巧和力量的建筑，在当时虽然是根据特殊的目的和宗教要求建造出来的，但随着时光的流逝，必将以其独特的魅力唤醒人们的审美情趣，带给人们更深沉、更持久的感动和文化力量。

**注释**

[1] 十明学：藏族传统文化学科的统称，它分为大五明与小五明。大五明包括声明学、因明学、工巧明学、医方明学和内明学；小五明包括星算学、修辞学、韵律学、词藻学和戏剧学。大小五明当中各自包含着若干个不同的系科。

## 第一节　历史沿革

**一、布达拉宫的起始渊源**

拉萨是西藏自治区的文明发源地之一，这里有宽广的河谷平原，山水环抱、土地肥沃、风和日暖，自然条件很适宜农牧业生产发展。藏族先民在这里世代生活，创造了丰富灿烂的文明。

拉萨北面曲贡新石器时代遗址出土的文物表明，藏族先民在拉萨河谷繁衍生息的历史可追溯到 4000 多年前。他们依靠勤劳的双手和智慧，采用原始的石质工具，开拓了这块宝地。

相传，初始的拉萨河谷是一片广袤的湿地，吉曲河（拉萨河）极不规则地流淌其间，当早晚日出日落之时，远眺河水映出的色彩好似洁白的奶水，故而藏文典籍史称拉萨为"卧塘"（意思是"奶池"），汉文史料称"逻些"。当时人们多居于半山，而拉萨河谷几乎不为人们所利用，处于原生态。

公元 617 年（藏历火牛年），吐蕃第三十三代赞普[1]松赞干布出生在拉萨墨竹工卡强巴米久林宫。其父囊日伦赞在娘、韦、嫩等家族的策应下，一举攻破了雄踞整个拉萨河流域的赤邦松的城堡，占领了吉雪卧塘地区（今拉萨河流域的广大地区）。此后不久，囊日伦赞病逝，年仅 13 岁的松赞干布继承赞普位。为避开故地盘根错节的贵族势力的羁绊，松赞干布决定从山南迁至拉萨。拉萨则以吐蕃都城的地位，掀开了它历史发展的新篇章。起初，松赞干布在拉萨北面娘热沟一个巨大的岩石上修建了九层碉楼"帕蚌喀"宫堡并居于此处。他励精图治，遣使周边或结盟或联姻，和亲唐朝、通好尼婆罗，引进文化。他号令群臣或发兵或亲征戡平内乱、扫平诸部，建立了吐蕃。据说，当时吐蕃贤臣吞弥·桑布扎赴天竺求学归来后就在"帕蚌喀"宫堡研习藏文、勘定藏文语法三十颂，教授赞普学习文法，协理制定律法定律。

松赞干布为把拉萨河谷辟为吐蕃都城兴建之地，他号令群臣及民众首先从"卧塘"东面的纳金一带着手，沿拉萨河谷腹地向西修筑防洪堤，将拉萨河流域集中到南侧，把北面大面积的土地腾了出来。据萨迦·索南坚赞所著《西藏王统记》记载："拉萨河谷平原中央有三座不同形状的小山，形似大象侧卧的红山比喻为观音菩萨的魂山，形似狮子仰天的药王山比喻为金刚手菩萨的魂山，形似母虎入洞的磨盘山比喻为文殊菩萨的魂山。把绵延河谷东西南北不同地方的山体呈现的各种形态和纹路视为八吉祥。拉萨北面的娘热山呈宝伞状，日杰扎呈鱼形，多喀日呈妙莲态，帕蚌喀后山的'色东'岩石形似右旋海螺状；拉萨南面的宗赞日山顶形似宝瓶，底热山上呈吉祥结；拉萨西面的堆龙扎布尔日呈金轮，人们认为拉萨全域地貌和地形十分殊胜。"又据五世达赖喇嘛所著《西藏王臣记》记载："赞普为威震四海、巩固吐蕃政权，与群臣商议选址兴建王宫时提出红山形似大象侧卧，地形十分殊胜，加之我曾祖父拉托拖日年赞（吐蕃第二十七代赞普）曾在此处山洞修行过，我当往之居于此处。他们在那里修建了如同帝释天宫、月宫琼台般华丽高贵的布达拉宫。当时修建的布达拉宫，内有宫室 999 间，加上山顶修行洞（法王修行洞）共有 1000 间。宫顶树立扇形长矛、以示威严。门窗外延装饰宝石璎珞，以示富甲四方。走廊台阁，铃铎悠然。外有三道城墙，分别取名为狮子墙、猛虎墙和圣象墙，城墙高达三十板，每边等边一里余。城墙边上深挖壕沟，两侧砌筑砖块，之上铺设木板，两侧设栏杆悬挂风铃装饰，一马驰于其上，响声犹如万马奔腾。四面四道门，各有门楼，以宝为饰。王宫南侧修建王妃九层宫殿，以供后宫起居之用。王宫与后宫之间架起银铁合铸天桥以通往来，桥下悬绫幔，饰铃铎。边疆诸国耳闻雪域双头王（松赞干布）神通无碍，能遣发神变大军，都心生畏惧！他们慑于赞普的荣威，便在王宫新近建成之时，前来作词道贺，表示敬意。"当时修建的布达拉宫建筑式样，可在拉萨大昭寺主殿底层回廊西壁和布达拉宫白宫门厅北壁壁画当中可见一斑。

吐蕃都城逻些城的建设远不止于兴建王宫。在药王山（夹岐日）山上修建了城墙环绕的九层后宫宫室。平原中央湖泊上填湖兴修大昭寺（惹

绘制于布达拉宫白宫门厅北壁的吐蕃时期布达拉宫全景式样壁画（布达拉宫管理处提供）

萨垂囊祖拉康），并在周边逐渐形成了著名的八廓街。大昭寺以北处兴修小昭寺（嘉达热木其祖拉康）。随着"逻些城"佛教的兴盛，人们把这里视为"佛教圣地"，"拉萨"之名由此而出。

## 二、布达拉宫的历史变迁

### 吐蕃中后期

公元七世纪末，松赞干布之孙吐蕃第三十五代赞普·芒松芒赞（公元646—676年）时期，布达拉宫局部曾遭火灾损坏部分建筑。公元八世纪，吐蕃第三十八代赞普·赤松德赞（公元742—798年）于公元779年修建桑耶寺时，布达拉宫又遭受雷击失火而损毁一部分。公元九世纪中叶，吐蕃末代赞普·朗达玛乌东赞（公元797—841年）发动灭佛运动，赞普被佛教徒拉龙白多刺杀，吐蕃大乱。公元850年，朗达玛之子卫松和永旦之间发生冲突，吐蕃政权覆灭，布达拉宫遭到"帮钦罗"[2]（大众起义）捣毁，仅存法王修行洞和圣观音殿两处较为完整的佛堂以及部分房屋和围墙。

### 分裂割据时期

公元九世纪末，西藏进入了长达336年的分裂割据时期。布达拉宫逐渐沦为断壁残垣被纳入拉萨大昭寺，隶属其管理。

### 萨迦、帕竹、藏巴汗地方政权时期

公元十三世纪末到十七世纪中叶（1271—1642年）370余年的漫长历史进程中，在元、明两朝中央政权的支持下，藏传佛教萨迦教派和噶举教派先后在西藏建立了萨迦地方政权和帕木竹巴地方政权，以及短暂的世俗政权藏巴汗地方政权。这一时期由于不同地方政权的集权中心分别设在日喀则萨迦、山南乃东和日喀则桑珠孜，因此布达拉宫一直未能得到复兴。期间，噶当派格西·穷布札色、萨迦派上师、噶玛噶举派大宝法王、格鲁派创始人宗喀巴及其著名弟子等先后来到布达拉宫遗址进行闭关修行或开展讲经布道等宗教活动。

### 甘丹颇章地方政权时期

### 重建布达拉宫

公元1642年，藏传佛教格鲁派以蒙藏政治联盟为基础，在统治青海的蒙古和硕特部落首领固始汗的武力支持下，推翻了设立在日喀则桑珠孜的藏巴汗·噶玛丹琼旺布政权，建立了甘丹颇章政教合一的地方新政权。为了巩固新政权，五世达赖喇嘛决定在旧址上重建布达拉宫。公元1645年（藏历木鸡年三月二十五日），五世达赖喇嘛、固始汗和第司·索朗绕登（第司为摄政的藏语官称）等会聚红山，共商重建大计。次日正式放线设计。全部工程交由第司·索朗绕登主持。公元1647年底，建成了以东大殿（措钦夏·司喜平措）和寝宫日光殿（森琼·尼伟）为主体的白宫建筑群。公元 1648 年 6 月，外围工程竣工。同年 7 月初，邀请扎什伦布寺著名大画师藏巴·曲英嘉措主笔，在白宫东大殿、大藏经殿、密乘乐园大殿绘制了壁画。

公元 1652 年，五世达赖喇嘛离藏赴京觐见清顺治皇帝。顺治帝给予了高规格接待并册封五世达赖喇嘛"西天大善自在佛所领天下释教普通瓦赤拉怛喇达赖喇嘛"，赐金印、金册。

公元 1653 年，五世达赖喇嘛返回西藏之时，布达拉宫白宫建设工程全部竣工。甘丹颇章政权机构便从哲蚌寺甘丹颇章宫迁至布达拉宫，从此布达拉宫成为了历代达赖喇嘛驻锡地和处理政教事务的主要场所。

在五世达赖喇嘛时期重建布达拉宫时，保留了吐蕃时期遗存的法王修行洞和圣观音殿建筑，兴建了白宫，德央夏（东欢乐场）、德央努（西欢乐场）两处大型庭院和夏金窖、玉阶窖、杰布窖、丹玛窖四个城堡，山脚三面环绕的城墙、城门楼、角楼，城廓内建有印经院等多个单体功能性建筑，逐渐形成了现今的"雪城"。

**扩建布达拉宫**

公元 1682 年初，五世达赖喇嘛在布达拉宫圆寂。1690 年，第司·桑结嘉措为供奉五世达赖喇嘛法体，主持修建以金质灵塔"南瞻部州唯一庄严"灵塔祀殿和享堂有寂圆满西大殿（措钦努·司喜平措）为主体的红宫。1693 年，建成了下有大殿、灵塔殿、佛殿、经堂，上有 13 处寝宫和四周回廊环抱的红宫建筑群，并再次保留了法王修行洞，修缮了圣观音殿。在扩建的各处绘制了极具史料价值和艺术价值的壁画 1000 余平方米。整个扩建面积达到 16000 余平方米。基本形成了现今布达拉宫的主体规模。

据第司·桑结嘉措编纂的《南瞻部州唯一庄严灵塔目录》[3] 记载："修建红宫共计花费白银 213 万多两，建造五世达赖喇嘛灵塔耗黄金 11.9 万余两、镶嵌各种奇珍异宝上万颗。施工期间每日有 7000 余名工匠在劳作。当康熙皇帝得知修建红宫的消息后，专门派遣了老魏等汉族、满族和蒙古族工匠 110 多人进藏协助工程施工。尼泊尔也派出金属锻造工匠参加

绘制于红宫西大殿东壁的"五世达赖喇嘛觐见顺治帝图"（布达拉宫管理处提供）

了灵塔建造工程。"

**历次改建、拆建、增建和修缮**

十八世纪初到十九世纪末，虽然有不同规模的改、拆、增建和修缮，但整体上没有改变十七世纪重建和扩建后的布达拉宫原有建筑肌理和形

绘制于红宫二层回廊南壁的"布达拉宫红宫落成图"(布达拉宫管理处提供)

制。主要是对红宫屋顶先后增设了五座金顶，改建了红宫内的几处寝宫用作灵塔殿。十三世达赖喇嘛时期，增建、改建和修缮较多，且具一定规模。

十八世纪中叶七世达赖喇嘛时期，清中央政府在西藏废除了第司制度，改为设立"噶厦"管理地方行政事务。为协助达赖喇嘛处理政教事务，新设立了"译仓"（秘书处），执掌达赖喇嘛金印。因此，位于红宫6层南面的寝宫"萨松斯伦"（三界胜伏宫）改作"译仓"办公场所。在红宫7层南面寝宫"平措贵巴"（福足庄严宫）内新锻造了大威德金刚、胜乐金刚、密集金刚三座金质立体坛城，并更名为"伦廊拉康"（坛城殿）。将德央夏东侧的附属建筑改作僧官学校的办学校址。公元1757年，七世达赖喇嘛格桑嘉措在布达拉宫圆寂，为供养灵塔，将红宫上师殿北侧和圣观音殿西侧一带的寝宫改建为灵塔殿。

十八世纪中晚期八世达赖喇嘛时期，曾把红宫东侧寝宫"噶丹平措吉"（兜率吉祥宫）改为"丹珠尔拉康"（藏经阁）。1800年，因殿内塑造了高3.66米的铜质鎏金强巴（弥勒）佛像，故改名为强康（弥勒佛殿），使其由寝宫到藏经阁变为佛殿。1798年，对红宫"萨松朗杰"（殊胜三界）殿内北侧中央房顶做了挑高处理，制作雕龙佛龛，供奉乾隆皇帝"御容像"唐卡和康熙帝赐予七世达赖喇嘛的"当今皇帝万岁万岁万万岁"汉藏满蒙四种文字的金字长生禄位。1804年，八世达赖喇嘛降白嘉措在布达拉宫圆寂。为供养灵塔，将圣观音殿东侧的寝宫改建为灵塔殿。

十九世纪初期九世达赖喇嘛时期，没有更多修缮记录。1815年九世达赖喇嘛隆朵嘉措在布达拉宫圆寂后为供养灵塔，将八世达赖喇嘛灵塔殿东南侧一带的寝宫改建为灵塔殿。

十世达赖喇嘛时期，1826年左右，针对红宫中央七层大窗个别部位出现结构变形、下沉等险情，对秘书处办公点下沉部位作了支顶处理。对白宫西日光殿寝宫"甘丹杨孜"（兜率绝顶宫）和寝宫"平措堆吉"（圆满欲聚宫）进行了局部维修。

十三世达赖喇嘛时期，是十七世纪以来对布达拉宫实施维修和增建最多的一个阶段。

1882年，对红宫"萨松朗杰"（殊胜三界殿）一带出现的险情进行了修缮。

1919年，对红宫后印经楼进行了维修和改扩建。

1923年年初，修复了因火灾损毁的僧官学校。当年又对红宫金顶、斗栱、经幢、牦纛、屋脊宝瓶、笾玛墙金属装饰物和飞檐等实施了一次较大规模的修缮。对九世达赖喇嘛灵塔殿前回廊局部做了修补，对圣观音殿一带、白宫东大殿和红宫西大殿内已剥落的墙体做了修补，重新绘制了东大殿80%的壁画。更换了布达拉宫各处殿堂腐朽的木构件并重新彩绘。

1924年，在雪城"斋布岗"一带新建了"雪域利乐宝库印经院"，俗称"西印经院"。

1927年，在白宫东侧顶层增建了一组"尼伟夏"（东日光殿）寝宫。

1929年，维修了红宫时轮坛城殿。

1933年，十三世达赖喇嘛土登嘉措在罗布林卡"吉美曲溪宫"圆寂。为了供奉其灵塔，拆除了红宫西侧部分僧舍并兴建了灵塔殿。其墙体砌筑高度与红宫相等，外观涂以绛红色涂料，屋顶覆盖歇山式金顶，形成了与红宫旧建筑相呼应的统一整体，统称为红宫。

1951年，在雪城西印经院北面修建了"吉基拉康"（大威德金刚殿），殿内塑造了大威德塑像，墙面绘制了精美的壁画。至此，布达拉宫始建、重建、扩建、拆建、改建、增建工程全部完成，形成了今日之布达拉宫建筑群。

**布达拉宫现状142处主要建筑藏汉语名称对照表**

| 序号 | 编号 | 藏文名称 | 藏文音译名称 | 汉文意译名称 | 备注 |
|---|---|---|---|---|---|
| 红宫38处 | | | | | |
| 一 | 1 | གསུམ་སྐས། | 松格 | 红宫门厅三排梯 | |
| 二 | 2 | ཀ་སྦུག་ | 嘎布 | 门厅 | |
| 三 | 3 | ཕུག་གོང་། | 布贡 | 内引室 | |

| 序号 | 编号 | 藏文名称 | 藏文音译名称 | 汉文意译名称 | 备注 |
|---|---|---|---|---|---|
| 四 | 4 | གྲུབ་བསལ་མཚམས་ཁང་། | 坚斯仓康 | 观静室 | |
| | | རིག་བྱེད། | 日杰 | 吠陀堂 | 别名 |
| 一层（从西大殿起算） ||||||
| 五 | 5 | ཚོམས་ཆེན་ནུབ་སྲིད་ཞི་ཕུན་ཚོགས། | 措庆努·司喜平措 | 有寂圆满西大殿（五世灵塔殿享堂） | |
| 六 | 6 | གསེར་གདུང་འཛམ་གླིང་རྒྱན་གཅིག་ཁང་། | 斯东·藏林坚吉康 | 南瞻部州唯一庄严灵塔殿（五世达赖喇嘛灵塔殿） | |
| 七 | 7 | འཁྲུངས་རབས་ལྷ་ཁང་། | 冲绕拉康 | 观世音本生传承殿 | |
| 八 | 8 | ལམ་རིམ་ལྷ་ཁང་། | 朗仁拉康 | 菩提道次第殿 | |
| 九 | 9 | རིག་འཛིན་ལྷ་ཁང་། | 仁增拉康 | 持明佛殿 | |
| 二层 ||||||
| 十 | 10 | སྨན་བླ་ལྷ་ཁང་། | 门拉拉康 | 药师佛殿 | |
| 三层 ||||||
| 十一 | 11 | ཆོས་རྒྱལ་སྒྲུབ་ཕུག | 曲杰竹普 | 法王修行洞 | 吐蕃时期 |
| 十二 | 12 | ཀུན་བཟང་རྗེས་འགྲོ་ལྷ་ཁང་། | 公桑吉朱拉康 | 普贤追随殿 | |
| 十三 | 13 | ལི་མ་ལྷ་ཁང་། | 利玛拉康 | 响铜殿（合金佛像殿） | |
| 十四 | 14 | དུས་འཁོར་ལྷ་ཁང་། | 堆廓拉康 | 时轮坛城殿 | |
| | | གློག་བསྐལ་ཁང་། | 鲁朗康 | 坛城殿 | 曾用名 |

布达拉宫全景鸟瞰（布达拉宫管理处提供）

| 序号 | 编号 | 藏文名称 | 藏文音译名称 | 汉文意译名称 | 备注 |
|---|---|---|---|---|---|
| 十五 | 15 | | 土旺拉康 | 释迦能仁佛殿 | |
| | | | 森琼·罗杰班觉 | 广财丰盛宫 | 曾用名 |
| 十六 | 16 | | 次帕拉康 | 无量寿佛殿 | |
| | | | 森琼·堆古吉 | 聚妙欲足宫 | 曾用名 |
| 十七 | 17 | | 译仓 | 秘书处 | |
| | | | 森琼·萨松斯伦 | 三界胜伏宫 | 曾用名 |
| 十八 | 18 | | 则杰拉康 | 释迦百行殿 | |
| 四层 ||||||
| 十九 | 19 | | 帕巴拉康 | 圣观音殿 | 吐蕃时期 |
| 二十 | 20 | | 斯东·格来斯巴康 | 妙善光辉灵塔殿（八世达赖喇嘛灵塔殿） | |
| 二十一 | 21 | | 斯东·萨松俄嘎康 | 三界喜悦灵塔殿（九世达赖喇嘛灵塔殿） | |
| | | | 强康 | 弥勒佛殿 | |
| 二十二 | 22 | | 丹珠尔拉康 | 藏经阁 | 曾用名 |
| | | | 森琼·噶丹平措吉 | 兜率福足宫 | 曾用名 |
| 二十三 | 23 | | 轮朗康 | 立体坛城殿 | |
| | | | 森琼·平措贵巴 | 福足庄严宫 | 曾用名 |
| 二十四 | 24 | | 萨松朗杰 | 殊胜三界殿 | |
| 二十五 | 25 | | 其美德丹吉 | 长寿乐集殿 | |
| | | | 森琼·噶当吉 | 噶当吉宫 | 曾用名 |
| 二十六 | 26 | | 斯东·格来堆觉康 | 妙善如意灵塔殿（十三世达赖喇嘛灵塔殿） | |
| 二十七 | 27 | | 喇嘛拉康 | 上师殿 | |
| 二十八 | 28 | | 斯东·扎西伟巴康 | 吉祥光芒灵塔殿（七世达赖喇嘛灵塔殿） | |
| 顶层 ||||||
| 二十九 | 29 | | 色苯康 | 金瓶室 | 掣签金瓶 |
| | | | 斯东·益达木拉康 | 灵塔本尊殿 | 别名 |
| 三十 | 30 | | 攀德拉康 | 利乐佛殿 | |
| | | | 姜森康 | 红面狱主殿 | 别名 |
| 三十一 | 31 | | 乃久拉康 | 十六尊者殿 | |
| 三十二 | 32 | | 扎拉 | 战神厅 | |
| 三十三 | 33 | | 屋孜康 | 顶阁 | |
| | | | 娜萨康 | 服饰库 | 别名 |
| 中央 ||||||
| 三十四 | 34 | | 曲真康 | 供品陈设室 | |
| | | | 埃索康 | 贵宾休息室 | 现名 |

| 序号 | 编号 | 藏文名称 | 藏文音译名称 | 汉文意译名称 | 备注 | 序号 | 编号 | 藏文名称 | 藏文音译名称 | 汉文意译名称 | 备注 |
|---|---|---|---|---|---|---|---|---|---|---|---|
| 其他 | | | | | | 二层 | | | | | |
| 三十五 | 35 | | 恰白康 | 典藏室 | | 五十二 | 14 | | 朗赛更追 | 主内库 | |
| 三十六 | 36 | | 娜萨康 | 服饰库 | | 五十三 | 15 | | 索它不 | 净厨房 | |
| 三十七 | 37 | | 索门康 | 药房 | | 五十四 | 16 | | 彻德强 | 北立付室 | |
| 三十八 | 38 | | 旺康顶雪 | 旺康上下楼 | | 五十五 | 17 | | 堪布仓 | 总堪布办公室 | |
| 白宫46处 | | | | | | 五十六 | 18 | | 彻德勒空 | 立付局 | |
| 三十九 | 1 | | 嘛康洛 | 南酥油库 | | 五十七 | 19 | | 其嘎康 | 马鞍库 | |
| 四十 | 2 | | 嘛康强 | 北酥油库 | | 五十八 | 20 | | 恰康庆姆 | 茶叶大库 | |
| 四十一 | 3 | | 松格 | 白宫三排梯 | | 三层 | | | | | |
| 四十二 | 4 | | 古觉 | 门厅 | | 五十九 | 21 | | 庸曾勒夏 | 经师办公室 | |
| 四十三 | 5 | | 欣斋康 | 果品库 | | 六十 | 22 | | 彻德顶 | 上立付室 | |
| 四十四 | 6 | | 聂仓勒空 | 仓库管理机构 | | 六十一 | 23 | | 赤江斯穷 | 经师住处 | |
| 一层（从东大殿算起） | | | | | | 六十二 | 24 | | 杰布绕赛 | 摄政王宫 | |
| 四十五 | 7 | | 措庆夏·司西平措 | 有寂圆满东大殿（政教活动中心） | | 六十三 | 25 | | 雪嘎 | 下传达室 | 旧机构 |
| 四十六 | 8 | | 朗甘帮追 | 金银库 | | 六十四 | 26 | | 朗杰俄吉都东康 | 本息收发室 | |
| 四十七 | 9 | | 曲再康 | 法器供器库 | | | | | 康松斯伦 | 三界胜伏宫 | 曾用名 |
| | | | 嘎布顶 | 门厅顶室 | 别名 | 六十五 | 27 | | 噶厦 | 噶厦 | 旧政府 |
| 四十八 | 10 | | 曲巴康 | 供品制作室 | | | | | 森琼·德互坚 | 极乐宫 | 曾用名 |
| 四十九 | 11 | | 曲奔庆姆夏 | 供品主管住处 | | 六十六 | 28 | | 台布康 | 书房 | |
| 五十 | 12 | | 措庆夺 | 东大殿前厅 | | | | | | | |
| 五十一 | 13 | | 久杰廊乔 | 十八楼梯抱厦 | | | | | | | |

| 序号 | 编号 | 藏文名称 | 藏文音译名称 | 汉文意译名称 | 备注 |
|---|---|---|---|---|---|
| 四层（西日光殿） | | | | | |
| 六十七 | 29 | | 森琼·索朗列吉 | 福地妙旋宫 | |
| 六十八 | 30 | | 森琼·平措堆吉 | 福足欲聚宫 | |
| 六十九 | 31 | | 森琼·嘎丹杨孜 | 喜足绝顶宫 | |
| 七十 | 32 | | 参斯木康 | 寝室 | |
| 七十一 | 33 | | 衮康 | 护法殿 | |
| 七十二 | 34 | | 朗玛康 | 侍从室 | |
| 七十三 | 35 | | 孜嘎 | 上传达室 | 旧机构 |
| 四层（东日光殿） | | | | | |
| 七十四 | 36 | | 森琼·噶丹朗赛 | 喜足光明天宫 | |
| | | | 森琼·日南公赛 | 智慧普照宫 | 别名 |
| 七十五 | 37 | | 恰白康 | 典藏室 | |
| 七十六 | 38 | | 恰斯康 | 观戏阁 | |
| 七十七 | 39 | | 森琼·达丹白孜 | 永固福德宫 | |
| 七十八 | 40 | | 森琼·曲司平措贡斯 | 护法殿 | |
| 七十九 | 41 | | 其美朗杰 | 长寿尊胜宫 | |
| 八十 | 42 | | 参斯木康 | 寝宫 | |
| 八十一 | 43 | | 索它不庆姆 | 大净厨房 | |
| 其他 | | | | | |
| 八十二 | 44 | | 朗钦嘎卧 | 象鞍库 | |
| 八十三 | 45 | | 派强康 | 轿子库 | |
| 八十四 | 46 | | 垫康 | 椅垫库 | |
| 山上附属建筑30处 | | | | | |
| 八十五 | 1 | | 德央夏 | 东庭院 | |
| 八十六 | 2 | | 德央奴 | 西庭院 | |
| 八十七 | 3 | | 洛扎康 | 僧官学校 | |
| 八十八 | 4 | | 旺秋顶雪 | 大自在天楼 | |
| 八十九 | 5 | | 达仓果姆 | 虎穴圆堡 | |
| 九十 | 6 | | 果康 | 皮革库 | |
| 九十一 | 7 | | 日出康 | 山冈 | |
| 九十二 | 8 | | 桑阿嘎才 | 密乘乐园殿 | 曾用名 |
| | | | 攀德勒谢林 | 利乐广言院 | 别名 |
| 九十三 | 9 | | 衮康 | 护法殿 | |
| 九十四 | 10 | | 朗扎戒康 | 尊胜僧院大净厨房 | |
| 九十五 | 11 | | 扎夏宁巴 | 旧僧舍群 | |
| 九十六 | 12 | | 扎夏萨巴 | 新僧舍群 | |
| 九十七 | 13 | | 扎夏雪 | 下僧舍 | |
| 九十八 | 14 | | 赛松康 | 防霜室 | |
| 九十九 | 15 | | 堆廊仓康 | 时轮静室 | |

| 序号 | 编号 | 藏文名称 | 藏文音译名称 | 汉文意译名称 | 备注 | 序号 | 编号 | 藏文名称 | 藏文音译名称 | 汉文意译名称 | 备注 |
|---|---|---|---|---|---|---|---|---|---|---|---|
| 一百 | 16 | གོས་སྐུ་ཁང་ | 奎固康 | 展佛唐卡库 | | 一百二十一 | 7 | ཞོལ་པ་ལས་ཁུངས་ | 雪巴勒空 | 雪巴勒空 | 旧机构 |
| 一百零一 | 17 | སྤོས་ཁོང་ཐང་ | 蕃雄塘 | 香炉墙 | | 一百二十二 | 8 | ཞོལ་བཙོན་ཁང་ | 雪遵康 | 雪城监狱 | |
| 一百零二 | 18 | ཅོག་རིལ་ཤར་ | 窖日夏 | 东圆堡 | | 一百二十三 | 9 | གཞུང་སྒོ་ཆེན་མོ་ | 雄廊庆姆 | 正大门 | |
| 一百零三 | 19 | ཅོག་རིལ་ནུབ་ | 窖日奴 | 西圆堡 | | 一百二十四 | 10 | ཤར་སྒོ་ | 夏廊 | 东门 | |
| 一百零四 | 20 | དར་ཆེན་ཅོག་ | 夏金角 | 东敌楼 | | 一百二十五 | 11 | ནུབ་སྒོ་ | 奴廊 | 西门 | |
| 一百零五 | 21 | གཡུལ་རྒྱལ་ཅོག་ | 玉阶角 | 凯旋敌楼 | | 一百二十六 | 12 | སྤོས་གདོང་ཁང་ | 蕃东康 | 东南角楼 | |
| 一百零六 | 22 | རྒྱལ་པོ་ཅོག་ | 杰布角 | 福足敌楼 | | 一百二十七 | 13 | ཅོག་ལྡན་ | 窖旦 | 西南角楼 | |
| 一百零七 | 23 | བསྟན་མ་ཅོག་ | 丹玛角 | 地母敌楼 | | 一百二十八 | 14 | ཞོལ་ལྕགས་རི་ | 雪加日 | 雪城城墙 | |
| 一百零八 | 24 | བྱང་ཆེན་ཐར་ལམ་ | 强庆塔拉姆 | 北行解脱道 | | 一百二十九 | 15 | བཀག་ཁང་ | 斋康 | 斋康宅院 | 贵族宅院 |
| 一百零九 | 25 | ཕུན་ཚོགས་འདུ་ལམ་ | 平措堆朗 | 圆满汇集道 | | | | པོ་བྲང་པོ་ཏ་ལའི་ཅེས་མཛོད་ཁང་ | 颇章布达拉丹最康 | 布达拉宫珍宝馆 | 现名 |
| 一百一十 | 26 | པར་ཁང་བྱང་ | 巴康强 | 北印经楼 | 红宫后 | 一百三十 | 16 | དངུལ་པར་ཁང་ | 薇巴尔康 | 造币厂 | |
| 一百一十一 | 27 | ཡབ་གཞིས་ | 尧西 | 尧西楼 | | 一百三十一 | 17 | མཛོ་མོ་ར་ | 佐木热 | 奶牛院 | |
| 一百一十二 | 28 | ཆིབས་ར་ | 其布热 | 马厩 | | 一百三十二 | 18 | ཆིབས་ར་ | 其布热 | 马厩 | |
| 一百一十三 | 29 | རྟ་ལམ་སྐོར་མོ་ | 达朗果姆 | 马道圆场 | | 一百三十三 | 19 | ཆང་ཚོང་ | 羌仓 | 酒馆 | |
| 一百一十四 | 30 | རྟ་སོ་ | 达索 | 前后女儿墙 | | 一百三十四 | 20 | འཇིགས་བྱེད་ལྷ་ཁང་ | 吉基拉康 | 大威德殿 | |
| 山下附属建筑28处 | | | | | | 一百三十五 | 21 | ནས་ཁང་ | 乃康 | 粮库 | |
| 一百十五 | 1 | ཁང་སེར་ | 康斯 | 黄房舍 | | 一百三十六 | 22 | མཁན་པོ་ཚང་ | 堪布仓 | 堪布宅 | 僧官宅院 |
| | | དམ་ཅན་ཁང་ | 塔木钦康 | 护法庙 | | 一百三十七 | 23 | ལུང་ཤར་ | 龙夏 | 龙夏宅 | 贵族宅院 |
| 一百十六 | 2 | རྡོ་རིང་ནག་མ་ | 夺日朗玛 | 无字碑 | | 一百三十八 | 24 | ཞོལ་བདེ་གཉེར་ཚང་ | 雪德尼仓 | 德尼宅 | |
| 一百十七 | 3 | དམག་སྤྱི་ཁང་ | 马基康 | 藏军司令部 | | | | ཡུལ་སྐོར་ཞབས་ཞུ་ཁང་ | 域廊晓许康 | 游客服务中心 | 现名 |
| 一百十八 | 4 | དགྲ་འདུལ་ཁང་ | 占堆康 | 战敌楼 | | 一百三十九 | 25 | པི་ཞི | 毕喜 | 毕悉宅 | 贵族宅院 |
| 一百十九 | 5 | པར་ཁང་ཤར་ | 巴康夏 | 东印经院 | | | | | | | |
| 一百二十 | 6 | པར་ཁང་ཁང་གསར་རྒྱལ་བའི་གཏེར་མཛོད་གླིང་ | 巴康康坚攀德第追林 | 雪域利乐宝库印经院 | | | | | | | |
| | | པར་ཁང་ནུབ་ | 雪巴康奴 | 西印经院 | 俗称 | | | | | | |

| 序号 | 编号 | 藏文名称 | 藏文音译名称 | 汉文意译名称 | 备注 |
|---|---|---|---|---|---|
| 一百四十 | 26 |  | 林嘎 | 清洁工宅子 |  |
|  |  |  | 东曲康 | 千盏灯燃灯点 | 现名 |
| 一百四十一 | 27 |  | 卡尔苯宁巴 | 首席宫廷舞乐师宅 |  |
|  |  |  | 果惹阿 | 五座院 | 现名 |
| 一百四十二 | 28 |  | 宗角禄康 | 龙王潭 | 后山园林 |

**注释**

[1] 赞普：藏文音译。在吐蕃首领名字前均有赞普一词。《新唐书·吐蕃传》中说："其俗谓雄强曰赞，丈夫曰普，故号君长曰赞普。""赞普"一词在藏文中的原意是"具有雄才大略的男人"。

[2] 帮钦罗：藏文音译。是指吐蕃末代赞普朗达玛开启灭法运动后被佛教徒拉龙白多用箭死射，在其两位妃子之间发生内讧之际，除了军人以外的吐蕃众大臣、手工艺者、农牧民、商人、奴隶等大众从康区发起起义，逐步扩大至拉萨、山南、日喀则、林芝等广大地区的大众起义称为"帮钦罗"。起义先后持续九年之久。此次大众起义彻底推翻了吐蕃政权，标志着赞普统治时代的终结。

[3]《南瞻部州唯一庄严灵塔目录》：由第司·桑结嘉措编纂于十七世纪晚期，共十三章。一、论圣地；二、专为之念至高无上；三、世至高无上；四、工匠及工艺；五、设计至高无上；六、立所依超凡性；七、物至高无上；八、总持至高无上；九、论善住；十、祭祀至高无上；十一、功德至高无上；十二、功勋至高无上；十三、功效至高无上。这部鸿篇巨著，洋洋三百六十余万字，对红宫的扩建和灵塔的修建叙述极为详尽。

## 第二节　布达拉宫建筑结构形制与营造工艺

布达拉宫的建筑，气势磅礴，壮丽辉煌。它所展现的藏族传统建筑形式和艺术，历来为人们所称颂，堪称藏族劳动人民智慧的结晶，也是藏族人民与其他兄弟民族之间文化和技术交往、交流、交融的历史见证。

最初的布达拉宫是吐蕃时期兴建的第一座规模较大的宫堡式建筑。十七世纪，在原布达拉宫遗址上兴建的白宫、红宫，其整体形制仍是一组宫堡式建筑群。布达拉宫与西藏早期的宫堡式建筑一样，都是依天然地形，就地取材，用石料、泥土和木材层层砌筑而成，具有冬暖夏凉、适宜居住的特点。另一方面，这种建筑又是战时的坚固堡垒，对于瞭望敌情，指挥作战，或攻或守，都是理想的防御建筑形式。

### 一、布达拉宫建筑的形制与结构

布达拉宫的建筑基本上是土、木、石混合结构。其主要结构形式有"墙体承重结构"和"墙柱混合承重结构"两种。平面布置的基本形式是正方形或长方形。屋顶普遍以平顶为主。

**地垄**

为使房屋基础坚固或增加建筑底盘面积，首先要从山腰基岩处纵横起墙（墙体多为石砌体，有少量的夯土墙为早期遗留），纵墙之间的墙头上密排起到拉接作用的椽子木，椽子木之上铺设参差不齐的栈棍或劈开的树枝，再铺卵石层、黄泥层，一般不再铺筑阿嘎土层，这就是俗称的"地垄"。凡是山上建筑，前后山坡道底部都建有地垄。地垄的层数随山体坡度和基础砌筑点的高低而定。如红、白宫地垄分别为四至六层，总面积超过万余平方米。地垄的使用功能较差，但对布达拉宫起到了至关重要的基础作用。地垄不稳易出现大面积坍塌，布达拉宫二期维修工程的重点就是排除地垄存在的重大险情和隐患。

**单体建筑的基本形制**

布达拉宫现存的最早建筑是建于公元七世纪的法王修行洞和圣观音殿两处规模不大的单体建筑。法王修行洞平面近似正方形，内设两根立柱，面积约 25 平方米。殿外东北两侧建有宽约 1.2 米的转经回廊，回廊内没有窗户，总体上其基本形制是"回"字形，明显具有早期建筑内设转经道的式样特点。圣观音殿是布达拉宫主供佛殿，平面呈长方形，内设两根立柱，面积约 47 平方米，进深较窄、开间较大，光线较好。在十七世纪扩建红宫时，此处的基础抬高了约 1.6 米，从地面到门槛之间形成了一个封闭的暗层。为了突出这座殿堂的特殊性，增设了七级踏步的三排木梯，这在红宫内独此一处。而白宫、红宫、僧官学校、夏金窖、玉阶窖等平面均作"回"字形，外围一圈楼房，装饰向内，中部是天井庭院或纵横排列的柱网，中部凸起形成天窗阁。宫门、角楼、敌楼等防御性建筑，平面呈长方形或方形。"雪城"东、西、南城门楼均为长方形，东、西角楼呈方形。南城门楼外围一圈敦厚的石墙，底层平面前后墙中间辟城门，内侧有门廊；城门中间横砌一道挡墙，挡墙的下部距地面 1 米左右的墙上砌出一排八字形箭孔，进出城门只能从挡墙两端绕行通过；后墙内设有半环形暗道，前墙屋顶置有击石孔，防范森严；第二层分隔三间，内部纵横排列柱网。东、西城门底层平面为三道横墙形式，中间一道横墙开门；第二、三层有横墙四道，中间是走廊，两侧辟为房间。

**墙体承重的单一结构形式**

以墙体作为承重结构，这种建筑方式一般用于空间较小的碉楼或面积很小的附属建筑。具体做法是：用寻常的木梁和椽子木架设楼层和屋面，每层屋面的荷载通过梁、椽传到墙体上。布达拉宫的地垄、东圆堡、多数通道均为墙体承重结构。地垄内纵横墙的坐标位置一般均与上面柱网位置上下对应，需要把柱子恰好落在地垄墙上。当然也有错位现象，其原因主要是与后期扩建、增建有关。如修建七世达赖喇嘛灵塔殿时，就在法王洞内架设了超大的柱子支撑上层建筑的承重墙。

**墙柱承重的混合结构形式**

墙柱混合承重结构是布达拉宫最基本的结构形式，同时也是藏式建筑普遍采用的结构作法。此结构就是外墙和内部柱子、大梁同时承重，大梁横向架设，椽子纵向铺设，外纵墙及内柱承受大梁传下的荷载，外横墙和大梁承受密铺椽子传下的荷载。这种结构适用于各种平面组合建筑，小至民居，大到寺院、宫殿均可采用。

## 二、布达拉宫建筑营造工艺

**木架构的制安方法**

布达拉宫内的灵塔殿、经堂、佛殿、寝宫和门厅、回廊等建筑的木结构和柱式集中表现了藏式建筑凝重沉稳的风格和民族工艺特点。特别是强钦塔拉姆、平措堆朗、松格果觉等建筑采用四柱八梁结构，雕梁画栋，色彩艳丽，是令人叹为观止的上乘之作。

布达拉宫的木结构分为檩椽结构、柱梁椽结构和近似抬梁式的结构。其中又以柱梁椽结构为主。此外，还有门、窗、屋檐、腰檐等。藏式建筑的檩、椽，实为一体。柱上架梁，梁上铺椽，不用檩条过渡。只是由于有些建筑跨度较大，如五世达赖喇嘛灵塔殿内外墙净距 11.5 米，中间立两排柱子，铺三步椽，每步椽的跨度 4 米以上，因此椽子用了直径 20 厘米×30 厘米的大料，甚至用了超过一般抬梁式建筑檩条的大料，就是在这些建筑中粗壮的大椽又被称为檩。所谓以椽长五尺许（约合 1.6—1.7 米）为计量房屋面积的方法，主要是针对一般民居而言。藏式建筑，室中若不立柱，则房间深度只有一椽之长，称作"姜康玛"（一椽房间）。布达拉宫的"一椽房间"，只用于部分地垄、碉楼、过道和僧舍，椽长 1.5—2 米。其余建筑均有数量不等的柱子，如红宫五世达赖喇嘛灵塔殿有立柱十六根，冲绕拉康（本生殿）和仁增拉康（持明殿）各有立柱二十根，七世达赖喇嘛灵塔殿有立柱十根，喇嘛拉康（上师殿）有立柱十六根，五世达赖喇嘛灵塔享堂措钦努·司喜平措（有寂圆满西大殿）有立柱

"四柱八梁"结构的白宫门厅"松格果觉"（布达拉宫管理处提供）

四十四根；白宫措钦夏·司喜平措（有寂圆满东大殿）有立柱四十四根，其西侧二、三层库房各有立柱二十八根和三十五根，东、西日光殿的大经堂各有立柱十六根。这些柱子大多纵横成网，柱子间距2.5—4米。这个尺寸超过了藏式民居柱间2米的规格。藏式民居的层高一般为2.7米左右，梁、柱的长度与开间尺寸基本相等。布达拉宫的建筑，除了东大殿、西大殿、灵塔殿和部分佛殿、门厅的柱子比较大外，其余房屋梁、柱的长度与开间尺寸基本相等。

柱子形状有方形、多边形、亚字形和梅花形。亚字形柱是由一根方柱和镶贴在柱子四面的方木组合而成。梅花柱由五根细圆木组成，外面包裹三至四道金属柱箍。柱子均有显著收分，柱径与柱高之比为1:6至1:12.5。五世达赖喇嘛灵塔殿柱高5.3米，柱径0.51米，细高之比为1:10.4。享堂廊柱高3米，柱径0.45米，细高之比为1:6.7。享堂中间升起的八根长柱高6.5米，柱径0.52米，细高之比为1:12.5。殊胜三界殿、秘书处、坛城殿柱高2.4米，柱径0.3米，细高之比为1:8。

柱头以上用小雀替（འབེ་ཞག）、硬垫木和大雀替（གཟུ）承托大梁。构件之间用暗销相连。其尺寸比例也有严格的限定：小雀替上宽长度应略大于柱头直径，垫木宽应小于小雀替上宽，大雀替基座下宽与小雀替上宽相等，大雀替上宽长度应大于小雀替一倍以上。大雀替（托木）的长度约为柱网中距的89%（西大殿），这样就极大地提高了梁的承载力。梁宽20—35厘米，梁高27—40厘米左右，梁的高宽之比约为3:2.4。梁与梁之间用企口连接。

金顶斗拱纹样及彩绘装饰面（布达拉宫管理处提供）

梁与椽子之间则用白玛（莲花）、却扎（象征经书的雕饰）和层数不等仅具装饰作用的多级横板、隔板、椽头加以过渡。从柱头至椽子下皮的高度约为柱高的 40%—50%。由于这些构件基本是垂直迭压结构，缺乏横向构件联系，往往出现臌闪、扭曲、变形等现象。柱、梁、雀替的装饰是藏式建筑中最具表现力的地方。红宫西大殿内的八根长柱用金粉饰面，四周大柱分别用金粉、珍珠粉、松石粉、朱砂粉饰面，外裹柱衣，雕刻造型优美的莲花、卷草、联珠纹、瑞兽等，有的还雕刻佛像，手法多为浮雕和镂空。有的在原构件上直接雕刻，也有雕好后镶嵌在梁枋之上的。面上用矿（植）物颜料彩绘和粘贴金箔。

灵塔殿和金顶还使用了斗栱结构，但斗栱的形制和作法与明、清时期内地建筑上的斗栱有较大区别。如五世、八世灵塔殿柱头上均用坐斗承托纵横交叉的重翘斗栱。五世灵塔殿还用了双翘并列的斗栱形制，翘上直接承受纵横的大梁或环梁。没有正心枋和拽枋，"斗口"尺寸也大小悬殊，与整个建筑没有模数比例关系。金顶檐下的斗栱仅作出外拽的翘、昂，内拽只是一层层规整的枋子和"三才升"。八世、九世灵塔殿和圣观音殿（帕巴拉康）金顶外拽斗栱为重翘和三翘形式，五世灵塔殿金顶斗栱为外拽出三昂作法。藏族工匠把重翘和三翘这种形制称为"猪鼻斗栱"，把三昂作法称为"象鼻斗栱"。斗栱作为金顶的支撑结构，采取象鼻三排、斗三排、象鼻五排、象鼻七排、猪鼻八排等不同形制的榫卯结构而成。

此外，红宫檐墙下还有一层四周交圈的承檐斗栱，此类斗栱由墙内挑出长 23 厘米的翘，翘上施"三才升"承厢栱，厢栱上并列三斗承托挑檐枋和檐椽。翘宽 19.5 厘米，高 18.5 厘米，厢栱长 93 厘米。斗栱，一般仅用在重要的殿堂，且斗栱的形制与内地官式作法有较大区别。

在梁、柱、墙混合结构建筑中，木结构和内外墙体都是建筑的主体骨架，互为依存，没有主次之分，是共同负荷的承重结构。这也是与木结构为主体、墙体仅起围护作用、"墙倒房不塌"的结构体系最根本的区别。在西藏，小至民居，大到宫殿、经堂，木结构一般只有柱、梁、椽三大构件，所不同的是装饰、雕刻、彩绘和用料的尺寸有繁简和大小

红宫顶层架设的金顶斗栱结构（布达拉宫管理处提供）

之别。柱或墙上架梁，梁上铺椽，房子基本成型，结构极为简便。柱头上的雀替，是藏式建筑木结构的一个重要特点。这些构件既有结构的功能，又具有装饰的功能。其截面尺寸和相互间的比例关系，各时期都有不同的作法。梁上分层架设的"白玛"（莲花花瓣形雕刻长条木）、"却扎"（经书堆砌形雕刻长条木）、"加纳加日"（长城城垛形雕刻长条木）和雀替截面雕饰的瑞兽、卷草纹、龙鹏狮虎等木雕，以及造型各异的装饰椽头、枕木和隔板，也是藏式木结构重要的装饰。其发展趋势也是由简到繁，最后已经成为定型化的装饰构件。

许多大型殿堂中的柱子都纵横排列成网状，柱距基本相等。椽子的长度和直径随建筑规模而定，但大小差别甚大。椽子的形状，有方、圆两种，大多用不甚规整的自然圆材。椽上密铺的栈棍既有杂乱无章铺设的，

也有规整密排成水波纹的，根据重要性而定。此外，所有柱子均垂直立放，大多柱脚下垫柱础石，没有"侧脚"和"升起"。当然，对梁架跨度较大的经堂柱网，施工中要用垫木将中部的一些柱子略微隆起，形成梁架中段微微上拱状，藏族工匠把这种作法称为"竹布"（贝壳之意）。之所以如此，主要是因为中部的柱子受力较大，容易沉陷，同时也为了避免视觉上的塌陷感，而梁架中段上拱就是防止椽子传导的荷载导致梁架下弯而留下余地。

**金顶架设的基本作法**

金顶的造型有六角形和长方形两种，六角形俗称"蒙古包式金顶"，长方形俗称"汉式歇山顶"。金顶的位置与灵塔殿内的灵塔和主殿内的主供佛上下位置相对应。其作法是先在屋顶地面上铺筑一道与金顶平面相吻合的地栿，上面架设立柱、额枋、斗栱、梁架。金顶面料用紫铜锻造、表面鎏金，脊梁上装饰屋脊宝瓶、共命鸟，飞檐端口安装鳌头。金顶室内层高较低，从地面到梁架下皮一般仅有1.6米左右。由于金顶自重较轻，梁架用料尺寸也比较小。

**不同门窗的基本规格**

布达拉宫门内的寝宫、灵塔殿和重要的佛殿大门都雕刻彩绘得极为华丽。这些大门为双扇门板，也有四扇和六扇的作法。门壁周围装有门框、门楣、斗槛和门枕。门扇上置有半球形镂空鎏金环座和环扣，门板上还钉有雕刻精致的鎏金或错金错银门箍。这些金属构件大多是错彩镂金的

布达拉宫金顶群（布达拉宫管理处提供）

布达拉宫南侧正立面各种规格的窗户（布达拉宫管理处提供）

工艺精品。门楣以上依次为狮头梁、挑梁面板、挑梁、橡木面板和橡木等五层重叠而成的雕楣。在围墙的门上还覆盖门檐。

布达拉宫的窗户，有通间或贯通几间的落地大窗，也有大量狭窄的小窗户和通风的三角窗。窗户大小悬殊，作法各异。如红宫正面中央七层大窗的宽度均为8.15米，通高均为3.3米，而大窗两侧的十个小窗的宽度仅有0.82米，高1.9米。落地大窗由上下槛、抱柱、窗间抱柱和格扇构成。抱柱和窗间抱柱断面为17.5厘米×17.5厘米，共有十根。格扇宽64厘米，由大边、仔边、樽头、裙板和棂子组成，格扇里面还有一道活动门板。小窗下起槛墙，一般不作榻板，亦无窗扇，仅在外侧置由上下槛和抱柱构成的窗框，内侧安装开扇门板。

**石砌体的砌筑特点**

厚墙、高层、收分是布达拉宫建筑的又一重要特征。所有建筑外墙几乎都是厚重的石砌体，并有明显的收分。

石墙用块石、片石、碎石和黄泥垒砌，每层块石之间用片石垒砌，内填不规整的块石和碎石咬合。墙体底部厚度约580厘米，顶部厚度在60—80厘米之间。如：红宫和白宫外墙的收分均为15°左右。墙的基础宽度由墙高、墙顶宽和收分确定。以红宫外墙为例，其墙高28.7米，墙顶宽1.5米，外墙收分15°，则基础宽度为28.7×0.15+1.5=5.805米；德央夏（东庭院）南侧外墙高23.2米，上宽0.8米，收分13°，则基础宽3.8米；夏金窖（东大堡）外墙高11.4米，上宽0.65米，收分8.3°，则基础宽1.6米；日追康（山间修行处）南墙高16.2米，上宽0.9米，

白宫北侧外墙立面收分明显的墙体（布达拉宫管理处提供）

收分13°，则基础宽3米。藏族工匠大多练就了一身高超的砌石技术。他们在施工时，外立面不立通体的脚手架来施工作业，而是站在墙体内侧高约1.5米的简易作业台上就能熟练砌筑，并恰如其分地控制墙体的收分，造出平整光洁、坚不可摧的宏伟建筑，这种砌墙方法通常叫"反手砌法"。

**轻质材料的运用范围**

作为轻质材料的笾玛和牛粪泥坯砖在布达拉宫顶层用于空间隔断砌体使用，从而大大减轻了下层建筑的承压力。笾玛编成篱墙需要从砌体中间架设木骨壁架，两侧密排竖向的笾玛束（笾玛束直径约4厘米，长度同层高，用牛皮绳捆绑），外敷草泥一道、黄土与沙子混合的泥浆一道。牛粪泥坯砖是用混有牛粪和黏土的湿泥制成，坯体尺寸约为35厘米×15厘米×7厘米，用黄泥垒砌，内外敷灰。红宫萨松朗杰（殊胜三界殿）与轮朗康（坛城殿）之间的隔断墙是用"笾玛"编篱砌筑的隔断墙。红宫其美德丹吉（长寿乐集殿）天窗后壁和左右侧壁是用牛粪泥坯砖砌筑而成。

**笾玛墙垒砌的基本要求**

布达拉宫外墙顶部女儿墙靠外一侧用柽柳树枝叠垒成墙，藏语叫"笾

红宫东侧外立面砌筑的笾玛墙（布达拉宫管理处提供）

呗"，也译作"筚玛墙"，又称"白玛草墙"。柽柳，又称灌木柳，藏语俗称"筚玛"，是野生落叶小乔木，老枝呈红色。从建筑上讲，平顶周围的矮围墙，叫女儿墙或碑垜。布达拉宫的女儿墙高低似无定制。红宫东侧的筚呗体量非常巨大，高度达到6.4米，共分四层，也就是说整个红宫顶部的一层建筑都包裹在筚呗之内。

筚呗占墙体外侧的一半，内侧用块石垒砌，外侧砌筑筚呗，墙体的总厚度一般为60—80厘米之间。其砌筑方法是：先将拣选出的筚玛枝条去皮晒干，然后用湿牛皮绳捆绑成由粗到细的扫帚式样，用砍刀平整切割粗头，将粗头朝外整齐砌置于女儿墙外侧，上下用木楔固定，成型后从外立面再用单个的筚玛枝条对疏松部分做补嵌，增加密实度和平整度，最后刷绛红色涂料。这种作法用于平直的女儿墙墙面。而在转角处砌筑使用的筚玛，加工时造型上有所区别，应将粗头放大到20—30厘米，将大头裁剪成等边菱形，砌筑时尖头对准转角向外，依次垒砌，形成自然转角。

为了提升筚呗的装饰效果，其表面上一般安装有雕刻或錾刻成具有各种寓意图案的铜质鎏金装饰物，檐下木条刻制代表星辰的圆形装饰，以白色粉饰。筚呗顶面用盖顶木椽、青石板落水檐口，以阿嘎土墙帽封檐。至于为什么要构筑这种具有绒面质感的"筚玛墙"，它的解释往往是象征着某种神圣庄严和地位等级。坚硬的白色石砌体与绒面质感的赭石色"筚玛墙"形成的强烈对比，不仅给人以强大的视觉冲击力，而且也蕴含着刚柔并济、阴阳结合之意。工匠们把这些内涵用智慧淋漓尽致地表现在了建筑之上。根据调查发现，"筚玛墙"在建筑上的使用有着严格的规定。除了寺院、尧西（如：达赖喇嘛、班禅等高级活佛家族府邸）、高级喇嘛的拉章（驻锡地）之外，其他贵族和商贾宅院以及民居都不装饰筚呗。布达拉宫地位显赫，所以宫内建筑绝大部分都筑有筚呗，甚至登山坡道外侧的瞭望墙也使用了筚呗。

筚玛作为一种特殊的建筑材料，早在吐蕃时期的夯土墙内已经得到合理的应用。而在女儿墙使用筚玛砌筑的做法可以追溯到十一世纪前。

红宫西大殿三层南回廊光洁的阿嘎土地面（布达拉宫管理处提供）

**阿嘎土夯制的工艺流程**

布达拉宫的屋顶、室内、庭院和墙帽均以"阿嘎土"作表层封护材料。此种材料具有坚硬、环保、光洁、美观等特点。阿嘎土的主要成分是碳酸钙，属于纯天然的易于板结的传统藏式建筑材料。施工时，将大块阿嘎土原料捣碎后，过筛分四级：粗阿嘎土粒径为3—4厘米；中阿嘎土粒径为2—3厘米；细阿嘎土粒径为1—2厘米；粉状阿嘎土粒径为0.5厘米以下，亦称"巴嘎土"。

其铺筑工艺是在望板或栈棍上先铺一层厚约6—8厘米的卵石垫层，再铺一层厚约10—12厘米粘性较高的黄泥层（用脚反复踩踏达到结实的程度，现在基本上采用机器夯实），待泥土基本干燥后再铺筑阿嘎土。在铺筑阿嘎土时，首先铺粗阿嘎土，反复夯打平整后，依次按中、细、粉状阿嘎土的顺序铺筑（每道工序夯打周期约为3—7天不等）。夯实后的阿嘎土层厚度约为12—18厘米，这是成品厚度的基本标准。夯实之后的最后两道工序是用卵石将阿嘎土表面打磨抛光后擦拭榆树皮熬制的黏性汁液进行封胶。阿嘎土的保养普遍采用清油涂刷，每年至少两次，平时用粗氆氇经常擦拭，使其表面保持光洁。

布达拉宫建筑营造工艺凝结着藏族传统建筑的艺术结晶，是勤劳勇敢的藏族人民根据自身条件和环境建造居室、庄园、寺院、城堡、宫殿的经验总结和集大成，是各民族之间进行文化和建筑营造技术交流、交往、交融的象征。

## 第三节　布达拉宫建筑的文化艺术特征

建筑是工程技术和建筑艺术结合的产物，建筑艺术又被称为空间表现的视觉艺术。通过建筑群体的组合、空间布局、结构方式以及装饰和色彩运用等，可以折射出当时的工艺水平、文化艺术、社会生活、审美情趣和经济基础，传统建筑尤其如此。如果从这个角度来分析，布达拉宫建筑堪称工程技术和建筑艺术的完美体现。其规模、形制和布局在满足使用功能的基础上，极大地展现了藏民族的审美情趣。

布达拉宫首先强调并突出了军事防御的功能。它依山而建，主殿雄踞红山之巅，四座敌楼拱卫左右。城墙、宫门固若金汤。其性质与十四世纪开始在西藏出现的"宗堡"建筑相似。从某种意义上讲，布达拉宫就是西藏规模最大的"宗堡"。

西藏的"宗堡"建筑，一般都建在山势较高、地势险峻、易守难攻的山头上。其四周或有选择性地建有碉堡，有的在建筑下面建有地道、暗道、围墙等构筑物。规模较大的"宗堡"建筑内，除了办公、仓储等场所外，还有经堂、佛殿、监狱等功能性建筑物。

布达拉宫确实是唯美的，既有高大伟岸的美，又有深沉含蓄的美。布达拉宫那巨大的体量、敦实凝重的墙体、巍然高耸的宫殿、金碧辉煌的金顶、雕梁画栋的殿堂、琳琅满目的壁画所产生的视觉效果，除了激发起人们亢奋激荡的心怀，还让人们为它的艺术气概和魅力所折服。当然，

寝宫西日光殿大厅内景装饰（布达拉宫管理处提供）

布达拉宫的建筑不是体积的任意堆积，也不是垂直一线、上下同大的"方盒子"。它是以整体建筑群的结构布局、制约配合，以及各个建筑物之间的有机安排来形成变化多样又保持统一的风貌，形成了主次分明、错落有致、巧夺天工的效果，犹如一章"凝固的交响乐"。她的设计者和施工工匠们，致力于完美地展现出布达拉宫的层次感、立体感和透视感。

布达拉宫的平面布局和空间序列结构整体上虽然不像桑耶寺、托林寺和科迦寺那样完整地表现出佛教曼荼罗的结构，但其红宫就是按照曼荼罗的性质修建而成的，西大殿内的建筑格局有明显的象征意义。

在布达拉宫的建筑群中，寝宫傲然屹立白宫之巅，宫内雕梁画栋、珠光宝气，终日阳光普照，犹如天国之境；灵塔殿则后来居上，气势磅礴、金碧辉煌、耸立其间。巍峨壮观的红宫和白宫是布达拉宫建筑群的主体和灵魂，其他各类建筑犹如众星捧月，簇拥左右。

布达拉宫内既有深邃的经堂、肃穆庄严的灵塔殿和佛殿，也有极富生活情调的寝宫、庭院、回廊、露台；既有体量巨大、方正凝重的藏式碉楼风格，也有斗栱飞檐、如翚斯飞的汉式建筑风格。总之，这座建筑所体现的文化内涵和审美特征是一种十分开阔、浑然天成的大美。

布达拉宫那充满活力和热情的审美形象，除了通过平面布局和空间结构来显现，还运用尺度、比例来增强感染力。布达拉宫主次建筑体量的悬殊对比、尺度的反差夸张，具有显示宗教建筑表达欲界、色界、无色界的特殊意义。殿堂内部的大开间与开凿在立面上瘦小的窗户构成强烈对比，更加夸张了殿堂的崇高和深邃；整体庞大的殿堂与坐落在周围密如蜂巢的低矮僧舍构成对比，愈加渲染了佛教徒心中佛法的神威和佛界的庄严；厚重的墙壁和狭窄昏暗的通道、过廊构成对比，强烈地造成凝重、沉寂的气氛；殿堂之内的恢弘壁画与排列整齐的柱体构成对比，在若断若续、若分若合、若开若闭的层次繁复的组合中，令人产生变化多端的刺激；而粗大的柱子和窄狭的柱距相比较，让人感觉深奥莫测。布达拉宫建筑充分展现了藏族艺术大师和能工巧匠的高超技艺以及对古老的传统藏式建筑营造技艺的延续、总结和发展。

白色在藏民族的生活、服饰、礼仪和建筑上应用普遍。宫殿、僧舍、

红宫西大殿壁画与排列的立柱（布达拉宫管理处提供）

布达拉宫外立面粉饰红、黄、白、黑四色的墙体与窗框（布达拉宫管理处提供）

贵族宅院和民居外墙多用白色粉饰。而庄严神圣的灵塔殿、佛殿、修行闭关殿和护法神殿等则多涂成绛红色或黄色。门、窗外立面边框则普遍涂成黑色。梁、柱、椽、枋、斗栱、窗棂、门套、门楣等木构件彩绘则采用朱红衬底、青绿描绘、间装描金，以暖色调为主基调，形成对比鲜明、万紫千红的重彩画。布达拉宫建筑外观的色彩运用上，由于受审美习惯和宗教观念的影响，外墙涂有白、黄、红、黑四色。分别代表着"息、增、怀、诛"四业（息业：熄灭自己和他人的疾病、魔障、罪业等违缘；增业：增长智慧、清净、善缘等；怀业：首先令自心获得自在，之后怀柔一切众生；诛业：大悲妙力已究竟圆满，无有私心私利，依靠本尊将众生心识往生极乐）。

总之，布达拉宫的建筑是把藏族传统的夯（砌）筑与木结构、城堡与曼荼罗、祭祀神灵与现实生活和谐统一的形象艺术。布达拉宫之所以能在今天还给人们以美的享受，之所以能为不同民族、不同肤色、不同国度的人们所共赏，主要是因为它通过自身独一无二的形式，极为形象地表现出博大恢弘、整体统一和深沉含蓄的美。

# 第四节　壁画艺术

西藏传统绘画艺术历史悠久，源远流长。二十世纪七十年代，西藏昌都卡若新石器时代遗址出土了一批反映原始绘画的刻画纹、锥刺纹和附加堆纹的纹饰陶器。八十年代在拉萨曲贡新石器时代遗址也发现了相同的原始图案文物。公元七世纪，松赞干布时期随着与唐朝和尼泊尔的联姻，分别从中原和尼泊尔带进大量佛教典籍、营造工艺、星算历法、医药书籍以及一批能工巧匠，对吐蕃文化艺术的发展起到了十分重要的作用。西藏绘画艺术就是在这样一个文化交流交往交融的时代背景下进入了融合发展和繁荣时期。

"以画记史，寓史于画"是布达拉宫壁画的主要功能和表现形式。遍及宫内各个主要殿堂、寝宫、门厅和回廊内的壁画总面积达2500多平方米，是极具史料价值和非凡艺术价值的珍贵文物。这些壁画均出自西藏主流绘画艺术流派的著名画师之手，体现了300多年来西藏绘画艺术在此期间的发展脉络。壁画作为一种记史与寓教的手段，历史、地理、人文、政治等无所不包，堪称藏民族传统文化的"百科全书"。布达拉宫的壁画不仅构成了一座辉煌的艺术宝库，也呈现出了一幅绚丽的历史长卷。

## 一、简述西藏传统绘画艺术主要流派

自十三世纪西藏出现首个本土绘画艺术流派以来，传统壁画对佛像的绘制严格遵循着《造像度量经》规定的法则和比例关系进行打底白描、设色晕染、勾线描金、点睛开脸并加持开光等流程。因《造像度量经》规定了佛、菩萨、本尊、护法等不同宗教人物形象的比例关系，画师需要依照法则绘制出标准的造像艺术，否则就会被视为造作。西藏传统绘画在艺术风格上特别注重不同绘画流派的表现特征和风格。因此我们在了解布达拉宫壁画艺术风格和价值之前，有必要了解西藏传统主流绘画艺术流派的一些基本常识。

### 齐吾岗画派（བྱིའུ་སྒང་ལུགས།）

相传，十三世纪雅堆地区著名画家朱古·齐吾创建的第一个本土绘画流派被后人称为"齐吾岗巴画派"，简称"齐岗画派"。其画风受天竺和尼婆罗画风的影响较大，具有浓郁的异域艺术风格和古朴典雅之美。该画派设色多以暖色为主基调，喜好红、黄、桔为主色调，很少描金。在布局上，主尊比例较大，占据了整个画面中心点的绝大部分。其他"眷属"或众佛像在画面四周以棋格形式框出位置后绘制其中，其人物比例相对主尊而言要小很多，但非常具有灵动性。该画派主要盛行于拉萨、日喀则等地，据说江孜白居寺主殿和吉祥多门塔（俗称：十万佛塔）内绘制的数万幅精美壁画就是"齐吾岗巴画派"的经典之作。该画派的出现为十三世纪之前流行于西藏的尼泊尔绘画样式划上了句号，为中世纪

齐乌岗巴画派唐卡（自治区文物局提供）

后期西藏传统绘画样式的形成、发展开辟了先河。

**勉唐画派 (སྨན་ཐང་ལུགས།)**

诞生于十五世纪初期的"勉唐画派"普遍认为是由勉拉·顿珠创建的。勉拉·顿珠出生于洛扎勉唐地区（今西藏自治区山南市洛扎县境内）。该画派以创始人的出生地命名。

关于勉拉·顿珠有这样一段故事：他出生那年，人们恰好发现了绘画的重要颜料朱砂，这自然被认为是一个吉兆。后来，他成了家，因为与妻子不和，又被迫离家出走。有一次，他在羊卓达隆地方（今山南市浪卡子县境内）拾得一套画笔和画书，遂萌生了当画家的强烈愿望。他来到萨迦一带拜著名画家朵巴·扎西杰布为师，苦心钻研，成就卓然。其画风多注重线条的运用，工整流畅，法度精严而变化丰富，色调温暖而厚重。特别擅长绘制佛、菩萨等寂静慈悲像，绘制出的佛像具足"三十二相好"，整体画面富丽堂皇、出神入化、美不胜收，极具超凡的地域艺术特点和独特的审美特征，故而被人们称为"宫廷画派"或主流画派。后来，其画风逐渐由西藏传播到邻国不丹和我国的青海等地。

勉拉·顿珠不仅绘画技艺高超，在艺术理论方面亦卓有建树。其传世之作《造像量度如意宝》，详细论述了绘画和雕塑的造像量度，指出了某些书籍在造像量度上出现的错误，阐述了西藏传统绘画的实践方法。

公元十七世纪绘制的勉唐画派"五世达赖喇嘛"唐卡（自治区文物局提供）

此后的发展中，勉唐画派人才辈出。十六世纪（三世达赖喇嘛时期）出现的著名画师陈嘎瓦·班丹罗追桑布，十七世纪中晚期（五世达赖喇嘛时期）出现的著名画师乌钦·洛扎·丹增诺布、群青·珠古次仁、素钦·切央让追、那则达龙·白贡等都是极富成就的一代绘画艺术大师。从十七世纪末至十八世纪初，勉唐画派进入了鼎盛时期，优秀画师层出不穷。现存布达拉宫、罗布林卡和哲蚌寺、色拉寺、甘丹寺、扎什伦布寺等名刹古寺的壁画、唐卡多为勉唐画派画师所绘。

**钦则画派**（མཁྱེན་རྩེ་ལུགས།）

该画派创始人是十五世纪初期活跃西藏画坛的一代宗师贡嘎岗堆·钦则钦莫。后人以其名字的前两个字为该画派命名，故称"钦则画派"。

钦则钦莫自幼酷爱美术，幼年时即能准确地描绘山川日月和飞禽走兽，师从著名画家朵巴·扎西杰布，与勉拉·顿珠同师学艺。成年后醉心于佛画，师古而不泥古，风格自成一体。其艺术风格直接承袭十四世纪流行于日喀则地区的绘画样式并有所创新，在构图上保持了印度、尼泊尔绘画传统中主尊像较大的特点，重点突出，周围众小像排列井然有序。但在风景表现中已开始融和内地绘画的表现程式，逐步形成钦则画派的绘画语言体系。钦则画派主要流行于西藏日喀则和山南等地。据传山南贡嘎曲德寺至今保存的珍贵壁画即出自钦则钦莫之手。

随着钦则与勉唐两大画派的出现，画坛将这两个画派合称为"勉钦两大画派"。对于勉、钦两派，画界历来有"一文一武"之说，勉唐画派尚"文"，钦则画派尚"武"。比较而言，钦则画派更擅长绘制怒相神，其面相威严孔武，人物造型丰满圆润，形象稳健而又多跃然舞姿，动中有静、刚柔相济，颇具阳刚之美；色彩表现沉着饱满，善于使用对比色，强烈而跳跃，配色细腻讲究，背光装饰性强。钦则派还特别擅长绘制坛城，样式独特，刻画精彩绝伦，纹样繁密华丽，令人叹为观止。

**噶赤画派（噶玛嘎赤）**（སྒར་བྲིས་ལུགས།）

相传，噶赤画派于十六世纪中期由南喀扎西创建，流行于藏东地区，是以四川省甘孜德格和西藏昌都为中心辐射周边的绘画流派。

噶赤画派的风格来源较为广泛，其创派人南喀扎西以南亚梵式铜佛像为基本，深受勉唐画派绘画大师嘎丹夏觉巴·贡觉彭德的影响。经过与南喀扎西同时期的八世噶玛巴活佛米觉多吉总结先师及自己的经验，撰成的《线准太阳明镜》，从而奠定了噶玛嘎赤画派的

钦则画派　大威德金刚（布达拉宫管理处提供）

噶赤画派唐卡弥勒佛（布达拉宫管理处提供）

理论基础。

其后，十世噶玛巴曲英多吉从一套罗汉丝绢唐卡中发现了内地青绿山水技法的妙处，开始以工笔重彩绘制唐卡，作品具有浓重的汉地风格，有别于勉唐、钦则两大画派。在南喀扎西之后，又有两名画师继承了嘎赤派画风，一是确吉扎西，以青绿设色著称；一是噶雪·嘎玛扎西，以独创出新著称。他们与南喀扎西一道，被誉为"嘎赤三扎西"，在该画派占据着重要的地位。继"嘎赤三扎西"之后，康巴炉霍郎嘎杰大师的微型唐卡堪称一绝。

嘎赤画派最显著的特点是施色淡雅、画面空灵、透视明显、笔法细腻、对比强烈，故在数百年中逐渐形成一套颜料配色、画布制作与使用的特殊技法。创作中以白、红、黄、蓝、绿为母色，能调出9大支32中支，进而变化出158小支诸种色相。

**勉萨画派 (སྨན་གསར་ལུགས།)**

活跃于公元1640—1675年期间的扎什伦布寺著名画师追古·曲英嘉措在继承勉唐画派精华的基础上，吸收汉地绘画某些元素，开一代新风，创立"新勉唐画派"，简称"勉萨画派"。其绘画艺术特点：笔法细腻而晕染独特、线条流畅而苍劲有力、设色艳丽而富有变化，人物和风景富有写实感。

曲英嘉措曾为四世班禅罗桑确吉坚赞的贴身画师，后至拉萨为五世达赖喇嘛效力，他的画迹至今仍存留在扎什伦布寺和布达拉宫内。他建构了近代新勉唐画派的基本格局，为开创该派作出了重要贡献。该画派主要盛行于西藏日喀则、昌都等地。十九世纪中晚期，康区（今西藏自治区昌都市卡若区）被誉为工巧天毗首羯摩化身的著名画家珠巴·普布次仁将勉萨画派发扬光大，他在德格印经院和噶陀寺等名刹古寺绘制了大量勉萨画派壁画、线稿、唐卡等精品力作，人们称之为"康·勉萨"。目前存世的大师作品成为了康·勉萨的范本。

自十三世纪以来，在西藏相继诞生了多个不同风格的绘画艺术流派和一批艺术家，促进了藏族传统绘画艺术的蓬勃发展，逐步形成了"百

十七世纪白宫东大殿北壁绘制的勉萨画派经典壁画（局部）

花齐放、百家争鸣"的繁荣局面。人们为了易于记住这些画派，把流传地约定俗成地成为画派的俗名。把在日喀则地区流行的绘画风格统称为藏赤（གཙང་བྲིས།），在拉萨、山南地区流行的绘画风格统称为卫赤（དབུས་བྲིས།），在康巴地区（今昌都、甘孜一代）流行的绘画风格统称为康赤（ཁམས་བྲིས།），把尼泊尔绘画风格统称为撒赤（བལ་བྲིས།）。

**二、西藏传统壁画绘制材料和用具**

施工材料：黄土、细砂、粗砂、稻草、木炭、巴嘎土。

施工工具：箅子、糙子、粗布、鹅卵石或石英石等。

绘画颜料：经过选料、粉碎、浸水、研磨、沉淀、清洗、晾晒、过滤等多道工序制成品相纯正的头青、二青、三青、淡青、头绿、二绿、三绿、淡绿、深绿、石黄、雄黄、淡黄、黄丹、朱砂、赭石、深红、珊

装有各种颜色的调色碗

瑚粉、绿松石粉、珍珠粉和海螺粉等各种矿物质颜料和蓝靛、胭脂、卡久等植物颜料以及仁布白、土黄等土质颜料。金粉、银粉、金箔等贵金属用料需要提炼和热加工处理方可获得。

天然矿（植）物和贵金属颜料具备了纯净无污染，纯度高、无杂质，饱和度强，对比度高，覆盖力强，色泽厚重艳丽，稳定性强等特点。

辅助材料：牛胶、清漆。

绘画用具：调色碗、调色棍，各种填色、勾线、晕染毛笔、毛刷十余种，以及天珠笔（གཟི་ཕྱིར།）、木炭笔、弹线盒、比例尺等不同用具。

### 三、西藏传统壁画绘制工艺流程

制作一幅壁画，首先应对墙面进行处理，之后做绘制前的底色处理，再谋篇布局，确定画面轮廓，敷色上光，最后按照宗教仪轨加持开光。下面简略介绍传统壁画绘制工艺流程：

**墙壁处理**

绘制壁画的墙面，要由专门的抹灰匠"谢苯"（ཞལ་དཔོན།）来处理。墙体砌好后，墙面处理有以下几道工序。

勾缝：藏语称"明挞"（དམིག་འདག）。即用粘稠的黄泥勾缝抹平墙面，待全干后方可进行下一步操作。

抹灰：藏语称"谢垫"（ཞལ་གདན་ནམ་རྫུབ་ཞལ）。即将黄土和粗砂子兑好（其配比为黄土五分之三，砂子五分之二），加少量稻草（防开裂），再加少量细木炭（防霉变），用水拌泥后上墙作抹灰面层。

地杖：藏语称"谢钦"（ཞལ་ཆེན་ནམ་འདག་ཞལ）。即用筛细的阿嘎土（又称"巴嘎土"）和砂子按3∶1的比例拌匀后的泥浆平整、均匀地抹在墙面上，当墙面达到半干时，要用鹅卵形石英石"乌底"磨出混泥，稍干后用普通鹅卵石连续打磨，使墙面变干光滑，直至表面如婴儿肌肤般光洁平整、敲击时能发出饱满的清脆声为止。

**底色处理**

底色处理的好坏直接影响整幅壁画的质量和光泽，需做好以下三个方面工序。

打底：将牛胶经长时间熬制变稀，然后掺入少量铁红（བཙན།）拌匀，作为头道涂料均匀地刷在壁面上，待干。此法起到有效粘接地杖与下一道涂料层的作用。

二道：完成打底后，用土黄"萨昂巴"（ས་དངས་པ།）为主料，适量兑入牛胶拌成糊状，均匀地刷一层，待颜料变干后用细砂纸磨平粗糙部位。此法起到弥补头道涂料打底层不均匀的弊病，以便后续吸收各色颜料。

底色：完成二道涂料层的工序后，仍以土黄为主料，适量兑入牛胶后添加天然白土"昂噶"拌匀，将墙涂刷成均匀的淡黄色或奶白色底面，成为设计画面的底色。

**画面布局**

根据画面内容、要求和墙面的高低宽窄，需按照比例来确定和设计画面的布局。通常是自上而下进行绘制。

绘制"江扎美朵"（ལྕམ་ཙ་མེ་ཏོག）。位于墙头与椽子木之间出现的空格墙壁或木质隔板，称为"椽头间隔"。绘制椽头间隔处的花卉，通常用蓝或黄作底色，再绘制简易的花纹饰面。

绘制"孔哇"（གོང་བ།）。在"江扎美朵"下沿绘制一条直线的带状装饰花纹，也可用藏文艺术体、梵文或八思巴文等书写成密咒、祈愿文、吉祥颂词等文字内容进行装饰。此画面藏语称为"孔哇"或"孔阿"，意思是壁画的"领子"。

绘制"香布"（ཞམ་བུ།）。在"孔哇"下面绘制成宽带状幔帘式样，有的作花纹装饰，有的作"璎珞纹"（དྲ་ཕྱེད།）装饰。幔帘约占整个壁画的六分之一。藏语称为"香布"，意思是壁画的垂幔或幔帘。

绘制"美龙"（མེ་ལོང་།）。处在"香布"之下，彩带之上，约占墙壁五分之三的部位，是壁画的核心部位。藏语称为"美龙"，意思是明镜或皈依境。

绘制"吉芝"（སྐེད་ཕྲིས།）。主画下边一般要绘制成用蓝、红、绿填色的三道带状花边。藏语称为"吉芝"，意思是壁画的彩带或腰带。在"吉芝"适当间隔的部位采用描金或粘贴金箔等方法绘制成金刚、万字符或其他花纹，有的是以密咒、回向文、吉祥词等内容的梵文和八思巴文装饰。

绘制"嘎布彩"（སྐབ་ཚལ།）。从地面向上约 80 厘米左右的部位通常用朱砂色作底，均匀涂刷，不再绘制图案，称为墙裙。藏语称为"嘎布彩"，意思是朱砂色墙裙。

**绘制壁画**

"替界"，意思是界线。按照造像的度量比例要求和墙面的面积大小，首先要绘制格子线，为整个画面的布局设计提供比例尺度，藏语称"替界"。"替界"是由画师按照《造像度量经》规定的比例，采用弹线方式弹出棋盘式的格子线，是描绘画面的定盘。

"加赤"，意思是白描。用木炭笔在"替界"上勾勒出人物、祥云、山水大地、花草树木、飞禽走兽等草图，藏语称"加赤"。"加赤"是藏族传统绘画艺术的核心技艺，是判断能否绘制出精美壁画的关键所在，一般由绘画大师或娴熟的画师绘制。

"那界"，意思是黑墨勾线。用勾线毛笔蘸取墨水在白描稿上描出清晰的明线进行定稿，藏语称"那界"。勾线一般由眼明手快、精准度较高的年轻画师来完成。

"纳木萨"，意思是天地。以蓝、绿为主，用笔头宽约 2 厘米左右的毛刷，采用填、涂等技法，描绘出天蓝、地绿的基本轮廓，藏语称"纳木萨"。这是壁画绘制过程中第一次使用颜料，也是大面积填色，技术难度较小。此道工序一般是由普通画师甚至是学徒来完成。主要是掌握好调色的基本要求，确保设色准确无误。

"甲布炯"，意思是画面背景或风景。用相对细小的染色毛笔蘸取各种不同的颜料描绘出岩石、瀑布、草木、花卉、祥云、动物、亭台、楼阁等画面，藏语称"甲布炯"。"甲布炯"涉及的绘画内容较多，技术相对复杂，需要有经验的画师来完成。

传统壁画绘制场景（西藏唐卡画院提供）

相传由曲英嘉措所绘"藏族起源说之猕猴与罗刹女结亲图"（布达拉宫管理处提供）

"存当"，意思是晕染。对画面人物肤色的明暗肌理、毛发的浓密稀松、衣着的飘逸褶皱、动物的皮毛羽翼、花卉的浓淡艳丽、山石的棱角圆润、树木的枝干叶子，根据规律由浅到深或由深到浅层层过渡晕染，藏语称"存当"。在晕染时，同一种颜料需要淡色时通常是蘸取调色碗碗口漂浮的颜料，而碗底蘸取的是重色。负责"存当"的画师，要深刻理解和熟悉不同人物、不同物体在现实生活中的形象，以藏族传统绘画风格的表现形式来完成塑形。特别是背景当中的花卉、瀑布、草木、动物等尽量做到风格写实，与现实无较大差别，做到让人一目了然。

"粑其"，意思是清洁画面。完成上色晕染的画面，用糌粑面团清除表面脏物，藏语称"粑其"。"粑其"的目的是确保画面清晰、无污物。

"界"，意思是勾线。用勾线毛笔蘸取与需要勾线的画面相反或相近颜料，通过勾线来区分不同的界限，使物体轮廓得到充分地显现和形象化，藏语称"界"。藏族传统壁画或唐卡均采用变化多端的勾线来显示物体的轮廓，是一种十分独特的技法。

"究布"，意思是凹凸线。把牛胶熬制成液体后兑入适量的白灰拌和成的特殊泥浆制作的凹凸线，藏语称"究布"。"究布"制作时，将拌和好的白色泥浆装入特制的裱花袋，裱花嘴是用金属制成的小圆嘴，根据需要可粗可细。技术要领是将泥浆均匀地挤在墙壁画面需要制成凸线的部位，线条要确保流畅、舒展、平整，圆点或桃形或心形或珍珠形等各种形状需要一气呵成，做到逼真、饱满、飘逸。制作完成凸线后要刷一道兑入土黄的胶水，之后在凸线上涂刷铜粉或粘贴金箔饰面，凹线处填涂各式颜色或粘贴金箔。

"色秀"，意思是贴金或金箔。粘贴金箔时，首先需要涂刷黏汞打底，待黏汞半干形成较强黏结性后粘贴金箔。此做法藏语称为"色秀"。

"卡久"，意思是回色。对需要回色的部位将勾兑好的绿色水进行回色处理，藏语称"卡久"。

"常色"（གང་གསེར།），意思是描金。对主尊面部、肉身、衣饰、饰品等处描涂纯金汁液的做法，藏语称为"常色"。描金后，需用天珠笔进行抛光，产生金碧辉煌的效果。

"坚契"，意思是开脸或点睛。精确地绘制出人物五官，并进行细节处理，藏语称为"坚契"。"坚契"是绘制壁画的最后一道工序，也是最关键、最慎重的一点，对画师的要求最高，绘制难度最大。因此，开脸或点睛必须由经验丰富的画师来完成，否则就会失去整幅壁画的灵魂。一个非常优秀的画师或绘画大师绘制出的慈悲相不禁令人肃然起敬，心生无限喜悦，犹然生起"见即圆满"之感。威猛无比的愤怒面相，令人不由生起恐惧感，对破除"贪嗔痴"具有一种势不可挡的震慑感和威慑力。

"觉布"，意思是封护。它是在一种从天然植物中提取的粘性的透明液体当中掺入少许青稞酒，拌和成类似清漆的特殊液体，藏语称为"觉布"。涂刷"觉布"能够对画面起到体色和封护的作用。

至此，壁画的绘制工序全部完成，只待开光。

## 四、布达拉宫壁画的艺术特点

具有 1300 多年历史的布达拉宫，最早的壁画应该是吐蕃时期（唐代）绘制的壁画，然而遗憾的是早期建筑整体被毁，正所谓"皮之不存，毛将焉附"。1989 年至 1994 年期间实施的布达拉宫第一期维修中，在法王洞内发现了少量疑似吐蕃时期以线描手法绘制的人物壁画，但在学术界仍有争议，没有做出确切的定论。我们重点从公元十七世纪中叶五世达赖喇嘛时期重建布达拉宫说起。首先是，公元 1649—1652 年间，由四世班禅洛桑确吉坚赞贴身著名画师追古·曲英嘉措主笔，利用 3 年多时间绘制的白宫东大殿（措钦夏·司喜平措）等处的壁画。画面整体布局和题材依照五世达赖喇嘛所著《西藏王臣记》(དེབ་ཐེར་དཔྱིད་ཀྱི་རྒྱལ་མོའི་གླུ་དབྱངས།)所载的"藏族起源说"中的"猕猴与罗刹女结亲图"，到他们的后代在雪域高原上繁衍生息和发展成以血缘为纽带结成氏族群落的过程，再到雅砻（今西藏山南）悉补野部落第一个首领聂赤赞普（约公元前 360 年）的出现而冲破氏族障碍，开始以地域划分属民而产生奴

绘制在红宫西大殿二层回廊南壁的摔跤、抱石、赛马、射箭等各种游艺活动场面的壁画（布达拉宫管理处提供）

公元十七世纪绘制于白宫西日光殿寝宫平措堆吉内的壁画局部（布达拉宫管理处提供）

隶制社会，直至十七世纪初期四世达赖喇嘛时代为止的西藏上下几千年的历史长卷。其画面古朴清雅、笔法细腻劲道、布局典雅优美、人物栩栩如生，是"勉萨画派"少有的代表性艺术珍品，也是布达拉宫重建后最早绘制的壁画，成为当代"勉萨画派"传承人研习技艺教科书式的经典之作。然而，遗憾的是除了大殿北面存有少量曲英嘉措大师的原作外，其余壁画在二十世纪初由十三世达赖喇嘛组织勉唐画派画师按照原有壁画内容重新绘制，其历史价值和艺术价值远不及当年曲英嘉措所绘壁画的高度。

其次是，公元1690—1693年，扩建红宫时，第司·桑杰嘉措召集了"勉唐画派"和"钦则画派"230多位著名画家绘制的壁画。其中，勉唐画派有著名绘画艺术大师乌钦·洛扎·丹增诺布和乌穷·绒巴·索朗杰布等162位画师；钦则画派有著名绘画大师乌钦·萨阿卡·次培和乌蒸·布庆阿卓、乌穷·阿旺索旦等72位画师。他们利用3年多的时间，绘制了红宫西大殿（措钦努·司喜平措）内的五世达赖喇嘛传记壁画2215组。在大殿二层回廊四周绘制了698幅精美壁画，内容包括红宫建造史、第司·桑结嘉措略传、修建"十三林"（为祈愿五世达赖喇嘛早日转世而在西藏各地修建十三座寺院）的情景、红宫落成典礼和次年为五世达赖喇嘛圆寂周年举行的"汇供法杖"（亦称"小传昭法会"）的全过程，以及游园、狩猎、赛马、摔跤、游泳等民俗风情，堪称布达拉宫壁画画廊。第司·桑结嘉措所著《南瞻部洲唯一庄严目录》中对上述壁画的设计构思、绘制过程有明确记述。据载："红宫第二层回廊西侧北壁所绘五世达赖喇嘛阿旺罗桑嘉措画像是由艺术大师乌钦·洛扎·旦增罗布亲自执笔所画，西侧南壁所绘第司·桑结嘉措和达赖汗（固始汗之子）的画像是由勉唐画派著名画师乌穷·索朗杰布所画"。此外，红宫二层药师佛殿南壁绘制的96尊药师佛和北壁绘制的15位藏医药各流派传承谱系壁画，属勉唐画派上乘之作。

布达拉宫的壁画题材丰富、画面生动、色彩考究、布局严谨、度量精准。画面的内容主要反映了藏民族"起源说"和雪域高原出现的"第一座农田、第一座宫殿、第一座寺庙、第一座村庄"等多个第一和吐蕃时期的赞普、七贤臣、七觉士、四大力士，以及为藏传佛教弘法作出重大贡献的天竺等地的大成就者和藏、汉、满、蒙各族高僧大德等不同时期的重要历史人物。壁画还反映了青藏高原、蒙古高原乃至祖国内地的大量名刹古寺、宫殿城堡、神山圣湖等人文与自然景观。

布达拉宫的壁画堪称藏族传统绘画艺术主要流派的经典之作，展现出了高超的绘画技艺、独特的审美特征，具有非凡的研究和鉴赏价值。例如，白宫西日光殿喜足绝顶宫的屏式人物画像，笔精而有神韵，常与真人等身。红宫西大殿壁画采用俯视构图的大幅画面，场面宏大，人物众多，构图饱满，设色重彩、颇为壮观。白宫西日光殿福足欲聚宫所绘"五世达赖喇嘛业迹图"采用了散点透视，画面用"之"字形布局，以山石、树木、行云、流水来间隔每段故事，使全图既独立成章又整体连贯。西日光殿福地妙旋宫宝座后壁绘的"苏吉宁布国王故事图"，就采用平远透视构图绘成的小幅人物图，笔法细腻而不杂乱，人物仪态和表情栩栩如生。红宫上师殿和七世灵塔殿等处还有采用正视排列而绘成的千尊佛像，庄严肃穆，富有神秘之感。

由于布达拉宫壁画绘制材料全部采用纯天然矿（植）物磨制而成的颜料和贵金属粉，因此不易变色，加之拉萨气候干湿适中的环境，保存状况普遍良好，色泽如新。

**五、布达拉宫壁画题材与分布情况**

由于本书是以记录布达拉宫二期保护维修工程档案资料为主要目的，因此，无法占据更大的篇幅对布达拉宫浩瀚的壁画逐一作出说明，我们只能选取一小部分壁画进行一番美的巡礼。

**平措堆朗（汇聚圆满）**

门厅内由北向南或从左至右绘有右手持宝伞、左手托吐宝鼠、肤色浅黄的北方多闻天王和右手持长蛇、左手托宝塔、肤色红润的西方广目天王。大门左侧绘有一面二臂三目。右手持宝幡、左手捧宝盘、面容微怒的护法神吉祥天母，坐骑麋鹿、右手持套索、左手持五彩旗幡、面容和善的地母像；右边依次是右手持宝剑、肤色靛蓝的南方增长天王，双手弹拨琵琶琴弦、肤色白净的东方持国天王。这里的壁画面积约128平方米。

**松格果觉（白宫门厅）**

门厅两侧墙壁绘有大幅的四大天王图，南壁分别绘制戒律图、三士护法图、五世达赖喇嘛告令和十三世达赖喇嘛手掌印（原来的手掌印为五世达赖喇嘛的手掌印，1924年白宫维修时，此手掌印损毁，后用十三世达赖喇嘛的手掌印代替）。北壁绘有公元七世纪时期拉萨大昭寺修建前的那一片湖泊（藏文音译"卧唐错"）和修建后的大昭寺及八廓街，松赞干布修建的布达拉宫和王妃宫，文成公主进藏图和唐朝皇帝五试婚史图。这里的壁画面积约为130平方米。

绘制在白宫门厅内的"文成公主进藏图"壁画（局部）（布达拉宫管理处提供）

绘制在东大殿东壁的"吐蕃四大力士"壁画（局部）（布达拉宫管理处提供）

**措钦夏·司喜平措（有寂圆满东大殿，东大殿）**

措钦夏·司喜平措大殿内绘满了精美的壁画，其面积达432平方米。墙壁中央为藏传佛教格鲁派创始人宗喀巴，两边有二胜六庄严（即公元一世纪中观派创始人龙树和圣天，公元四世纪佛教唯识宗开宗大师无著，公元五世纪阐述阿毗达摩理论的佛学家世亲，公元六世纪的法称、陈那、释迦光和功德光）。大殿东壁绘有吐蕃赞普和阿底峡尊者传记图谱，还有阿强尼玛伟色画像。大殿南壁绘有修建桑耶寺时的地基图以及一世达赖喇嘛根敦珠巴、二世达赖喇嘛根敦嘉措、三世达赖喇嘛索朗嘉措和四世达赖喇嘛云丹嘉措的画像。大殿西壁绘有拉晋格互龙、朱互贡布尊珠扎巴和仲敦巴的画像。大殿北侧墙壁绘有藏族起源说、吐蕃史略等珍贵壁画。

**森琼·德互坚（极乐宫，原噶厦办公点）**

这是一间二柱小室，内壁绘满壁画，面积53平方米。绘有释迦牟尼师徒、释迦能仁佛、无量光佛、吉祥天母、六臂护法、四面护法、宗喀巴八十业迹图、大威德尊胜十三像等。

**森琼·甘丹朗赛（喜足光明宫）**

东日光殿内的喜足光明宫内的壁画，面积达131平方米。绘有五台山圣境图、香巴拉圣境、香巴拉之战、庄严吉祥聚米宝塔图、宗喀巴八十业迹图、权衡三界十三世达赖喇嘛像、印度摩揭陀国菩提伽耶、释迦牟尼神变图以及八瑞相、八瑞物和须弥山图等。

**森琼·索朗列吉（福地妙旋宫）**

西日光殿内的福地妙旋宫壁画面积约22平方米。西壁上的壁画在此次维修中已被揭取后重新归安。其内容是依据民间传说素材绘制的松坚尼布网的故事，生活气息浓厚。从福地妙旋宫内门进入，便是福足欲聚宫。此宫是达赖喇嘛的寝宫之一，所绘壁画面积30余平方米。天窗中央绘有五世达赖喇嘛，左右两侧分别是达赖汗（蒙古汗王固始汗世系第三代）和第司·桑结嘉措，另外还有一世达赖喇嘛、二世达赖喇嘛、无量寿佛、白度母、尊胜佛母、白伞盖佛母、大依怙和吉祥天母；外屋壁画为五世达赖喇嘛业迹图。

**颇章玛布（红宫）**

红宫第一层西有寂圆满大殿，是红宫最大的殿堂，也是布达拉宫内最大的殿堂。殿内有44根立柱（包括8根通天大柱）。四周墙壁绘有面积达570余平方米的壁画。天窗内墙中央为五世达赖喇嘛像，西侧为释迦牟尼，东侧为宗喀巴师徒三尊。殿内四面绘制了以五世达赖喇嘛传记题材为主要内容，配以大型主尊的壁画，其中：西壁绘有佛祖和一世达赖喇嘛；北壁绘有无量光佛、十一面观音；东壁绘有赤松德赞；南壁绘有噶当派开山祖师仲敦巴·杰互穷乃等。特别是东壁绘制的公元1652年五世达赖喇嘛阿旺罗桑嘉措赴京觐见清顺治皇帝的情景，具有极高的史料价值。西有寂圆满大殿西侧五世达赖喇嘛灵塔殿内绘满了1000尊朱砂色线描的无量寿佛像。此殿南侧持明殿北壁也绘有1000尊朱砂色线描的无量寿佛像。（此种画法藏文音译为"蔡赤"）

红宫第三层回廊西壁绘有吉祥天母、十一世达赖喇嘛凯珠嘉措、五

绘制在无量寿佛殿内的精美壁画（布达拉宫管理处提供）

世达赖喇嘛；北壁零星绘有回文诗图案。红宫第三层法王修行洞是布达拉宫最早的建筑之一。法王洞过去一直未见有壁画，布达拉宫第一期维修工程中，在法王洞内发现了被烟熏的早期壁画，但未见此处绘有壁画的文献记载，仅有历次重建、扩建以及维修的记录。从画风及式样分析，法王洞现存壁画应绘制于红宫修建以前。目前已清洗了东壁和南壁部分墙面，揭示出来的壁画约有 10 余平方米。其中，东壁绘有十余个分散的人物和马，右下方有三位妇女像，初步判断分别为头饰多花的文成公主、头饰少花的蒙萨赤姜和头披布巾的赤尊公主；中部下方和左侧下方绘有头上缠布巾的吐蕃赞普和几位大臣。南壁东侧绘有阎罗王和四臂护法神等像，画面下角绘制梵文字体组成的彩色饰带。法王洞壁画的发现，可谓第一期维修工程中的重大收获，虽有待进一步考证，但通过对这些壁画的清理，为深入研究和溯源提供了实物例证。

红宫第三层无量寿佛殿满绘了精美的壁画，面积约 40 余平方米。东壁绘有七世达赖喇嘛的画像；南壁绘有布达拉宫全景图、八世达赖喇嘛像和六世班禅贝丹益西等；西壁绘有救八难度母、无量寿佛、吐蕃三大法王等；北壁绘有马头明王。在此次维修中，西壁壁画已被揭取和归安。

红宫第四层回廊绘满壁画，面积约 95 平方米。北侧回廊绘有吉祥天母，西侧为权衡三界九世达赖喇嘛龙朵嘉措。廊道东门楣绘有噶当派三祖师；隔壁东墙绘有宗喀巴师徒和梵天等；廊道西门楣绘有文殊；隔墙西面绘有白度母和尊胜母；廊道北壁绘有无量光佛和绿度母等。红宫第四层八世达赖喇嘛灵塔殿前厅绘满壁画，其东壁绘有三怙主（即佛部文殊、金刚部金刚手和莲花部观世音）、祖孙法王（即松赞干布、赤松德赞和赤热巴巾）；殿门东侧绘有吉祥天母，西侧绘有八世达赖喇嘛降白嘉措。红宫四层圣观世音殿前三排楼梯西侧绘有七世达赖喇嘛格桑加措，殿内佛龛背后墙壁上绘有宗喀巴、一世达赖喇嘛、七世达赖喇嘛等，殿门上方悬挂汉、藏、满、蒙四种文字的匾额"福田妙果"，匾上还有"同治御笔之宝"的朱色玺印。红宫四层七世达赖喇嘛灵塔殿东壁绘有净饭王和王后以及千尊佛，面积约 33 平方米。红宫四层上师殿殿门两侧绘有释迦牟尼、十世达赖喇嘛楚臣嘉措和吉祥天母像等，殿内用朱砂线描绘制千尊白度母和尊胜母像，面积约117平方米。红宫四层坛城殿内壁画面积约50余平方米，南壁中央绘有释迦牟尼和印度摩揭陀国菩提伽耶金刚座宝塔，南壁右侧绘有布达拉宫、五台山、京都图和观世音等；西壁绘有松赞干布、赤松德赞、赤热巴巾和七贤者等；北壁绘有五世班禅传记图等；东壁绘有迪洛巴和那若巴大成就者等。红宫四层弥勒佛殿天窗南侧绘有宗喀巴像，北侧为阿底峡。十三世达赖喇嘛灵塔殿的走廊绘有五世达赖喇嘛像和大白伞盖佛母等，此处壁画面积约41平方米。灵塔殿内绘有375平方米的壁画，绘有十三世达赖喇嘛坐床、赴京、流亡印度等历史事件，特别是1908年十三世达赖喇嘛赴京觐见慈禧太后和光绪皇帝的场面极具史料价值；殿内还绘有密集、胜乐、大威德、四臂观世音和两幅回文诗等。

**其他建筑内的代表性壁画**

除了白宫、红宫，在布达拉宫其他附属建筑尚有多幅壁画。例如，尊胜僧院大殿内壁画面积达255平方米，绘有三世佛、密集金刚、胜乐金刚、大威德金刚和千手千眼观世音、阿底峡、俄·列贝喜绕、仲敦巴·杰互穷乃、宗喀巴师徒像、五世达赖喇嘛传记简图、玛哈嘎拉（六臂依怙）等像。该院护法殿内绘有马头明王、三界胜伏马头明王、金刚橛、四大天王与众天神、五勇猛明王等60余平方米的壁画。位于布达拉宫西侧的地母堡（藏文音译"丹玛窖"）内的护法殿北壁绘有十二尊地祇女神（即金刚遐迩名扬地母、金刚页岩孚佑地母、金刚普贤地母、金刚魔后地母、金刚独具支眼地母、金刚贤德明妃地母、金刚白衣龙后地母、金刚刚烈尊胜地母、金刚藏土孚佑地母、金刚太一济世地母、金刚丽质冰心地母和金刚翠琮绿炬地母）、长寿五仙女、愤怒金刚、五世达赖喇嘛像、藏地十三种地方神之一的"念青唐拉"、颦眉度母、乔里摩天女、生母、地母和骑鹿地母和十相自在图等，面积约9平方米。

# 第五节  雕塑艺术

西藏雕塑题材多样，包括佛像、人物、飞禽走兽、花草树木等，在西藏传统文化艺术中占有重要的地位，布达拉宫内的雕塑堪称艺术珍品。

## 一、西藏传统雕塑的类别与制作方法

西藏传统雕塑主要分为石雕、木雕、泥塑、金属锻造或铸造四种类别。雕塑的主要手段有浮雕、平雕和圆雕三种塑造方式。在具体制作工艺上根据材料特性和塑造方式不同，也各不相同。下面重点就泥塑、金属锻（铸）造和鎏金的方法、技艺和工艺流程作粗劣介绍。

**泥塑制作方法**

泥质塑像一般使用黏土拌和适量药浆塑成。塑造泥质塑像分为几个

*供奉于法王洞内的松赞干布和文成公主泥塑像（布达拉宫管理处提供）*

步骤，首先选好黏性高的泥料原土，经过筛，选取细土。拌泥时根据需要可加入一定比例含天然藏药成分的药浆，但必须添加草纸或稻草等纤维，起到防止开裂的作用。拌泥时，要用棍棒反复捣搅至基本成型，之后用手反复揉捏，使泥料达到较高的韧度，最后包裹在用水浸泡过的纱布内待用。塑像时，首先要选用柏木杆搭建脊柱、手臂、腿脚等胎体的支撑点，再用泥料进行胎体的打底塑造。打底塑造成型的表面一般比较毛糙，主要是考虑面层细泥便于附着。细泥应从底座向上塑起，工序要连续，注意保持泥胎的湿度，防止干裂。最后用木质专用工具刻画细节和面部处理，同时要不断地打磨抛光，直至完成。

**金属锻造塑形技艺**

铜质像由黄铜、红铜或紫铜锻造。制作时，首先将铜皮加热变软之后，根据打造的佛像形态锻造出轮廓，然后放置在锻台上，用较小的专用铁锤由里向外敲打成浮雕形状，最后在特殊的拉加（似沥青）面上粘贴后用錾子仔细雕刻或錾刻。一般小型的铜质塑像为一体塑造，大型的铜质塑像为拼接成型。

**多种金属合成铸造的造像工艺**

多种金属合成铸造的佛像、佛塔、法器等称为合金，藏语音译为"利玛"（ལི་མ།）。布达拉宫内皆能见到"利玛"塑像、佛塔和法器。特别是"利玛拉康"（合金殿或响铜殿）、萨松朗杰殿（殊胜三界殿）、喇嘛拉康（上师殿）等处供奉着的数千尊合金佛造像，尤为壮观、珍贵。

*雪堆白工匠锻造的铜鎏金强巴佛（布达拉宫管理处提供）*

藏传佛教非常珍视"利玛"。特别是上等利玛称为"则根木"（ཛེ་གྲིན་ནམ།），是一种以多种金属为成分含有细小杂色颗粒的合金，视为比黄金还要珍贵的金属复合材料。"利玛"因多种金属混合而成，敲击时能发出清脆而持久的特殊响声，俗称"响铜"。由于制造工艺的差异和产地的不同，"利玛"形成了多种多样的成色特征。主要有红中泛黄的"红利玛"、黄中泛白的"白利玛"、紫中略有变色的"紫利玛"和呈纯黄色的"黄利玛"等。从产地来区分，又可分为印度西部的"努利"、印度东部的"夏利"、中原的"加纳利玛"和西藏的"确杰利玛""堆白利玛"等。

*吐蕃时期的合金质"六面十二臂阎罗王"造像（布达拉宫管理处提供）*

铸造"利玛"佛像的步骤是：首先开好需要塑形的模具；然后将熔钵内按照秘方配比用于浇铸的各种金属（包括黄金等贵金属）完全熔化（其配比属于秘方，故无法详列材料清单）；再将熔化的合金液体从浇铸口倒入模具内（浇铸应一气呵成，绝不能停顿）；最后把凝固的合金塑像开模后稍加修整，即告完成。其工艺的重点在于配方的精准度、火候的把控度和一次成型的娴熟度。

**鎏金工艺**

通常是把金属造像的重要部位，甚至是全身进行鎏金。鎏金工艺依次为：

加工金片：把金块锻成薄度达到如蜂蜜翅膀般的金片。

裁剪金片：将金片切成 2 至 3 毫米的方形或其它形状。

勾兑水银：在已切成小碎片的金片中掺入适量的水银。通常是 1 公斤金片兑入 4—5 公斤水银，也可根据质量要求适当增减。

凝固成团：把金子和水银混合物进行熔化后倒入冷水内凝固成团。

提取泥金：将成团合成原料与豌豆大小的石英碎石一道倒入研钵内，人工研磨 2—3 天，直到变成黏稠状的泥金为止。之后掺水后取出泥金。

涂刷水银：在需要鎏金的物体表面先涂上一层均匀的水银。通常是 1 平方米物体上涂 50 克左右水银。

涂刷泥金：可用手掌或手指粘抹适量的糊状泥金在涂好的水银层物体表面轻轻地涂抹一层厚度适宜的平整泥金。表面因雕饰、錾刻等形成的凹凸部位，则用沾了水银的铜质勺子粘抹糊状泥金，整个过程需娴熟、流畅，不能停顿，也不能堆积。

烘烤与擦拭：将抹好糊状泥金的物体在牛粪火上烘烤。在烘烤的同时，用棉花等均匀擦拭，直到水银蒸发、黄金显示出来为止。在烘烤时，特别要注意控制火候，需要用文火烘烤。如果火候太大，会使水银和金子同时蒸发，导致鎏金失败。操作此道工序时，因水银蒸发过程中毒性很大，所以应看好风向，避开毒气。传统的防毒方法是操作人员在操作过程中不断口含鲜肉和喝青稞酒来防止中毒。

打磨抛光：用天珠、玛瑙或铁棒在鎏金表面进行打磨抛光，显出黄金的光泽。

回色处理：如果需要将已抛光鎏金物表面呈现成色更高的黄红色时，将抛光后的鎏金物放进牛粪火堆上稍微加热，再放入一种叫"玛脆"（དམར་ཚོས）的天然植物的混合液体中浸泡进行回色处理，然后晾干，自然显现出所需成色。至此，鎏金工序全部完毕。

鎏金对佛造像艺术价值、工艺水准和审美特征的提升方面有重要意义。鎏金成色的纯正度高低和均匀度，是评判工艺成败的重要标准。布达拉宫金顶和铜鎏金建筑装饰物（屋脊宝瓶、胜利幢、笘玛墙装饰等）维修中便采用上述传统鎏金工艺和标准进行了修缮。

## 二、布达拉宫雕塑的艺术特点

寺院或家庭的佛教供奉物，在藏语里，归结为"古松突丹"（སྐུ་གསུང་ཐུགས་རྟེན）。"古"是"身"，即佛、菩萨、上师、本尊等各种造像，包括塑像和画像的表现形式。"松"的含义是"语"，即佛教所有典籍。"突"的含义是"意"，即佛塔、灵塔、坛城以及直接与佛教活动有关的各种法器等。"丹"的含义是三者具足的所依。

西藏传统文化当中，把所有知识划分为十明，十明又分为大五明和小五明。大五明包括工巧明（工艺美术学）、医方明（医药学）、声明（语言学）、因明（哲学或逻辑学）和内明（佛学）。小五明包括修辞学、辞藻学、韵律学、戏剧和星相学（天文历算）。大五明中的工巧明又分为三种，即身工巧、语工巧、意工巧。身工巧则主要指造像艺术（包括绘塑两方面），意工巧主要是指造塔艺术（包括法器打造）。

随着藏传佛教的兴盛，佛教教义的传播与雕塑艺术的发展之间产生了相互依存、互相促进的关系。为了塑造一个个精美的佛造像，从事佛

鎏金作业现场（西藏造像艺术协会提供）

造像的艺术家们付出了巨大的创造性劳动。由此，佛造像"古丹"（སྐུ་བརྙན།）成为了信徒崇拜的象征物。信徒认为通过崇拜这些象征物可获取善业功德。布达拉宫雕塑艺术完全按照藏传佛教造像的核心要义《大圆满心点》《时轮密》《顺和上乐密》《阎摩红黑之敌密》等造像度量典籍规范，准确无误地按照勘定的度量尺寸进行塑造是其共同的特点，并在传统雕塑工艺领域树立了权威性的范例。

布达拉宫内保存着千姿百态的各式塑像。这些塑像从质地上划分，主要有金、银、铜、合金、泥（含药浆）、石、木、骨、角和水晶、玉石、象牙等多种材料制成。如果再从体量上划分，小到几厘米，大到十几米不等。

布达拉宫内塑造成型的早期雕塑当属法王洞内松赞干布、文成公主、尺尊公主、贡如贡赞、吞弥·桑布扎和禄东赞的写实性人物泥塑像。而收藏于宫内年代最久远的塑像当属利玛拉康（合金佛像殿或响铜殿）内古老的合金佛像。宫内最珍贵、最殊胜的塑像当属供奉在帕巴拉康内的布达拉宫镇宫之宝旃檀[1]木质帕巴洛格夏热（观世音世间自在）像，他是松赞干布的本尊佛，也是信徒顶礼膜拜的主供佛。

### 三、布达拉宫雕塑的分布情况

布达拉宫内雕塑不仅分布在各个殿堂，甚至在走廊上亦可见到。下面就布达拉宫红宫17处殿堂内的雕塑，大致介绍如下：

**冲饶拉康（本生传承殿）**

此殿位于红宫西大殿北侧。殿内主尊是依照第司·桑结嘉措的意图，耗黄金52.47公斤锻造的一尊仿大昭寺释迦牟尼十二岁等身像的高仿金像和耗白银38.94公斤锻造的五世达赖喇嘛银质法像。

佛殿右侧排列着药师八如来铜质鎏金像。左侧排列着藏传佛教源流中的观世音本生最简约化的谱系传承静息观音、松赞干布、仲顿巴、一世至四世达赖喇嘛铜质鎏金塑像，故而该殿得名"本生传承殿"。

在此殿东侧坐东朝西供奉着萨迦派高僧查青洛色大师铜鎏金像；西

金质释迦牟尼（左）与银质五世达赖喇嘛像（右）（布达拉宫管理处提供）

侧安置十一世达赖喇嘛金质灵塔。

**朗仁拉康（菩提道次第殿）**

此殿位于红宫西大殿东侧。菩提道次第殿，顾名思义，是为纪念藏传佛教格鲁派创始人宗喀巴大师创建的菩提道次第广论而得名。该殿主供一尊耗白银26.13公斤锻造的宗喀巴大师53岁面相、呈说法印的银像。银像配有錾刻精湛、镶嵌珠宝的铜鎏金宝座和背光。佛殿左侧佛龛供奉广行派（རྒྱ་ཆེན་སྤྱོད་བརྒྱུད།）诸上师和右侧佛龛内供奉深观（ཟབ་མོ་ལྟ་བརྒྱུད།）诸上师等60余尊塑像。

**仁增拉康（持明殿）**

此殿位于红宫西大殿北侧。殿内主供一尊耗银30.32公斤锻造的莲花生大师银像。银像配有錾刻精湛、镶嵌珠宝的铜鎏金宝座和背光。相传，莲花生大师传承了古印度八大持明佛（八位大成就者）所传密宗的清净法脉，具备广大法力，故被古印度那烂陀寺[2]首座寂护大师推荐，受到吐蕃赞普赤松德赞邀请入藏传法，成为了藏传佛教宁玛派的开派祖师之一，在藏传佛教发展史上具有崇高地位和广泛影响力。莲花生大师银像左右两旁分别是拉江·门达热娃和康卓·益西措杰两位女性成就者的铜鎏金像。佛殿右侧上方并排着铜质镀金八大持明佛像，故而此殿得名"持明佛殿"。左侧上方排列着莲花生八大名号铜质镀金像。该殿内还有体量较大的银质善逝八佛塔和常人等身的文殊、四臂观音和金刚手菩萨铜质鎏金像。

**门拉拉康（药师佛殿）**

此殿位于红宫西大殿二层回廊东侧偏南一侧。殿内主供药师八如来塑像和一座耗黄金15.4公斤锻造的铜质鎏金药师坛城。周围供用泥质药浆所塑的西藏等多地药师传承者310尊。

**曲杰竹普（法王修行洞）**

此殿位于红宫西大殿三层回廊北侧内室，是布达拉宫最早的建筑之一，具有1300多年的历史。内有一尊高约150厘米的松赞干布和高约142厘米的王子孔日孔赞、文成公主、尺尊公主彩色泥塑坐像。以及高约174厘米的吐蕃七贤臣之一吞弥·桑布扎和高约173厘米的吐蕃能臣禄东赞的彩色泥塑立像各一尊。佛龛内还有松赞干布王妃孟萨·赤尊怀抱王子贡如贡赞的小型彩色泥塑坐像等12尊塑像。

**公桑吉朱拉康（普贤追随殿）**

此殿位于红宫西大殿三层回廊西北侧。殿内主供一尊紫铜鎏金释迦牟尼像，其左右分别为铜质镀金观世音、千手千眼观世音、"萨霍乌坚"（ཟ་ཧོར་ཨུ་རྒྱན）和五世达赖喇嘛塑像等。

银质莲花生（中），铜质鎏金门达热娃（左）与益西措杰（右）（布达拉宫管理处提供）

法王洞内景（布达拉宫管理处提供）

### 利玛拉康（合金佛像殿或响铜殿）

此殿位于红宫西大殿三层回廊正北一侧。该殿以一道轻质隔墙分割为东、西两间。殿内供奉着 3000 余尊佛像、上师像和 287 座佛塔。其中，合金质塑像多达 1700 余尊，佛塔 280 座。近 100 尊刻有"大明永乐年施"和"大明宣德年施"题记的极具艺术欣赏价值的铜质鎏金佛像收藏于此处。殿内还有少量"菩提伽耶"造型的佛塔。

这里保存的合金质佛像和佛塔来源非常广泛，既有天竺、克什米尔等地的"东印度合金""中印度合金""西印度或克什米尔合金"铸造的印度帕拉王朝、斯瓦特地区风格的佛造像，也有祖国内地和西藏等地的"大明合金""旧法王合金"（吐蕃时期）"新法王合金"（江孜法王时期）和"堆白合金"（雪堆白时期）以及阿底峡尊者师徒辗转传承的"噶当合金"等年代久远、形态各异、种类繁多的合金质佛造像艺术。因而"利玛拉康"被人们称为"合金佛像的集会殿"。不仅为研究佛造像历史、艺术价值提供了重要的实物例证，而且对研究藏民族与其他民族间交流交往交融的历史也有着重要意义。

铜鎏金质立体"时轮坛城"（布达拉宫管理处提供）

### 堆廓拉康（时轮坛城殿）

此殿位于红宫西大殿三层回廊东侧。殿内中央设置一座周长约为 580 厘米，通高 290 厘米的铜质鎏金时轮立体坛城。据说这座坛城是在十七世纪晚期，由第司·桑结嘉措从藏传佛教觉囊派主寺日喀则拉孜县平措林寺迎请到布达拉宫的。到布达拉宫后，桑结嘉措命人精细地做了修葺，补嵌了大量珠宝，从而使该坛城显得非常气派和富丽堂皇。在坛城周围的佛龛内供奉有合金、铜质鎏金、木、药浆等质地塑造的时轮续传承谱系诸上师造像 400 余尊。

### 土旺拉康（释迦能仁佛殿）

此殿位于红宫西大殿四层回廊南侧偏东一侧。殿内主供耗银 21.6 公斤锻造的一尊释迦能仁银像。其左右为铜质鎏金随佛八大弟子站立像。该殿所供造像度量精准，法相庄严，是难得的精品。

### 次巴拉康（无量寿佛殿）

此殿位于红宫西大殿四层回廊南侧中央。殿内呈"凹字形"摆放的

利玛拉康殿内的合金质"金刚亥母"造像（布达拉宫管理处提供）

九尊铜质镀金无量寿佛像工艺精湛，法相庄严，据说是"雪堆白"锻造的具有代表性的作品之一，有很高的研究价值。此殿还供有银质白度母、铜质鎏金绿度母像和三十五位忏悔佛、宗喀巴五种化身、菩提道次第传承上师、禁食苦修传承上师、十六尊者（罗汉）、居士、和尚、四大天王等各种质地的大小不等塑像近1000尊和一套完整的善逝八佛塔。

**则杰拉康（释迦百行殿）**

此殿位于红宫西大殿四层回廊南侧偏左一隅。殿内主供高约30厘米，用泥质药浆塑造的释迦牟尼像。其左右和前排均为以同材质塑造的释迦百行造像。佛龛内供奉着雕工非常精湛的檀香木质十六尊者（罗汉）像等近100尊塑像。

**帕巴拉康（圣观音殿，布达拉宫主供佛殿）**

此殿位于红宫西大殿四层回廊北侧偏西方向，殿外有三道木质排梯，三扇殿门。殿内主供一尊高约93厘米、宽约10厘米，据传是"天然生成"的旃檀木质观世音世间自在（帕巴洛格夏热）像。此像是布达拉宫的主供佛，也是镇宫之宝。它的由来还有一段神奇的传说。据《西藏王统记》记载："松赞干布派出迎佛使者化身比丘阿嘎马蒂希拉到天竺去寻觅一尊世间罕见的佛像迎请至吐蕃作为赞普的信仰所依之本尊。当化身比丘到达芒域（今吉隆）时，见此地民众因瘟疫横行而暴死多人痛苦不已，化身比丘深感悲痛。然化身比丘肩负使命，不敢久留，再前行至一座名为'阳普亚盖'的小镇时，见此地民众因患上麻风病而失去亲人痛苦不已，化身比丘悲痛至极。当化身比丘离开此地前行至天竺与泥婆罗（今尼泊尔）交界处的一片原始森林时，遇到一个小牧童，化身比丘从牧童口中得知密林深处有一颗被光环围绕着的神奇旃檀宝树且有一头母牛常向树上喷洒奶水的传奇故事后，化身比丘便借来一把斧头，走到神树跟前将其割为四节。当第一节劈开时，树芯内发出'缓徐割之，将我送至芒域'的声音，其树芯内取出了'帕巴乌迪'（འཕགས་པ་ཨུ་དི）立像；第二节劈开时，树芯内发出'缓徐割之，将我送至阳普亚盖'的声音，其树芯内取出了'帕巴乌岗'（འཕགས་པ་དུང་གི）立像；第三节劈开时，树芯内发出'缓徐割之，将我留至天竺与泥婆罗交界处'的声音，其树芯内取出了'帕巴嘉麻利'（འཕགས་པ་ཞྭ་ལི）立像；第四节劈开时，树芯内发出'缓徐割之，将我迎至雪域，作松赞干布之本尊'的声音，其树芯内取出了'帕巴洛格夏热'（འཕགས་པ་ལོ་ཀི་ཤྭ་ར）立像。化身比丘将前三者神像依照本尊意愿分别将'乌迪'供奉于芒域（今吉隆镇帕巴拉康），从此消除了此地的瘟疫；'乌岗'和'嘉麻利'分供各处也消除了各自的病灾。把'洛格夏热'像迎请至吐蕃献给赞普，松赞干布见状大悦，将此像供奉于宫内最高处的圣观音殿内，作为自己的本尊佛顶礼膜拜，从此成为布达拉宫的镇宫之宝。"

据史料记载，吐蕃末代赞普·乌东赞（朗达玛）实施灭佛运动时期，佛教徒秘密将"洛格夏热"从布达拉宫转移到拉萨北面"帕蚌喀"城堡暂避一时，之后再次转移到拉萨小昭寺内秘密保存多年。公元1618年，

布达拉宫主供佛"圣观音世间自在"像（中）（布达拉宫管理处提供）

藏巴汗·彭措朗杰率领大军攻陷拉萨各地时，拉萨首领吉雪第巴·索朗朗杰借青海蒙古兵力反击。为了酬谢，吉雪第巴将"洛格夏热"像馈赠给蒙古军首领洪台吉，此后的27年中此像流落青海蒙古部落。公元1645年，蒙古和硕特部首领固始汗的王后塔赖衮吉得知五世达赖喇嘛重建布达拉宫的消息后，用重金赎回此像，并派使团护送至拉萨赠予达赖喇嘛，拉萨民众举行隆重的迎请仪式，此时正值重建布达拉宫的开工之日。之后仍旧归安在布达拉宫圣观音殿。

公元十七世纪中叶，拉达克入侵西藏边境，处于边境一线的吉隆危在旦夕。此时，五世达赖喇嘛命人将供奉在吉隆帕巴拉康的主供佛"帕巴乌迪"转移至布达拉宫圣观音殿，供奉在"洛格夏热"像的右边。经过数月的反击战，平息了入侵事件，将此像再次请回吉隆帕巴拉康。为了纪念此事，五世达赖喇嘛命人塑造了一尊与原件相同材质的旃檀木质圣观音"乌迪"等身像，至今供奉在布达拉宫圣观音殿内"洛格夏热"像的右边。此外，八世达赖喇嘛时期曾命人用合金铸造了一尊"洛格夏热"，放置在左边。

公元九世纪初，吐蕃第四十一代赞普·赤祖德赞（赤热巴巾）在拉萨河西南一带（今曲水县才纳乡境内）修建了一座形似玲珑塔的九层楼"吾祥朵"寺，外观十分壮观，内室供奉身语意所依无数，其中一尊高约51厘米、宽约38厘米，合金铸造的六面十二臂阎罗（འཇམ་དཔལ་གཤིན་རྗེ་གཤེད་དྲུག）像，造型古朴而殊胜。据传，十一世纪中叶该寺因失火而被毁，六面十二臂阎罗像被转移至布达拉宫圣观音殿，至今仍供奉在此处。

公元1682年，五世达赖喇嘛率众离藏赴京觐见顺治帝，途径青海整修时，蒙古汗王赠送了质地精良的红檀木，后来带回到西藏，命人雕造了八尊高约97厘米的文殊、金刚手、观世音、地藏王、除盖障、虚空藏、弥勒、普贤"八大菩萨"像，也供奉在此殿内。另外，还有一尊高约74厘米的早期合金"则根木"（ཟི་ཁྱིམ）质释迦牟尼像，一尊高约13厘米的装藏着大师头发的宗喀巴塑像（"杰·扎西朵康玛"像），一尊高约20厘米八思巴玉质像配有宝座和背光，八座高约47厘米、底座宽25厘米的银质善逝八佛塔，十八世纪中晚期，原噶厦政府设立的宫廷造办处"雪堆白"精心锻造的高约31厘米的"救八难度母"铜质鎏金像，以及莲花生、阿底峡、玛尔巴、布敦大师、唐东杰布、宗喀巴、八世达赖喇嘛、克什米尔学者迦湿弥罗等人物像和十一面观音、千手千眼观世音、狮子吼观世音、白度母、六臂依怙、空行母、金刚手等佛菩萨像上百尊。

**强康（弥勒佛殿）**

此殿位于红宫西大殿四层回廊东侧。殿内主供一尊高366厘米、基座宽265厘米的铜质鎏金弥勒佛像（藏语称：强巴佛）。主尊右侧排列着高约100厘米的白度母银像和高139厘米的无量寿佛银像以及高139厘米的尊胜母银像；主尊左侧排列着高137厘米的地心母铜质鎏金像和高152厘米的拉姆·顿珠卓玛铜质鎏金像，一座高约166厘米的银质尊胜佛塔以及不动明王、松赞干布等各种造像上百尊。

**伦朗康（坛城殿）**

此殿位于红宫西大殿四层回廊南侧偏东。殿内供奉七世达赖喇嘛时期锻造的三座金质立体坛城，分

殿内主供铜质鎏金"强巴佛"（布达拉宫管理处提供）

别为本尊密集金刚坛城、本尊胜乐金刚坛城和本尊大威德金刚坛城。其中：胜乐金刚坛城居东，大威德金刚坛城居西，密集金刚坛城居中。三座坛城主体外立面皆为纯金质地，圆形底座均为铜质鎏金，坛城内部佛像均为纯银质。

1740—1742年间，当乾隆皇帝得知七世达赖喇嘛在布达拉宫锻造三座密宗本尊黄金坛城的消息后，皇帝降旨在京的章嘉呼图克图·日白多吉活佛负责设计和督办，由宫廷造办处组织能工巧匠专门打造了十二座精美的纯金牌坊，并在牌坊上方中央题款"大清乾隆年制"字样，派专使送到布达拉宫，安装在三座坛城的四周。

此殿东、北两侧设立的佛龛内供有药泥质七世达赖喇嘛等身像和合金质、铜质鎏金质的珍贵佛造像上千尊。

### 萨松朗杰（殊胜三界殿）

此殿位于红宫西大殿四层回廊南侧中央。其外立面处在红宫正面中央七层大窗最高处，地位十分显赫。殿北中央挑高雕龙佛龛内供奉着乾隆皇帝御容画像唐卡和汉、藏、满、蒙四种文字"当今皇帝万岁万岁万万岁"金字清康熙皇帝长生禄位。

此殿西南角主供奉一尊十三世达赖喇嘛命"雪堆白"设计锻造，由他本人亲自开光并监督殊胜装藏的耗银312公斤，高约278厘米的十一面千手千眼大悲观

殿内供奉的"乾隆御容像"唐卡画芯（布达拉宫管理处提供）

音银像。此外东南角佛龛内供有极高文物价值的不同质地、造型各异的大小塑像和佛塔2000余件。

### 其美德丹吉（长寿乐集殿）

此殿位于红宫西大殿四层回廊西侧偏南。主供千尊铜质鎏金无量寿佛。此外还有释迦能仁、噶当派诸上师、叶衣佛母、三十五位忏悔佛、十一面观世音等不同质地的塑像。此殿西面尚有一尊铜质鎏金护法女神"拉姆·依嘎则底"（ལྷ་ཀླུ་ཇོ་མོ）像，显得非常独特。

殿内供奉金质"大威德金刚坛城"（布达拉宫管理处提供）

**喇嘛拉康（上师殿）**

此殿位于红宫西大殿四层回廊西侧偏北。主供一尊高约113厘米、底座宽79厘米的宗喀巴银质等身坐像。其两侧和前侧左右分别排列着六世至十二世达赖喇嘛塑像各1尊。其中，高约112厘米、底座宽90厘米的六世达赖喇嘛仓央嘉措银质塑像锻造工艺精湛，形象生动，栩栩如生，明显具有写实感，是一件难得的精品，甚至可以说是一件孤品。

此殿两侧佛龛内还收藏了大量的早期造像艺术，包括：吐蕃第一代赞普·聂赤赞普、莲花生大师、噶当派开派祖师之一仲敦巴·嘉哇穷乃、历代帕木竹巴、宗喀巴大师等人物像和释迦牟尼、观音、文殊、白度母等不同质地、造型各异的佛造像1000余尊和佛塔300余座。据说，此殿内收藏的白砂石面上"自然显现莲花生"像曾经是藏传佛教噶举派四大支系之一帕竹噶举派祖庭邓萨提寺的镇寺之宝。

殿内供奉的六世达赖喇嘛仓央嘉措银质像（布达拉宫管理处提供）

**注释**

[1] 旃（zhān）檀：又名檀香、白檀，是一种古老而又神秘的珍稀树种，收藏价值极高。檀香木香味醇和，历久弥香，素有"香料之王"之美誉。

[2] 那烂陀寺：为古代中印度摩揭陀国首都王舍城北方之大寺院，它是古代印度佛教最高学府和学术中心，曾经吸引了全球各地成千上万学者前来求学，中国唐代高僧玄奘就是其中之一。12世纪，该寺因遭到伊斯兰教教徒的侵略而被毁。

# 第六节　布达拉宫内的塔类

关于历史上西藏出现的最早佛塔，据《西藏王臣记》记载："赤吉托尊配茹雍萨·董杰娜摩措，生子名拉托托日年赞（吐蕃第二十八代赞普，约公元373年）。年赞乃吉祥普贤光明所化现。当其在位时，某次，空中降下《诸菩萨名称经》、黄金宝塔、《宝箧经》、心要六字真言、旃陀罗嘛呢印模等，落于雍布拉康宫顶之上。"相传，在赤松德赞修建桑耶寺主殿四周绿、黑、白、红四塔时，将"黄金宝塔"装藏于白塔之内。桑耶寺原白塔已被毁，其中是否安置这座金塔，已无人知晓。然而，布达拉宫法王洞墙外廊道西侧有一座高约248厘米的形制独特的土质白塔，其年代根据文献资料可以追溯到唐代早期，距今已有1300多年的历史，目前仍保存完好。

## 一、藏式佛塔结构名称与度量比例

佛塔，梵文（stupa）音译"窣堵波"，源于天竺，后随佛教传入中原。汉语中称"浮屠""圆冢""灵庙"等多个名称。藏语称"曲登"（མཆོད་རྟེན），它代表三所依"身、语、意"之中的"意"，象征意念所依。佛塔的度量和造型，在经藏（བཀའ་འགྱུར）和续部（བསྟན་བཅོས）的记载中有所差异。在西藏造塔中广为沿用的度量和造型尺度来自于藏文版的印度定的造塔度量。我们依照第司·桑结嘉措勘定的造塔度量和部件构成要素，对藏传佛塔普遍使用的结构名称和度量比例做出如下梳理。

**塔的构造名称**

佛塔中所有 23 个不同部位可以简洁地概况归纳为塔基、塔瓶和塔尖三大部分。为了让人们更好地了解藏传佛塔所有部件的名称和作用，以图文并茂的方式进行标注。

（1）萨曾（持地）ས་འཛིན།

（2）梯盖松（三阶地）ཐེམ་སྐས་གསུམ།

（3）顿庆或森赤（法座）གདན་ཆེན།

（4）松尼（边角）ཟུར་སྙི།

（5）盆穷（小基座）བད་ཆུང་།

（6）盆庆（大基座）བད་ཆེན།

（7）给久（十善）དགེ་བཅུ།

（8）蚌日西（四级层）བང་རིམ་བཞི།

（9）布旦白玛（瓶座莲瓣）བུམ་གདན་པད་མ།

（10）苯巴（塔瓶）བུམ་པ།

（11）古钦木（塔门）སྒོར་ཁྱིམ།

（12）布白给丹木（塔瓶腰饰）བུམ་པའི་སྐེད་འདོག

（13）赤旦（斗座）ཁྲི་གདན།

（14）赤（塔斗）ཁྲི།

（15）突地白玛（伞座莲瓣）གདུགས་འདེགས་པད་མ།

（16）群阔久松（十三法轮）ཆོས་འཁོར་བཅུ་གསུམ།

（17）萨热擦（遮雨檐）ཟར་ཚགས།

（18）突机朵松（塔幢）ཕུག་གི་རྫོང་རྩེ་གསུམ།

（19）镀（塔伞）གདུགས།

（20）恰克布（雨罩）ཆར་ཁེབས།

（21）达瓦（月亮）ཟླ་བ།

（22）尼玛（太阳）ཉི་མ།

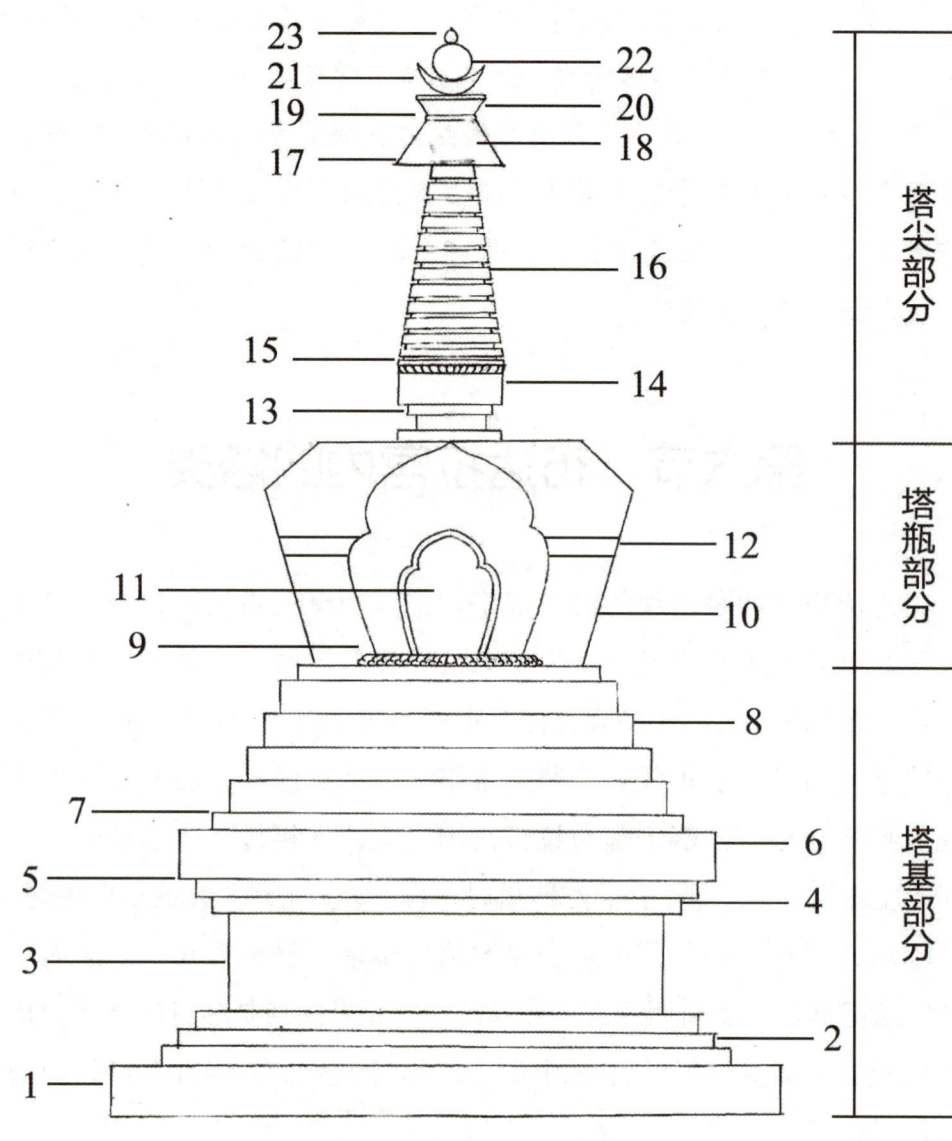

**藏式佛塔"菩提塔"构造白描图**

造塔的理论著作《祖多赤美》（གཙུག་ཏོར་དྲི་མེད་འོད།）和几位上师以及达罗·西绕仁青、追古·臣尕哇·班典罗追桑布等一代艺术大师留下的造塔量度。自公元十七世纪布达拉宫重建时制作的佛塔、灵塔等，在第司·桑结嘉措总结和修正前人弊端的基础上，新勘定的造塔度量比例为准。特别是，"雪堆白"所制作的佛塔、灵塔各部件比例一直沿用第司·桑结嘉措新勘

(23) 朵（宝顶）ནོག

**佛塔的度量比例**

佛塔度量的尺度分为"恰庆 ཚ་ཆེན།"（大尺度），"恰穷 ཚ་ཆུང་།"（小尺度），"恰铲 ཚ་ཕྲ།"（微小尺度）三个粗中细不等尺度。一个"恰庆"等于三个"恰穷"，一个"恰穷"等于四个"恰铲"。

佛塔的体量，由持地的大小来决定。基数根据需要可以任意预定一个数值。其基本计算方法是：

（1）萨曾（持地）

萨曾（持地）——高为 3 恰穷，宽为 19.5×2=39 恰穷（19.5 为持地宽的中线至边，乘 2 为持地总宽度）。

（2）梯盖松（三阶地）

第一阶地——高为 1 恰穷，宽为 17.5×2=35 恰穷。

第二阶地——高为 1 恰穷，宽为 16×2=32 恰穷。

第三阶地——高为 1 恰穷，宽为 14×2=28 恰穷。

森赤（法座）——高为 2 恰庆，宽为 13×2=26 恰穷。

松尼（边角）——高为 1 恰穷，宽为 14×2=28 恰穷。

盆穷白玛（小基座莲花）——高为 1 恰穷，宽为 15×2=30 恰穷。

盆庆（大基座）——高为 2 恰穷，宽为 16×2=32 恰穷。

给久（十善）——高为 1 恰穷，宽为 14×2=28 恰穷。

（3）蚌日木西（四级层）

第一级层——高为 2 恰穷（包括莲瓣的 1/2 恰穷），宽为 13×2=26 恰穷（包括莲瓣各边突出的 1/4 恰穷）。

第二级层——高为 2 恰穷（包括蓬瓣的 1/2 恰穷），宽为 12×2=24 恰穷（包括莲瓣各边突出的 1/4 恰穷）。

第三级层——高为 2 恰穷（包括莲瓣的 1/2 恰穷），宽为 11×2=22 恰穷（包括莲瓣各边突出的 1/4 恰穷）。

第四级层——高为 2 恰穷（包括莲瓣的 1/2 恰穷），宽为 10×2=20 恰穷（包括莲瓣各边突出的 1/4 恰穷）。

（4）布旦白玛（瓶座莲瓣）——高为 1 恰穷，宽为 9×2=18 恰穷。

（5）布底（塔瓶）——高局为 3 恰庆加 1 恰穷（余 1/3），底部宽为 8×2=16 恰穷，中部宽为 11×2=22 恰穷，上部宽为 10×2=20 恰穷。

（6）赤旦（斗座）——底部高为 1/3 恰穷，面部高为 2/3 恰穷，底部宽为 3 恰穷，面部宽为 2×2=4 恰穷。

（7）赤（塔斗）——高为 2 恰穷，宽为 2×2=4 恰穷。

（8）突地白玛（伞座莲瓣）——高为 1 恰穷，底部宽为 1×2=2 恰穷，上部宽为 2×2=4 恰穷。

（9）群阔久松（十三法轮）——十三法轮中每轮的高为 1 恰穷（其中 2/3 为阳轮，1/3 为伞或阴轮），第一法轮宽为 3×2=6 恰穷，第一伞宽为 2×2=4 恰穷，第十三法轮宽为 3—2 恰穷，第十三伞宽为 1 恰穷。

（从第一法轮与第十三法轮边缘的连线，可以得知中间十一个法轮的宽；从第一伞边与第十三伞边的连线，可以得知中间十一个伞的宽）。

（10）萨热擦（遮雨檐）——高为 3 恰穷，底部宽为 6 恰铲，上部宽为 2 恰穷。

（11）突机朵松（塔幢）——高为 1 恰穷，宽大体上与第十三法轮的宽度相同，上方宽为 2 恰铲有余。（注：中线各一微度量单位加十六纹。）

（12）突（塔伞）——高为 1/2 恰穷，宽为 2 恰穷。

（13）恰克布（雨罩）——高为 1 恰穷，底部宽为 2 恰铲，顶部宽为 4 恰穷。

（14）达瓦（月）——高为 1 恰穷，宽为 4 恰穷。

（15）尼玛（日）——高为 2 恰穷，直径为 1 恰穷。

（16）朵（宝顶）——高为 1 恰穷，宽为 1 恰穷。

## 二、布达拉宫所藏佛塔类型

布达拉宫内保存着上千座大小不一、形制各异的佛塔。这些佛塔从质地可分为金、银、合金、红铜、铜鎏金、青铜、水晶、骨角象牙、石质、木质和土质等。形制上如果按照传统分类，除了"浮屠塔""异形塔"和

善逝八佛塔

合金质"噶当塔"（布达拉宫管理处提供）

"噶当塔"（བཀའ་གདམས་མཆོད་རྟེན།）之外，所有塔形都可归入藏传佛教八大类型的佛塔，又称"善逝八佛塔"（བདེ་གཤེགས་མཆོད་རྟེན་བརྒྱད།）之中。

噶当塔的名称最早出现在藏传佛教"后弘期"初始阶段，与孟加拉著名佛学大师阿底峡尊者进藏弘法并创建藏传佛教"噶当教派"有关。相传，此类塔中多藏有阿底峡尊者的舍利或佛珠粒子，绝大多数的质地为合金质，统称"噶当利玛"（噶当合金）。布达拉宫保存的"噶当塔"皆为可存放于佛龛之内的小型塔，其形状与印度佛塔中的"铃形塔"相似。

"善逝八佛塔"分别是：叠莲塔（པད་སྤུངས་མཆོད་རྟེན།）、菩提塔（བྱང་ཆུབ་མཆོད་རྟེན།）、吉祥多门塔（བཀྲ་ཤིས་སྒོ་མང་མཆོད་རྟེན།）、神变塔（ཆོ་འཕྲུལ་མཆོད་རྟེན།）、佛祖天降塔（ལྷ་བབ་མཆོད་རྟེན།）、离合塔（དབྱེ་བསྡུམ་མཆོད་རྟེན།）、尊胜塔（རྣམ་རྒྱལ་མཆོད་རྟེན།）和涅槃塔（མྱང་འདས་མཆོད་རྟེན།）。"善逝八佛塔"是为纪念佛祖释迦牟尼住世时开创"八大伟业"的标志性宗教造型艺术。释迦牟尼降生时，其父净饭王在佛祖降生之处所建的塔称为"西叠莲塔"。释迦牟尼悟道而成正觉时，由苏吉宁波在佛祖成道之处所建的塔称为"东西菩提塔"。释迦牟尼佛初转法轮，向五位比丘宣讲四谛（即苦谛、集谛、天谛和道谛）要义之处所建的塔称为"南吉祥多门塔"。释迦牟尼佛降伏魔障，战胜外道六师之处所建的塔称为"东北神变塔"。释迦牟尼佛从忉利天之七宝阶梯下降人间，化度众生之处所建的塔称为"东降佛塔"。释迦牟尼佛说服僧众争论，化度众僧之处所建的塔称为"离合塔"。释迦牟尼佛战胜魔军，思念寿量之处所建的塔称为"尊胜塔"。释迦牟尼佛涅槃之处所建的塔称为"涅槃塔"。

藏传佛教将这八座佛塔统称为"善逝八佛塔"。其造型主要从塔的中段四个层级的不同形状加以区别。

（1）叠莲塔：塔身中段四层级呈圆形，表面绘制或雕刻莲花图案。

（2）菩提塔：塔身中段四层级呈方形，表面光滑、平整。

（3）吉祥多门塔：塔身中段四层级呈方形，表面绘制或雕刻成殿门形状。

（4）神变塔：塔身中段四层级呈方形，各面中间约三分之一部位少许突出。

（5）降佛塔：塔身中段四层级呈方形，与神变塔基本相同。但在塔瓶正面佛龛正下方置有三排梯或此处层级加倍是明显的特征。

（6）离合塔：塔身中段四层级呈八角菱形，表面光滑、平整。

（7）尊胜塔：塔身中段呈圆形的四层级，化为三层级。

（8）涅槃塔：塔身中段呈钵型，塔瓶直接倒置于塔座上。有时亦可见塔瓶倒置者。

佛塔的"十善"象征佛教徒恪守的不杀生、不偷盗、不邪淫、不妄语、不两舌、不恶口、不绮语、不贪、不嗔和不邪见的基本道德。佛塔的"四层级"，象征佛教四个基本教义即苦谛、集谛、灭谛和道谛。佛塔的"十三法轮"，象征佛教所修行的极喜地、无垢地、发光地、焰慧地、极难地、现前地、远行地、不动地、善慧地、法云地、非凡地、智地和金刚地十三地。塔顶上的日、月，象征阴阳普照之意。

## 三、布达拉宫内的灵塔

灵塔，是因塔内藏有上师法体或骨灰、舍利、衣冠而得名，是藏传佛教高僧大德圆寂后最高规格的供养形式的具有加持力的圣物。俗称"灵塔"或"舍利塔"。灵塔是保存高僧大德"肉身"的塔；舍利塔，顾名思义，

五世达赖喇嘛灵塔

七世达赖喇嘛灵塔

八世达赖喇嘛灵塔

是高僧大德火化后遗留的舍利装藏供养之塔。灵塔的形制大多采用"善逝八佛塔"中的菩提塔、尊胜塔和降佛塔三种塔型。如：五世、七世、八世、九世、十一世和十三世达赖喇嘛灵塔外观都是"菩提塔"形制，而十世、十二世达赖喇嘛灵塔外观则采用了"尊胜塔"形制。历代班禅大师的灵塔大多采用"降佛塔"形制。

在历代达赖喇嘛中，一世达赖喇嘛的银质灵塔安放在其创建的寺院——日喀则扎什伦布寺。二至四世达赖喇嘛的银质灵塔则安放在他们曾担任主持的寺院——拉萨哲蚌寺。唯独六世达赖喇嘛不曾拥有公认的灵塔。布达拉宫内完整地保存了五世至十三世8座达赖喇嘛金质灵塔和若干座上师舍利塔。

早在吐蕃时期就有土塔垒筑的塔葬习俗。在藏传佛教史上，有为造诣高深的上师大德修建灵塔的习俗，在他们圆寂后将其法体或舍利、衣冠装入灵塔内。建造灵塔的习俗至今仍延续于我国的西藏、四川、青海、甘肃、云南等藏族聚居区和不丹、蒙古等国。上世纪九十年代初，国家拨出大量黄金修建了第十世班禅额尔德尼确吉坚赞的灵塔，并于1993年9月4日，在西藏日喀则扎什伦布寺举行了隆重的灵塔祀殿"释颂南捷"（སྲིད་གསུམ་རྣམ་རྒྱལ།）落成典礼。

体量巨大、造型唯美、质地贵重、装饰华丽、装藏殊胜的达赖喇嘛灵塔，是布达拉宫代表性珍贵文物的重要组成部分。

**五世达赖喇嘛灵塔——南瞻部州唯一庄严塔**（འཛམ་གླིང་རྒྱན་གཅིག）

五世达赖喇嘛阿旺罗桑嘉措灵塔，通高1260厘米、持地宽765厘米，

九世达赖喇嘛灵塔　　　　　　　　　　十世达赖喇嘛灵塔　　　　　　　　　　十一世达赖喇嘛灵塔

呈菩提塔形。据第司·桑结嘉措所著《南瞻部洲唯一庄严灵塔目录》记载，"南瞻部洲唯一庄严灵塔"所耗黄金达119082两3钱5厘6毫（约合3721公斤），塔身镶嵌各色珍珠3812颗，0.7至1.5厘米大小的宝珠501颗，莲花形特大绿松石5颗，莲花形中、小型绿松石91颗，长方形莲花状绿松石15颗，兽形绿松石4颗，2至4厘米大小的深色和浅色绿松石14颗，0.5厘米左右大小的金刚钻3颗，0.5至3厘米大小的蓝宝石15颗，祖母绿8颗，红宝石8颗，内地产红宝石554颗，祖母绿7颗，帝青宝1颗，鹏吐石3颗，右旋海螺1颗，4厘米大小的帝青宝1颗，1.5至3厘米大小的珊瑚7232颗，各种天珠541颗，其他各种宝石135颗，各种玛瑙和羊脂玉700个，青金石3935颗，娜卡巴芝宝石90颗，天然紫晶156颗，绿松石和彩色琉璃360个，各种禽兽形状水晶石183颗，用绿松石、珊瑚、青金石和鱼骨镶嵌的梵文字13组，妇女黄金胸饰"噶乌"13块，女式金耳饰（哎果）6个，男式金耳饰（阿隆）18个，男式耳坠（索契）2对，蒙古妇女耳饰2对、头饰2套，宝石帽1顶，蒙古妇女发饰2个，镶有55颗金刚钻、祖母绿和红宝石的阿里古代饰品1套，镶有顺治皇帝赐给五世达赖喇嘛的约5厘米的大象脑内所生宝珠1颗和五世班禅额尔德尼·罗桑益西常用珠链 1 串。塔内还藏有松赞干布的遗令一件、贝叶经《时轮注疏》一部、莲花生及其密妃益西措杰和赤松德赞三人用鼻血写成的《十万颂般若经》一部、第一部手抄本《五部箴言》以及全套的甘珠尔和丹珠尔经等。另外，尚有一块释迦牟尼的大拇指骨舍利、一颗宗喀巴的牙舍利等稀世文物。

**七世达赖喇嘛灵塔——吉祥光芒塔** (གསེར་སྡོང་བཀྲ་ཤིས་འོད་འབར།)

七世达赖喇嘛格桑嘉措灵塔，通高 936 厘米、持地宽 545 厘米，耗黄金 15950 两（约合 498 公斤），呈菩提塔形。塔面上镶嵌金刚钻、红宝石、绿宝石、翡翠、玛瑙、珍珠和天珠等珠宝近万颗。塔门佛龛外延镶有据传是宗喀巴大师牙舍利和玛尔巴大译师骨舍利等稀世文物。

**八世达赖喇嘛灵塔——妙善光辉塔** (གསེར་སྡོང་དགེ་ལེགས་གཟི་འབར།)

八世达赖喇嘛江白嘉措灵塔，通高 941 厘米、持地宽 455 厘米，耗黄金 5575 两（约合 174 公斤），呈菩提塔形。塔面上镶嵌金刚钻、红宝石、绿宝石、翡翠、玛瑙、珍珠和天珠等珠宝千余颗。塔门佛龛外延镶有相传是吐蕃第一代赞普·聂赤赞普的牙齿等稀世文物。

**九世达赖喇嘛灵塔——三界喜悦塔** (གསེར་སྡོང་ས་གསུམ་མཛེས་དགའ།)

九世达赖喇嘛隆朵嘉措灵塔，通高 702 厘米、持地宽 415 厘米，耗黄金 3574 两（约合 112 公斤），呈菩提塔形。塔面镶嵌各种珠宝近千颗。

十二世达赖喇嘛灵塔

十三世达赖喇嘛灵塔

### 十世达赖喇嘛灵塔——欲界庄严塔 (གསེར་སྡོང་ཁམས་གསུམ་རྒྱན་མཆོག)

十世达赖喇嘛楚臣嘉措灵塔，通高723厘米、持地宽432厘米，耗黄金3534两（约合110公斤），呈尊胜塔形。塔面镶嵌金刚钻、红宝石、绿宝石和珍珠等珍宝几千颗。

### 十一世达赖喇嘛灵塔——利乐光芒塔 (གསེར་སྡོང་ཕན་བདེ་འོད་འབར།)

十一世达赖喇嘛凯珠嘉措灵塔，通高690厘米、持地宽355厘米，耗黄金千余两，呈菩提塔形。塔面镶嵌金刚钻、右旋法螺以及各种珍宝上千颗。

### 十二世达赖喇嘛灵塔——寿施光芒塔 (གསེར་སྡོང་ཚེ་སྦྱིན་འོད་འབར།)

十二世达赖喇嘛成烈嘉措灵塔，通高725厘米、持地宽376厘米，耗黄金千余两，呈尊胜塔形。塔面镶嵌绿松石、珍珠、红珊瑚等各种珠宝千余颗。

### 十三世达赖喇嘛灵塔——妙善如意塔 (གསེར་སྡོང་དགེ་ལེགས་འདོད་འཇོ།)

十三世达赖喇嘛土登嘉措灵塔，通高1297厘米、持地宽783厘米，耗黄金18870两（约合589.69公斤），呈菩提塔形。塔面上镶嵌有2厘米、1厘米、0.2厘米左右的金刚钻100余颗，珍珠27455颗，蓝宝石、红宝石、祖母绿、翡翠、玉石、玛瑙、天珠、松耳石、红珊瑚、琥珀、鹏吐石、水晶石和右旋海螺等各种珍宝十万余颗，据说镶嵌珠宝数为其他七座灵塔之和。

由于本书的重点内容是以客观记述的方式，总结布达拉宫第二期维修工程，鉴于篇幅所限，对布达拉宫历史、文物研究的内容仅为概括性叙述。但是，笔者认为需要介绍和分享布达拉宫更多文物研究成果的地方还有很多，特别是宫内保存的大量古籍文献和唐卡、法器、供器、瓷器、玉器、漆器、骨角象牙器以及丝织品、服饰、面具等文物艺术品，正默默地向人们讲述着发生在这片土地上的神奇故事。这座"西藏历史的博物馆"，依山垒砌，群楼重叠，殿宇嵯峨，气势雄伟，是藏式建筑的杰出代表，也是中华民族古建筑的精华之作。布达拉宫就像一座天空之城，散发着独特的魅力，令人们神往。

### 注释

[1] 第司·桑杰嘉措：《南瞻部洲唯一庄严目录》[M].拉萨：西藏人民出版社，1990.

[2] 根顿群培：《白史》（藏文古籍）.布达拉宫藏书

[3] 萨迦·索南坚赞：《西藏王统记》（藏文版）[M].民族出版社，1981.

[4] 五世达赖喇嘛·阿旺洛桑嘉措著；刘立千译注：《西藏王臣记》[M].拉萨：西藏人民出版社，1991.

[5] 扎雅·洛丹西绕：《西藏宗教艺术》[M].谢继胜译.拉萨：西藏人民出版社，1989.

[6] 恰贝·次旦平措：《西藏史籍五部》（藏文版）[M].拉萨：西藏藏文古籍出版社，1990.

[7] 东噶·洛桑赤列：《东噶藏学大辞典》（藏文2版）[M].北京：中国藏学出版社，2009.

[8] 江怀英,噶苏·彭措朗杰,王明星：《西藏布达拉宫维修工程报告》[M].北京：文物出版社，1994.

[9]《八世达赖喇嘛传记》（藏文版）.布达拉宫藏书

[10] 西藏自治区文物管理委员会：《布达拉宫简介》（藏文版）[M].拉萨：西藏人民出版社，1992.

[11] 索朗旺堆,张仲立：《拉萨文物志》[M].拉萨：西藏自治区文物管理委员会，1985.

[12] 牙含章：《达赖喇嘛传》[M].北京：华文出版社，2001.

[13] 尼玛次仁,扎西才旦,多吉平措：《布达拉宫导览手册》.拉萨：布达拉宫管理处

# 第二章
# 布达拉宫（第二期）维修工程总结

## 第一节 总论

**一、布达拉宫所在地的自然地理情况**

布达拉宫位于拉萨市区中央红山之上，地面高程约3630—3670米。拉萨市区地理位置东经91°9′，北纬29°39′，海拔3650米，年日照时间3005.7小时，素有"日光城"之称。拉萨地处雅鲁藏布江东西向构造中部地带，第四纪以来，拉萨河断块在随青藏高原整体上升的同时，存在明显沉降运动，河谷平原最低海拔3650米。拉萨市断块在新构造运动过程中处于间歇性均匀沉降，无明显掀升性。拉萨市地处冈底斯山－念青唐古拉山的当雄至尼木地震带，浅源地震活动较频繁。历史上拉萨市区无地震震中记录，但受附近及邻区地震活动影响明显。根据地震区划分资料，拉萨市应为地震8度设防。拉萨市属内陆高原温带半干旱气候，日照充足，空气干燥，昼夜温差大。近年年平均气温7.5°C，最高气温27°C，最低气温-15°C。近年年平均降水量444.8毫米，年平均蒸发量2283.5毫米。全年主导风向东偏南，最大风速16—17米/秒，极端风速32.3米/秒。

**二、布达拉宫（第一期）维修工程（1989-1994）概况**

历经千年风尘岁月的布达拉宫，大自然无情摧残和难以避免的自身老化，都给这座古老而神奇的古建筑群留下了累累伤痕。历史上，虽然进行了规模有限的维修，但在1989年之前没有进行过大面积的维修工程，多处建筑因年久失修，险情四伏。

1985年4月29日，国家文物局首次派出专家组考察了布达拉宫险情。此后历经3年多的前期工作，国务院于1988年10月25日正式批准对布达拉宫实施第一期维修工程。1989年10月6日，西藏自治区人民政府正式向全区发布了《关于维修布达拉宫的通告》，宣布实施布达拉宫维修工程，动员各方面力量全力支持维修工程。此次维修工程国家初期批复投资达到3700万元。按照天文历算测算，于1989年10月11日依照传统仪轨选址白宫北侧地垄举行了开工破土仪式，并正式动工。随着维修工程的深入，新的险情和工程量有所增加，国家再次追加投资1800万元，实际总投资达到5500万元。整个维修工程历时5年。为满足维修工程的特殊需要，在计划经济条件下，国务院特批从人民银行金库调拨黄金15公斤和白银54公斤用于工程。自治区特批采购了大量的珍珠、红珊瑚、绿松石、朱砂、石青、石绿和珍贵木材、紫铜、黄铜等重要物资。

为顺利推进维修工程，成立了以中共中央政治局委员，国务委员李铁映同志为名誉组长，西藏自治区人民政府两任主席多吉才让、江村罗布先后担任组长，国家文物局局长张德勤为副组长的领导小组。国家文物局在京成立了以我国著名古建筑专家罗哲文先生（我国著名古建筑学家梁思成先生的弟子）为组长的布达拉宫维修工程专家小组，指导维修工程并负责年度验收工作。同时，国家文物局派出了中国文物研究所（现中国文化遗产研究院）总工程师姜怀英以布达拉宫维修施工办公室副主任身份长期在藏负责技术工作。另外，还组织中国林科院、8省（市）古建研究所和国家文物局所属文物保护工程设计、科研、技术服务单位的专家学者34人先后进藏开展工程勘察、设计和技术服务工作。西藏自治区在藏成立了以时任自治区副主席吉普·平措次旦为组长的协调领导小组，设立了以自治区文化厅副厅长甲央为主任，抽调文化、文物、公安、消防等系统40多名干部职工组成的布达拉宫维修施工办公室，负责维修工程的组织实施。拉萨市城关区古艺建筑美术公司组建了三个土建分队、一个画工分队和一个铜匠分队，召集了一大批散落民间的能工巧匠，组织了1000多人的施工力量负责全面施工。

布达拉宫第一期维修工程涉及红宫、白宫和山上大多数附属建筑的抢险加固维修以及山下"雪城"部分古建筑的维修和居民搬迁。此次维修共完成了111个子项目，主要对红宫中央七层大窗和西大殿一带做了落架大修，对部分地垄墙体进行了加固维修，对宫内多个殿堂、寝宫、僧舍等处腐朽、虫蛀、弯曲变形、开裂严重的柱、梁、椽、望等木结构进行更换、加固、防虫防腐处理和彩画补绘，对渗漏严重的阿嘎土屋面、楼面、地面进行修缮、重铺。改造提升主体建筑供电系统，增设安保监控和防盗报警系统，实施壁画保护维修等项目，维修面积达到30862平方米，修复和保护壁画160余平方米，清理地垄垃圾496辆卡车。

1990年7月24日，时任中共中央总书记江泽民同志在藏考察工作期间，在时任西藏自治区党委书记胡锦涛等领导同志的陪同下，视察布达拉宫第一期维修工程，并题词"维护民族团结 弘扬民族文化"。中央和自治区领导丁关根、迟浩田、帕巴拉·格列朗杰、热地等一同视察。

1994年8月10日，布达拉宫第一期维修工程竣工庆典在布达拉宫德央广场隆重举行。出席庆典的中央代表团团长李铁映同志在讲话中指出，此次布达拉宫维修工程是新中国成立以来国家对单体文物古建筑维修投

时任中共中央总书记江泽民同志视察布达拉宫，左起：帕巴拉·格列朗杰、热地、江泽民、胡锦涛、江村罗布（三大工程办提供）

时任中共中央政治局委员、国务委员李铁映同志出席布达拉宫一期维修竣工庆典活动（三大工程办提供）

布达拉宫第一期维修时对红宫西大殿四层进行维修（三大工程办提供）

布达拉宫第一期维修时红宫中央七层大窗维修现场（三大工程办提供）

资最多、规模最大、规格最高的一次重大文物保护工程，取得了很大成绩，树立起了新的"民族团结丰碑"。

布达拉宫第一期维修工程的成功实施，对延缓布达拉宫主体建筑的衰老，改善历经300多年风雨的沧桑面貌，缓解险情发展起到了至关重要作用。为推动我区文物古建筑维修工程提供了宝贵经验和借鉴作用。

虽然第一期维修工程取得了很大成绩，但受当时科研力量、资金投入等条件限制，本着"先救命、后治病"的原则，采取先易后难、先急后缓的实施步骤，对本体古建筑和地垄局部做了抢险加固。由于古建筑维修不是一件一劳永逸的事情，更何况布达拉宫建筑体量大、构造错综复杂，仍有诸多隐患未被彻底排除，需要不断维修，确保延年益寿、永葆辉煌。

## 三、实施第二期维修前的现状与主要险情

### 古建筑现状

布达拉宫建筑群由多个单体建筑组合而成。单体建筑的平面大多呈矩形或方形，平面内部按井字形布置，墙体上下贯通，楼层高度多为3米左右，大的殿堂层高约6—12米。主要建筑全部建在高低起伏的红山山岩之上，建筑基础依山势而建，错综复杂。地垄墙体多为条形毛石（部分是夯土墙）砌筑在山坡基岩上，纵横相交。墙体是按照建筑平面要求的高度而建，沿墙体每隔2—3米，铺设木椽、碎石和黄泥，做水平拉结层，然后再向上砌墙。根据建筑需要和地形限制，有的地垄墙深度达到10多米，最深处达30多米，缺乏稳定性。布达拉宫纵横承重墙大多为花岗岩块石砌筑，少数为板筑夯土墙，承重外墙收分明显，约为8—15度。

因建筑自重过大，极易滑坡或下沉。隔断墙多用泥坯墙或轻质的牛粪泥坯砖或筱玛篱笆夹心墙砌筑，所采用的建筑材料虽然重量轻，但强度低，粘结力不强。屋面、楼面由密椽、栈棍和碎石、黄泥、阿嘎土构成，结构功能比较弱。木构架大多直榫连接，脱榫较多。

山下"雪城"内的建筑结构形式与山上建筑相似，但绝大多数无地垄作法。由于大量居民常年居住，又缺乏基础设施，环境脏乱差和乱搭乱建、电线私拉乱接等现象非常严重，有的甚至把厕所（旱厕）都建在了城墙之上，导致墙体常年潮湿和酥碱严重。

**主要险情和问题**

1. 古建筑（含构筑物）

由于布达拉宫建筑体积庞大，纵横墙密布，互相咬砌拉结有利于内力重分布，故而整体结构相对稳定。但由于布达拉宫建筑结构以地垄加厚墙作为基础特点，一般有三层之高，最高达7—8层（30余米高），且阴暗潮湿，多为封闭式结构，越靠下进深越小，有的甚至深不可测。里面的椽子木极不规整，虫蛀、腐朽情况较多，局部坍塌情况时有发生。所有上山坡道边墙、红宫、黄房子、平措堆朗等处地垄险情非常严重。

木结构容易产生的问题主要是虫害严重和构架变形。一期维修工程进行修缮过的部分木架构虽然做了防腐处理，但没有进行防虫防腐处理的部位又有虫蛀发生。构架变形、脱榫发生在一期维修没有进行加固的部分，这主要是地基局部变形造成不均匀沉陷所导致。

阿嘎土是西藏古建筑中铺筑屋顶和地面的传统材料，造型效果光洁、美观，布达拉宫大量采用了这种材料。但阿嘎土耐水性弱，须经常维护，尤其是屋顶和露天部位的阿嘎土必须排水通畅，出现裂缝要及时修补。虽然布达拉宫管理处每年都投入大量人力、物力、财力维修屋顶，但无奈面积巨大，很难保证正常使用状态，出现了"年年打阿嘎、年年漏雨"的现象。此外，结构局部变形、下沉，进一步加剧了屋顶开裂，部分轻

布达拉宫雪城旧貌（局部）（三大工程办提供）　　　　紧挨东城门楼的私建民房（三大工程办提供）

质隔墙开裂、墙面空臌、脱落，笆玛墙变形、松散和糟朽问题也很严重。虽宫内道路系统较完善，但上山坡道护墙由于多种原因多处面临坍塌危险，且第一期维修工程只对少部分道路做过维修，故部分道路的安全性问题相当严重。

"雪城"内由于第一期维修涉及范围较少，大部分建筑残损严重，有的濒临坍塌，如造币场旧址、东印经院等房屋坍塌过半，一些原贵族住宅房屋因改建、增建导致原构造变动大，原状残损严重。

### 2. 公用设施

布达拉宫给排水系统落后，设施不完善。虽经第一期维修改善了红宫、白宫局部排水系统，但就整体而言仍没有建立起完善的给排水系统，特别是有组织的排水系统。由于雨水排放是无组织的，一遇较大雨水，对基础、坡道边墙造成严重威胁，是墙体坍塌的又一诱因。宫内10处旱厕都是顺山排放，严重污染环境，也构成对山下建筑外墙和基础的侵害和腐蚀。

宫内虽有消防管线，但未形成环状，管线内平时无水，不能满足灭火时水量和水压需要。后山龙王潭设有4口深井，水需从后山坡泵送至山上，而消火栓均设置在布达拉宫顶部，使用不便，消防隐患严重。

供电系统由两路进线，山下配电室有150kVA变压器2台，高压柜6台，低压柜3台。山上配电室位于德央夏北侧，地上两层，一层为用电控制室，1987年改造过，有低压柜2台，难以满足现实发展需要。

1994年，第一期维修工程中对红宫、白宫主要殿堂增设了防盗监控系统，但主机容量较小，控制范围有限，不能满足对外开放需要。从保护文物及藏品安全角度出发，需要大力增强和提升安保监控系统。第一期维修增设的火灾报警系统，主要大殿设有探头，但点数少，死角和盲点多，安全隐患十分突出。

作为高层建筑的布达拉宫整体无防雷接地系统，历史上就有遭受雷击的记录。

### 3. 环境问题

虫害、鼠害是布达拉宫又一天敌，由于建筑物的特殊性，基础为深不可测的地垄，且多用木椽支承，室内基本处于恒温状态，为虫害、鼠害留下了"安乐窝"。它不仅严重影响建筑结构，而且破坏了宫内环境。

山下"雪城"内的环境更令人担忧。城内现有300余户居民生活，多个单位办公，由于没有地下排污系统，城内臭沟、污泥遍地，城门楼、角楼住有居民，私搭乱建严重，甚至将厕所建在城墙上，因此重点保护范围内环境亟待改善。

### 4. 壁画病害

针对布达拉宫壁画的实际勘察表明，宫内大多数壁画保存完好，部分壁画由于屋面漏雨或墙面渗水，造成开裂、空臌、酥碱，其中包括部分第一期维修过的壁画。同时，因点灯焚香导致壁画出现了烟熏、油污等病害。

### 5. 总体评价

通过实地勘察和多年观测，布达拉宫建筑坐落的红山山体表面除了少量风化外，基岩是稳定的、可靠的。地基基本稳定，且大多数外墙均为花岗岩砌筑，墙体厚实。基础（地垄）纵横密布互相咬砌拉结，整体结构相对稳定，如无特别灾害，不会发生整体失稳现象。但由

壁画局部出现的脱落现象（三大工程办提供）

于建筑体量庞大，宫内文物数量多、自重大，加之多处年久失修，又受当时材料、技术限制，300多年的风雨侵蚀，特别是基础地垄阴暗潮湿，虫害严重，使建筑物局部坍塌和结构变形随时可能出现发生。因此采取有针对性的、有步骤的维修和加固是十分必要的。

### 四、实施第二期维修工程的重大意义

藏族作为中华民族大家庭中的一员，在与各民族之间不断交往交流交融的历史进程中，吸收、借鉴其他民族的文化营养，创造性地继承和发展了具有底蕴深厚、丰富多彩、地域特色鲜明的传统文化，并不断把丰富的文化内涵和独特的审美特征展示在了高超的建筑艺术和绘画、雕塑、文学、音乐、舞蹈、戏剧、藏医藏药、天文历算等多元优秀传统文化当中，无不令人钦佩和叹为观止。

党和政府历来高度重视对文化和自然遗产的保护工作。积极支持和参与联合国教科文组织和世界遗产委员会关于保护世界文化和自然遗产的倡议和活动。自1985年11月22日，第六届全国人民代表大会第十三次会议审议批准加入《世界遗产公约》以来，我国成为了第89个缔约国。为全面履行缔约国义务，保存中国文物中有意义的历史信息以及文化、科学和情感价值，采取了一系列行之有效的遗产保护和合理利用工作。

作为西藏自治区首个"世界遗产"名录的布达拉宫，保存了浩瀚的中华文化瑰宝，保护好布达拉宫无疑对维护民族团结，弘扬中华民族优秀传统文化，促进西藏文化旅游产业高质量发展，具有重要的现实和历史意义。通过实施保护维修工程等必要手段，绝对保存布达拉宫的真实性和完整性，保护其历史环境和文化脉络是履行《世界遗产公约》缔约国义务的迫切需要和所做努力的重要体现。

### 五、实施第二期维修工程的必要性

由于布达拉宫自身建筑材料存在的缺陷和不断改建、增建等原因导致多处建筑上下结构错位而受力不均出现的下沉问题和高原气候温差大、日照强、季风频发等因素带来的风化和侵蚀，常态化对外开放造成的建筑疲劳，建筑体量、自重大造成主体建筑重点部位存在基础下沉和墙体开裂、塌陷、歪闪等险情。同样，因基础下沉的应力导致多处地面、屋面、砌体出现裂缝，部分承重梁枋弯曲下陷，结构出现了重大险情。木结构因褐腐、虫蛀、糟朽、断裂等，而出现失去承载能力等诸多严重安全隐患。如：2001年夏季，拉萨普降大雨，导致布达拉宫主立面强庆塔拉姆"之字形"石阶局部塌陷，坡道边墙坍塌，造成大面积坡道断路。大雨的侵蚀还加剧了部分地垄墙体裂缝的不断扩大。特别是红宫、白宫等主体建筑顶层阿嘎土屋面漏雨较为严重，造成部分建筑墙体开裂、壁画空臌脱色、木结构生虫和腐蚀。这些严重的安全隐患如不及时加以排除，不仅对建筑安全存在巨大威胁，而且有可能对保存在宫内的浩瀚珍贵文物带来难以估量的损害。正如李岚清同志所讲"如果布达拉宫发生大面积坍塌，那将是一场文化地震、政治地震"。因此，尽快对布达拉宫进行维修抢救，保护好珍贵文化遗存已迫在眉睫，十分必要。

**实施第二期维修工程决策的形成**

对于布达拉宫来讲，基础（地垄）的稳定性和可靠性是决定能否确保建筑安全的关键。由于第一期维修工程对布达拉宫基础（地垄）局部做了选择性的加固维修，绝大多数地垄未能得到有效加固和维修。1998年以来，布达拉宫管理处对地垄险情的摸排做了大量工作，并试着清理了部分地垄，先后发现了数百处未曾涉足技术勘察或维修过的地垄，为进一步研究加固措施，统计具体工程量提供了基本条件。2000年7月，西藏三大重点文物保护维修工程领导小组办公室（简称："三大工程办"）先后邀请中国人民解放军总装备部研究总院的地质工程技术人员对红山地质构造和稳定性进行了无损伤物理探测。邀请中国文物保护研究所、清华大学建筑学院、天津大学、北京建工学院、中国林科院、敦煌研究院等国内多个科研院校专家学者，组成多学科专家组对布达拉宫的环境、地垄、古建筑、木结构、壁画等进行了初步勘察诊断；对局部或整体结构受力分析和应力影响做出了预测；对地垄结构有针对性的加固措施采

取低压灌浆技术做出了可行的论断；对木结构维修中使用的新木材，提出先要进行干燥处理，确保其含水量控制在 20% 以下，防腐防虫处理可采用真空加压或浸泡等多种施药方法，目的是将防虫防腐药剂渗入到木材内部；对不便拆卸的原有木构件，可采用钻孔的方法注药或采用喷淋法，重点解决虫咬鼠啃、腐朽、变形、断裂、扭曲等问题，延长木结构的使用寿命和承载能力。

阿嘎土因其材质过脆、强度不足、保养繁琐，容易出现酥碱、开裂、剥落等病害，容易陷入"年年打阿嘎、年年漏水"的怪圈。在坚持"保持原状"原则基础上，为了不破坏古建筑昔日风貌，需要继续采用阿嘎土进行维修屋面和地面，但为了提高阿嘎土的防渗抗水性能和抗冻融，需要经过专业试验，改进阿嘎土的性能，既解决渗漏问题，又要保持用料的一致性和原有风貌。

为了推进布达拉宫二期维修工程上马，2000 年 8 月，时任中共中央政治局常委、国务院副总理李岚清同志考察西藏工作时，在西藏自治区党委、政府主要领导的陪同下，视察了布达拉宫。在实地考察中，详细了解了布达拉宫建筑现状和文物保护利用情况，并要求中央有关部门和西藏自治区要尽快启动项目前期工作，强调维修保护好布达拉宫、罗布林卡、萨迦寺等我国重要的文物古迹是历史赋予我们的使命。同时，要求西藏自治区要会同国家计委（国家发改委）、财政部、国家文物局"筹建一个'布达拉宫馆'或'布达拉宫珍宝馆'，把珍藏在宫内的青铜佛像、陶瓷、唐卡等珍贵文物展示出来，这样既可以满足海内外观众游览的需要，又能改变、改善保护条件。"同时还指出"宫内保存的大量文物'孤芳自赏、秘而不宣'不是办法，也不是保护文物的初衷和目的，要让文物活起来。"

根据中央领导同志的指示精神，国家计委（国家发改委）、财政部和国家文物局会同西藏自治区计委（区发改委）、自治区文物局及项目法人单位"三大工程办"开展了西藏三大重点文物（布达拉宫、罗布林卡、萨迦寺）保护维修工程的各项前期工作。

2001 年元月初，国家文物局在北京主持召开布达拉宫、罗布林卡、

时任中共中央政治局常委、国务院副总理李岚清同志考察布达拉宫现状（三大工程办提供）

萨迦寺维修方案论证会，听取了"三大工程办"的汇报，邀请罗哲文、余鸣谦、杜仙洲、王丹华等多位国内权威专家进行为期三天的论证。会议认为，维修方案总体是可行的、技术措施是可靠的，同意批准这个方案，并在具体实施过程中加以认真贯彻落实。

2001 年 6 月，中共中央、国务院在京召开了中央第四次西藏工作座谈会，确立了新世纪初西藏工作的指导思想，明确要紧紧抓住发展经济和稳定局势两件大事，确保西藏经济从加快发展到跨越式发展转变，实现社会局势长治久安。这次会议根据国家计委、国家文物局的建议，将布达拉宫、罗布林卡、萨迦寺西藏三大重点文物保护维修工程作为国家重点文化援藏项目给予支持。2002 年 6 月 14 日，朱镕基总理主持国务院第 131 次总理办公会，正式批准了布达拉宫、罗布林卡、萨迦寺西藏三大重点文物保护维修工程可行性研究报告，决定实施由国家计委牵头、西藏自治区组织实施，国家文物局技术指导的运作机制。同意安排三大工程

概算投资3.333亿元，其中，国家计委（国家发改委）安排15463万元，财政部安排17867万元。在总投资3.333亿元中，布达拉宫二期维修工程概算投资17930万元，占三大工程总投资的53.8%。2008年，根据"三大工程办"的请示，国家发改委正式核定了三大工程投资概算由原来的3.333亿元调整为3.8059亿元，增加投资4729万元（其中，国家计委追加投资3733万元，财政部追加投资996万元）。核定后的布达拉宫二期维修工程投资概算达到2.0499亿元。2015年11月，西藏自治区根据三大文物工程投资超概算的实际情况，经自治区审计厅审计，本级财政下达三大文物工程缺口资金指标1500万元，布达拉宫门票收入中调剂500万元。截至工程竣工，三大文物实际总投资达到4亿零59万元，其中：布达拉宫二期维修工程实际总投资达到21308万元，占完成总投资的53.2%。

为确保西藏三大重点文物保护维修工程的有效实施和科学管理，自治区政府决定将本工程纳入到西藏自治区"十·五"期间117项目之一，予以重点支持。国家文物局将本工程列为全国"六大文物保护工程"中的"三大文物保护工程"给予指导和督办。

## 第二节　布达拉宫第二期维修工程总体方案

### 一、维修工程基本概况

**项目名称**

西藏三大重点文物保护维修工程之布达拉宫二期维修工程

**项目法人单位**

西藏三大重点文物保护维修工程领导小组办公室

**法人代表**

李国勇　西藏自治区计划经济委员会（区发改委）党组副书记、主任，西藏三大重点文物保护维修工程领导小组办公室主任（任职时间：2002年6月—2003年12月）

甲热·洛桑丹增　西藏自治区人民政府副主席、西藏三大重点文物保护维修工程领导小组副组长、西藏三大重点文物保护维修工程领导小组办公室主任（任职时间：2004年1月—2012年9月）

**现场管理机构**

布达拉宫保护维修工程指挥部

**指挥长**

强巴格桑　布达拉宫管理处党支部书记、处长

**项目建设地址**

西藏自治区拉萨市北京中路宫前巷1号

**项目建设内容**

对布达拉宫建筑中存在的严重险情和明显隐患进行抢险、加固、维修和排险；对壁画存在的病害进行处理和加固；对虫蛀腐朽的木结构进行防虫防腐处理和更换；拆除或迁建重点保护范围内的违章建筑及人为

2001年9月27—29日，国家文物局西藏文物"三大工程"专家论证会合影（三大工程办提供）

占用建筑物；新建或改建珍宝馆、游客服务中心、消防大队用房；改造电气照明系统、给排水系统、安防监控系统、火灾自动报警系统；对"雪城"局部实施考古发掘和环境全面整治；建筑结构监测试点；编制布达拉宫保护规划和"雪城"利用保护规划等。

**布达拉宫主要数据及指标表**

| 序号 | 项目名称 | 单位 | 数据及指标 |
|---|---|---|---|
| 1 | 占地总面积 | m² | 366775 |
| 2 | 总建筑面积 | m² | 138025 |
| 3 | 总投资 | 万元 | 21308 |

## 二、维修工程的基本原则

**坚持保持原状原则，有效保存历史真实信息**

严格依照《中华人民共和国文物保护法》和《世界遗产公约》有关规定，以保持建筑原貌为标准，做到修旧如旧。在做到最少扰动和科学排除险情隐患的基础上，确保自身真实性和完整性不被破坏。

**统筹近期与长远目标并举**

真实、完整地保护好布达拉宫建筑风貌和文物，是历史赋予我们的职责。本着以保护为主、抢救第一，消除重大隐患为主的思想，统筹近期应以建筑物抢险维修和减除病虫害对建筑物造成的侵害为主，改善和提升公用辅助设施设备为辅，兼顾周边环境治理，拆除保护区内外违章建筑，使整体景观有较大改善。同时，编制中长期保护规划，为确定并实现远期目标提供指导和科学依据。

**坚持传统工艺与新材料、新技术的有机结合**

根据我国《文物保护准则》要求，按照"尊重传统、尊重科学"的基本原则，古建筑加固维修要尽可能采用传统材料和营造工艺。但多数传统材料、做法不但工艺复杂，而且周期过长，在可靠性、耐久性方面也存在一些问题，因此，在坚持"原真性"原则的基础上，采用国际上通行的新技术、新工艺、新做法，探索在自身存在缺陷的原材料中应适当添加现代新材料，增加修复的科技含量，以确保维修后的可靠性和保持成果的持久性。在取得试验成功的基础上，利用现代结构加固技术手段，采用低压灌浆等施工工艺，解决传统施工周期长、投入大的问题，避免墙体和结构补强时大拆大卸，确保最少扰动。

## 三、维修工程的范围与规模

由于布达拉宫建筑体量庞大，情况复杂，保护维修工程内容繁杂且各不相同。为了清楚地反映项目类型，我们将工程划分成以下几个部分。

第一部分：山上文物本体建筑（含地垄）维修。

第二部分："雪城"城郭内外古建筑维修和道路、功能性用房建设，环境整治与搬迁工程。

第三部分：新改建公用设施（含"雪城"）。

第四部分：壁画保护修复工程。

第五部分：科研与结构监测项目。

**山上文物本体建筑维修范围与规模**

地垄维修是本次山上本体建筑维修工程的重点和难点，基础的牢固和稳定性得到最大的改善是此次维修成败的关键。根据布达拉宫现状，本体建筑保护维修工程划分为4大区域14处，分别是：

1. 红宫区域：整体屋面修缮和地垄结构加固；维修红宫西大殿、五世灵塔殿、八世灵塔殿、菩提道次第殿等10处单体建筑。

2. 白宫区域：整体屋面修缮和地垄结构加固；东日光殿、西日光殿等7处建筑局部修缮。

3. 附属建筑区域：玉阶窖、杰布窖、夏金窖、东圆堡、亚溪楼（约普西）、日出康、扎夏、黄房子、强庆塔拉姆、平措堆朗、僧官学校、德央奴、德央夏（含配电室）古建筑维修，地垄结构加固。

4. 前后山坡区域：前后上山坡道及其地垄和正面两侧阶梯墙维修。修复强庆塔拉姆与平措堆朗间的"之字形"坡道边墙坍塌部位。

由于第一期维修针对红宫、白宫各主要殿堂、寝宫进行了修缮，因此本次工程对上述两宫内部的维修内容较少，部分维修也是以局部修缮为主，未采用落架大修。主要维修内容为：地垄垃圾清理、结构加固、承重石墙维修、木构件维修和更换（含防虫防腐处理）、楼（地）面及屋面阿嘎土维修。

另外，为改变布达拉宫厕所条件，将部分主要旱厕改为水厕，并适当增加部分厕所的使用面积，以改善环境。

**"雪城"城郭内外古建筑维修及其他项目**

"雪城"保护维修工程目标和原则是以基本恢复到1959年前的历史风貌和建筑布局。根据现状，工程划分为5大类，分别是：

1. 古建筑维修项目：维修东印经院、西印经院、南大门、造币厂、堪布宅、龙夏宅、毕悉宅、林嘎宅、慕加宅、酒馆、同波宅、五座院、马厩、奶牛院、雪巴勒空和城墙、角楼、城门楼等。

2. 搬迁与环境整治项目：搬迁安置"雪城"内303户原住户和自治区文物局等机关、企事业单位；修建道路、公共厕所和绿化工程等。

3. 新改建项目：新建红山东北角围墙；改建"雪斋康"为布达拉宫珍宝馆，"雪德尼仓"为布达拉宫游客服务中心；改造"雪堆白"为布达拉宫消防大队（含布达拉宫广场公安派出所）驻勤办公用房和布达拉宫管理处部分工作人员生活用房。

4. 新建公用辅助项目：为改善"雪城"内公用设施缺失的短板，新建高压配电房、道路照明、安防监控和给排水系统。

5. 拆除和复建、移建项目：拆除所有违章建筑，恢复原貌；复建乃康顶古建筑；移建毕悉宅。

**主体建筑公用辅助工程**

1. 给排水系统：重建布达拉宫完善的给排水体系，彻底改善供水不足和无组织排水现状。

2. 电气照明系统：扩容高低压变电器，更换高压开关柜，增设低压配电柜，更换老旧电线，补充电线穿管，增加空气开关柜，保证技防系统可靠运行和照明系统安全使用。

3. 消防系统：增设消火栓数量并延长管线，完善主体建筑消防供水体系合理化，提供科学、合理、有效的灭火水源；增加宫内各主要部位便携式灭火器数量，设置灭火器存储箱；增设火灾自动报警探头，消除主要部位出现的盲点，提升火灾报警系统设备可靠性。

4. 安保监控系统：安保监控要确保点、线、面全方位结合，消除死角。

**壁画保护修复**

壁画保护修复坚持抢救第一、量力而行的原则，在充分研究和获取实验数据成果评估有效的基础上，制定维修、保护计划，确保壁画能够完整地得以长期保留，确保历史真实信息不流失。

**科研与结构监测项目**

科研项目主要包括：确定木材防虫防腐药剂配方、技术手段和评价体系；传统阿嘎土改性新工艺、新配方的研究、实验、评估和推广应用；制定地垄结构加固低压灌浆技术路线和设备改进、操作规程、浆料配比；通过考古发掘探明"乃康顶"（大粮库）遗址基址走向和建筑规模，为复建提供支持；通过无损伤物理探测对红山山体基岩稳定性进行分析研究，为制定维修工程总体方案提供科学依据；对"雪城"西印经院、斋康等处地质的钻探勘察，为维修加固和改造提供技术支持；开展布达拉宫火灾灭火实验研究，为消防工程设备选型、功率要求和点数布置等方面的工程设计提供重要参考依据；启动布达拉宫建筑结构监测技术研究与初步应用，为限制游客提供科学的控制值数据，初步建立起建筑结构变化出现异常后的数据处理和预警发布机制。

根据布达拉宫建筑的残损及破坏程度不同，抢险、维修工程规模可分为修缮项目（含结构加固），搬迁项目和新、改建项目。

## 四、维修工程分项技术方案要点

**山上文物本体建筑维修工程技术方案**

地垄是布达拉宫第二期维修工程的重点，其实施要点是：

全面勘察地基与地垄（墙），要对红宫五层以下的地垄进行清理，拆除原封堵的临时墙，清运垃圾，全面探明问题的症结所在；

全面勘测地垄与建筑物结构，建立科学的长期结构监测网点和数据分析处理机制、预警发布机制；

建立布达拉宫整体建筑力学研究分析体系学科建设；

根据勘测结果和整体建筑结构体系对地垄采取不同的加固措施，如支顶、重砌、灌浆加固、结构补强等；

外部固防：布达拉宫主体结构基本坐落于基岩上，但少数地方和多数坡道、边墙没有落在坚固的基岩上，而是在风化岩石或土坡上，因此对这部分建筑坡道要在外部进行加固，可以采取低压灌浆、锚固和砌筑支护措施，防止外部的滑坡、松动。

### 1. 红宫（地垄）

红宫东连白宫、西临扎夏、南接德央奴，因外墙涂刷铁红色得名。红宫以灵塔殿、佛殿、经堂为主，是举行佛事活动的主要场所，其法王洞、圣观音殿是早期建筑，也是佛教信徒朝拜的主要殿堂。红宫有38座殿堂，总建筑面积16114平方米，占地面积约3515平方

红宫地垄木结构褐腐严重（三大工程办提供）

红宫地垄木结构虫眼密布（三大工程办提供）

红宫地垄墙体开裂现状（三大工程办提供）

米。从地垄底层至最高处（七世达赖喇嘛灵塔殿金顶顶端）高约67米，共13层。由于第一期维修工程对红宫已做较多维护，其整体现状较好。

#### 1.1 地垄主要险情（2002年5月前）

渣土堆积：通过检查地垄内堆积大量渣土，其中23处地垄深度在6—15米之间，个别口径十分狭窄。

墙体险情：红宫地垄普遍存在的问题是墙体开裂，裂缝宽度直径在10毫米—200毫米之间，主要集中在1—6层。墙体的严重臌闪、松散、坍塌多集中在三、四层，且多集中在墙角及门洞周围。

在勘察中发现，近2年来做的墙体变化石膏观测点，均无发展，说明现存墙体裂缝基本处于相对稳定状态。

木架构险情：地垄木椽及过木糟朽、虫蛀主要集中在1—6层。其原因一方面与杨木材性有关，另一方面有些地垄内通风不畅和潮湿，致使木椽及过木出现严重褐腐。

屋面险情：红宫屋顶阿嘎土普遍存在开裂及渗漏水问题。

#### 1.2 维修方案

墙体维修：对于开裂小于30毫米的墙体，采用三合土（黄土、砂子、微膨胀水泥，按照配比制作而成）混合砂浆进行压力灌浆加固。对于开

维修后地垄及阿嘎土地面（三大工程办提供）　　维修后的地垄墙体及木架构（三大工程办提供）　　红宫女儿墙阿嘎土墙帽维修（三大工程办提供）

裂大于 30 毫米的墙体，采用抽砌法和插筋法进行沿裂缝周围的局部拆砌补强。

局部拆砌的墙体：用 M5 强度等级混合砂浆砌筑。

底层地垄墙残损维修：除拆砌外，可用加厚底层加砌放脚方式补强。新砌体用 M5 混合砂浆与毛石浆砌，宽度 300—400 毫米，高度视具体情况，新老砌体咬槎砌，并在交接处埋设水平钢筋和拉接石，加强连接。

对开裂变形严重、近于坍塌的墙体维修：先支顶，将松动部分拆净，并拆出槎子，用 M5 混合砂浆和毛石按原制重新补砌，在交接处可埋设水平钢筋，必要时可用型钢和螺栓拉结加固（夹紧老墙）。

对墙角和门洞边的维修：除按上述方法进行局部拆砌外，还可增设扶墙垛或使用型钢包角、镶边。

对小于 10 毫米的小裂缝，用混合砂浆修补，不必加固补强。

木构件维修：对虫蛀、糟朽、劈裂的木椽及过木需更换。

对仅抽换虫蛀、糟朽木椽的部位，新换木椽要与原结构搭接紧密，防止产生新的变形。新换木构件一律进行防虫防腐处理。

楼（屋）面维修：室内阿嘎土地面、楼面的翻修和维修一律按传统方法；室外阿嘎土屋面全部重新夯筑，一律采用改性阿嘎土。

2. 五世达赖喇嘛灵塔殿

该殿兴建于公元 1690—1693 年期间。是红宫最重要的殿堂之一，位于西大殿西侧，坐东朝西。一层平面呈长方形，面阔 9 间（38.50 米），进深 4 间（11.75 米），通高 3 层，与红宫 7、8、9 层同高，总高度 11.27 米，面积约 452.40 平方米，土木石结构，混合承重。屋顶覆盖歇山式金顶。第一期维修中对灵塔殿北部两组柱子、梁架倾斜、变形进行了"打牮拨正"，更换了 90 根椽子木。

### 2.1 主要险情（2002年5月前）

木构件险情：南侧木椽折断8根，四层东侧木椽虫蛀断裂6根；南侧木梁东西节点处存在构件拔榫现象，最大拔榫长度60毫米，南侧后加梁近墙处出现裂缝，宽度约5毫米；个别过木、雀替（弓木）开裂；西侧木梁中部弯曲下沉110毫米，导致木椽外高内低，高差达110毫米，与木梁搭接处拔出50-110毫米，险情非常严重。

墙体险情：第三层中门处墙体开裂，裂缝宽度在20毫米以下。

阿嘎土屋面险情：阿嘎土屋面普遍存在开裂漏雨现象，虽经不断修补，但修补质量差。

壁画险情：多处壁画地杖开裂，裂缝宽度在5毫米以下。初步分析为墙体开裂所致。

金顶险情：金顶铜皮钉眼和接缝处普遍漏雨，椽飞、望板、角梁、拱头局部糟朽、变形。

### 2.2 维修方案

墙体维修：对于开裂小于30㎜的墙体，采用三合土混合砂浆进行压力灌浆加固。

木构件维修：采用局部揭顶，尽量校正弯曲下沉的梁架，增加一道复合梁，增强承重力；对虫蛀、糟朽、劈裂的木椽及过木需更换或抽换；新换木椽要与原结构搭接紧密，防止产生新的变形。新换木构件一律进行防虫防腐处理。

屋面维修：阿嘎土屋面全部重新夯筑，一律采用改性阿嘎土。

金顶维修：金顶整体落架，为揭顶维修更换殿堂木架构创造条件。金顶在落架时，对其木构件进行编号保存，以便归位安装时做到原位归安；凡存在虫蛀、腐朽的构件需要按照原形制和式样制作更换，做防虫防腐处理；金顶铜鎏金皮拆安，补配破损部件。

## 3. 八世达赖喇嘛灵塔殿

公元1804年，经改建而成的八世达赖喇嘛灵塔殿位于红宫北侧偏东，西连圣观音殿、东临九世达赖喇嘛灵塔殿，坐北朝南。灵塔殿外观3层、实为2层、柱通高。底层为石砌体地垄层，二、三层殿堂为木石混合结构，每层屋（地）面结构为木椽上铺栈棍、碎石，再用阿嘎土打制而成。屋顶覆盖歇山式金顶，内部为木构梁架。

### 3.1 主要险情（2002年5月前）

二、三层殿堂墙体、楼面、屋面残损较严重。

### 3.2 维修方案

墙体维修：对于开裂小于30毫米的墙体，采用三合土混合砂浆进行压力灌浆加固。开裂大于30毫米的墙体，要拆除重砌，并在木梁下的墙顶增加一道木圈梁。

木构件维修：采用局部落架维修，整修拔榫梁架，增加一道复合梁，增强承重力；对虫蛀、糟朽、劈裂的木椽及过木需更换或抽换。新换木椽要与原结构搭接紧密，防止产生新的变形。新换木构件一律进行防虫防腐处理。

屋面维修：屋面重打阿嘎土、女儿墙压顶墙帽，一律采用改性阿嘎土。

笆玛墙维修：修正轻微变形部位；重做严重变形部位。笆玛墙维修

维修中的五世达赖喇嘛灵塔殿金顶（三大工程办提供）

和重做技术要求极高，须有经验的能工巧匠按照传统工艺施工；新更换的筱玛原材料必须精心筛选、去皮晾干后用湿牛皮绳紧致绑扎成束，垒砌要扎实并用丁香木木楔钉牢，做好与内侧砌体的连接。

金顶维修：修配残损的木架构及斗拱、望板，并在望板之上增设防水层。

### 4. 九世达赖喇嘛灵塔殿

九世达赖喇嘛灵塔殿改建于公元1815年间。位于八世达赖喇嘛灵塔殿东侧，红宫东北角。灵塔殿外观3层、实为2层、柱通高。底层为石砌体地垄层，二、三层殿堂为木石混合结构，每层屋（地）面结构为木椽上铺栈棍、碎石，再用阿嘎土打制而成。屋顶覆盖歇山式金顶，内部为木构梁架。

4.1 主要险情（2002年5月前）

屋面漏雨，脊木、椽飞、望板严重糟朽，拱头局部糟朽；屋面阿嘎土多处开裂、破损严重；顶层女儿墙歪闪明显。

4.2 维修方案

屋面维修：屋面重打阿嘎土、女儿墙压顶墙帽，一律采用改性阿嘎土。

筱玛墙维修：修正轻微变形部位；重做严重变形部位。筱玛墙维修和重做技术要求极高，须有经验的能工巧匠按照传统工艺施工；新更换的筱玛原材料必须精心筛选、去皮晾干后用湿牛皮绳紧致绑扎成束，垒砌要扎实并用丁香木木楔钉牢，做好与内侧砌体的连接。

金顶维修：挑顶维修金顶斗拱以上木梁架，并在望板上增设防水层。

### 5. 菩提道次第殿

菩提道次第殿修建于公元1690—1693年期间。位于红宫四层西大殿东侧。佛殿外2层、内通体、柱通高。一层设有暗层，基本属于地垄，高约2.2米，局部可见红山基岩，结构基本稳定。

5.1 主要险情（2002年5月前）

墙体险情：地垄（暗层）东北角多处墙体大面积酥碱严重、墙皮脱落；殿内东南侧、正南侧局部有墙体开裂，抹灰脱落，壁画残损严重。

木构件险情：殿内共设有8根直径550毫米×550毫米的大柱（两排、每排4根），其中每排中间各2根柱子的柱头均有向东侧闪，侧闪达30—100毫米不等。

地面险情：局部打阿嘎土地面开裂30mm。

5.2 维修方案

墙体维修：对地垄（暗层）大面积酥碱进行维修，墙面脱落部位重新抹灰。

壁画维修：对残损严重部位进行保护修复和加固。

木构件险情：对4根柱头的歪闪情况继续观察，如没有发生变化暂不扰动，如有变动需要制定有针对性的维修设计方案。

地面维修：采用传统工艺修补局部阿嘎土地面。

### 6. 白宫

白宫位于布达拉宫山顶中心部位，于五世达赖喇嘛时期兴建。白宫是自五世以来历代达赖喇嘛的驻锡地和原噶厦政府政务活动的场所。白宫由38座殿堂（宫室）组成。同红宫一样，白宫是第一期维修的重点，维修了26处殿堂，险情基本被排除。目前没有重大险情，但局部残损不加以处理，会引起新的危害。

6.1 主要险情（2002年5月前）

木构件险情：局部木椽与承重墙交接部分糟朽，木椽已窝进承重墙，木椽、托木虫蛀粉化严重，局部柱头构件劈裂严重，木构节点出现松动、拔榫、错位现象。其中，底层局部木椽端头糟朽2平方米；三层托木虫蛀破损1.6立方米，木椽虫蛀210平方米（174根）；四层局部木柱竖向通裂，裂缝宽20毫米，局部柱头处节点构件错动，局部柱头枋木向北拔出10毫米，4根木柱斜向劈裂、2根柱头劈裂严重；五层19根木椽斜向干裂，托木出现三角裂缝5平方米；六层44根木椽由不同程度的干裂，2根托木有裂纹；七层东日光殿木架构节点多有变形迹象，三角缝、拔榫、扭曲错位，局部木椽向北错动10毫米；

墙体险情：二层局部墙体有空洞，石缝掏空严重达100平方米，墙面抹灰脱落200平方米；三层局部抹灰层脱落50平方米；四层部分门洞两侧墙皮开裂、鼓闪、脱落约30平方米,；五层局部墙面破损、空鼓100平方米，脱落墙皮80平方米；六层墙面开裂85平方米，轻质土坯墙墙皮脱落60平方米，土坯墙墙角裂缝5立方米；七层三个外墙内角均有竖向裂缝，缝宽20毫米，墙面开裂、脱落100平方米。

阿嘎土楼（屋、地）面险情：四层阿嘎土地面开裂、破损52平方米；五层阿嘎土地面开裂、破损318平方米；五层地面沿墙根裂缝并下沉15毫米，面积达208平方米，开裂248平方米；六层地面开裂、破损235平方米，沿墙根有10-20毫米裂缝达43米；七层作为东、西两处日光殿屋面，漏雨严重，开裂、破损面积达300平方米，地面开裂、破损200平方米。

笆玛墙险情：六层发现水平裂缝30平方米；七层女儿墙歪闪30米。

### 6.2 维修方案

根据白宫残损现状，专家认为白宫建筑整体状况基本完好，存在残损现象属于局部或零星问题。本次维修以局部修缮为主，具体维修方案分层叙述如下。

地垄维修：因木椽糟朽部分的空间狭小，在进行防虫防腐处理后，可采用现状支顶的方法进行局部加固。

因外排水不利引起的潮湿问题，应从此次布达拉宫排水系统改造项目统一考虑。

木构件维修：对劈裂严重的木柱、木椽采取更换的方法。对有干燥裂缝的木柱可用木条嵌缝后加铁箍的方法修补；对局部木构件错动、拔脱问题，考虑变形已暂时稳定，故以少扰动相临结构为宜，采取局部嵌牢的方法，对局部臌闪的砌体进行局部拆砌；对抹灰层开裂的部分进行局部修补。

墙体维修：对开裂的砌体进行局部拆砌；对空臌、开裂的抹灰层进行局部修补；对沿石缝开裂的墙体，用混合砂浆压力灌浆，外补抹灰层。

阿嘎土楼（屋）面维修：对破裂的地面，补打阿嘎土，并定期观测变化。屋面普遍存在裂缝，传统阿嘎土防水性能较差，修补效果不佳，

白宫西日光殿一带屋面维修现场（三大工程办提供）

本次维修采用改性阿嘎土修补屋面。

### 7. 玉阶窖

玉阶窖汉语称"凯旋堡"，建于1645—1648年，是布达拉宫重建时与白宫同时修建的。玉阶窖位于布达拉宫东南侧。建筑为石木混合结构，依山而建，外观四层，地垄一层，属于城堡建筑。玉阶窖平面大体为方形，三面设窗，室内当中自上而下设一透空方井，以便空气流通，又利于上下层联系。玉阶窖与其他三窖一样，位于布达拉宫的边侧。原建筑内设有佛堂，现有僧人在此居住。玉阶窖自建成后，除过一些小修外，没有经过大修。从残损勘察情况看，玉阶窖存在的主要问题是，木构件普遍虫蛀，被虫蛀的木构件已粉化严重。由于所用木材为本土藏青杨，强度低，不耐腐，所以四层木椽及其他木构件因虫蛀而潜在的危害很大。

### 7.1 主要险情（2002年5月前）

地垄险情：经检查，地垄石砌体基本完好，地垄内垃圾多，易滋生

虫害。墙面抹灰层普遍脱落，脱落面积476平方米；厕所处女儿墙部分开裂，墙体险情面积134平方米。

木构件险情：密布椽子木损坏虫蛀糟朽严重，面积达691平方米。天井井口枋及其他柱梁虫蛀、开裂较多，总量约7立方米。

楼（屋）面险情：楼（地）面阿嘎土破损面积607平方米，屋面普遍破损、开裂严重，面积295平方米。

### 7.2 维修方案

地垄维修：彻底清理地垄内垃圾。因采取内部落架到顶的维修方法，故女儿墙全部拆砌。修复时除要按原形制外，石砌体用不大于M5强度等级的混合砂浆砌筑。上下层要错缝，新旧砌体要咬合，灰浆要饱满。重做室内轻质隔墙，尽可能按现有轻质隔墙材料和做法修复。轻质隔墙要在木构架压缩变形一段时间后再做，避免墙体容易因木构架变形产生裂缝。

木构件维修：由于石砌承重墙体基本完好，但木构件普遍存在虫蛀糟朽问题，非个别抽换方法能解决隐患，故采取内部落架的方式对玉阶窖进行较彻底的维修。由于藏青杨材质较差，凡新换木构件最好选择材质较好的高山松并经过防虫、防腐处理；凡继续使用的旧构件均需补做防虫、防腐处理，带彩画的构件，要注意保持原有色泽；木构件修补要符合受力要求，尽量减少截面的损失；除木椽直径可以控制在15毫米左右，其余木构件基本按原有尺寸及形制制作。

楼（屋）面维修：室内阿嘎土地面的翻修均采用传统方法，室外阿嘎土地面的翻修一律采用改性阿嘎土。

### 8. 杰布窖

杰布窖汉语称"福足堡"，位于布达拉宫西北侧，紧挨奴窖日（西圆堡），南临扎夏（僧舍群）。杰布窖与其他三窖一道属白宫同时期建筑，属于布达拉宫的守护性城堡建筑。

杰布窖坐北朝南，高三层，平面为长方形。建筑面积约452平方米。杰布窖保留着早期建筑的特点——承重墙为版筑夯土墙。其他木椽、木柱梁枋与布达拉宫一般建筑相同。虽然建筑已年久，但整体框架基本完好。

### 8.1 主要险情（2002年5月前）

为了保护、加固原夯土墙，1977—1978年在杰布窖南墙外部包砌了石墙，1984—1985年在北侧墙外包砌了石墙。据参与1977年施工的人员介绍，南部包砌墙体落在岩石上，采用黄泥砌筑。北墙包砌质量不如南墙包砌的质量好，原因是砌筑时石块砸放得不实，以致包砌后的砌体产生下沉变形而出现裂缝。（外墙竖直裂缝在西北角，高部位的裂缝无法近视。）

从现场情况看，南墙包砌石墙与原夯土墙结合较好，从北边一处窗框处明显可见北墙新包石墙体是用黄泥砌筑，新旧砌体之间缝隙很大，可伸进一手臂，石块砌筑不规则。北边其他窗框处，均可见新旧砌体交接的抹灰层有裂缝。北侧包砌墙体是否落在岩石上并不清楚。

杰布窖除了外石墙有裂缝，还有一些小的残损问题，如局部木椽虫蛀糟朽面积8.4平方米；木过梁虫蛀糟朽修配量0.25立方米；阿嘎土地面破损面积431平方米；墙面抹灰脱落120平方米；女儿墙需要拆砌7.5立方米，墙帽破损78平方米。

### 8.2 维修方案

鉴于尚未见到两次外包墙体的具体施工资料，对外包墙体的了解有局限性，现状外墙裂缝与内墙裂缝无对应关系，外墙亦无明显臌闪变形，故难以对现有问题做出准确判断，为此提出以下维修方案。

墙体维修：因难以对外包墙体开裂现状作出准确判断，故需观测裂缝变化，如开裂加剧，可根据原因，进行维修加固。若裂缝已相对稳定，则可考虑局部修补抹灰层。

木构件维修：更换虫蛀、糟朽严重的木构件，对其余木构件均要做防虫、防腐处理；对个别扭曲变形严重的木柱，采用更换新材料的方法。防虫防腐处理总量约1000平方米。

阿嘎土楼（屋）面维修：室内地面用传统的方法修复；室外地面用改性阿嘎土修复。

### 9. 夏金窖、东圆堡

夏金窖汉语称"东大堡"，是布达拉宫的四个城堡之一，位于布达拉宫建筑群东侧。主体建筑为僧人宿舍，延伸部分为近代每年红、白宫外墙粉饰颜料加工处。

夏金窖与东圆堡相接成为一组整体建筑，又称东大堡。是1645年布达拉宫重建时与白宫同时修建的。建筑面积约2400平方米，其中夏金窖为2000平方米，东圆堡为400平方米，地下一层，地上三层，高度为10.75米。夏金窖建筑平面由几部分不规则的矩形组合而成，东圆堡建筑平面为一个不规则的圆形平面，各个平面之间有着密切的联系。夏金窖为石、木结构建筑，主要传力途径以阿嘎土制楼面、栈棍、密椽、梁、墙或柱为基础。地垄地面为原土地面。在第一期维修工程中，曾对该组建筑中的楼梯间、地垄与天井、僧舍、厕所几个部位进行过维修。

### 9.1 主要险情（2002年5月前）

墙体险情：内墙体局部裂缝与地面裂缝相连；厕所沿墙体漏水，天井局部沿墙体漏水；墙体膨闪裂缝面积35平方米；砌体表面抹灰大部分脱落，面积达531平方米。

木构件险情：局部木椽虫蛀糟朽面积达168平方米，个别折断，局部木椽虫蛀严重，顶棚下沉漏雨；栈棍虫蛀糟朽平方米；木过梁、托木虫蛀糟朽总量约3.47立方米。

室内外阿嘎土：室内地面开裂、受损面积达690平方米；室外开裂、受损面积达655平方米；女儿墙及阿嘎土墙帽破损面积达297平方米。

筱玛墙：糟朽、变形面积达135平方米。

### 9.2 维修方案

针对夏金窖、东圆堡残损情况，此次以局部维修为主，只有顶层木椽虫蛀严重，需大面积更换木椽，采用全部挑顶的做法。具体维修方法和内容如下。

墙体维修：对于局部损坏的墙体采用剔补方法，面积过大时，需先支顶后局部拆砌。施工中要注意保证灰浆饱满，尤其是碰头缝间的灰浆要饱满。对于需抹灰墙面要先把墙体表面清理干净后，按原两层抹灰的做法修复，工艺和质量要求同玉阶窖一致。

东圆堡、夏金窖一带维修（三大工程办提供）

木构件维修：对于个别虫蛀、糟朽、劈裂严重的梁、椽，采用抽换方式进行处理。对于虫蛀、糟朽木椽比较集中的部位，面积达到房屋面积的1/2时，可结合屋面或楼面维修挑顶处理，更换木椽及栈棍。全部木构件需进行防虫、防腐处理。

阿嘎土维修：楼（地）面按照传统工艺重筑；屋面一律使用改性阿嘎土。

筱玛墙维修：局部拆除校正，更换糟朽部分。

### 10. 亚溪楼（约普西）

亚溪楼位于布达拉宫北侧，顺山势而建，包括马厩，越向北越低。占地面积约700平方米，房屋21间，建筑面积约2500平方米。原为达赖喇嘛之亲属来布达拉宫时居住之所。据记载，亚溪楼是在七世达赖喇嘛时期兴建以后逐渐形成今日规模。经勘查，亚溪楼总体状况良好，一层、二层与九层在一期维修工程中已更换过木构件。

10.1 主要险情（2002年5月前）

墙体险情：南侧墙体潮湿现象是室外地面标高高于室内地面标高，室外地面水渗透所致。墙体出现裂缝、下沉面积达75平方米；墙面抹灰酥碱、脱落面积达110平方米；局部笾玛墙墙体臌闪、开裂延长52米。

屋面险情：屋面普遍存在渗漏水问题，面积达520平方米，虽然尚未发现有椽子木严重腐朽现象，但对屋面木架构基层的安全形成威胁。室内局部是布达拉宫公共厕所（旱厕），导致阿嘎土酥碱严重，主楼地面也有开裂、破损，面积达283平方米。

10.2 维修方案

墙体维修：砌体裂缝小于10毫米应采用混合砂浆勾缝处理；10—30毫米裂缝采用压力灌浆；大于30毫米的裂缝进行拆砌处理。凡梁头压在承重墙部位出现裂缝处，在拆砌的同时加两层垫木，增加墙体的抗压强度。

屋面维修：屋面渗漏水主要是阿嘎土自身防水性能低，加之日常保养不足（通常应每年保养1—3次），年久失修，雨水渗透，侵蚀木椽，导致木构件朽烂。解决问题的传统方法应当做好阿嘎土日常保养工作。但当时布达拉宫日常保养施工队伍工程人员数量不能保证对布达拉宫所有屋面阿嘎土进行每年至少一次的保养，只能保障对主要建筑（如红宫、白宫等）的保养，其余建筑只能是有了问题（甚至是大问题）才进行维修。较好的和可行的办法是对室外阿嘎土地面，经过试验取得较好效果的改性阿嘎土修补铺，以提高其防水性能和自身强度。

11. 日出康

日出康位于红宫与白宫之间，共六层。地垄四层，地上两层。现第五层保存有木刻印经板，第六层住有僧人和管理处办公用房。日出康在第一期维修工程中，已对一、二层地垄进行了抢险加固，用钢筋混凝土对地垄墙体进行了包砌；对第五层木结构进行了修缮。

11.1 主要险情（2002年5月前）

地垄险情：三、四层地垄墙体存在大量裂缝及局部地面下沉，面积达230平方米，有些裂缝最宽达100毫米。布达拉宫管理处于2000年末和2001年初做了大量的石膏观测点，据勘查各观察点无变化，说明地垄墙体现状已稳定；屋面漏雨侵蚀墙体，造成墙面抹灰脱落10平方米。

屋面险情：五层屋顶阿嘎土局部开裂，存在漏雨现象，开裂、破损面积379平方米。六层屋面阿嘎土无漏雨现象。但由于雨水冲刷，原光滑表面已变得十分粗糙，已形成屋面积水，产生阿嘎土泡水，易造成屋顶漏水和屋面荷载增加。

地面险情：局部室内阿嘎土地面开裂酥松，开裂、破损面积349平方米。严重处裂缝宽达40毫米。日出康屋顶设置了一条由红宫引下来的落水管，雨水直接排放在屋面，造成屋面水流超负荷，以致造成漏水。

笾玛墙险情：主要是歪闪延长30米。

11.2 维修方案

地垄维修：在安全支撑的情况下，拆砌裂缝宽度超过30毫米的裂缝墙体；对缝宽在30毫米以下的裂缝，进行压力灌浆加固处理。用传统材料重新抹饰空臌脱落的墙面抹灰。

屋（地）面维修：用改性阿嘎土修补铺打残损屋面，用传统材料修补铺打室内地面。增加雨水管长度，使雨水管口挑出墙外。避免雨水直接冲刷阿嘎土屋面与外墙。

笾玛墙维修：按照传统工艺对歪闪部位进行矫正、补配处理。

12. 扎夏（僧舍群）

扎夏是僧人日常生活及居住之场所，位于布达拉宫西南山坡上，是一组白色阶梯式建筑群。东邻红宫和十三世达赖喇嘛灵塔殿，北依杰布窖和西圆堡。扎夏分上、下两处，占地面积约1800平方米，建筑面积约7000平方米。上扎夏是僧舍的主体建筑，高9层（包括地垄1层）；下扎夏分东、西两栋建筑，东扎夏高3层（包括地垄1层），西扎夏高2层（包括地垄1层）。

扎夏与红宫兴建时期（1690—1694年）相同。1934—1936年修建十三世达赖喇嘛灵塔殿时拆除了僧舍东部的部分房屋，并在原僧舍西部续建了一部分房屋，故上扎夏东部又称旧扎夏，西部则称新扎夏。扎夏仍是当时布达拉宫僧人日常居住之场所，其中上扎夏5—8层和下扎夏东顶层为僧人宿舍，其余均为空房。布达拉宫第一期维修工程时，大部分僧舍顶棚木基层已被维修过，上扎夏地垄墙也已进行了加固。尚未维修占建筑总面积约50%。

12.1 主要险情（2002年5月前）

墙体险情：墙体开裂、酥碱、下沉总量约260立方米；局部笆玛墙体臌闪、开裂面积167平方米；局部墙面抹灰空臌、脱落面积250平方米。

木构件险情：木椽及过木糟朽、虫蛀面积20立方米，部分劈裂折断。局部木椽、过梁、托木虫蛀糟朽严重；木椽糟朽、个别折断，局部木椽虫蛀严重，顶棚下沉漏雨。

阿嘎土险情：屋面渗水和排水不畅导致阿嘎土普遍开裂、酥碱、剥离等险情面积达812平方米；室内阿嘎土因缺乏保养导致的粗糙、开裂面积达1256平方米。

12.2 维修方案

墙体维修：彻底清理地垄内的垃圾。修复时除要按原形制外，石砌体用不大于M5强度等级的混合砂浆砌筑。上下层要错缝，新旧砌体要咬合，灰浆要饱满。在重做室内轻质隔墙时，尽可能按现有轻质隔墙材料和做法修复。轻质隔墙要在木构架压缩变形一段时间后再做，避免墙体容易因木构架变形产生裂缝。

木构件维修：更换虫蛀、糟朽严重的木构件，对其余木构件均要做防虫、防腐处理；对个别扭曲变形严重的木柱，采用更换新材料的方法处理。

楼（屋）面维修：室内地面用传统的方法修复；室外地面用改性阿嘎土修复。

13. 黄房子、强庆塔拉姆

黄房子、强庆塔拉姆，位于布达拉宫南面中央山坡上，是一组黄、白两色建筑群。东联日出康、北靠白宫西侧、西接德央奴。黄房子是高僧修行处，强庆塔拉姆主体为尊胜僧院集会大殿和护法殿，地面一层为通向德阳奴一带的主入口。黄房子共10层，地垄5层、上部建筑5层；强庆塔拉姆共8层，地垄5层、上部建筑3层。总体建筑面积约5535平方米，总高度58.8米。地垄结构为石砌体承重墙，上部建筑为木石混合结构，楼面、屋面结构均为木椽、栈棍、碎石、黄泥和阿嘎土面层构成。

13.1 主要险情（2002年5月前）

墙体险情：主要表现为墙体开裂、变形、酥松与抹灰局部脱落。墙体裂缝大多出现在木梁放置于石墙的部位。北墙开裂变形出现在二层，初步分析应是墙体自身变形所致。

木结构险情：木结构与木构件目测基本完好（二层东南及西南角木柱有下沉迹象）。其次为屋面普遍有渗漏水现象，室内屋面已做临时修补，走廊屋面尚未修补。

2001年，7月24日强庆塔拉姆坡道边墙中段墙体因雨水冲刷和长期浸泡导致酥碱部位空膨坍塌；同月29日倒塌的墙段呈V字型开口，最大开口处约10.87米，底部约1.1米，高度12.1米。

维修后的僧舍群屋面（三大工程办提供）

13.2 维修方案

墙体维修：拆砌三层歪闪的北墙，重砌苾玛墙；对裂缝宽度大于30毫米和酥松的墙体进行局部拆砌；梁枋搁置处开裂墙体在拆砌的同时加水平梁垫木。采用传统材料抹饰残损墙面及新修墙面。

木构件维修：对腐朽椽头进行更换、防腐处理。

屋（地）面维修：重打室内阿嘎土地面，用改性阿嘎土修补铺打室外地面。

清理坡道边墙坍塌渣土。修复边墙。台阶部位地垄采用钢筋水泥预制梁架、块石砌筑，向山体用螺纹钢进行锚固，防止滑坡。

14. 平措堆朗

平措堆朗位于德央夏南面，通往白宫的第一道门厅就设在此处。平措堆朗共有7层，地上3层，地垄4层。地上3层是布达拉宫管理处办公用房。

14.1 主要险情（2002年5月前）

地垄险情：三、四层地垄墙体存在大量的裂缝及局部地面下沉，有些裂缝最宽达100毫米。墙体空臌、松动面积255平方米，部分坍塌；墙面抹灰脱落面积240平方米。东侧外墙长有一棵松树，引发外墙开裂，墙内渗水严重。

木结构险情：木过梁、椽子木虫蛀、腐朽总量约12立方米，其中部分腐朽的椽子是屋顶漏水所致。

屋面险情：屋顶阿嘎土局部开裂，因雨水冲刷导致原光滑表面已变得十分粗糙，且雨天常致屋面积水，存在漏雨现象，受损面积达200平方米；室内阿嘎土开裂、破损面积达380平方米。

14.2 维修方案

地垄维修：一层地垄补砌加固护壁墙5道，对小于10毫米的墙体裂缝，用混合砂浆修补；小于30毫米的墙体裂缝，用混合砂浆灌浆修补；大于30毫米的墙体裂缝，用挖镶法和插筋法进行局部拆砌补强。墙体臌闪、松动、坍塌，先进行支顶、加固，再将松动部分拆下，用M5混合砂浆和毛石补砌，新旧砌体交接处埋设水平拉结筋，加强连接。如果强度不够，用型钢和螺栓拉结加固。除去东侧外墙生长的松树，对墙体进行拆砌、灌浆。女儿墙歪闪严重部位，需拆砌；地面开裂、漏雨，需翻修。在维修屋顶和女儿墙时，在檐口部位增设圈梁一道，加强结构的整体性。

木结构维修：对顶层歪闪、变形的木构件，重新归位，必要时用铁件拉接。虫蛀、腐朽的木构件全部更换；全部木构件均要进行防腐、防虫处理。二层入口处顶部木椽腐朽严重，用混凝土板替换。

屋（地）面维修：室内地面阿嘎土的翻修，采用传统方法。室外阿嘎土翻修，采用改性阿嘎土修补。

15. 德央奴

德央奴位于红宫和西欢乐广场南面，东连强庆塔拉姆，依山而建，共计6层。东西长75.7米，高32.5米，建筑面积850平方米。地宫5层为库房，是红宫和白宫的联系通道。德央奴与红宫同时修建，当时为了南移扩建西广场，于广场南面建了一层围廊，下面有5层建筑，最底层建筑以下为高约30米的建筑基座，广场外的南墙东面与强庆塔拉姆西面相连，从而形成一堵宽约75.7米，高约32.5米的平坦大墙面，这就是布达拉宫的展佛台，也就是德央奴的南侧外立面墙。

15.1 主要险情（2002年5月前）

墙体险情：1999年自治区文物局对地宫二、三层进行了维修、加固。但维修效果不理想，局部墙体仍有开裂现象，墙体维修材料使用的是水泥砂浆。由于墙外有漏水管，排水系统不畅，造成墙体从外向里渗水。目前墙体开裂较严重，总量约235立方米；墙面抹灰臌闪、脱落面积177平方米。

木结构险情：木椽虫蛀糟朽面积2平方米；过木糟朽虫蛀约8立方米。

阿嘎土险情：室外（屋面）阿嘎土老化、破损面积达495平方米；室内阿嘎土开裂、破损面积达160平方米。

15.2 维修方案

墙体维修：对开裂小于10毫米的墙体裂缝，采用混合砂浆修补；对小于30毫米的墙体裂缝，采用混合砂浆低压灌浆补强。臌闪、酥碱的墙皮需铲除，重新抹灰砌筑。墙体渗水是由于墙外排水不畅所致，需改造排水系统。

木结构维修：对糟朽、虫蛀的木构件全部更换；更换的新木材要进行防虫防腐处理。

屋（地）面维修：室内地面阿嘎土按照传统工艺方法夯筑。室外屋顶阿嘎土采用改性阿嘎土修补。

### 16. 僧官学校

僧官学校位于白宫德央夏（东庭院）东面，下层通道是进入德央夏的入口处。它南邻达仓果莫（虎穴圆堡）和平措堆朗。僧官学校平面近方形，共5层，地上4层，地下1层，从德央夏广场至顶层高近11米，占地面积约610平方米，建筑面积2158平方米。此处作为僧官学校，始于公元1754年，由七世达赖喇嘛格桑嘉措创建。二十世纪七十年代，曾对僧官学校进行过一次大规模的维修，范围包括大部分墙体、木构件及阿嘎土屋面。通过那次彻底维修，排除了当时的主要险情，直至今日僧官学校的主体结构没有发现太大的险情。在九十年代初的第一期维修工程中，仅对僧官学校进行了小范围的维修。僧官学校一层为地垄，东面地垄经勘测，墙体基本完好。西面地宫没有找到入口，情况不明。二层以上中间部分，曾为布达拉宫管理处职工和僧人食堂，现为办公用房。

#### 16.1. 主要险情（2002年5月前）

墙体险情：普遍存在的问题是墙体开裂，面积49立方米，裂缝宽度多在300毫米以内。主要分布在二至五层。墙面抹灰脱落185平方米，主要集中在二、三层的仓库及过道，脱落面积大、范围广。另外，由于天井内的排水沟穿过室内，流出墙外，造成了屋面渗水及墙面潮湿。

木构件险情：木构件损坏程度较轻，只有个别木椽、托木、柱子存在断裂、糟朽、劈裂等问题，面积达83平方米。

屋（地）面险情：室内阿嘎土地面每层都存在开裂、破损的问题，尤其是没人居住的仓库，残损程度更为严重。开裂、破损面积达395平方米。

阿嘎土屋面普遍存在开裂、漏雨，尤其是五层室内，漏雨现象相当严重。不仅屋面渗水，且墙面潮湿，开裂、破损面积达560平方米。

笾玛墙险情：主要是歪闪较多，延长总量41米。

鼠害：从一层至五层普遍存在的问题是鼠害严重。由于这里有食堂、粮油仓库和蔬菜食品，老鼠到处肆虐。另外，在僧官学校二层的东北角，也是德央夏出入口处两边，是生活垃圾的堆放处，这也为老鼠提供了活动场所。在勘察中我们可以随处看到老鼠活动的痕迹：到处是鼠洞和老鼠粪便，地面和墙面也被老鼠掏空多处。

#### 16.2 维修方案

墙体维修：一至五层小于10毫米宽度的轻度开裂墙体，可用混合砂浆修补，不必加固补强。二、三、五层小于300毫米宽度的轻度开裂墙体，可采用混合砂浆进行压力灌浆修补。三层墙体局部坍塌，约0.5立方米，用不大于M5强度等级的混合砂浆砌筑。

木构件维修：虫蛀、糟朽、劈裂的木椽及过木，集中在五层，需更换二、四、五层存在柱根糟朽问题的木构件，一般选用高度在300毫米以内采用嵌补或墩接的方法进行修补。全部木构件一律进行防虫、防腐处理。

楼（屋）面维修：室内阿嘎土开裂、破损主要集中在一、二、三、四层。地面、楼面维修一律按传统方法夯筑。屋面维修可采用改性阿嘎土修补。

### 17. 德央夏配电室

配电室位于德央夏（东庭院）北侧，布达拉宫附属用房的中部，为地下二层、地上二层建筑。地面一层为布达拉宫全部用电开关控制室，1987年安装完工；二层为布达拉宫安保值班室用房。地下地垄两层。

#### 17.1 主要险情（2002年5月前）

地垄险情：地垄一层墙体局部坍塌面积21立方米；二层墙体局部松散、脱落。

木构件险情：过木虫蛀严重，总量约3立方米；椽子木腐朽面积60平方米，其中部分腐朽的椽子是屋顶漏水所致。

屋（地）面险情：顶层屋面阿嘎土开裂、破损面积70平方米，漏雨严重。室内阿嘎土地面开裂、破损面积140平方米。

一层地垄堆积垃圾约50立方米。

17.2 维修方案

地垄维修：清理地垄垃圾，补砌加固护壁墙。若墙体松动、坍塌，先进行支顶、加固，再将松动部分拆下，用M5混合砂浆和毛石补砌，新旧砌体交接处埋设水平拉结筋，加强连接。如果强度不够，用型钢和螺栓拉结加固。

木构件维修：虫蛀的过木需全部更换，全部木构件均要进行防腐、防虫处理。

屋（地）面维修：由于配电室与布达拉宫安全用电关系密切，为了保证安全，木椽用预制混凝土板替换。三层（地面一层）地面做混凝土，四层（地面二层）地面做阿嘎土。屋顶阿嘎土翻修，修补裂缝，并做抗渗处理。

18. 坡道边墙

坡道边墙是沿山坡修建的通向布达拉宫主体建筑的通道。随着山势高低错落，前山修建的坡道内侧为上下山的台阶，后山西北部内侧为石板车道，最近处通到达朗果莫（马道圆场），最高处通达红宫后道附近，后山正北坡道内侧为上下山的台阶，外侧阶梯型边墙墙体为毛石砌筑。前山随坡道大都建有地垄，地垄内多填渣土及建筑垃圾，原渣土面层已改为石板面以便行人上下，边墙不仅承受着上部的压力，而且要承受地垄内渣土的侧向力。

18.1 现状及问题

因长年雨水冲刷、浸蚀，以黄土为粘接材料的石砌边墙，出现了渗漏断裂。其中强庆塔拉姆至平措堆朗间的"之"字形坡道边墙因此于2001年10月坍塌。总体上多处墙基有空洞、松散、片石脱落等现象，部分墙根处长有树木冲击墙体，墙帽开裂、酥碱，部分转角处坡道因雨水冲刷引起墙体渗水、砌缝脱落、局部空洞。女儿墙（笾玛墙）部分倾斜、歪闪较重，局部腐蚀、脱落。

18.2 墙维修方案

墙基掏空或空洞较多部位采用修补或局部拆砌的方法处理。对于裂缝严重、个别砌筑质量较差的部位采用局部维修的方式，以拆砌、压力灌浆、补缝为主。残损女儿墙采用局部修补的方式，塌落部分采用拆砌的方式，按原状修复。对于不同残损情况的笾玛墙，分别进行嵌缝修补或矫正。曾经凡是用水泥砂浆修筑的墙帽压顶，一律拆除，用改性阿嘎土重做。

## 山下"雪城"内古建筑维修工程技术方案

"雪城"位于布达拉宫主体建筑前山脚下，东西长317米，南北宽173米。其外围东南西三面筑有高大的版筑夯土城墙，周长约663米，墙体高度约7米，墙基宽度约6米，墙顶宽度约3米左右，收分在1/10左右，墙顶外侧筑有女儿墙，内侧是近2米宽的马道（步道）。城墙的东、南、西中央各设有一处城门楼，东南角和西南角各设有一处角楼。城内由藏军司令部、雪巴列空、东印经院、西印经院、造币厂、毕悉住宅等建筑群落组成，总面积为61089平方米。是布达拉宫古建筑群的重要组成部分。

1. 东印经院

东印经院位于"雪城"内东北角一处，藏语称"甘丹平措林"，意思是"圆满兜率天"。始建于五世达赖喇嘛时期，与白宫同属一期。东印经院建筑面积达1268平方米，主体建筑坐北朝南，为两层平顶式藏式建筑，一层为印经场、藏经库，二层为管理员（孜仲）办公用房；院内建有二层回廊式附属建筑，整体呈四合院包围状，底层为马厩、二层为管理员住房；大门朝南。

1.1 现状和主要险情（2002年5月前）

墙体险情：局部渗水，有多处严重裂缝。

木架构险情：柱和梁严重浸蚀、糟朽、歪闪。椽望严重浸蚀、糟朽、歪闪，有局部倾斜坍塌。

楼（屋）险情：屋面排水不畅，有细小开裂状况。

拆除雪城内的违章建筑（三大工程办提供）　　　　维修中的雪城古建筑与城墙施工现场（三大工程办提供）

维修后的雪城东侧（三大工程办提供）　　　　维修后的雪城西侧（三大工程办提供）

1.2 维修方案

墙体维修：部分裂缝处的墙体拆砌或裂缝补隙。

木架构维修：柱和梁更换、拨正。椽望糟朽、歪闪严重的需更换。进行防虫防腐处理。

楼（屋）维修：屋面重打阿嘎土。

1.3 利用规划

恢复原有功能，原状陈列，作为雪城参观景点之一。

2. 造币厂

造币厂位于"雪城"内东北处，东临五座院、西联珍宝馆，始建于五世达赖喇嘛时期，与白宫同属一期。造币厂建筑面积约468平方米，主体建筑坐北朝南，为两层平顶式藏式建筑，一层为造币场，二层为管理员（孜仲）办公用房；院内建有二层回廊式附属建筑，整体呈四合院包围状，底层为马厩、二层为管理员住房；大门朝东。

2.1 现状与主要险情（2002年5月前）

墙体险情：主体建筑墙体部分开裂，南侧基础地面部分沉降。附属建筑墙体坍塌过半，有的已经全部倒塌。

木架构险情：柱、梁浸蚀、糟朽、歪闪严重。椽望侵蚀、糟朽严重，有部分坍塌。

楼（屋）险情：屋面阿嘎土基本风化，凹凸不平、排水不畅，渗水严重。

2.2 维修方案

墙体维修：部分裂缝处的墙体拆砌或裂缝补隙。坍塌部分需要原样复建。

木架构维修：柱和梁更换、拨正。椽望糟朽、歪闪严重的需更换。进行防虫防腐处理。

楼（屋）维修：屋面重打阿嘎土。

2.3 利用规划

恢复原有功能，原状陈列，作为雪城参观景点之一。

3. 西印经院

西印经院位于雪城西北角红山脚下，紧靠雪城西侧城墙，依山而建，分为前殿和后殿。整体建筑风格与布达拉宫一致。前殿为印经院，后殿为大威德金刚殿。印经院新建于公元1924年十三世达赖喇嘛时期，一是为保存刻印的纳塘版《甘珠尔》大藏经木刻板而兴建，二是为刻制拉萨

维修前的西印经院（三大工程办提供）

维修中的西印经院（三大工程办提供）

维修后的西印经院（三大工程办提供）

版《甘珠尔》大藏经做准备。其建筑规模比东印经院大了数倍，前殿有地垄两层、建筑两层，建筑面积2030平方米，后殿有地垄一层，建筑三层，建筑面积1502平方米，建筑外观整体呈阶梯装状。此院所藏的《甘珠尔》经板多达四万八千块，还有大量各地调来的和新刻的《般若经》《布顿教史》《喜饶嘉措传》《唐东杰布传》等珍贵木刻板。

西印经院是布达拉宫的重要组成部分，其印经活动是布达拉宫作为旧西藏政教合一政权统治中心的重要职能之一，是布达拉宫文物价值和历史价值、文化价值的有机组成部分。

1960年，西藏工委将西印经院划归西藏自治区档案馆使用。虽经该馆多次小修小补，但仍有较大险情隐患。

### 3.1 现状与主要险情（2002年5月前）

基础险情：西印经院基础出现不均匀沉降。楼地面局部下沉、开裂、表面破损。

墙体险情：外墙有裂缝，内墙面受潮开裂、剥落，亦有局部漏水。

木架构险情：椽望有明显虫蛀、水渍。柱、梁有虫蛀现象。

建筑周边排水不畅通，尤其是在西侧、北侧及东侧的部分地段问题较为突出，对墙体损害极大。

### 3.2 维修方案

基础维修：清理地垄渣土，局部采用灌浆加固作结构补强。

墙体维修：对小于50毫米的墙体裂缝进行勾缝处理；大于50毫米的墙体裂缝采用灌浆修补加固，灌浆量458.16立方米；墙面抹灰修复178.2平方米。拆除门厅部位加建的墙体，恢复门厅原有风貌。

木架构维修：更换93.2平方米的虫蛀严重木椽；新旧构件全部进行防虫防腐处理。

女儿墙（笆玛墙）：维修延长9.4米。

楼（屋、地）面维修：修补室内阿嘎土地面1071.42平方米；重打室外阿嘎土1956.12平方米。室外一律使用改性阿嘎土。补配石踏步，夯实土石基层。

增建项目：增加建筑周边排水明渠，重点解决西侧、北侧紧靠城墙部位，由于明渠落差较大，建议修建阶梯式明渠缓冲排水冲击力，在每段10米处修建沉砂池。对整体建筑补配铜质落水管。

### 3.3 利用规划

根据使用权属划定要求，继续作为西藏自治区档案局（馆）保存的木刻档案存放地。

乃康顶险情现状（三大工程办提供）

乃康顶原址一带地面清理现场（三大工程办提供）

复建后的乃康顶屋面大平台与维修后的西印经院屋面（三大工程办提供）

#### 4. 乃康顶（又名：哲布康）

"乃康顶"为"粮仓"之意，其又名"哲布康"的"哲布"为"硕果"之意，"康"为"库房或房屋"之意。是原噶厦政府囤积青稞、小麦的主要粮库之一。乃康顶整体为单层藏式平顶建筑，室内以垄道布局，便于分类存储粮种，面积1300多平方米。其北面与西印经院南侧相连，在西印经院南侧主入口处形成了一处较大面积的平台，过去用作重要活动的场地使用。

4.1 现状与主要险情（2002年5月前）

由于西藏自治区档案局（馆）后期在此处修建二层现代建筑建筑作为职工周转房，乃康顶古建筑完全被破坏。

4.2 维修方案

拆除现有两层现代建筑，采用考古发掘手段，清理渣土，探挖乃康顶原有建筑基址，参考布达拉宫内壁画所描绘的乃康顶建筑原状，恢复原貌。

4.3 利用规划

根据《布达拉宫雪城保护规划》要求，此处作为管理处存放施工材料用地。

#### 5. 毕悉宅

毕悉宅正对雪城南大门，建筑面积768.45平方米，整座建筑为两层藏式古民居建筑，除一层墙脚和基础为块石砌体外，一、二层墙体均为土坯砌筑。毕悉宅平面为方形，中央设有天井，大门朝东，有过厅进院。底层为牛马圈和仓库、佣人住房等，东侧有木质楼梯通向二层；二层为主人起居用房，北屋正中是主要居室。楼层层高2.4米左右。二层通道利用天井回廊三面环绕，平面布置紧凑、使用方便。

5.1 现状与主要险情（2002年5月前）

墙体险情：墙体坍塌，构件损坏。

木架构险情：柱、梁部分结构坍塌，构件损坏；椽望部分结构坍塌、构件损坏、折断糟朽。

**维修后的毕悉宅（三大工程办提供）**

楼（屋）险情：基础原始地面坍塌堆积；屋面部分坍塌，开裂、松散。

总体评价：由于毕悉宅现存状态极差，年久失修、大部分建筑坍塌，剩余建筑也是摇摇欲坠，稍有震动极有可能倾覆。因坐落于布达拉宫参观主入口南大门通道中央，影响了游客通道和视觉通视走廊。由于雪城路面总体抬升，毕悉宅室内地坪已低于路面将近600毫米，根本无法排水和维修使用，建议利用拆除违章建筑的空地，向西推移20米左右原样迁（移）建。在迁（移）建中，尽量利用原有构件。

5.2 维修方案

毕悉住宅根据雪城总体规划设计，为了疏通雪城南大门与布达拉宫上山通道的顺畅，是此次维修工程中唯一的迁（移）建项目。在迁（移）建前需要精确测量原建筑体量、布局、规格和风貌，确保迁（移）建恢复到原样。所有新旧木架构须进行防虫防腐处理。

5.3 利用规划

迁移恢复原有建筑，作为布达拉宫管理处对外开放的临时展厅。

维修前的林嘎宅现状（三大工程办提供）

维修后的林嘎宅（三大工程办提供）

新改建为布达拉宫千盏灯房的林嘎宅（三大工程办提供）

6. 林嘎宅

林嘎宅位于"雪城"中部偏北，酒馆与毕悉宅之间。建筑面积450平方米，是一座单层土坯建筑，仅在基础及墙体下部有少量的石砌体。结构为墙柱承重的混合结构。内部柱网稀疏且规格小、材质差。层高不足2.2米，低矮潮湿。屋面覆盖着厚厚的黄土。现存建筑状况极差，坍塌过半，仅存在建筑屋面严重破损，门窗大多遗失。

6.1 现状与主要险情（2002年5月前）

墙体险情：大多倒塌，仅存部分墙体松散歪闪，抹灰基本脱落。

木架构险情：柱、梁、椽望，歪闪、虫蛀、折断、90%糟朽，已经失去承载力。

楼（屋）险情：屋面杂草丛生，开裂、松散、渗漏非常严重。

#### 6.2 维修方案

因其不具有重要的文物价值,在不改变外观原样的基础上,内部用钢筋水泥框架结构,外观墙体按照传统砌筑方法复建,屋面夯打改性阿嘎土。

#### 6.3 利用规划

根据《雪城保护规划》设计,为消除布达拉宫主体建筑火灾隐患考虑,把观音殿外千盏酥油灯燃点处迁移至此,辟为千盏灯集中燃点场所,专人负责、专职管理。

### 7. 龙夏宅

龙夏宅位于"雪城"东南角,建筑面积约506平方米,其北面为堪布宅。整座建筑为两层藏式古民居建筑,一层为毛块石砌筑,二层为土坯砌筑,平面呈"L"形,原为贵族龙夏私宅。建筑以石木混合结构,承重依托外墙和柱网。楼层和屋面密排椽子,表面铺筑传统阿嘎土。楼层层高2.7—2.8米不等。宅院中央设有庭院,东面、北面建有回廊,平面布局比较典型,一层用作牛马厩和仓库,二层为居住用房,主要房间位于建筑北侧,坐北朝南,日照充足、通风良好。建筑外观开窗较少,现有窗户多为后加。

#### 7.1 现状与主要险情(2002年5月前)

基础地面险情:院外地面垫高显著,院内积土较多且凹凸不平。

墙体险情:原有院墙已全部被毁;一层墙体有细小裂缝;二层土坯墙有不规则裂缝,局部坍塌。

木架构险情:一层柱、托、弓木糟朽、歪闪变形,梁架基本完好,椽望歪闪、糟朽;二层柱、托、弓木糟朽、歪闪变形,梁架基本完好,个别有开裂,椽望歪闪、糟朽。

楼(屋)面险情:二层楼面疏松、开裂,局部坍塌;屋面檐头破损松散、开裂;阿嘎土松散、开裂,局部坍塌。

#### 7.2 维修方案

墙体维修:部分裂缝处的墙体拆砌或裂缝补隙。坍塌部分需要原样复建。

维修前的龙夏宅一带现状(三大工程办提供)

维修后的龙夏宅(天井、屋面)(三大工程办提供)

木架构维修:柱和梁更换、拨正。椽望糟朽、歪闪严重的需更换。木结构全部进行防虫防腐处理。

楼(屋)维修:屋面重打传统阿嘎土。

#### 7.3 利用规划

恢复原有功能,原状陈列,作为雪城参观景点之一。

维修前的堪布宅一带现状（三大工程办提供）

维修后的堪布宅（口字型）（三大工程办提供）

### 8. 堪布仓（堪布宅）

堪布宅位于"雪城"东南处，南连龙夏宅，建筑面积约897平方米。整座建筑为两层藏式古民居建筑，一层为毛块石砌筑，二层为土坯块石混合砌筑。建筑以石木混合结构为主，外墙和柱网承重。楼层和屋面密排椽子，表面铺筑传统阿嘎土。楼层层高2.3—2.8米。宅院中央设有中庭，四周作回廊，平面布局比较典型，一层用作牛马厩和仓库，二层为居住用房，主要房间位于建筑北侧，坐北朝南，日照充足、通风良好。建筑外观开窗多在东面，其他三面开窗较少，部分窗户有后加的迹象。

8.1 现状与主要险情（2002年5月前）

墙体险情：墙体基本完好，除了少部分细小裂缝外没有大的险情；部分墙面抹灰脱落；二层内墙有人为变动。

木架构险情：柱、梁部分开裂、变形和歪闪；椽望侵蚀、糟朽约75%；门窗多已经更换，失去原样。

楼（屋）面险情：屋面檐头损坏，有积水渗漏；楼（地）面阿嘎土酥碱、开裂、破损严重。

8.2 维修方案

墙体维修：部分裂缝大于50毫米的墙体视具体情况进行局部拆砌或低压灌浆处理，裂缝小于50毫米的进行裂缝补隙即可。

木架构维修：糟朽、开裂严重的柱梁要更换，裂缝细小处做嵌补处理，歪闪须拨正；椽望糟朽、歪闪严重的需更换。所有新旧木架构须进行防虫防腐处理。

楼（屋）维修：楼（屋、地）面重打阿嘎土。室外用改性阿嘎土，室内用传统阿嘎土打制。

8.3 利用规划

恢复原有功能，原状陈列，作为雪城参观景点之一。

### 9. 江布宅

江布宅坐落于"雪城"中部，建筑面积180.12平方米，是一座两层藏式传统民居建筑，一层为石砌体、二层为土坯墙。原平面呈长方形，后有所添建，遂成不规则布局。楼层层高不超过2.4米，是"雪城"内层高较矮的房屋建筑之一。开窗主要设置在南侧朝阳部位。房屋结构为石木混合结构，承重依靠外墙和柱网。楼面、女儿墙压顶墙帽均铺筑传统阿嘎土。

9.1. 现状与主要险情（2002年5月前）

基础地面险情：院外地面垫高显著，基础尚完整；一层室内地面黄土凹凸不平，局部有酥碱；二层楼面开裂、疏松，局部坍塌。

墙体险情：一层墙体年久失修，出现歪闪，后期增砌一道护壁墙；二层土坯墙体风化严重。

木架构险情：一层柱、梁、托、弓木浸蚀、糟朽、歪闪变形。二层柱、托、弓木基本完好，个别有开裂，缝隙不大，大梁全部虫蛀、开裂，椽望糟朽、个别有扭曲。

楼（屋）面险情：檐头破损松散、开裂；阿嘎土松散、开裂，局部坍塌。

其他：原门窗存量少，大多已被住户更换。

9.2 维修方案

一般性维修。主要是地面黄土平整、重新夯打；屋面阿嘎土全部重打；补配原样门窗；更换严重糟朽、虫蛀、变形的木构架；拆除新砌筑的护壁墙做复原，对原墙体适当进行灌浆加固，剔除风化墙面重新抹灰处理。

9.3 利用规划

作为布达拉宫雪城管理用房之一，加以保护和合理利用。

10. 同波（东坡）宅

同波宅原是"孜仲"（僧官）同波的私宅，上世纪初转手给了一位俗官（拉恰一位官员），但仍称其为"同波宅"。同波宅是"雪城"内保存最为完整的原贵族住宅，共有两层，建筑面积776.04平方米。大部分建筑的室内装饰得到比较完整的保存，只有楼梯、部分建筑装饰有残损，但可以较完整地反映其原有风貌。后被出租给外来人员居住，情况较为混乱，部分门窗已损毁。

10.1 现状与主要险情（2002年5月前）

墙体险情：基础地面铺垫杂乱；墙体有较轻微的裂缝，局部抹灰脱落，有少量的后补水泥抹灰；二层土坯墙体风化较多，内部隔断墙存在加建现象，现有抹灰均为水泥。

木架构险情：部分柱、梁存在歪闪、开裂、糟朽；椽望浸渍、烟渍明显，歪闪不整、规格不一；木质栏杆松散、歪闪。

楼（屋）险情：屋面杂草丛生，开裂、破损严重。

10.2 维修方案

墙体维修：部分裂缝处的墙体拆砌或裂缝补隙。抹灰按传统重做。

木架构维修：更换少量糟朽严重的柱和梁，歪闪需拨正。椽望糟朽歪闪严重的需更换。新旧木构件均须进行防虫防腐处理。

楼（屋）维修：屋（地）面重打阿嘎土。

10.3 利用规划

作为布达拉宫雪城管理用房之一，加以保护和合理利用。

11. 马厩和奶牛院

马厩和奶牛院坐落于"雪城"中部偏西位，建筑面积2824.99平方米，为两层藏式传统古建筑。据说其建筑布局非常独特，当你从空中俯瞰时，眼前就会呈现出一组巨大的佛教"万字符"状的建筑组合，又近似于"田字形"。其建筑功能主要是为原噶厦政府饲养马匹和奶牛，为达赖喇嘛和殊胜僧院提供骑乘和奶制品。由于平面布局呈"田字形"而自然铸成了四个"口字型"小院。南侧两处和西北侧小院为马厩，东北侧小院为牛圈（主要饲养犏牛）。各小院四周作回廊、设马槽，回廊成了建筑的主体，占据大部分面积。小院屋顶中心交汇点还设有煨桑炉、经幡插孔和擦擦堆放池。房屋结构为石木混合结构，承重依靠外墙和柱网。楼面、女儿墙压顶墙帽均铺筑传统阿嘎土。

11.1 现状与主要险情（2002年5月前）

基础地面险情：有部分地面沉降。

墙体险情：墙体失修，部分墙体破损严重，缝宽50—100毫米的裂缝较为普遍，有少量缝宽小于50毫米的裂缝。

木架构险情：柱、梁浸蚀、糟朽、歪闪严重。椽望浸蚀、糟朽严重，有部分坍塌。构件雕饰或装饰部件大部分损坏或遗失，很多都被后人更改，失去原貌。

维修中的马厩和奶牛院（三大工程办提供）

维修后的马厩和奶牛院（三大工程办提供）

楼（屋）面险情：排水不畅、凹凸不平、开裂松散且有杂物堆积，因年久失修普遍漏雨。

11.2 维修方案

墙体维修：部分裂缝处的墙体拆砌或裂缝补隙。裂缝大于300 mm的需拆除重砌。小于300 mm的需要低压灌浆加固，做结构补强。

木架构维修：糟朽、开裂严重的柱梁要更换，裂缝细小处做嵌补处理，歪闪须拨正；椽望糟朽、歪闪严重的需更换。所有新旧木架构须进行防虫防腐处理。

楼（屋）面维修：需重打传统阿嘎土；地面凹凸部分全部平整，铺筑不规则青石板或重打阿嘎土。

11.3 利用规划

作为布达拉宫雪城管理用房之一，加以保护和合理利用。

12. 羌仓和慕加宅

羌仓（酒馆）和慕加宅（原藏军军官住宅）位于"雪城"中部北侧，建筑面积约1085.5平方米，是一座两层藏式传统民居建筑，一层为石砌体、二层为土坯墙。平面呈长方形，东侧为慕加宅，西侧为羌仓，两处主体连为一体，但各有自家小院。楼层层高2.5—2.8米之间，开窗主要布置在南面和东面，大窗设置在朝阳部位。房屋结构为石木混合结构，承重依靠外墙和柱网。楼面、女儿墙压顶墙帽均铺筑传统阿嘎土。

慕加宅庭院平面较为方正，周围筑有回廊，一层为牛马圈和仓库，二层辟为主人居住。羌仓平面布置比较曲折，从西南角入门经过一段曲折的内廊之后进入小院，东西狭长，而回廊面积较大适宜酿酒之用，底层多为仓储用房，二层适宜居住。据初步考证，羌仓整体属于五世达赖喇嘛时期或稍后一段时期的建筑，而慕加代本（藏军高级军官）是上世纪四十年代后期入住东院，后人称为慕加宅。

上世纪80—90年代，此处底层作为向游客出售绘画作品的画廊出租使用，入口辟在背面一处。

维修前的羌仓和慕加宅北立面现状（三大工程办提供）

维修中的羌仓和慕加宅（三大工程办提供）

维修后的羌仓和慕加宅南立面（三大工程办提供）

12.1 现状与主要险情（2002年5月前）

基础地面：地面凹凸不平，生活垃圾堆积多。

墙体险情：墙体部分破损严重、有开裂，且多有添建改建。

木架构险情：柱、梁浸蚀、糟朽、歪闪严重。椽望浸蚀、糟朽严重，部分已坍塌。

楼（屋）面险情：屋面排水不畅，不平、开裂。

12.2 维修方案

地面维修：平整地面，处理生活垃圾。

墙体维修：部分裂缝处的墙体拆砌或裂缝补隙。裂缝大于300毫米的需拆除重砌。小于300毫米的需要低压灌浆加固。拆除添建部分，恢复原有布局。

木架构维修：柱和梁更换、拨正。椽望糟朽、歪闪严重的需更换。新旧木构件进行防虫防腐处理。

楼（屋）维修：屋（地）面重打阿嘎土。

增加部分：羌仓和慕加宅南侧经过清理的地面，与雪城道路存在的高差采用砌筑堡坎方式，表面铺筑青石板，局部可作为绿化。

12.3 利用规划

作为布达拉宫管理处文创产品展销场所，加以保护和合理利用。

13. 监狱

雪监狱位于雪城西北侧，建筑面积约1052平方米，为一座带笾玛墙的两层传统藏式院落，用花岗岩块石砌筑而成。

底层地下室用天井采光，为牢房，二层为狱卒用房。特殊犯人羁押在一个俗称"蝎子洞"的狭小且潮湿、阴暗的地下室。

13.1. 现状与主要险情（2002年5月前）

墙体险情：墙体局部渗水，有浸泡现象。多处墙体严重开裂，缝宽5毫米，破损墙体达30%左右。

木架构险情：椽望有侵蚀、糟朽、歪闪现象，底层椽望50%需要更换。原有大门位置被更改。

阿嘎土楼（屋）面险情：因屋顶堆积杂物，杂草丛生；无散水坡度，排水不畅，积水较多，渗漏严重。

左图　维修中的监狱大门一带（三大工程办提供）

右图　维修后的雪城监狱（三大工程办提供）

13.2 维修方案

墙体维修：部分裂缝处的墙体拆砌或裂缝补隙，拆除30%的破损墙体重新砌筑。

木架构维修：能够继续保留的柱、梁继续保留；能够抽换、拨正的尽量抽换和拨正；糟朽、歪闪、开裂严重的椽望柱要更换。所有新旧构件必须进行防虫防腐处理。

楼（屋）维修：屋（地）面重打阿嘎土。

13.3 利用规划

恢复原有功能，原状陈列，作为爱国主义教育场所，加以保护和合理利用。

14. 五座院（原卡本宁巴住宅一带）

五座院坐落于"雪城"东城门楼西侧，总建筑面积约780平方米，是整体一层、局部两层的藏式传统民居建筑的组合。其墙体多为土坯墙，墙脚有少量的不规则片石砌体以防止雨水冲刷。层高较低，普遍不超过2.4米，柱网稀疏且规格细小、材质较差，是典型的相对简陋的民居建筑。由于缺乏统一规划，平面布局自由灵活、非常复杂。随着居住人口的增加，后有私自增建，遂成七座院，其中两座紧靠东城门楼，完全封闭了城门，破坏了雪城风貌。然而五座院从另一个侧面也反映出了传统民居建筑的重要特征，展现了当时社会的民众生活状况和简陋的居住条件，更多体现了前人集中连片营造的用意和智慧，形成了一种独特的生活气息。

14.1. 现状与主要险情（2002年5月前）

基础地面险情：院外地面垫高显著，基础尚完整；大多数一层室内地面黄土凹凸不平、局部有酥碱；二层楼面开裂、疏松，局部坍塌。

墙体险情：年久失修，出现歪闪；二层土坯墙体风化严重；坍塌过半。

木架构险情：一层柱、梁、托、弓木浸蚀、糟朽、歪闪变形。二层柱、托、弓木基本完好，个别有开裂，缝隙不大，大梁全部虫蛀、开裂，椽望糟朽、个别已扭曲。

楼（屋）面险情：檐头破损松散、开裂；阿嘎土松散、开裂，局部坍塌。

14.2 维修方案

由于建筑现状较差，大部分已经坍塌，两座院子完全堵住了东大门并搭建在了城墙之上，不仅严重破坏了雪城风貌，而且对城墙构成了极大的安全隐患。按照《雪城保护规划》要求，拆除这两座封堵东城门的违章建筑，恢复城门开放，辟为游客专用安检通道。保留的五座院重新梳理布局，在确保满足世界遗产消防安全条件的基础上，整体落架大修，

维修前的五座院现状（三大工程办提供）　　维修中的五座院（三大工程办提供）　　维修后的五座院（三大工程办提供）

尽量多地使用原有构件和石材，恢复早期建筑风貌。参照传统民居规制对木构件重新油漆彩绘，禁止使用化学颜料。对新旧构件全部须进行防虫防腐处理。

14.3 利用规划

作为布达拉宫雪城管理用房之一，加以保护和合理利用。

15. 城墙

15.1 现状与主要险情（2002 年 5 月前）

墙体险情：城墙外侧曾为庆祝西藏自治区成立 30 周年大庆之需，在布达拉宫广场改扩建时用花岗岩块石包砌了与原墙体等高的护壁墙。城墙内侧大部分为原夯土墙，因年久失修和人为因素，墙基多处被掏空、墙面呈蜂窝状凹凸不平，少量用片石、河卵石等填充包砌的护壁墙极不规整，有的已经出现坍塌。由于原住户曾利用城墙搭建旱厕，造成局部墙体酥碱严重。

15.2 维修方案

墙顶处理：清除墙顶垃圾和杂草，泛水坡度找平，做 50—100 毫米厚灰土垫层。

内墙加固：选用质地坚硬、无风化剥离和裂纹的花岗岩块石包砌护

维修前的雪城东城墙一带杂草丛生、墙体坍塌（三大工程办提供）　　施工人员正在砌筑城墙支护石砌体（三大工程办提供）

壁墙，用 M5 混合砂浆砌筑，砌体表面用改良的黄泥勾缝，泼刷等同于布达拉宫主体建筑使用的环保白灰浆料。确保起到支护原墙体，保护夯土墙免受雨水冲刷的作用。

墙体维修：被掏空的墙基和蜂窝状墙面用三合土（黄土、河砂、石灰）拌和料，对空洞较大的部位先支护保证安全，采用边拆除边加固的修补方式，施工工艺可用低压灌浆加固。

女儿墙维修：采用局部修补方式进行维修，塌落部分采用拆砌方式，按原状修复。

## 16. 外围围墙

上世纪 80 年代初期为了确保布达拉宫安全，在布达拉宫山脚下西北侧修建了外围围墙。墙体通高 3 米左右，用块石水泥砂浆砌筑，墙帽上间歇性地安装有监控探头和防入侵红外线。西南处开辟藏式大门，用于车辆通行，外围围墙墙体和大门现状基本完好。

### 16.1 存在的问题（2002 年 5 月前）

新修建的红山东北角围墙（三大工程办提供）

由于东北角山坡处一段未修建围墙，闲杂人员顺山坡随意进入，对安全影响极大。逢年过节时，小孩在此处燃放鞭炮、有时玩火，火灾隐患非常严重。

### 16.2 维修方案

处理方法：增补东北角段围墙。在砌筑过程中参照原有围墙修筑工艺，尽可能保持一致性。

## 雪城内外搬迁、新（改）建项目设计方案

### 1. 雪城现状

"雪城"内不同类型的建筑混杂在一起，民居与公房建筑混杂在一起，贵族住宅与牛、马圈相邻，印经院与粮仓连接在一起，室内是粮仓，屋面是宗教活动场所。到处充满了复杂而生动的文化联系。

"雪城"古建筑大多失去了原有功能，大部分被作为普通居民的住宅使用，少量被企事业单位占用。因此，建筑物遭到了不同程度的损坏，亟待清理整治。

### 2. 搬迁工程

根据西藏自治区党委、政府要求，依照《布达拉宫雪城保护利用规划》，除保留自治区档案馆继续使用西印经院主楼作为保存木刻版档案库房外，其余居民、企事业单位一律迁出"雪城"，妥善安置，并对"雪城"进行彻底整治。

### 2.1 单位搬迁

自治区文物局率先从雪巴勒空退出，选址新建办公楼、专家楼、职工周转房、车库、食堂、院内硬化、绿化和大门、围墙；自治区档案局（馆）占用的乃康顶（粮仓）一带修建的职工周转房（现代建筑）清退并作为违章建筑拆除，恢复粮仓原有风貌；自治区政协安置在堪布仓的部分驻会委员住房清退，全面维修堪布仓，恢复原貌；雪居委会占用的办公用房席楚康（炸果子院）一带属于后期改建的现代藏式建筑，搬迁后拆除，改造为"雪城"绿化用地。

2.2 居民搬迁

居住在"雪城"内的城关区雪居委会 303 户居民全部搬迁至新建的雪三村住宅小区统一安置，清退的古建筑要进行维修、复原。

3. 新建布达拉宫珍宝馆

3.1 珍宝馆选址

斋康（贵族宅院）位于"雪城"中部靠北，是进入布达拉宫主入口的必经之路。此处作为布达拉宫珍宝馆建设用地，是最佳之选。

斋康原为贵族宅院，为三层回字形藏式古建筑院落。现存建筑为布达拉宫第一期维修工程时新建的钢筋混凝土建筑，只保留原外墙，风格上仍保持了与"雪城"和布达拉宫主体建筑群相协调的关系，2000 年前曾经作为"布达拉宫宾馆"使用。2001—2004 年，作为此次维修工程的办公室。

3.2 珍宝馆建设方案

新建珍宝馆的外立面，根据施工需要重新拆砌，但不得改变其藏式建筑风格。现有内部钢筋混凝土结构全部拆除，按照现代博物馆展陈空间要求进行重新设计，采用现代技术和材料，保证文物展陈和保存条件。馆内外要增设完善的安保监控和火灾自动报警系统，并且要保证通风和防止紫外线直射文物。前院地面用花岗岩重新铺筑石板，周边新建回廊和技防控制室，院内规划种植植被。

4. 新建布达拉宫游客服务中心

4.1 游客服务中心选址

德尼仓位于"雪城"中部，与斋康（珍宝馆）相邻，是进入布达拉宫主入口的必经之路。此处作为布达拉宫游客服务中心，是最佳之地。

德尼仓原为贵族住宅，后经改建，成为居民居住地。原建筑已荡然无存，现有建筑属于违章建筑，不具有保留价值。

4.2 游客服务中心建设方案

新建游客服务中心，外观保持藏式建筑风格，与布达拉宫及其周边建筑风貌相协调。内部采用钢筋混凝土结构，按照现代游客服务中心的功能要求进行建设。室内一层具有票务服务、讲解服务窗口，多功能厅（小剧场），安装有完善的视音频设备和座位，做隔音处理。二层可作为办公区使用。出入口不走回头路，出口可与珍宝馆回廊连接。

5. 新建布达拉宫消防大队营房

5.1 消防大队营房选址

雪堆白位于"雪城"西城墙之外，是一处独立建筑院落，面积较大，使用方便，交通出行便捷，易于通行大型消防车，此处作为布达拉宫消防大队的营房，是最佳之地。

雪堆白原为噶厦政府官办金银铜器和佛造像造办处。后经改建，现存建筑为 1994 年布达拉宫广场改造时新建的钢筋混凝土建筑，只保留外墙风格，保持与"雪城"和布达拉宫主体建筑群相协调的关系。2004 年前此处作为雪居委会缝纫合作社的作坊使用。2004 年年底，西藏三大重点文物保护维修工程领导小组办公室以 300 万元的价格将其赎回，成为布达拉宫管理处产权。

修建中的珍宝馆（三大工程办提供）

维修后的雪堆白（布达拉宫消防大队营房）（三大工程办提供）

### 5.2 消防大队营房建设方案

将继续保留现有外墙外立面的藏式建筑风格，重新粉饰白灰。对女儿墙进行重新砌筑，粉饰铁红涂料。对外立面窗户重新制作藏式窗扇。内部钢筋混凝土结构继续保留，按照消防大队营房要求进行重新设计，铺设复合地板或地板砖。院内地面用花岗岩重新铺筑，种植植被。

### 公用辅助工程技术方案

**1. 供电系统**

为了提高布达拉宫供电的可靠性，继续沿用双回路供电系统，以满足安保监控室、火灾报警系统及消防水泵的用电需求。此次改造的重点是对山下变电室内的变压器全面进行扩容，更新所有老化、不能正常工作的高、低压配电设备和线路。补配和增加线路的钢管穿管。

**2. 监控系统**

布达拉宫第一期安装的监控报警系统，配置了一定数量的探头，但还有一些殿堂的角落和建筑物周围未安装监控设施，需扩容主机、增设探头，消除死角和盲点。在重要的殿堂内增设红外线双鉴探测器，以提高监控水平，确保殿堂文物安全。

**3. 火灾报警系统**

本工程设置火灾自动报警控制系统是必不可少的，应增设感光、感温探测报警器，并在各主要殿堂内加装红外对射感烟探测器，且在各通道出入口处安装手动报警按钮及消火栓按钮，以确保发现火情后及时报警。

**4. 给排水系统**

**4.1 给水系统**

现布达拉宫有4口给水井，其中2口井水不能正常供水，不论是用作生活用水，还是消防用水，都不能满足用水量的要求。需重新钻井探测后，在后山脚下西边和龙王潭原有深井水源处重新打井，分别建两处水泵房，采用多级泵将水加压至山上。

**4.2 排水系统**

为防止雨水对建筑的浸蚀，应做系统的排水体系（含雨水、污水），将雨水管道分别排入山脚下的龙王潭市政管网和南侧城市雨水管网，改变雨水顺坡而下的现状，减少对山坡岩石的浸蚀。改建德央夏、红宫后

雪城环境整治工程之新铺筑石板路面（三大工程办提供）

雪城环境整治工程之绿化（三大工程办提供）

布达拉宫壁画险情（雨水冲刷）（三大工程办提供）　　壁画保护修复现场（三大工程办提供）　　壁画修复项目验收现场（三大工程办提供）

公用旱厕具备上下水系统的公共卫生间，避免对环境造成污染。

5. 消防管网系统

增设环形消防管网，增加消火栓数量。消防用水仍利用原水井中的水源，若达不到消防用水量的要求，可临时应急利用湖水，并采用二级泵站，将消防用水加压至山顶，长远之计应与城市管网连接以确保消防用水。现有山上的消防水管仍保留，但需进行绝缘处理。

6. 防雷系统

依据建筑物防雷设计规范（GB50057-94/2000年版），布达拉宫建筑物属二类防雷建筑物，防雷尤为关键，应对防雷系统进行全面的测试和计算，要经过反复论证，在确保不引雷的前提下，慎重增设防雷系统。

7. 环境整治

"雪城"环境的整治和维修项目，主要是搬迁院内36处大院303户居民，拆除所有违章建筑，保留并修缮具有价值的古建筑，恢复1950年前的雪城风貌。建立完备的给排水管网系统和高低压配电系统。所有素土路面全部铺筑青石板，路面两侧设置道牙石。违章建筑拆除后出现的空地全部进行合理的绿化。增设现代公厕和垃圾回收池。安装入地电线电缆，设置路灯。

**壁画保护修复**

本次壁画保护修复工作的重点是针对存在病害的壁画进行控制性抢救和修复。整个壁画修复工作严格依照《中华人民共和国文物保护法》《中国文物保护准则》等相关法规要求，结合布达拉宫壁画载体及制作工艺、病害种类的实际情况，以"保护为主、抢救第一，先抢修、后加固"为原则，在充分做好前期研究试验的基础上，针对不同病害选用不同修复材料、修复工艺和保护措施。如：对特别危险的空臌壁画采取紧急加固；对大面积空臌壁画采取揭取回贴和灌浆、锚固相结合的方式进行修复；对表面起甲、烟熏、酥碱壁画采取回帖、清洗、加固处理。此次抢险修复壁画面积控制在600平方米以内。

## 布达拉宫壁画病害面积调查统计表

| 建筑名称 | | 病害壁画面积（m²） | | | | | | 备注 |
|---|---|---|---|---|---|---|---|---|
| | | 合计 | 空臌 | 起甲 | 酥碱 | 裂隙 m | 烟熏 | 其他 | |
| 红宫正门南厅 | | 122 | 68 | 52 | 2 | | | | |
| 红宫观音本生殿（冲绕拉康） | | 192 | 192 | | | | | | |
| 红宫五世灵塔殿 | | 214.5 | 100 | 100 | | 14.5 | | | |
| 红宫持明佛殿（仁增拉康） | | 168 | 168 | | | | | | |
| 红宫菩提道次殿（朗仁拉康） | | 144 | 144 | | | | | | |
| 红宫西大殿（司西平措奴） | | 88 | 88 | | | | | | |
| 红宫二层回廊 | | 2 | 2 | | | | | | |
| 红宫药师殿（门啦拉康） | | 37.96 | 18.98 | 18.98 | | | | | |
| 红宫无量寿佛殿（次巴拉康） | | 20.1 | 20.1 | | | | | | |
| 红宫时轮坛城殿（堆廓拉康） | | 4 | 4 | | | | | | |
| 红宫八世灵塔殿 | | 92.3 | 29.4 | 28.4 | 6 | 28.5 | | | |
| 红宫七世灵塔殿 | | 22.6 | 13.6 | | | 9 | | | |
| 红宫上师殿（喇嘛拉康） | | 3 | | | | 3 | | | |
| 十三世灵塔殿 | | 44.5 | 11 | | 5 | 28.5 | | | |
| 红宫长寿乐集殿（其美德丹吉） | | 5 | 5 | | | | | | |
| 红宫坛城殿（轮朗康） | | 22.5 | 12 | 2 | | 8.5 | | | |
| 白宫门厅（松格果觉） | | 32.5 | 32.5 | | | | | | |
| 西日光殿 | 喜足绝顶宫 | 1 | | | | 1 | | | |
| | 宝座室 | 3.5 | | | | 3.5 | | | |
| 东日光殿 | 永固福德宫 | 1.2 | 1.2 | | | | | | |
| | 寝宫 | 2.5 | 1 | 1.5 | | | | | |
| 白宫东大殿（司西平措夏） | | 135.5 | 135.5 | | | | | | |
| 圆满聚会门厅（平措堆朗） | | 21 | 21 | | | | | | |
| 黄房子（十二层东侧） | | 77.1 | 8 | 26.1 | 8 | 5 | 30 | | |
| 尊胜僧院集会大殿 | | 135.2 | 59.5 | 54.7 | | 21 | | | |
| 北行解脱道（强庆塔拉姆） | | 42.24 | 15.84 | | | | | 26.4 | 粪便污染 |
| 总计 | | 1634.2 | 1150.62 | 283.68 | 21 | 122.5 | 30 | 26.4 | |

**木材防虫防腐技术与配方**

1. 虫害类型：经中国林科院木材工业研究所检查鉴定，布达拉宫发现了大量的蚁虫、长虫和木蜂，必须采取有效措施将其杀灭，否则后患无穷。经过前期实验室分析研究，针对布达拉宫虫害情况，中国林科院研制出了如下四种药剂配方：

（1）浓度为6%的硼砂复合剂（硼砂50%、硼酸50%）。

（2）浓度为7%的硼砂氟复合剂（硼酸35%、硼砂35%、氟化钠30%）。

（3）浓度为4%的五氯酚、林丹合剂（五氯酚3%、林丹1%）。

（4）浓度为5%的CCA（即硫酸铜、重铬酸纳、五氧化二砷）。

2. 施药方法：根据新旧构件、修缮方法和彩绘情况，分别采用喷淋法、涂刷法、注入法和真空加压浸注法。施工时进一步检查虫菌情况，确定用药配方和施药方法。

3. 材种检测：这次维修，除了继续保留原有木构件和拆除后继续使用的旧木构件外，新更换的木构件材种在正式选定前，三大工程办采集了大量柏木、落叶松、高山松、沙棘木试材，送检中国林业科学研究院木材工业研究所。经该所实验室在锯解、刨光、气干、恒温恒湿、控制含水率不高于12%的条件下，通过各项力学性质检测，得出了检测结果与数据分析，为维修工程选材提供了科研支持。

表1　检测结果（经过换算）

| 树种 | 树种编号 | 气干密度(g/) | 顺纹抗压强度(kgf/cm²) | 抗弯强度(kgf/cm²) | 抗弯弹性模量(kgf/cm²) | 冲击韧性(kgf/cm²) |
|---|---|---|---|---|---|---|
| 柏树 | IV | 0.526 | 394 | 904 | 67189 | 0.277 |
| 落叶松1 | VI | 0.512 | 348 | 743 | 65629 | 0.261 |
| 落叶松2 | V | 0.455 | 373 | 898 | 94120 | 0.240 |

单位换算：1mpa=10.972kgf/cm²；　1千克力/米=9.80665焦耳。

表2　结果分级表

| 树种 | 树种编号 | 气干密度 | 强度 | 冲击韧性 | 弹性模量 | 品质系数 |
|---|---|---|---|---|---|---|
| 柏树 | IV | 轻 | 低(接近中) | 中 | 低 | 高 |
| 落叶松1 | VI | 轻 | 低 | 中 | 低 | 中 |
| 落叶松2 | V | 轻 | 低(接近中) | 低 | 中 | 高 |

注：依据《中国木材志》木材材性分级规定确定。

4. 结果分析

（1）表1显示顺纹抗压强度落叶松2大于落叶松1；抗弯强度落叶松2大于落叶松1；抗弯弹性模量落叶松2大于落叶松1；冲击韧性落叶松2小于落叶松1。

（2）顺纹抗压强度与抗弯强度之和表示木材强度，因此落叶松2的木材强度大于落叶松1的木材强度。落叶松2的木材强度值（1271）和柏树强度值（1298）均接近中等强度最低值（1351）。

（3）通常将木材顺纹抗压和抗压强度之和与气干容量的比值作为木材的品质系数，用于衡量材质的优劣。经计算落叶松2和柏树属高品质，落叶松1属中等品质。

（4）落叶松2的冲击韧性为低，当木材受到比较大的外来冲击时相对容易断裂。

（5）本次采集的落叶松1和落叶松2，木段直径为30厘米，年轮分别为22轮和38轮。一般来说年轮越密力学强度越大，年轮越宽力学强度越小。年轮宽窄表示树木生长的快慢，生长快的树木材质疏松。落叶松1只用了22年生长为30厘米粗，比落叶松2生长快，与《西藏森林》一书中介绍的林芝落叶松试材（直径28厘米，年轮48轮）相比，落叶松1和落叶松2均生长快，年轮宽。

（6）查阅《木材学》东北落叶松各项力学强度均高于落叶松2；西藏落叶松又名西藏红杉，隶松科落叶松、属红杉组，在红杉组中落叶松2的各项力学强度均高于其他红杉。

5. 确定材种

根据上述检测换算与分析比对，此次布达拉宫维修工程主要使用的

防虫防腐处理后堆垛的椽子木（三大工程办提供）

新木材确定为林芝、山南（隆子县）产的高山落叶松2和柏木两种，这种木材中含有酸树脂、雪松醇和油松醇，较耐腐蚀，其承重抗压能力较强。建议不使用林芝东南部、日喀则吉隆、陈塘等低海拔生长的落叶松1及其相似的材种。

对阴暗潮湿的部位，如地垄、旱厕等处尽量使用山南隆子、林芝工布江达、拉萨墨竹工卡等地所产的具有耐腐蚀、抗虫蛀的沙棘木。

所有新换木构件的含水率必须控制在20%以内，确保木材的自然变形、开裂控制在最小范围。

**建筑结构监测试验与体系建设**

1. 布达拉宫结构监测项目启动的成因与前期工作

由于严重匮乏布达拉宫结构损伤情况的科学数据和试验分析，前后两次大型维修前期险情勘察分析主要依靠管理人员介绍与专家凭经验通过目测观察和局部介入的方式判断险情作为设计依据，导致设计精准度较低，在具体施工过程和开挖后不断发现新的险情，致使设计变更较多。这为把握项目投资申请和实际施工中进度、投资、质量控制等带来非常多的困难。这也是古建筑维修工程普遍存在的一项短板。"三大文物工程办"将布达拉宫结构监测摆到了重要议事日程。经过反复研究和请示领导小组同意，派出专人赴京咨询国家文物局和相关业内专家，走访科研机构和院校，了解国内结构监测发展情况。经过比对业绩和科研实力，最终选择了曾经承担北京奥运会主场馆"鸟巢"结构监测的北京交通大学土木工程学院承担该项科研任务。2007年7月22日，北京交通大学土木工程学院正式组建了课题组并启动该项目。2008年8月，课题组通过进行"雪城"西印经院古建筑人群荷载现场实验和数据分析研究，完成了对布达拉宫参观客流分析研究，提出了客流控制值建议报告，经"三大文物工程办"初审通过后，将科研成果提交布达拉宫管理处使用。管理处立即将成果正式报请自治区人民政府研究，经自治区政府常务会研究，决定自2018年10月起布达拉宫每日参观客流量由原来的2880人次的最高控制值提高到3500—4500人次的最佳值和5000人次的最高值以及6000人次的极限值。2008年9月，课题组紧接着完成了对红宫、白宫实地勘察测绘、替代结构人群荷载试验、新旧木材比对试验和整体与局部结构数值分析等基础性研究，提出了布达拉宫整体监测系统框架与第一期结构监测设计方案。2008年12月，课题组在北京交通大学结构实验室和布达拉宫雪城马基康（原藏军司令部）就古建筑结构长期监测设备与施工技术设备的选型和配置完成了实验室和现场测试试验。依据试验测试结果编制了监测设备选型和改装设计，继而又调整和完善了布达拉宫第一期监测设备安装工程设计方案。

## 2. 布达拉宫结构监测系统的实施程序

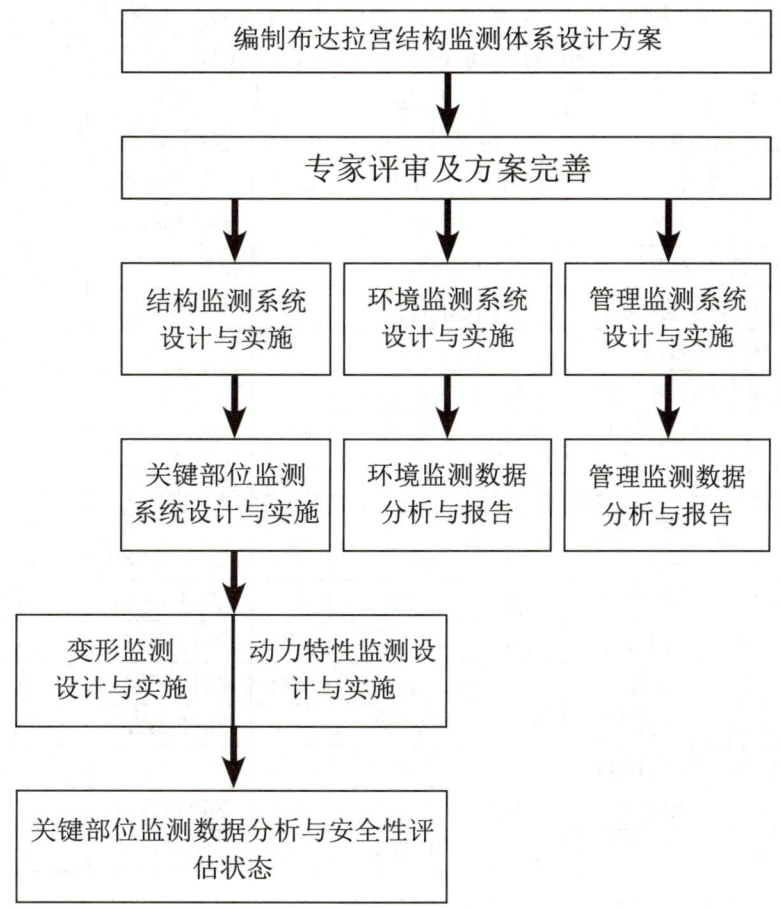

## 3. 布达拉宫结构监测系统的时间规划表

| 监测项目 | 工期（月） |
| --- | --- |
| 上部结构中重要构件的监测和建立墙体监测体系 | 12—18 |
| 外墙稳定性监测 | 12—18 |
| 地垄墙体沉降及稳定性监测 | 12—24 |
| 管理监测及环境监测 | 6—12 |

注：布达拉宫结构体系十分庞大且复杂，要实现全面监测目标和建立监测体系需要3—5年时间，投资预算也将达到3000万元以上。本表仅限于急需实施的第一期项目的时间规划。

## 4. 布达拉宫第一期结构监测系统现场施工组织架构形式

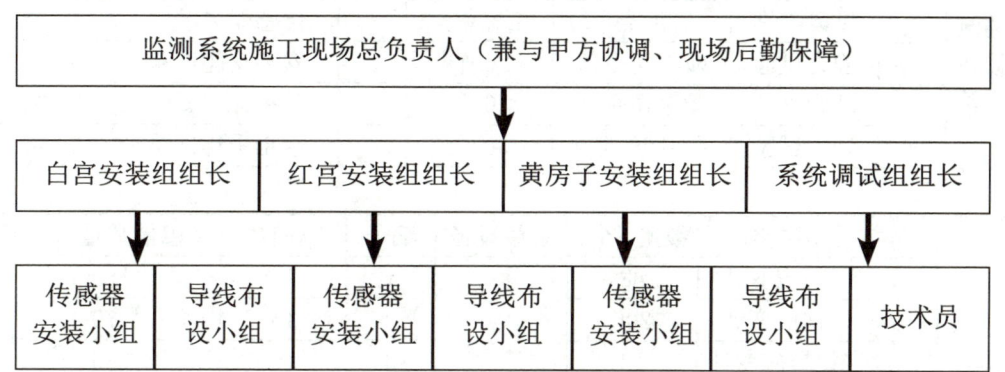

## 5. 布达拉宫第一期结构监测系统成果汇总表

| 项目名称 | 布达拉宫第一期结构监测系统 | | | | | |
| --- | --- | --- | --- | --- | --- | --- |
| 人群试验 | 试验要素 | | 识别分区 | 集中区域 | | 动力响应特征 |
| | 1 | 游客密度 | 重要区域 | 1 | 红宫八层回廊 | 增加幅度大 / 绝对应力值小 |
| | 2 | 静力影响 | | 2 | 红宫九层回廊 | |
| | 3 | 动力影响 | 敏感区域 | 1 | 时轮殿 | 变化较缓 / 应力值较大 |
| | 4 | 自重效应 | | 2 | 无量寿佛殿 | |
| | 5 | 不确定性荷载 | | 3 | 合金殿 | |
| | | | | 4 | 白宫六层 | |
| 游客控制建议 | 游客每小时驻留 | | | 游客每天合计 | | |
| | 控制上限 | 一般建议值 | 控制上限 | 一级预警 | 二级预警 | 一般建议值 |
| | 600人以内 | 300人以内 | 4950人 | 4500人 | 3600人 | 2700人 |

| 木材试验 | 新旧藏青杨木材料特性指标均值 | | | | |
| --- | --- | --- | --- | --- | --- |
| | 指标单位 | 气干密度 g/cm³ | 顺纹抗压强度 MPa | 抗弯强度 MPa | 抗弯弹性模量 MPa |
| | 新藏青杨木 | 0.519 | 40.2 | 78.5 | 10275 |
| | 旧藏青杨木 | 0.418 | 26.9 | 44.2 | 6435 |
| | 降低（%） | 19.46 | 33.08 | 43.69 | 37.37 |
| | 木材强度指标95%分位值 | | | | |
| | 指标单位 | 气干密度 g/cm³ | 顺纹抗压强度 MPa | 顺纹抗拉强度 MPa | 抗弯强度 MPa | 抗弯弹性模量 MPa |
| | 松木 | 0.322 | 24.5 | 51.9 | 43.9 | 4715 |
| | 旧藏青杨木 | 0.356 | 16.5 | 18 | 18.86 | 3760 |
| | 新藏青杨木 | 0.412 | 31.64 | | 52.42 | 9582 |

| 监测设备试验 | | 力学试验 | | | 设备硬件试验 | |
|---|---|---|---|---|---|---|
| | | 试验类别 | 地点 | 工况数量 | | 传感器灵敏度 | 15个 |
| | 1 | 静力试验 | 藏军司令部 | 20个 | 2 | 安装支座试验 | 30个 |
| | 2 | 动力试验 | 藏军司令部 | 10个 | 3 | 数据传输试验 | 60组 |
| | 3 | 动力试验 | 西印经院 | 30个 | 4 | 数据采集试验 | 60组 |

| 一期结构监测系统 | | 传感器种类 | 数量（个） | 采集设备 | 编号 | 通道数 | 传感器数量（个） |
|---|---|---|---|---|---|---|---|
| | 1 | 梁应变计 | 88 | 光纤光栅8600解调仪 | 1 | 16 | 85 |
| | 2 | 柱应变计 | 206 | | 2 | 15 | 70 |
| | 3 | 扭转应变计 | 73 | | 3 | 16 | 80 |
| | 4 | 歪闪应变计 | 5 | | 4 | 16 | 91 |
| | 5 | 椽子应变计 | 4 | | 5 | 14 | 62 |
| | 6 | 倾角计 | 12 | | 总计 | 77 | 388 |
| | 总计 | | 388 | 采集频率 | 10Hz | 采集方式 | 24小时连续采集 |
| | 平台分级警报 | | 三级警报 | 长期数据记录频次 | 300秒/次 | | |

## 改性阿嘎土试验与应用

根据布达拉宫建筑险情勘察分析，除了木构架腐蚀虫蛀、墙体裂缝、壁画病害、环境影响等险情外，屋面阿嘎土出现的裂缝、酥碱、脱落导致的普遍渗漏水问题，给建筑和壁画安全造成极大的危害，也是建筑险情诱发的重要原因之一，需通过采用现代科技手段解决屋面渗漏问题。为确保达到预期目标，改性阿嘎土作为科技保护项目的重要组成部分，"三大文物工程办"委托中国文物保护研究所（中国文化遗产研究院）联合相关专业公司对布达拉宫改性阿嘎土从性能检测到现场试验再到出台施工工艺流程和验收标准的制定做出了一系列安排。经国家文物局组织多学科专家对检测结果、现场试验多次评估论证后，正式下发了同意大面积推广使用的批复。

### 1. 天然阿嘎土性能检测结果汇总表

样品档案号：ZA-0066-C　样品采集点：布达拉宫现场　检测时间：2003.3.20

| 项目名称 | 布达拉宫屋面防水与阿嘎土的改性科技项目 | | | |
|---|---|---|---|---|
| 样品名称 | 检测用途 | 检测项目 | | 结论 |
| 天然阿嘎土及传统夯打试件 | 性能检测 | 成分 岩相 性能 | | |
| 类别 | 检测项目 | 试样 | 结果 | 单位 | 资料编号 | 备注 |

| 类别 | | 序号 | 检测项目 | 试样 | 结果 | 单位 | 资料编号 | 备注 |
|---|---|---|---|---|---|---|---|---|
| 岩相分析 | 岩矿样品 | 01 | 磨片 | 3片 | 结构 | | ZA-0066-C | 薄片 |
| | | 02 | 显微照片 | 4寸 | (+) (−) | | ZA-0066-C | 正交、偏光 |
| | | 03 | 化学成分 | 13项 | 定量分析 | | 210631 | 成分含量 |
| | | 04 | X射线衍射 | 1份 | CPS | | 4635 | 矿物分类 |
| | | 05 | 岩相分析 | 1份 | 定名 | | 200103 | 鉴定 |
| 性能检测 | 传统夯打试件 | 01 | 抗压强度 | 3件 | 6.5 | MPa | 20013635 | JC474-99 |
| | | 02 | 抗折强度 | 3件 | 0.31 | MPa | 20013635 | JC474-99 |
| | | 03 | 抗渗压力 | 6件 | 0.1（透水） | MPa | 20013635 | JC474-99 |
| | | 04 | 吸水率 | 3件 | 粉化 | 1h | 200220238 | JC/T422-91 |
| | 试件浸抗渗剂 | 01 | 抗压强度 | 3件 | 6.6 | MPa | 201130647 | JC474-99 |
| | | 02 | 抗折强度 | 3件 | 0.56 | MPa | 201130647 | JC474-99 |
| | | 03 | 抗渗压力 | 6件 | 0.4 | MPa | 201130647 | JC474-99 |
| | | 04 | 吸水率 | 3件 | 6.35% | 48h | 200220238 | JC/T422-91 |
| | | 05 | 浸水试验 | 2件 | 无粉化 | 465d | — | 观察 |
| | 加亚克力 | 01 | 吸水率 | 3件 | 6.64% | 48h | 200220238 | JC/T422-91 |
| | | 02 | 浸水试验 | 2件 | 无粉化 | 465d | — | 观察 |

### 2. 改性阿嘎土性能检测结果汇总表

样品档案号：ZA-0067-C　试验点：布达拉宫现场　检测时间：2003.3.26

| 项目名称 | 布达拉宫屋面防水与阿嘎土的改性科技项目 | | | |
|---|---|---|---|---|
| 样品名称 | 检测用途 | 检测项目 | | 结论 |
| 改性后的阿嘎土试件 | 性能检测 | 常规性能 | | |

| 类别 | | 序号 | 检测项目 | 试样 | 结果 | 单位 | 资料编号 | 备注 |
|---|---|---|---|---|---|---|---|---|
| 性能检测 | 试件 | 01 | 磨片 | 3片 | 结构 | | ZA-0067-C | 薄片 |
| | | 02 | 显微照片 | 4寸 | (+) (−) | | ZA-0067-C | 正交、偏光 |
| | 改性阿嘎土 | 01 | 抗压强度 | 3件 | 19.9 | MPa | 200230088 | JC474-99 |
| | | 02 | 抗折强度 | 3件 | 5.4 | MPa | 200230088 | JC474-99 |
| | | 03 | 抗渗压力 | 6件 | 0.3 | MPa | 200230088 | JC474-99 |
| | | 04 | 吸水率 | 3件 | 16.47% | 1h | 200220238 | JC/T422-91 |

续表

| 项目名称 | | 布达拉宫屋面防水与阿嘎土的改性科技项目 | | | | | |
|---|---|---|---|---|---|---|---|
| 样品名称 | | 检测用途 | | 检测项目 | | 结论 | |
| 改性后的阿嘎土试件 | | 性能检测 | | 常规性能 | | | |
| 类别 | | 检测项目 | 试样 | 结果 | 单位 | 资料编号 | 备注 |
| 性能检测 | 改性阿嘎土 | 01 抗压强度 | 4件 | 16.61 | MPa | 2001716-A | ASTM D559 |
| | | 02 冻融循环 | 4件 | 3.2 | % | 2001716-B | ASTM D559 |
| | | 03 干湿循环 | 4件 | 2.75 | % | 2001716-C | ASTM D560 |
| | | 04 渗透系数 | 3件 | 3.1×10 | cm/S | 2001716-D | ASTM D560 |
| | 改性后浸抗渗剂 | 01 抗压强度 | 3件 | 20.3 | MPa | 200230089 | JC474-99 |
| | | 02 抗折强度 | 3件 | 6.1 | MPa | 200230089 | JC474-99 |
| | | 03 抗渗压力 | 6件 | 0.4 | MPa | 200230089 | JC474-99 |
| | | 04 吸水率 | 3件 | 1.55% | 48h | 200220238 | JC/T422-91 |
| | 柔型防水涂层 | 01 拉伸强度 | 6件 | 1.5 | MPa | 20022-122 | Ⅰ型 |
| | | | 6件 | 10.6 | MPa | 20022-123 | Ⅱ型 |
| | | 02 延伸率 | 6件 | 146 | % | 20022-122 | Ⅰ型 |
| | | | 6件 | 84 | % | 20022-123 | Ⅱ型 |
| | | 03 不透水性 | 3件 | 0.3 | MPa | 20022-122 | Ⅰ型 |
| | | 04 低温柔性 | 3件 | -20℃ | 2h | 20022-122 | Ⅰ型 |

### 3. 改性阿嘎土柔性防水涂料技术性能指标

适用于：布达拉宫、罗布林卡　　　　　制定时间：2003.11

| 序号 | 项目 | | 指标 | |
|---|---|---|---|---|
| | | | Ⅰ型 | Ⅱ型 |
| 1 | 在容器状态 | 乳液 | 经搅拌后，无杂质、无凝胶、呈均匀状 | |
| | | 粉剂 | 经搅拌后，无杂质、无结块、分级均匀 | |
| 2 | 干燥时间 h≤ | 表干 | 4 | |
| | | 实干 | 10 | |
| 3 | 拉伸强度 | 无处理，MPa ≥ | 1.2 | 6.5 |
| | | 加热处理后保持率 % ≥ | 70 | 70 |
| | | 碱处理 % ≥ | 70 | 70 |
| 4 | 断裂延伸率 | 无处理，% ≥ | 100 | — |
| | | 加热处理后保持率 % ≥ | 70 | — |
| | | 碱处理 % ≥ | 70 | — |
| 5 | 低温柔性 Φ 10 mm 棒 | | -20℃无裂纹 | |
| 6 | 不透水性，0.3MPa，30min | | 不透水 | |

说明：根据设计和施工部位所要求的强度不同，选择Ⅰ型或Ⅱ型。
标准试验条件：温度（23±2℃），相对湿度（45%—70%）

### 4. 改性阿嘎土外加剂产品标准技术性能指标

适用于：布达拉宫、罗布林卡　　　　　制定时间：2003.11

| 序号 | 项目 | | 指标 |
|---|---|---|---|
| 1 | 抗压强度 MPa | 7 d ≥ | 4.5 |
| | | 28 d ≥ | 8.5 |
| 2 | 劈裂抗拉强度 MPa | 28 d ≥ | 1.2 |
| 3 | 抗渗性能 0.30 MPa | | 不透水 |
| 4 | 冻融循环 | | 12 次循环损失量≤10% 抗压强度保持率≥70% |
| 5 | 干湿循环 | | 12 次循环损失量≤10% 抗压强度保持率≥70% |
| 6 | 吸水率 | | 48 小时，≤20%。 |

### 5. 改性阿嘎土外加剂物理、化学性能指标

适用于：布达拉宫、罗布林卡　　　　　制定时间：2003.11

| 序号 | 项目 | 指标 |
|---|---|---|
| 1 | 外观 | 浅灰色粉状固体 |
| 2 | 密度 g/cm³ | 2.8—3.0 |
| 3 | 皮表面积 m²/kg | ≥ 320 |
| 4 | SO³ % | 2.5—6.0 |

### 6. 改性阿嘎土表层抗渗剂性能指标

适用于：布达拉宫、罗布林卡　　　　　制定时间：2003.11

| 序号 | 项目 | | 指标 | |
|---|---|---|---|---|
| | | | GB-50 渗透型 | GB-50 面涂型 |
| 1 | 外观 | | 无色、透明、呈均匀液体 | |
| 2 | 固体含量 | | 12—14 | 18—25 |
| 3 | 粘度 mm²/S | | 15—20 | 15—30 |
| 4 | 干燥时间 h ≤ | 表干 | 2 | |
| | | 实干 | 12 | |
| 5 | 渗透深度 mm ≥ | | 5.0 | 2.0 |
| 6 | 吸水率比 48h ≤ | | 50% | 30% |
| 7 | 抗冻性 | 一般地区 | 20℃至-20℃ 表面无变化 | |
| | | 特殊地区 | 20℃至-40℃ 表面无变化 | |
| 8 | 耐热性 72h | | 80℃ 表面无变化 | |
| 9 | 耐碱性 168h | | 饱和氢氧化钙溶液浸泡 表面无变化 | |
| 10 | 耐酸性 98h | | 1% 盐酸溶液浸泡 表面无变化 | |
| 11 | 耐老化性 | 无起泡、剥落、裂纹 | 1级 | |
| | | 粉化、变色 | 2级 | |

注：由于西藏各地之间气温差异较大，耐冻性指标应根据所使用地区的气温加以调整。

**低压灌浆技术在结构加固和补强中的应用**

结构问题是直接威胁文物本体安全的关键因素。采用低压灌浆技术对小于300毫米的墙体裂缝进行加固，既符合文物维修保护原则（免拆除、少扰动、有效保护历史信息），又大大减轻甚至消除了结构危险，延长了文物寿命。

1. 古建筑产生裂缝的原因

裂缝产生的原因是多方面的。如：地基沉降开裂、洪水浸泡沉降开裂、不合理改造建筑致使结构错位造成的受压不均开裂、干湿变化造成的夯土墙体开裂、温度开裂、地震及受到外部冲击力开裂等，尤其受力部位开裂会对整体结构安全造成极大威胁。

2. 低压灌浆技术的加固机理及优势

低压灌浆技术，是利用压力将浆液挤压进入裂缝当中，当浆液凝结固化后填充裂缝，并对裂缝具有一定的粘结性（视裂缝宽度、灌浆料理化成分特性成分、被灌体的理化成分特性成分而定），提高结构的整体性，保持了建筑的外观形制不变，保留更多的历史信息，使建筑免于出现被拆解、干扰和重砌的情况。而且低压灌浆技术，因其压力较小，既能保证将浆液有效灌入裂缝内，又能保证建筑结构不至于因压力过大而被破坏和受冲击。

低压灌浆技术，其最大压力不大于0.6MPa，保证了古建筑脆弱结构体的安全，又能连续灌注，消除灌注过程中可能产生的气栓，保证灌浆的密实度。

3. 低压灌浆技术应用必须注意的问题

为保证修缮质量，在使用低压灌浆加固技术进行加固时，根据结构的材质、砌缝宽度、裂缝宽度，选用不同的灌浆材料和操作工艺。

由于文物建筑所处气候环境、地质地理、原材料资源差异很大，且很多古建筑的常用材料资源目前是否充足等情况都必须予以考虑。因此，根据布达拉宫、罗布林卡、萨迦寺不同的营造方法、使用的建材和气候特点，在正式进行灌浆加固作业前，必须进行工艺试验和灌注材料试验，取得试验数据，以确保加固质量。如数据结果不理想，必须重新调整配方、改进工艺、继续试验，直至实验结论达到设计要求为止。

在原砌筑砂浆因流失形成孔洞、裂缝而采用灌浆工艺进行加固时，灌浆材料强度应与原砌筑砂浆相当，不得高出太多（具体数值可根据原砂浆强度的检测结果和相应的计算确定），否则易造成应力集中，加速原结构的破坏。

4. 适合低压灌浆技术使用结构类型一览表

| 序号 | 加固结构类型 | 砌筑灰缝宽度 | 裂缝宽度 | 灌注主料 |
|---|---|---|---|---|
| 1 | 块石黄土（或者石灰砂浆）砌筑墙体 | ≥10 | 裂缝宽度≥5 | 黄土石灰砂浆（可加入少量水泥） |
| 2 | 青砖黄土砌筑墙体 | ≥10 | 裂缝宽度≥5 | 黄土石灰砂浆 |
| 3 | 青砖石灰砂浆砌筑墙体 | 2—10 | 裂缝宽度≥2 | 石灰砂浆（可加入少量水泥） |
| 4 | 夯土结构 |  | （裂缝宽度≥10） | 黄土砂浆（可加入石灰或高岭土） |
| 5 | 混合（水泥）砂浆砌筑砖墙 | 约10 | 裂缝宽度≥2 | CGM |
| 6 | 混凝土结构 |  | 裂缝宽度≥2 | CGM |
| 7 | 混凝土结构 |  | 裂缝宽度≤2 | 环氧胶 |

5. 低压灌浆技术操作工艺及技术要求

5.1 操作顺序

清理裂缝→封堵埋管→灌浆加固→表面清理→养护→表面成型

5.2 具体操作工艺及技术要求

5.2.1 灌浆料及封堵料的配制

因文物本体的差异性，封堵材料和灌浆材料的配方应具有针对性，必须与文物本体（被灌体）的理化指标近似，不可产生排斥性，不可有较大的干燥或温度收缩差异，不可有较大的强度差异；配方必须根据具体项目进行配比试验、确定，如无绝对把握，不可一种配方多处使用。在正式施工作业前必须进行现场试验，以检验配方和工艺的可行性。

封堵材料固化后的强度必须超过灌浆材料，至少要能够承受灌浆压力（可根据设备灌浆时的压力进行计算或推算），可采用与灌浆材料配比相同的减水配方，或者另行配制。

5.2.2 裂缝表面及内部清理

去除裂缝表面松散物，用高压水汽冲洗清洁裂缝，直至将污物清理干净；用高压气体吹干裂缝表面残水。对于较大裂缝，可用铁钩或钢刷进行内部清理。大多数裂缝较深，彻底清洗干净较为困难，因此在条件许可的前提下，尽可能清理到裂缝内部深处。封堵埋管根据现场裂缝实际宽度，选择埋管的管径和长度；封堵料的厚度必须能够承受灌浆压力，一般封堵厚度不小于缝宽的2倍。

封堵埋管作业必须从低向高进行，边封堵边埋管，以封堵密实不漏浆为准；注浆管必须埋设在裂缝最低点，并尽可能探入裂缝深处，以便于灌浆时能够灌满空腔；排气管应埋设在裂缝顶端，以利于排除裂缝内气体，消除形成气栓的可能性。

封堵作业完成后必须进行养护，待封堵料强度达到灌浆（胶）要求后方可进行灌浆（胶）作业。

5.2.3 灌浆作业

灌浆作业时必须在现场最低温度不低于5℃时方可进行，以防温度过低，影响浆液固化，造成灌浆材料强度不均匀而应力集中，影响灌浆质量。

灌浆时必须从低向高进行，便于利用灌浆材料重力，排除空腔内空气，以防形成气栓，影响灌浆密实度。

每处作业面（多条裂缝可能相互贯通的前提下）必须同时连续灌浆，每次灌浆高度不得超过1米，每日只能灌浆一次，养护两天，待浆液沉降稳定并开始固化后，方可进行下一次灌浆；单条裂缝灌浆时，必须连续灌浆直至排气管冒浆，以保证工程质量。

当浆液溢出排气管时，应封堵排气管并继续加压灌注2—3分钟，以保证灌浆密实度。

地垄墙体低压灌浆操作现场
（三大工程办提供）

地垄墙体低压灌浆嘴分布情况
（三大工程办提供）

完成灌浆作业后48小时左右，检查灌浆作业面，并对缺陷进行补灌；灌浆必须密实，不得出现漏灌、灌注不密实等施工缺陷；压力灌浆时不得污染文物本体表面；如果发生漏浆的情况，必须立即擦拭干净。

5.2.4 养护

灌浆作业完成后，正常气温下养护时间不得少于28天；温度较低时（最低温度不得低于5°）养护时间不得少于40天。

养护期间不得扰动作业面，不可在作业面附近进行震动性较大的作业，以免将进入初凝的灌浆材料震裂，影响灌浆质量。

5.2.5 表面成型及现场清理

养护期完成后，凿掉灌浆管，凿掉部分与封堵面平齐或按照设计要求；用钢丝刷裂缝表面，将裂缝内封堵料表面杂物清刷干净。

## 五、环保、节能、安全和防疫措施

**环境保护措施**

本项目为重点文物保护维修工程,应高度重视环境保护,本着"以人为本"的建设原则。

1. 施工期间应加强现场施工管理,注意文明施工,积极采取各种措施及时清除现场的建筑垃圾,保证施工期间不对文物、周边道路、建筑、绿地和游客等造成影响,或使影响减到最小,保持布达拉宫良好环境。

2. 针对大气、噪声、水、固体废弃物四大污染源,本项目从维修开始,就应贯彻建设项目与环保治理同步进行的方针,对污染源所产生的影响进行分析,并加以治理。停车场设置在文物保护区以外;禁止在保护区内使用高分贝的扩音器;设置隐蔽的雨、污水排放系统;固体废弃物放置在专门的密闭垃圾回收桶内,由保洁员及时统一处理。

**节能措施**

节能是我国经济和社会发展的一项长远战略方针。同发达国家相比我国能源利用效率仍然较低。迈入新世纪后,我国面临着经济快速发展对能源特别是优质能源的需求将不断增加,因此大力开展节能工作大幅度提高能源利用效率。

1. 给水及消防管网应确保质量,避免发生水源流失及事故,杜绝对文物建筑的严重影响。

2. 供水设施宜采用节水节能型产品,如节水龙头等。排水管可用PVC管替代铸铁管,以减少二次污染。

3. 庭院道路应选用高效节能的灯具,并采取统一控制。

4. 机电等耗能设备采用节能产品。

5. 用电设备较多的场所,应采用有效手段,把节约能源落到实处。

**安全防范措施**

1. 建筑物内的电气线路和用电设备按规范要求分别设有负荷保护和加装漏电保护。

2. 按《建筑物防雷设计规范》(GB50057-94)规定,设置防雷保护措。

3. 对电气设备进行经常性检修,避免发生事故。

4. 加强安全管理,高空作业必须佩带安全保护绳,进入工地的所有人员须戴安全帽,脚手架搭建要牢固可靠、设置边网,施工现场禁止吸烟或使用明火,确保人身和文物安全。

5. 用于防腐防虫处理的药物,应对文物和人体无害。

**防疫防控措施**

1. 本项目公共厕所设计应符合卫生防疫要求。污水及雨水采用分流系统。

2. 道路两边设置垃圾桶,避免乱扔杂物。

3. 公共厕所、垃圾站等处,实行定期消毒、消灭害虫,做好植物的培育,定期防治病虫害。种植一些驱虫或杀虫灭菌、防疫功能的植物,以起到大气天然净化器和过滤器的作用,以提高布达拉宫维修工程卫生防疫水平。

# 第三节 布达拉宫二期维修工程参建单位及投资执行情况

## 一、勘察、设计单位

| 类别 | 承担项目 | 单位 |
|---|---|---|
| 古建筑保护维修勘察和设计 | 布宫主体古建筑保护维修工程 | 中国文化遗产研究院 |
| | 整体地垄加固维修工程 | 中国文化遗产研究院 |
| | 雪城西印经院维修、乃康顶复建项目 | 中国文化遗产研究院 |
| | 德央夏改性阿嘎土维修 | 中国文化遗产研究院 |
| | 红山东北角围墙修补 | 中国文化遗产研究院 |
| | 雪城主体古建筑维修工程 | 清华大学建筑学院 |
| | 雪城保护规划编制 | 清华大学建筑学院 |
| | 强钦塔拉姆坡道坍塌处修复项目 | 西藏自治区建筑勘察设计院 |
| | 雪城保留古建筑维修工程 | 西藏圣益建筑设计有限公司 |

续表

| 类别 | 承担项目 | 单位 |
|---|---|---|
| 公用辅助工程设计 | 火灾自动报警、安防监控系统工程 | 中国建筑科学研究院设计公司 |
| | 给排水系统、电力系统工程 | 中国建筑科学研究院设计公司 |
| | 布达拉宫珍宝馆安防、消防工程 | 西藏自治区建筑勘察设计院 |
| | 龙王潭泵房建设与设备安装工程 | 西藏圣益建筑设计有限公司 |
| | 龙王潭至德央夏消防管道改造工程 | 西藏圣益建筑设计有限公司 |
| 新改建项目勘察设计 | 后山配电房高压负荷转移项目 | 西藏自治区建筑勘察设计院 |
| | 自治区文物局搬迁及新建工程 | 西藏自治区建筑勘察设计院 |
| | 消防中队营房（雪堆白）改造项目 | 清华大学建筑学院 |
| | 珍宝馆、游客服务中心建设项目 | 清华大学建筑学院 |
| | 雪城道路、给排水、公厕建设工程 | 西藏圣益建筑设计有限公司 |
| 其他 | 主体壁画保护维修工程 | 敦煌研究院 |
| | 西印经院壁画保护维修项目 | 中国文化遗产研究院 |
| | 木材防虫防腐 | 中国林科院木材工业研究所 |
| | 红山山体稳定性测试与评价 | 总装备部设计研究总院 |
| | 布宫建筑结构监测项目 | 北京交通大学土木建筑工程学院 |
| | 红山东北角围墙修补项目 | 中国文化遗产研究院 |
| | 雪城西印经院地质勘查项目 | 中国文化遗产研究院 |
| | 珍宝馆地质勘查项目 | 总装备部设计研究总院 |
| | 雪城地形图测绘项目 | 核工业西南研究院 |

参与布达拉宫二期保护维修工程的勘察、设计单位共10家，全部均为甲级资质。

## 二、施工（含技术服务、科研）单位

| 类别 | 承担项目 | 参建单位 | 开工 | 竣工 |
|---|---|---|---|---|
| 古建筑维修工程施工单位 | 平措堆朗（地垄）维修工程 | 北京房修二古建集团公司 | 2002.6 | 2004.10 |
| | 斋康后墙坍塌处修复工程 | 城关区古艺建筑美术公司 | 2003.9 | 2003.10 |
| | 强钦塔拉姆坡道处修复工程 | 中铁二局集团有限公司 | 2003.9 | 2004.7 |
| | 东印经院、造币厂维修工程 | 山东曲阜·拉萨哈达联营体 | 2003.10 | 2004.10 |
| | 红宫等主体建筑（地垄）（含：八世灵塔殿、九世灵塔殿金顶、菩提道次殿、西大殿地垄、红宫顶层笾玛墙、黄房子、强庆塔拉姆、德央奴、玉阶窖、夏金窖、东圆堡）加固维修工程 | 苏州香山·拉萨古建联营体 北京东洋机械建筑有限公司 | 2003.10 | 2005.7 |

续表

| 类别 | 承担项目 | 参建单位 | 开工 | 竣工 |
|---|---|---|---|---|
| 古建筑维修工程施工单位 | 白宫等主体建筑（地垄）（含：白宫、僧官学校、杰布窖、日出康、扎夏、约普西、五世灵塔殿）加固维修工程 | 苏州香山·拉萨古建联营体 北京东洋机械建筑有限公司 | 2005.3 | 2007.10 |
| | 雪城江布宅、林嘎宅、同波宅等维修工程 | 苏州香山·拉萨古建联营体 | 2005.4 | 2005.7 |
| | 雪城马厩、监狱、酒馆等维修工程 | 西藏宏发建筑工程有限公司 | 2005.4 | 2005.7 |
| | 雪城围墙、城墙、坡道边墙、雪巴勒空、东南角楼、西南角楼维修工程 | 重庆建工集团西藏分公司 | 2005.4 | 2005.7 |
| | 红山正面东西山坡阶梯墙维修工程 | 重庆建工集团西藏分公司 | | 2005.7 |
| | 雪城五座院、龙夏宅、堪布宅等维修工程 | 拉萨城关区哈达建筑集团公司 | 2005.4 | 2005.9 |
| | 德央夏地垄加固维修工程 | 北京房修二古建集团公司 北京东洋机械建筑有限公司 | 2005.7 | 2006.10 |
| | 雪城毕悉宅周边三处宅子维修工程 | 苏州香山·拉萨古建联营体 | 2006.8 | 2006.10 |
| | 西印经院、乃康顶维修工程 | 西藏宏发建筑工程有限公司 | 2006.8 | 2010.5 |
| | 造币厂南院维修工程 | 拉萨城关区哈达建筑集团公司 | 2007.4 | 2007.5 |
| | 雪城城墙西侧局部坍塌处修复工程 | 重庆建工集团西藏分公司 | 2007.8 | 2007.10 |
| | 十三世灵塔殿金顶防水工程 | 拉萨城关区古艺建筑美术公司 | 2008.8 | 2008.9 |
| | 雪城马基康（藏军司令部）维修工程 | 拉萨地方建筑工程有限公司 | 2010.7 | 2011.11 |
| | 德央夏改性阿嘎土维修工程 | 北京凯莱斯建筑技术有限公司 | 2010.7 | 2011.11 |
| 公用辅助工程与环境整治工程施工单位 | 雪城303户居民搬迁工程 | 拉萨市发展改革委员会（委托） | 2001.1 | 2001.10 |
| | 自治区文物局搬迁工程 | 四川邛崃第五建筑公司 | 2002.3 | 2002.10 |
| | 雪城违章建筑全面拆除与清理工程 | 拉萨地方建筑工程有限公司 | 2004.5 | 2004.7 |
| | 雪城道路、给排水、公厕建设工程 | 南京六建西藏分公司 | 2005.6 | 2005.7 |
| | 雪城高压线路迁接与安装变压器工程 | 拉萨市电业局安装公司 | 2005.8 | 2005.9 |

续表

| 类别 | 承担项目 | 参建单位 | 开工 | 竣工 |
|---|---|---|---|---|
| 公用辅助工程与环境整治工程施工单位 | 雪城增设垃圾池建设项目 | 城关区古艺建筑美术公司 | 2005.9 | 2005.10 |
| | 龙王潭泵房建设与设备安装工程 | 西藏工程勘察施工集团有限公司 | 2006.9 | 2011.9 |
| | 龙王潭至德央夏消防管道改造工程 | 西藏工程勘察施工集团有限公司 | 2006.9 | 2011.9 |
| | 雪城麻花院一带违章建筑拆除清理 | 重庆建工集团西藏分公司 | 2008.6 | 2008.12 |
| | 雪城绿化工程 | 拉萨美朵花木种植有限公司 | 2008.8 | 2008.9 |
| | 珍宝馆安防、消防系统安装工程 | 湖南一网数字技术有限公司 | 2008.11 | 2009.5 |
| | 主体给排水系统、电力系统安装工程 | 重庆建工集团西藏分公司 | 2009.3 | 2011.2 |
| | 主体火灾自动报警系统、安防监控系统安装工程 | 江苏盛华系统集成工程技术有限公司 | 2009.4 | 2010.10 |
| | 后山配电房高压负荷转移工程 | 重庆建工集团西藏分公司 | 2009.6 | 2012.3 |
| | 主体部分厕所清理维修项目 | 重庆建工集团西藏分公司 | 2010.8 | 2011.8 |
| 科研和技术服务单位 | 主体壁画前期科研与试验项目 | 敦煌研究院 | 2001.7 | 2002.6 |
| | 木材防虫防腐 | 中国林科院木材工业研究所 | 2002.6 | 2012.9 |
| | 主体壁画保护维修工程 | 敦煌研究院 | 2003.5 | 2006.12 |
| | 改性阿嘎土试验项目 | 中国文化遗产研究院 北京凯莱斯建筑技术有限公司 | 2003.6 | 2004.11 |
| | 消防工程技术课题研究 | 安徽科技大学国家火灾重点实验室 | 2006.9 | 2006.12 |
| | 西印经院壁画保护修复工程 | 中国文化遗产研究院 | 2006.9 | 2007.10 |
| | 布宫人群荷载试验研究与建筑结构监测（第一期）项目 | 北京交通大学土木建筑工程学院 | 2009.9 | 2009.12 |
| | 红山山体稳定性无损伤物理探测 | 总装备部设计研究总院 | | |
| 新改建工程施工单位 | 新建红山东北角围墙工程 | 拉萨城关区古艺建筑美术公司 | 2004.4 | 2005.11 |
| | 消防中队营房（雪堆白）改造项目 | 拉萨市城关区建筑总公司 | 2005.7 | 2005.11 |
| | 雪城配电柜改造工程 | 拉萨市电业局安装公司 | 2005.8 | 2005.9 |

续表

| 类别 | 承担项目 | 参建单位 | 开工 | 竣工 |
|---|---|---|---|---|
| 新改建工程施工单位 | 珍宝馆、游客服务中心改建工程 | 拉萨城关区哈达建筑集团公司 | 2006.7 | 2006.11 |
| | 游客服务中心多功能厅装修工程 | 拉萨城关区哈达建筑集团公司 | 2006.11 | 200612 |
| | 珍宝馆、游客服务中心改性阿嘎土工程 | 北京凯莱斯建筑技术有限公司 | 2008.6 | 2008.9 |
| | 山上部分公厕（旱厕改水厕）项目 | 重庆建工集团西藏分公司 | 2010.8 | 2011.8 |

### 三、监理单位、招标代理和审计机构

| 类别 | 承担项目 | 单位 | 开工 | 竣工 |
|---|---|---|---|---|
| 监理单位 | 布达拉宫维修工程总体项目 | 中国国际工程咨询公司监理公司 | 2003.7 | 2012.9 |
| | 平措堆朗（地垄）维修工程 | 西藏方正监理事务所 | 2002.6 | 2004.11 |
| 招标代理机构 | 布达拉宫维修工程2002—2003年度项目 | 中技国际招标公司第五业务部 | 2002.4 | |
| | 布达拉宫维修工程2005—2006年度项目 | 拉萨市建伟招标有限公司 | 2005.2 | |
| | 布达拉宫维修工程2009—2010年度项目 | 西藏诚正招标代理有限公司 | 2009.3 | |
| 第三方中介审计 | 布达拉宫二期维修古建工程 | 西藏大德信工程管理咨询有限公司 | 2003.3 | 2010.10 |
| | | 西藏申达工程造价咨询有限公司 | 2003.10 | 2010.8 |
| | | 西藏安达工程造价咨询有限公司 | 2005.5 | 2009.12 |
| | 公用辅助工程 | 陕西智鑫工程造价咨询有限公司 | 2010.10 | 2012.8 |
| | 三大工程投资执行情况中期审计 | 北京华盛中天工程造价咨询有限公司 | ** | |
| 国家督察审计评估 | 三大工程项目进展与投资执行情况专项督察 | 国务院督察办（国家发改委） | 2004.8.31 | 2004.9.30 |
| | 三大工程投资概算调整评估 | 国家发改委项目评审中心 | 2008.4.18 | 2008.4.21 |
| | 三大工程公辅工程投资执行情况审计 | 西藏自治区审计厅 | 2015.3.23 | 2015.5.23 |

## 四、投资执行情况

| 序号 | 项目名称 | 投资（万元） |
|---|---|---|
| | 总投资 | 21308 |
| 1 | 主体工程 | 6511.44 |
| 1.1 | 平措堆朗（地垄）维修工程 | 189.71 |
| 1.2 | 红宫等主体建筑（含地垄）（包括：八世灵塔殿、九世灵塔殿金顶、菩提道次殿、西大殿地垄、红宫顶层鎏玛墙、黄房子、强庆塔拉姆、德阳奴、玉阶窖、夏金窖、东圆堡）加固维修工程 | 1806.19 |
| 1.3 | 白宫等主体建筑（含地垄）（包括：白宫、僧官学校、杰布窖、日出康、扎夏、约普西、五世灵塔殿）加固维修工程 | 861.56 |
| 1.4 | 雪城围墙、城墙、坡道边墙、雪巴勒空、东南角楼、西南角楼（含地垄）维修工程 | 780.45 |
| 1.5 | 强钦塔拉姆坡道处抢险修复工程 | 345.00 |
| 1.6 | 东印经院、造币厂维修工程 | 449.11 |
| 1.7 | 雪城五座院、龙夏宅、堪布宅等维修工程 | 357.26 |
| 1.8 | 雪城江布宅、林嘎宅、同波宅等维修工程 | 249.63 |
| 1.9 | 雪城马厩、监狱、酒馆等维修工程 | 653.13 |
| 1.10 | 修补红山东北角围墙工程 | 42.43 |
| 1.11 | 西印经院、乃康顶维修工程及局部考古勘探 | 776.97 |
| 2 | 新、改建项目（含公用辅助工程） | 4557.89 |
| 2.1 | 珍宝馆、游客服务中心改建工程 | 746.43 |
| 2.2 | 游客服务中心多功能厅装修工程 | 38.78 |
| 2.3 | 珍宝馆安防、消防系统安装工程 | 210.10 |
| 2.4 | 主体火灾自动报警系统、安防监控系统安装工程 | 1259.73 |
| 2.5 | 主体给排水系统、电力系统安装工程 | 1349.58 |
| 2.6 | 龙王潭至德央夏消防管道改造工程 | 26.26 |
| 2.7 | 龙王潭泵房建设与设备安装工程 | 198.97 |
| 2.8 | 消防中队营房（雪堆白）改造项目（含雪堆白产权征购费300万元） | 618.22 |
| 2.9 | 雪城高压线路迁接与安装变压器工程 | 109.82 |
| 3 | 环境整治工程 | 4306.86 |
| 3.1 | 雪城303户居民搬迁工程（新建雪三村） | 2413.60 |
| 3.2 | 自治区文物局搬迁工程（包括：征地费，新建办公楼、两栋周转房、食堂、车库以及院内硬化） | 1161.80 |
| 3.3 | 雪城道路、给排水、公厕建设工程 | 606.39 |
| 3.4 | 雪城违章建筑全面拆除与清理工程 | 30.57 |
| 3.5 | 雪城绿化工程 | 94.50 |

续表

| 序号 | 项目名称 | 投资（万元） |
|---|---|---|
| 4 | 技术服务费（含科研项目）工程 | 2721.01 |
| 4.1 | 木材防虫防腐处理 | 194.86 |
| 4.2 | 新发现地垄低压灌浆加固维修工程 | 1235.19 |
| 4.3 | 改性阿嘎土前期试验项目 | 10.00 |
| 4.4 | 改性阿嘎土工程 | 336.00 |
| 4.5 | 主体壁画前期科研与试验项目 | 72.00 |
| 4.6 | 主体壁画保护维修工程 | 518.31 |
| 4.7 | 西印经院壁画保护修复工程 | 113.55 |
| 4.8 | 消防工程技术课题研究 | 27.00 |
| 4.9 | 布宫人群荷载与建筑结构监测第一期项目 | 194.30 |
| 4.10 | 红山山体稳定性无损伤物理探测 | 19.80 |
| 5 | 中途新增项目 | 1434.55 |
| 5.1 | 红山正面东西山坡阶梯墙维修工程 | 125.55 |
| 5.2 | 雪城马基康（藏军司令部）维修工程 | 597.45 |
| 5.3 | 斋康后墙坍塌处修复工程 | 5.19 |
| 5.4 | 雪城毕悉宅周边三处宅子维修工程 | 38.71 |
| 5.5 | 造币厂南院维修工程 | 15.22 |
| 5.6 | 雪城城墙西侧局部坍塌处修复工程 | 30.74 |
| 5.7 | 十三世灵塔殿金顶防水工程 | 3.44 |
| 5.8 | 德央夏改性阿嘎土维修工程 | 66.00 |
| 5.9 | 雪城增设垃圾池建设项目 | 8.05 |
| 5.10 | 雪城麻花院一带违章建筑拆除清理 | 13.61 |
| 5.11 | 改造后山配电房与高压负荷转移工程 | 51.71 |
| 5.12 | 主体部分厕所清理维修和德央夏、红宫后旱厕改造项目 | 280.00 |
| 5.13 | 雪城珍宝馆配电柜改造工程 | 2.20 |
| 5.14 | 强钦塔拉姆坡道坍塌处垃圾清理 | 30.00 |
| 5.15 | 强钦塔拉姆坡道坍塌处增设防雨棚 | 166.68 |
| 6 | 设计、监理、工程管理和其他费用 | 1776.25 |
| 6.1 | 设计费（含勘察费）合计 | 853.49 |
| 6.2 | 监理费 | 321.48 |
| 6.3 | 审计费、审图费、咨询费、评估费等 | 71.33 |
| 6.4 | 竣工报告编撰与出版费 | 110.00 |
| 6.5 | 招标代理费 | 26.58 |
| 6.6 | 工程管理费 | 393.37 |

# 第二部分
# 罗布林卡

# 第一章
# 罗布林卡概况

罗布林卡，藏语意为"宝贝园林"，位于拉萨市布达拉宫西南侧三里许的拉萨河畔，占地36万平方米。这里郁郁葱葱，花团锦簇，景色秀丽，曾是达赖喇嘛的专用园林。罗布林卡整体分为东苑和西苑，东苑俗称"罗布林卡"藏语意为"宝贝园林"，西苑俗称"金色林卡"，人们习惯把东、西苑统称为"罗布林卡"。历经200余年，其建筑、生态环境依然基本完好，集中体现了藏族园林、建筑、绘画、雕塑等方面的艺术风格和成就，也体现了汉文化和其他民族文化的鲜明影响，是一处独特的建筑艺术、宗教艺术与园林艺术相结合的西藏艺术杰作。

## 第一节　历史沿革

18世纪初期，即建园之前，这一带柳棘丛生，野兽出没，人称"拉瓦采"（"灌木丛林"之意）。拉萨河的古道流经这里，景色甚佳，形成了许多水塘，还有一眼清泉。相传五世达赖喇嘛洛桑嘉措执政期间，曾时常到此搭帐消夏。七世达赖喇嘛格桑嘉措在哲蚌寺学习期间，也常来此处清泉沐浴治病，疗效甚佳。

18世纪，清朝中央政权设立了驻藏大臣，命七世达赖喇嘛与驻藏大臣共同处理西藏地区政务。驻藏大臣根据朝廷旨意，在"拉瓦采"为七世达赖喇嘛修建了一座行宫，名曰"乌尧颇章"（乌尧意为帐篷，颇章意为宫殿，故又名帐篷宫，亦称凉亭宫），供其休憩，这是罗布林卡建园之始。

七世达赖喇嘛深爱这片水清林茂的地方，于是他在1751年亲政后，在乌尧颇章东侧修建了一座宫殿，并以自己的名字命名为格桑颇章（贤劫宫），同时把"拉瓦采"正式改名为"罗布林卡"。此后，历代达赖在未执政之前，先在罗布林卡习文、学经、修法。执政后，每年藏历四月到九月在此消夏、处理政务、举行庆典及进行宗教活动等。罗布林卡便成为历代达赖喇嘛的夏宫。布达拉宫则是每年十月至次年三月驻锡的冬宫。

1781年，八世达赖喇嘛强白嘉措执政。他醉心于在此风景优美之地静坐安禅，遂着力扩建罗布林卡。这一时期增建了格桑颇章后苑的辩经台、鲁康努（西龙王宫）、措吉颇章（湖心宫）和准增颇章（持舟殿）以及宫墙等，同时，园中大量种植了花草树木。罗布林卡始具园林规模。

九世至十二世达赖喇嘛时期（1805—1875年）70年间，罗布林卡没有增加新的建筑，只是进行过一些修整。

十三世达赖喇嘛土登嘉措（1876—1933年）时期，罗布林卡又得以大规模扩建。1908年，十三世达赖喇嘛入京朝觐时，得以游览了皇家宫苑，这对罗布林卡的发展产生了深刻的影响。他执政期间，首先完善了格桑颇章与措吉颇章两个宫区，尔后又指令规划兴建金色林卡。于是，在罗布林卡西侧的空地上，建造了金色颇章（宠幸宫）、格桑德庆颇章（贤劫福旋宫）和其他附属建筑。全园的围墙也是这时建成的。吉美曲溪颇章（不灭妙旋宫）修建于1930年之后，1933年十三世达赖喇嘛土登嘉措圆寂在该宫。

1954—1956年，由中央人民政府资助，在措吉颇章宫区以北，修建了"达旦明久颇章"，俗称新宫。至此形成了今天罗布林卡的规模。

1988年1月13日，罗布林卡被公布为全国重点文物保护单位，一直由西藏自治区文物管理委员会办公室、自治区文物局直接加以保护。2001年以布达拉宫扩展项目列入世界文化遗产名录。

## 第二节　园林建筑

建筑在罗布林卡中占有很大的比重，且功能多样。按其使用功能的不同，园林建筑可分为如下类型：宫殿、经堂、佛殿、书室、政府机关、观戏楼、辩经台以及库房、牛圈、马厩、动物笼舍、花房，还有亭、阁，等。除具有使用功能外，这些建筑还起着组织景观、点级装饰风景的作用，造型多样、变化丰富，现择重点介绍如下：

### 格桑颇章（贤劫宫）

此处位于宫苑东区的东南角，是达赖喇嘛处理政教事务的场所。1755年，七世达赖喇嘛始建，初为二层，十三世达赖喇嘛时期修建了第三层，为罗布林卡最早的建筑之一。在金色颇章和达旦明久颇章修建前，达赖喇嘛均在此办理公务，这里是罗布林卡的政治活动中心。

格桑颇章的形制与寺庙扎仓建筑颇为相似。楼高三层，底层为经堂，名曰"大日光殿"，即取佛法如日光普照大地之意。经堂面阔七间，进深八间，其中间为一长方形的天井，呈半敞开式。经堂不仅是达赖喇嘛的办公地点，也是会见驻藏大臣，接见噶厦官员的地方，有时也在殿内为喇嘛讲经或举行大典。殿前宽敞的抱厦廊道，则是僧俗官员觐见等候之所。

廊西南处有扶梯可直达二、三层。二层有乃堆拉康（罗汉殿）、贡布康（护法殿）及达赖的阅经室。建筑居北，只占底层面积的1/4左右；南面均为晒台。建筑东南角是达赖的阅经室，房间虽然不大，但室内布置十分舒适，西壁全为槅扇窗门。东部是"贡布康"护法神殿，内供六臂依怙佛像，历代达赖多以此为卧室。佛殿西侧为十六罗汉堂，常有喇嘛在此为护法神念经祈祷。三层设有达赖批阅公文，召见高级官员的经堂。其东南有小屋是达赖喇嘛的休息室。东部是存放经卷、文告的库房。西面为侍卫值房。

格桑颇章外立面（罗布林卡管理处提供）

### 乌尧颇章（凉亭宫）

该殿为两层的藏式建筑，造型古朴简洁，是达赖喇嘛打坐念经的地方。底层低矮，相当于半地下室，只能放置小件杂物。这种将地坪架空抬高以防潮湿的做法，在藏式建筑中比较常见。实际使用的只有乌尧颇章的二层，大门向东，外有雕花石阶。宫内的每个房间均有当时西藏著名画师精心绘制的壁画。

在金色颇章修建之前，十三世达赖时常在此休息、念经。乌尧颇章旁的大槐树，相传即为十三世达赖喇嘛亲手栽植。

### 金色颇章（宠幸宫）

此处为十三世达赖喇嘛专用的宫殿，修建于 1922 年。"金色"汉语意为"受宠者"。据说主持修建者是十三世达赖喇嘛的亲信，人称"金色贡培啦"，宫殿修成后遂以"金色"命名，也即"受宠者的宫殿"，简称宠幸宫。这是一座庭院式建筑，院内置有花果树木，规模甚大。主殿高 3 层，描金彩绘，殿顶饰镏金法轮、经幢，极其富丽堂皇，为罗布林卡三大宫区之一。

底层日光殿是十三世达赖喇嘛每日朝会听政的大殿，也是会见贵宾、举行盛大庆典和宗教礼仪的场所。每年琼久节时，哲蚌寺、色拉寺的喇嘛分别于藏历七月三十日、八月初一到这里为达赖喇嘛诵祝寿经，并在达赖喇嘛主持下辩经论法和考取格西学位。"波罗密多经"法会时，两大寺院喇嘛又云集于此，接受达赖喇嘛摩顶。大殿外的门廊有僧俗官员朝觐候点，两侧还有朝房。二层由金色颇章的西侧户外设置的台阶进入。二层中央设有天井，天井北是底层大经堂天窗。天井南是观戏楼，东南

金色破颇章主体建筑正立面（三大工程办提供）

西三面为窗，十分通透。演出藏戏时，达赖喇嘛便在此处观看。第二层是求见人士的休息室。

三层有休息室，顶开天窗，堂中用雕花槅扇分割为南、北两部分。这里是达赖喇嘛给大活佛受戒的地方，平时作为阅经、休息之用。金色颇章内有许多精美的木雕佛像和壁画。如大白伞盖镀金塑像、八仙过海和福禄寿图案木雕装饰、万寿山、五台山全景图以及四喜儿童壁画等，皆出自西藏名家之手，具有极高艺术水准，反映了汉藏文化艺术交流与借鉴的事实。

### 达旦明久颇章（新宫）

达旦明久颇章始建于1954年，1956年竣工。整体建筑坐北朝南，是罗布林卡中体量最大的一幢藏式宫殿建筑。整体布局比较严谨，平面与立面均采用对称的形式，道路及植物配植也以中轴对称手法，围绕中心宫殿，气势磅礴，体现了藏式建筑的对称美。

金色颇章三层寝宫内景（罗布林卡管理处提供）

金色颇章三层廊道绘制的"颐和园全景图"（三大工程办提供）

新宫阅览室内景陈设（罗布林卡管理处提供）

新宫中轴线鸟瞰（罗布林卡管理处提供）

了从藏族祖先由猴变人的传说至西藏和平解放上下数千年的重要历史事件和历史人物，有一定的史学参考价值。

**措吉颇章（湖心宫）**

此处为一小阁建筑，与内地的水榭建筑类似，修建于八世达赖喇嘛时期，为达赖喇嘛游玩休息之处。每逢达赖喇嘛生日，宫内举行隆重庆典，达赖喇嘛在此接受四品以上僧俗官员的祝贺。

措吉颇章平面为长方形，以灰白大理石为座，木构架，配琉璃瓦歇山顶。建筑造型轻盈小巧，却颇显稳重。室内陈设皆为汉式风格，家具均为清帝所赐。殿顶饰以金色神像和金幢，表现了汉藏建筑艺术完美结合的特点。

新宫小经堂内室（罗布林卡管理处提供）

新宫外立面为两层，上层两重檐相叠，平顶黄瓦金饰，再加上雕琢精细的大理石栏板，五光十色的彩画，檐口女儿墙上的笾玛墙和各种装饰，甚是华丽壮观。

新宫底层为一些附属功能的房间，主要房间设在二层。小经堂和大经堂分踞二层南、北。其室内布置吸收了现代建筑的一些手法，但更豪华富丽。南面的小经堂朝阳部位为落地窗棂，北设佛龛。大经堂中设纯金雕花宝座，常在此讲经或举行小型庆典活动。东侧除小客厅外，其余为卧室与卫生间。西南角为卧室、起居室及侍卫人员住房。该建筑平面布局极其紧凑，但由于巧妙设置了天井和天窗，较好地解决了房间的采光、采暖问题。

达旦明久颇章以精致的装修和瑰丽的壁画而著称。尤其是二层"思西堆古"的小经堂内的壁画以连环画的形式展现了西藏的历史和人物传记，每组壁画用藏文标注了说明。这里的壁画由301幅画面组成，讲述

湖心宫鸟瞰壁画图（罗布林卡管理处提供）

措吉颇章雪景（罗布林卡管理处提供）

 西龙王宫侧立面（罗布林卡管理处提供）

 东龙王宫正立面（罗布林卡管理处提供）

**鲁康努（西龙王宫）**

此处位于措吉颇章之北，为供养人面蛇身八大龙王之所。按藏族习惯，凡是有树林、水面的地方均供奉龙神，以祈求保护。这是一座兼有汉、藏风格的混合建筑。其平面为正方形，三开间，周有回廊，上置镏金镶边重檐四角攒尖顶。殿顶采用了莹顶式，铜瓦、金脊饰，檐下施斗拱，屋顶飞檐翘角，汉藏建筑艺术在此结合得非常融洽。

**鲁康夏（东龙王宫）**

此处位于措吉颇章以东，是存放祭祀龙王祭器的地方，同时也是一座龙王供庙。建筑南向，三开间，为单层平顶藏式建筑。

**格桑德吉颇章（贤劫福旋宫）**

此处位于金色颇章西北侧、罗布林卡的西北角，也是附属于金色颇

格桑德吉颇章鸟瞰图（罗布林卡管理处提供）

吉美曲溪全景（罗布林卡管理处提供）

准增颇章正立面（罗布林卡管理处提供）

章的一座小型宫殿。面积370平方米，楼高两层。

底层是十三世达赖喇嘛私人的金银宝库。收藏有大量金银珍宝、历史文物和贵重礼品，据说十三世达赖喇嘛灵塔上所饰金银珠宝皆取于此库。东面有白色大理石雕成的石阶直达二楼。门斗檐部覆盖金黄琉璃瓦。造型轻盈大方，色彩雅丽清新。二楼经堂是达赖喇嘛接待贵宾的厅堂，用楣扇分为两部分。经堂西面是达赖喇嘛等候客人的休息室。东面是侍卫值房。

### 吉美曲溪（不灭妙旋宫）

此处位于格桑德吉颇章西侧，是十三世达赖喇嘛晚年常居之处。建筑为两层，底层为半地下室，层高很低，是放小件杂物的库房。二层东南的房间是十三世达赖喇嘛的卧室。宽大的拐角窗，使室内非常明亮。十三世达赖喇嘛深爱此处，于1933年在这里圆寂。

### 准增颇章（持舟殿）

此殿位于措吉颇章区水池西边，类似喇嘛精舍建筑，分为两层，效仿了观音菩萨修行习法的道场，故得名"持舟殿"。底层为经堂，内供十一面观音，并收藏了大量经籍图书。顶层东为平台，西为达赖喇嘛静坐的专用房间。每年达赖喇嘛在此修法期间，不见任何外人，也不出楼门一步。

### 恰意（辩经台）

此处在格桑颇章的北面，是幼年达赖随师习经的地方。建筑南向，半开敞，用桶扇分割内外。

### 弃若朗玛（内观马宫）

此处为达赖观赏马的地方，分为内观马宫和外观马宫。内观马宫在措吉颇章景区的西南角，外观马宫在内观马宫的西面。两组建筑均为院

辩经台正立面（三大工程办提供）　　外观马宫鸟瞰（罗布林卡管理处提供）　　内马厩（罗布林卡管理处提供）

落式，由二层观马宫与马厩组成，达赖喇嘛的观马殿在二层正中。马厩为廊式建筑，墙壁上有壁画，檐口覆盖琉璃瓦。观马宫在其他园林中未见。

### 康松司伦（威镇三界阁）

这是包括戏台在内的一组建筑，是达赖喇嘛观看藏戏的地方。布局以康松司伦为中心向外展开。主体为东向二层楼阁式建筑，底层为游廊，二层中部为敞厅。

敞厅北侧为达赖经师特座，南侧是侍从值房。建筑立面采用对称格局，体形、体量与环境协调。由于设置了双重镏金镶边飞檐，建筑显得轻巧活泼。其雕梁画栋与周围绿树丛林形成对比，加强了建筑的华丽感。

戏台在观戏楼的正前方，是由青石板铺地而成的广场。平台东、南、北三面植有松柏、榆树、山定子，形成完整的空间。台下为榆树丛林。作为"雪顿节"及重大庆典时演出藏戏和舞乐之用。达赖喇嘛和僧俗官

康松司伦外景（罗布林卡管理处提供）

拉萨雪顿节罗布林卡戏台表演藏戏场景（罗布林卡管理处提供）

厦旦拉康鸟瞰图（三大工程办提供）

员就在康松司伦的二层楼上观看演出。

### 厦旦拉康（祝寿殿）

此处位于格桑颇章东北约220米处，是诵经和进行祈福消灾的宗教法事的场所。这一组院落式建筑，主体为二层藏式楼房，其内为殿堂，分前后两部分。前面主殿堂共24柱，一层，利用三面高窗采光；后殿室内有4柱，二层，面积较主殿要小的多。紧接殿堂的西墙修有楼梯直通主殿堂的屋顶，可由此进入后殿的二层。二层楼梯口和后殿的二层入口处都建有亭，使这组建筑倍增生机。

### 乌斯康玻璃亭

此亭的平面为圆形，立柱间均系窗棂，满镶玻璃，屋面系八角攒尖顶。因建筑坐落在圆形水池之中，故又称湖心寓。

罗布林卡内的建筑囊括了西藏园林建筑的3种类型：如格桑颇章、

乌斯康（沐浴）玻璃亭（罗布林卡管理处提供）

乌尧颇章、金色颇章等采用的都是传统的藏式作法；西龙王宫则采用藏汉合并做法的典范；仿汉式做法的最典型实例是措吉颇章。

罗布林卡园林建筑的造型、立面处理，亦有许多成功的手法。如宫殿建筑在园内比重很大，造型的优劣直接影响着园林的艺术效果。作为宫殿建筑，要求有庄重的性格；作为园林建筑，又要求自由活泼。这个矛盾在罗布林卡中解决得较好。罗布林卡宫殿的体形、体量一般都简小，尺度适宜庄重、气氛严肃。此外，园内建筑还通过建筑物局部的轴线对称手法营造庄重之感。金色颇章南立面就是如此处理的，而其东向立面则结合林阴小道，设计得比较质朴；西入口立面因面对庭院空间，用了台阶和富于变化的门斗，显得十分丰富、活泼。这些不同的处理手法，使建筑物既庄重又自由而不呆板。格桑德吉、吉美曲溪的处理，更趋于因地制宜、精巧灵活，甚至突破了宫殿建筑的固定格局。

## 第三节 藏式园林艺术的杰出代表

罗布林卡是西藏高原园林艺术的代表作。无论是规划布局、园林建筑，还是植物配置、道路设计都有其特点，形成了鲜明的地方特色。罗布林卡的成就是在西藏特定的历史条件下长期演变和发展的结果，展现了藏族人民的智慧和艺术才能。同时，罗布林卡的营建时代正是我国造园活动的活跃期，即清代皇家造园的盛期，故在造园思想和设计手法上，都明显地受到内地园林艺术的影响，与我国自然风景式园林属同一范畴，是中国园林体系中独具风格的一支。

### 布局特点

罗布林卡的建筑与布达拉宫、大昭寺相比较，既有相似的宗教与文化内涵，又有各自独特的建筑风格。布达拉宫由红宫、白宫、附属建筑三部分组成，体现了当时政教合一的政治制度。大昭寺地处拉萨河谷，填湖而建，与布达拉宫东西相望，位于老城八廓街的中心，体现了宗教的世俗性。而罗布林卡建造在布达拉宫的西面，位于风景秀丽而幽静的灌木林中，园林气氛浓厚，各组建筑布局严谨，是宫殿建筑与园林的完美结合。

罗布林卡是自七世达赖喇嘛以来，历代达赖喇嘛夏天居住的离宫别墅，即夏宫。达赖喇嘛亲政前，由正、副经师陪伴在这里习经学法。执政后，每年藏历三月十八日经皇帝批准，从布达拉宫移居罗布林卡，藏历九月底或十月初再返回布达拉宫。园林的功能要求主要表现在三个方面：政治活动、宗教法事和生活游乐。因此它的布局都是围绕上述的功能要求，即实用性和风景性而展开的。

罗布林卡的宫苑布局按照现存的规模可分东西两大部分，每一部分包括多个相对独立的景区，形成了园中园的布局特点。东部由宫殿区、办公区、戏台和榆白林园四部分组成。宫殿区以格桑颇章（贤劫宫）、措吉颇章（湖心宫）、达旦明久颇章（新宫）为核心组成3个景区，在空间上既分割又联系，外面用一个围墙将它们联系一起。办公区为噶厦机关等，以厦旦拉康（祝寿殿）、松岗康（祈祷殿）为主体，占地900平方米。宫殿区的东侧为戏台，由康松司伦（威震三界阁）即观戏楼和露天戏台组成，占地2200平方米。榆林园中种植了大片的榆树，树龄在百年以上，是人们休憩散步之处，占地约16000平方米。

罗布林卡的西部由宫区、杏园和草地3个景区组成。宫区由金色颇章（宠幸宫）、格桑德吉颇章（贤劫福旋宫）、吉美曲溪（不灭妙旋宫）3组建筑成环状布置，形成了一个较大的院落空间，幽静自然。东部为杏园，在其周围有大片的草地，雪顿节时人们在这里搭起帐篷，游玩歌唱，直至夜深。

### 汉藏建筑艺术融会的杰作

罗布林卡是西藏建筑艺术、宗教艺术与园林艺术相结合的典范，建筑造型以藏式建筑为主，融入了汉族等多民族宫殿建筑、园林建筑的诸

园林与古建筑完美融合（罗布林卡管理处提供）

多建筑特征。它充分吸收外来建筑艺术和技术,尤其是中原内地园林建筑的布局和局部处理方法。

宫殿区中的措吉颇章(湖心宫)由八世达赖喇嘛主持建设,是一座典型的汉藏结合的园林建筑,布局很有特点。平面为一长条形水池,占地4059平方米,在这大池之内,南北分列3个方形小岛,在岛的周围和池岸绕以石栏杆,颇似汉族古典园林中"一池三岛"的布局方式,只不过在此处更整齐化了而已。这正是汉藏两种文化相结合的表现。水池中有湖心宫和西龙王宫,通过跨水石桥既相连两宫,又可从中心岛通达两岸,体现了汉式园林小桥流水的意境。湖心宫南侧一个小岛则孤立于池中,岛上只种一些树林以保存野趣,与颐和园南湖中的皇埠墩类似。

湖心宫的屋顶采用了歇山式,黄琉璃瓦屋面。其建筑细部,如青灰大理石雕刻的栏板、望柱,木雕的门窗槅扇以及彩绘上都使用了汉式风格。湖心宫北面的西龙王宫是汉、藏风格的混合结构,在攒尖屋顶的下部采用了汉式的斗栱结构,屋顶亦飞檐翘角,汉藏建筑艺术在此结合得非常融洽。

十三世达赖喇嘛曾专派工匠去北京学习装修的各式作法与布置方式,罗布林卡园内建筑的桶扇、窗棂的形式及纹饰、雕刻等,基本上采用了内地的处理手法。金色颇章中的图案如八仙过海、福禄寿禧、龙凤花草等,都与内地相同。就连罗布林卡大门口一对可爱的石狮子在造型和雕刻风格上也与内地如出一辙。

**良好的生态环境**

罗布林卡的园林布置继承了西藏造园的传统,注重绿化,园中的绿地覆盖面积占全园总面积的83%,它是西藏园林的典型,具有鲜明的个性和地方色彩。这个特点的形成,是西藏"林卡"演变和发展的结果。

西藏由于高原气候条件限制,海拔5000米以上植物难以存活,这里的城镇海拔一般都在三四千米以上,拉萨市的平均海拔为3650米。对于藏民族来说,营造一个绿色的环境是长期生存的依赖和需求。西藏造园活动以贵族庄园林卡和寺庙林卡最为活跃，在修建住宅和寺庙的同时，辟地造园，植树种花成为一种时尚。

罗布林卡吸取了贵族林卡和寺庙林卡的特点，带有较为浓厚的宗教文化特色。园内不用堆石成山，"地势自有高低"，榆树种植采取"纵横成网"的布局，都是依照佛经中极乐世界的"地面平如手掌""布局呈棋盘方格"模式安排的。

罗布林卡现有各类树种162种，其中有国家级保护树种喜马拉雅巨柏、雪松、大果圆柏、文冠果、热带植物箭竹、合欢、珍稀花种八仙花等，还有200年以上树龄的参天古树。花木可分为观花类、观果类、观叶类。在宫区的东南，有一个动物园，饲养着西藏珍稀野生动物——马熊、梅花鹿、白唇鹿等。多年的大面积造林，形成了良好的小气候区和生态环境，为植物和动物的生长创造了良好的条件。根据测定，罗布林卡气温和空气湿度指数比拉萨市区偏高。这里的空气含氧量高出市区，像一个天然的氧吧。

**巧于借景和对景**

拉萨是世界上海拔最高的城市之一，地处拉萨河中下游的河谷平原上。罗布林卡离拉萨河岸约500米，河的南面是山，高度四千多米，城市的北面也是山脉，挡住了北方的寒流，这里夏无酷暑，冬无严寒，气候宜人，年日照时数3000小时以上，素有"日光城"的美誉。从罗布林卡望出去，远山近水，尽收眼底，园内绿树葱郁，与周围的群山浑成一体。这种借景的手法在内地的江南园林造园中应用广泛，但是像罗布林卡这样成功的实例并不多见。

罗布林卡的正门位于东侧，东西向道路将园林和市区联系起来。从入口向东望去，一座孤山跃然眼底，这就是药王山，海拔为3746米。高出罗布林卡96米（罗布林卡海拔3650米），在空间视觉上巧妙地形成了一个园林对景。山上早先是被称为药王庙的门巴扎仓所在地，药王山由此得名。药王是释迦牟尼佛的一个化身，相传能治百病。过去药王庙集中了一批学识渊博的藏医，大约在17世纪发展为藏医学府，府上的高僧亦为达赖喇嘛的保健医生。据藏文献记载，七世达赖喇嘛因常常患病，而罗布林卡的灌木丛中有一眼清泉，故每年夏天他常到此处沐浴疗疾。药王庙距这里也很近，往来十分方便。药王山与罗布林卡因七世达赖喇嘛的治病而联系起来，罗布林卡也就继布达拉宫后成为西藏宗教、政治、文化的中心。

从罗布林卡的园中向西看去，远处5公里以外的一座山峰造型奇特、颇似黄山，与药王山、园林三点可连成一条线，这是罗布林卡西面的对景，这座山峰形似笔架。每当气候变化，云雾缭绕之时，给园林增添了又一变幻的自然景观。

## 第四节　震撼强烈的装饰艺术

西藏高原因海拔高、空气稀薄，尘埃和水汽含量少，空气的透明度高，辐射较强。这里的天特别蓝，色彩表现随阳光而变化，因此藏族的建筑及艺术品喜欢用一些原色来装饰。建筑上常用镏金的屋顶和装饰构件，在阳光下闪闪发光。檐墙用赭红色的苊玛，大门和柱则用红色，窗套用黑色，窗罩和门罩用白色，彩画用青绿色，大片的墙面用黄色，在蓝天的衬托下这些色彩十分协调，使得建筑充满生机，震撼人心。

**外檐装饰**

罗布林卡的装修标准与布达拉宫相同。因其园林建筑的高度一般为2—3层，体量并不大，为了突出建筑，屋顶的处理尤为讲究。金色颇章、威震三界阁、达旦明久颇章等都采用了镏金重檐，这种镏金的重檐用于西藏宫殿和寺庙最主要殿堂。屋面女儿墙檐口有金光闪闪的金鹿、法轮、灵兽、胜幢、胜幡、金瓦，产生了强烈的艺术效果。女儿墙采用涂成赭红色的苊玛，它是宫殿建筑身份的象征。

门廊是建筑装饰的重点。罗布林卡的门廊取消了鹏、狮等列兽和经文，消除了寺庙的紧张氛围。门廊的梁柱、雀替采用精美的木雕。

外墙的墙体多用花岗岩条石砌筑而成，墙体厚实，从下向上进行收分，建筑外观十分稳重，这也是西藏建筑的特点。

**内部装饰**

罗布林卡的内部装修，受内地的影响很大，槅扇、木窗在图案和制作工艺上，基本采用内地手法。金色颇章以精美的雕刻著称，与布达拉宫白宫东日光殿的雕刻相同，有透雕的特点。

罗布林卡的建筑中，绘有大量的壁画，内容主要是历史、人物和宗教。园林中最早的建筑乌尧颇章面积为179平方米，各个房间均有画师精心绘制的壁画。内观马宫的墙面上数十幅表现马的壁画，形象生动。金色颇章中的颐和园万寿山全景图，达旦明久颇章中的西藏历史和人物传记壁画等都是保存完整的实例。

**细部装饰**

藏式建筑注重细部的装修，在宫门的两侧，各挂虎鞭一条，用虎皮或豹皮缝制。相传由吐蕃时期赤松德赞的先锋勇士执掌，以后演变成达赖或大喇嘛外出时用于驱赶行人，将其悬在门口表示威严。

门廊、窗檐多用墨竹工卡烧制的琉璃装饰。门廊前檐挂以牛毛织造或棉布制成的幔帐，上有盘长百结图案，既可以遮挡阳光，又起到装饰效果。门帘或窗帘则用白布，加以蓝色边框，悬挂在门外或固定在窗外。

（本章节由罗布林卡管理处宣传接待科科长普智同志撰文）

罗布林卡东大门（罗布林卡管理处提供）

# 第二章
# 罗布林卡维修工程技术总结

## 第一节 总论

### 一、罗布林卡所处的自然地理

罗布林卡位于拉萨市布达拉宫以西罗布林卡路21号。拉萨市地面高程约3630—3670米，地理位置东经89°48′～92°10′，北纬29°14′～31°05′，平均海拔3658米，总面积3万多平方公里，大气含氧量65%—78%，年日照时间3005.7小时。拉萨地处雅鲁藏布江东西向构造中部地带，第四纪以来，拉萨河断块在随青藏高原整体上升的同时，存在明显沉降运动，河谷平原最低海拔3630米。拉萨市断块在新构造运动过程中处于间歇性均匀沉降，无明显掀升性。拉萨市地处冈底斯山—念青唐古拉山当雄至尼木地震带，浅源地震活动较频繁。历史上拉萨市区无地震震中记录，但受附近及邻区地震活动影响明显。根据地震区划分资料，拉萨市应为地震8度设防。拉萨市属内陆高原温带半干旱气候，日照充足，空气干燥，昼夜温差大。近年年平均气温7.5°C，最高气温27°C，最低气温-15°C。近年年平均降水量444.8毫米，年平均蒸发量2283.5毫米。全年主导风向东偏南，最大风速16—17米/秒，极端风速32.3米/秒。

### 二、罗布林卡现状与主要险情

**园林建筑现状**

罗布林卡是一座融合了汉、藏建筑风格，集宫殿、园林、寺庙建筑于一体的高原大型园林式古建筑群。单体建筑平面大多呈矩形或方形，建筑层数大多在1—2层，格桑颇章（贤劫宫）、金色颇章（宠幸宫）两处宫殿均为3层，楼层平均高度约为2.9米左右。部分宫殿建筑基座部位修建了高1.4—2米的暗层（相当于地垄或基础），地面铺设阿嘎土、木地板或石质材料。墙体多为石墙（料石或毛石、片石），承重墙厚度大约在800毫米左右，有的达到1200毫米。木构架由木柱、上置大小雀替、梁、椽等组成。屋面、楼面由密椽、望板（栈棍）和卵石层、黄泥层、阿嘎土面层构成，厚度约300毫米左右。建筑外形均为厚墙、有明显收分，屋面为平（坡）顶，结构形式为承重墙和梁、柱构架共同承受荷载的混合结构。

罗布林卡从始建至今，有近300年的历史。由于建筑自身材料缺陷以及自然环境（频发的灾害性天气、地震、强烈的日照、季风和温差等）、地面潮湿、虫害等原因，给园林建筑带来了诸多的隐患。如：部分建筑基础下沉，墙体裂缝、坍塌，地面大部分出现开裂、剥蚀，屋面大面积漏雨，梁枋弯曲下垂，木结构因褐腐及虫蛀糟朽失去承重作用，壁画严重起甲、脱落、酥碱，公用配套设施老化、落后、缺失等，已对建筑物和珍贵文物的安全构成严重威胁。

**主要险情和问题**

1. 建筑物（含构筑物）

罗布林卡区域内无顺畅的排水系统。因水渠、水池渗水严重和地下水的作用，相当一部分建筑的地基出现松软、变形、下沉的现象，尤以湖心宫区最为严重。

由于受到地基变形影响，大多数台基出现不均匀沉降，且台基地面普遍开裂、变形。部分台基砌体不够牢固，地垄墙随意垒砌，出现侧向坍塌。地垄通风不畅和除湿不力，内部木结构虫蛀、霉变严重，大部分腐朽、断裂、粉化。一些承重部位缺乏地垄墙支承，导致墙体下沉，上部结构失去稳定，给建筑结构安全造成极大威胁。

台基及月台地面多为条石或一些不规则片石铺筑，部分建筑的散水为河卵石铺筑。受地基松软变形影响，这些地面大部分出现下沉，凹凸不平及局部存在断裂、佚失等症状。

阿嘎土因材质过脆、强度不足、抗水性能差、抗风化能力弱等，致使地面基层普遍变形，出现不同程度的开裂、剥蚀和酥碱现象。尤其是屋面因排水不畅、杂草丛生、长年失修，阿嘎土面层开裂更为严重，多处漏雨，加剧了室内木架构的腐化和虫蛀，壁画脱落、冲刷、变色等病害的发生。

木质地板因受潮湿、虫蛀等影响，部分已腐蚀、佚失；更有一些地板因下部结构变形而导致局部塌陷。

个别墙体因下部无支承，构造不合理，大梁与墙交接处梁头没有枕木，直接压在了墙头之上，导致部分墙体因过于集中受力出现了开裂、下沉、臌闪等现象，裂缝大多在8—30毫米。因砌筑咬合部位缺乏拉接，稍遇外力极易出现裂缝，尤以纵横墙交接处裂缝居多。

此外，墙体粘合材料多为黏土，因其强度低、易流失，施工时厚薄不均匀，加之因长期受潮引起酥碱和风化等而出现的墙体空洞、墙皮空鼓、地杖脱落等问题比较普遍。

笆玛墙（女儿墙）为柔性材料，由于墙体下沉的连锁反应而变形，导致倾斜、歪闪、起鼓，因长期风吹日晒存在风化、腐蚀和脱落。

在许多建筑中的柱基、柱身普遍出现劈裂、下沉及倾斜现象。其主

维修中的原噶厦办公区一带古建筑（三大工程办提供）

要原因一是传统施工中不重视柱础石的作用，造成单位面积压力过大；二是材料缺陷所致，一根柱子由多块木料拼合、墩接；三是施工草率和随意，一些柱子上下层存在错位。另外，由于长期潮湿、通风不畅、虫蛀霉变造成糟朽，特别是柱脚部位更为明显。

梁枋普遍出现劈裂和倾斜、扭闪的主要原因：一是材质较差，多为杨木（藏青杨）；二是梁头交接处榫柳拉接力度不够，部分为直榫，普遍出现拔榫，有的甚至无榫。另外，一些梁枋上部荷载过重、构件截面小而跨度过大，出现了严重的弯垂现象。尤为严重的是祝寿殿后殿地梁，其内部虫蛀非常严重，一旦该梁丧失承载能力，必然导致上部殿身前倾坍塌。

由于屋面渗漏和雨水长期侵蚀，致使木椽及望板普遍糟朽，甚至一些建筑的屋顶已经垮塌。并且约有80%的檐椽由于承受暴晒风蚀出现严重的劈裂现象。另外，因为虫蛀、霉变和一些椽子在与墙或梁的搭接长度不够以及因椽子直径小或跨度大，致使局部屋面塌陷或中部弯垂、断裂。

装饰装修多因构架的变形而出现不同程度的损坏，一些门窗的构件佚失或被拆作它用；有些因直接承受过重荷载，使木过梁劈裂；部分门窗的形式被改造、替换。

建筑物中病害较严重的是屋面漏雨。园林中所有建筑屋面的阿嘎土均出现不同程度的剥蚀、酥碱、开裂、漏雨现象。这是因为屋面排水坡度无序、方向过于集中，以及后期维护增加的阿嘎土夯筑凹凸不平、厚薄不均所造成的。

2. 公用设施

2.1 给排水系统

罗布林卡没有建立整体成体系的给排水系统。给水系统的管网布置不合理且设备老化严重；排水系统的雨水、污水无组织混排；园林内所有厕所均为旱厕，异味熏天、污染严重。

2.2 供电（电气照明）系统

供电系统由拉萨供电局引来一路架空电缆，距罗布林卡约7公里。配电室现有变压器2台，低压柜5台。供电线路、设备老化严重，电缆均为架空，且被树木缠绕，如同"蜘蛛网"，又无防雷设施，火灾隐患巨大。

2.3 火灾报警及消防通道

火灾报警系统处于空白状态。园林内无满足消防规范的环形消防车道，且道路狭窄、断路较多。消防管线不完善，水源不充足，不能满足灭火时水量和水压需要，消防隐患严重。

2.4 监控系统

现有监控系统控制范围覆盖面小、盲点多，设备老化、落后。目前安装的主机容量小，监控探头仅有26个，大部分文物建筑及园林区处于无监控的盲点状态，满足不了对外开放的需要。从保护文物及珍贵艺术品安全的角度出发，需要大力增强安保监控系统。

3. 环境问题

3.1 虫害

园林内有35万株名贵植物，病虫害导致植物枯死现象十分严重，破坏了园林内的环境，是罗布林卡建筑木架构虫害之重要根源。

3.2 道路

园内道路系统破坏比较严重，原有石板道路系统仅存格桑颇章东部、新宫外西侧部分，其余均被后人改造或废弃。更多的原有道路杂草丛生，受损严重。

3.3 环境

罗布林卡原是绿树成荫，鸟语花香，建筑与环境融为一体的高原明珠。而现存环境令人担忧，由于缺乏统一规划，违章建筑及占用文物建筑辟为办公、居住、杂物储存使用现象较多，使整体环境受到影响，亟待治理。

4. 壁画

由于屋面普遍漏雨和墙体开裂、变形，致使壁画地仗脱落、空鼓、开裂，画面起甲、脱色相当严重，部分存在烟熏、油污，保护修复工作极为迫切。

起甲严重的壁画（三大工程办提供）

**总体评价**

通过勘察、观测及调查访问，罗布林卡受历史和人为原因，及当时材料、建筑水平的限制和施工质量的影响，以及历经百年风雨侵蚀，年久失修，出现了一系列险情和隐患。园林建筑病虫害十分严重，特别是地基、台基和地垄，因木构架虫害、腐朽、变形较普遍，加之屋顶漏雨严重，致使建筑物局部坍塌、墙体下沉、部分结构失去稳定性，个别殿身前倾坍垮的现象也有可能出现。此外，树木虫害枯死，倾倒压塌建筑屋顶的现象也曾发生，由于个别树木距离建筑（构筑物）较近，随着根系的发达，对建筑（构筑物）地基的冲击非常大。鉴于罗布林卡存在的险情，应采取全面的、有针对性的、有计划、有步骤的维修加固。

### 三、实施罗布林卡维修工程的重大意义

藏族作为中华民族大家庭中的一员，在与各民族之间不断交往、交流、交融的历史进程中，吸收、借鉴其他民族的文化营养，创造性地继承和发展了具有底蕴深厚、丰富多彩、地域特色鲜明的传统文化。并不断把丰富的文化内涵和独特的审美特征展示在了高超的建筑艺术和绘画、雕塑、文学、音乐、舞蹈、戏剧、藏医藏药、天文历算等多元优秀传统文化当中，无不令人叹为观止。

党和政府历来高度重视对文化和自然遗产的保护工作。积极支持和参与联合国教科文组织和世界遗产委员会关于保护世界文化与自然遗产的倡议和活动。自1985年11月22日，第六届全国人民代表大会第十三次会议审议批准加入《世界遗产公约》以来，我国成为了第89个缔约国。为全面履行缔约国义务，保存中国文物中有意义的历史信息以及文化、科学和情感价值，采取了一系列行之有效的遗产保护和合理利用工作。

罗布林卡作为"世界遗产名录——布达拉宫历史建筑群"的扩展项目，保存了大量的中华文化瑰宝，保护好罗布林卡无疑对维护民族团结，弘扬中华优秀传统文化，促进西藏文化旅游产业高质量发展，具有重要的现实和历史意义。通过实施保护维修工程等必要手段，绝对保持罗布林卡的真实性和完整性，保护其历史环境和文化脉络是履行《世界遗产公约》缔约国义务的迫切需要和所做努力的重要体现。

### 四、实施罗布林卡维修工程的必要性

罗布林卡由于自身建筑材料存在的缺陷和不断改变的自然环境等导致多处建筑出现基础下沉，墙体开裂、塌陷、歪闪等险情。因基础下沉应力所致多处地面、屋面出现裂缝，部分承重梁枋弯曲下陷，结构出现了重大险情。特别是阿嘎土屋面漏雨较为严重，造成部分建筑的墙体开裂、壁画空臌脱色。另外，木结构因褐腐、虫蛀、糟朽、断裂等病害，失去了承载能力。这些严重的安全隐患如不及时加以排除，不仅对建筑安全存在巨大威胁，而且有可能对珍贵文物带来难以估量的损害。因此，尽快对罗布林卡进行维修抢救，保护好珍贵文化遗存已迫在眉睫，十分必要。

**五、实施罗布林卡维修工程决策的形成**

对于罗布林卡来讲，基础的稳定性和屋面的防渗漏、地面的防水处理、虫害的治理以及用电安全的可靠性是决定能否确保文物安全的关键。2000年8月，时任中共中央政治局常委、国务院副总理李岚清同志视察西藏工作并考察布达拉宫时，要求中央有关部门和西藏自治区要尽快启动布达拉宫、罗布林卡、萨迦寺维修项目前期工作，强调保护好我国重要的文物古迹是历史赋予我们的使命。2001年年初，西藏三大重点文物保护维修工程领导小组办公室（以下简称："三大工程办"）先后邀请河南古建保护研究所、中国林科院、敦煌研究院等国内多个科研院校专家学者，组成多学科专家组对罗布林卡的环境、园林、古建筑、木结构、壁画、公用设施等进行了初步勘察诊断，对局部或整体结构受力分析和应力影响做出了预测，提出了对罗布林卡实施有针对性的加固维修是可行的论断。

为了推进罗布林卡维修工程尽快上马，根据中央领导同志的指示精神，国家计委（国家发改委）、财政部和国家文物局会同西藏自治区计委（区发改委）、自治区文物局及项目法人单位"三大工程办"开展了罗布林卡保护维修工程的各项前期工作。

2001年元月初，国家文物局在北京主持召开布达拉宫、罗布林卡、萨迦寺维修方案论证会，听取了"三大工程办"的汇报，邀请罗哲文、余鸣谦、杜仙洲、王丹华等多位国内权威专家进行为期三天的论证，会议认为，维修方案总体是可行的、技术措施是可靠的，同意批准这个方案，并在具体实施过程中加以认真贯彻落实。

2001年6月，中共中央、国务院在京召开了中央第四次西藏工作座谈会，确立了新世纪初西藏工作的指导思想，明确要紧紧抓住发展经济和稳定局势两件大事，确保西藏经济要从加快发展到跨越式发展，社会局势实现长治久安。这次会议根据国家计委、国家文物局的建议，将布达拉宫、罗布林卡、萨迦寺西藏三大重点文物保护维修工程作为国家重点文化援藏项目给予支持。2002年6月14日，朱镕基总理主持国务院第131次总理办公会，正式批准了布达拉宫、罗布林卡、萨迦寺西藏三大重点文物保护维修工程可行性研究报告，决定由国家计委牵头，西藏自治区组织实施，国家文物局技术指导的运作机制。同意安排三大工程概算投资3.333亿元，其中，国家计委（国家发改委）安排15463万元，财政部安排17867万元。在总投资3.333亿元中，罗布林卡维修工程概算投资6740万元，占三大工程总投资的20.22%。2008年，根据"三大工程办"的请示，国家发改委正式核定了三大工程投资概算由原来的3.333亿元调整为3.8059亿元，增加投资4729万元（其中，国家计委追加投资3733万元，财政部追加投资996万元）。核定后的罗布林卡维修工程投资概算达到8086万元。2015年11月，西藏自治区根据三大文物工程投资超概算的实际情况，经自治区审计厅审计，本级财政下达三大文物工程缺口资金指标1500万元，布达拉宫门票收入中调剂500万元。截至工程竣工，三大文物实际总投资达到4亿零59万元，其中：罗布林卡维修工程实际总投资达到8532万元，超投资概算446万元。

为确保西藏三大重点文物保护维修工程的有效实施和科学管理，自治区政府决定将本工程纳入到西藏自治区"十·五"期间117项目之中，予以重点支持。国家文物局将本工程列为全国"六大文物保护工程"中的"三大文物保护工程"给予指导和督办。

# 第二节　罗布林卡维修工程总体方案

## 一、项目概况

**项目名称**

西藏三大重点文物保护维修工程之罗布林卡保护维修工程

**项目法人单位**

西藏三大重点文物保护维修工程领导小组办公室

**法人代表**

李国勇　西藏自治区计划经济委员会（区发改委）党组副书记、主任，西藏三大重点文物保护维修工程领导小组办公室主任（任职时间：2002年6月—2003年12月）

甲热·洛桑丹增　西藏自治区人民政府副主席、西藏三大重点文物保护维修工程领导小组副组长、西藏三大重点文物保护维修工程领导小组办公室主任（任职时间：2004年1月—2012年9月）

**现场管理机构**

罗布林卡保护维修工程指挥部

**指挥长**

尼玛　罗布林卡管理处党支部书记、处长（先）

马宜刚　罗布林卡管理处党支部书记、处长（中）

尼玛旦增　罗布林卡管理处处长（后）

**项目建设地址**

西藏自治区拉萨市罗布林卡路21号

**项目建设内容**

对罗布林卡文物建筑中存在的严重险情和明显隐患进行抢险、加固和维修；对破损及虫蛀腐朽的建筑结构进行维修治理并将保护区内的违章建筑及人为占用建筑物拆除或搬迁；改造提升给排水、供电系统、安保监控系统和火灾报警系统、防雷接地等项目。

**罗布林卡主要数据及指标表**

| 序号 | 项目 | 单位 | 数据及指标 | 备注 |
|---|---|---|---|---|
| 1 | 占地总面积 | m² | 420000 | |
| 2 | 总建筑面积 | m² | | 约374间房 |
| 3 | 总投资 | 万元 | 8532 | |

## 二、维修工程的基本原则

**坚持保持原状的原则，有效保存历史真实信息**

罗布林卡保护维修工程要严格依照《中华人民共和国文物保护法》和《世界遗产公约》等法律法规，以保持建筑原貌为基础，做到修旧如旧。确保最少扰动和科学排除险情隐患，确保自身的真实性和完整性不被破坏。

**统筹近期与远期目标并举**

真实、完整地保护好罗布林卡园林建筑风貌和文物，是历史赋予我们的职责。本着保护为主、抢救第一，消除重大隐患的指导思想，以建筑物抢险维修和减除病虫害对建筑物造成的侵害为主，改善和提升公用辅助设施设备为辅，兼顾周边环境治理，拆除保护区内外违章建筑，使整体景观有较大改善。同时，编制中长期保护规划，为确定并实现远期目标提供指导和科学依据。

**坚持传统工艺与新材料、新技术的有机结合**

根据我国《文物保护准则》和《文物保护工程管理办法》等法则，按照"尊重传统、尊重科学"的基本要求，古建筑加固维修要尽可能多地采用传统材料和营造工艺。但多数传统材料、做法不但工艺复杂，而且周期长、投入大，在可靠性、耐久性方面也存在一些问题。因此，在坚持"原真性"原则的基础上，采用国际上通行的新技术、新工艺、新做法，探索在自身存在缺陷的原材料中适当添加现代新材料，增加修复的科技含量，以确保维修后的可靠性和保持成果的持久性。在取得试验成功的基础上，利用现代技术手段保护修复壁画，采用低压灌浆施工工艺做好建筑结构加固，以避免结构补强时出现大拆大卸，确保最少扰动。用毒性小、无公害的防虫防腐药剂对新旧木构件全面进行防虫防腐处理，增加木材使用寿命。

### 三、维修工程的范围与规模

为了清楚地反映维修工程的范围和规模，我们将工程划分成以下几个部分。

第一部分：文物本体建筑（宫区）维修

第二部分：附属古建筑维修

第三部分：新改建公用设施

第四部分：壁画保护修复工程

**文物本体建筑维修范围与规模**

1. 格桑颇章（贤劫宫）区域：维修格桑颇章（贤劫宫）、乌尧颇章（凉亭宫）、康松司伦（威震三界阁）、曲惹（辩经台）、恰毕康（习经室）、南北仓库及门廊、东西廊房及门廊、南北住房、兽房。

2. 措吉颇章（湖心宫）区域：维修措吉颇章（湖心宫）、鲁康夏（东龙王宫）、鲁康努（西龙王宫）、甲索康（汉物库）、其布热囊玛（内观马宫及马厩）、狮子笼、准增颇章（持舟宫）。

3. 金色颇章（宠幸宫）区域：维修吉美曲溪（不灭妙旋宫）及其附属建筑、格桑德吉（贤劫福旋宫）及其招待所、大净厨房、乌丝康（凉亭）、两座下马台、戏台、大门。

4. 达旦明久颇章（永恒不变宫或新宫）区域：维修新宫主体、水塔基座、花房、大门等。

**附属古建筑维修范围与规模**

1. 原噶厦办公区域：维修原噶厦政府东办公区、西办公区、东生活区、西生活和夏布典拉康（祝寿殿）。

2. 外围区域：维修其布热其玛（外观马宫及马厩）、牛羊圈及其大门，金色颇章北仓库、外围围墙、东大门、东二门、北大门、南大门、西大门等。

3. 道路改造：园内道路整治、改造、修补断头路。

4. 内围墙：维修园内黄墙，开通湖心宫区两处消防大门。

5. 环境整治和搬迁：灌溉设施的维修及防渗处理、防病虫害治理、园林内恢复绿化、搬迁园内职工住房。

**新改建公用设施范围与规模**

1. 给排水系统：重建罗布林卡完善的给排水体系，上下水管道与市政管网连接，改善供水不足和无组织排水、灌溉现状。

2. 电气照明系统：扩容高低压变电器，更换高压开关柜，增设低压配电柜，清理空中架设电缆全部改为埋地敷设，更换殿内老旧电线，补充电线穿管，增加空气开关柜，增设路灯设施和技防控制室接地避雷，保证技防系统的可靠运行和照明系统的安全使用。

3. 消防系统：增设消火栓数量和延长管线，完善主体建筑消防供水体系合理化，提供科学、合理、有效的灭火水源；增加宫内各主要部位便携式灭火器数量，设置灭火器存储箱；增设火灾自动报警系统探头和主机，消除主要部位出现的盲点，提升火灾报警系统设备的可靠性和有效性。

4. 安保监控系统：安保监控要确保点、线、面全方位结合，消除死角。

5. 新改建项目：新建管理处办公用房和院内硬化，新建商务服务用房和改建现代冲水公共厕所。

**壁画保护修复**

壁画保护修复坚持抢救第一、量力而行的原则，在充分研究和获取实验数据成果评估有效的基础上，制定维修、保护计划，确保壁画能够完整地得以长期保留。

**罗布林卡维修工程规模一览表**

| 序号 | 项目名称 | 维修工程 | 结构加固 | 搬迁工程 | 新、改建面积 |
|---|---|---|---|---|---|
| 一 | 建筑工程 | 10141 ㎡ | 500 ㎡ | 5000 ㎡ | 2200 ㎡ |
| 二 | 公用配套设施 | | | | 给排水、电气照明、监控、火灾报警、消防设施等 |

续表

| 序号 | 项目名称 | 维修工程 | 结构加固 | 搬迁工程 | 新、改建面积 |
|---|---|---|---|---|---|
| 三 | 环境治理 | | | | 道路、路灯、绿化、公共厕所和拆除违章建筑、虫害治理等 |
| 四 | 壁画保护修复 | 600 m²控制数 | | | |

## 四、维修工程分项技术要点

### 文物本体建筑维修工程技术方案

本体古建筑维修是罗布林卡维修工程的重点，其实施要点是：在维修工程中必须尽可能多地利用传统施工工艺和原有建筑材料，要维护文物古建筑的原状，但也要结合使用成熟的新技术、新材料，使其得到更为有效的保护。

重点维修项目的安排，首先要考虑残损量大，结构出现严重问题的建筑，必须靠前安排抢险加固或落架大修。其余的建筑重点做好结构加固补强，局部拆砌、抽砌或补砌，基础增设障根；更换、修补虫蛀、腐蚀、劈裂、折断、扭曲变形的木架构；重打屋面、楼面、地面阿嘎土，修缮筱玛墙等项目。具体现状与维修方案简述如下：

#### 1. 格桑颇章（贤劫宫）区域

格桑颇章宫区位于罗布林卡东南部，包括十八世纪初修建的罗布林卡最早建筑"乌尧颇章"（凉亭宫），以及格桑颇章（贤劫宫）、康松司伦（威震三界阁或观戏台）、辩经台、习经室、兽房等不同形制、不同功能的建筑和外围四周用块石筑的黄色围墙。格桑颇章宫区曾是七世达赖喇嘛处理政教事务、消夏避暑的驻锡地。

我们可以把该宫区大致分为三个部分：一是南区，以格桑颇章为主体的宫殿建筑，植被较少，建筑体量较大，外观庄严肃穆；二是西北区，以乌尧颇章为主，包括习经室等规模较小的休憩之处，院内树木品种繁多，绿草成荫，小径通幽，苹果、杏、核桃、梨等各种果实挂满枝头，辩经台、兽房等掩映在绿荫之中；三是东区，以康松司伦为主体建筑，外有平坦的戏台，建筑金碧辉煌、形制独特且左右对称。

#### 1.1 格桑颇章

格桑颇章是罗布林卡格桑颇章宫区的主体建筑，为三层藏式平顶建筑，形制如同藏式传统"扎仓"建筑式样，坐北朝南，建筑平面呈"凸"形，总面积645平方米。布局从南到北依次为：主大门、庭院、前廊、大殿、二层露台和两层后殿。前廊和大殿同属第一层。前廊为半开放式平顶建筑，大殿面阔七间，进深八间，面积277平方米。大殿内厅北面作了抬升处理，形成一处高于地面约0.8米的独立平台，上置七世达赖喇嘛法台宝座和背景佛龛，左右两侧设置出入门，层高低于主殿。大殿中空辟有高1.5米，宽3.5米，长12.5米的长方形天井设玻璃气窗，高于主殿屋面，四周挂满唐卡（俗称唐廊尔）。西南侧设木梯可登至二、三层。二层南面露台为走廊和晒台，二层北面的后殿内设有罗汉殿、护法殿、经书阅览室。三层设有公文批阅室、档案室、休息室和召见厅，陈设考究、内饰精美、绘满壁画。二、三层后殿面阔、进深基本相等，占地约为一层面积的1/4左右。整体建筑屋面和一层室内地面均用阿嘎土夯筑，两层后殿以木地板居多。庭院主道硬化采用花岗岩条石铺筑，周边用不规则青石板铺筑。建筑结构采用墙柱梁混合承重，墙体均为石砌体。主体建筑女儿墙砌筑双层筱玛墙，面饰铜鎏金饰品；屋面正立面中央设置铜鎏金法号架，女儿墙压顶处安装有左右对称的铜鎏金胜利幢、牦纛各两幢，北立面屋顶筑高台上置大号铜鎏金屋脊宝瓶，非常壮观。

##### 1.1.1 主要险情（2002年5月前）

台基地面凹凸不平，多处有裂缝、下沉；地垄木构架70%糟朽、虫蛀；主体三层建筑的墙体均有不同程度的裂缝，局部有空鼓；内廊墙皮酥碱、脱落；部分门缝歪闪，门板闭合不严；二、三层落地大窗木过梁中部下沉弯曲，最大挠度达40毫米；一层木柱70%劈裂，东南角20%柱头、雀替虫蛀，二层个别木柱下沉90毫米，柱头向南歪闪60毫米，三层明间西缝南木柱下沉80毫米，其他木柱多虫蛀严重；一层大梁25%拔榫2—

左图　即将完成维修的格桑颇章北立面（三大工程办提供）

右图　维修后的格桑颇章屋面阿嘎土（三大工程办提供）

4毫米，整体歪闪、扭曲变形60—80毫米，二层东房向北歪闪20度，三层梁架之间拔榫5—10毫米，造成多处墙体出现裂缝；多处木椽虫眼密布，特别是一层主殿木椽30%虫蛀，椽芯呈粉末状，35%糟朽十分严重，望板60%糟朽；三层椽子木30%糟朽，望板50%糟朽；屋面阿嘎土多处存在酥碱、开裂、漏雨，北侧落水口处有顺墙渗水现象。主入口大门整体向北倾斜100毫米，木架构虫蛀糟朽较多。

### 1.2 乌尧颇章（凉亭宫）

乌尧颇章是罗布林卡最早的建筑，位于格桑颇章西院，为一层平顶式藏式建筑，坐北朝南，平面呈长方形，建筑面积202.4平方米。为防潮，基础筑有高1.6米左右的地垄（暗层），四周开有7个对流通风窗，其上建有宫室。东侧设踏步登至室内，室内地面为木地板，梁、柱、门扇、隔断等木件用浮（平）雕技法作装饰，材质多为杨木，图案设计精美，彩绘浓浓重彩。殿内墙壁还绘满了"瑜伽"图谱等十分精美的壁画。屋面、女儿墙压顶夯筑阿嘎土。紧挨宫殿西侧的耳房辟为专用卫生间。

#### 1.2.1 主要险情（2002年5月前）

台基地垄、地面现为素土，存在松软问题；二层阿嘎土地面夯筑在栈棍上，缺乏卵石层、黄泥层过渡，导致局部有裂缝；后檐墙中上部存

维修后的乌尧颇章正立面（三大工程办提供）

在开裂，下部酥碱14.2平方米；二层墙体有多处裂缝，影响壁画安全；明、次间窗为后换，地垄门过梁被虫蛀；北侧椽子因漏雨糟朽5根，望板约60%糟朽，四檐椽子70%糟朽；地垄东侧栈棍40%虫蛀；屋顶落水口处渗水，出水口与落水管有错位，雨水冲刷墙体；殿前花坛（长条）陡板石向北倾斜9—10毫米，上部条石移位10—80毫米；殿东花坛（方形）阶条石移位40毫米，陡板石拔榫40毫米（均属古槐树根系撑裂所致）。

#### 1.2.2 维修方案

更换地垄糟朽木构架；修补地垄，剔补墙体酥碱部分；拆除、更换后加门窗，更换虫蛀、糟朽严重的木过梁、椽子木，轻度糟朽构件用砷铬合剂浸泡加固后继续使用；屋顶采取防水防渗措施，重新安装雨水管，重新夯打阿嘎土；修正花坛阶条石、陡板石。对更换和继续使用的新旧木构件全部须做防虫防腐处理。

### 1.3 康松司伦（威镇三界阁）

康松司伦又称观戏台，属上世纪二十年代增建，位于格桑颇章约70

**维修后的康松司伦（三大工程办提供）**

**维修前的康松司伦金属重檐变形严重（三大工程办提供）**

米开外东北侧，为重檐平顶二层藏式建筑，坐西朝东，建筑面积761平方米，平面呈长方形，结构采用墙柱混合承重。其东面是宽阔平坦的戏台，南北两侧连接格桑颇章宫区院墙（黄墙）。一层东面门厅面阔三间，中间设双扇正门，两侧各有一处偏门。二层宫室面阔三间，两侧各有一偏房，东西南三面均为落地玻璃窗，窗扇可拆卸，视野开阔，适宜观戏。门房南北依院墙均建平顶墙廊，亦可观戏使用。康松司伦虽为藏式平顶建筑，但落地开窗檐口安制斗拱并组装铜鎏金飞檐翘角，充分体现了汉藏建筑风格的巧妙结合。

#### 1.3.1 主要险情（2002年5月前）

南侧台基明阶条石下沉40毫米，陡板石现用水泥封堵，阿嘎土地面斑剥；二层楼板佚失15%，断裂10%；北廊墙体两处空鼓面积1.72平方米，东北角墙体通裂，裂缝宽度30毫米，南廊南墙全部空鼓，东北角上部因漏雨酥碱1.44平方米；二层墙体有开裂、空鼓、脱落现象；二层南间大门抱框根部劈裂糟朽，二层门均没有木过梁，上层构件下压，门框变形；一层90%木柱劈裂，65%柱根墩接，15%木梁劈裂歪闪；二层木柱虫蛀10%，劈裂80%，南前檐木梁弯曲。一层南廊木椽30%受潮变形，栈木10%佚失，20%糟朽，40%移位；内廊木椽20%弯曲变形，栈木10%佚失，90%受潮霉变，30%移位；二层木椽糟朽65%，望板糟朽95%，木椽均霉变；南廊屋面阿嘎土70%风化裂缝渗水，中部下沉，形成凹地，排水不畅；二层屋顶漏雨，排水走向不合理，积水严重。

1.3.2 维修方案

加固基础，校正歪闪变形台基，拆除后加水泥，修补破损地面；剔补酥碱部分，清理空鼓脱落部分的墙体后重新粉饰；更换糟朽木构架，增设木过梁；更换劈裂、糟朽严重的柱子，其余的加固；嵌补梁的裂缝，下部增设拉结构件；更换糟朽严重椽子，轻度糟朽构件用砷铬合剂浸泡加固后继续使用；重筑漏雨严重的屋顶阿嘎土。对更换和继续使用的新旧木构件全部须做防虫防腐处理。

1.4 曲惹（辩经台）

曲惹是达赖喇嘛讲经说法，殿试高僧获取格西学位的地方。建筑位于康松司伦以西、格桑颇章以北约50米处，为藏式单层平顶建筑，平面呈长方形，面阔三间（8.75米），进深三间（10.32米），分别为前廊、正室、后房，依西墙建有一小耳房（3.48米×3.45米），总建筑面积118.05平方米。为石木建筑，结构采用墙柱混合承重。为了防潮，前廊、正室基础筑有地垄（暗层），高出室外地面0.72米，东、西两侧留有对流通风口。前廊和后房地面用阿嘎土夯筑而成。正室地面铺装核桃木质地板，朝阳面做可拆卸的落地窗扇，东、西、北三面墙体无窗，室内墙壁绘满壁画，梁、柱等木件用浮（平）雕技艺装饰，材质均为杨木。正室外墙东西两侧和背面用镏玛砌筑女儿墙，面饰铜鎏金饰品。后房外墙三面女儿墙为石砌体，无镏玛墙。整体屋面夯筑阿嘎土，屋顶设铜鎏金屋脊宝瓶。建筑南面空地上细砂铺就，设有辩经场。

1.4.1 主要险情（2002年5月前）

台基前部陡板石用水泥封堵；室内木地板佚失5平方米，另有20%拔榫、变形；西后门踏步石移位100毫米，四周散水残损严重；室外东墙中部向东空鼓100毫米；室内三面墙体有10多处裂缝；后墙空鼓面积4.5平方米，局部墙皮脱落；壁画起甲、酥碱、空鼓、脱落等病害非常严重；窗扇多为后期补配，粗糙、档次低；两个木柱均为墩接；望板及椽子木85%已糟朽；西耳房西侧墙角破损，西边两个柱子糟朽、劈裂；屋顶宝刹向北倾斜100毫米；辩经场地面铺筑的路牙石仅剩三分之一。

维修前的辩经台窗扇残损情况（三大工程办提供）

1.4.2 维修方案

拆除台基后加水泥，恢复原有阿嘎土地面；补配室内佚失木地板；校正西后门踏步石移位，重做四周散水；剔除室外东墙中部和后墙空鼓部位，重新抹灰；室内三面墙体裂缝做好裂缝补隙；处理壁画病害；更换糟朽望板及椽子木；修补西耳房西侧墙角破损部位，更换西边糟朽、

维修后的辩经台（三大工程办提供）

维修前的习经室正立面（三大工程办提供）

维修后的习经室（三大工程办提供）

劈裂的两个柱子；校正屋顶宝刹；补配辩经场地面铺筑的路牙石。对更换和继续使用的新旧木构件全部须做防虫防腐处理。

1.5 恰毕康（习经室）

恰毕康是达赖喇嘛阅览与研习经书之地。位于格桑颇章西北约20米处，依西宫墙修建，为藏式单层平顶建筑，平面呈长方形，面阔三间（9.84米），进深一间（6.41米），布局依次为前廊、正室、东耳房（3.26米×3.3米），总建筑面积84.75平方米，为石木混合结构建筑。为了防潮，前廊、正室基础筑有地垄（暗层），高出室外地面0.64米。前廊设四根木柱，屋面密排椽子木，台面用汉白玉石栏杆包围，正室朝阳面做落地窗扇，室内无柱子，依靠横梁和墙体承重，整体地面以阿嘎土夯筑而成。外墙均为石砌体，内墙绘制精美壁画。屋面为阿嘎土夯筑。

### 1.5.1 主要险情（2002年5月前）

暗层栈棍糟朽，地面下沉，凹凸不平，多处有裂缝，虽后人用水泥修补，但仍有裂缝；室内东墙上部开裂，抹灰空鼓，西墙上部有2道裂缝存在漏雨，墙体酥碱脱落面积达1.6平方米；门窗形式全部被改变；4根木柱全部墩接，柱根、柱身有不同程度的劈裂、糟朽；35%的椽子木和50%的望板有糟朽；暗层栈棍80%已糟朽；屋面阿嘎土开裂、酥碱、剥蚀，漏雨严重；东侧花坛栏板拔榫，向南倾斜80毫米。

### 1.5.2 维修方案

更换暗层糟朽栈棍；拆除水泥地面，重新平整地面，恢复原有阿嘎土地面；补砌开裂墙体，重做抹灰；更换糟朽的椽子木和望板，壁画彩绘；屋面重打阿嘎土；加固花坛拔榫栏板。对更换和继续使用的新旧木构件全部须做防虫防腐处理。

### 1.6 格桑颇章宫区仓库、门房、住房、兽房

仓库位于格桑颇章东北约30米处，依东墙而建。其北部与康松司伦南廊相连，为简单的藏式一层平顶房，包括南、北仓库，南、北住房及门廊，建筑面积220平方米。结构以柱、梁、墙体混合承重。楼面铺设椽子木、栈棍或望板、卵石层、黄泥层，屋面夯筑阿嘎土。

西院门房位于格桑颇章西北区，依宫墙（黄墙）而建。为简单的藏式一层平顶房，建筑面积38.08平方米。结构以柱、梁、墙体混合承重。楼面铺设椽子木、栈棍或望板、卵石层、黄泥层，屋面夯筑阿嘎土。

兽房位于格桑颇章西区西北角，依北宫墙（黄墙）而建，原是饲养动物的笼舍。兽房建筑面积约82.09平方米。结构以墙柱体承重，楼面依次铺设自然材椽子木、栈棍和卵石层、黄泥层、阿嘎土层。

### 1.6.1 南仓库

#### 1.6.1.1 主要险情（2002年5月前）

台基及地面现为水泥地面；墙皮脱落较多；东北角霉变糟朽的椽子木用木架临时支撑；屋顶多处漏雨。

#### 1.6.1.2 维修方案

拆除水泥地面，恢复阿嘎土地面；清除墙体残损部分，重新抹灰，重新粉饰；更换糟朽严重的椽子，轻度糟朽构件用砷铬合剂浸泡加固后继续使用；重筑屋面阿嘎土。对更换和继续使用的新旧木构件全部须做防虫防腐处理。

### 1.6.2 北仓库及门廊

#### 1.6.2.1 主要险情（2002年5月前）

台基及地面现为水泥地面，门廊为乱石铺地；墙体有多次修补痕迹，东南角上部墙体坍塌，门廊下部墙皮脱落；门廊北面门板、门框虫柱严重；椽子木65%糟朽，栈棍90%糟朽；屋面有多处漏雨。

#### 1.6.2.2 维修方案

拆除水泥地面，恢复原有阿嘎土地面；补砌坍塌墙体，增设墙拉结构件；门窗小面积剔补；更换糟朽严重的椽子木、望板，轻度糟朽构件用砷铬合剂浸泡加固后继续使用；重筑漏雨严重的屋面阿嘎土。对更换和继续使用的新旧木构件全部须做防虫防腐处理。

### 1.6.3 南、北住房

#### 1.6.3.1 主要险情（2002年5月前）

北房现为水泥地面；南房木地板佚失，断裂；南房西墙有三道裂缝；北房木柱均有虫蛀，劈裂现象；椽子木虫眼密布，全部虫蛀糟朽，部分折断，望板佚失；北房屋顶坍塌，漏雨。

#### 1.6.3.2 维修方案

拆除水泥地面，恢复阿嘎土地面，补配断裂佚失木地板；墙体补缝并加固下部结构；木柱虫蛀部分小面积剔补，加固裂缝；更换糟朽严重椽子木，轻度糟朽构件用砷铬合剂浸泡加固后继续使用；重筑屋顶阿嘎土。对更换和继续使用的新旧木构件全部须做防虫防腐处理。

### 1.6.4 东、西廊房及门廊

#### 1.6.4.1 主要险情（2002年5月前）

维修前的格桑颇章西院墙大门（三大工程办提供）

东廊房及门廊现为水泥地面；西廊房墙面上部壁画脱落；北墙抹灰空鼓；东门廊和前廊有上下贯通裂缝，下部酥碱。柱、梁均有不同程度的裂缝、糟朽；东门廊中梁下沉明显；椽子大部分糟朽、劈裂、虫蛀、霉变；屋顶多处漏雨。

1.6.4.2 维修方案

拆除水泥地面，恢复原有阿嘎土地面；墙体裂缝处拆除重砌，增设墙拉结构件；清除脱落部分的墙体抹灰，重新抹灰并粉饰；校正歪闪门窗，重做排水；柱子裂缝超过规范荷载能力的，选硬材更换，在没有失去承重作用的劈裂木构架采取嵌补粘接及铁件加固处理；梁底增设拉结构件；更换糟朽严重的椽子木，轻度糟朽构件用砷铬合剂浸泡加固后继续使用；重筑屋顶阿嘎土。对更换和继续使用的新旧木构件全部须做防虫防腐处理。

1.6.5 兽房

1.6.5.1 主要险情（2002年5月前）

地面铺石佚失，断裂；墙面抹灰全部酥碱脱落；原柱间铁栅栏全部佚失；木柱均有不同程度的劈裂、糟朽；椽子木100%糟朽，20%折断；栈棍全部糟朽；屋顶有2处坍塌，屋面阿嘎土上长满杂草。原有东侧兽房全部坍塌，仅剩一段残墙，现存兽房已废弃。

1.6.5.2 维修方案

修整地面，补配地板石；拆除残墙，保留地基，重新砌筑墙体、抹灰、粉饰；恢复原有铁栅栏及铁门；加固柱身；更换糟朽严重的椽子木，轻度糟朽构件用砷铬合剂浸泡加固后继续使用；修复坍塌屋面，重筑屋顶阿嘎土。对更换和继续使用的新旧木构件全部须做防虫防腐处理。

2. 措吉颇章（湖心宫）区域

湖心宫区建于公元1784年八世达赖喇嘛时期。位于格桑颇章宫区以西、达旦明久颇章宫区（新宫）以南区域，是一处以水体景观为主，林木、花草、亭台楼阁有机结合的经典园林。园林中心是一个东西长41米，南北宽96米的长方形水池。水池外围四周环绕花岗岩开凿的防护石栏杆。池中由南到北依次分布三座小岛，南岛植灌木、无建筑，中岛为湖心亭，北岛为西龙王宫。如此巧妙的设计，充分表现了"一池三山"的意匠，彰显了太液、方丈、瀛洲三种意境，如同"蓬莱三岛"。湖心宫区是一处园中园，其四周筑起敦实的宫墙、设置宫门，形成了独立空间。园内石径曲折，环境幽静。池中波光潋滟，亭台倒映，远处雪山皑皑、蓝天碧日、白云悠悠，组成一副绝妙的高原山水画。在造园思想上，设计师更是匠心独运，借鉴内地园林借景的手法，通过巧妙的视野组合和建筑物矮化处理，将远处的高山风景融入园中，突出西藏的高原景观特色。此处堪称是罗布林卡园林景观的核心和经典之作，是西藏传统园林艺术的瑰宝，是汉、藏园林建筑有机结合的典范，体现了汉藏文化长期交往、交流、交融的历史，反映了藏式园林营造的独特理念和审美情趣。

2.1 措吉颇章（湖心宫或湖心亭）

坐落于中心小岛之上的湖心亭是达赖喇嘛休憩之地。建筑平面呈长方形，东西长7.51米，南北宽5.24米，坐北朝南，面阔三间、进深两间，南部设外廊。建筑基座高于水面1.35米的月台，台基高0.55米，月台四周布置大理石栏板望柱，栏板面上雕刻手法精致细腻。月台南部有一较宽敞的平台，边沿设置花岗岩石栏杆，有人在此逗留、徜徉，是观赏湖中景色和休憩的绝佳之地。小岛东西两侧建有石桥，连接月台与两岸之间。

湖心亭明间设两扇隔扇门，两次间及后檐、两扇面均带有木雕花板。四周共设木柱10根，柱头上搭设木梁，木梁上立瓜柱，瓜柱承托脊檩。建筑内部梁枋之间安放有木制斗拱，斗拱为较简单的一斗三升结构。无飞椽，角梁略有冲出及翘起。屋面为黄釉歇山式琉璃筒板瓦，筒板瓦规格尺寸及乞瓦方式与汉式建筑基本接近，但正垂脊上放置的小兽造型及滴水瓦形状、图案等局部处理上独具民族特色。

2.1.1 主要险情（2002年5月前）

台基西南角、东北角下沉，北侧中间部分台基外鼓；室外木地板边

维修中的湖心亭（三大工程办提供）

维修前的湖心亭台基下沉（三大工程办提供）

维修后的湖心亭（三大工程办提供）

缘糟朽、局部塌陷；门窗有两处小空洞；前檐及后檐各有一根木柱向外倾斜，两侧有裂缝；约70%的椽子木、望板已糟朽；屋顶歇山处存在漏雨迹象，屋脊装饰有不同程度的歪闪。

#### 2.1.2 维修方案

整修水系，加固基础，平整场地；门窗小面积剔补；拨正歪闪柱身；梁架裂缝嵌补；更换糟朽严重椽子，轻度糟朽构件用砷铬合剂浸泡加固后继续使用；屋面增加防水措施，补配遗失琉璃瓦，校正歪闪脊饰。对更换和继续使用的新旧木构件全部须做防虫防腐处理。

### 2.2 鲁康努（西龙王宫）

西龙王宫是祭祀龙王之地。坐落于池塘北端小岛上，平面呈方形，四周带外廊、筑石栏杆，边长8.87米，坐西向东，室内面阔、进深均为一间，东侧设门，其余三面设窗，台基高0.42米，建筑面积78.7平方米。外廊为一层平顶藏式结构，廊柱及墙体做支撑体系，地面为传统阿嘎土面层。室内为二层重檐结构，由顶棚分成上下两层空间。无柱，墙体承重。纵横梁放置在四面墙上，梁上立瓜柱，瓜柱支撑层层檩条。外观屋顶做成瓦陇状，仿汉式建筑重檐四角攒尖顶，四角略有翘起，瓦面覆盖镀锡铜皮，陇面包裹鎏金铜皮，顶部中央设置鎏金屋脊宝瓶，两侧安装有铜鎏金火焰宝。二层檐部每面安放平身斗拱两朵，转角处各一朵。斗拱结构与内地建筑有很大不同，仅在正心枋以外做出层层拱及大、小斗等木构件，正心枋以内则没有斗拱构件。

#### 2.2.1 主要险情

台基地面凹凸不平，北侧阶条石外倾30毫米，树根深入建筑基础造成条石凸起；东、西两门过梁弯垂，绕度达50毫米，门窗均被后人改造；柱子80%存在劈裂，尤以柱头裂缝为甚，部分歪闪。单步梁梁头糟朽、拔榫占90%，承重梁50%拔榫，其他梁底有细微裂缝；椽子木、望板约80%糟朽，正身椽子木20%劈裂。

屋面排水不畅，落水管处渗水严重；外廊东北角屋面原有通顶孔，现已被封堵。

维修前的西龙王宫南立面（三大工程办提供）

维修中的西龙王宫（三大工程办提供）

维修后的西龙王宫（三大工程办提供）

#### 2.2.2 维修方案

加固地基，修整台基地面，归安倾斜阶条石，铲除杂树；恢复原有门窗，弯垂过梁底部增设拉结筋；更换劈裂严重的柱子，其余的加固。加固梁头，归安拔榫梁，增设隐蔽拉结件；更换糟朽严重的椽子木，轻度糟朽构件用砷铬合剂浸泡加固后继续使用；重新调整排水坡度，落水口处加强防渗措施；补配木楼梯，打通通顶孔。对更换和继续使用的新旧木构件全部须做防虫防腐处理。

### 2.3 鲁康夏（东龙王宫）

东龙王宫是供奉龙王之庙。位于湖心宫区东侧，单层平顶藏式建筑，坐北面南，平面布局呈长方形，建筑面积131.3平方米。建筑内部由三部分组成：中间较宽敞，设有佛龛和神台，供祭祀所用。前后用门板将其分隔成前廊和后殿两部分，后殿屋面中部凸起部位设有正方形天窗，用于内部采光，两侧相对狭窄。后檐墙西侧开有偏门，门内固定有简易楼梯可达屋面。

#### 2.3.1 主要险情

前厅阿嘎土地面凸凹不平，有三道裂缝，明间阶条石外倾下滑；纵横墙交界处有通长裂缝，梁头与墙交接处外鼓；东次间正面窗脱落，其余窗背后门板一半佚失；突出屋面外天窗立柱全部劈裂，60%已糟朽；东次间大梁梁侧有通长细微裂缝；木椽与后檐墙交接处椽头90%糟朽；屋面阿嘎土有多处用水泥修补，落水口处渗水严重。楼梯间梁架全部糟朽、虫蛀、霉变。

#### 2.3.2 维修方案

整修水系，加固地基，修整地面；建筑四周开挖至冻土层埋设障根，防止树木根系发展到基础；局部出现严重开裂的墙体拆除重砌，增设拉结件；梁头下增设硬木梁垫；补配佚失门板；更换天窗立柱，加固梁身；更换糟朽严重的椽子木，轻度糟朽构件用砷铬合剂浸泡加固后继续使用；

东龙王宫石栏杆台基严重酥碱（三大工程办提供）

东龙王宫屋面阿嘎土脱落（三大工程办提供）

维修后的东龙王宫（三大工程办提供）

重筑漏雨严重的屋面阿嘎土，落水口加强防渗措施。对更换和继续使用的新旧木构件全部须做防虫防腐处理。

### 2.4 甲觉（甲索）康（汉物库）

汉物库是专为保存皇帝赏赐礼品和在内地置办物品存储的专用库房。位于湖心宫区南端，为单层平顶藏式建筑，平面布局为长方形，东西长66.45米，南北宽6.05米，层高3.61米，建筑面积402平方米，坐南面北，立面设有七窗三门，门窗均为藏式传统形式。库内用隔墙分为四间，结构采用墙柱混合承重形式。

#### 2.4.1 主要险情

室内外地面同高或内低外高；东侧两间曾做维修时改用水泥地面，长期积水；所有纵横墙交界处均有通长裂缝；正面窗脱落，其余窗背后门板一半佚失；室内立柱有一半存在劈裂；约30%的木过梁糟朽、劈裂，60%的梁头拔榫；80%的椽子木、望板糟朽；80%的屋顶漏雨、局部坍塌。

#### 2.4.2 维修方案

拆除水泥地面，抬高室内地面，恢复原有阿嘎土地面；墙体裂缝处拆除重砌，增设拉结件；更换劈裂严重的木柱；更换糟朽劈裂严重木梁，归安拔榫梁头；更换糟朽严重的椽子木、望板；轻度糟朽构件用砷铬合剂浸泡加固后继续使用；漏雨严重的屋面重筑改性阿嘎土。对更换和继续使用的新旧木构件全部须做防虫防腐处理。

### 2.5 其布热囊玛（内观马宫及马厩）

内观马宫及马厩位于湖心宫区西南角80米处，是一个封闭的独立院落。这里原是饲养专为达赖喇嘛及其侍从骑乘所需马匹和观赏骏马的地方。距此处宫墙外向西20米开外，还有一处单体较大的马厩，称为外马厩，所以此处就叫内马厩。内马厩平面呈长方形，南北长48米，东西宽28米，建筑面积870平方米，整体布局成回字形。由观马宫、沿院墙四周布置的马厩及院落中庭马厩三部分组成。观马宫位于院落北端，是一座二层平顶藏式建筑，下层原为马倌的住房，地面为传统阿嘎土夯制，现由罗布林卡管理处职工居住。上层原为达赖喇嘛骑马出行前休息及观赏马匹的地方，地面为木质地板，朝阳面开设大窗，现为罗布林卡的安防监控中心，因工作需要，内部做了装修，墙壁及梁架均被包裹在铝合金材料内。

#### 2.5.1 主要险情

西侧马厩尚存部分糟朽木地板，东侧及中庭马厩地面石板凸凹不平，院内大面积地面已被破坏，杂草丛生；观马宫室内木柱50%存在劈裂、糟朽及歪闪；马厩立柱90%因马踏表面凸凹不平，个别柱截面被严重削弱；中庭马厩有一根承重梁断裂，临时用木柱支撑，并有拔榫现象；南马厩椽子木、望板全部糟朽，局部屋面已塌落；东、西马厩椽子木、望板70%腐烂糟朽；马厩屋面约50%面积漏雨；马厩北端违建住房面积约90平方米。

**维修后的汉物库（三大工程办提供）**

维修前的内观马宫正立面（三大工程办提供）　　维修中的内观马宫（三大工程办提供）　　维修后的内观马宫（三大工程办提供）

### 2.5.2 维修方案

清理院内地面，补配佚失木地板及铺地石；更换劈裂糟朽严重木柱，校正歪闪，其余加固处理；更换断裂木过梁，拆除临时支撑，归安拔椽梁头；更换糟朽严重椽子木、望板；其他轻度糟朽木构件用砷铬合剂浸泡加固后继续使用；重筑漏雨严重的屋面阿嘎土；拆除违建住房，恢复原貌。对更换和继续使用的新旧木构件全部须做防虫防腐处理。

### 2.6 狮子笼（兽房）

兽房原为罗布林卡关养猛兽的地方。位于湖心宫区西北角，面阔两间，进深两间，钢筋砼梁柱结构，建筑面积 67 平方米。外间为露天院落，供动物活动，装有铁栅栏，内间为动物笼舍，由隔墙分成四个不同舍房。

### 2.6.1 主要险情

地面台基全部损毁，笼内杂草丛生；墙体抹灰基本脱落殆尽；门板全部佚失；椽子木、望板 90% 已糟朽；屋面坍塌过半。

### 2.6.2 维修方案

清理杂物、杂草，整修地面；墙面重新抹灰；恢复佚失门板；更换

维修前的兽房（三大工程办提供）

维修后的兽房（三大工程办提供）

维修前的准增颇章背立面（三大工程办提供）

糟朽严重椽子木、望板；修复屋面，重筑阿嘎土；轻度糟朽木构件用砷铬合剂浸泡加固后继续使用，凡更换和继续使用的新旧木构件全部须做防虫防腐处理。

### 2.7 准增颇章（持舟宫或持舟殿）

准增颇章既是佛殿，也是藏经阁。位于湖心亭以西30米处，是一座传统藏式平顶精舍建筑，整体一层、局部二层，坐西朝东，南北长12.5米，东西宽8.8米，建筑面积342.06平方米。底层依进深方向分为前厅和后殿两部分组成，前厅与后殿之间由雕花门板分隔，殿内藏书颇丰。前厅为单层，是一个较开敞的空间，台基边立有大理石栏杆望柱。前厅南侧小房间曾是达赖喇嘛专用厕所。前厅北侧楼梯直达一层楼面平台，可进入后殿二层。二层主殿立有十二根木柱，雕梁画栋，沿三面墙设置木质书架装满各类典籍，墙壁绘有精美壁画。主殿两侧内设阅览室、起居室、静修室等功能性用房，陈设考究，环境清幽，是阅读、观想的绝佳之地。

#### 2.7.1 主要险情

前厅阿嘎土地面凸凹不平，有三道大的裂缝，明间阶条石外倾下滑；纵横墙交界处有通长裂缝；梁头与墙交接处外鼓；正面窗脱落，其余窗背后门板一半佚失；突出屋面外天窗立柱全部劈裂，60%糟朽；东次间大梁梁侧有通长细微裂缝；木椽与后檐墙交接处椽头90%糟朽；屋顶阿嘎土有多处用水泥修补，落水口处渗水严重。根据记录，1984年曾进行过一次维修。

#### 2.7.2 维修方案

加固地基，修整地面阿嘎土；校正外倾下滑阶条石；修补纵横墙交界处裂缝；补配佚失的窗背后门板；墩接处理糟朽后檐墙椽头；重筑漏雨严重的屋顶阿嘎土；加强落水口防渗措施，补配佚失的铜质落水管。对更换和继续使用的新旧木构件全部须做防虫防腐处理。

### 3. 金色颇章（宠幸宫）区域

金色颇章宫区（又称：金色林卡），位于园林西北部。约占罗布林卡总面积的1/3，其绿植布局匠心独特，绿地覆盖面占本宫区总面积的76%以上，这种营建形制就是西藏"林卡"演变和发展的结果。主要建筑有金色颇章（宠幸宫）、格桑德吉颇章（贤劫福旋宫）、吉美曲溪（不灭妙旋宫）、大（小）净厨房、凉亭、牛羊圈和其他附属建（构）筑物等。宫区南面林中辟有一处麋鹿散养地。

公元1908年，十三世达赖喇嘛进京觐见清光绪皇帝和慈禧太后时浏览了中南海、颐和园等皇家园林建筑。回藏后，于公元1922年下令整修"金色林卡"园林并修建了体量超过格桑颇章的"金色颇章"。此地成为十三世达赖喇嘛处理政教事务、消夏避暑的驻锡地。公元1933年，十三世达赖喇嘛圆寂于金色颇章宫区之"吉美曲溪宫"。

维修中的准增颇章（三大工程办提供）

金色颇章宫区内的树木品种繁多、绿树成荫，苹果、杏、核桃、梨、树椒等各种果实挂满枝头，桂花、丁香、八仙花、万寿菊等花卉姹紫嫣红。大小宫殿在参天古树的掩映下，更加幽静，别具匠心。走进金色颇章宫区，就走进了藏式建筑艺术与园林艺术的殿堂。

#### 3.1 金色颇章（宠幸宫）

金色颇章是罗布林卡金色颇章宫区的主体建筑。坐北面南，平面呈"亚"形，建筑面积1968平方米，为藏式三层平顶宫殿建筑。整体布局从南到北依次为：前廊、抱厦、前殿、神台、库房。前廊为藏式平顶开放式廊房；抱厦为仿汉式铜鎏金重檐屋顶，二层为小经堂；前殿四周一层、中心局部高两层，仅在南面设玻璃窗，既有利于采光又有利于防寒。神台及库房以上均为三层，大殿内西侧设木梯可登至各层和三层平台。前廊、前殿和库房地面均用阿嘎土夯筑，神台地面为木地板。结构采用墙柱梁混合承重。墙体均为石砌。柱、梁、椽、望板、窗均为木质。椽子铺设方向依开间而定，其上铺望板、卵石层、黄泥层，屋面用阿嘎土夯筑。其外观金碧辉煌、庄严肃穆，室内雕梁画栋、陈设考究、绘满壁画。

##### 3.1.1 主要险情（2002年5月前）

南立面台基表面凹凸不平，局部下沉；阿嘎土地面开裂，缝宽10—20毫米，长5—10米；木地板虫蛀2平方米；纵横墙交接处存在裂缝，西山墙向西倾斜80毫米；二层窗扇佚失20个，三层佚失22个；柱子大多有劈裂现象，2根柱头劈裂；原檐东南角立柱下沉50毫米；西山墙部分梁头从墙内拔出100毫米，前廊梁头大多糟朽；三层长椽子木20%糟朽，望板30%糟朽；屋面多点漏雨；宝刹基座变形，导致宝刹向西南倾斜200毫米。

##### 3.1.2 维修方案

整修南立面凹凸不平、局部下沉的台基；修补地面开裂阿嘎土；抽砌裂缝纵横墙和倾斜西山墙；补配佚失窗扇42个；嵌补劈裂柱子、柱头，调整下沉立柱；补嵌糟朽梁头；更换糟朽严重的椽子木、望板；重筑屋面阿嘎土；校正倾斜屋顶宝刹。

罗布林卡

树木环绕的金色颇章（三大工程办提供）

金色颇章西侧台阶与外立面（三大工程办提供）

### 3.2 吉美曲溪（不灭妙旋宫）

吉美曲溪是十三世达赖喇嘛圆寂处，位于金色颇章西侧、格桑德吉颇章西南约10米处。为单层平顶藏式传统别墅建筑，平面呈"L"形，东西长12.5米，南北宽12.1米，建高5.5米，面积268.4平方米。为了防潮，基础建有净高1.77米的地垄（暗层）。东、南开设落地式玻璃大窗，采光较好。入室口设在北立面，与附属建筑相对应。建筑内部按使用功能可分为会客室兼诵经堂（东房）、寝宫兼静修室（西房）、卫生间（北侧）三个部分。室内雕梁画栋、绘满壁画。建筑结构为石木结构、柱梁墙混合承重，墙体均为石砌体。梁柱、椽望、门窗材质均为高山松，木雕材质多为杨木，地板为核桃木。屋面为阿嘎土夯筑，屋顶北侧中央筑高台上置铜鎏金屋脊宝瓶。

#### 3.2.1 主要险情

台基地面泛水，积水较多；地垄内部地面潮湿严重，楼面木椽（沙棘木）虫蛀褐腐程度较高，望板糟朽；室内木地板大面积虫蛀，面积达30平方米，局部有塌陷或变形；室内柱头糟朽、虫柱严重，下陷80毫米，一根梁架下沉明显；门窗佚失严重。屋面阿嘎土有三道长1000—3000毫米，宽5—25毫米，深100—200毫米的较大不规则裂缝和2平方米的凹坑，漏雨严重；笸玛墙腐烂较多；屋脊宝刹倾斜明显。

#### 3.2.2 维修方案

加固基础，整修地面，更换虫蛀严重木地板；以阿嘎土修补剥蚀严重及凸凹不平地面；剔补酥碱墙面；补配佚失门窗。更换糟朽下槛；更换虫蛀及劈裂严重木柱，墩接根部糟朽木柱；梁底部增设拉结构件。更换糟朽严重椽子，轻度糟朽构件用砷铬合剂浸泡加固后继续使用；重筑漏雨严重的屋顶阿嘎土；笸玛墙内增设钢骨架支撑。对更换和继续使用的新旧木构件全部须做防虫防腐处理。

### 3.3 吉美曲溪之附属建筑

位于吉美曲溪北侧，为一层藏式平顶建筑，平面呈长方形，东西长14.3米，南北宽15.5米，建高3.5米，建筑面积175.9平方米。墙体和柱梁混合承重结构。墙体为石砌体，柱梁、椽望、门窗均为杨木。地面、屋面均以阿嘎土夯筑。入口设在南边，通过廊道与吉美曲溪相连。建筑体量明显小于吉美曲溪。

#### 3.3.1 主要险情

西南散水残损，地面阿嘎土剥蚀严重，凸凹不平；北面及西面墙体酥碱严重，面积约有15平方米；个别窗户无窗扇，门框下部已遭朽严重；柱子通高劈裂，缝宽20毫米，深度150毫米；椽子木断裂7根，糟朽、虫蛀20根；屋面漏雨严重，2处塌陷，局部坍塌面积6平方米。

维修中的吉美曲溪附属建筑（三大工程办提供）　　维修后的吉美曲溪及附属建筑（三大工程办提供）　　吉美曲溪立面（三大工程办提供）

#### 3.3.2 维修方案

加固基础，清除散水部位杂草树木，整修地面；重新夯筑剥蚀严重及凸凹不平的阿嘎土地面；剔补酥碱墙面；补配佚失门窗。更换糟朽下槛；更换虫蛀及劈裂严重木柱，墩接根部糟朽木柱；梁底部增设拉结构件；更换糟朽严重椽子，轻度糟朽构件用砷铬合剂浸泡加固后继续使用；修复屋面，重筑漏雨严重的屋面阿嘎土。对更换和继续使用的新旧木构件全部须做防虫防腐处理。

### 3.4 格桑德吉颇章（贤劫福旋宫）

修建于公元1926年十三世达赖喇嘛时期的格桑德吉颇章位于金色颇章西面偏北侧约50米处。建筑坐北面南，平面呈"凸"形，面积690.7平方米。为藏式二层平顶宫殿建筑，窗上出檐均为仿汉式屋顶形制，下用简单斗拱支撑。东面抱厦，也是仿汉式屋顶形制。格桑德吉颇章远望就是一座藏式小型宫殿建筑，近看充满了汉式建筑痕迹，显示了汉藏文化的交融。该建筑结构为墙体和柱梁混合的承重体系。

格桑德吉宫前有规整的石板路或卵石路穿行于树林之间与金色颇章相连，其间还有规整的石台和花坛以及不规则的水渠，好似一幅亭台楼阁的山水画，诗情画意尽在其中，其园林艺术可见一斑。

#### 3.4.1 主要险情（2002年5月前）

一层地面阿嘎土剥蚀严重，面积达到30平方米，门扇佚失5个，有1根木梁下沉80毫米，东北角椽子木脱落，后人用木棍临时支撑，1根立柱通体出现裂缝，宽度约5—10毫米；二层西南角木地板虫蛀严重，4个窗扇佚失，有1根木梁下沉100毫米，北向南梁通体劈裂，宽度最小处5毫米，最宽处10毫米，椽子木、望板糟朽30%，壁画起甲、烟熏较多，面积约12平方米。屋面阿嘎土有一处较大裂缝，缝隙长4000毫米，宽 10—30 毫米不等，深度 150—250 毫米之间。

3.4.2 维修方案

重新夯打一层地面剥蚀严重的阿嘎土，修补二层西南角虫蛀严重的木地板；补配佚失门扇、窗扇；抬升加固下沉木梁，补嵌立柱通体出现的裂缝；恢复脱落椽子木，更换糟朽椽子木、望板；保护修复起甲壁画，清洗烟熏壁画；重新夯打屋面阿嘎土。对更换和继续使用的新旧木构件全部须做防虫防腐处理。

3.5 格桑德吉颇章之招待所、西门

招待所位于格桑德吉颇章之北。坐北面南，平面呈长方形，建筑面积 697.8 平方米。为藏式一层平顶房，墙体和柱梁混合的承重体系，上承椽、栈棍、卵石层、黄泥层，屋顶夯筑阿嘎土。招待所之西门坐南面北，建筑平面呈长方形，面积 15.4 平方米。以柱子和墙体承重，上承依次为椽子木、栈棍、卵石层、黄泥层、阿嘎土层形成屋面。

3.5.1 主要险情

招待所：因被后人改造为住房，原有风貌破坏较大，其地面也被改为水泥地；南墙被改建、门窗被改造。

西门：地面铺装块石及踏步全部佚失；墙体酥碱 10 平方米；15 根椽子木糟朽下沉，目前做了临时支撑；阿嘎土屋面大面积漏雨，出现的裂缝长 2000 毫米，宽 5—15 毫米，深 100—200 毫米。

3.5.2 维修方案

招待所维修需参照金色颇章内壁画所描绘的此处外观式样进行复原。重筑阿嘎土地面、楼面和屋面。凡更换和继续使用的新旧木构件须做防虫防腐处理。

恢复西门佚失的地面铺装块石及踏步；剔补酥碱墙体；更换糟朽的椽子木；重筑屋面阿嘎土。

3.6 大净厨房

位于金色颇章宫后西侧，坐北朝南，平面呈刀把形，建筑面积 124.4 平方米。为一层平顶藏式建筑，墙柱混合承重结构，木柱通过其上替木承托木梁，与墙相交的梁头直接放置于各墙上，共同承受来自椽、望板及屋面的各种荷载。

维修后的格桑德吉颇章（三大工程办提供）

维修后的大净厨房南立面（三大工程办提供）

### 3.6.1 主要险情

地面阿嘎土剥蚀20平方米；东山墙墙根酥碱3平方米，散水损坏，墙根受潮；4个窗户无窗扇，门下部已朽糟严重；西部中间8根椽子下沉，椽子及望板糟朽30%；屋顶漏雨严重，多处裂缝，裂缝长1000—3000毫米，宽5—30毫米，深度达100—200毫米；因地面潮湿灶台残损严重，酥碱3平方米。

### 3.6.2 维修方案

修补剥蚀阿嘎土地面；剔补酥碱墙面；补配佚失门窗，更换糟朽木构件；更换糟朽严重椽子，轻度糟朽构件用砷铬合剂浸泡加固后继续使用；重筑漏雨严重的屋顶阿嘎土；修复灶台。对更换和继续使用的新旧木构件全部须做防虫防腐处理。

### 3.7 净厨房大门

位于大、小净厨房之间。坐南面北，建筑平面呈长方形，面积41.1平方米。以柱子和墙体承重，上承椽子和栈木、卵石，屋面夯筑阿嘎土。

### 3.7.1 主要险情（2002年5月前）

为打通车辆进出通道，门框被后人劈掉70毫米×150毫米×1500毫米；因门柱材质较差导致东门柱劈裂40毫米×120毫米×750毫米，西门柱劈裂10—30毫米×200毫米×1700毫米；椽子木10%糟朽，望板糟朽10平方米；屋面漏雨面积达5平方米，有两条明显的裂缝，缝隙长度分别为1030毫米和2010毫米，宽度5—15毫米，深度5—150毫米不等。

### 3.7.2 维修方案

为确保安全通道畅通，保留门框被改后的尺寸；更换材质较差的东、西门柱和糟朽严重的椽子木、望板；屋面重新夯打阿嘎土。对更换和继续使用的新旧木构件全部须做防虫防腐处理。

### 3.8 乌丝康（凉亭或沐浴亭）

位于金色颇章西边，格桑德吉颇章正南35米处，坐南面北，平面呈圆形，面积20.96平方米。为仿汉式攒尖顶的藏式建筑，周边有水池环绕，

**维修后的净厨房大门（三大工程办提供）**

**维修后的凉亭（罗布林卡管理处提供）**

北边有一石桥跨过水池与亭子相连。水池的水由东流入、西流出。亭子无柱,由窗抱框和落地窗围合而成,屋顶由八根角梁支撑,角梁上放望板,望板上覆铜皮屋面和铜饰宝刹。

### 3.8.1 主要险情

全部台基及地面均被改为水泥地面;门、窗上玻璃一半破碎;椽子及望板糟朽;屋顶铁皮锈蚀,多处漏雨。

### 3.8.2 维修方案

恢复原有阿嘎土地面;维修门窗;更换糟朽严重椽子,轻度糟朽构件用砷铬合剂浸泡加固后继续使用;更换锈蚀铁皮。对更换和继续使用的新旧木构件全部须做防虫防腐处理。

## 3.9 金色颇章宫院南大门、两座下马台及戏台

南大门位于金色颇章宫正南方约84米处,大门面积40平方米。依南墙而建,由柱梁、墙构成承重体系。屋面用阿嘎土夯筑。

### 3.9.1 主要险情

仪门南下马台,阶条石及台明已毁,仅存土台;仪门西北下马台,阶条石残存,台明已毁;南门墙体酥碱;南仪门门扇佚失,仅存门框;墙檐坍塌,枋木糟朽。

### 3.9.2 维修方案

清理杂草,现状保护。剔补酥碱墙体。恢复原有门窗。更换糟朽严重椽子,轻度糟朽构件用砷铬合剂浸泡加固后继续使用。对更换和继续使用的新旧木构件全部须做防虫防腐处理。

## 3.10 小净厨房

小净厨房位于格桑德吉颇章东北角,大净厨房的西边。坐北面南,建筑平面呈长方形,面积98.6平方米。是柱子和墙体混合承重结构,上承椽子和栈木、卵石,屋面夯筑阿嘎土。主要险情为顶部阿嘎土漏雨较多,少数椽子木糟朽、下沉,地面酥碱较多,墙体酥碱10%左右。围墙现状相对较好,局部出现了歪闪和墙脚酥碱现象。

建议作一般性维修即可。

## 4. 达旦明久颇章(永恒不变宫)区域

该区域位于罗布林卡的中北部,是达赖喇嘛处理政教事务和起居生活的主要场所。俗称新宫的达旦明久颇章是该区域标志性的主体建筑。除了四个大门和花房、花工住房、水塔等设施设在相对隐蔽外,办公平房、电影放映厅、外宾接待室等附属建筑基本上都是围绕达旦明久颇章布置。因该区域四周筑起高大的黄色围墙,形成了相对独立的院落空间。院内道路笔直、花草繁芜、绿树成荫、篱笆分割整齐、花香扑鼻、硕果累累。穿过西侧篱笆苗圃和拱形玫瑰花架有一处小型园林。园林中有弯曲的人工湖,围绕人工湖有小石桥、叠落式的假山、随意不规则的戏台以及鹅卵石铺就的林间小路和路旁布置的石凳。人工湖上游是三叠式的小型瀑布,清清的泉水通过跌置的山石坠落在湖池,发出滴滴答答的泉水声,湖水又从池北泻闸中漫泛式地灌溉了周围的草地。在戏台的不远处,湖水的西侧,绿树掩映着一小块空地,这便是当时达赖喇嘛听泉音看藏戏的地方。从整体看这处小园林深受汉式园林艺术的影响,既有曲径通幽的巧妙又有诗情画意的意趣。但该区域内沿路设置的整齐篱笆苗圃和宫殿前的喷水池、园林内拱形的花架以及漫泛式的灌溉方式又明显带有西式园林特点,同时又在园林中依西墙随意而设的戏台又显示着藏式建筑的个性。新宫区的设计师曾经留洋英国,设计中汲取了欧洲建筑和园林中的精华,并将汉族园林艺术特点以及藏式审美传统融合在一起,成为了融汉藏文化为一处,东西方文化有机结合的典范。

### 4.1 达旦明久颇章(永恒不变宫)

达旦明久颇章位于新宫区域的中心位置,是一座二层藏式平顶宫殿建筑,由大厅、会客厅、会议室、寝宫、经堂、护法神殿、卫生间等不同功能的房间组成。建筑坐北朝南,东西长37.56米,南北宽32.17米,面积1756.66平方米。该建筑是由中央人民政府出资兴建,留学英国的藏族建筑设计师车仁·晋美松赞旺布设计并主持施工,于1954年开工建设,1956年建成。其建筑外观形制突出以中轴线为核心,左右布局对称而形成拱卫态势,是典型的藏式拉章(高级活佛宅邸)建筑风格。墙体

采用规整的花岗岩条石砌筑，有明显收分，外墙粉饰白灰。屋顶装饰铜鎏金法轮、共命鸟、胜利幢等，正立面大窗上檐置铜鎏金重檐。女儿墙四周用筱玛砌筑，涂刷铁红色涂料，嵌饰铜鎏金"八相徽""七政宝"等装饰。宫殿一层正南为主入口七级台阶，东西两侧各有一个通向新宫区后院办公平房方向的小门。一层外厅中央平台铺筑水磨石地面，两侧晒台地面和栏杆选用当地双色汉白玉，室内地面主要是阿嘎土铺筑。东南角设有会客厅，西南角设有休息室，北部各房均为库房。二层是达赖喇嘛的主要活动场所，设有经堂、密宗室、寝宫、会议室、会客厅、办公室、书房和卫生间等各种功能性用房，内部陈设十分精美考究，既有藏式传统经典家居、装饰物，也有现代西式家居和中式装饰物。二层南部房间为木地板，北部房间为阿嘎土地面，其上都铺满厚厚的手工地毯。二层北面正厅"噶丹曲果林"两侧分别设有38平方米的天井，起到了有机组合室内外空间的作用。建筑结构是以墙、柱、梁承重，上承过木、椽、望板、卵石层、黄泥层和阿嘎土层屋面。因为建筑年代较晚，内部构造和建筑材料也都较其他宫殿科学和先进。为扩大大经堂和小经堂的内部空间使用面积采用了减柱的方法，上部使用钢梁以承载木椽和屋面。钢结构强度大、施工方便，采用钢梁不受跨度限制。钢梁外包假木梁，梁上装饰华丽典雅的传统藏式木雕纹饰。

达旦明久颇章以精致的装修和瑰丽的壁画而著称。每组画面都有藏文提要，可达史书之功效和以画记史的作用。

### 4.1.1 主要险情

园内片石（青石板）地面凹凸不平，整体无排水坡度，易积水，对主体建筑基础破坏较大；前廊之上二层地面开裂，宽度达50—60毫米，长度达通间；一、二层殿内壁画均出现小于10毫米的裂缝；二层大经堂北墙外檐向北歪闪，筱玛墙出现空鼓；通向屋顶的楼梯间由于漏雨，导致下层北墙抹灰脱落0.62平方米；二层楼梯间南墙出现多处裂缝，均在长350毫米×宽20毫米×深25毫米左右；二层楼梯间西北角墙体开裂长250毫米×宽25毫米×深30毫米左右；檐椽、檐部望板（包括二层天井处）有40%糟朽，20%劈裂；阿嘎土出现龟裂，多处漏雨，壁画冲刷严重；屋顶屋脊宝瓶基座向北倾斜，其他屋脊铜鎏金装饰具有不同程度的倾斜；二层正立面大窗檐口瓦面鎏金脱落、剥离，渗水严重，木结构腐烂；园内中央喷泉池壁后人所贴瓷片材质、色调与喷泉不相协调。

### 4.1.2 维修方案

校正凹凸不平的园内片石（青石板）地面，调整排水坡度；前廊之

左图　维修前的达旦明久颇章屋面阿嘎土普遍开裂（三大工程办提供）

右图　维修前的达旦明久颇章东北侧外立面现状（三大工程办提供）

上二层地面开裂作裂缝补隙；壁画裂缝处理；拨正二层大经堂北墙歪闪外檐，拆砌空鼓笆玛墙；修补各层前面脱落的抹灰，补绘彩画 0.62 平方米；抽砌开裂墙体，重新抹灰、彩画；墩接糟朽、劈裂檐椽、檐部望板；屋面整体重新夯筑阿嘎土；校正屋顶倾斜屋脊铜鎏金装饰；二层正立面大窗檐口瓦面全部落架大修，重新鎏金，更换腐烂的木结构，铺设柔性防水层；园内中央喷泉池壁复原。对更换和继续使用的新旧木构件全部须做防虫防腐处理。

4.2 东门、南门、西门、东侧门、花工住房等

4.2.1 东门：位于新宫区东围墙南侧，是从原噶厦办公区方向进入新宫区的主要通道。门高 6 米，面积 15.13 平方米。由柱、梁、墙构成承重体系，屋顶由阿嘎土夯筑。

4.2.2 南门：位于达旦明久颇章正南 35 米处，新宫区南围墙中间位置。是通往湖心宫区主要的通道。门高 5.48 米，面积 10.27 平方米。大门依南围墙而建，由斗拱、梁、墙构成承重体系。屋顶夯筑阿嘎土。

4.2.3 西门：位于新宫区西围墙南侧，是从西侧出入新宫区的主要通道。门高 8.04 米，建筑面积 19.08 平方米。由斗拱、梁、墙构成承重体系，屋顶阿嘎土夯筑。

4.2.4 东侧门：位于新宫区东围墙东北角，主要用于仆人、花匠运输物品、花草的出入口。门高 4.30 米，面积 8.00 平方米。依东墙而建，由柱、梁、墙构成承重体系。屋顶阿嘎土夯筑。

4.2.5 花工住房：位于新宫区西北，依北墙而建，为一简单的藏式平顶房。南北宽 6.17 米，东西长 8.89 米，建筑面积 54.85 平方米。由柱、墙构成承重体系，上承椽及栈棍，屋顶夯筑阿嘎土。

4.2.6 电影放映厅（外宾接待室）：位于达旦明久颇章北侧约 33 米处，坐北面南，建筑平面呈长方形，建筑面积 778.5 平方米。电影放映厅结构以大梁与墙体承重，无柱子，设天花板，屋面为阿嘎土；接待室

维修中的达旦明久颇章屋面阿嘎土（三大工程办提供）

维修中的达旦明久颇章（三大工程办提供）

新宫大窗檐口鎏金后安装现场（三大工程办提供）

维修后的达旦明久颇章（罗布林卡管理处提供）

室内立柱、架梁，上承椽子、栈棍、卵石层、黄泥层，屋面夯筑阿嘎土。险情主要有木架构虫蛀、糟朽、劈裂，墙脚酥碱、墙皮脱落，屋面漏雨等。

4.2.7 花房：位于新宫区西北侧，坐北面南，平面呈长方形，建筑面积118平方米。结构与现代温室相似，由墙体、钢架、玻璃组成。

以上七处建筑仅作一般性维修处理，强调今后日常维护。南门依照消防安全要求，改造为联通湖心宫区的消防大门。

**4.3 新宫区水塔基座**

水塔基座位于新宫区西北角，新宫区花工住房西侧，依新宫区西墙和北墙夹角而建。南北长5.19米，东西宽5.02米，建筑面积26平方米。主要由墙构成承重体系，上承圆椽及栈木，屋顶阿嘎土夯筑。

4.3.1 主要险情（2002年5月前）

室内地面现为水泥；上、下墙体均出现酥碱，西、北墙体是宫区围墙；门窗破损、多处被改建；木柱柱径过小，所顶上部圆木直径较大并较多，结构压迫性强、受力重；木椽子仅搭于内壁侧圆木上，且80%糟朽；屋面阿嘎土开裂，漏雨。

4.3.2 维修方案

清理杂物，恢复原有地面；剔补酥碱墙体；维复门窗；柱身无明显残存，保持现状；更换糟朽严重椽子，轻度糟朽构件用砷铬合剂浸泡加固后继续使用；重筑屋面阿嘎土。对更换和继续使用的新旧木构件全部须做防虫防腐处理。

**附属建筑维修工程技术方案**

**1. 原噶厦政府办公、生活区域**

该区域位于罗布林卡东北部，分别有夏典拉康（祝寿殿），东、西办公区和东、西生活区五组建筑组成。其中：祝寿殿是罗布林卡园内唯一纯粹的佛殿和经堂。东、西办公和生活区曾经是噶厦政府官员处理政务、值日居住的主要活动区域。祝寿殿位于该区域东南角。东、西办公区位于东、西生活区的南面，生活区北面一墙之隔为苗圃，院内树木品种繁多，绿树成荫。建筑之间道路为青石板地面。

1.1 夏典拉康（祝寿殿）

位于罗布林卡中线东南侧，是该区域的主体建筑。为藏式二层平顶寺院建筑，坐北面南，建筑平面呈"凸"形，建筑面积815平方米。由前、后殿两个部分组成。前殿为一层，中部设玻璃气窗，高于四周；后殿为二层。一层为大经堂和佛殿。二层由小经堂、卧室、厕所组成。大殿外西侧设石踏步，通过过门及抱厦可登至二层后殿和三层平台。一层后殿高于前殿600毫米，因无法勘察，内部结构不详。地面除二层主厅为木地板外，其余均用阿嘎土夯筑；结构采用墙、柱、梁混合承重，木柱通过大小雀替承托木梁与各墙组成该建筑的承重体系，承托屋顶荷载。墙体均为石砌；柱、梁、椽、望板、装修、窗均为木质；椽子铺设方向依开间而定，其上铺望板、卵石层、黄泥层，屋顶用阿嘎土夯筑。女儿墙全部用筱玛砌筑，点缀铜鎏金装饰，屋顶四周装饰屋脊宝瓶、经幢等，外观整体庄严肃穆，具有一定的气势。

1.1.1 主要险情（2002年5月前）

一层西墙北部墙体出现一道较大的裂缝；三层女儿墙向外倾斜明显；二层南面木窗歪闪；木柱60%存在劈裂，40%柱根离地1500毫米以下全部虫蛀、腐朽；梁架80%糟朽，二层一处梁头拔榫；一层椽子木70%虫蛀，30%劈裂、糟朽，二层因漏雨导致椽子木劈裂、糟朽、虫蛀60%；屋面阿嘎土开裂，虽后人用水泥修补，但仍漏雨严重。此外，一层西墙外园内设有一口水井，影响地基的稳定。

1.1.2 维修方案

修补一层西墙北部墙体出现的裂缝；校正三层女儿墙向外倾斜明显的筱玛墙；由于结构木构件出现重大险情，需要揭顶落架大修，更换存在虫蛀、腐朽的木柱、梁架、椽子、望板，更多地使用完好的原构件，能够墩接的则墩接，能够嵌补的尽量嵌补；重新夯打屋面阿嘎土和维修筱玛墙。对更换和继续使用的新旧木构件全部须做防虫防腐处理。

1.2 东办公区

位于原噶厦政府办公区的东南部，为单层平顶藏式建筑，平面布局

左图　维修前的祝寿殿正立面（三大工程办提供）

右图　维修前被违章建筑包围的祝寿殿北立面（三大工程办提供）

左图　维修中的祝寿殿（三大工程办提供）

右图　祝寿殿屋面维修中（三大工程办提供）

为长方形。东西长64.76米，南北宽39.71米，建筑面积1809平方米。前、后设廊，中部为办公用房。建筑单体面积较为狭小，屋面中部设有气窗三个，用于内部采光及通风。结构采用墙柱梁混合承重。墙体均为石砌体。柱、梁、椽、望板、装修、窗均为木质。屋顶用阿嘎土夯筑。门窗均为典型的藏式风格，除院墙上窗为封闭的木板窗扇外，院内窗户均为透光的合页玻璃窗扇。

### 1.2.1 主要险情（2002年5月前）

地面毛细水上升反碱明显，原有阿嘎土地面大多改为水泥铺筑，部分改为素土；墙体局部受压过重，雨水顺墙流淌，出现一道较大的裂缝，砌浆流失，局部酥碱；门窗年久失修、雨水侵蚀，上檐口飞子木糟朽，外立面彩绘尽失；木柱80%存在劈裂，10%虫蛀、腐朽，10%存在墩接；40%的梁架底部、侧面劈裂糟朽，个别梁头拔榫；因屋面漏雨60%的椽子

维修后的祝寿殿（罗布林卡管理处提供）

维修前的东办公区屋面现状（三大工程办提供）

维修前的东办公区一带（三大工程办提供）

左图　维修中的东办公区一带（三大工程办提供）

右图　维修后的东办公区（三大工程办提供）

木存在糟朽、霉变；屋面阿嘎土开裂，虽后人用水泥修补，但仍漏雨严重。此外，后人对建筑外观和室内改建、增建较多，对原貌造成破坏较大。

### 1.2.2 维修方案

拆除水泥地面，恢复原有阿嘎土地面，做好地面基层防水处理；修补墙体裂缝，剔除酥碱部位，重新抹灰、粉饰，墙体补缝，注意岔分叠压及拉结；恢复原有门窗式样，更换檐口糟朽飞子木，补绘外立面彩绘；局部落架大修，柱子劈裂超过规范规定者选硬材更换，允许范围内的劈裂及糟朽采取嵌补、粘接及铁箍加固的方法；加固梁头，归安拔榫梁头，在隐蔽处设拉结构件；更换虫蛀、腐朽严重的椽子木、栈棍，轻度糟朽构件用砷铬合剂浸泡加固后继续使用，尽量使用原有完好构件；重新夯打屋面阿嘎土，修补落水管。拆除后人改建、增建的违章建筑，全面恢复建筑原貌和布局。对更换和继续使用的新旧木构件全部须做防虫防腐处理。

### 1.3 西办公区

西办公区位于原噶厦政府办公区的西南部。建筑形式及布局同东办公区基本相同，为单层平顶藏式建筑，平面布局为长方形。东西长48.17米，南北宽38.9米。建筑面积1213.7平方米。前、后设廊，中部为办公室。建筑单体面积较为狭小，屋面中部设有气窗两个，用于内部采光及通风。结构采用墙柱梁混合承重。墙体均为石砌体。柱、梁、椽、望板、装修、窗均为木质。屋顶用阿嘎土夯筑。门窗均为典型的藏式风格，除四周院墙上窗为封闭的木板窗扇外，院内窗户均为透光的合页玻璃窗扇。

### 1.3.1 主要险情（2002年5月前）

室内外地面50%被改为水泥铺筑；因地面毛细水上升反碱导致墙体根部30%酥碱；门窗形式被后人修改，外加铝合金窗；木柱50%存在劈裂；20%的木梁底部和侧面劈裂、糟朽；因屋面漏雨40%的椽子木和望板存在糟朽、霉变；屋面阿嘎土开裂，虽后人用水泥修补，但仍漏雨严重。此外，

维修后的东西办公区（罗布林卡管理处提供）

西办公区险情（三大工程办提供）　　维修前的西办公区一带（三大工程办提供）　　维修后的西办公区局部建筑（罗布林卡管理处提供）

雨水侵蚀，亮窗残损较多。

### 1.3.2 维修方案

拆除室内外水泥地面，恢复原有阿嘎土地面，做好地面基层防水处理；剔除墙体根部酥碱部位，修补和重新抹灰、粉饰；拆除外加铝合金窗，恢复原有门窗式样，补绘彩画；柱子劈裂超过规范规定者选硬材更换，允许范围内的劈裂及糟朽采取嵌补、粘接及铁箍加固的方法；更换虫蛀、腐朽严重的椽子木、栈棍，轻度糟朽构件用砷铬合剂浸泡加固后继续使用，尽量使用原有完好构件；重新夯打屋面阿嘎土，修补落水管。对更换和继续使用的新旧木构件全部须做防虫防腐处理。

### 1.4 东生活区

东生活区位于原噶厦政府办公区的东北部，为单层平顶藏式建筑，平面布局为长方形。东西长67.27米，南北宽21.83米。建筑面积1270.41平方米。分为五个院落。院内结构形式相同，皆为前、后两排房。前排由配房、厨房及门房构成；后排为正房与厕所。厨房上方有相同烟囱。建筑结构采用墙、柱、梁混合承重。外墙下部均为石砌体，上部为土坯；隔墙全部采用土坯砌筑。柱、梁、椽、望板、装修、窗均为木质；椽子铺设方向依开间而定，其上铺望板、卵石结合层，屋顶用阿嘎土夯筑。门窗均为典型的藏式风格，除正立面院墙上窗为封闭的木板窗扇外，院内窗户均为透光的合页玻璃窗扇。

### 1.4.1 主要险情（2002年5月前）

室内外地面50%被改为水泥铺筑；由于墙体砌筑缺乏拉接，局部受压过重，加之地下毛细水上升反碱作用，纵横墙交接处大多有裂缝，墙体30%存在开裂、酥碱，厕所墙体离地500毫米以下酥碱严重；门窗上檐口飞子木糟朽严重，门楼外90%一排门样被改造；南排各房间80%的木柱存在墩接，柱身90%劈裂，20%虫蛀；40%的木梁底部和侧面劈裂、糟朽；70%的椽子木与望板糟朽、霉变，南面一排椽子木直径非常细小，承载力不够；屋顶有一处坍塌，面积达9平方米，整体漏雨；烟囱大多数被废弃，残损严重；院内建筑被后人改建、增建较多，80%的排水明渠为后期添建，对原貌造成破坏较大。

### 1.4.2 维修方案：

拆除室内外水泥地面，恢复原有阿嘎土地面，做好地面基层防水处理；补砌纵横墙交接开裂，酥碱部位和厕所酥碱严重墙体；门窗恢复原式样，

左图 维修前的东生活区一带（三大工程办提供）

右图 维修前的东生活区正立面（三大工程办提供）

维修中的东生活区（三大工程办提供）

补绘彩画；柱子劈裂超过规范规定者选硬材更换，允许范围内的劈裂及糟朽采取嵌补、粘接及铁箍加固的方法；更换虫蛀、腐朽严重的椽子木、栈棍，轻度糟朽构件用砷铬合剂浸泡加固后继续使用，尽量使用原有完好构件；重新夯打屋面阿嘎土，修补落水管。对更换和继续使用的新旧木构件全部须做防虫防腐处理。

1.5 西生活区（含廊子）

西生活区位于原噶厦政府办公区的西北部，功能及建筑形制与东生活区基本相同，为单层平顶藏式建筑，平面布局为长方形。东西长48.36米，南北宽23.3米，建筑面积1551.66平方米，分为三个院落。院内结构形式皆为前、后两排房。前排由配房、厨房及门楼构成；后排为正房与厕所。厨房上方有相同烟囱。建筑结构采用墙、柱、梁混合承重。外墙体均为下部石砌体，上部为土坯；隔墙全部采用土坯砌筑。柱、梁、椽、望板、装修、窗均为木质；椽子铺设方向依开间而定，其上铺望板、卵石结合层，屋顶用阿嘎土夯筑。门窗均为典型的藏式风格，除正立面院墙上窗为封闭的木板窗扇外，院内窗户均为透光的合页玻璃窗扇。

1.5.1 主要险情（2002年5月前）

①西生活区：室内地面50%已被后人改为水泥地面，室外地面排水沟为后期添建；纵横墙交接处有通长裂缝，门房、厕所墙体离地500毫米以下酥碱严重；门窗上檐口飞子木糟朽，油漆彩画已毁，南面房间80%的立柱墩接，柱身90%劈裂，30%虫蛀；40%梁身劈裂、糟朽；椽子木、望板70%糟朽、霉变；屋顶烟囱废弃，破损；院内改建多，后建建筑多，

排水 90% 为后期添建，正立面院墙一颗灌木扎根于墙体。屋面阿嘎土开裂较多，后期水泥修补，仍存在漏雨现象。

②西生活区廊子：室外地面凹凸不平；东院廊内墙体酥碱，墙皮空鼓、脱落；廊子柱子受潮明显，30% 柱身严重歪闪倾斜，70% 柱身劈裂糟朽，彩绘脱色、脱落；南面东廊木梁出现下沉、裂缝，其余 40% 劈裂；檐口椽头、望板 90% 糟朽、霉变；屋面阿嘎土开裂较多，普遍漏雨。

1.5.2 维修方案

调整排水系统，拆除后加的地面。裂缝严重部位拆除重砌，剔补酥碱墙体。门窗糟朽部位更换，补绘油漆彩画。原墩接及劈裂严重柱子进行更换，其余采取防腐防虫及铁件加固处理。糟朽、劈裂严重的梁予以更换。更换糟朽严重椽子，轻度糟朽构件用砷铬合剂浸泡加固后继续使用。屋面重新夯筑阿嘎土。对更换和继续使用的新旧木构件全部须做防虫防腐处理。

2. 外围区域

对罗布林卡划分区域时，将重点保护范围内较为分散的文物点以及外围围墙和围墙外的文物点统一划入外围区，包括外观马宫、金色颇章北仓库、外围围墙、大门、玛尼拉康、牛羊圈等。

外观马宫及马厩坐落于格桑颇章宫区外、金色颇章宫区以东的两大宫区衔接处，自成一体。而罗布林卡外围围墙和出入罗布林卡的大门随着罗布林卡营造的逐步扩大也在不断变化。现共有七座大门和一处大门遗址。

玛尼拉康是罗布林卡围墙之外东南侧约 20 米处的一组独立建筑，建于二十纪三十年代，由玛尼拉康及两座厢房组成，原有两厢房已毁，现为后期复建。

牛羊圈位于金色颇章宫区之外的西北部，始建年代不详。牛羊圈大部分已废弃，仅有一部分改造后作为温棚使用。花房辟为园林工人居住之所。

2.1 外观马宫及马厩

外观马宫，是饲养马匹的一个较为封闭而独立的院落，因为脱离各

维修前的西生活区（三大工程办提供）

维修后的西生活区（三大工程办提供）

维修后的祝寿殿、原噶厦东西办公区及生活区鸟瞰（罗布林卡管理处提供）

区域独置一地，又靠近湖心宫区西部的内观马宫，所以此处被称为外观马宫。外观马宫正门向东，南北长42.45米，东西宽50.43米，占地面积2093.36平方米。整体呈"回"字形，由沿院墙四周布置的外围马厩及院落中部主体观马宫两部分组成，并依北马厩北墙又建有长45米的草料库。在外观马宫南侧和西测，各有一排露天栓马桩和马槽，马槽为石质，间隔有石质栓马桩，栓马桩有浅浮雕。马厩为单面廊子，单层平顶藏式建筑，建筑面积954.28平方米，结构是以墙体和柱子承重，上承过木、椽子、栈棍、卵石层、黄泥层及阿嘎土屋面。沿东、南、西、北四面围墙连为一个整体院落，廊柱为八角木柱，紧贴围墙放置食槽和栓马桩，东、南两面墙上各留有出入口，北部草料库既有同北马厩相通入口，朝北另有出入口，以便运输草料。中部主体建筑观马宫为二层传统藏式平顶建筑，建筑面积213.47平方米，下层为马倌住房，上层为达赖喇嘛骑马出行前休息及观赏马匹的地方。结构是以墙体和柱子承重，上承过木、椽子、望板、卵石层、黄泥层及阿嘎土屋面。

**维修前的外观马宫（三大工程办提供）**

2.1.1 外观马宫主要险情（2002年5月前）

踏步块石多处破碎；一层阿嘎土地面磨损、破裂，杂物堆积；二层木地板部分地板佚失、磨损严重；墙体多处酥碱，纵横墙交接处有多处裂缝，墙身因下沉出现多处不规则裂缝；窗扇有6扇破损，门扇有3扇破损，4扇窗户被封堵；3根木柱劈裂。1根糟朽，2根歪闪；一层东房间2根梁架底部由裂缝（分别是1500毫米×20毫米×50毫米；1000毫米×5毫米×10毫米），一层北房间梁架弯曲下沉明显；木椽糟朽、虫蛀、劈裂达70%；阿嘎土开裂严重，大面积漏雨；园内拴马方柱、石马槽佚失、散落院内各处。

2.1.2 维修方案

更换破碎踏步块石；重新夯筑一层地面阿嘎土；修补二层佚失、磨损严重的木地板；剔除墙体酥碱部位，重新抹灰；纵横墙交接处裂缝和墙身下沉出现的裂缝要采用低压灌浆加固处理；补配破损窗扇、门扇，打开封堵窗户；更换虫蛀、糟朽木柱、椽子木；打牮拨正弯曲梁架，嵌补裂缝；屋面重新夯打阿嘎土；园内佚失、散落的拴马方柱、石马槽按原位归安。对更换和继续使用的新旧木构件全部须做防虫防腐处理。

2.1.3 马厩主要险情（2002年5月前）

马厩四周地面片石多佚失、地面凹凸不平，排水不畅；墙体多处酥碱、裂缝；门窗多处改建、残破严重；木柱60%劈裂，50%虫蛀，40%下沉或歪闪；梁架糟朽60%，南马厩梁架走龙严重；木椽及望板虫蛀、劈裂、糟朽达80%；屋面杂草丛生、凹凸不平，开裂的阿嘎土用水泥补缝，由于排水不畅多处漏雨严重，特别是南马厩屋面已经坍塌；马槽多个佚失，现存马厩石料破损严重；内墙帷幕式彩画脱落、污染。

2.1.4 外马厩维修方案

补配马厩四周地面片石，平整凹凸不平地面，调整排水坡度；墙体酥碱、裂缝处维修；门窗按原样复原；更换虫蛀、劈裂、糟朽的木柱、梁架、木椽及望板；重打屋面阿嘎土，修复南马厩坍塌屋面；补配佚失

维修后的外观马宫及马厩（罗布林卡管理处提供）

马槽，更换马厩破损石料；补绘、清污内墙帷幕式脱落、污染彩画。对更换和继续使用的新旧木构件全部须做防虫防腐处理。

2.1.5 外马厩草料库主要险情（2002年5月前）

草料库位于北马厩北侧，面积224平方米。其主要险情是：台基东北角下沉40毫米，室内被改为水泥地面；墙体和墙脚多处酥碱；5扇窗被改建，5扇残破严重；木柱下沉4根；梁架糟朽65%，5根梁侧、梁底出现裂缝，缝隙长1-1.5米，深度150-300毫米；木椽40%出现裂缝，70%糟朽；望板（栈棍）虫蛀60%，糟朽75%；屋面凹凸不平，排水不畅，多处有开裂、漏雨。

2.1.6 维修方案

抬升加固东北角下沉台基，室内恢复阿嘎土地面；剔除酥碱墙体和墙脚，重做传统抹灰墙面；按原样恢复被改建5扇窗，更换5扇残破严重的窗扇；抬升下沉的4根木柱；更换糟朽、开裂梁架、木椽、望板（栈棍）；屋面重新夯打阿嘎土，坡度确保排水顺畅。对更换和继续使用的新旧木构件全部须做防虫防腐处理。

2.1.7 外马厩东门、南门险情（2002年5月前）

东门位于外马厩东院墙中央，面积9.6平方米；南门作为主入口位

左图 维修前的马厩（三大工程办提供）

右图 维修中的外马厩（三大工程办提供）

于外马厩院墙东南角，面积13.3平方米。南门由于被改建成汽车通行之用，门槛石被斩平，门洞和门板被加高、加宽，原有形制改变很大。东门由于地面低于院内地面，排水不畅；墙体破损和墙面抹灰脱落较多；墙体下部因积水酥碱较多；彩画被后人涂刷白灰时覆盖；门梁、过梁都有糟朽；望板（栈棍）和椽子木糟朽80%，劈裂70%；屋面阿嘎土开裂、漏雨；门板油漆剥落。

### 2.1.8 维修方案

被改建的南门全部拆除，恢复原有式样、规格和风貌。东门外地面降低高度，加筑散水和重新找坡，确保排水畅通，修补破损、酥碱墙体和墙面抹灰；恢复原有彩画；更换糟朽门梁、过梁、望板（栈棍）和椽子木；重新夯打屋面阿嘎土；补做门板剥落油漆。对更换和继续使用的新旧木构件全部须做防虫防腐处理。

## 2.2 牛羊圈

牛羊圈位于金色颇章宫区之格桑德吉颇章的正北方，正门向东，南北长46.15米，东西宽18.53米，建筑面积765.4平方米。牛羊圈整体呈"日"字形，中间墙体将其分为南北两院，为单层平顶藏式建筑。其外为围墙，内为环绕相通的廊子。结构是以墙体和柱子承重。屋面为阿嘎土。

### 2.2.1 主要险情（2002年5月前）

牛圈北廊及相连的西廊房北侧两间已经坍塌，牛圈仅剩水廊房，且有5间屋顶已经坍塌。廊子及院内地坪已经完全破坏，廊子地面仅剩几块铺地石，其余尽失，院落现辟为菜地使用；两侧小门尚存，门扇糟朽；东侧的大门及9处窗户已被封堵；木柱全部劈裂，其中11根劈裂存在通裂，1根严重糟朽；6根木梁糟朽严重，存在通裂；木椽20%出现断裂，80%糟朽；望板（栈棍）虫蛀100%糟朽；屋面凹凸不平，排水不畅，多处有开裂、漏雨，长满杂草。

### 2.2.2 维修方案

参照目前保存的廊房式样修复已经坍塌的廊房。回填院落现辟出的菜地，夯实地面，恢复廊子及院内阿嘎土地坪，参照院内仅剩的几块铺地石规格、形制、材质，恢复廊子地面；更换所有糟朽门扇；打通被封堵的东大门和9处窗户；更换严重劈裂、糟朽、断裂、虫蛀的木柱和椽子木、望板（栈棍）；屋面重新夯打阿嘎土。对更换和继续使用的新旧木构件全部须做防虫防腐处理。

## 2.3 金色颇章北仓库

金色颇章北仓库，曾作为自治区教材编译处办公用房，位于金色颇章区正北方，坐北朝南，东西长78.58米，南北宽14.98米，建筑面积864平方米。仓库整体分为五个部分，中间为主楼，两边为东、西辅楼，再两边扩展为东、西配房。主楼面阔七间，进深三间；辅楼面阔八间，进深三间；西配房坐东向西，面阔三间，进深两间；东配房坐东向西，面阔五间，进深两间，单层平顶藏式建筑。主楼、辅楼及西配房为两层平顶藏式建筑，主辅楼相交处有两处楼梯可登二层，二层前半部辟为通体平台（晒台），由此建筑进深缩为两间。整体建筑是墙体和柱子混合承重结构，楼、地面均为传统阿嘎土面层。

### 2.3.1 主要险情（2002年5月前）

院内建筑仅剩仓库一栋，其它建筑全部被毁，院内地面均被后人改为水泥地；一层室内地面现为水泥地，二层室内为木地板，阳台（晒台）均为地板砖；二层门全部重新装修，改为现代门窗；因屋面漏雨导致二层望板（栈棍）30%虫蛀、糟朽；屋面凹凸不平，排水不畅，多处开裂部位有水泥修补痕迹，仍大面积漏雨；原有石砌体台阶全部改为混凝土结构；二层挡墙用水泥砌筑。

### 2.3.2 维修方案

恢复院内全部被毁建筑，维修仅剩建筑；拆除院内水泥地面，恢复石板地面；拆除室内外水泥地面和地板砖，重新夯筑传统阿嘎土地面；恢复二层门窗原有式样；更换虫蛀、糟朽的望板（栈棍）；屋面重新夯打阿嘎土；恢复原有石砌体台阶。

## 2.4 外围围墙

罗布林卡外围墙总周长约2700米，系标准的藏式建筑作法。墙体高

金色颇章北仓库外立面（罗布林卡管理处提供）

度在3.25—3.60米之间，墙厚在0.95—1.2米之间，高度与厚度没有统一的标准与尺寸。围墙基础深约0.6米，是直接在素土上深挖壕沟，填充毛石夯实后砌石而成。墙体内、外表层是按块石、片石一厚一薄层层叠加、错缝垒砌，内部以黄土和碎石填充。墙体朝外一面在2.15米的高度做一层挑檐，至墙顶做第二层挑檐，墙帽封护为阿嘎土夯筑。一层、二层檐之间墙面刷铁红色涂料，一层檐以下为白色墙面，内侧墙体通体刷为白色。

2.4.1 主要险情（2002年5月前）

外围围墙整体保持较好，布局存在下沉和墙体变形，东北侧墙帽阿嘎土酥碱、开裂，后人用水泥勾缝；部分飞子木糟朽、劈裂、变形。

2.4.2 维修方案

拆除下沉、变形墙段，重新砌筑；重新夯打酥碱、开裂的墙帽阿嘎土；更换糟朽、劈裂、变形的飞子木；对墙体整体进行检查保养，重新泼白灰，涂刷铁红涂料。

2.5 外围大门

罗布林卡外围沿围墙设有8座大门。东大门位于罗布林卡外围墙东面南侧。面阔五间，总长20.67米，进深两间，总深8.92米，高9.7米，建筑面积368平方米。门脸正中为板门，门两侧向外各出一梁头，承拱、小斗及过梁，再上为出挑的檐部，黄色琉璃筒板瓦顶，脊梁顶部设置铜鎏金"祥羚法轮"。大门顶部中央用石砌体加笸玛墙垒台，上置高大的铜鎏金屋脊宝瓶。大门两稍间为两层，一层可置活梯登二层。北稍间留有上下口直达屋顶。屋顶女儿墙墙体外侧为绛红色笸玛墙，上饰左右对称的铜鎏金吉祥饰品，墙体内侧为块石砌筑。大门整体采用柱墙混合承

维修中的园内黄墙（三大工程办提供）

重形式，后檐两根石柱，中间两根木柱，加上前墙及左右墙体组成该建筑的承重体系，共同承受来自椽、望板及屋面的荷载。

东侧门位于罗布林卡外围墙东面北侧。北大门和北侧门是分别位于北围墙东、西两侧的两座大门。西大门是西外围围墙唯一的一座大门。南东侧门、南中门、南西侧门是南外围围墙的三座大门。除东大门外，其余大门皆为面阔三间，进深一间，中间为门洞，两侧为门房，平顶。前墙上部出三层阶梯状女儿墙，其朝向外一侧刷铁红色涂料。前檐墙大门两侧向外各出一梁头，上挑坐斗，承替木、小斗两层及过梁一根，再上为出挑的檐部。门为板门。北大门墙顶正中置有铜鎏金屋脊宝瓶。

2.5.1 主要险情（2002年5月前）

东大门：两稍间二层地面阿嘎土年久失修，破损严重，局部已经裸露出基层卵石；南稍间北墙拐角处上部出现垂直裂缝，长度1.2米宽5—30毫米不等，深度300毫米左右；一层北面窗户损坏，二层窗户全部破损；前檐最外侧一层木过梁弯曲下沉400毫米，总长9820毫米；两稍间栈棍30%出现糟朽；楼梯部分梯步断裂、个别糟朽；屋面局部漏雨；门外两侧旗杆、香炉佚失。

北大门：位于北围墙中段东部，建筑面积63平方米。地垄地面损毁严重，内部堆满垃圾和渣土；两侧明间墙根受潮严重，墙面抹灰全部脱落；后檐两个窗户遭人为破坏导致仅剩窗框；后檐木过梁纵向劈裂长度达到250毫米，宽度25—50毫米不等；前檐14根椽子木头、飞子木糟朽、劈裂；前檐两侧梁头荷载过重出现上下通缝劈裂，局部成片脱落；屋顶局部漏雨。

西大门：位于外围西围墙北侧。整体改动较大，门洞、前檐、女儿墙原有保留，门房、门厅因坍塌被后人重建，窗洞被封堵。由于年久失修，明间阿嘎土地面已破损不堪，积满渣土；因外檐墙体黄泥浆被雨水冲刷流失，砌体出现松动、下沉，导致女儿墙向外侧倾斜150毫米；常年风吹日晒雨淋和人为破坏，门窗严重糟朽，局部被掏空，遗留窗檐、窗洞全部封堵，梁头劈裂严重，椽子木、飞子木基本糟朽。

维修后的东大门（罗布林卡管理处提供）

北侧门、南东侧门、南中门、南西侧门；整体保持较好，布局存在下沉和墙体变形，墙帽阿嘎土酥碱、开裂，后人用水泥勾缝；部分飞子木糟朽、劈裂、变形。

2.5.2 维修方案

东大门：重新夯打两稍间二层地面阿嘎土；低压灌浆加固南稍间北墙拐角处上部出现的垂直裂缝，重新抹灰；补配、修补一层北面窗户和二层窗户；拨正或更换前檐最外侧一层木弯曲下沉过梁；更换两稍间糟朽栈棍，断裂、糟朽楼梯梯步；屋面重新夯打阿嘎土。

北大门：维修损毁严重的地垄地面，清理内部垃圾和渣土；落架大修两侧明间，补配窗户；更换后檐纵向劈裂的木过梁和前檐14根糟朽、劈裂的椽子木、飞子木以及前檐两侧上下通缝劈裂梁头，补绘彩画；屋面重筑阿嘎土。

西大门：恢复封堵窗洞；重新夯打明间地面阿嘎土；低压灌浆加固松动、下沉砌体，重砌向外侧倾斜的女儿墙；修补糟朽严重的门窗和劈裂、糟朽严重的梁头、椽子木、飞子木，恢复封堵窗洞。

2.6 玛尼拉康

玛尼拉康位于罗布林卡外围东南角，与罗布林卡外围墙一墙之隔。坐北朝南，为单层平顶藏式建筑，建筑面积395.4平方米。结构形式是以柱、墙承重，上承过木、椽、望板及阿嘎土屋顶。玛尼拉康面阔三间，进深两间。进深方向的两间中间以门、窗和墙体分隔，外间敞开，内间置佛龛，佛龛两侧各设一转经筒，以轮轴连通地下叶轮，另有水管对着叶轮一侧，喷水则推动叶轮，进而带动转经筒旋转。玛尼拉康两厢房皆为后建单层平顶藏式建筑。据老照片及当地老年人介绍，西厢房为两层平顶式建筑，面阔两柱三间，每间长约3米，进深一间，宽约2.5米。一层高约2.5米。二层低矮，高约1.7米，原供奉有108尊高约30厘米的菩萨。一层北次间为进院门之过厅。东厢房为单层平顶式建筑，建筑形式与玛尼拉康相似，

**维修后的玛尼拉康（罗布林卡管理处提供）**

面阔两柱三间，长约9米；进深两间，宽约7米。

2.6.1 主要险情（2002年5月）

仅存主殿，门房和东西厢房为后建，被加宽加高；进门台基离院内地面抬高400毫米。

2.6.2 维修方案

一般性维修。

2.7 金色颇章花房

金色颇章花房位于金色颇章区格桑德吉之北，东临牛羊圈，坐北朝南，为单层平顶藏式建筑，建筑面积62.3平方米。面阔八间，进深一间，结构上是以柱、墙承重，上承过木、椽子、望板及阿嘎土屋顶。

新建成的管理处办公区(三大工程办提供)

2.7.1 主要险情（2002年5月）

西侧尽头房间为后建；花房前侧后人搭建玻璃温棚；主要险情有2根木柱劈裂，5根椽子木椽头与墙体搭处糟朽、劈裂；栈棍20%糟朽；多处漏雨。

2.7.2 维修方案

一般性维修。

**新改建（搬迁）项目设计方案**

1. 新建办公用房

根据罗布林卡管理处机构规格，满足内设部门办公之需，拟选址东门南侧一带修建独立院落的办公区。修建面积1265平方米，建筑高一层，外观仿藏式，采用砖混结构。

2. 新建服务用房

根据罗布林卡总平面布局特点，拟修建服务用房8处，总建筑面积1582.2平方米，分布于罗布林卡各个区域。服务用房设计按照配套世界

*新建成的标准化公共厕所（三大工程办提供）*

遗产游客服务设施标准建设，分为5个不同的设计方案，分别为A（建筑面积187.9平方米）、B（建筑面积175.4平方米）、C（建筑面积241.4平方米）、D（建筑面积338.6平方米）、E（建筑面积275.6平方米），其功能具备旅游纪念品销售门店、小吃店和配套洗手间。建筑高度控制在一层，外观方藏式建筑，采用砖混结构。

3. 新建公共厕所

根据调查，继续保留罗布林卡原有9处园林公厕，拆除后期为满足开放需要增建的9处旱厕，改为现代水冲式标准化公厕。设计分为6个不同的方案，分别为A（建筑面积64.8平方米）、B（建筑面积50.4平方米）、C（建筑面积99.8平方米）、D（建筑面积91.6平方米）、E（建筑面积216.6平方米）、F（建筑面积89.5平方米），建筑高度控制在一层，外观仿藏式建筑，采用砖混结构。

4. 环境治理和搬迁工程

园林内的灌溉设施及池塘需采取防渗措施，并对园林内的树木和植物进行保护及病虫害治理，清理枯死的植被，种植一些以驱虫和杀虫的

*新建成的商务服务用房（三大工程办提供）*

园内病虫害治理后树木郁郁葱葱（三大工程办提供）

植物。

将园内的职工住房全部搬迁，进行总体整治，搬迁面积约为5000平方米。

5. 道路改造

维修石板路面，以建筑群组为单位设置环形消防通道，修复断头路。

**公用辅助工程建设方案**

1. 给排水系统

重新设计给排水系统。罗布林卡周边东、南、北侧均有市政自来水管网接入口，可直接引入自来水。整个园林体系的排水系统设计有序将雨、污水分别排入市政雨污水排放管，并在园林内兴建具备上下水系统的公共卫生间，还园林优美、清新的环境。

2. 消防水系统

消防用水由市政自来水提供，若供水水压达不到规范标准应加设加压泵房。另外可取用池塘内的湖水，作为应急消防用水，消防给水管道由园林外引到园林内形成几个环状管网，并在各殿堂周围设置消火栓，另外在各重点殿堂内设置消火栓加干粉灭火器。

新铺筑的园内石板道路（三大工程办提供）

3. 火灾报警

各殿堂内均应安装感烟探测器，并在重要殿堂内增设红外对射感烟探测器，且设置手动报警按钮和消灭栓按钮，以便及早发现火情，及时报警。

4. 供电系统

由于罗布林卡内树木较多，应将供电局引来的架空线路，改为埋地敷设。建筑物内的线路应穿管敷设，并与古建筑相协调。灯具光源采用节能高效灯泡，各建筑物内设置照明配电箱，加装漏电空气开关继电保护。园林内道路旁增设路灯，且管线全部埋地，既不破坏环境，又保证游客的安全。重点解决配电室变压器增容100kVA，满足罗布林卡用电需求。

5. 保安监控系统

本工程占地约36万平方米，覆盖面大，各建筑物相高较远，现有26个监控点，远不能满足要求，需增设监控探头，扩大监控覆盖面，特别是几个外围主入口大门更加重要。另外，在重要殿堂内应设置红外线防

新建成的消防供水系统（三大工程办提供）

新改建中的园内消防大门（三大工程办提供）

新改建后的园内消防大门（三大工程办提供）

入侵报警系统探头,并将设在内马宫的技防控制室,搬至新建的总控制室,与消防控制中心合并,连接接地避雷线。

**壁画病害调查与保护修复技术**

本次壁画保护修复工作的重点是针对存在病害壁画的抢救和修复。整个壁画修复工作要严格依照《中华人民共和国文物保护法》《中国文物保护准则》等相关法规要求,结合罗布林卡壁画载体及制作工艺、病害种类的实际情况,以"保护为主、抢救第一,先抢修、后加固"为原则,在充分做好前期研究试验的基础上,针对不同的壁画病害选用不同的修复材料、修复工艺和保护措施。如:对特别危险的空臌壁画采取紧急加固(如锚固、灌浆);对大面积空臌壁画采取揭取回贴和灌浆、锚固相结合的方式进行修复;对表面起甲、烟熏、酥碱壁画采取回帖、清洗、加固的办法处理。罗布林卡需修复壁画总面积902.4平方米,此次重点维修起甲、空鼓、油污、错位、开裂严重的壁画病害,抢险修复壁画面积控制在600平方米以内。

改造前的园内电线(三大工程办提供)

新建成的技防(消防、安防)总控制室(三大工程办提供)

起甲严重的壁画(三大工程办提供)

## 罗布林卡壁画病害面积调查统计表

| 建筑名称 | 位置 | | 病害壁画面积（m²） | | | | | 备注 |
|---|---|---|---|---|---|---|---|---|
| | | 合计 | 起甲 | 酥碱 | 烟熏 | | | |
| 准增颇章 | 二层正殿 | 西壁 | 3.78 | | 3.78 | | | |
| | 南屋 | 东壁 | 1.17 | 1.17 | | | | |
| | | 西壁 | 3.57 | 3.57 | | | | |
| | | 南壁 | 3.44 | 3.44 | | | | |
| | 密宗室 | 南壁 | 2.44 | 2.44 | | | | |
| | 合　计 | | 14.40 | 10.62 | 3.78 | | | |
| 湖心亭、西龙王宫 | 殿内 | 东南角 | 2.23 | 2.23 | | | | 殿外壁画起甲、脱落严重 |
| | | 西南角 | 3.1 | 3.1 | | | | |
| | | 木版画 | 8.06 | 4.03 | 4.03 | | | |
| | 殿外 | 东壁 | 6.1 | | 6.1 | | | |
| | | 西壁 | 6.32 | | 6.32 | | | |
| | | 南壁 | 6.6 | | 6.6 | | | |
| | | 北壁 | 6.6 | | 6.6 | | | |
| | 合　计 | | 39.01 | 9.36 | 29.65 | | | |
| 内马厩 | 门厅 | 南壁 | 19.40 | 7.25 | 7.25 | 4.9 | | 起甲、脱落、空鼓严重 |
| | | 北壁 | 10.66 | 5.33 | 5.33 | | | |
| | 合　计 | | 30.06 | 12.58 | 12.58 | 4.9 | | |
| 乌尧颇章 | 西外房 | 东壁 | 6.12 | | 6.12 | | | 正殿北壁起甲、空鼓严重，多处壁画颜料层已脱落，情况非常严重。地垄木椽糟朽导致密宗室西墙体下陷，从而产生裂缝，错位。 |
| | | 南壁 | 3.2 | | 3.2 | | | |
| | | 北壁 | 6.48 | | 6.48 | | | |
| | 东屋 | 东壁 | 0.78 | 0.78 | | | | |
| | | 西壁 | 2.75 | 2.75 | | | | |
| | | 北壁 | 5.18 | 5.18 | | | | |

续表

| 建筑名称 | 位置 | | 病害壁画面积（m²） | | | | | 备注 |
|---|---|---|---|---|---|---|---|---|
| | | 合计 | 起甲 | 酥碱 | 烟熏 | | | |
| 乌尧颇章 | 库房 | 西壁 | 3.16 | 3.16 | | | | 正殿北壁起甲、空鼓严重，多处壁画颜料层已脱落，情况非常严重。地垄木椽糟朽导致密宗室西墙体下陷，从而产生裂缝，错位。 |
| | | 南壁 | 4 | 4 | | | | |
| | | 北壁 | 2.73 | 2.73 | | | | |
| | 正殿 | 东壁 | 2.5 | 2.5 | | | | |
| | | 西壁 | 7.33 | 7.33 | | | | |
| | | 北壁 | 16.36 | 6.68 | 6.68 | 3 | | |
| | 寝宫 | 西壁 | 0.5 | 0.5 | | | | |
| | | 北壁 | 3 | 3 | | | | |
| | 密宗室 | 西壁 | 5.06 | 4.06 | 1 | | | |
| | | 南壁 | 7.99 | 7.99 | | | | |
| | | 北壁 | 1.7 | 1.7 | | | | |
| | 合　计 | | 78.84 | 52.36 | 23.48 | 3 | | |
| 辩经台 | | 东壁 | 7.54 | | 7.54 | | | 北壁起甲、空鼓严重，墙体倾斜 |
| | | 北壁 | 21 | 28.54 | 4 | | | |
| 习经室 | 西屋 | 西壁 | 10.18 | 8.85 | 0.89 | 0.44 | | |
| | 东屋 | 东壁 | 8.7 | 8.7 | | | | |
| | | 北壁 | 5 | | 5 | | | |
| | 走廊 | 西壁 | 8.86 | 3 | 5.86 | | | |
| | | 北壁 | 3.16 | | 3.16 | | | |
| | 合　计 | | 35.9 | 20.55 | 14.91 | 0.44 | | |
| 吉美曲溪 | 正殿 | 西壁 | 2.35 | 2.35 | | | | |
| | | 南壁 | 9.17 | 3.85 | | | 5.32 | |
| | | 北壁 | 18.37 | 5.4 | 5.25 | 2.3 | 5.42 | |
| | 寝宫 | 西壁 | 3.86 | | 3.86 | | | |
| | | 南壁 | 10.55 | 2 | 6.35 | 2.2 | | |
| | | 北壁 | 1.2 | | 1.2 | | | |

续表

| 建筑名称合计 | 位置空臓 | | 病害壁画面积（m²） | | | | 备注 |
|---|---|---|---|---|---|---|---|
| | | | 起甲 | 酥碱 | 烟熏 | | |
| 吉美曲溪 | 卫生间 | 东壁 | 3.44 | | 2.24 | 1.2 | |
| | | 西壁 | 4.27 | | 2.87 | 1.4 | |
| | | 南壁 | 6.12 | | 4.12 | 2 | |
| | | 北壁 | 6.12 | | 4.12 | 2 | |
| | 合　计 | | 65.45 | 13.6 | 30.01 | 11.1 | 10.74 |
| 格桑颇章 | 一层 | 前廊 | 三壁 | 17.74 | 17.74 | | |
| | 主殿二层 | 楼梯旁 | 东壁 | 3.79 | 3.79 | | |
| | | 罗汉殿外走廊 | 西壁 | 4.64 | 4.64 | | |
| | | | 北壁 | 1.98 | 1.98 | | |
| | 罗汉殿外走廊 | 罗汉殿 | 北壁 | 9.25 | | 9.25 | |
| | | 护法殿 | 西壁 | 9.44 | 9.44 | | |
| | | 外回廊 | 西壁 | 6.62 | 6.62 | | |
| | | | 南壁 | 14.4 | | 14.4 | |
| | | | 北壁 | 2.31 | | 2.31 | |
| | 三层 | 正殿 | 北壁 | 15.14 | 15.14 | | |
| | | 走廊 | 北壁 | 5.9 | 2.95 | 2.95 | |
| | 合　计 | | 91.21 | 62.3 | 28.91 | | |
| 格桑德吉颇章 | 二层正殿 | 东壁 | 7.63 | | | 7.63 | 正殿壁画表面油污严重，并有很多标语痕迹，应尽快去除。 |
| | | 南壁 | 1.71 | | | 1.71 | |
| | 二层寝宫 | 西壁 | 6.27 | 6.27 | | | |
| | | 南壁 | 2.31 | 2.31 | | | |
| | 静修室 | 东壁 | 1.58 | | 1.58 | | |
| | | 北壁 | 6.73 | 4.47 | 2.26 | | |
| | 二层卫生间 | 东壁 | 10.65 | 0.78 | | 9.87 污物 | |
| | | 西壁 | 15.78 | | 7.89 | 7.89 污物 | |
| | 二层卫生间 | 南壁 | 8.71 | 6.04 | 2.67 | | |
| | | 北壁 | 7.2 | | | 7.2 污物 | |
| | 合　计 | | 68.57 | 19.09 | 15.18 | 34.3 污物 | |
| 玛尼拉康 | | 东壁 | 24.36 | 14.01 | 10.35 | | 壁画表面不均匀，由多处脱落、修补痕迹。起甲、空鼓严重。 |
| | | 西壁 | 17.85 | 10.71 | 7.14 | | |
| | | 南壁 | 23.76 | 11.88 | 11.88 | | |
| | | 北壁 | 13.58 | 13.58 | | | |
| | 合　计 | | 79.55 | 50.18 | 29.37 | | |
| 总　计 | | | 556.53 | 271.64 | 216.41 | 23.44 | 10.74 | 34.3 油污 |

罗布林卡壁画保护修复工程于2003年4月28日开工，2005年8月30日全面竣工，总工期443天。其中：2003年投入工期225天（前43天仅对配合土建施工当中的壁画采取保护措施派员现场作业），2004年投入工期177天，2005年投入工期41天。鉴于西藏特殊气候条件，壁画保护修复有较高气候要求，每年有效工期一般为5月初至10月底。经过两年多的病害壁画的修复加固，修复总面积达到698平方米，其中空鼓壁画597平方米，起甲壁画63.2平方米，酥碱壁画7.4平方米，烟熏壁画30.4平方米，裂缝补隙未计入其中。截至2005年竣工交验，实际修复加固面积超出原计划140多平方米。格桑颇章增量较多。

壁画保护修复前期试验、设计、施工均由敦煌研究院承担。全部工程分批次由三大工程办、自治区文物局、工程指挥部组织有关专家，监理、施工单位验收，终验由国家文物局组织专家验收。

**木材材质分析与防虫防腐技术**

1. 虫害类型：经中国林科院木材研究所检查鉴定，布达拉宫发现了大量的蚁虫、长虫和木蜂，必须采取有效措施将其杀灭，否则后患无穷。经过前期实验室分析研究，中国林科院针对布达拉宫虫害情况，研制出

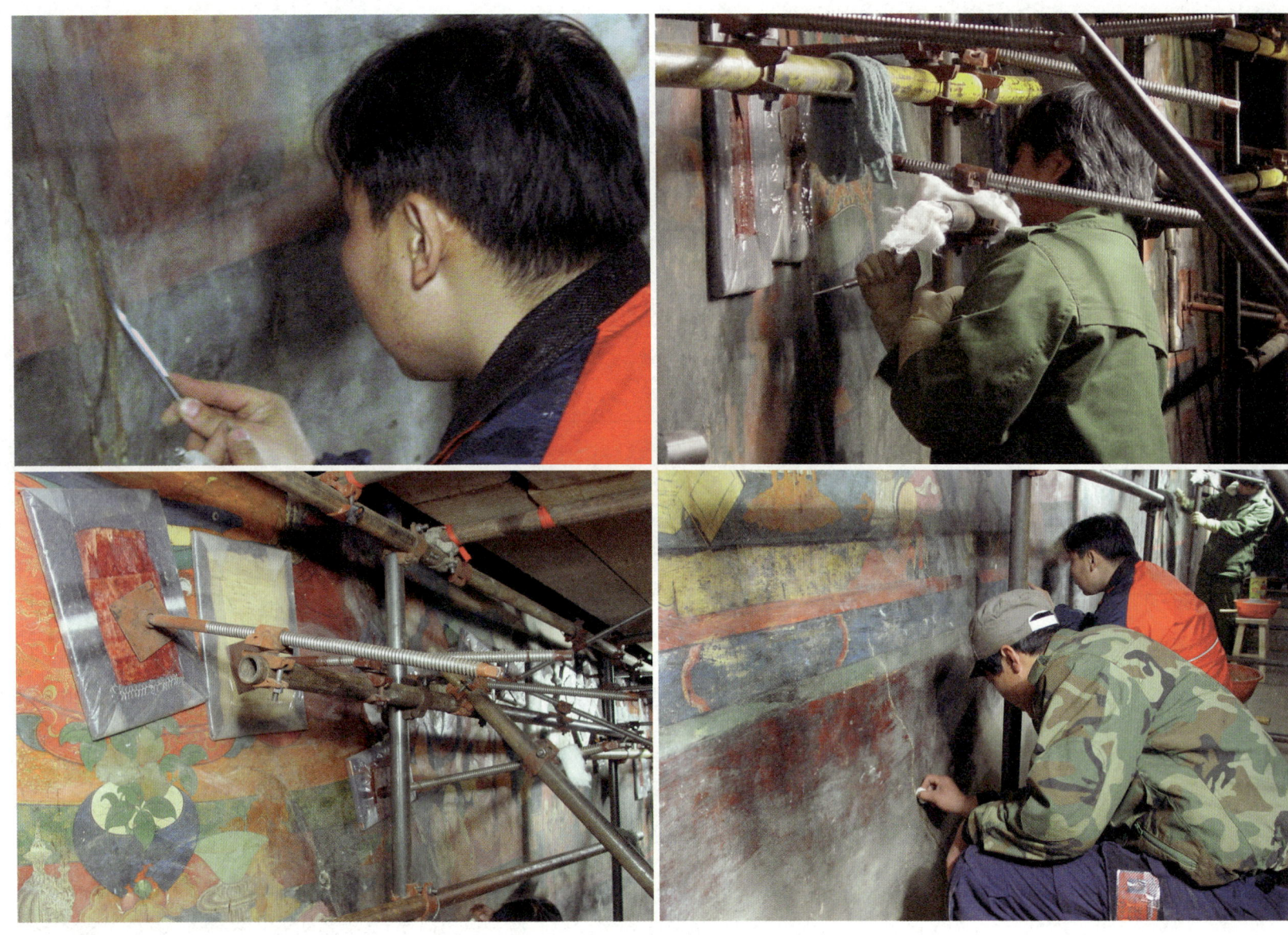

罗布林卡壁画保护修复施工现场组图（三大工程办提供）

了如下四种药剂配方：

（1）浓度为6%的硼砂复合剂（硼砂50%、硼酸50%）。

（2）浓度为7%的硼砂氟复合剂（硼酸35%、硼砂35%、氟化钠30%）。

（3）浓度为4%的五氯酚、林丹合剂（五氯酚3%、林丹1%）。

（4）浓度为5%的CCA（即硫酸铜、重铬酸纳、五氧化二砷）。

2. 施药方法：根据新旧件、修缮方法和彩绘情况，分别采用喷淋法、涂刷法、注入法和真空加压浸注法。施工时进一步检查虫菌情况，确定用药配方和施药方法。

3. 材种检测：这次维修，除了继续保留原有木构件和拆除后继续使用的旧木构件外，新更换的木构件材种在正式选定前，三大工程办采集了大量柏木、落叶松、高山松、沙棘木试材，送检中国林业科学研究院木材工业研究所。经该所实验室在锯解、刨光、气干、恒温恒湿、控制含水率不高于12%的条件下，通过各项力学性质检测，得出了检测结果与数据分析，为维修工程选材提供了科研支持。

**表1　检测结果（经过换算）**

| 树种 | 树种编号 | 气干密度（g/） | 顺纹抗压强度（kgf/cm²） | 抗弯强度（kgf/cm²） | 抗弯弹性模量（kgf/cm²） | 冲击韧性（kgf/cm²） |
|---|---|---|---|---|---|---|
| 柏树 | IV | 0.526 | 394 | 904 | 67189 | 0.277 |
| 落叶松1 | VI | 0.512 | 348 | 743 | 65629 | 0.261 |
| 落叶松2 | V | 0.455 | 373 | 898 | 94120 | 0.240 |

单位换算：1mpa=10.972kgf/cm²；　1kgf/m=9.80665J。

**表2　结果分级表**

| 树种 | 树种编号 | 气干密度 | 强度 | 冲击韧性 | 弹性模量 | 品质系数 |
|---|---|---|---|---|---|---|
| 柏树 | IV | 轻 | 低（接近中） | 中 | 低 | 高 |
| 落叶松1 | VI | 轻 | 低 | 中 | 低 | 中 |
| 落叶松2 | V | 轻 | 低（接近中） | 低 | 中 | 高 |

注：依据《中国木材志》木材材性分级规定确定。

4. 结果分析

4.1 表1显示顺纹抗压强度落叶松2大于落叶松1；抗弯强度落叶松2大于落叶松1；抗弯弹性模量落叶松2大于落叶松1；冲击韧性落叶松2小于落叶松1。

4.2 顺纹抗压强度与抗弯强度之和表示木材强度，因此落叶松2的木材强度大于落叶松1的木材强度。落叶松2的木材强度值（1271）和柏树强度值（1298）均接近中等强度最低值（1351）。

4.3 通常将木材顺纹抗压和抗压强度之和与气干容量的比值作为木材的品质系数，用于衡量材质的优劣。经计算落叶松2和柏树属高品质，落叶松1属中等品质。

4.4 落叶松2的冲击韧性为低，当木材受到比较大的外来冲击时相对容易断裂。

4.5 本次采集的落叶松1和落叶松2，木段直径为30厘米，年轮分别为22轮和38轮。一般来说年轮越密力学强度越大，年轮越宽力学强度越小。年轮宽窄表示树木生长的快慢，生长快的树木材质疏松。落叶松1只用了22年生长为30厘米粗，比落叶松2生长快，与《西藏森林》一书中介绍的林芝落叶松试材（直径28厘米，年轮48轮）相比，落叶松1和落叶松2均生长快，年轮宽。

4.6 查阅《木材学》东北落叶松各项力学强度均高于落叶松2；西藏落叶松有名西藏红杉，隶松科落叶松、属红杉组，在红杉组中落叶松2的各项力学强度均高于其他红杉。

5. 确定材种

根据上述检测换算与分析比对，此次布达拉宫维修工程主要使用的新木材确定为林芝、山南（隆孜县）产的高山落叶松2和柏木2种，这种木材中含有酸树脂、雪松醇和油松醇，较耐腐蚀，其承重抗压能力较强。建议不使用林芝东南部、日喀则吉隆、陈塘等低海拔生长的落叶松1及其相似的材种。

对阴暗潮湿的部位，如地垄、旱厕等处尽量使用山南隆子、林芝工布江达、拉萨墨竹工卡等地所产的具有耐腐蚀、抗虫蛀的沙棘木。

所有新换木构件的含水率控制在20%以内。

**名词解释：**

- 木材气干密度：单位面积木材的质量。
- 弹性模量：代表木材的劲度和弹性，反应梁架抵抗弯曲变形的能力。弹性模量越大越刚硬，反之则柔曲。
- 抗弯强度：为木材承受横向荷载的能力。
- 顺纹抗压强度：在短时间内沿木材顺纹方向缓缓施加压缩荷载，木材所能承受的最大能力。
- 冲击韧性试验：为了测定木材在冲击荷载的条件下，对破坏的抵抗能力。
- 品质系数：通常将木材顺纹抗压强度和抗弯强度之和与气干容量的比值作为木材的品质系数，用来衡量材质的优劣。

**改性阿嘎土试验与数据分析**

根据罗布林卡建筑险情勘察分析，除了木构架腐蚀虫蛀、墙体裂缝、壁画病害、环境影响等险情外，屋面阿嘎土出现的裂缝、酥碱、脱落导致的普遍渗漏水问题，给建筑和壁画安全造成极大的危害，也是建筑险情诱发的重要原因之一，需通过采用现代科技手段加以解决屋面渗漏问题已是迫在眉睫。为确保达到预期目标，改性阿嘎土作为科技保护项目的重要组成部分，"三大文物工程办"委托北京凯莱斯建筑技术有限公司对罗布林卡改性阿嘎土柔性防水涂料技术性能指标，外加剂产品标准技术性能指标，外加剂物理、化学性能指标，表层抗渗剂性能指标进行性能检测和现场试验。经国家文物局组织多学科专家对检测结果、现场试验多次评估论证后，正式下发了同意大面积推广使用的批复。

### 1. 改性阿嘎土柔性防水涂料技术性能指标

适用于：布达拉宫、罗布林卡　　　　制定时间：2003.11

| 序号 | 项目 | | 指标 | |
|---|---|---|---|---|
| | | | Ⅰ型 | Ⅱ型 |
| 1 | 在容器状态 | 乳液 | 经搅拌后，无杂质、无凝胶、呈均匀状 | |
| | 粉剂 | | 经搅拌后，无杂质、无结块、分级均匀 | |
| 2 | 干燥时间 h ≤ | 表干 | 4 | |
| | 实干 | | 10 | |
| 3 | 拉伸强度 | 无处理，MPa ≥ | 1.2 | 6.5 |
| | | 加热处理后保持率 % ≥ | 70 | 70 |
| | | 碱处理 % ≥ | 70 | 70 |
| 4 | 断裂延伸率 | 无处理，% ≥ | 100 | — |
| | | 加热处理后保持率 % ≥ | 70 | — |
| | | 碱处理 % ≥ | 70 | — |
| 5 | 低温柔性 Φ 10mm 棒 | | -20℃无裂纹 | |
| 6 | 不透水性，0.3MPa，30min | | 不透水 | |

说明：根据设计和施工部位所要求的强度不同，选择Ⅰ型或Ⅱ型。

标准试验条件：温度（23℃±2℃），相对湿度（45%—70%）

### 2. 改性阿嘎土外加剂产品标准技术性能指标

适用于：布达拉宫、罗布林卡　　　　制定时间：2003.11

| 序号 | 项目 | | 指标 |
|---|---|---|---|
| 1 | 抗压强度 MPa | 7d ≥ | 4.5 |
| | | 28d ≥ | 8.5 |
| 2 | 劈裂抗拉强度 MPa | 28d ≥ | 1.2 |
| 3 | 抗渗性能 0.30 MPa | | 不透水 |

续表

| 序号 | 项目 | 指标 |
|---|---|---|
| 4 | 冻融循环 | 12次循环损失量≤10%　抗压强度保持率≥70% |
| 5 | 干湿循环 | 12次循环损失量≤10%　抗压强度保持率≥70% |
| 6 | 吸水率 | 48小时，≤20%。 |

### 3. 改性阿嘎土外加剂物理、化学性能指标

| 序号 | 项目 | 指标 |
|---|---|---|
| 1 | 外观 | 浅灰色粉状固体 |
| 2 | 密度 g/cm³ | 2.8—3.0 |
| 3 | 皮表面积 m²/kg | ≥ 320 |
| 4 | SO₃ % | 2.5—6.0 |

### 4. 改性阿嘎土表层抗渗剂性能指标

| 序号 | 项目 | | 指标 | |
|---|---|---|---|---|
| | | | GB-50 渗透型 | GB-50 面涂型 |
| 1 | 外观 | | 无色、透明、呈均匀液体 | |
| 2 | 固体含量 | | 12—14 | 18—25 |
| 3 | 粘度 mm²/S | | 15—20 | 15—30 |
| 4 | 干燥时间 h ≤ | 表干 | 2 | |
| | | 实干 | 12 | |
| 5 | 渗透深度 mm ≥ | | 5.0 | 2.0 |
| 6 | 吸水率比 48h ≤ | | 50% | 30% |
| 7 | 抗冻性 | 一般地区 | 20℃至-20℃ 表面无变化 | |
| | | 特殊地区 | 20℃至-40℃ 表面无变化 | |
| 8 | 耐热性 72h | | 80℃ 表面无变化 | |
| 9 | 耐碱性 168h | | 饱和氢氧化钙溶液浸泡 表面无变化 | |
| 10 | 耐酸性 98h | | 1%盐酸溶液浸泡 表面无变化 | |
| 11 | 耐老化性 | 无起泡、剥落、裂纹 | 1级 | |
| | | 粉化、变色 | 2级 | |

注：由于西藏各地之间气温差异较大，耐冻性指标应根据所使用地区的气温加以调整。

**低压灌浆技术在墙体结构加固中的应用**

古建筑结构出现的问题，直接威胁到文物本体的安全。采用低压灌浆技术对其裂缝进行维修加固，既能符合文物保护原则（免拆除、少扰动、有效保护历史信息），又能大大减轻甚至消除结构危险、延长文物寿命。

1. 古建筑产生裂缝的原因

裂缝产生的原因是多方面的。如：地基沉降开裂、洪水浸泡沉降开裂、不合理改造建筑致使结构错位造成的受压开裂、干湿变化造成的夯土墙体开裂、温度开裂、地震及受到外部冲击力开裂等，尤其受力部位开裂会对整体结构安全造成极大威胁。

2. 低压灌浆技术的加固机理及优势

低压灌浆技术，是利用压力，将浆液挤压进入裂缝当中，当浆液凝结固化后，填充裂缝，并对裂缝具有一定的粘结性（视裂缝宽度、灌浆料理化成分特性成分、被灌体的理化成分特性成分而定），提高结构的整体性，保持了建筑的外观形制不变，保留更多的历史信息，使建筑免于出现被拆解、干扰和重砌的无奈之举。而且低压灌浆技术，因其压力较小，既能保证将浆液有效灌入裂缝内，又能保证建筑结构不至于因压力过大而被破坏和受冲击。

低压灌浆技术，其最大压力不大于 0.6Mpa，保证古建筑脆弱结构体的安全，又能连续灌注，消除灌注过程中可能产生的气栓，保证灌浆的密实度。

3. 低压灌浆技术应用必须注意的问题

为保证修缮质量，在使用低压灌浆加固技术进行加固时，根据结构的材质、砌缝宽度、裂缝宽度，选用不同的灌浆材料和操作工艺。

因文物建筑所处气候环境、地质地理、原材料资源差异很大，很多古建筑的常用材料资源目前是否充足等情况必须予以考虑。因此，根据布达拉宫、罗布林卡、萨迦寺不同的营造方法、使用的建材和气候特点，在正式进行灌浆加固作业前，必须进行工艺试验和灌注材料试验，取得试验数据，以确保加固质量。如数据结果不理想，必须重新调整配方、改进工艺、继续试验，直至实验结论达到设计要求为止。

对于原砌筑砂浆流失形成孔洞、裂缝而采用灌浆工艺进行加固时，灌浆材料强度，应与原砌筑砂浆相当，不得高出太多（具体数值可根据原砂浆强度的检测结果和相应的计算确定），否则易造成应力集中，加速原结构的破坏，国内已有不少教训。

对于原结构破坏产生的裂缝采用低压灌浆工艺进行加固时，灌浆材料强度，应与原结构强度相当，不得高出太多（具体数值可根据原结构强度的检测结果和相应的计算确定），否则易造成应力集中，加速原结构的破坏。

4. 适合低压灌浆技术使用结构类型一览表

| 序号 | 加固结构类型 | 砌筑灰缝宽度 | 裂缝宽度 | 灌注主料 |
| --- | --- | --- | --- | --- |
| 1 | 块石黄土（或者石灰砂浆）砌筑墙体 | ≥10 | 裂缝宽度≥5 | 黄土石灰砂浆（可加入少量水泥） |
| 2 | 青砖黄土砌筑墙体 | ≥10 | 裂缝宽度≥5 | 黄土石灰砂浆 |
| 3 | 青砖石灰砂浆砌筑墙体 | 2—10 | 裂缝宽度≥2 | 石灰砂浆（可加入少量水泥） |
| 4 | 夯土结构 | | （裂缝宽度≥10） | 黄土砂浆（可加入石灰或高岭土） |
| 5 | 混合（水泥）砂浆砌筑砖墙 | 约10 | 裂缝宽度≥2 | CGM |
| 6 | 混凝土结构 | | 裂缝宽度≥2 | CGM |
| 7 | 混凝土结构 | | 裂缝宽度≤2 | 环氧胶 |

5. 低压灌浆技术操作工艺及技术要求

5.1 操作顺序

清理裂缝→封堵埋管→灌浆加固→表面清理→养护→表面成型

5.2 具体操作工艺及技术要求

5.2.1 灌浆料及封堵料的配制

因文物本体的差异性，封堵材料和灌浆材料的配方应具有针对性，其必须与文物本体（被灌体）的理化指标近似，不可产生排斥性，不可有较大的干燥或温度收缩差异，不可有较大的强度差异；配方必须根据具体项目进行配比试验、确定，如无绝对把握，不可一种配方多处使用。在正式施工作业前必须进行现场试验，以检验配方和工艺的可行性。

封堵材料固化后的强度必须超过灌浆材料，至少要能够承受灌浆压力（可根据设备灌浆时的压力进行计算或推算），可采用与灌浆材料配比相同的减水配方，或者另行配制。

### 5.2.2 裂缝表面及内部清理

去除裂缝表面松散物，用高压水汽冲洗清洁裂缝，直至将污物清理干净；用高压气体吹干裂缝表面残水。对于较大裂缝，可用铁钩或钢刷进行内部清理。大多数裂缝较深，彻底清洗干净较为困难，因此在条件许可的前提下，尽可清理到裂缝内部深处。

封堵埋管。根据现场裂缝实际宽度，选择埋管的管径和长度；封堵料的厚度必须能够承受灌浆压力，一般封堵厚度不小于缝宽的2倍。

封堵埋管作业必须从低向高进行，边封堵边埋管，以封堵密实不漏浆为准；注浆管必须埋设在裂缝最低点，并尽可能探入裂缝深处，以便于灌浆时能够灌满空腔；排气管应埋设在裂缝顶端，以利于排除裂缝内气体，消除形成气栓的可能性。

封堵作业完成后必须进行养护，待封堵料强度达到灌浆（胶）要求后方可进行灌浆（胶）作业。

### 5.2.3 灌浆作业

灌浆作业时必须在现场最低温度不低于5℃时方可进行，以防温度过低，影响浆液固化，造成灌浆材料强度不均匀，造成应力集中，影响灌浆质量。

灌浆时必须从低向高进行，便于利用灌浆材料重力，排除空腔内空气，以防形成气栓，影响灌浆密实度。

每处作业面（多条裂缝可能相互贯通的前提下）必须同时连续灌浆，每次灌浆高度不得超过1米，每日只能灌浆一次，养护两天，待浆液沉降稳定并开始固化后，方可进行下一次灌浆；单条裂缝灌浆时，必须连续灌浆直至排气管冒浆，以免影响工程质量。

当浆液溢出排气管时，应封堵排气管并继续加压灌注2—3分钟，以保证灌浆密实度。

完成灌浆作业后48小时左右，检查灌浆作业面，并对缺陷进行补灌；灌浆必须密实，不得出现漏灌、灌注不密实等施工缺陷；压力灌浆时不得污染文物本体表面；如果发生漏浆的情况，必须立即擦拭干净。

### 5.2.4 养护

灌浆作业完成后，正常气温下养护时间不得少于28天；温度较低时（最低温度不得低于5℃）养护时间不得少于40天。

养护期间不得扰动作业面，不可在作业面附近进行震动性较大的作业，以免将进入初凝的灌浆材料震裂，影响灌浆质量。

### 5.2.5 表面成型及现场清理

养护期完成后，凿掉灌浆管，凿掉部分与封堵面平齐或按照设计要求；用钢丝刷裂缝表面及裂缝内封堵料表面杂物清刷干净。

## 第三节 环保、节能、安全和防疫措施

### 一、环境保护措施

本项目为重点文物保护维修工程，应高度重视环境保护，本着"以人为本"的建设原则。

1. 施工期间应加强现场施工管理，注意文明施工，积极采取各种措施及时清除现场的建筑垃圾，保证施工期间不对文物、周边道路、建筑、绿地和游客等造成影响，或使影响减到最小，保持罗布林卡良好环境。

2. 针对大气、噪声、水、固体废弃物四大污染源，本项目从维修开始，就应贯彻建设项目与环保治理同步进行的方针，对污染源所产生的影响进行分析，并加以治理。停车场设置在文物保护区以外；禁止在保护区内使用高分贝的扩音器；设置隐蔽的雨、污水排放系统；固体废弃物放置在专门的密闭垃圾回收桶内，由保洁员及时统一处理。

## 二、节能措施

节能是我国经济和社会发展的一项长远战略方针。同发达国家相比我国能源利用效率仍然较低。迈入新世纪后，我国面临着经济快速发展对能源特别是优质能源的需求将不断增加。因此，大力开展节能工作大幅度提高能源利用效率。

1. 给水及消防管网应确保质量，避免发生水源流失及事故，杜绝对文物建筑的严重影响。
2. 供水设施宜采用节水节能型产品，如节水龙头等。排水管可用PVC管替代铸铁管，以减少二次污染。
3. 庭院道路应选用高效节能的灯具，并采取统一控制。
4. 机电等耗能设备采用节能产品。
5. 用电设备较多的场所，应采用有效手段，把节约能源落到实处。

## 三、安全防范措施

1. 建筑物内的电气线路和用电设备按规范要求分别设有负荷保护和加装漏电保护。
2. 按《建筑物防雷设计规范》（GB50057-94）规定，设置防雷保护措。
3. 对电气设备进行经常性检修，避免发生事故。
4. 加强安全管理，高空作业必须佩带安全保护绳，进入工地的所有人员须戴安全帽，脚手架搭建要牢固可靠、设置边网，施工现场禁止吸烟或使用明火，确保人身和文物安全。
5. 用于防腐防虫处理的药物，应对文物和人体无害。

## 四、防疫防控措施

1. 本项目公共厕所设计应符合卫生防疫要求。污水及雨水采用分流系统。
2. 道路两边设置垃圾桶，避免乱扔杂物。
3. 公共厕所、垃圾站等处，实行定期消毒、消灭害虫，做好植物的培育，定期防治病虫害。种植一些驱虫或杀虫灭菌、防疫功能的植物，以起到大气天然净化器和过滤器的作用，以提高罗布林卡卫生防疫水平。

# 第四节　工程参建单位和投资执行情况

## 一、勘察设计单位

| 类别 | 承担项目 | 单位 | 项目负责人 |
|---|---|---|---|
| 古建筑保护维修勘察和设计 | 主体建筑维修工程（五大宫区） | 河南省古建研究所 | 吕军辉 |
| | 金色颇章围墙坍塌修复工程 | 河南省古建研究所 | |
| | 北围墙抢险加固维修 | 河南省古建研究所 | |
| | 园内黄墙维修工程 | 河南省古建研究所 | |
| | 动物园围墙加固项目 | 河南省古建研究所 | |
| | 东围墙墙帽阿嘎土修缮 | 河南省古建研究所 | |
| | 嘛尼拉康维修工程 | 河南省古建研究所 | |
| | 外围区牛羊卷维修工程 | 河南省古建研究所 | |
| | 北围墙外围围墙重建工程 | 西藏圣益建筑设计有限公司 | 索朗 |
| 公用辅助工程设计 | 火灾自动报警、安防监控系统 | 中国建筑科学研究院设计公司 | |
| | 给排水系统、电力系统 | 中国建筑科学研究院设计公司 | |
| | 电力系统深化设计 | 西藏自治区建筑勘察设计院 | |
| | 水塔基座加固处理项目 | 河南省古建研究所 | |
| 新改建项目设计 | 新改建管理处办公用房 | 河南省古建研究所 | 吕军辉 |
| | 新改建湖心宫两处消防大门 | 河南省古建研究所 | |
| | 新建化粪池项目 | 河南省古建研究所 | |
| | 新建商务用房、公厕工程 | 河南省古建研究所 | |
| | 商务用房、公厕电缆工程 | 河南省古建研究所 | |
| | 院内道路石板修整与补配工程 | 河南省古建研究所 | |
| | 办公区、商务用房藏式装修工程 | 拉萨神仙居藏汉装潢设计中心 | 张廷发 |
| 其他工程勘察和设计 | 主体壁画保护维修工程 | 敦煌研究院 | 李最雄 |
| | 绿化及防虫工程 | 河南省古建研究所 | 吕军辉 |
| | 木材防虫防腐 | 中国林科院木材工业研究所 | 王平 |
| | 编制罗布林卡保护维修工程可行性研究报告 | 中国国际工程咨询公司 | 王迁 |

## 二、工程参建单位

| 类别 | 承担项目 | 参建单位 | 开工 | 竣工 |
|---|---|---|---|---|
| 古建筑维修工程施工单位 | 祝寿殿、原噶厦办公区主体等9处维修工程 | 西藏宏发建筑工程有限公司 | 2005.3 | 2005.7 |
| | 金色颇章、新宫区20处维修工程 | 山东曲阜·拉萨哈达联营体 | 2005.8 | 2005.10 |
| | 外围区牛羊圈维修工程 | 西藏自治区第三建筑公司 | 2005.3 | 2005.7 |
| | 嘛尼拉康维修工程 | 西藏宏发建筑工程有限公司 | 2007.4 | 2007.5 |
| | 吉美曲溪等11处维修工程 | 苏州香山·拉萨古建联营体 | 2003.3 | 2004.5 |
| | 格桑颇章、康松司伦等13处维修工程 | 苏州香山·拉萨古建联营体 | 2004.3 | 2005.5 |
| | 金色颇章围墙坍塌修复工程 | 西藏宏发建筑工程有限公司 | 2005.4 | 2005.7 |
| | 北围墙抢险加固维修 | 拉萨市城关区古艺建筑美术公司 | 2003.3 | 2003.8 |
| | 园内黄墙维修工程 | 拉萨市城关区古艺建筑美术公司 | 2004.10 | 2005.5 |
| | 动物园围墙加固项目 | 江苏长安建设集团有限公司 | 2005.6 | 2005.8 |
| | 东围墙墙帽阿嘎土修缮 | 西藏宏发建筑工程有限公司 | 2008.4 | 2008.6 |
| | 北围墙外围围墙修建工程 | 西藏宏发建筑工程有限公司 | 2007.8 | 2008.8 |
| 公用辅助工程与环境整治工程施工单位 | 园内职工住房搬迁（购置周转房） | 罗布林卡管理处（委托购置） | 2004.1 | 2005.1 |
| | 园内道路修整与补配石板项目 | 江苏长安建设集团有限公司 | 2005.9 | 2005.10 |
| | 给排水系统、电力系统安装工程 | 重庆建工集团西藏分公司 | 2009.3 | 2011.11 |
| | 火灾自动报警系统、安防监控系统安装工程 | 重庆康利消防工程安装有限公司 | 2009.3 | 2011.12 |
| | 水塔基座加固项目 | 山东曲阜·拉萨哈达联营体 | 2005.8 | 2006.1 |
| | 商务用房、公厕电缆工程 | 西藏自治区第三建筑公司 | 2005.9 | 2006.1 |
| | 消防防火技术实验项目 | 中国科技大学、区消防总队 | 2004.1 | 2005.12 |
| | 园内砍伐病害树木清理 | 罗布林卡管理处（园林科） | 2003.3 | 2004.4 |
| 技术服务工程施工单位 | 主体壁画前期科研与试验项目 | 敦煌研究院 | 2001.7 | 2002.6 |
| | 木材防虫防腐 | 中国林科院木材工业研究所 | 2002.6 | 2009.12 |
| | 主体壁画保护维修工程 | 敦煌研究院 | 2003.5 | 2006.12 |
| | 改性阿嘎土试验项目 | 中国文化遗产研究院 北京凯莱斯建筑技术有限公司 | 2003.6 | 2004.11 |
| | 园内绿化及防虫项目 | 罗布林卡管理处（园林科） | 2005.3 | 2009.3 |
| | 格桑颇章文物搬迁项目 | 罗布林卡管理处（文保科） | 2005.3 | 2005.7 |

续表

| 类别 | 承担项目 | 参建单位 | 开工 | 竣工 |
|---|---|---|---|---|
| 新改建工程施工单位 | 新建公厕、商务用房工程 | 西藏自治区第三建筑公司 | 2005.3 | 2005.7 |
| | 办公区、商务用房藏式装修工程 | 拉萨神仙居藏汉装潢设计中心 | 2005.7 | 2005.9 |
| | 管理处办公用房建设项目 | 江苏长安建设集团有限公司 | 2005.8 | 2005.9 |
| | 新建湖心宫区两个消防大门 | 苏州香山·拉萨古建联营体 | 2005.4 | 2005.6 |
| | 新建化粪池项目 | 苏州香山·拉萨古建联营体 | 2005.6 | 2005.7 |

## 三、监理单位、招标代理、中介审计

| 类别 | 承担项目 | 单位 | 开工 | 竣工 |
|---|---|---|---|---|
| 监理单位 | 罗布林卡维修工程总体项目 | 中国国际工程咨询公司监理公司 | 2003.7 | 2012.9 |
| | 吉美曲溪等11处维修工程 | 西藏方正监理事务所 | 2003.3 | 2004.6 |
| 招标代理机构 | 吉美曲溪等11处维修工程 | 中技国际招标公司第五业务部 | 2002.4 | |
| | 格桑颇章、康松司伦等13处维修工程 | 中技国际招标公司第五业务部 | 2004.2 | |
| | 罗布林卡维修工程2005—2006年度项目 | 拉萨市建伟招标有限公司 | 2005.2 | |
| | 罗布林卡维修工程2009—2010年度项目（含公辅工程） | 西藏诚正招标代理有限公司 | 2009.3 | |
| 中介审计 | 本体维修工程、新改建项目等 | 西藏大德信工程管理咨询有限公司 | 2005.3 | 2005.6 |
| | | 西藏申达工程造价咨询有限公司 | 2003.10 | 2010.8 |
| | | 西藏安达工程造价咨询有限公司 | 2005.5 | 2009.12 |
| | 公用辅助工程 | 陕西智鑫工程造价咨询有限公司 | 2010.10 | 2012.8 |

## 四、投资执行情况表

| 序号 | 项目名称 | 投资（万元） |
|---|---|---|
|  | 总投资 | 8532 |
| 1 | 主体工程 | 3182.81 |
| 1.1 | 祝寿殿、原噶厦办公区主体等9处维修工程 | 691.38 |
| 1.2 | 金色颇章、新宫区20处维修工程 | 611.80 |
| 1.3 | 外围区牛羊圈维修工程 | 339.76 |
| 1.4 | 嘛尼拉康维修工程 | 40.00 |
| 1.5 | 吉美曲溪等11处维修工程 | 864.28 |
| 1.6 | 格桑颇章、康松司伦等13处维修工程 | 494.92 |
| 1.7 | 金色颇章围墙坍塌修复工程 | 15.00 |
| 1.8 | 北围墙抢险加固维修 | 2.22 |
| 1.9 | 园内黄墙维修工程 | 33.00 |
| 1.10 | 动物园围墙加固项目 | 3.45 |
| 1.11 | 东围墙墙帽阿嘎土修缮 | 15.00 |
| 1.12 | 北围墙外围围墙修建工程 | 72.00 |
| 2 | 新、改建项目（含公用辅助工程） | 2902.15 |
| 2.1 | 新建公厕、商务用房工程 | 816.11 |
| 2.2 | 办公区、商务用房藏式装修工程 | 30.00 |
| 2.3 | 管理处办公用房建设项目 | 94.25 |
| 2.4 | 新建湖心宫区两个消防大门 | 22.00 |
| 2.5 | 新建化粪池项目 | 51.27 |
| 2.6 | 给排水系统、电力系统安装工程 | 963.40 |
| 2.7 | 火灾自动报警系统、安防监控系统安装工程 | 900.68 |
| 2.8 | 水塔基座加固项目 | 8.72 |

续表

| 序号 | 项目名称 | 投资（万元） |
|---|---|---|
| 2.9 | 商务用房、公厕电缆工程 | 15.72 |
| 3 | 环境整治工程 | 1189.92 |
| 3.1 | 园内职工住房搬迁（购置周转房） | 986.05 |
| 3.2 | 园内道路修整与补配石板项目 | 38.87 |
| 3.3 | 园内砍伐病害树木清理 | 15.00 |
| 3.4 | 绿化及防虫项目 | 150.00 |
| 4 | 技术服务费（含科技保护）工程 | 268.41 |
| 4.1 | 木材防虫防腐处理 | 66.21 |
| 4.2 | 消防防火技术实验项目 | 10.50 |
| 4.3 | 主体壁画保护维修工程 | 191.70 |
| 5 | 中途新增项目 | 73.79 |
| 5.1 | 东龙王宫搭建防雨棚 | 7.52 |
| 5.2 | 格桑颇章文物搬迁项目 | 25.64 |
| 5.3 | 木材防腐厂维护费、搬迁费 | 40.63 |
| 6 | 设计、监理、工程管理和其他费用 | 914.92 |
| 6.1 | 设计费（含勘察费）合计 | 433.36 |
| 6.2 | 监理费 | 110.00 |
| 6.3 | 审计费、审图费、咨询费、评估费等 | 13.82 |
| 6.4 | 竣工报告编撰与出版费 | 55.00 |
| 6.5 | 招标代理费 | 18.67 |
| 6.6 | 工程管理费 | 284.07 |

# 第三部分
# 萨迦寺

# 第一章
# 萨迦寺概况

　　萨迦寺位于海拔 4316 米的西藏自治区日喀则市萨迦县萨迦镇"仲曲河"两岸。公元 1073 年（北宋熙宁六年），吐蕃贵族昆氏家族后裔昆·贡却杰布（1034—1102 年）发现仲曲河北岸"奔波日"山体南侧两条沟谷之间的山坡，一片土质呈灰白色，有光泽，现瑞相之处，出资兴建"森吉嘎波殿"而逐渐成为藏传佛教萨迦教派的发祥地。距今已有 940 多年的历史。

　　萨迦寺，寺名中的"萨"意为"土"，"迦"意为"灰白色"，"萨迦"即"灰白土之地"。因选址奔波日山腰一大片灰白色岩石长年风化如土状处建寺而得名"萨迦寺"。全寺分为南、北两寺，仲曲河横贯于两寺之间，北寺位于北岸奔波日灰白土山岩下，南寺位于南岸平坝中央。

　　萨迦北寺作为早期建筑群，沿仲曲河北岸依奔波日山角层层修建，连绵逶迤，殿塔林立，僧舍密布，鳞次栉比。主要建筑有细脱拉章、顿觉拉章、仁增拉康、堆杜普（即降魔洞）、琮帕尔护法殿、堆列南杰班观嘎采、且帕喇嘛拉康（即殊异上师殿）、贾噶尔拉康（即印度神殿）、董绕拉康（即世系殿堂或宗庙）、得确颇章建筑群、阿羌·扎巴洛追寝宫、甘露药丸加工场、喇嘛拉康与护法神殿等大小建筑。据文献记载而能够明确的是，"森吉嘎波殿"属于萨迦北寺最早建筑，其他殿堂要比该殿稍晚些。15 世纪中后期至 16 世纪期间，北寺实现了大规模的扩建、重修，形成了规模宏大的建筑群。因年久失修，20 世纪 50 年代已有许多建筑坍塌，60 年代又受到人为破坏，除"顿觉拉章"外，大多数建筑仅存残垣断壁，只有衮康努、拉章夏、仁钦岗等少数建筑在 20 世纪末至 21 世纪初得以修复。

　　萨迦南寺修建于公元 13 世纪卓滚·确杰洛追坚赞（八思巴）时期。公元 1268 年，八思巴命第一任萨迦本钦（本钦是藏语对行政长官的官称）释迦桑布，负责为萨迦南寺大殿奠基。直到公元 1274 年第二任本钦贡嘎桑布卸任之前，建成了南寺的集会大殿（藏语译为拉康钦莫）、护法殿、灵塔殿、八思巴寝宫等建筑，外围建有城墙、角楼、敌楼、羊马墙、护城河等防御性建筑。除护城河、羊马墙已经毁坏外，其余绝大部分建筑均保存比较完整。

　　因萨迦寺外墙涂抹象征文殊菩萨的综红色、象征观音菩萨的白色和象征金刚手菩萨的青色，所以人们把萨迦教派俗称为"花教"，虽此种称谓不具有什么深层含义，但具有很高的识别度。

　　萨迦寺寺藏文物藏品数量之巨，门类之齐全，体系之完备，在西藏寺院中独树一帜，名列前茅。在表达寺内文物的特点时，人们通常用"萨迦四大墙"之说来形容，分别是"经书墙、壁画墙、佛像墙和瓷器墙"。"经书墙"保存有藏文、梵文、回鹘文等佛经古籍多达 4.4 万余部（函卷），涉及宗教、文学、医学、史学、哲学、天文、历算、音律等内容，多为手抄本，人称"墙倒经不倒"；"壁画墙"总面积达万余平方米，尤以 63 幅坛城画和 118 尊昆氏家族世系肖像图谱以及 66 米长的"释迦牟尼传

萨迦南寺（三大工程办提供）

记画"场面蔚为壮观，布局古朴典雅，尤其是画中昆氏人物的描绘具有明显的写实风格。"佛像墙"是指南寺保存的种类丰富、造型各异、材质多样、门类齐全的数千件各种造像艺术，是藏传佛教文化的重要宝库之一。"瓷器墙"是指寺内保存的千余件元代至民国时期的珍贵瓷器，器型有高足碗、瓶、壶、盒、觚、碗、杯、人物、动物、香炉等，尤其是明宣德青花五彩鸳鸯纹高足碗号称"世界孤品"。此外，寺内还保存着数百件早期绘画式样的珍贵唐卡，大多出自名家之手，其中《八思巴画传》组画，不失为一套历史传记杰作。还有历代法王、始祖、高僧大德的灵塔等极为珍贵的宗教文物。特别是元、明两朝皇帝敕封萨迦寺和昆氏后裔的大量印章和封诰等历史文物对于研究元、明时期中央政权有效治理西藏的政策施行、封官建制、文化交流、遣使通婚等提供了珍贵的实物例证。

由于萨迦寺在祖国统一发展史和藏传佛教史上具有重要影响，加之建寺历史悠久，建筑形制独特，寺藏文物浩瀚，壁画琳琅满目，佛教典籍浩如烟海，故被人们誉为"第二敦煌"。而广大信教群众尊称萨迦寺为"雪域藏地金刚座"（似同菩提伽耶）。因其具有高度的历史、艺术、科学和社会价值，1961年，被国务院公布为第一批"全国重点文物保护单位"。每年有络绎不绝的国内外游客和朝圣者到这里观光旅游和朝拜。

## 第一节 历史沿革

### 一、起始渊源

相传，藏传佛教前弘期（约公元8世纪中晚期至公元9世纪中晚期）印度密宗大师、藏传佛教宁玛派祖师莲花生大师（8世纪人）曾授记说雪域将出现藏地金刚座。藏传佛教后弘期上路弘法（11世纪初，从西藏阿里托林寺发起，传至卫藏地区时期）初始阶段著名居士仲敦巴[1]迎请印度高僧阿底峡[2]尊者从托林寺到卫藏时，途经仲乌拉孜时，尊者远望奔波日山有种种祥兆，行至恰擦冈时下马，吩咐随从陈设供品，向奔波日山坡的白土地进行了隆重的礼拜供养，并授记"未来之时，将在此处逐次出现七位文殊化身、一位观音化身、一位金刚手化身，共九个化身，广利众生。"种种授记为日后在此修建萨迦寺埋下了伏笔。

具吉祥萨迦派的姓氏为"昆"。8世纪初，昆氏家族发迹于拉堆年则塘[3]地方，昆·官巴结（也称昆·巴波切）在吐蕃第三十七代赞普·赤松德赞（730—785年[4]）时期是一名内臣，从此昆氏家族开始名扬四海。官巴结的长子昆·鲁易旺波松瓦是吐蕃最早出家的"七觉士"或"七试人"之一。[5]到了第五代时，昆氏家族分裂为上下两支，上一支分布于日喀则地区的西北部，该支传到昆·贡却杰布的父亲释迦罗追时迁徙到了萨迦。[6]

昆·贡却杰布最初在查乌龙（位于今萨迦寺南面的一座山头上）修建了一座小寺庙，称为巴乾颇章或萨迦廓布（萨迦旧寺），并在此修行、传法和生活了一段时间。有一天他和众弟子到小庙周围的山上去散心，见到对面的"奔波日"山形如大象卧状，在右肾脏部位的土地显得灰白而油润，水从右侧流过（即现在萨迦北寺仁钦岗寺西面的门桌沟），呈诸祥瑞之相，觉得奔波日山是授记当中提到的风水宝地。他心想，若要在这里建一座寺院，定将有利于兴佛安民。于是他与该地的主人象雄·古热瓦和四村僧众、七村教民商议能否在奔波日山上建寺之事，最终昆·贡却杰布以"一批白骡马、女装一套、珠宝一串、盔甲一幅等作为地价付给，成为门桌以下、泊卓以上地方的地主"。在他四十岁之时，按佛教住世十个五百年的算法计算，为进入第七个五百年后的第二百零七年即阴水牛年（公元1073年）仲秋月上弦日，以果荣森吉嘎波殿的修建拉开了萨迦寺建设序幕。虽然果荣森吉嘎波殿规模很小，结构十分简陋，但依然成为了萨迦寺的诞生标志，具有重大的纪念意义。[7]从此之后，历代萨迦法王励精图治，在仲曲河北岸犹如珍珠相串般地修起了大小经堂、宫殿、僧舍、寺塔等各种建筑群达50多座，多个大殿覆盖金顶。以此作为供奉喜结善缘的萨迦寺种种所依之场所。

14世纪以后，宗教活动中心逐渐转移至萨迦南寺。

萨迦北寺现状（萨迦寺管委会提供）

## 二、昆氏立足萨迦之说

在我们叙述萨迦北寺主要建筑和藏品之前，有必要对昆氏家族在萨迦是如何立足这一问题做出最为简要的讨论。因为，我们通过对实地走访调查与文献记载的结合考察，发现象雄·古热瓦与昆·贡却杰布在昆氏家族立足萨迦的问题上似乎有一种"特殊背景"下的不寻常的默契与贡献。在这里，专列一段文字来讨论这一问题，并不是为了偏向于某一个教派，而是为了试图寻找历史背景的某些线索，即昆氏家族创立"萨迦教派"时处于一种怎样的社会历史背景之下。

根据萨迦教派有关文献记载中叙述该派在萨迦的立足时，总会提到的两位重要的历史人物。一位自然是该派的创立者昆氏家族成员昆·贡却杰布,而另一位是当时在萨迦地方占据着较为重要地位且已经是该地主人之一的象雄·古热瓦。尽管在萨迦教派有关的文献中我们并不能查阅到关于象雄·古热瓦更详细的历史档案,然而根据目前在萨迦寺周围地名中遗留下来的与"苯教"文化有关的词汇及信仰习俗中,我们似乎可以注意到象雄·古热瓦本人极有可能是一位苯教徒。

根据霞夏·格桑先生(萨迦本地贵族后裔)的介绍,现在被我们称为的"奔波日(即官员山)",实际上有可能是"苯波日(即苯教山)"的讹化。因为在今萨迦寺东面约6公里的萨迦县电站附近的村庄被称为"苯垄(即苯地方)",位于奔波日山北面的卡热村庄一带,曾经对苯教的信奉也较为普遍。[8] 除此之外,我们在藏文文献的只言片语的记载中,也了解到了今萨迦寺东面约10多公里的克乌和西面的芒卡尔嘉昌一带从吐蕃第二代赞普·穆赤赞普开始就已经存在着苯教的势力,[9] 一直到20世纪初叶藏族著名学者的游记中也记载了芒卡尔一带仍有苯教寺庙的存在。[10]

由此不难看出,当昆·贡却杰布最初到查乌龙地方修建"萨迦旧寺",以及后来他请求当时萨迦一带的地主之一象雄·古热瓦之时,这里的多数居民当为苯教徒的可能性是极大的。

然而,使我们困惑的是当贡却杰波向古热瓦请求卖地,并打算修建萨迦派最初的主寺时,地主回答:"不必付地价,请你建立寺院",[11] "随即奉献出来。喇嘛(即贡却杰波)说:'然而为了后代不生口舌,还是依价买卖才公平合理。'遂以一匹白骡马、珍珠缦、一套女装而购得该地,自门桌以下,派桌(也译泊卓)以上皆归喇嘛占有。"[12] 在这里,我们首先看到了古热瓦及其村民对贡却杰波买地修寺的请求所采取的态度是完全支持的,而且没有提出任何的赔偿要求;其次贡却杰波为了使后代不生口舌,给地主方付给了可以说是具有象征性价位的地价。在这一次土地主人的大方卖出土地和买主付给合理地价的公平买卖过程中,双方之间并没有因为教派的不同而产生矛盾,与此相反,贡却杰波还迎娶了古热瓦的女儿觉默象莫为自己的第二任夫人,并于公元1092年生下了振

萨迦寺保存的"八思巴传记"系列唐卡之一(萨迦寺管委会提供)

兴萨迦教派的萨迦五祖之首萨钦·贡噶宁波。

一般而言,与自己不同的一个教派在属于自己的土地上修建异教寺庙,至少不会像我们所看到的文献中记载的那样土地主人不提出任何的赔偿要求。况且,我们在《萨迦世系史》中也同样看到了佛教与苯教之间存在矛盾的蛛丝马迹。在该书中叙述萨钦·贡噶宁波利用无比神奇的幻术来"斩除残暴佛敌之情形"时提到,摩罗黑咒师喇钦达擦和苯教师日哇朱古对持佛法众僧非常嫉妒,欲与大悲心贡噶宁波抗衡阻挠。然而最后的胜利者是萨钦·贡噶宁波,其中的苯教师日哇朱古的尸体被"埋

在却赤塘摩且西门附近之小溪旁边一座塔中，只此特别告诫人们不得在此转经，如要转经的话，必须口诵护法根本密咒和禳解密法等咒语，依左旋转经。"[13] 尽管上述苯教师不是萨迦周围的人，但可见萨钦·贡噶宁波时期佛教与苯教之间的矛盾还是依然存在。这样的历史背景下，能够出现象雄·古热瓦等人的这种举动确实使人难以理解。

那么当时的历史背景究竟是一种怎样？也许，古热瓦及其村民们对待别的教派时有着非常大的宽容心；也许贡却杰波以博学之才说服了古热瓦及其村民；也许昆氏家族的实力已经可以威慑到萨迦一带；也许昆氏家族与象雄·古热瓦之间无论在族系上，或者是萨迦周边的偏僻地区虽有信仰苯教的信徒，但大多数地方的信仰被藏传佛教宁玛派所取代，因而在宗教方面有着千丝万缕的渊源等等。总之，象雄·古热瓦与昆·贡却杰布之间的和平共处及其他们的后代萨钦·贡噶宁波等人的创业，为昆氏在萨迦一带的立足奠定了坚实的基础。所以，昆氏在萨迦的立足，除了要提起昆·贡却杰布外，我们不能不提象雄·古热瓦这位在文献记载中形象模糊不清的重要历史人物。

**注释**

[1] 仲敦巴：名为仲敦·甲瓦炯乃(1005—1064年)，宋代西藏佛学家，为阿底峡尊者大弟子，弘扬噶当派。

[2] 阿底峡：982—1054年，孟加拉著名佛学家，出生王族，排行第二，著有《菩提道灯论》，噶当派开派祖师。

[3] 拉堆年则塘：该地估计应在日喀则地区的昂仁县东北部与谢通门县西北部交界处，其大部分范围估计在今昂仁县亚木乡辖境内。

[4] 关于赤松德赞的生卒时间有不同的看法，有人认为他活了30多岁，有人认为他活了80多岁。这里采用了在世年龄为50多岁的观点（参见成书于16世纪中期的芒蜕·鲁祝嘉措的《佛历年鉴》，西藏人民出版社1987年藏文版，第330页）。尽管在世年龄上东噶教授也赞同55岁，然生卒时间被定为742—797年（参见《东噶藏学大辞典》，北京：中国藏学出版社2002年藏文版，第404—405页）。

[5] 达钦·阿美夏·阿旺贡嘎索南著，陈庆英、高禾福、周润年译注：《萨迦世系史》，拉萨：西藏人民出版社2002年版，第172页；彭措次仁：《藏史明镜》，拉萨：西藏人民出版社1992年藏文版，第157-158页。

[6] 达仓宗巴·班觉桑布著、陈庆英译：《汉藏史集》，西藏人民出版社1999年版，第175页。

[7] 洛珠嘉措：《萨迦旅游指南》，北京：民族出版社2004年藏文版，第59—60页。另外，前引《汉藏史集》第175页中说："在夏尔拉章所在的地方修建了一座拉章，并修建了围墙。"笔者估计这座拉章（即上师殿）可能就指"果荣森吉嘎波殿"，因为夏尔拉章与果荣森吉嘎波殿的建筑（或目前的废墟）基本上是紧挨着的。

[8] 2005年7月笔者实地采访资料。

[9] 夏玉·平措次仁：《西藏宗教史略》，拉萨：西藏人民出版社2003年藏文版，第61—62页。

[10] 司徒·确吉加措：《司徒古迹志》，拉萨：西藏藏文古籍出版社1999年版，第329页。

[11] 陈庆英译本《汉藏史集》，拉萨：西藏人民出版社1999年版，第175页。

[12] 陈庆英等译注本《萨迦世系史》，拉萨：西藏人民出版社2002年版，第14页。

[13] 参见同注解[12]，第29—31页。

# 第二节　萨迦五祖与昆氏家族的兴衰

## 一、简述萨迦五祖之渊源

元朝中央政权统治时期，萨迦曾是西藏地方政权萨迦王朝的首府地，成为了这一时期西藏政治、经济、文化和军事中心，萨迦寺就是其政权的统治中心，寺主昆氏家族统领十三万户。在其家族史上曾先后出现了萨迦班智达·贡嘎坚赞、八思巴等诸多叱咤风云人物，10余人曾先后担任元、明两朝的帝师，并有数人与皇室通婚，多人被历代皇帝敕封，他们不但在祖国统一发展史产生过重大影响，而且在推动藏传佛教文化的发中作做出过重大贡献。

萨迦教派法主采用血统传承和法统传承两种传承方式。萨迦寺初建之时，昆·贡却杰布广收弟子，传教布道，创立了萨迦教派。该教派以"因果训戒"为宗旨，所传教法，特别是"道果法"，大多是由卓弥·释迦意希（994—1078）传授于大弟子昆·贡却杰布的。故此，萨迦教派内一直把释迦益西尊为创始人，而真正促使萨迦教派兴旺之人为昆·贡却杰布之子萨钦·贡噶宁波。萨迦寺自创建后，寺主皆由昆氏家族男性相承，逐渐形成集政教大权于昆氏家族之局面。自昆·贡却杰布圆寂之后，其子贡噶宁波（1092—1158）主持萨迦寺48年。贡噶宁波学识广博，使萨迦派教法趋于完备，影响力日渐扩大，故被尊称为"萨钦"（萨迦大宗师），为萨迦初祖。萨钦·贡噶宁波之后，其次子吉尊·索南孜摩（1142—1182）因精通"道果"法门，创建德确颇章（胜乐金刚宫），为萨迦二祖；三子扎巴坚赞（1159—1215）主持萨迦寺57年，大兴土木修建北寺诸多著名殿堂，开启5个修行洞，为萨迦三祖；上三祖着白色围裙（袈裟），故称"白衣三祖"。贡噶宁波之四子贝钦沃布之长子萨迦班智达·贡嘎坚赞（1182—1250），简称"萨班"，主持萨迦寺28年，因学识渊博、著书颇丰，为萨迦四祖。萨班之二弟桑察·索南坚赞之长子卓滚·洛追坚赞（1235—1280），亦称"八思巴"（意为圣人），建立萨迦王朝，前后主持萨迦寺7年，为萨迦五祖。萨班与八思巴叔侄两代，出家持戒，未曾婚娶，着绛红色袈裟，后人尊他们为"红衣二祖"。

在萨迦五祖当中有两位著名历史人物需要我们梗概说明。一位是萨迦班智达·贡嘎坚赞，另一位就是八思巴。萨班是一位精通大小五明和显密二宗精要的大学者，故被尊称为"班智达"（意为：大智者或大学者），他一生著述颇丰，其最著名的《三律仪论》是萨迦教派僧侣历来必修的重要典籍，而他编撰的《萨迦格言》流传广泛、经久不衰，在启发智慧、培养道德方面具有巨大作用，为西藏三大格言之一。在他64岁时（1247年）不顾年老体弱，远赴凉州会晤阔端（成吉思汗之孙），发表《萨迦班智达致蕃人书》，劝说藏地僧俗首领归顺元室，为开启祖国统一发展史新篇章作出了巨大贡献。八思巴继任寺主后，于1260年被蒙古大汗忽必烈封为国师、赐玉印，1264年元世祖忽必烈命其统领总制院，管理全国佛教和西藏事务，后应皇帝之命回寺潜心研究创制"新蒙古字"（亦称八思巴文），被忽必烈加封为"大元帝师·大宝法王"。1275年首创萨迦政权，开启了西藏政教合一制政权先河，从此西藏结束了长达近400年的分裂割据时代，重新走向了统一，正式纳入祖国版图。

## 二、昆氏家族的兴衰

萨迦法位传至达钦桑布（1298—1324）时期，其14子之间相互争权，内讧叠起，许多贵族割据地方，不受约束，昆氏家族逐渐分裂成"细脱拉章""拉康拉章""仁青岗拉章"和"顿觉拉章"四个拉章。每个拉章管有部分土地和属民，统一的局面被打破，除顿觉拉章外，前三个拉章逐次绝嗣。顿觉拉章传至贡嘎仁钦、白玛顿堆旺久兄弟二人时，为争夺法主地位互不相让，又分别建立了"平措颇章"和"卓玛颇章"，由两个颇章男性氏族传人轮流担任法王。

阿旺贡嘎仁钦幼年时，正值昆氏家族势力处于衰弱时期，萨迦地方被拉宗侵占，阿旺贡嘎仁钦出走桑耶，主持桑耶寺的全面修复，竭力联络萨迦教派原有弟子，广收门徒，传授萨迦道果法，逐渐名声大振，18

岁时得到"江孜""仁布"两大法王的推崇和支持，一举打败了拉宗巴，重新恢复昆氏家族在萨迦地方的统治地位。此后，首先致力于萨迦寺的全面修缮和复原，对重振萨迦教派和复兴萨迦王朝献出了毕生的精力，其建树仅次于萨迦五祖，享有一代宗师的美誉。

1349年，帕木竹巴政权取代了萨迦政权，萨迦王朝被贬为一方诸侯。萨迦政权失势后，仍保持其独立地方政权的形式，继续延续法王称号，法王宝座仍是血统世代相传，与西藏嗣后的历代地方政权始终处于同等地位。

## 三、昆氏家族谱系图

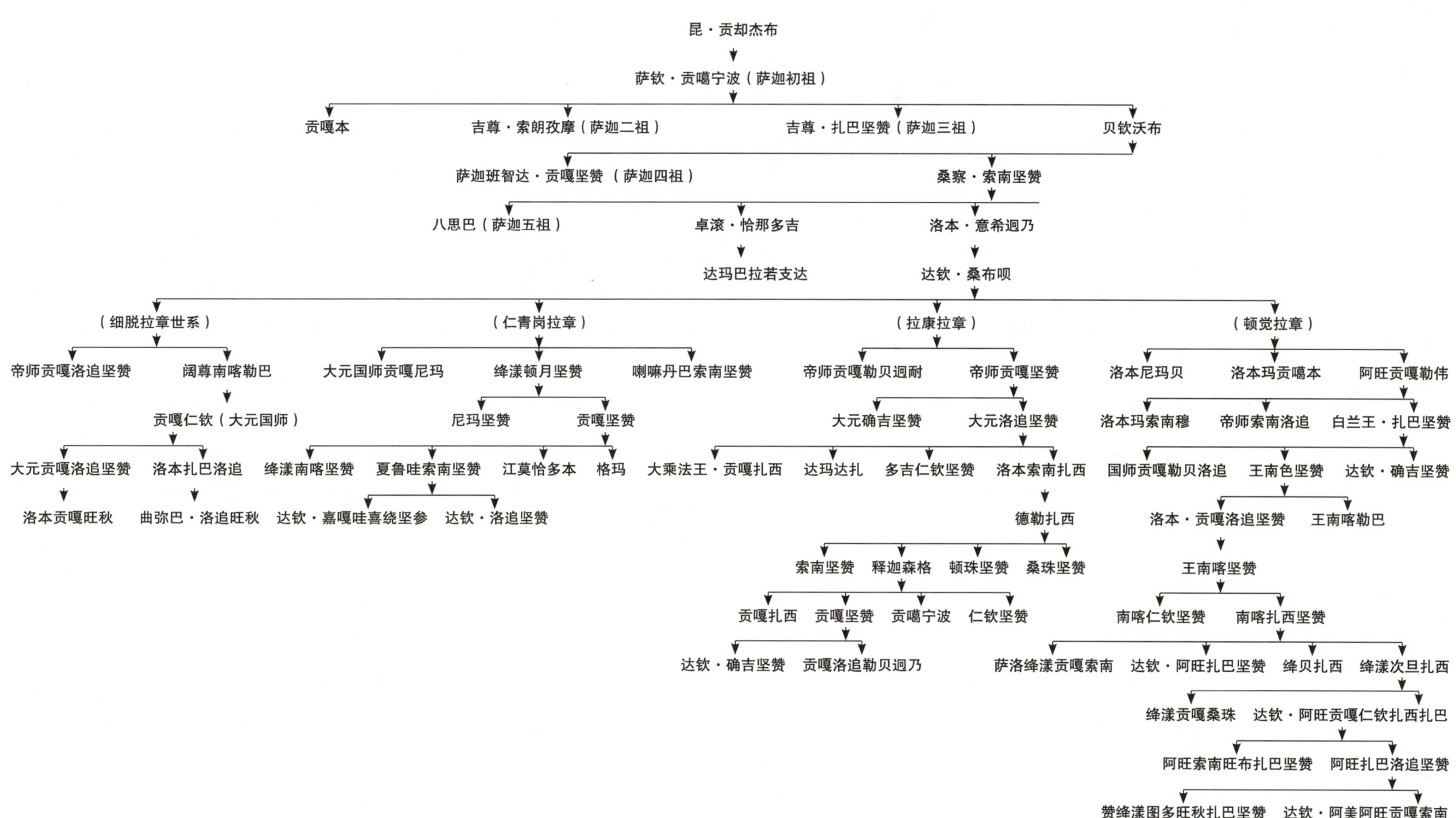

## 第三节　萨迦王朝政权组织机构图

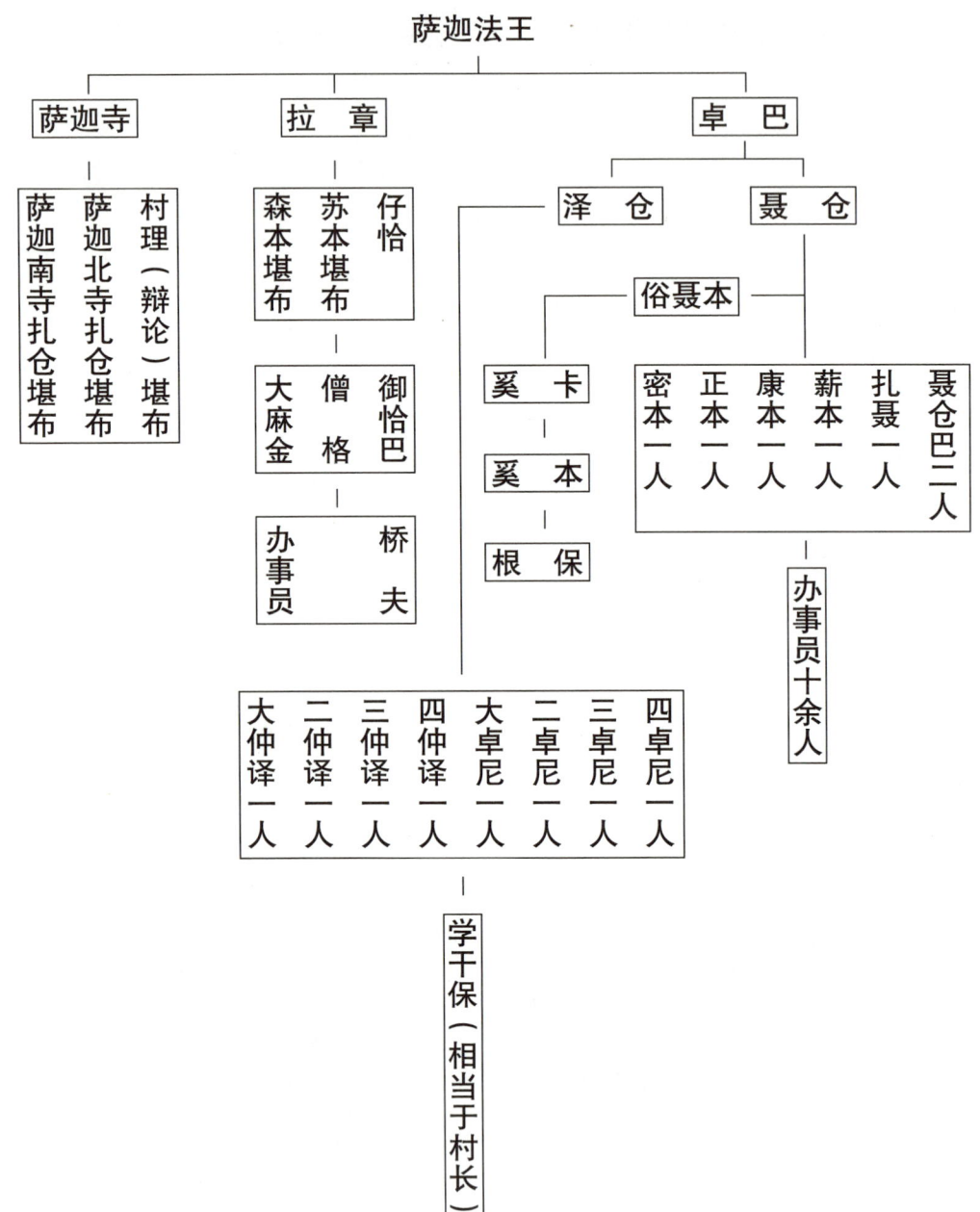

## 第四节　萨迦寺古建筑简介

### 一、萨迦北寺

**果荣建筑群**

果荣建筑群主要由森吉嘎波殿、贝康乾莫、利玛拉康、喇嘛拉康、差握殿、衮康等殿堂组成。据文献记载而能够明确的是，其中的森吉嘎波殿属于萨迦北寺最早建筑，其他殿堂要比该殿稍晚些。

1. 果荣森吉嘎波殿（白殿）

位于北寺乌孜大殿西北面的果荣森吉嘎波殿，由昆·贡却杰布于公元1073年修建，是萨迦北寺建筑中最早的建筑。该殿原来供奉的主尊为善飞黑面具护法神，萨迦派信奉这尊护法神始于萨迦寺第三任法座萨钦·贡嘎宁波时代。根据文献记载，果荣森吉嘎波殿估计是一座二层建筑，其上层冈瓦康的北壁绘制有萨钦·贡嘎宁波通过显影与印度大成就者·比哇巴文之间相见图（这一场景的壁画，据说在拉章夏底层的萨钦·贡嘎宁波修行洞门额墙壁上可以见到。2006年7月24日实地考察得知，修行洞门额上的"萨-比相见图"不是壁画，而是三幅单张唐卡。相传，萨钦·贡嘎宁波在该洞内进行了六个月的修行时，亲见了文殊菩萨，故此也被称为"文殊岩洞"），其右侧为昆·贡却杰布，左侧绘制贡嘎宁波之子，萨迦三祖杰尊·扎巴坚参及其亲眷；西壁中心绘制萨钦·贡嘎宁波，右侧胜乐金刚曼陀罗，左侧喜金刚曼陀罗；南壁绘制十六尊阎魔王、密集金刚、文殊、金刚手、不动明王的曼陀罗、新旧护法神及其眷属；东壁绘制九位尊胜佛母、萨迦派金刚橛和十忿怒王的曼陀罗，另外该殿内有杰尊扎巴的手鼓、锣、帽、鞋子及先世诸上师的跳神服装等。[14] 但后来这组建筑可能作了一定的修整。

根据宿白先生于1959年对乌孜大殿及其建筑群的现场绘图来看，[15] 在中乌孜大殿第一层平面图所表现的主要建筑都是由萨钦·贡嘎宁波、杰尊·扎巴坚参和萨迦班智达·贡嘎坚赞时期修建的建筑，而贡却杰波时期的"果荣森吉嘎波殿"的具体建筑，目前我们很难通过实地考察、清理以及宿白先生所绘图的比对来进行清晰地辨认。

不过，从萨迦班智达·贡嘎坚赞在修建果荣贝康乾莫（即果荣藏经大殿，意为"北寺大图书馆"）时所用殿名上被冠以"果荣"二字来看，也不排除这座藏书大殿有可能是在昆·贡却杰布时期的"果荣森吉嘎波殿"的基础上改建而成。

2. 果荣贝康乾莫（大藏经阁或大图书馆）

该殿由萨班班智达·贡嘎坚赞修建。这座藏经大殿内的原来主供是一尊合金释迦降魔像（现供奉于南寺拉康拉章）。除此之外，堂内供奉有宙祖强秋扎、吴祐仁桑、尼托巴贡门等上师们所依佛陀释迦像各一尊，另外还有其他的萨迦派上师们所依金刚勇识、文殊等合金像，它们都有精美的宝座及背光。作为语所依，藏经堂内的西墙供奉有萨班收藏的续部经上千部，律经十六函，其中般若经、八千颂、十万颂16部都为用金汁书写的蓝靛墨底纸经书。另外其他各类经书有上千部。自门向北和向西的墙根（门因在东南角，所以当是东墙和南墙，另外还应包括西墙）书架上，有两格架子的梵文甘珠尔经和八格架子的回鹘文甘珠尔经，而这些回鹘文经书是噶玛拔希上师赠给法王八思巴的。[16]

根据宿白先生的描述："谷务郭由差贝拉康、喇嘛拉康、差握和衮康所组成。其原来建置似以差贝、喇嘛两拉康为主体"。[17] 这里的"谷务郭"即"果荣"；"差贝拉康"即"果荣贝康乾莫"；"差握"意即"愤怒神殿"，该建筑内主要供奉着萨迦派的各类护法神，且"满室悬兽皮、列兵器"，[18] 在2006年的考古清理中，也发现了数量可观的铁箭头、铁甲片以及动物的残肢爪片；"衮康"即护法神殿，该殿内原来主供是善飞黑面具护法神。[19]

从此次萨迦寺维修工程期间进行的考古清理的现场情况看，果荣贝康乾莫的"壁前坛"位于北壁，其主壁当为北壁（在宿白先生著文中的由于方向上有误，所以将东面被定为北面，从而将该殿的主壁定于西壁）。从宿白先生的实地调查来看，在该殿没有受到损坏之前，其北"壁前坛"上原奉三世佛，后又增入三释迦、二文殊和一金刚菩萨。其他三壁前满树经橱，贮经文，其中金汁书卷（即用金汁书写于墨蓝藏纸上的经书）约占半数，经文多批注，据传出于历代座主之手。值得注意的是，还藏有雕版印刷的卷子装汉文佛经五百五十六卷，每卷之末附印有蒙哥皇帝丙辰年（1256年）燕京卢龙坊居民王从惠印造大藏安置于京大宝集寺的木记。[20] 这与1918—1920年曾经游历过萨迦寺的噶托·司徒著本《司徒古迹志》中记载的在护法神殿背面的六个柱子规格殿堂内藏有汉文经卷、果荣贝康乾莫内藏有沾满灰尘的经书达两千多部，[21] 以及萨迦·洛珠嘉措著本《福地·萨迦》一书中的记载是吻合的，只是在描述的侧重点上有所区别而已。

3. 果荣喇嘛拉康（上师殿）

位于果荣贝康乾莫的东北面，该殿实际上由两层建筑组成，第一层是利玛拉康，第二层才是被通常称谓的喇嘛拉康。根据相关文献记载，喇嘛拉康殿堂由《萨迦世系史》的作者阿美夏·阿旺贡嘎索南扎巴坚参于16世纪中后期，在原有建筑利玛拉康的基础上新建起来了二层殿。[22] 甚至有可能在他登上法座之后的不久时间里修建了该殿，因为"喇嘛拉康"本身就是他本人的起居殿。所以，我们推测该殿很可能在16世纪60年代就已经修建竣工了。尽管喇嘛拉康并不属于萨迦北寺的早期建筑，但利玛拉康的修建，可能开始于萨班·贡嘎坚参时期，或者其后不久的几代萨迦派早期上师们的时期里。因为在该殿内原有主要的所依清单都似乎与萨迦派早期的历史或人物有着紧密的联系，而没有见到与萨迦派后期历史或人物相关的清单。[23] 如，有萨班本人的本尊坝卡西玛度母和弥勒佛立像、萨班在著书时曾经使用过的雕饰座椅，八思巴（1235—1280年）的本尊如来藏亥母九众、篋译师[24]的本尊如来藏胜乐金刚，供奉萨钦·贡噶宁波、杰尊·扎巴坚参和萨班肉身的意所依，热译师（1016—1126年）从印度迎请的时轮曼陀罗唐卡等。

从前引文献与实地调查的情况看，果荣森吉嘎波殿及其建筑群中，早期的主要建筑是在昆·贡却杰布和萨班时期完成。其主要建筑为后来一直延用名称为果荣贝康乾莫或差贝拉康的殿堂、差握拉康、喇嘛拉康的底层利玛拉康等。除此之外，位于果荣贝康乾莫南面、乌孜北殿西面的衮康（护法神殿）和萨班修行室，果荣喇嘛拉康北面的萨钦·贡噶宁波为母亲修建的外供佛塔等，基本都修建在被称为"果荣"的范围内。由此看来，这几组建筑所在的范围，应是被后人称为"果荣"的建筑群。只是，这种称谓在历史的过程中由原来最早的建筑在后期得到重修、扩建后，逐步将原有名称延用下来，使其包括的范围稍有扩大。

**乌孜殿**

萨迦北寺的乌孜殿及其建筑群若按时间早晚，大体可划分为两组建筑群。一组为乌孜宁玛殿（旧乌孜殿）；一组为乌孜萨玛殿（新乌孜殿）。

1. 乌孜宁玛殿（旧乌孜殿）

该建筑群由乌孜宁玛北殿、乌孜宁玛二十四柱回廊及乌孜喇嘛拉康组成。乌孜宁玛北殿紧挨于果荣"差握"殿的南面，由萨钦·贡噶宁波修建（1092—1158年），原来主供为合金盛光焰文殊像，目前此尊像供奉于萨迦南寺普巴拉康殿堂内。此殿即为宿先生著本中被标写为"西佛堂"的殿堂。[25] 根据文献记载，萨迦法座第二十二任阿羌·阿旺贡嘎仁钦时对大屋顶旧殿进行了修缮，[26] 萨迦法座第二十四任阿羌·扎巴洛珠坚参（另名为降央索南坚参，顿觉拉章人，1503—1557年，1530—1557年任法座）新修建了乌孜宁玛北殿屋面大金顶。[27] 由此看来，乌孜宁玛北殿的金顶应该是在16世纪中期前后开始修建的。

乌孜宁玛二十四柱回廊紧挨于乌孜北殿南，由杰尊·扎巴坚参（1147—1217年）和桑擦·索南坚参（1184—1229年）修建。乌孜喇嘛拉康与乌孜宁玛二十四柱回廊属同一时期修建，位于回廊二层。[28]

从《萨迦世系史》中记载当杰尊·扎巴坚参大约在56-60岁期间修建了乌孜旧殿（估计这里的乌孜宁玛殿即为二十四柱回廊殿及其上层的喇嘛拉康）来看，其修建年代估计应为1203—1207年期间。该建筑群原来主要供奉是为喇嘛贡却杰波修建的黄金灵塔，为喇嘛萨钦建的扎西果芒灵塔，为洛本仁波且（指索南孜摩）及其弟子修建的金身像等。在这些塔像前供有百多盏酥油灯以及献有大小合宜之伞盖、宝幢、大华盖和布满灵塔之铜铃等诸供品。[29]

2. 乌孜萨玛殿（新乌孜殿）

乌孜萨玛殿由南塔果松殿、乌孜萨玛协叶康及乌孜衮康即护法神殿组成。南塔果松殿位于二十四柱回廊殿的西面及萨迦五祖外供灵塔的东面之间，由八思巴筹措资金、萨迦本钦释迦桑布修建。该殿原主供为合金大菩提佛陀像，目前供奉于萨迦南寺普巴拉康。根据陈庆英等译注本《萨迦世系史》记载："当八思巴28岁时（即1262年），他派人给萨迦送去许多财宝，由本钦释迦桑布于大屋顶旧殿之西面兴建了大金顶殿……于31岁的阴木牛年（即1265年）返回具吉祥萨迦寺，在大金顶殿修建了几座金刚界诸天神之吉祥果芒塔，并为七座纪念前辈教主的灵塔建立了伞盖、金铜合金铸成的法轮，还特为灵塔建了金顶"。[30] 从这段文字看，我们明确了萨迦寺建筑装饰中出现"金顶"最早开始于1262年。这种建筑材料与装饰方式的变化，对于西藏本土建筑特征的发展历史而言是具有一定的意义。因为"金顶"建筑装饰的出现，与祖国内地建筑有着非常深厚的渊源。尽管我们目前无法明确判定"金顶"在萨迦寺建筑中的出现，是西藏寺院建筑装饰中的里程碑，[31] 但它对之后的西藏其他寺院建筑金顶的出现和普遍使用而言，已经起到了具有一定影响力的促进作用。

乌孜萨玛协叶康位于南塔果松的上层，由大乘法王·贡嘎扎西坚参修建，对该殿原来的主供喜金刚及其众神的泥塑曾由第三十二任萨迦法座贡嘎洛珠进行过修缮。该殿其他的主供有胜乐金刚、文殊、普贤的泥塑，金刚持镀金铜像、达尼钦波和帝师·贡嘎坚参的本尊供品金汁书写的甘珠尔经、大明皇帝赐给大乘法王的朱砂文甘珠尔印经、大乘法王的本尊供品金汁书写的甘珠尔经，墙面绘有以各种曼陀罗、密宗本尊、护法神、施主形象的大乘法王为内容的精美壁画。

乌孜衮康即护法神殿，殿内原供奉宝帐依怙等众护法神造像，在其屋顶被称为八思巴将其制作为萨迦寺屋顶"大顶饰"的"半金刚宝珠焰大顶饰"。[30]

除了以上这些建筑群外，属于萨迦北寺早期建筑的还有萨钦·贡噶宁波十二岁时亲见文殊的被称为文殊岩洞（或称萨乾岩洞、金刚岩洞）的修行岩洞及其周围的拉章夏尔或夏尔拉章；萨迦四大拉章中位于北寺的三大拉章即喜托岗拉、仁青岗拉章、顿觉拉章；释迦桑波灵塔殿；岗嘎祖拉章及雄阿瓦旬努拉康；南杰确典殿（即尊生佛母塔殿）；萨迦五祖外供塔等建筑群。尽管喜托岗拉章、仁青岗拉章、顿觉拉章，南杰确典殿等建筑也是在早年修建，但这些建筑在后期历史中曾进行过较大的重建、改建和扩建，所以在这里对属于早期建筑而未有较大改变的几座建筑进行简要介绍。

（1）拉章霞尔（东拉章殿）

拉章霞尔（又名森康宁巴，即旧宫殿），位于古绒颇章东侧，高两层，门向东，底层面积2柱，上层面积4柱（依山而建），由昆·贡却杰布所建。这里主要是底层的修行洞和朱布曲神水（一处泉眼）胜迹而闻名。相传，吐蕃时期，《四部医典》作者玉妥云丹贡布曾在此向朱朵云丹巴拜师学医，并在洞内修行，命名此洞名曰"嘉木样竹普"即文殊岩洞（后人或称萨钦岩洞、金刚岩洞、帕莫洞）。此外，该处还有穆琼护法殿。[31]"帕莫洞"名称的由来是因帕竹噶举派的创始人帕竹·多吉杰波（1110—1170年）来到萨迦后从萨钦·贡噶宁波门下学法，并在此洞修行而得名。两处修行洞是拉章霞尔建筑群中年代最早的遗迹，后来在修行洞顶部的山坡上由萨迦二祖索南孜莫（1132—1182年）修建了森康宁巴，即旧宫殿。后由第二十四任萨迦法座阿羌·扎巴洛珠（1503—1557年）进行了重修，萨钦·旺堆宁布[32]进行修缮时改动最大，原貌基本不存。

实际上，拉章霞尔修行洞以外的建筑形成规模，大概也就在18世纪以后了。但由于该建筑群所在及其周围的地方在北寺早期历史中有着较为重要的地位，故此做了简要介绍。

20世纪60年代受到破坏后，于80年代中期进行了重建维修。现在的拉章霞尔由包括最低层的两个修行洞在内的四层建筑组成。最底层由文殊洞、帕莫洞两个修行洞构成，在两个修行洞外各修建一殿堂称为"朱布曲拉康（即神水殿）"。第二层主殿是卓玛拉康（度母殿）和此次主持重修者喇嘛降央洛桑的寝殿、净厨房、库房及僧舍。第三层主殿为朗仁拉康（次第殿）或甘珠尔殿（大藏经殿），另有僧舍及库房。第四层的主殿是穆琼贡康（穆琼护法神殿）与喇嘛降央洛桑的灵塔殿，另外有部分僧舍。这组建筑的重建选址在南宋时期修建的森康宁玛的原址上。

（2）南木捷曲登（尊胜塔）与南木捷拉康（尊胜塔殿）

南木捷曲登即尊胜塔，第二任萨迦法座白日·仁钦扎译师（1040—1111年），任法座八年期间（1102—1111年）修建了尊胜塔。这座尊胜塔"存有印度许多圣地有加持力之土、菩提树和如来以及许多通证人士之舍利和遗骸，尤其是放有摩诃迦叶波之祖衣的尊胜塔，还有三十七万陀曼尼，此后成为佛教之基地，并为开光而制定二千多尊胜仪轨。"[34] 尽管在相关的文献中没有明确提出南木捷拉康现存的建筑结构是否与南木捷曲登塔是同一时期，但到第二十二任萨迦法座达钦（阿羌）·阿旺贡嘎仁钦扎西扎巴坚参（1451—1524年）曾对尊胜塔进行过维修，并且在其外围修建了一座佛塔，将尊胜塔装藏在这座佛塔内，同时对南木捷拉康进行维修并在其屋顶制作了屋顶宝瓶的装饰等情况看[35]，估计南木捷拉康殿堂建筑可能与修建南木捷曲登塔是同一时期的。20世纪60年代受到人为破坏后，80年代对其进行了重建维修，将尊胜塔按原样又重新装藏于合金铜包围的塔内。

（3）仁钦岗拉章（四大拉章之一）

由于该地曾出土六角形水晶等宝物，故称其为仁钦岗（即宝物坪）。最初由第一任本钦释迦桑布在此修建庙宇，后由第二任本钦贡嘎桑布在此基础上扩建了拉章而成为了萨迦四大拉章之一。该拉章的原来主供为嘉嘎·喜绕坚参（1436—1494年）和降央喜绕坚参的所依金刚持神像。除外，还有其他许多神奇的供奉物。拉章建筑还包括森康珠坚，该殿内原来供奉着八思巴、达尼钦波·桑布贝（1262—1324年）、嘉擦·索南桑布、帝师·贡嘎列贝迥乃像及其他供品。后曾经由达钦（阿羌）·阿旺贡嘎仁钦进行了维修。20世纪60年代受人为破坏后，80年代进行了重建维修。

（4）岗嘎祖拉康（白雪殿）或岗嘎确康（白雪胜乐殿）

该建筑群为第四任萨迦本钦岗嘎尔瓦仁青贝的灵塔殿，曾经由阿羌·索南旺秋（1578—1634年，1599—1625年任法座）[33]进行了维修和修缮。

（5）雄阿瓦宣努拉康或宣旺确康

为第七任、第十任萨迦本钦宣努旺秋之灵塔殿，后来在该殿内也供奉了第十三任本钦维色僧格的灵塔。

**萨迦北寺后期扩建建筑**

15世纪中后期至16世纪期间，萨迦北寺建筑在历代法座的达钦·阿旺贡嘎仁钦及其后代的上师们苦心经营下逐步实现了较大规模的扩建、重修，逐渐形成规模。其中，他们当中的代表人物是被誉为"教法之太阳"的达钦或阿羌·阿旺贡嘎仁钦（1451—1524年），其全名为达钦（阿羌）·阿旺贡嘎仁钦扎西扎巴坚参，另外被称为阿羌·确吉杰波阿旺贡嘎仁钦。从他开始到后来的三至四代法座期间，不但对萨迦五祖时期以来修建的各类殿堂作了修缮，而且新建了不少后来成为萨迦北寺建筑群代表的颇章、殿堂等建筑。在《萨迦世系史》中对他这样评价道："俄强（即阿羌）却吉杰波阿旺贡嘎仁钦使吉祥萨迦派的寺院、教法、家族世系如死灰复燃般重新兴盛起来，而这位达尼钦波在使这一事业不断发展方面所作的贡献为别人所不能比拟，因此他成为显明佛法的俄强大师的随为殊胜的心传弟子，是诸弟子之顶饰。"[36]在某种意义上讲，阿羌·阿旺贡嘎仁钦对逐步走向衰微时期的萨迦派及其道场的复兴与拯救，与萨迦五祖对该派作出的贡献是可以相媲美的。

在此，对这一段复兴时期所进行的修缮、扩建和增建的萨迦北寺主要建筑群做个简要介绍。

1. 细脱拉章（四大拉章之一）

尽管相关文献中记载该殿最初由萨班26岁时（1208年）修建，[37]但并不清楚当时具体的规模为如何。也许是在后来修建大规模喜托建筑群的地方修建了庙宇。该建筑群曾经由第十三任法座喇嘛堂巴·索南坚参（1312—1375年）、第二十二任达钦（阿羌）·阿旺贡嘎仁钦（1451—1524年）、第二十四任法座阿羌·扎巴洛珠坚参（1503—1557年）于1530—1557年任法座期间和第四十任贡嘎仁钦等历辈萨迦派上师们的扩建、修缮下，[38]形成了最后的规模。其主要殿堂如下：

（1）仁增拉康（持明佛殿）

由达钦（阿羌）·阿旺贡嘎仁钦开始修建，[39]阿羌·扎巴洛珠坚赞曾进行重修和修缮。该殿原来主供为达钦（阿羌）·阿旺贡嘎仁钦扎西（另称阿羌·确吉杰波）灵塔，其余9座灵塔都是达钦（阿羌）·阿旺贡嘎仁钦扎西之后的萨迦派上师的灵塔。[40]20世纪40年代，对萨迦南寺大殿进行维修时，将原供奉于北寺喜托拉章仁增拉康殿内的灵塔搬迁到了现在南寺的仁增银灵塔殿内。[41]

（2）堆杜普（降魔洞）或司松斯南（威伏三界）护法神殿

阿羌·阿旺扎巴洛珠坚赞时期开始，将这里的殿堂被用作为护法神殿。该殿内原主供为萨迦派本尊护法神宝帐怙主八众之头顶有四红脸的护法即为十二众及其侍从、婆罗门形象的班观霞（婆罗门祜主）、财神及其妃子、持镰护法女神、护金刚橛嘎堆两姐妹和堆嘉两位护法等。[42]

（3）琼帕尔护法殿

位于堆杜普护法殿东面，该殿主供有细脱拉章第一任法主阔尊钦波或者阔尊南喀勒巴（1305—1343年）制作的大黑天兄妹、水兽面护法、降魔布扎等。[43]

（4）堆列南杰班观嘎采护法殿

位于琼帕尔护法殿的上层，由阿美夏·阿旺贡嘎索南扎巴坚赞父子时期修建。该殿主供有印度斯瓦采（斯瓦特）地方的黑石制作的怙主、红檀制作的宝帐怙主、印度噶玛如石制作的大黑天、班观霞，财神王及其妃子，还有持镰护法女神和护金刚橛嘎堆两姐妹等。总之，该护法殿内所供奉的所依非常神奇，其神奇之处能与乌坚空行洲相媲美。[44]

（5）且帕喇嘛拉康（殊胜上师殿）

位于堆列南杰班观嘎采护法殿的上层，该殿位于细脱北部殿堂的密宗殿到其东面的厨房之间的建筑群，由贡嘎索南之子索南旺秋至却吉杰波（即达钦〈阿羌〉·阿旺贡嘎仁钦扎西）期间修建，该殿供奉所依台座共有五排，主供达钦·阿旺贡嘎仁钦扎西的合金塑像、萨译师·降白多杰（即萨译师·降央贡嘎索南扎巴坚赞，1425—1473年）的合金塑像以及萨迦派上师们塑像。另外，这里供奉着现藏南寺大殿的白海螺法号，用金银、水晶、印度斯瓦采石等奇异材质制作的历辈萨迦教派上师们的本尊佛塑像等。[45]

（6）贾噶尔拉康（印度神殿）或多吉典利玛拉康（金刚座合金佛像殿）

位于细脱南部殿堂的最顶层。由降观·贡嘎索南从墙基进行修缮和新建，该殿有所依台座八排，主供印度噶玛如石制作的释迦牟尼像，各种质地、多种风格的合金像、泥塑以及反映次第道等内容的精美壁画、瓷器等众多珍贵文物。[46]

除了以上这些殿堂外，细脱拉章建筑群中还有贾纳日吾孜阿拉康（汉地五台山殿）、[47] 森琼喀觉拉康（寝宫空行神殿）、南部护法神殿等。这些殿堂也基本是在15世纪中后叶至16世纪上半叶时期修建的。

2. 顿觉拉章（四大拉章之一）

最初建筑为八思巴时期修建。该建筑群的色康由阿羌·阿旺贡嘎仁钦修建，[48]第三十四任萨迦法主白玛顿堆的父亲图钦·旺堆宁布（约17世纪末至18世纪中叶人）对该拉章进行维修扩建后，形成三层楼的规模。原来主殿内供奉着萨班、达钦·阿旺贡嘎仁钦扎西以及顿觉拉章世系上师们的泥塑像和其他上师们的塑像等。形成三层楼规模后，其最上层的原主供为莲花生大师、阿羌·阿旺贡嘎仁钦、独雄马头明王等尊像；第二层供奉着孜吴玛波夜叉七众；底层供奉天龙八部众鬼神等许多塑像。[49]

3. 冲绕拉康（本生殿或宗庙）

由萨迦总管索南塔波修建。尽管在萨迦·洛珠嘉措著文中没有提出修建的时间，但从该建筑中心殿堂的主供为降官·索南旺秋[50]的塑像来

顿觉拉章遗址现状（三大工程办提供）

看，索南塔波估计当与降官·索南旺秋为同代人。这样看来，冲绕拉康估计于17世纪期间修建。因为索南旺秋于1599—1625年期间任了萨迦法座，[51]所以极有可能在他任职期间，由总管索南塔波修建了该殿堂。

4. 曲米曾喀（神水池）与得确颇章（胜乐宫）建筑群

这组建筑群位于派桌山沟以西、北寺西面的最高处。相传索南孜摩（1140—1180年）时期，在曲米曾喀（即泉眼池）地方仅仅修建有一些僧舍。在其东南面的草坪平地处阿羌·阿旺贡嘎仁钦在原有僧舍的废墟上，所修建的殿堂及围墙建筑后来被称为得确颇章（即胜乐金刚殿）[52]。得确颇章建筑群由三部分组成，每个区有几个到十几个单体建筑构成。Ⅰ区建筑是阿羌·扎巴洛追（1503—1557年）的寝宫，Ⅱ区建筑是制作"萨迦长生甘露丸"的药丸加工场，Ⅲ区建筑是护法神殿。[53]下面对每个区的主要建筑作简要介绍。

Ⅰ区建筑：阿羌·扎巴洛追寝宫

该建筑群位于得确颇章围墙内的南面，根据萨迦·洛珠嘉措著本中的描述，[54]这一建筑群似乎是在原有部分建筑基础上作了大的重修与扩建，可能为得确颇章建筑的主供所在地。后来阿羌·扎巴坚参从25岁开

始修炼"长生甘露丸"之后，[55]可能就在这一建筑群的主要殿堂（二层楼即为主殿）作为寝殿和对药丸进行加持的场所。根据采访得知，I区建筑二层楼的主要用途是对已经在II区一层药丸加工场制作完成的甘露药丸进行开光加持的地方。

II区建筑：甘露药丸加工场

该建筑群位于得确颇章围墙内的西北面，其早年的建筑被称作阿羌·阿旺贡嘎仁钦的森琼德瓦坚（寝宫极乐殿），后来萨钦·贡嘎洛珠（1722年此尊者为53岁，其出生年为1669年，但笔者未能查阅到他的卒年）时期此处寝宫成为了专门修炼甘露药丸的场所。[56]这一区域以大院为界，北面建筑为两层，南面建筑为单层。根据实地采访，II区一层是甘露药丸的加工场所，房子近中部仍有一些石臼。II区二层是萨迦宗政府的夏白和宠廊级别以上官员在每隔一年举行对甘露药丸进行开光加持庆典时的住所，平常基本上无人居住，只是由政府指派的清扫人员到此地来进行清洁等日常保管工作。II区在开展上述活动时，还是萨迦法王的妃子们居住的地方，还有厨房、厕所等建筑。

III区：喇嘛拉康与护法神殿

该建筑群位于得确颇章围墙内的东北面，由阿羌·阿旺贡嘎仁钦修建，III区一层是该建筑群的主要殿堂，其一楼是护法神殿，原来主供库尔衮、班衮协、班典拉姆（吉祥天母）、布扎护法女神五姐妹共8位护法神的泥塑；其二层为喇嘛拉康或祖拉康，与喇嘛拉康同层新建的建筑有得确拉康，该殿内原来主供得确亥如嘎神的泥塑及其胁持六十二众神。[57]

除了以上这些建筑群外，在这一段的复兴时期里，新建或扩修、重修及修缮的北寺主要殿堂如宗穷拉章、西护法神殿、苏康经堂、桑阿德坚林、通瓦顿丹、恩嘎德坚林、玉妥拉康、夏迦桑布佛塔、宣旺佛塔、仁桑佛塔、昆氏佛塔、喇章聂第、喇章格配等。在这里，对这些建筑的修建与重修等情况引用相关文献做简略的介绍。

阿羌·阿旺贡嘎仁钦之子第二十四任萨迦法主阿羌·扎巴洛珠坚赞（1503—1557年）于1530—1557年任法座期间"新建了宗穷喇章、卓玛拉康、西护法神殿、至尊之孜准玛身像、苏康经堂、珠玛拉康和乌孜嘉木样威光闪烁之乌朵镏金屋顶等等"。[58]另外，"修缮了玉妥拉康、夏迦桑布佛塔、宣旺佛塔、仁桑佛塔和昆氏佛塔等萨迦大寺西面诸经堂。还有在喇章聂第和喇章格配等诸拉康之地移植了草坪并新建屋顶金瓶等等。"[59]除了扎巴洛珠坚参对萨迦北寺进行扩建、修缮外，他的前任法座阿旺贡嘎仁钦也对昆氏佛塔、玉托、本唐（另写为崩塘）、苏康、宗穷、尼第（即聂第）等建筑进行过相应的维修与修缮。[60]而桑阿德坚林由第二十二任萨迦法座达乾·阿旺贡嘎仁钦修建；[61]恩嘎德坚林由阿美夏·阿旺贡嘎索南在原有苏康拉章或尼托拉章的废墟上重建；[62]通瓦顿丹由阿羌·阿旺贡嘎扎西[63]（1596—1651年）修建[64]等。总之，这一时期的扩建、重修、修缮于北寺建筑史上是最为频繁的一次，也是萨迦北寺建筑最后规模的形成时期。

在结束粗略介绍北寺部分时，认为有必要对萨迦寺"神奇幻化四大主供或镇寺之宝"做简要介绍。这神奇幻化四大主供是供奉于乌孜宁玛北殿的盛光焰文殊像、供奉于果荣森吉嘎波殿的善飞黑面具护法神，白日·仁钦扎译师外供尊胜宝塔和供奉于珠俄颇章（如意宫）的玉卡尔莫三重菩提度母像。以上这些神奇主供或称为镇寺之宝的稀世之物，过去全部供奉于萨迦北寺的各个重要殿堂内。

综上所述，萨迦北寺自1073年修建寺院建筑至今已经过去了近千年的历史，在这漫长的岁月中经过历辈萨迦教派祖师们励精图治，其建筑、寺藏各类文物的艺术成就是举世瞩目的，它们的规模和数量更是难以一一说明的。鉴于萨迦北寺已成为一处遗址，本书只是对那些仅仅是我们所了解的非常少部分的萨迦北寺的建筑与所供身语意所依的历史背景进行了一次简单的梳理，在这过程中，因为我们无法查阅到更多古代文献以对其历史背景做出明确的说明。而我们能查阅到的主要资料为：萨迦·洛珠嘉措先生编写的《福地·萨迦》一书和大量此次维修工程期间实施的北寺考古调查项目提交的《北寺考古报告》。

## 二、萨迦南寺

萨迦南寺位于仲曲河南岸形永扎玛平坝之上,它的建成是13世纪中晚期萨迦寺历史发展中的又一盛举。萨迦南寺主体建筑"拉康钦莫"(集会大殿)气势恢宏、雄奇壮观,为萨迦寺标志性建筑。

公元1268年,萨迦第一任本钦释迦桑布奉八思巴之命,以杰日拉康为蓝本,设计建造拉康钦莫大殿,后来历任萨迦本钦先后扩建,直到第九任本钦阿伦任职时期,萨迦南寺兴建工程才全面结束。

萨迦南寺平面呈方形,东西长214米,南北宽210米,占地面积44940平方米,结合了汉、藏及印度建筑风格,布局似坛城。拉康钦莫大殿的内城墙宽3米,高8米,内城墙四角有3到4层楼高的角楼,中部四面均建有敌楼。内城墙的南、北、西三面无门,仅东面正中开有城门。外城墙称"羊马城墙",是"回字形"土筑城墙,墙体低矮单薄,东面曾开有大、小两座城门。外城墙北面紧邻仲曲河,东、西、南三面有护城河,护城河壕沟宽8米。羊马城墙和护城河壕沟环绕萨迦南寺内城,羊马城墙和护城河与内城墙共同构成立体防御体系。

1948年,原噶厦政府对南寺举行了较大规模的维修,此次维修主要对内部结构做了相应加固,对内部布局做了较大调整,原有通体殿堂改为二层或三层,砌筑多个隔断墙,形成了多个不同的殿堂。我们可以清晰地从主殿原有外墙内壁上绘制的早期壁画主尊佛面在二层,佛身在底层的情况,看出那次维修所改变的痕迹。

拉康钦莫大殿是萨迦南寺的主体建筑,东西长79.8米,南北宽84.8米,面积6767.04平方米,通高24.3米,墙基宽度为3.5米。殿内有巨大的圆柱108根,中间有高敞的天井。1948年,由阿旺图多旺秋主持维修时,大殿内部隔成许多殿堂,呈四合院式。该殿殿墙厚实,收分较大,通体主色为赭红色,底层为青色,上面接有黄白相间的带饰三条。墙饰红、白、青(黑灰)三色,为萨迦派寺院的标志,红色象征文殊菩萨,白色象征观音菩萨,青灰色象征金刚手菩萨。大殿外围墙体四周用木质三才斗、横梁、椽头向外伸檐,上面依次砌筑一段白墙、赭石色笆玛和阿嘎土墙帽。笆玛墙面上镶有多种铜鎏金平(浮)雕图案;主体建筑东立面中央设置铜鎏金祥麟法轮俗称:"二鹿听经"。第一、二层之间装饰着圆形明镜、

左图 维修前的萨迦南寺(萨迦寺维修工程指挥部提供)

右图 维修后的萨迦南寺(萨迦寺维修工程指挥部提供)

**萨迦南寺拉康钦莫大殿鸟瞰（萨迦寺维修工程指挥部提供）**

海螺；南、西、北三面装饰着梵文"六字真言"、圆形明镜等。殿顶装饰幡幢，正面立有鎏金宝瓶，两侧是孔雀、宝幢，其他三面均为角立宝幢、中立大宝瓶。拉康钦莫大殿由门廊、大经堂、欧东仁增拉康、普巴拉康、次久拉康、格尼拉康、拉康孜贡康、喇嘛拉康、薛札拉康、拉康强等组成。

### 1. 门廊

门廊位于东门入口处通道，两侧设有若干手推转经筒。门廊面积4长柱，柱上端刻有仰覆莲、花蔓，替木上镂空雕刻着大鹏鸟、宝轮、莲花、蔓草等图案。门廊南侧是六趣图壁画；两侧木框中有一个鎏金铜转经筒（高1.28米，直径0.78米）；门廊前饰有白色的帷幔，黑色的垂幕。前门用圆木作框，条石作槛，地上铺有条石。内门是厅堂，2柱3间，中间左右两侧放有两排转经筒，南北两间地面抬高50厘米，供奉着不动金刚、马头金刚泥塑像，高约5.5米，神态威猛、体态健壮。厅堂向西为两门，

拉康钦莫大殿门廊（萨迦寺维修工程指挥部提供）

门楣浮雕有菱形小格凹饰、莲花，圆雕壁彩雄狮5只。两门向西为宽1间、深3间的甬道，甬道两壁彩绘有四大天王。

**2. 大经堂（集会大殿）**

大经堂，又称萨迦集会大殿，位于拉康钦莫天井西侧，坐西朝东，自中心天井上3级石阶可到大经堂前廊，前廊有4根方形石柱，柱下有方形束腰覆莲基座，南柱替木上浮雕有2虎，北柱替木浮雕有双狮托宝；廊壁绘有不动金刚、马头金刚、梵天等壁画。大经堂面阔66.4米，进深23.3米，面积1547.12平方米。大经堂内有40根圆柱，呈4×10排列，材质多为柏木。据定结县陈塘沟当地老人讲，当年修建萨迦南寺大殿时，所需木柱多采自陈塘以南广袤的森林，径陈塘运往萨迦，因此陈塘在藏语里的意思是"运载坪坝"，有运输通道之意（陈塘沟位于日喀则市定结县以南约81公里处，当地海拔约1900米，距萨迦寺170余公里）。大经堂前排的四根粗壮原木立柱有其来源之说。其中，"猛虎载"（相传

该柱由一只猛虎负载而来）、"野牛牵"（相传该柱由野牦牛用牛角顶载而来）、"忽必烈柱"（相传是忽必烈所赐）、"墨血柱"（相传是海神送来的流黑血之柱）被称为"萨迦四大名柱"。其中的忽必烈柱通高6.6米，直径1.23米，柱础石直径1.65米，是殿内最粗壮的木柱。经堂内主供一尊高大的合金质释迦牟尼塑像（相传，其装藏有八思巴灵骨与衣物），还供有阿旺图多灵塔、释迦牟尼佛（装藏萨钦·贡噶坚赞的灵骨）、释迦牟尼佛（装藏本钦·曲杰的灵骨）、金刚佛母（装藏达玛巴拉的灵骨）、迥·图多旺久灵塔、文殊师利（装藏夏尔巴堆果的灵骨）、释迦佛（装藏本钦·仁钦坚赞的灵骨）、释迦佛（装藏萨桑玛第班钦的灵骨）、释迦阿热玛（装藏岗噶哇囊卡坚赞灵骨）。几尊大佛像下面又供奉着许多材质不同、造型各异的小塑像。经堂西侧供奉着12尊佛像和2座佛塔。著名的萨迦经书墙位于经堂西墙和南、北墙，尤以西墙最为壮观，所有木质格子经书架直抵殿顶椽子木，书架上保存着用金、银、松石、朱砂、红宝石等珍

多个壮汉肩扛的"部堤甲龙玛"单片经书甲板（萨迦寺维修工程指挥部提供）

大经堂内供奉的萨迦四大墙之一"经书墙"(萨迦寺管委会提供)

宝研粉成墨手写的《甘珠尔》等大藏经和诸多高僧传记以及密要典籍等四万四千余部。其中，特大号经卷《帕巴杰东巴（八千颂）》的夹板（长度1.8米，宽度0.9米，厚度0.4米）上装有4根大铁环，人称"部堤甲龙玛"（铁环经卷），最少要4个壮汉才能提得动，而"部堤齐甲玛"（鸟载经卷）顾名思义，其轻度一只小鸟也能负载，"部堤达甲玛""部堤雅甲玛"等大规格经卷，用骏马或强壮的牦牛仅能驮得两部，故此得名。

#### 3. 欧东仁增拉康（银质灵塔持明殿）

欧东仁增拉康位于拉康钦莫大殿天井庭院北侧。坐北朝南，面阔5间（22米），进深3间（15米），面积330平方米，内有8根长立柱。殿内悬挂着幡幢；四面墙壁有壁画，内容为五方佛（中央毗卢遮那佛、东方阿閦佛、南方宝生佛、西方阿弥陀佛、北方不空成就佛）、三怙主（文殊菩萨、观音菩萨、金刚手菩萨）、萨迦五祖（萨钦·贡嘎宁波、索南孜摩、萨班·贡嘎坚赞）等。殿堂东侧供奉11座银质灵塔（8座大塔、3座小塔），多为尊胜塔形制，高3.4米至4.8米，塔面镶嵌红宝石、绿松石、珊瑚、珍珠、蜜蜡、琥珀、玻璃料器等珍宝，塔身前脸系鎏金带饰。这些灵塔自南至北折向西，依次是：强衮阿麦灵塔、嘎钦·图多旺秋灵塔、俄强·札巴洛追灵塔、嘉呗·索南旺布灵塔、贡噶旺嘉灵塔、索南旺布灵塔、贡噶扎西灵塔、索朗仁钦灵塔、贡噶洛追灵塔、图钦·旺堆宁布灵塔。灵塔殿西侧经书架上置有《甘珠尔》和萨迦五祖传记、俄强·贡噶桑布传记等珍贵古籍文献。

#### 4. 拉康强（北佛殿）

拉康强位于欧东仁增拉康北侧内室。东西长27.9米，南北宽11米，面积306.9平方米，内有圆柱12根，呈2×6排列。殿内供奉灵塔6座，自左至右依次是：夏尔巴堆国灵塔、曲吉·旺阿朗杰灵塔、夏尔巴·仁钦坚赞灵塔、夏尔巴·迥旦灵塔、夏尔巴·曲崩玛灵塔、香堆·曲巴扎西灵塔。这6座灵塔中，以菩提塔为形制的共有5座（高8.14米），吉祥多门塔形制的1座（高3.71米）。墙壁绘制有精美的坛城和萨迦五祖、护法神、千佛、喜金刚等壁画，其中萨班会见阔端历史题材壁画尤其珍贵。

#### 5. 普巴拉康（金刚杵佛殿）

普巴拉康位于拉康钦莫大殿天井庭院南侧。东、西各有一门，坐南朝北，面阔26米，进深15米，面积390平方米，有柱10根，呈2×5排列。殿内专设一座普巴金廓（金刚杵坛城），主供色普、阳达、赤烈三大普巴。每年藏历7月8日至19日在此举行"普巴法会"。佛殿造像主供为南侧供台上供奉的一尊通高3.75米合金质吉尊嘉呗央（威光文殊）像，是北寺旧乌孜殿的主供，据说塑像内装藏有萨迦第三祖扎巴坚赞灵骨，由萨迦班智达·贡嘎坚赞督造，八思巴亲自设计，邀请尼泊尔造像师精心制作而成，其造像十分殊胜，距今已有700多年的历史。在文殊菩萨像的左侧供奉一尊高4.6米的铜鎏金质释迦能仁像，右侧供奉一尊高1.4米的铜鎏金质无量光佛像，以及释迦牟尼师徒三尊等塑像。号称"萨迦寺四大墙"之一的"佛像墙"就位于本殿西壁通体木格佛龛内供奉着的5417尊各种质地、各式各样的塑像，最小的高度只有4厘米、最大的也

欧东仁增拉康殿内供奉的萨迦法王银质灵塔（局部）（萨迦寺管委会提供）

普巴拉康殿内供奉的萨迦四大墙之一"佛像墙"（萨迦寺管委会提供）

在 50 厘米左右，层叠排布。据管理本殿的僧人介绍，佛龛内供奉主供为居中的至尊度母、道果传承上师和普巴持明传承上师系列塑像，另外还有释迦牟尼佛、无量寿佛、弥勒佛、观音菩萨、文殊菩萨、金刚手菩萨、胜乐金刚、密集金刚、大威德金刚、咕露依咕、玛哈嘎拉、护法、财神等塑像和噶当塔等，材质多以合金质。"佛像墙"其存量之大，年代之久远，体系之完备，在西藏佛教寺院当中首屈一指，对研究佛教造像艺术具有极高的价值。此外，佛殿东侧经架上保存有《甘珠尔》《般若》等佛经；南侧壁画主要是巨幅画像，内容为佛、佛母、护法神、喜金刚等等，均属元代壁画，极具学术价值。

### 6. 次久拉康（十日殿）

次久拉康位于拉康钦莫大殿前厅二层北侧。长 21.3 米，宽 8.3 米，面积 176.97 平方米，横排列柱 3 根，门朝南，东侧有一小门通往内室。次久拉康内北侧及东侧北端供奉着高 3.72 米至 5 米的银质和铜鎏金质灵塔 5 座，分别是白玛堆都旺久灵塔、特钦·扎西仁钦灵塔、贡宁山沛罗布灵塔、札休·赤列仁钦灵塔、贡噶仁钦灵塔。塔座上浮雕着狮、宝轮、琵琶天王，镶嵌着绿松石、珊瑚、玛瑙、玻璃料器，塔瓶是用蜜蜡和琥珀饰以数十条"札哇札切"（半满璎珞）或者腰束用铜鎏金带饰，塔瓶前的佛龛中供奉着灵塔主人像，塔门佛龛边沿上雕饰大鹏鸟、摩羯鱼、龙、虎、狮、鸟等动物。此外，还供奉着 3 尊高 1.6 米至 2.85 米银质造像，一尊是莲花生塑像（装藏山达·班钦温波灵骨及衣冠）、其余两尊是空行佛母塑像（一尊内供其美·索南仁僧白拉姆灵骨，另外一尊内供达钦·索南旺波之女的灵骨，塑像呈愤怒状，手执法器）。殿内绘制的壁画是长寿三尊（无量寿佛、白度母、尊胜佛母）、萨迦法王、护法神、莲花生传记、宁玛派高僧等。

### 7. 格尼拉康（居士殿）

格尼拉康位于拉康钦莫大殿前厅二层南侧。门朝北，长 15.6 米，宽 9 米，面积 140.4 平方米，其内横排列 2 根柱，中间西侧有天窗。殿内南侧供奉着两座灵塔，分别是增林图果旺堆灵塔和贡噶索朗灵塔。殿内东、南两侧供奉着高 2.7 米至 4 米的 9 尊银质和铜鎏金质塑像，分别是：萨钦·贡噶宁波像（像内供奉着图旦克珠嘉措灵骨）、度母（像内供奉着贡噶仁钦灵骨）、金刚佛母（像内供奉着吉尊杰桑曲格尼玛灵骨）、文殊菩萨（像内供奉着班旦却朗灵骨）、尊胜佛母（像内供奉着其美·旦白尼玛灵骨）、无量寿佛 3 尊（其中 1 尊像内供奉着强·欧珠嘉措灵骨），造像服饰均十分华丽，端坐在双狮须弥座上，造像后有背光雕有大鹏鸟、摩羯鱼、龙女、力士、宝马、孔雀、瑞象、花鸟等图案。殿内壁画为次拉朗松（长寿三尊）、强巴（弥勒佛）、古如仁波切（莲花生大师）、堪钦·希瓦措（菩提萨埵）、赞普·赤松德赞及财神等像。

### 8. 喇嘛拉康（上师殿）

喇嘛拉康位于拉康钦莫大殿三层西北角。门朝东，由经堂、佛殿、修行室组成。经堂居中，面阔3间，进深3间，有4根柱，中间架设有天窗，四壁绘满壁画，内容为释迦牟尼净土、确贝拉姆（伎乐仙女）、萨迦法王以及高僧、山水、瑞兽等等。修行室内仅可容1人静坐。佛殿面阔3间，进深2间，有2根柱，南侧顶上开有亮窗；殿内主供俄强·贡噶仁钦、强白多杰等8尊泥塑像（其中的释迦牟尼为铜鎏金像），主尊高1.4米，其他造像都是高约0.8米；壁画绘有萨迦法王、高僧以及印度高僧等。

### 9. 薛札拉康（下院佛殿）

薛札拉康位于拉康钦莫大殿南侧、南城墙之内以北处，属于单体建筑。坐北朝南，门廊2柱，廊壁绘着释迦牟尼传记、四大洲世界、六趣图等壁画。薛札拉康主殿内有立柱18根，呈3×6排列，中间2根高柱支撑天窗。殿内主供一尊释迦牟尼像，其左右两侧供奉着强巴佛、金刚佛母、金刚持、度母、萨班·贡嘎坚赞等像，造像高约0.7米至1.35米；东、西两壁以及北壁两端有木制佛龛，龛内供奉高0.68米至0.75米的37尊合金或铜鎏金质普贤大如来佛。壁画绘有圣僧图（东尊丹巴）、八舞女（扎西改杰）等。

### 10. 拉康拉章（四大拉章之一）

拉康拉章又称"八思巴殿"，由第二任萨迦本钦·贡噶桑布主持修建。是八思巴圆寂处。该拉章是四大拉章之一。位于拉康钦莫大殿南面，南城墙之内以北处，属于单体建筑。坐西朝东，二层藏式平顶建筑，屋顶装饰有幡幢。下层是库房，上层由前廊、经堂、佛殿组成。前廊为2长柱。经堂面阔7间，进深7间，殿内由立柱36根组成。主供一尊高约2米的银质毗卢遮那佛。另外，还供奉由尼泊尔帕坦地方造像师制作的高约0.6米的37尊合金质普贤大日如来佛像和高0.4米的十六罗汉泥塑像。20世纪60年代受人为破坏而被毁，20世纪末至21世纪初恢复重建。

### 11. 卓玛拉康（度母殿）

现存的卓玛拉康是原来的卓玛颇章的主要建筑，为二层藏式平顶建筑。现存的二层有卓玛拉康（度母殿）、嘉呗央拉康（文殊殿）、次巴弥拉康（无量寿佛殿）三殿。其中卓玛拉康的"萨迦法王夫妇供养图"、

萨迦寺保存的珍贵典籍——贝叶经（萨迦寺管委会提供）

萨迦寺保存的明宣德青花五彩鸳鸯高足碗（萨迦寺管委会提供）

萨迦卓玛颇章内绘制的"萨迦法王夫妇图"（萨迦寺管委会提供）

救八难度母图和次巴弥拉康的萨迦法王世系图等壁画均是萨迦南寺少见或未见者，弥足珍贵。

**12. 拉康孜贡康（经堂上护法殿）**

拉康孜贡康即上护法神殿，位于拉康钦莫大殿二层西北角。门朝南，面阔3间，进深2间，横排列2根柱，北壁供台上主供一尊高1.6米的怙露依怙泥塑像。此外，还供奉高约1.2米的殷衮谢、吉祥天女泥塑像。墙壁和柱体上悬挂着多追达巴（尸陀林男女怙主）、普巴、孜多杰那波、金刚持、布扎·米赤阿、嘎玛哇、堆杰等护法神唐卡；东壁绘有骏马、公羊、野牦牛、秃鹫等动物的线描壁画。殿内各护法神均以骷髅为冠，须发竖起，环目忿口，颈部系有青索，手持溢着鲜血的颅器。

**注释**

[14] 参见洛珠嘉措著本《萨迦旅游指南》，第60、62页。

[15] 宿白：《藏传佛教寺院考古》，北京：文物出版社1996年版，第100页。

[16] 参见洛珠嘉措著本《萨迦旅游指南》，第60、62页。

[17] 宿白：《藏传佛教寺院考古》，北京：文物出版社1996年版，第100页。

[18] 前引宿白先生著本，第103页。

[19] 据萨迦寺洛珠嘉措先生介绍，"善飞黑面具"来源于古代印度外道的一位僧人被降伏之后，将其调服为佛教护法神，此护法神仅有一黑色面具。后由大译师仁青桑布传至雪域高原。

[20] 前引宿白先生著本，第102页。

[21] 前引《司徒古迹志》，第323—324页。

[22] 前引洛珠嘉措著本《萨迦旅游指南》第65页只是提到了喇嘛拉康的修建者，但并未指出什么时间修建。据《东噶藏学大辞典》，中国藏学出版社2002年藏文版第2193页上介绍，阿美夏·阿旺贡嘎索南扎巴坚参生于藏历第九饶迥火鸡年（1537年），藏历第九饶迥铁蛇年（1560年）任萨迦派第26任法座，1569年撰写《萨迦世系史》，卒年不详。另外，前引陈庆英译本《萨迦世系史》"藏文出版说明"中，只是介绍了他担任萨迦派法座达三十余年，"被称为具吉祥萨迦派的善知识班智达、尊胜乘瑜伽师、持咒师阿旺贡嘎索南扎巴坚参贝桑布。"由此看来，阿美夏·阿旺贡嘎索南扎巴坚参的圆寂时间可以推到16世纪90年代可能不会有太多问题，因为他于1560年任法座，而其任期"达三十余年"。考虑到法座的继承一般都为前任圆寂后才会有新一任的登台，所以我们目前做出了上述的推测。另外在萨迦贡嘎洛珠的《萨迦世系史续编》民族出版社1991年藏文版第30页中，认为阿美夏·阿旺贡嘎索南任法座时间是藏历年土羊至土猪的长达41年期间内。根据我们已知的他的生年是1537年，笔者查阅《公历藏历汉历对照表》（周生文、卓玛措编，青海人民出版社2002年版）后可确定这个时间为1559—1599年期间。如此看来，阿美夏至少活到了1599年的62岁时，只是目前因参考文献的

阙如，我们并不清楚这个时间是否他的卒年。由于阿美夏在萨迦派的历史中占据着较为重要的地位，为了便于今后对他的年代学研究，笔者在此只好多啰嗦几句了。

[23] 这里所列的简单清单参见前引洛珠嘉措著本《萨迦旅游指南》第64-65页。

[24] 即"篦乔·洛珠扎"（Mal-gyo Blo-gros-grags），11世纪人。他从印度迎请了许多护法神有关的经函，其中萨迦派的宝帐怙主是经过他而传到了萨钦·贡噶宁波（见前引《东噶藏学大辞典》，第1598页）。

[25] 参见洛珠嘉措著本《萨迦旅游指南》第66页。

[25] 参见洛珠嘉措著本《萨迦旅游指南》第66页。

[30] 见《萨迦世系史》第117页。

[31] 从笔者所能查阅到的相关资料来看，始建于第四十一代吐蕃赞普赤祖德赞执政时期（815—836年）的伍祥朵寺院（Vu-shang-rdo）建筑装饰中，已经出现了镀金屋脊宝瓶（Gan-ji-ra）装饰，但文献中未明确记载其屋顶装饰是"金顶"（参见前引《东噶藏学大辞典》第1835页）。自此之后，西藏寺院建筑中记载出现有"金顶"装饰最早的时间似乎应当为萨迦北寺的1262年。1310年之后阿里亚则王日乌梅和布涅梅出资在大昭寺觉卧释迦牟尼像所在殿堂的屋顶建造了"金顶"、十一面观音殿建造了"大金顶"（前引宿白著作第13页）。以后的历史发展中，西藏建筑寺院中"金顶"装饰就更为普遍了。

[30] 参见洛珠嘉措著本《萨迦旅游指南》第71-75页。

[31] 前引洛珠嘉措著本第148-154页。

[32] 由于笔者目前所掌握的资料中没有关于萨乾·旺堆宁布的相关文献，故不清楚他的具体生卒时间。但根据本文引《萨迦世系史》第366页中的介绍，他是《萨迦世系史续编》的作者贡嘎洛珠（1669年-？，他在1722年53岁时正在编写这部著作）的儿子。

[34] 前引陈庆英等译注本《萨迦世系史》，第19页。

[35] 前引洛珠嘉措著本第82-84页。

[33] 根据贡嘎洛珠的《萨迦世系史续编》民族出版社1991年藏文版第19、30页中介绍，阿羌·索南旺秋的全名为阿羌·阿旺索南旺秋，他任法座是在阿美夏·阿旺贡嘎索南之后，依此阿羌·索南旺秋应是第二十七任法座，但这与前引扎什伦布寺历史编写小组编写的《萨迦寺简介》中列出的"萨迦历辈法座一览"不相符。因目前未能找到更加可靠的参考，在此先按《萨迦世系史续编》的观点列出了阿羌·索南旺秋的生卒年和出任法座的时间。

[36] 前引陈庆英等译注本《萨迦世系史》，第333页。

[37] 陈庆英译本《汉藏史集》第178页。

[38] 前引洛珠嘉措著本，第128页。

[39] 前引扎什伦布寺历史编写小组《萨迦寺简介》，第60页。

[40] 前引洛珠嘉措著本，第128-129页。

[41] 实地采访所得资料。

[42] 洛珠嘉措著本，第130页。

[43] 洛珠嘉措著本，第132页。

[44] 洛珠嘉措著本，第133-134页。

[45] 洛珠嘉措著本，第135-138页。

[46] 洛珠嘉措著本，第138-139页。

[47] 阿美夏·阿旺贡嘎索南著本中提到了该殿堂是由他在世时修建。（见前引陈庆英等译注本《萨迦世系史》，第348页）。

[48] 见前引《东噶藏学大辞典》第772页，"阿羌·阿旺贡嘎仁钦"条目。

[49] 前引洛珠嘉措著本，第144-148页。

[50] 根据成书于18世纪上半叶由第三十二任萨迦法座贡嘎洛珠的《萨迦世系史续编》民族出版社1991年藏文版第222页、第19页的记载，他是阿美夏·阿旺贡嘎索南的儿子，全名为降央·阿旺索南旺秋；生卒年为1578—1634年。

[51] 见前引《萨迦世系史续编》，第30页。

[52] 见洛珠嘉措著本，第156页。

[53] 实地调查与文献结合资料。

[54] 见洛珠嘉措著本，第156页。

[55] 见前引陈庆英等译著本《萨迦世系史》，第338页。

[56] 见洛珠嘉措著本，第158页。

[57] 见洛珠嘉措著本，第157页。

[58] 前引陈庆英等译注本《萨迦世系史》，第332页。

[59] 同注解[58]，第334页。

[60] 前引陈庆英等译注本《萨迦世系史》，第284页。

[61] 前引洛珠嘉措著本，第159页。

[62] 前引洛珠嘉措著本，第179页。

[63] 根据扎寺历史小组编写的《萨迦寺简介》中的萨迦法座排序，阿羌·阿旺贡嘎扎西应为第三十任，被称为贡嘎扎西；而根据前引《萨迦世系史续编》第30页中法座的排序，他应该是第二十八任法座。本文中关于他的生卒时间是根据《萨迦世系史续编》的观点，查找了公元纪年的。

[64] 见前引洛珠嘉措著本，第182页。

# 第二章
# 萨迦寺维修工程技术总结

## 第一节　总论

**一、萨迦寺所处自然地理和县域基本情况**

萨迦县位于西藏自治区南部、日喀则地区中部、雅鲁藏布江南岸。地处喜马拉雅山和冈底斯山之间，地势南北高，中部低。东邻日喀则市、白朗县，南接定结县、岗巴县，西靠定日县、拉孜县，北与谢通门县隔江相望。距日喀则市区150公里。境内最高山峰海拔6092米。有冲曲河、夏布曲河等河流。中尼公路过境。萨迦县的气候与西藏其他地方一样，有垂直分布的特点，海拔高的地区比较寒冷，低的地区如吉定乡、扯休乡、雄玛乡气候和日喀则市区相同，比较温暖，自然条件比较好，有肥沃的盆地、川地，水资源丰富、交通方便，是萨迦县重点产粮基地。除萨迦镇外其他7个乡都属半农半牧区，农作物季节比日喀则晚15—20天。年无霜期110天左右。年降雨量大约在150—300毫米左右，最大400毫米，最小100毫米，雨量比较集中的季节在六、七、八月。相对无霜期大约70—100天。年平均气温在5℃—6℃，最高达27℃，最低为-20℃。冬季多为西南风，干燥寒冷、风沙大、风力5级，最大9级，夏季风向多为东南风和西南风，较温暖，属高原温带半干旱季风气候。

境内除萨迦寺外还有白玛曲林、超浦、举巴、康坚、仁钦岗等各教派的寺庙。县驻地位于东经88°03′，北纬28°54′，总面积8126平方公里，全县平均海拔4400米，县驻地（萨迦寺）海拔4316米。萨迦县辖9乡2镇，132个行政村，337个自然村，全县面积8126平方公里，耕地面积113504亩，草场面积725.33万亩，其中，可用面积708.46万亩。全县总人口44702人，其中：男22348人、女22354人。

## 第二节　萨迦寺维修工程总体方案

**一、项目概况**

**项目名称**

西藏三大重点文物保护维修工程之萨迦寺保护维修工程

**项目法人单位**

西藏三大重点文物保护维修工程领导小组办公室

**法人代表**

李国勇　西藏自治区计划经济委员会（区发改委）党组副书记、主任，西藏三大重点文物保护维修工程领导小组办公室主任（任职时间：2002年6月—2003年12月）

甲热·洛桑丹增　西藏自治区人民政府副主席、西藏三大重点文物保护维修工程领导小组副组长、西藏三大重点文物保护维修工程领导小组办公室主任（任职时间：2004年1月—2012年9月）

**现场管理机构**

萨迦寺保护维修工程指挥部

**指挥长**

格　桑　日喀则地区党校党组书记

**项目建设地址**

西藏自治区日喀则地区萨迦县萨迦镇萨迦寺

**项目建设内容**

对萨迦寺文物建筑中存在的严重险情和明显隐患进行抢险、加固和维修；对破损及虫蛀腐朽的建筑结构进行维修治理并将保护区内的违章建筑及人为占用建筑物拆除或迁建；改造提升给排水、供电系统、安保监控系统和火灾报警系统等项目。

**萨迦寺主要数据及指标表**

| 序号 | 项目 | 单位 | 数据及指标 | 备注 |
| --- | --- | --- | --- | --- |
| 1 | 占地总面积 | m² | 45000 | |
| 2 | 总建筑面积 | m² | 14700 | |
| 3 | 总投资 | 万元 | 9719 | |

## 三、维修工程的基本原则

**坚持保持原状的原则，有效保存历史真实信息**

萨迦寺保护维修工程要严格依照《中华人民共和国文物保护法》和《文物保护工程管理办法》等法律法规，以保持建筑原貌为基础，做到修旧如旧。确保最少扰动和科学排除险情隐患，确保自身的真实性和完整性不被破坏。

**统筹近期与远期目标并举**

真实、完整地保护好萨迦寺古建筑风貌和文物，是历史赋予我们的职责。本着保护为主、抢救第一，消除重大隐患的指导思想，以建筑物抢险维修和减除病虫害对建筑物造成的侵害为主，改善和提升公用辅助设施设备为辅，兼顾周边环境治理，拆除保护区内外违章建筑，使整体景观有较大改善。同时，编制中长期保护规划，为确定并实现远期目标提供指导和科学依据。

**坚持传统工艺与新材料、新技术的有机结合**

根据我国《文物保护准则》和《文物保护工程管理办法》等法则，按照"尊重传统、尊重科学"的基本要求，古建筑加固维修要尽可能多地采用传统材料和营造工艺。但多数传统材料、做法不但工艺复杂，而且周期长、投入大，在可靠性、耐久性方面也存在一些问题。因此，在坚持"原真性"原则的基础上，采用国际上通行的新技术、新工艺、新做法，探索在自身存在缺陷的原材料中适当添加现代新材料，增加修复的科技含量，以确保维修后的可靠性和保持成果的持久性。在取得试验成功的基础上，利用现代技术手段保护修复壁画，采用低压灌浆施工工艺做好建筑结构加固，以避免结构补强时出现大拆大卸，确保最少扰动。用毒性小、无公害的防虫防腐药剂对新旧木构件全面进行防虫防腐处理，增加木材使用寿命。

## 四、维修工程的范围与规模

为了清楚地反映维修工程的范围和规模，我们将工程划分成以下几个部分。

第一部分：文物本体建筑维修

第二部分：附属古建筑维修

第三部分：新改建公用设施

第四部分：壁画保护修复工程

**文物本体建筑维修范围与规模**

1. 拉康钦莫大殿：维修大经堂、欧东拉康、祖康、平措颇章灵塔殿、卓玛颇章、顿觉拉康、护法神殿、喇嘛拉康、千佛壁画廊等；揭顶修缮局部维修。

2. 城墙、角楼、敌楼：维修城墙、东南角楼、西南角楼、西北角楼、东北角楼、东敌楼、南敌楼、西敌楼、北敌楼。

3. 康巴夏僧舍：落架大修康巴夏僧舍主体建筑。

**附属古建筑维修范围与规模**

1. 两个拉康抢险：卓玛颇章、顿觉拉章主体抢险

2. 环境整治和搬迁：搬迁54户群众住房；萨迦县中学礼堂、部分教职工宿舍。

**新改建公用设施范围与规模**

1. 给排水系统：重建萨迦寺完善的给排水体系，上下水管道与市政管网连接，改善供水不足和无组织排水、灌溉现状。

2. 电气照明系统：扩容高低压变电器，更换高压开关柜，增设低压配电柜，清理空中架设电缆全部改为埋地敷设，更换殿内老旧电线，补充电线穿管，增加空气开关柜，增设路灯设施和技防控制室接地避雷，保证技防系统的可靠运行和照明系统的安全使用。

3. 消防系统：增设消火栓数量和延长管线，完善主体建筑消防供水体系，并使之合理化，提供科学、合理、有效的灭火水源；增加宫内各主要部位便携式灭火器数量，设置灭火器存储箱；增设火灾自动报警系统探头和主机，消除主要部位出现的盲点，提升火灾报警系统设备的可靠性和有效性。

4. 安保监控系统：安保监控要确保点、线、面全方位结合，消除死角。

5. 新改建项目：新建文物库房（陈列馆），新建现代冲水公共厕所。

**壁画保护修复**

壁画保护修复坚持抢救第一、量力而行的原则，在充分研究和获取实验数据成果评估有效的基础上，制定维修、保护计划，确保壁画能够完整地得以长期保留。

**萨迦寺维修工程规模一览表**

| 序号 | 项目名称 | 维修工程 | 结构加固 | 搬迁工程 | 新、改建面积 |
|---|---|---|---|---|---|
| 一 | 建筑工程 | 12336 ㎡ | | 13500 ㎡ | 5235 ㎡ |
| 二 | 公用配套设施 | | | | 水、电、保安监控、火灾报警等 |
| 三 | 环境治理 | | | | 道路、广场等 |
| 四 | 壁画 | 3000 ㎡ | | | |

## 五、维修工程分项技术要点

**文物本体建筑维修工程技术方案**

本体古建筑维修是萨迦寺维修工程的重点，其实施要点是：在维修工程中主要利用传统维修施工工艺，尽可能多地使用原有建筑材料，要维护文物古建筑的原状，但也要结合使用成熟的新技术、新材料，使其更为有效的得到保护。

重点维修项目的安排，首先要考虑残损量大、结构出现严重问题的建筑，必须靠前安排抢险加固或落架大修。其余建筑维修重点做好结构加固补强，局部拆砌、抽砌或补砌，墙面抹灰；更换、修补虫蛀、腐蚀、劈裂、折断、扭曲变形的木架构；重打屋面、楼面、地面阿嘎土，修正院内石板路，修缮筏玛墙等维修项目。具体现状与维修方案简述如下：

**1. 拉康钦莫大殿**

拉康钦莫大殿，亦称萨迦大殿、天成就殿，呈"回"字形布局；是南寺的主体建筑，位于全寺的中心，犹如城中之城。南北宽84米，东西长81米，墙基宽3.35米，总面积6808平方米。通高19.89米，上下共五层，由殿堂及天井内外回廊组成。

一层：大殿前门廊，门廊后为门道，通向中部天井，门道两侧为护法金刚。

二层：经书室、陈列室、格尼朗康（现陈列平措颇章灵塔）、次久拉康（现陈列卓玛颇章灵塔）。

三层：祖娜、顿觉拉康和拉康孜贡康等；主殿大经堂及普巴拉康屋面平台设有天窗、回廊，回廊有后加的木板隔断。

维修前的大经堂正立面（萨迦寺维修工程指挥部提供）

维修后的大经堂正立面（萨迦寺维修工程指挥部提供）

四、五层：喇嘛拉康及其他用房。

拉康钦莫大殿整体为平顶密梁结构，属于藏式平川式寺庙建筑；外墙由土石夯筑，上端饰笆玛墙，四面顶饰鎏金宝瓶、经幢、法器等。屋面与各层地面采用栈板上铺阿嘎土面。天井内檐头为木质椽飞上托压檐石（檐巴），檐下斗拱为单跳重拱；天井中有水井一口，东北部立一高大幢杆。拉康钦莫大殿四周有转经轮墙围绕；顶端笆玛墙面上镶嵌有多处铜鎏金饰件，正面正中为法轮，两侧为金鹿，其他各面饰六字真言、铜镜等拉康强上层北侧原为回廊，现存格局是20世纪80年代所改造的。

拉康钦莫大殿主要殿堂的现状如下：

（1）大经堂

大经堂位于拉康钦莫天井的西侧，门面向东，设前廊，四柱三间，柱子为方形石柱，方形束腰覆莲柱础，南柱托木上浮雕二虎；北柱替木浮雕双狮托宝图案。廊壁彩绘壁画，为不动金刚、马头金刚、仓巴、仓巴该钦及曲吉拉姆（八瑞祥）内容。大经堂面阔十一间，进深五间。

经堂内部结构为柱头上施托木、额枋，额上饰白马曲孜，两侧出数层雕椽，椽子用材十分粗大。柱子用材亦非常粗大，皆系柏木质，在自然材基础上稍加砍制成型，其中前排中间的四根柱子中被称为"忽必烈柱"的直径1.26米，石柱基直径1.63米，是最粗壮的一根。柱头以上的椽间木构件布满雕饰。

经堂中央开有天窗，用以通风采光，天窗四周以梁（椽）层叠外伸檐头，其东、南、西三面为明窗。天窗西沿下圆雕卧狮一排，共计39只。大经堂后部是经书墙。

主殿顶层回廊木架构安装（萨迦寺维修工程指挥部提供）

主殿顶层阿嘎土维修现场（萨迦寺维修工程指挥部提供）

维修前的大经堂顶层回廊（萨迦寺维修工程指挥部提供）

维修后的主殿顶层屋面及回廊（萨迦寺维修工程指挥部提供）

（2）欧东仁增拉康

欧东仁增拉康位于拉康钦莫天井的北侧，门向南，双扇板门，下槛为条石，门两侧涂黑色边框（那孜），上部出单跳重拱撑托楣檐，檐头饰"白玛曲札"。殿内面阔五间、进深三间，内有8柱为圆形自然材制作，上部结构形式与大经堂相同。

（3）拉康强

拉康强位于欧东仁增拉康北侧，两殿之间设有板门，门楣上方饰白玛曲孜，之上装有蹲狮三只。殿面阔七间，进深三间，内有圆柱两排，每排列柱6根，其上部结构同前。

（4）普巴拉康

普巴拉康位于拉康钦莫天井之南，向北开二门，西边门形制同欧东仁增拉康，东边门较为简易。殿内面阔六间、进深三间，内有10柱为圆形自然材制作，上部结构形式与大经堂相同。

（5）格尼拉康

格尼拉康于拉康钦莫天井的东侧二层南边，殿内面阔三间、进深二间，有2柱为圆形自然材制作，中间跨距较大约为6米。门向北，中间一间上有天窗，用以采光。

（6）次久拉康

次久拉康位于拉康钦莫天井的东侧二层北边，殿内面阔四间，内有3柱为圆形自然材质制作，中间跨距较大约为6米，上部结构形式与大经堂相似。

（7）拉康孜贡康

拉康孜贡康是护法神殿，位于拉康钦莫第三层西北角，殿内面阔三间、进深二间，内有2柱为圆形自然材质制作。大门向南。

（8）拉玛拉康

拉玛拉康位于拉康钦莫四楼西北角，拉康门向东，由经堂、佛殿、修行室组成，经堂居中、修行室在南、佛殿在北。经堂内面阔三间、进

维修前主殿已风化的苫玛墙（萨迦寺维修工程指挥部提供）

拉康钦莫大殿屋面整体维修现场（三大工程办提供）

维修前大经堂主体北面外墙开裂情况（萨迦寺维修工程指挥部提供）　　　　　维修中的大经堂外墙墙体裂缝补嵌（萨迦寺维修工程指挥部提供）

深三间，内有4柱为圆形自然材质制作，中心架起天窗。

修行室无柱，仅容一人静坐。

（9）金廊拉康

金廊拉康（即坛城殿）位于拉康钦莫第二层西回廊。金廊拉康保留着萨迦寺最早最完整的壁画，这些坛城壁画绘于十三世纪末，属平面坛城。

1.1 拉康钦莫大殿维修方案

揭顶修缮，局部维修，具体实施方案如下：

（1）屋顶：揭除阿嘎土层面、拆除女儿墙及檐口构件。重新制作女儿墙体更换部分残损构件和檐口青石板；屋顶阿嘎土重新制作，做出泛水、排水。

（2）墙体：对裂缝宽度在10厘米以内的墙体现状修补、裂缝宽度在10厘米以外的墙体针对不同部位采取附加措施进行加固。

（3）木构架：对弯曲变形等残损严重的构件（椽、檩）进行更换；柱子等竖向木构件，其柱根糟朽、劈裂在柱高1/3以内的，均采取墩接

维修中的大经堂女儿墙（苄玛墙）（萨迦寺维修工程指挥部提供）

砌筑过半的大经堂苄玛墙（萨迦寺维修工程指挥部提供）

维修后的大经堂女儿墙转角处（萨迦寺维修工程指挥部提供）

左图　大经堂外楼梯更换木架构（三大工程办提供）

右图　大经堂外楼梯木架构彩画补绘（三大工程办提供）

左图　大经堂天井院内修补脱落的墙面抹灰（三大工程办提供）

右图　大经堂天井院内墙面已完成的彩画补绘（三大工程办提供）

的补强措施；木椽上之基层（木条及青石板）揭取屋顶后，选择保存较好的予以保留，其余更换补配。外檐口之斗拱、椽望等根据其残破程度以及受外界环境影响的因素较重，采取现状保护，糟朽严重的予以更换。

（4）装修：木门窗走闪变形、破损严重的予以重新制作安装；其余修配安装。

（5）台基及地面：台基之压面石、阿嘎土地面因残破较为严重，且直接影响到建筑本体及总体的排水状况；压面石予以更换、地面局部重新制作。

（6）木构件彩绘保护包含椽、飞、斗拱、托木，经书墙木架等。

暂时转移保护大经堂经书，维修加固经书架（书仓），维修、加固大经堂西墙。

为确保三层壁画廊防水、防污染和展示的客观需要，在椽柱位置加设高1米防护栏板；以上部位安装遮阳玻璃窗及透空防雀栏罩等相应设施。

拉康钦莫大殿中央天井（中庭）地面维修现场（三大工程办提供）

清理拉康强东部坍塌建筑墙体废墟,维持原有地面标高,加固承重墙。

将卓玛颇章后人维修时替换的杂木条屋恢复为密梁顶,去除后加支顶柱。

更换四层千佛壁画廊糟朽柱、檩及托木,在椽柱位置加设高 90 厘米的木制防护保护栏。

检修屋顶上部墙身与女儿墙之间的通廊梁架,补配装配顶部铜制防鸟网(原为牛皮绳制作)。

更换、加固各层面排水槽(康托曲卓)。

现状修补各层铜制镏金经筒、宝瓶、铜镜、经幡、法器等。

装修外楼梯一、二、三层附属房,补配门窗。

**2. 康巴夏僧舍**

萨迦寺所有僧舍分置于南寺院内东南部和西部两处。

位于院内东南部的僧舍(康巴夏),在拉康钦莫东广场南侧,现存三层建筑为元代兴建。平面呈不规则方形,高三层;四面设窗,窗上有出檐。僧舍屋顶为平顶,四周有女儿墙,内部有回廊天井;其西部一层有一处厨房,此处为石寺内保存的最老的僧舍。

2.1 康巴夏僧舍维修方案

本次抢救维修的重点是康巴夏。康巴夏现状屋面、墙体、装修、地面均残破严重;屋地面揭取,装修拆除,重新制作或安装;墙体进行加固修整,在详细的地勘、检测实验结果作出之后详定方案。

**3. 东北角楼——伦珠颇章**

3.1 东北角楼构成及现状

东北角楼(伦珠颇章):平面略呈曲尺形。墙上三层,外观五层,外墙夯筑,东、南、北三面开窗,收分较小,上端出白玛草女儿墙。墙有裂纹。外墙有后来维修加固的石头包墙。

经书墙搬迁(三大工程办提供)

维修前的康巴夏僧舍北立面（萨迦寺维修工程指挥部提供）　　维修前的康巴夏僧舍南立面坍塌过半（三大工程办提供）　　坍塌清理后正在复建的康巴夏僧舍施工现场（萨迦寺维修工程指挥部提供）

复建后的康巴夏僧舍北立面（三大工程办提供）　　复建后的康巴夏南立面（三大工程办提供）

## 3.2 东北角楼的维修方案

东北角楼之屋面严重渗漏；东、北两面墙体裂缝数条，有的已被外部涂层所掩蔽，且东、西、北三面多次用石块砌筑加固，均为临时支撑；装修之门窗均破损严重或缺失；地面坑洼不平，面目全非。

屋面：揭取后重新夯制阿嘎土屋面。对防水层的做法要严格要求。

木构基层：对弯曲变形等残破严重的构件（椽、檩）进行更换；柱子等竖向木构件，其柱根糟朽、鐾裂在柱高1/3以内的，均采取墩接的补强措施；木椽上之基层（木条及青石板）揭取屋顶后予以全部更换。

墙体：对较大裂缝的墙体用原材料进行技术加固；其较小裂缝则进行剔补、上部白玛草女儿墙按现状修配。

屋顶：替换、补配三层屋顶（四层地面）糟朽、残缺过梁，重新铺夯阿嘎土。

装修：现存之门窗以补配为主。

地面：现存之室内地面坑洼不平，残损严重，拆除重做。

装配防鸟设施及防雷装置。

## 4. 西北角楼——宗母比

### 4.1 西北角楼构成及现状

西北角楼（宗母比）：平面呈长方形。外观三层，外墙石筑，四面开窗，收分较小，上端出白玛草女儿墙。西、北立面窗套抹灰大部分已剥落；屋面阿嘎土风化严重。现在是寺内的木材、木炭仓库。

### 4.2 西北角楼的维修方案

西北角楼曾经进行过外部墙体的整体维修与加固，材料采用的是较

维修中的西北角楼（萨迦寺维修工程指挥部提供）

对西北角楼外墙空洞的石砌体进行灌浆加固（萨迦寺维修工程指挥部提供）

维修后的西北角楼（萨迦寺维修工程指挥部提供）

维修前东南角楼内墙险情现状（萨迦寺维修工程指挥部提供）

维修中的东南角楼（萨迦寺维修工程指挥部提供）

维修后的东南角楼（萨迦寺维修工程指挥部提供）

规整毛石包砌。其屋顶渗漏雨水，门窗年久失修，走闪歪斜较为严重。

墙体：保持现状，局部进行修补，上部白玛草女儿墙保持现状。

屋顶：揭取后重新夯制阿嘎土地面，并严格控制排水坡度及防水做法。

木构基层：对弯曲变形等残损严重的构件（椽、檩）进行更换；柱根糟朽、鬶裂在柱高1/3以内的，均采取墩接的补强措施；鬶裂的托木予以更换；木椽上之基层（木条及青石板）揭取屋顶后予以全部更换。

装修：现存门窗个别残破严重者更换；缺失的予以新制安装。

地面：铲除并清理基层，重新制作屋内地面。

装配防鸟设施及防雷装置。

**5. 东南角楼——仁增颇章**

5.1 东南角楼构成及现状

东南角楼（仁增颇章）：平面呈曲尺形。外观深四间、阔五间、高三层，外墙石材包砌，四面开窗，上端出白玛草女儿墙；楼内为天井。西、南外窗缺失较多。南侧墙下有农家临建。

5.2 东南角楼维修方案

东南角楼曾于1984年对其外围墙体进行了全面的维护加固，但因所用石料与原材料的结合未能处理好，致使现状墙体产生了几条分裂缝；屋顶严重渗漏；木装修之门窗歪闪变形严重。

墙体：保持加固结构墙体现状，对墙体裂缝进行加固维修。

屋顶：揭取现存屋面基层，改良阿嘎土，做好屋面排水。

木构基层：对弯曲变形等残损严重的构件（椽、檩）进行更换；柱根糟朽、鬶裂在柱高1/3以内的，均采取墩接的补强措施；木椽上之基层（木条及青石板）揭取屋顶后予以全部更换。

装修：现存的木装修门窗边框维修保留，窗扇重新制作安装。

地面：现存之室内地面坑洼不平，残损严重，拆除重做。

装配防鸟设施及防雷装置。

### 6. 西南角楼——索布比

#### 6.1 西南角楼构成及现状

西南角楼（索布比）：平面曲尺形。外墙夯筑，南侧开窗，上端出白玛草女儿墙。北墙有裂纹。

#### 6.2 西南角楼维修方案

西南角楼墙体曾进行过多次局部装修，但均为临时防护；现外围墙体缺损较为严重。屋顶阿嘎土地面大面积裂缝、材料呈松散状，严重渗漏雨水；木装修之门窗糟朽劈裂严重，且已部分丢失。

墙体：墙体进行加固维修，局部剔补，上部白玛草女儿墙保持现状。

屋顶：拆除现存屋面结构层，重新夯制阿嘎土地面，并严格按照设计要求施工，做好屋面排水。

木构基层：对弯曲变形等残损严重的构件（椽、檩）进行更换；柱根糟朽、劈裂在柱高1/3以内的，均采取墩接的补强措施；木椽上之基层（木条及青石板）揭取屋顶后予以全部更换。

维修前的北敌楼险情（萨迦寺维修工程指挥部提供）　　维修后的北敌楼（萨迦寺维修工程指挥部提供）

装修：木门窗走闪变形、破损严重的予以重新制作安装，其余修补。

地面：现存地面铲除并进行清理，重新制作室内地面。

装配防鸟设施及防雷装置。

### 7. 北敌楼

#### 7.1 北敌楼构成及现状

北敌楼：平面长方形。外观深三间、阔四间、墙上高三层，墙体夯筑，北侧外墙下部有后加石砌支护墙，北面开一窗，上端出白玛草女儿墙。外墙有非常严重的裂纹。

#### 7.2 北敌楼维修方案

北敌楼北部墙体多次修补，所用材料为方整石料堆砌临时加固，墙体多处裂缝，最宽达50毫米；屋面严重渗漏雨水；装修多已缺失；楼内地面残破不堪。

墙体：保持现状，对裂缝之墙体进行加固及修补，上部白玛草女儿墙按现状修配。

屋顶：揭取现存屋面基层，改良阿嘎土，做好屋面排水。

木构基层：对弯曲变形等残损严重的构件（椽、檩）进行更换；柱根糟朽、襞裂在柱高1/3以内的，墩接加固；木椽上之基层（木条及青石板）揭取屋顶后予以全部更换。

装修：现存北侧小木窗拆除，重新制作安装，各层门补配制安。

地面：铲除并清理其基层，重新制作屋内地面。

装配防鸟设施及防雷装置。

### 8. 南敌楼

8.1 南敌楼构成及现状

南敌楼：位于南城墙中部，平面呈长方形。外观深二间、阔五间、高三层，外墙石材包砌，南、东、西三面开窗，上端出白玛草女儿墙。楼内木楼梯破损；三层因屋面排水不畅渗漏严重；一层阿嘎土地面凹凸不平。

8.2 南敌楼维修方案

南敌楼墙体南部曾进行过多次用临时挡土石墙支撑与加固，墙体外表雨水冲蚀严重；屋顶严重渗水；装修残损、多已丢失；地面已面目全非。

墙体：保持现状，对裂缝之墙体进行加固及修补，上部白玛草女儿墙按现状修配。

屋顶：揭取现存屋面基层，改良阿嘎土，做好屋面排水。

木构基层：对弯曲变形等残损严重的构件（椽、檩）进行更换；柱根糟朽、襞裂在柱高1/3以内的，墩接加固；木椽上之基层（木条及青石板）揭取屋顶后予以全部更换。

装修：现存的木装修门窗全部拆除，重新制作安装，无存者补配制安。

地面：铲除并清理其基层，重新制作屋内地面。

装配防鸟设施及防雷装置。

### 9. 东敌楼（东大门）

9.1 东敌楼构成及现状

东敌楼（东大门）门楼坐落于城墙偏东一侧，通高三层，一层较高；深三间、阔六间，底部于城墙上开门道，门道外附设门廊，由南、北两侧进入。外墙石柱，收分较小，四面靠窗，上端出白玛草女儿墙。

9.2 东敌楼维修方案

东敌楼墙体南部曾多处临时挡土石墙支撑与加固，墙体外表雨水冲蚀严重；屋顶严重渗水；装修残损、多已丢失；地面已面目全非。

墙体：保持现状，对裂缝之墙体进行加固及修补。

屋顶：揭取现存屋面基层，改良阿嘎土，做好屋面排水。

木构基层：对弯曲变形等残损严重的构件（椽、檩）进行更换；柱子等竖向木构件，其柱根糟朽、襞裂在柱高1/3以内的，均采取墩接的补强措施；木椽上之基层（木条及青石板）揭取屋顶后予以全部更换。

装修：现存的木装修边框维修保留，门窗扇重新制作安装，无存者补配制安。

地面：铲除并清理其基层，重新制作屋内地面。

装配防鸟设施及防雷装置。

### 10. 西敌楼

10.1 西敌楼构成及现状

西敌楼：平面呈长方形。外观深三间、阔七间、高三层，墙体夯筑，西侧外墙下部有后加石砌支护墙，仅在东侧开门，四面无窗，上端有白玛草女儿墙。外墙有非常严重的裂纹。外墙有裂纹；屋面严重漏雨。

10.2 西敌楼维修方案

西敌楼墙体南部曾进行过多处临时挡土石墙支撑与加固，墙体外表雨水冲蚀严重；屋顶严重渗水；装修残损、多已丢失；地面已面目全非。

墙体：保持现状，对裂缝之墙体进行加固及修补，上部白玛草女儿墙按现状修配。

屋顶：揭取现存屋面基层，改良阿嘎土，做好屋面排水。

木构基层：对弯曲变形等残损严重的构件（椽、檩）进行更换；柱子等竖向木构件，其柱根糟朽、襞裂在柱高1/3以内的，均采取墩接的补强措施；木椽上之基层（木条及青石板）揭取屋顶后予以全部更换。

装修：东侧小窗重新制作安装，内部各层门无存者补配制安。

地面：铲除并清理其基层，重新制作屋内地面。

维修中的西敌楼（萨迦寺维修工程指挥部提供）

西敌楼修缮之中（萨迦寺维修工程指挥部提供）

维修后的西敌楼（萨迦寺维修工程指挥部提供）

装配防鸟设施及防雷装置。

**11. 城墙**

11.1 城墙构成及现状

各个角楼、敌楼之间有城墙连接，墙体为夯筑，因曾多次修补，一些部位外表已经用石材包砌，登城马道设在角楼或由角楼直接登上城墙。城墙上端两侧筑宇墙，宇墙外侧涂红；墙身外表涂灰色，分段刷竖向红白色饰带，红、白、会分别象征文殊、观音、金刚。城墙外的羊马城已不存在，城壕也大部分被掩埋，具体情况有待考古勘探后确定。

11.2 城墙维修方案

现存的东、西、南、北城墙其总布局较为完整，但其整体结构因历经多次修缮与加固，现已严重歪闪变形，特别是北墙及南墙东段残破非常严重；地面由于不均匀沉降及人为因素，已丧失了排水的功能作用；女儿墙残破不堪，外檐木椽望残缺不全。

墙体：城墙壁之北墙及南墙东端部全部拆除，重新夯制；其余城墙在保持原状的基础上，对砌墙体进行加固维修，并做好顶面排水；外檐的木椽望及青石板（檐巴）全部更换。墙体顶除北墙及南墙东段重新制作外，其余城墙顶面均揭去后再重新夯制阿嘎土地面。城墙的马道、台阶全部重补拆砌。

根据对羊马城、城壕的考古发掘结论，清理和砌筑宽1.5米、长250米的羊马城，恢复一段400米的城壕。

**12. 新建文物库（陈列室）**

萨迦寺素有西藏"敦煌"之美称，在抢险维修萨迦寺的过程中，必须注意寺内文物的保护。由于萨迦寺内经书文物极多，有许多都是稀世珍宝，仅寺内经书约有10万卷，大部分是比萨迦王朝还早的手写本；这

维修前的城墙险情（局部）（萨迦寺维修工程指挥部提供）

拆除险情四伏的北侧城墙（萨迦寺维修工程指挥部提供）

夯制北侧城墙基础（萨迦寺维修工程指挥部提供）

夯制北侧城墙墙体（萨迦寺维修工程指挥部提供）

砌筑南侧城墙墙根散水石砌体（萨迦寺维修工程指挥部提供）

维修后的城墙局部（萨迦寺维修工程指挥部提供）

新建萨迦寺文物库房（陈列室）基础开挖施工现场（萨迦寺维修工程指挥部提供）

萨迦寺维修工程迁建的宗果新村（萨迦寺维修工程指挥部提供）

新建成的萨迦寺文物库房（陈列室）（萨迦寺管委会提供）

里有世界上"最大的经书"——《布德甲龙马》，长1.34米，宽1米多，厚67厘米，还有世界上"最早的经书"——《贝叶经》（20卷左右），每片叶约4厘米长、4—6厘米宽，距今约2000年。而在维修过程中势必造成大量倒运，不利于文物的保管维护。因此，我们认为需要在抢救维修工程开始之前修建个足以存放寺内文物的场所，以便集中管理，避免文物的丢失损坏。待萨迦寺整体抢救维修工程结束之后可改建为博物馆。新建文物库建筑面积5160平方米。

文物库原则上应在萨迦寺的左近进行建设，同时必须考虑其未来的发展和扩大的预留空间。因萨迦寺周围的民居独具特色。为保持萨迦寺周边原有的建筑风貌，不宜大量拆迁民居。经实地考察，我们认为在萨迦寺西侧，有一片场院地势平坦向西、向南具有发展的空间，也可以免去大量的拆迁费用，是一块良好的建设用地。

文物库的建设当以不破坏文物保护区环境为基本原则进行。文物库的外观将与周边藏民居庭院形式相结合突出藏式平川式建筑特点，只在建筑体量上考虑有别于一般藏族民居即可；内部则根据相关规范要求配置现代化的博物馆设施。

**13. 公用设施配套工程**

13.1 供电系统

依据《民用建筑电气设计规范》，萨迦寺需设计一间配电室，增设一台100KVA变压器和一台75KW柴油发电机，现萨迦寺电力供电以柴油发电机作为主供电源，以保证保安监控和火灾自动报警系统的用电要求。线路采用线缆穿钢管埋地和穿保护管沿墙明敷。各独立建筑物内设置明装照明配箱，并加装漏电空气开关继电保护装置。灯具光源为节能高效灯泡，并与古建筑相协调。

13.2 保安监控

本工程报警监控系统，采用十六路数字硬盘录像系统，并以按片控

安装在文物库房内的气体消防灭火设备（萨迦寺管委会提供）

新安装的萨迦寺监控设备（萨迦寺管委会提供）

制的方式，在主殿的大经堂、普巴拉康和拉康强内以及萨迦寺的四角处和主殿前院均设置红外线双鉴探测器，在各主要通道口安装双鉴控测器，并在各殿堂内及寺院内均安装一体化摄像机，通过分割器、24小时录像机，反映到监控室的电视墙上，对整个殿堂进行24小时监控，以确保殿堂的安全。

13.3 火灾报警

本工程设置火灾自动报警控制系统，由消防控制室的区域显示器，显示各警点的火灾情况，各殿堂内均安装点型离子感烟探测器，并在大经堂内增设红外对射感烟探测器，且各层安装手动报警按钮和声光报警器及消火栓按钮，以确保发现火情及时报警。

13.4 给排水系统

水源来自萨迦县城给水管网，由萨迦寺的东侧居民区外引来，将给

水管引至各用水点。新建具备上下水系统的厕所，在寺城墙外南、北侧，各建一座化粪池，设计排水系统，将寺内的污水有序地排入化粪池，以减少污水对寺内环境的污染。以便雨水进行有组织排水，排入仲曲河。

### 13.5 消防水系统

消防用水量由萨迦县城给水系统提供，设计消防用水量为50L/s，当水压达不到要求时，可增设加压泵，以满足消防用水的要求。消防给水管道由寺外引到寺院内形成环状管网，并在寺院内、外设置消火栓，管道及消火栓均应采取防冻保温措施。另外，在重点文物库内应采用气溶胶自动灭火器，如格尼拉康、陈列室、经书室。其余房间采用室内消火栓加干粉灭火器。

### 13.6 防雷系统

主殿是全寺院最高的建筑物（约21米）应进行重点防护。可利用屋面上的铜幢作为接闪器，采用铜质避雷带，沿着屋面如墙内、外两侧铺设并与铜幢做多点焊接，使之构成环形的接闪系统。引下线沿外墙四周均匀设置，并将外露金属与接地装置做等电位连接处理。沿楼四周作半闭合式接地装置，同时将该接地装置与副楼、外墙接地装置做等电位连结，构成全院统一的接地系统。对于其他高低不同的建筑物，有些可采用避雷带的方式进行保护，有些需引用新型避雷针的方式进行保护，以符合防雷工程的标准。另外，寺院内的供电设备及线路都应与防雷地网做等电位连结。

## 14. 搬迁工程

萨迦寺的搬迁工程主要由两部分组成：

### 14.1 为保护文物建筑实施的搬迁

为使萨迦寺文物建筑恢复原貌，为使本次抢救维修工程的顺利进行，拟将目前占用原寺内文物建筑的派出所、民管会迁出萨迦寺。萨迦寺居民搬迁55户，面积2.02万平方米。

### 14.2. 新建文物库场址的搬迁工程

为萨迦寺抢救维修工程和未来文物管理而新建的文物库，为便于保护和管理，建议场址选择在萨迦寺附近。因此需将该区域内的部分居民搬迁，民居需要拆除。

## 15. 环境治理

治理院落内凸凹不平的地面，以及寺院外环形道路的整治。

## 16. 壁画保护维修

本次壁画修复的工作重点是萨迦寺（南寺）壁画的抢救和修复。整个壁画修复工作以"抢救第一　保护为主""先抢修，后加固"为总原则，随着整个抢险维护工程的逐一展开。并根据《中华人民共和国文物保护法》《中国文物保护准则》等相关政策法规的要求，结合萨迦寺壁画载体及制作工艺的实际情况，在做好事先研究试验的基础上，针对不同的壁画病害选用不同的修复材料、采取不同的修复工艺手段和保护措施。如对特别危险的空鼓壁画采取紧急加固；对大面积空鼓壁画采取揭取回贴和灌浆相结合的方式进行修复；对表面起甲、烟熏壁画、酥碱壁画采取表面加固的办法。整个萨迦寺需修复壁画总面积4628.13平方米，此次抢险修复壁画的面积为3000平方米。

萨迦寺维修工程迁建的宗果新村(萨迦寺管委会提供)

## 六、萨迦寺壁画修复图录

维修前的萨迦寺壁画病害（起甲）（三大工程办提供）

维修中的壁画（三大工程办提供）

维修后的萨迦寺壁画（局部）（三大工程办提供）

萨迦寺壁画保护修复施工现场（三大工程办提供）

工程技术人员对萨迦寺壁画进行铆固处理（三大工程办提供）

工程技术人员对萨迦寺壁画进行清污处理（三大工程办提供）

工程技术人员对萨迦寺壁画进行灌浆处理（三大工程办提供）

# 第三节 环保、节能、安全和防疫措施

## 一、环境保护措施

本项目为重点文物保护维修工程，应高度重视环境保护，本着"以人为本"的建设原则。

1. 施工期间应加强现场施工管理，注意文明施工，积极采取各种措施，及时清除现场的建筑垃圾。保证施工期间不对文物、周边道路、建筑、绿地和游客等造成影响，或使影响减到最小，保持萨迦寺良好环境。

2. 针对大气、噪声、水、固体废弃物四大污染源，本项目从维修开始，就应贯彻建设项目与环保治理同步进行的方针，对污染源所产生的影响进行分析，并加以治理。停车场设置在文物保护区以外；禁止在保护区内使用高分贝的扩音器；设置隐蔽的雨、污水排放系统；固体废弃物放置在专门的密闭垃圾回收桶内，由保洁员及时统一处理。

## 二、节能措施

节能是我国经济和社会发展的一项长远战略方针。同发达国家相比我国能源利用效率仍然较低。迈入新世纪后，我国面临着经济快速发展，对能源特别是优质能源的需求将不断增加，因此大力开展节能工作大幅度提高能源利用效率。

1. 给水及消防管网应确保质量，避免发生水源流失及事故，杜绝对文物建筑的严重影响。

2. 供水设施宜采用节水节能型产品，如节水龙头等。排水管可用PVC管替代铸铁管，以减少二次污染。

3. 庭院道路应选用高效节能的灯具，并采取统一控制。

4. 机电等耗能设备采用节能产品。

5. 用电设备较多的场所，应采用有效手段，把节约能源落到实处。

## 三、安全防范措施

1. 建筑物内的电气线路和用电设备按规范要求分别设有负荷保护和加装漏电保护。

2. 按《建筑物防雷设计规范》(GB50057-94) 规定，设置防雷保护措施。

3. 对电气设备进行经常性检修，避免发生事故。

4. 加强安全管理，高空作业必须佩带安全保护绳，进入工地的所有人员须戴安全帽，脚手架搭建要牢固可靠、设置边网，施工现场禁止吸烟或使用明火，确保人身和文物安全。

5. 用于防腐防虫处理的药物，应对文物和人体无害。

## 四、防疫防控措施

1. 本项目公共厕所设计应符合卫生防疫要求。污水及雨水采用分流系统。

2. 道路两边设置垃圾桶，避免乱扔杂物。

3. 公共厕所、垃圾站等处，实行定期消毒、消灭害虫，做好植物的培育，定期防治病虫害。种植一些驱虫或杀虫灭菌、防疫功能的植物，以起到大气天然净化器和过滤器的作用，以提高萨迦寺卫生防疫水平。

# 第四节　工程参建单位和投资执行情况

## 一、勘察设计单位

| 类别 | 承担项目 | 单位 | 项目负责人 |
|---|---|---|---|
| 古建筑保护维修勘察和设计 | 康巴夏僧舍维修工程 | 河北省古建研究所 | 张立方 |
| | 萨迦寺城墙、4个角楼、3个敌楼维修工程 | 河北省古建研究所 | |
| | 东敌楼维修工程 | 河北省古建研究所 | |
| | 萨迦寺主殿（拉康钦莫）维修工程 | 河北省古建研究所 | |
| | 主殿二层回廊铜质落水管项目 | 河北省古建研究所 | |
| | 角楼、厕所灌浆加固项目 | 西藏圣益建筑设计有限公司 | 索朗 |
| 公用辅助工程设计 | 火灾自动报警、安防监控系统 | 中国建筑科学研究院设计公司 | |
| | 给排水系统、电力系统 | 中国建筑科学研究院设计公司 | |
| | 给排水、电力系统深化设计 | 西藏自治区建筑勘察设计院 | |
| | 新建公共厕所 | 西藏圣益建筑设计有限公司 | 索朗 |
| 新改建项目设计 | 新建文物库房（陈列室） | 河北省古建研究所 | 张立方 |
| | 新建大净厨房（僧人食堂） | 西藏圣益建筑设计有限公司 | 索朗 |
| | 55户搬迁民房建设项目 | 日喀则地区建筑设计院 | |
| 其他工程勘察和设计 | 壁画保护维修工程前期科研项目 | 敦煌研究院 | 李最雄 |
| | 主体壁画保护维修工程 | 敦煌研究院 | |
| | 木材防虫防腐 | 中国林科院木材工业研究所 | 王平 |
| | 北寺考古项目方案 | 河北省考古研究院 | 张建林 |
| | 编制萨迦寺保护维修工程可行性研究报告 | 中国国际工程咨询公司 | 王迁 |

## 二、工程参与单位

| 类别 | 承担项目 | 参建单位 | 开工 | 竣工 |
|---|---|---|---|---|
| 古建筑维修工程施工单位 | 康巴夏僧舍维修工程 | 西藏圣城建设集团有限公司 | 2003.10 | 2004.10 |
| | 萨迦寺城墙、4个角楼、3个敌楼维修工程 | 苏州香山古建集团公司 | 2002.6 | 2003.6 |
| | 东敌楼维修工程 | 苏州香山·拉萨古建联营体 | 2008.5 | 2008.7 |
| | 萨迦寺主殿（拉康钦莫）维修工程 | 苏州香山·拉萨古建联营体 | 2005.7 | 2006.11 |
| | 主殿二层回廊铜质落水管项目 | 萨迦寺民管会（委托） | 2006.11 | 2006.12 |
| | 角楼、厕所灌浆加固项目 | 北京东洋机械建筑有限公司 | 2006.5 | 2006.10 |
| | 萨迦北寺遗址保护项目 | 苏州香山古建集团公司 | 2006.9 | 2006.11 |
| | 宗果村（保留民房）抢险加固 | 萨迦寺维修工程指挥部（委托） | 2008.6 | 2008.8 |
| | 顿觉拉康、卓玛拉康抢险项目 | 萨迦寺维修工程指挥部（委托） | 2008.6 | 2008.8 |
| 公辅工程与环境整治工程施工单位 | 火灾自动报警、安防监控系统 | 四川串案2消防工程有限公司 | 2009.5 | 2011.11 |
| | 给排水系统、电力系统安装工程 | 重庆博达建设集团股份有限公司 | 2009.4 | 2011.11 |
| | 新建公共厕所 | 四川大邑园古营造公司 | 2008.5 | 2008.11 |
| | 55户民房搬迁工程 | 日喀则仁布达热瓦建筑公司 | 2001.10 | 2002.9 |
| 技术服务工程施工单位 | 主体壁画前期科研与试验项目 | 敦煌研究院 | 2004.6 | 2004.7 |
| | 木材防虫防腐 | 中国林科院木材工业研究所 | 2004.7 | 2008.7 |
| | 主体壁画保护维修工程 | 敦煌研究院 | 2003.5 | 2006.12 |
| | 经书编目 | 萨迦寺民管会（委托） | 2006.5 | 2006.10 |
| | 经书墙搬迁与归为（加固经书架） | 萨迦寺维修工程指挥部（委托） | 2005.5 | 2006.12 |
| | 北寺考古发掘项目 | 陕西省考古研究院、西藏自治区文物保护研究所 | 2005.5 | 2006.11 |
| | 施工期间临时安装监控设备项目 | 日喀则金盾保安服务公司 | 2004.6 | 2004.6 |
| 新改建工程施工单位 | 新建大净厨房（僧人食堂） | 四川大邑园古营造公司 | 2007.6 | 2007.9 |
| | 新建施工材料库房 | 萨迦寺维修工程指挥部（委托） | 2002.3 | 2002.6 |
| | 新建经书墙过道栏杆制安项目 | 萨迦寺维修工程指挥部（委托） | 2005.8 | 2005.9 |
| | 新建文物库房（陈列室）主体工程 | 南京市第六建筑工程公司 | 2003.10 | 2004.11 |

续表

| 类别 | 承担项目 | 参建单位 | 开工 | 竣工 |
|---|---|---|---|---|
| 新改建工程施工单位 | 文物库房（陈列室）门厅藏式木雕装饰项目 | 萨迦寺民管会（委托） | 2005.3 | 2005.4 |
| | 文物库房（陈列室）安装稳压器项目 | 南京市第六建筑工程公司 | 2004.12 | 2004.12 |
| | 文物库房（陈列室）安装变压器项目 | 南京市第六建筑工程公司 | 2005.1 | 2005.2 |
| | 文物库房（陈列室）门厅绘制壁画项目 | 萨迦寺民管会（委托） | 2005.5 | 2005.7 |
| | 拆建萨迦中学教职工宿舍、食堂项目 | 四川崇州市第九建筑安装公司 | 2002.6 | 2002.9 |

## 三、监理单位、招标代理、中介审计

| 类别 | 承担项目 | 单位 | 开工 | 竣工 |
|---|---|---|---|---|
| 监理单位 | 萨迦寺维修工程总体项目 | 中国国际工程咨询公司监理公司 | 2003.10 | 2012.9 |
| | 萨迦寺城墙、4个角楼、3个敌楼维修工程 | 西藏方正监理事务所 | 2002.6 | 2003.6 |
| | 萨迦寺周边55户民房搬迁项目 | 日喀则地区日新工程监理公司 | 2001.10 | 2002.9 |
| 招标代理机构 | 萨迦寺城墙、4个角楼、3个敌楼维修工程 | 中技国际招标公司第五业务部 | 2002.3 | 2002.5 |
| | 新建萨迦寺文物库房（陈列馆）工程 | 中技国际招标公司第五业务部 | 2003.8 | 2003.10 |
| | 康巴夏僧舍维修工程 | 拉萨市建伟招标有限公司 | 2003.8 | 2003.10 |
| | 主殿（拉康钦莫）维修工程 | | 2006.5 | 2006.7 |
| | 给排水、供电系统安装工程 | 西藏诚正招标代理有限公司 | 2009.3 | 2009.5 |
| | 萨迦寺消防、安防系统安装工程 | | | |
| | 萨迦寺周边55户民房搬迁项目 | 日喀则建设局有形市场办公室 | 2001.8 | 2001.10 |
| | 拆建萨迦中学教职工宿舍、食堂项目 | 萨迦县人民政府（委托） | 2002.4 | 2002.6 |
| 中介审计 | 本体维修工程、新改建项目等 | 西藏大德信工程管理咨询有限公司 | 2005.3 | 2005.6 |
| | | 西藏申达工程造价咨询有限公司 | 2003.10 | 2010.8 |
| | | 西藏安达工程造价咨询有限公司 | 2005.5 | 2009.12 |
| | 公用辅助工程 | 中国国际工程咨询公司 | 2010.10 | 2012.8 |

## 四、投资执行情况表

| 序号 | 项目名称 | 投资（万元） |
|---|---|---|
| | 总投资 | 9701.03 |
| 1 | 主体工程 | 2550.49 |
| 1.1 | 康巴夏僧舍维修工程 | 112.59 |
| 1.2 | 萨迦寺城墙、4个角楼、3个敌楼维修工程 | 958.26 |
| 1.3 | 萨迦寺主殿（拉康钦莫）维修工程 | 1479.64 |
| 2 | 新、改建项目（含公用辅助工程） | 3397.49 |
| 2.1 | 新建文物库房（陈列室）主体工程 | 1299.72 |
| 2.2 | 新建文物库房（陈列室）地勘项目 | 19.94 |
| 2.3 | 火灾自动报警、安防监控系统 | 1143.39 |
| 2.4 | 给排水系统、电力系统安装工程 | 934.44 |
| 3 | 环境整治工程 | 603.19 |
| 3.1 | 萨迦寺（南寺）周边55户民房搬迁工程 | 603.19 |
| 4 | 技术服务费（含科技保护）工程 | 1253.09 |
| 4.1 | 主体壁画前期科研与试验项目 | 15.00 |
| 4.2 | 主体壁画保护维修工程 | 890.00 |
| 4.3 | 木材防腐厂设备运行、维护项目（分摊） | 110.04 |
| 4.4 | 木材防虫防腐处理费 | 77.55 |
| 4.5 | 北寺考古发掘项目 | 140.00 |
| 4.6 | 消防技术研究（防火试验）项目 | 12.50 |
| 4.7 | 萨迦寺地形测绘项目 | 8.00 |
| 5 | 中途新增项目 | 748.81 |
| 5.1 | 角楼、厕所灌浆加固项目 | 58.61 |
| 5.2 | 萨迦北寺遗址保护项目 | 11.21 |
| 5.3 | 宗果村（保留民房）抢险加固 | 15.00 |
| 5.4 | 顿觉拉康、卓玛拉康抢险项目 | 13.09 |
| 5.5 | 主殿二层回廊铜质落水管项目 | 24.13 |
| 5.6 | 东敌楼维修工程 | 60.00 |
| 5.7 | 文物库房（陈列室）门厅藏式木雕装饰项目 | 13.52 |
| 5.8 | 文物库房（陈列室）安装稳压器项目 | 6.29 |
| 5.9 | 文物库房（陈列室）安装变压器项目 | 1.60 |
| 5.10 | 文物库房（陈列室）门厅绘制壁画项目 | 2.84 |
| 5.11 | 拆建萨迦中学教职工宿舍、食堂项目（用于文物库房建设用地征地、拆迁补偿费） | 255.40 |
| 5.12 | 新建大净厨房（僧人食堂） | 34.00 |
| 5.13 | 新建施工材料库房 | 21.60 |

续表

| 序号 | 项目名称 | 投资（万元） |
|---|---|---|
| 5.14 | 新建经书墙过道栏杆制安项目 | 6.94 |
| 5.15 | 新建公共厕所 | 62.59 |
| 5.16 | 施工期间临时安装监控设备项目 | 10.00 |
| 5.17 | 经书编目 | 70.00 |
| 5.18 | 经书墙搬迁与归为（加固经书架） | 81.99 |
| 6 | 设计、监理、工程管理和其他费用 | 1147.96 |

续表

| 序号 | 项目名称 | 投资（万元） |
|---|---|---|
| 6.1 | 设计费（含勘察费）合计 | 476.25 |
| 6.2 | 监理费 | 131.45 |
| 6.3 | 审计费、审图费、咨询费、评估费等 | 64.43 |
| 6.4 | 竣工报告编撰与出版费 | 55.00 |
| 6.5 | 招标代理费 | 36.68 |
| 6.6 | 工程管理费（含车辆购置费） | 384.15 |

# 西藏三大重点文物保护维修工程大事记

(1998年7月5日——2015年12月30日)

## 一九九八年

**7月5日**

自1997年入夏以来，拉萨极端天气导致雨量增大，致使位于红山正面山脚下"布达拉宫第一期维修工程竣工纪念碑"基座局部滑坡、石碑倾斜，雪巴勒空北侧局部房屋坍塌。引起自治区文物管理局和布达拉宫管理处的重视，并将险情向自治区人民政府做了汇报。

**7月8日**

自治区党委常委、自治区常务副主席徐明阳召集自治区计委、财政厅、建设厅、文物局、建筑勘察设计院有关部门领导和专家，对布达拉宫新发现的险情进行了现场考察并召开现场专题会。会议决定由自治区文物管理局立即向国家文物局报告有关情况，尽快邀请古建专家对布达拉宫全面调查，提出调查报告，供自治区政府决策。

**10月2日**

自治区文物管理局紧急邀请中国文物研究所古建中心主任、高级工程师张之平一行2人赴藏调查布达拉宫险情。

**10月18日**

自治区人民政府正式向国家文物局提出派专家赴藏对布达拉宫现状全面调研和考察，作出现状评估报告。

## 一九九九年

**6月10日**

受国家文物局委派，中国文物研究所派出张之平一行专家对布达拉宫现状进行调研和考察。

**6月11日**

国家文物局局长张文彬、副局长张柏赴藏调研萨迦寺现状。自治区党委副书记丹增，日喀则地委副书记边巴，自治区文物管理局局长甲央等陪同调研。在现场召开的座谈会上，初步确定了由国家支持对萨迦寺的维修。

**6月23日**

国家文物局邀请南京建工学院有关专家，正式对萨迦寺进行了初期调研。

## 二〇〇〇年

**4月24日**

日喀则地区成立了以地委副书记、地区人大工委主任边巴为组长，行署副专员参木群为副组长，地区文化、文物、计委、财政、编译等单位主要领导为成员的"萨迦寺维修工程领导小组"，并脱产抽调文化（文物）、财政、编译等单位6名同志组建了办公室，参木群副专员兼任办公室主任，地区党校书记格桑任专职副主任，负责具体工作。正式启动了萨迦寺维修工程前期准备工作。

**6月7日**

由国家文物局组织，自治区文物管理局邀请中国文物研究所、清华大学、天津大学、北京建工学院、中国林科院等科研院校专家和当地古建专家组成多学科专家组对布达拉宫、萨迦寺、扎什伦布寺进行现状考察评估。同时，根据副总理李岚清批示，对罗布林卡进行了考察，并向自治区人民政府做了汇报。

**7月22日**

国家文物局文物保护司在京召开专题会议，听取多学科专家组赴藏考察、评估布达拉宫、罗布林卡、萨迦寺现状情况的汇报。司长杨志军、副司长晋宏逵到会听取汇报。西藏自治区文物局局长甲央、副局长彭措朗杰、工程办行政秘书组组长尼玛次仁和日喀则地委副书记边巴、布达拉宫管理处处长强巴格桑、罗布林卡管理处处长尼玛、萨迦寺维修办公室副主任格桑参加汇报会。会议形成了由国家文物局牵头启动实施西藏三大文物保护维修工程前期工作的初步意见。

**7月24日**

国家文物局局长张文彬、副局长张柏在京再次听取了多学科专家赴藏考察、评估情况的汇报。对下一步做好维修工程前期工作提出了具体要求。

**8月2日**

自治区副主席次仁卓嘎召集自治区计委、财政厅、民宗委、建设厅、文物局、消防总队有关领导，主持召开了领导小组会议。自治区文物局局长甲央通报了赴京参加多学科专家组向国家文物局汇报布达拉宫、罗布林卡、萨迦寺调研情况汇报会的有关情况。研究部署了三大文物工程前期工作。

**8月8日**

国家文物局局长张文彬、副局长张柏再次赴藏调研萨迦寺现状，并就萨迦寺维修的重要意义做了具体指示。提出萨迦寺维修要与布达拉宫、罗布林卡维修统筹考虑，同步推进。

**8月15日**

自治区人民政府正式批准同意区文物局提交的《布达拉宫、罗布林卡、萨迦寺维修工程勘察设计工作方案》。

**8月31日**

中共中央政治局常委、国务院副总理李岚清率国家有关部委领导陈至立、郝建秀、张文彬视察布达拉宫。自治区领导郭金龙、热地、列确等陪同视察。视察期间国务院副总理李岚清仔细听取了有关人员的情况介绍，详细了解了布达拉宫管理情况，查看了文物库房、红宫、白宫和金顶区等处。在红宫休息室短暂休息之际，进一步了解了全区文物保护工作情况，就加强布达拉宫等重要文物单位的保护维修、科学研究和文物展示利用等工作作了重要指示。

**9月1日**

为尽快实施三大文物维修工程，西藏区直文物维修工程办和萨迦寺维修办正式邀请中国文物研究所、敦煌研究院、河南古建所、河北古建所专家对布达拉宫、罗布林卡、萨迦寺进行现场勘查测绘。

**10月10日**

河北省古建研究所技术人员正式进藏，进驻萨迦寺进行现场勘察测绘。

**10月10日**

中国文物研究所组织中国人民解放军总装备部工程研究设计总院、中国林科院、敦煌研究院、江苏省常熟市文管办工程技术人员启动布达拉宫勘察测绘工作。

## 二〇〇一年

**1月5日**

根据自治区的统一安排，自治区文物局、日喀则地委、布达拉宫管理处、罗布林卡管理处、萨迦寺维修办公室有关负责人组成"西藏三大重点文物保护维修工程赴京汇报衔接小组"向国家文物局汇报前期工作进展情况和项目衔接工作。西藏自治区文物局局长甲央、副局长彭措朗杰、工程办行政秘书组组长尼玛次仁和日喀则地委副书记边巴、布达拉宫管理处处长强巴格桑、罗布林卡管理处处长尼玛、萨迦寺维修办公室副主任格桑参加汇报会。

**1月10日**

国家文物局在京召开"西藏三大重点文物保护维修工程前期工作汇报会"，局长张文彬、副局长张柏，文物保护司、博物馆司、办公室、外事办、计财处有关负责同志到会并听取汇报。

**1月12日（上午）**

汇报衔接小组正式向财政部汇报衔接了西藏三大重点工程文物保护维修工程项目投资落实事宜。与国家文物局有关司（室）就下一步工作安排达成一致意见。

**1月12日（下午）**

汇报衔接小组到中国文物保护研究所洽谈布达拉宫第二期维修工程勘察设计工作计划，敲定了工作时间、任务、设计费用等具体事宜。中

**1月14日**

汇报衔接小组前往河南郑州，与河南省古建所充分协商，签订了《罗布林卡维修工程勘察设计和保护规划编制协议书》，并就开展勘察设计工作的计划、专家进藏时间、设计费用等达成一致意见。河南省古建所所长杜启明、项目负责人吕军辉等参加洽谈会。在郑州期间河南省委书记陈奎元接见了汇报衔接小组全体成员，并要求古建所组织精兵强将，全力以赴支持西藏的文物保护工作。

**1月16日**

汇报衔接小组离开河南赴河北石家庄，与河北省古建研究所协商签订了《萨迦寺维修工程设计和保护规划编制协议书》，并就开展勘察设计工作计划、取费标准等达成一致意见。河北省古建所所长张立方、项目负责人刘智敏等参加洽谈会。

**1月19日**

汇报衔接小组正式向国家计委汇报衔接了西藏三大重点文物保护维修工程立项事宜。国家计委副主任与广州和社会发展司有关领导到会听取汇报。

**1月31日**

自治区副主席次仁卓嘎主持召开专题会议，听取赴京汇报小组向国家有关部委汇报衔接三大文物工程立项、资金支持、指导技术和三家古建研究所洽商勘察设计协议等情况的汇报，并研究部署下一步工作计划。

**2月12日**

区党委常委、自治区常务副主席徐明阳受自治区主席列确的委托，主持召开了布达拉宫雪城院内303户居民和自治区文物局搬迁事宜专题会。自治区副主席次仁卓嘎，自治区政府副秘书长王亚蔺，区计委主任王殿元、区财政厅副厅长马国超、区文物局局长甲央、建设厅副厅长陈锦、拉萨市副市长旺堆等参加会议。会议研究和部署了雪城总体规划编制和搬迁选址问题。

**2月20日**

自治区文物局正式向自治区计委提交"三大文物维修工程项目建议书"。

**2月22日**

自治区人民政府正式成立"十五"期间西藏重点文物保护工程领导小组。区党委常委、自治区常务副主席徐明阳任组长，自治区副主席次仁卓嘎任副组长。下设区直重点文物（布达拉宫、罗布林卡）维修工程办公室，萨迦寺维修工程办公室和卡若遗址保护发掘办公室。三个办公室分别由自治区文物局、日喀则地区行署、昌都地区行署负责组建，报领导小组审定。

**2月23日**

国家文物局、西藏自治区人民政府联合下文，批准成立了"西藏三大重点文物保护维修工程领导小组"。组长由国家文物局局长张文彬、区党委常委、自治区常务副主席徐明阳担任，实行双组长制；副组长分别由自治区副主席次仁卓嘎、国家文物局副局长张柏、区文物局局长甲央担任；成员由区党委宣传部、自治区计委、财政厅、公安厅、民宗委、建设厅、文物局、消防总队和拉萨市政府、日喀则地委、地区行署、昌都地区行署有关领导组成。决定设立布达拉宫、罗布林卡、萨迦寺三个维修工程指挥部。

**4月28日**

区党委常委、自治区常务副主席、工程领导小组组长徐明阳在拉萨主持召开新组建的领导小组第一次全体会议。自治区副主席、领导小组副组长次仁卓嘎，领导小组成员单位负责人出席会议。会议重点研究了组建区直重点文物工程办公室事宜。决定选址布达拉宫雪城斋康（布达拉宫宾馆）整体作为办公场地，人员以文物系统为主，配以计委、财政、公安、消防、宣传、民宗、佛协、电力等系统选派。并就办公设备、交通工具、落实前期工作启动经费、工作人员补助等具体事宜进行了研究。同时对下一步工作提出了具体要求。

**5月21日**

自治区人民政府正式批准下发《划定萨迦寺重点保护范围和建设控制地带的批复》和《划定罗布林卡保护区范围的批复》。

**6月8日**

中央第四次西藏工作座谈会在北京召开。受自治区委托，区文物局局长甲央列席座谈会。西藏三大重点文物保护维修工程正式批准纳入中央第四次西藏工作座谈会重点文化援藏项目。成为西藏自治区"十五"期间117项目之一。

**6月11日**

萨迦寺保护维修工程指挥部工作人员正式进点开展工作。

**6月16日**

中国文物研究所，河南、河北古建所，北京建工学院，清华大学，敦煌研究院等设计科研单位82名专家和工程设计人员陆续进藏，实地对布达拉宫、罗布林卡、萨迦寺进行实测和编制维修设计方案。

**7月5日**

拉萨市人民政府正式下达自治区文物局搬迁建设用地规划批复，选址拉萨市巴尔库路24号（现为：拉萨市巴尔库路16号）。

**7月10日**

布达拉宫强庆塔拉姆坡道边墙出现重大险情，首次发生坡道路面台阶局部塌陷，边墙坍塌。

**7月23日**

自治区人大常委会副主任阿扣、周春来一行视察布达拉宫强庆塔拉姆坡道边墙坍塌情况。

**7月24日**

区党委常委、自治区常务副主席、工程领导小组组长徐明阳视察布达拉宫强庆塔拉姆坡道边墙坍塌情况，听取国家文物局专家张之平的情况介绍。

**7月29日**

20时57分许，布达拉宫白宫西日光殿北侧顶层遭受雷击。致使女儿墙墙帽部分受损，安防、火灾报警系统部分线路和设备被毁。

**7月30日**

罗布林卡被联合国教科文组织世界遗产中心正式列入《世界遗产布达拉宫建筑群》扩展项目。

**8月30日**

自治区人民政府和国家文物局联合在拉萨举行西藏三大重点文物保护工程前期工作进展情况汇报会。自治区文物局局长、工程办主任甲央汇报了三大工程前期工作进展情况。中国文物研究所、河南古建研究所、河北古建研究所项目负责人分别汇报了布达拉宫、罗布林卡、萨迦寺前期勘察和设计工作进展情况。自治区副主席、领导小组副组长次仁卓嘎，国家文物局保护司司长杨志军，国家文物局办公室副主任刘曙光出席会议。

**9月1日**

国家文物局文物保护司长杨志军一行实地考察萨迦寺维修工程前期勘察测绘工作现场，详细了解进展情况。区文物局局长、工程办主任甲央，日喀则行署副专员、萨迦寺维修工程办公室主任参木群，工程办行政秘书组组长尼玛次仁，萨迦寺维修工程办公室副主任格桑等陪同考察。

**9月6日**

国家文物局在京召开会议，研究西藏三大重点文物保护维修工程总体设计方案论证会相关事宜。

**9月25日**

自治区文物局向国家文物局正式报送"布达拉宫、罗布林卡、萨迦寺三大文物维修工程总体设计方案"并请求组织专家论证。

**9月27—29日**

国家文物局在北京召开"西藏三大重点文物保护维修工程总体设计方案"专家论证会。组织邀请国家文物局专家组组长罗哲文和余鸣谦、杜仙洲、王丹华、崔兆忠、王世仁、付清远、张之平、韩扬、张立方、刘智敏、吴锐、杜启明、黄滋等14位专家，对西藏三大重点文物保护维修工程总体设计方案进行为期三天的论证。经过听取汇报、反复研究和专家论证，三个方案得到专家认可，原则通过。对个别存在的问题，专家们提出了具体修改意见。国家文物局局长张文彬、副局长张柏、文物保护司司长杨志军等领导分别出席论证会，并作了重要讲话。西藏自治区文物局局长甲央、区直工程办行政秘书组组长尼玛次仁、布达拉宫管理处处长强巴格桑、罗布林卡管理处处长尼玛、萨迦寺维修办公室副主任格桑参加汇报会。

**9月28日**

自治区发展计划委员会正式下达自治区文物局办公楼及周转房建设立项批复。

**10月9日**

自治区副主席、工程领导小组副组长次仁卓嘎主持召开领导小组第二次会议。传达国家文物局在北京召开的"西藏三大重点文物保护维修工程总体设计方案"专家论证会情况，研究部署专家论证会提出意见的贯彻落实和下一步工作计划。

**10月23日**

自治区副主席、工程领导小组副组长次仁卓嘎率领工程领导小组成员单位主要领导赴萨迦寺考察维修工程前期工作进展情况，召开现场办公会，研究解决遇到的困难和问题。工程办行政秘书组组长尼玛次仁陪同。

**12月25日**

区党委常委、自治区常务副主席、工程领导小组组长徐明阳邀请国家文物局文物保护司领导在京研究西藏三大重点文物保护维修工程开工计划。初步确定率先启动布达拉宫雪城303户居民搬迁和文物局搬迁项目，通过招投标启动布达拉宫平措堆朗、罗布林卡吉美曲溪和萨迦寺城墙、角楼维修工程，作为三大文物保护维修工程本体修缮开工项目，希望国家文物局尽快下达批复。三大工程办有关领导和各设计单位项目负责人参加会议。

## 二〇〇二年

**1月28日**

自治区发展计划委员会正式下达西藏三大重点文物保护维修工程前期工作启动经费300万元。

**1月30日**

国家计委副主任于广州在京主持召开西藏三大重点文物保护维修工程中央有关部门碰头会第一次会议。研究三大文物保护维修工程总投资、工期计划和举行开工典礼仪式等意见。初步确定概算总投资3.3亿元，工期5年；开工典礼在今年6月份按照藏民族传统选择吉日在拉萨举行隆重仪式，届时国务院有关领导率团参加，请西藏自治区做好相关活动的准备工作。会议决定，由于国家文物局主要领导变动，建议新任局长单霁翔担任工程领导小组组长，张文彬不再担任工程领导小组组长。参加会议的有：国家文物局局长单霁翔，西藏自治区党委常委、常务副主席徐明阳，国家计委社会司副司长王威，国家文物局文保司副司长柴晓明，西藏自治区文物局局长、区直工程办常务副主任仁青次仁，区直工程办综合组副组长尼玛次仁等。财政部、文化部有关负责同志参加了会议。

**1月31日**

国家文物局在京召集区直文物工程办，萨迦寺维修办，布达拉宫、罗布林卡管理处负责人，研究贯彻落实西藏三大重点文物保护维修工程中央有关部门碰头会第一次会议精神。国家文物局副局长、工程领导小组副组长张柏到会部署工作。

**2月1日**

经征得国家文物局同意，自治区人民政府办公厅正式下发"成立西藏三大重点文物保护维修工程领导小组的通知"。国家文物局局长单霁翔、自治区党委常委、常务副主席徐明阳分别担任组长。自治区分管领导，国家文物局分管副局长，国家计委、财政部有关司局领导和自治区文物局主要领导担任副组长。

**2月5日**

国家文物局组织三大工程办、各设计单位领导，在京召开"西藏三大重点文物保护维修工程工作会"，安排部署设计工作和维修经费落实问题。自治区文物局局长、区直工程办常务副主任仁青次仁、区直工程办行政秘书组组长尼玛次仁参加会议。

**2月8日**

李岚清在给国家计委副主任与广州同志报送的"关于西藏三大重点文物保护维修工程协调会的汇报资料"上作出重要批示："很好。完全同意。希望参加此项工作的每一位同志都要意识到所肩负的历史责任"。

**3月8日**

敦煌研究所在莫高窟实施西藏三大重点文物壁画结构、工艺技术、病害分析研究和加固材料配方的室内模拟试验。

**3月19日**

三大工程办正式委托中国国际经济咨询公司和中国国际工程咨询公司编制《西藏三大重点文物保护维修工程项目可行性研究报告》。

**4月2日**

受国家文物局委托，敦煌研究院邀请国内壁画保护专家马家郁、王丹华、陆寿麟、黄克忠、郑军和美国盖蒂保护所内维尔·阿根纽博士在拉萨举行"西藏萨迦寺、布达拉宫和罗布林卡壁画保护修复研究课题"中期试验现场评估。

**4月24日**

西藏自治区人民政府、国家文物局联合下发"西藏三大重点文物保护维修工程组织领导及实施机构的通知"。调整领导小组组成人员，撤销区直重点文物工程办和萨迦寺维修办，组建西藏三大重点文物保护维修工程领导小组办公室为项目法人单位，下设布达拉宫、罗布林卡、萨迦寺维修工程指挥部。

**5月8日**

国家文物局正式下达罗布林卡开工项目"吉美曲溪、习经室、乌饶颇章维修工程"开工批复。

**5月8日**

国家文物局正式下达萨迦寺开工项目"城墙，东南角楼、西南角楼、西北角楼、东北角楼、南敌楼、西敌楼、北敌楼维修工程"开工批复。

**5月10日**

拉萨地区骤降大雨，布达拉宫强庆塔拉姆坡道边墙坍塌范围进一步扩大，局部出现重大险情。自治区领导徐明阳到现场指挥清理工作。

**5月27日**

西藏自治区人民政府办公厅下发"西藏三大重点文物保护维修工程领导小组成员、办公室机构、职责的通知"。

**5月28日**

按照自治区副主席、工程领导小组副组长次仁卓嘎指示，三大工程办邀请西藏民族、宗教界人士代表和古建专家、学者30余人实地考察布达拉宫、罗布林卡险情。金中·坚赞平措、拉鲁·次旺多吉、扎东·次旺伦珠、木雅·确吉坚赞、强巴格桑（佛协）等参加考察并召开座谈会。会议由区政府副秘书长王亚蔺主持，并代表次仁卓嘎副主席讲话。座谈会就实施西藏三大重点文物保护维修工程投资控制、质量控制、进度控制、发挥能工巧匠作用和传统工艺的运用等问题听取了各方面的意见和建议。区政协副主席金中·坚赞平措，全国政协委员扎东·次旺伦珠，佛协西藏分会常务理事强巴格桑等发言。区文物局局长、三大工程办常务副主任仁青次仁，区发改委副主任、三大工程办副主任李本珍分别介绍项目基本情况和投资落实情况。三大工程办综合组副组长尼玛次仁全程陪同实地考察。

**5月29日**

国家计委副主任于广州在京主持召开第二次碰头会。会议通报了三大工程正式开工前的各项准备工作进展情况，决定于6月按照藏族传统习俗，选定吉日在拉萨举行开工典礼。中央统战部、国家计委、财政部、文化部、国家民委、国家文物局、国务院宗教局、西藏自治区人民政府有关领导参加会议。

**6月3日**

国家文物局正式下达布达拉宫开工项目"平措堆朗维修工程"开工批复。

**6月14日**

国务院总理朱镕基主持召开国务院第131次总理办公会,正式批准"西藏三大重点文物保护维修工程项目可研性研究报告",并同意开工建设。

**6月17日**

自治区副主席、领导小组副组长次仁卓嘎主持召开领导小组会议,研究部署三大工程开工典礼有关事宜。区党委常委、自治区常务副主席、工程领导小组组长徐明阳出席会议,并作重要讲话。

**6月18日**

自治区藏医院天文历算研究所正式出具"三大工程开工典礼选定吉祥日期及相关佛事活动仪轨的文书",确定吉日为:藏历5月17日(公历2002年6月26日)星期三,上午9时50分正式破土动工。

**6月24日**

受中共中央政治局常委、国务院副总理李岚清委托,出席西藏三大重点文物保护维修工程开工仪式的国务院副秘书长高强一行中央有关部门负责同志抵达拉萨。下午,听取开工典礼筹备情况汇报。自治区领导列确、李立国、徐明阳、德吉措姆、苟天林、次仁卓嘎出席汇报会。

**6月26日**

上午8:50,完成在雪城内举行的传统开工仪式后,9:50时在布达拉宫广场隆重举行了布达拉宫、罗布林卡、萨迦寺西藏三大重点文物保护维修工程开工典礼。中央有关部门负责同志高强、刘延东、于广州、图道多吉、周和平、张伯、陈晓丽和自治区领导郭金龙、热地、列确、巴桑、李立国、徐明阳、向巴平措、胡春华以及拉萨各族各界代表6000余人出席开工典礼。高强、于广州、徐明阳分别致辞,萨迦寺民管会主任班典顿玉代表宗教界人士发言,次仁卓嘎主持。

下午考察布达拉宫、罗布林卡现场。

**7月2日**

三大工程办正式委托敦煌研究院承担布达拉宫、罗布林卡、萨迦寺壁画保护修复工程设计、施工任务,并下达任务书。

**7月8日**

河北省古建研究所正式向三大工程办做萨迦寺维修开工项目"南寺城墙、角楼、敌楼维修工程"施工图技术交底。由苏州香山古建集团公司承担施工任务。

**7月9日**

三大工程办第一次召开主任办公会。区党委副书记、自治区常务副主席、工程领导小组组长徐明阳,自治区副主席、工程领导小组副组长次仁卓嘎到会听取了自治区发展计划委员会主任、三大工程办主任李国勇就三大工程正式开工后的施工进展情况汇报,研究部署下一步工作。

**7月19日**

(藏历6月9日)萨迦寺保护维修工程按民族传统举行开工破土仪式。

**7月25日**

布达拉宫二期维修工程开工项目"平措堆朗维修工程"正式开工建设,由北京房修二古建集团公司承担施工任务。

**7月25日**

日喀则地区普降大雨,萨迦寺康巴夏僧舍局部坍塌。

**8月5日**

布达拉宫壁画保护修复工程正式开工。首批项目安排在无量寿佛殿和东大殿进行。

**8月6日至13日**

国家文物局副局长郑欣淼一行4人考察三大文物工程和全区文物工作。自治区文物局局长仁青次仁、三大工程办综合组副组长尼玛次仁全程陪同。

**8月14日**

自治区人民政府在拉萨召开三大工程办汇报会。向赴藏考察文物工作的国家文物局副局长郑欣淼一行专题汇报三大工程进展情况。自治区副主席、工程领导小组副组长次仁卓嘎出席并主持会议。

**8月20日**

自治区政协副主席高世珍、尧西·旺堆和部分全国政协委员视察布达拉宫险情和维修现场。

**8月22日**

中技国际招标公司负责人赴藏调研三大工程首批开工项目中标施工队伍进场和施工情况。

**8月28日**

自治区发展计划委员会主任、三大工程办主任李国勇，自治区建设厅副厅长、三大工程办常务副主任陈锦检查布达拉宫地垄维修情况。

**9月3日**

三大工程办在拉萨召开汇报会，听取敦煌研究院对三大文物壁画保护维修进展情况汇报。三大工程办主任李国勇主持，樊锦诗院长出席，李最雄副院长汇报有关情况。

**9月18日**

中技国际招标公司第五业务部经理高龙赴藏调研三大工程中标施工单位工作运行情况进行现场调研。

**9月27日**

三大工程办组织专家对布达拉宫地垄加固采用低压灌浆技术现场实验进行评估论证。通过评估，认为试验获得了成功，原则同意采用试验获得的技术参数、设备选型和浆料配比、操作规程探索性地从平措堆朗地垄开始实施低压灌浆加固处理。待取得成功后，全面推广应用。

**10月3日**

根据区党委常务副书记、自治区人大常委会主任热地批示精神，区党委副书记、自治区常务副主席、工程领导小组组长徐明阳率政府办公厅、区计委、建设厅、文物局和日喀则地委、行署有关领导组成自治区联合工作组，赴萨迦寺深入实地调查维修进展情况和存在的问题。徐明阳一行查看了正在实施的城墙、角楼、敌楼维修工程施工现场，实地走访萨迦寺维修搬迁群众新居（新宗果村）了解群众生产生活情况。随后召开现场办公会，广泛听取各方面意见建议，提出了五条措施和要求。区文物局局长仁青次仁、工程办综合组副组长尼玛次仁陪同。

**10月8日**

北京东洋机械建筑有限公司正式采用低压灌浆技术对布达拉宫平措堆朗地垄进行低压灌浆加固。

**10月16日—11月7日**

根据中国林科院建议，三大工程办组织三个指挥部指挥长和工程办工程组有关人员一行9人，分别到日喀则地区吉隆、聂拉木、亚东三县九乡和山南地区琼结、隆子两县三乡，林芝地区朗县、米林、波密、工布江达四县林区调研木材储量、运输条件、材种采集等工作。实地调研行程7300多公里，采集落叶松、柏木、沙棘、桦木、云杉等四大类28段材种。

**10月18日**

区党委常务副书记、自治区人大常委会主任热地在自治区联合工作组《关于萨迦寺维修工程有关情况的调研报告》上批示：

1. 检查指导及时有力。

2. 所提五条措施切实可行（关键在于抓落实）。

3. 今后所有工程项目请有关部门都要像三大维修工程领导小组这样，组成联合工作组直接到现场检查指导，堵塞漏洞，确保各项工程的质量。

**10月22日**

中技国际招标公司第五业务部完成对罗布林卡维修工程开工项目施工、监理单位的评标工作。苏州香山古建集团公司和西藏方正建设监理事务所中标。

**11月10日—14日**

三大工程开工以来，国家文物局首次组织专家赴藏检查指导维修工程。检查组由国家文物局文物保护司文物处副处长许言带队，张之平、张立方、兰立志、王立平、孙刚一行5位专家组成。检查组一行先后对三大文物开工项目进行实地检查指导，研究下一步技术问题。

**11月20日**

三大工程办将采集的28段木材材种样品正式寄往北京，请中国林科院木材工业研究所进行材质与力学鉴定。

**11月26日**

三大工程中央有关部门碰头会召开第三次专题会议。听取三大工程正式开工以来的进展情况，研究部署下一步工作。区党委副书记、自治区常务副主席、工程领导小组组长徐阳明出席并汇报工作。国家发展计划委员会副主任、三大工程中央有关部门碰头会牵头人于广州，国家文物局局长、三大工程领导小组组长单霁翔出席会议并讲话。自治区文物局局长仁青次仁、工程办综合组副组长尼玛次仁参会。

**12月14日**

三大工程办在北京西藏大厦召开"西藏三大重点文物保护维修工程年度总结大会"。国家发改委、财政部、建设部、国家文物局有关司室领导，工程办主任、常务副主任，三个指挥部指挥长以及各设计、施工、监理单位领导、代表参加了会议。会议总结了三大工程自开工以来的工作，安排部署明年计划，并与有关设计、科研、施工单位签订了相关合同。

## 二〇〇三年

**1月11日**

自治区召开两会期间，区发改委主任、三大工程办主任李国勇在第八届西藏自治区人民代表大会第一次会议上所做的"关于2002年国民经济和社会发展计划执行情况与2003年国民经济和社会发展计划草案的报告"中，向大会阐述了三大工程进展情况。

**3月13日**

国家文物局副局长董宝华一行在检查西藏《世界文化遗产》保护地管理工作时，听取了三大文物工程进展情况汇报。

**3月17日**

李岚清、高强、孙家正同志在《国内动态清样》（第617期）一文上对《西藏萨迦寺维修工程质量令人担忧》做了重要批示。

**3月18日**

罗布林卡维修工程按照自治区藏医院天文历算研究所选定的吉日，于上午8时30分在吉美曲溪宫前正式破土动工。

**3月25日**

日喀则地委正式下达"关于成立萨迦寺保护维修工程指挥部"的批复。地区党校书记格桑同志任指挥长。

**3月26日**

国家文物局正式下达"萨迦寺康巴夏僧舍维修工程设计和预算"批复。

**3月26日**

国家文物局分别下达"布达拉宫2003年度（黄房子、强庆塔拉姆、夏金窖、德阳奴、九世灵塔殿金顶、八世灵塔殿、菩提道次殿、红宫、玉阶窖）维修工程设计和预算"批复，"罗布林卡2003年度（湖心宫大门、格桑颇章、门1、门2、门3）维修工程设计和预算"批复，"罗布林卡格桑颇章宫区维修工程设计和预算"批复，"西藏萨迦寺文物库房（陈列室）设计方案"批复。

**3月27日**

国家文物局正式下达"布达拉宫雪城东印经院、造币厂维修工程设计和预算"批复。

**4月28日**

三大工程办在拉萨召开"布达拉宫空鼓壁画现场灌浆加固实验评估会"。邀请壁画保护修复专家马家郁、陈进良、谌文武和古建专家张之平，西藏大学教授丹巴饶旦参加评审。

**4月27日**

国家文物局下达同意"改性阿嘎土"中期试验评估报告的批复。

**5月3日**

三大工程办邀请中国文物研究所与布达拉宫维修工程指挥部、北京房二、西藏方正建设监理事务所有关人员现场召开了布达拉宫平措堆朗复工进场协调会。

**5月5日**

罗布林卡乌尧颇章壁画保护修复工程开工。

**5月17日**

三大工程办确定阿嘎土采挖地点和区域范围，以山南地区扎囊县敏珠林一带为主，林周县境内为辅。

**5月23日**

出席八届西藏自治区人大三次会议的代表视察布达拉宫、罗布林卡维修现场。工程办综合组副组长尼玛次仁全程陪同，并在现场介绍有关情况。

**6月12日**

区党委副书记、自治区常务副主席、工程领导小组组长徐明阳主持召开工程领导小组会议。研究并提出贯彻国家文物局局长、工程领导小组组长单霁翔对三大工程有关问题的批示精神的意见，并研究部署下一步工作计划。

**6月16日至20日**

国家文物局局长、三大工程领导小组组长单霁翔率"国家文物局赴藏检查三大工程工作组"一行8人在自治区副主席尼玛次仁，自治区政府副秘书长张玉成，区文物局局长仁青次仁、三大工程办综合组组长尼玛次仁等陪同下，先后对布达拉宫、罗布林卡、萨迦寺进行实地调研维修工程。与自治区举行交换意见会。

**7月1日**

在布达拉宫约普西和罗布林卡吉美曲溪进行"改性阿嘎土"现场实验，并作了终期评估。

**7月4日**

部分自治区人大代表视察布达拉宫东大殿壁画修复现场。

**7月20日**

布达拉宫消防中队正式挂牌成立。

**7月28日**

经过长时间谈判和协商，三大工程办与敦煌研究院正式签订了《西藏自治区布达拉宫二期维修工程之壁画保护修复工程施工合同书》。

**8月11日**

三大工程办组织综合组、工程组、布达拉宫指挥部正式对布达拉宫东大殿北壁和坛城殿北壁两处壁画保护修复工程进行竣工验收。这也是三大工程自开工以来首个竣工项目的验收。

**9月16日**

布达拉宫强庆塔拉姆坡道边墙坍塌修复工程正式开工。工程由中铁二局承建。

**10月13日**

部分自治区政协委员视察布达拉宫、罗布林卡维修施工现场，与工程办举行座谈。自治区建设厅副厅长、工程办常务副主任陈锦介绍有关情况，并听取委员们的意见建议。

**10月30日**

萨迦寺文物库房（陈列室）建设工程正式开工。由南京六建承建。

**2003年11月12日至21日**

三大工程办组织新华社西藏分社、中央人民广播电台驻藏站、西藏人民广播电台、西藏电视台等中央和地方新闻主流媒体对三大工程完成的阶段性成果进行集中宣传报道。

**11月19日**

区党委副书记、自治区常务副主席、工程领导小组组长徐明阳主持召开领导小组会议。确定三大工程冬季停工和明年复工时间。区党委副书记、秘书长胡春华出席会议。

**12月19日**

自治区副主席甲热·洛桑丹增同志正式担任工程领导小组副组长、工程办主任，并主持召开领导小组会议，总结2003年工作，研究部署2004年工作计划。

## 二〇〇四年

**1月9日**

国家文物局正式下达同意"布达拉宫红山东北侧山底围墙缺口修补工程"的批复。

**2月9日**

国家文物局正式下达同意"布达拉宫消防中队营区驻地选址"批复。选址：布达拉宫宫墙外西侧雪堆白院内。

**2月20日**

自治区副主席、工程领导小组副组长、工程办主任甲热·洛桑丹增视察布达拉宫、罗布林卡维修工程施工现场。

**3月3日**

国家文物局正式下达同意布达拉宫2004年度维修项目"雪巴勒空、雪城城墙、东南角楼、西南角楼、红山正面两侧阶梯墙、红山前后上山坡道女儿墙加固维修工程"的批复和罗布林卡2004年度维修项目"原嘎夏办公区域内的东、西办公区，东生活区和祝寿殿，新宫区、湖心宫内的持舟殿，湖心亭，西龙王宫，兽房维修工程"的批复。

**3月4日**

国家文物局正式下达同意"布达拉宫红山东北侧山底围墙缺口修补方案变更"的批复。

**3月10日**

三大工程领导小组在京向国家文物局汇报三大工程实施情况和衔接2004年度工作安排。自治区领导胡春华、甲热·洛桑丹增出席汇报会，国家文物局领导单霁翔、张伯到会听取汇报。自治区文物局局长仁青次仁、工程办综合组副组长尼玛次仁参会。

**3月10日**

国家文物局正式下达同意布达拉宫"雪巴勒空后山挡土墙治理，东、西印经院后山阶梯边坡墙，雪城城墙维修工程"；"日出康、约普西、白宫、僧官学校、扎夏、杰布窖、五世灵塔殿维修工程"和罗布林卡"格桑德吉颇章，大、小净厨房，净厨房大门，招待所，招待所之西门，凉亭，外观马宫及马厩，新宫区维修工程"；"新建办公区、9栋商务用房、8座公共厕所，牛羊圈和北仓库维修工程"设计、投资概算批复。

**3月23日—25日**

国家文物局组织多学科专家在拉萨召开"改性阿嘎土终期实验"现场评估会。

**3月30日**

自治区副主席、工程领导小组副组长、工程办主任甲热·洛桑丹增召开工程办主任办公会。听取前一阶段工程进展情况汇报，部署下一步工作计划。

**4月2日**

国家文物局正式下达同意"西藏三大文物保护维修工程中大面积推广使用阿嘎土改性材料和技术"的批复。

**4月20日**

布达拉宫"红山东北侧角围墙缺口修补工程"正式开工。

**4月26日**

自治区发改委副主任、工程办副主任李本珍率工作组赴萨迦视察萨迦寺文物库房和县中学教学楼建设等施工现场，召开了现场办公会，明确了为建设萨迦寺文物库房（陈列室）需拆除萨迦县中学部分教职工宿舍和礼堂的补偿费。

**4月30日**

国家文物局正式下达同意"增加罗布林卡围墙维修范围"的批复。

**5月13日**

自治区副主席、工程领导小组副组长、工程办主任甲热·洛桑丹增召集三大工程办和区发改委、文物局、消防总队、拉萨市政府、市消防支队、城关区政府负责同志，就布达拉宫消防中队营区驻地选址及雪堆白大院113间民房搬迁等有关事宜召开现场办公会。决定：请三大工程办从布达拉宫维修工程投资中调剂解决300万元用于搬迁补偿，直接拨付给雪居委会，群众及合作社搬迁工作由城关区政府负责，同时还研究了雪堆白改造维修事宜。

**5月23日**

第八届西藏自治区人大第三次会议代表视察布达拉宫、罗布林卡维修施工现场，并与工程办举行座谈。自治区建设厅副厅长、工程办常务副主任陈锦汇报，工程办综合组副组长尼玛次仁全程陪同，并在现场介绍有关情况。

**5月27日**

工程领导小组召开会议，宣布区党委决定。决定徐明阳同志因工作变动，不再担任西藏三大重点文物保护维修工程领导小组组长，由区党委副书记、自治区常务副主席胡春华同志担任西藏三大重点文物保护维修工程领导小组组长。自治区副主席、工程领导小组副组长、工程办主任甲热·洛桑丹增出席并主持会议。

**5月28日**

国家文物局下发"中国文物信息中心常兴照同志为国家文物局驻西藏三大重点文物保护工程维修工程技术顾问"的通知。

**6月1日**

三大工程办邀请壁画保护修复专家马家郁、陆寿麟、黄克忠正式对"布达拉宫东大殿、白宫门厅壁画保护修复工程"进行验收。

**6月8日**

罗布林卡格桑颇章壁画修复工程正式开工。

**7月3日**

布达拉宫强庆塔拉姆坡道边墙和平措堆朗维修工程正式竣工。

**7月6日—12日**

应三大工程办邀请，中国科学技术大学火灾科学国家重点实验室组织专家赴藏考察了布达拉宫火灾安全，成立了西藏古建筑火灾安全技术研究课题组，负责对三大工程消防设计提出意见和建议。

**7月12日**

自治区副主席、工程领导小组副组长、工程办主任甲热·洛桑丹增召集三大工程办和党委宣传部、自治区发改委、布达拉宫管理处等有关部门负责人，专题研究单独举行"布达拉宫强庆塔拉姆坡道边墙维修工程竣工仪式"有关事宜。

**8月1日**

西藏自治区人民政府和国家文物局联合下文"调整西藏三大重点文物保护维修工程领导小组成员"的通知。明确胡春华同志担任工程领导小组组长，徐明阳同志不再继续担任组长。

**8月6日**

应三大工程办邀请，中咨工程公司副总经理、中咨监理公司总经理杨东民率工作组赴藏检查三大工程监理工作，并与工程办举行座谈，交换意见。区建设厅副厅长陈锦、综合组副组长尼玛次仁参加。

**8月9日—16日**

由自治区消防总队邀请的公安部文物古建筑消防安全专家赴藏考察组一行考察三大工程消防安全工作，并就下一步实施消防工程交换了意见。区建设厅副厅长、工程办常务副主任陈锦，工程办副主任常兴照，综合组副组长尼玛次仁参加。

**8月16日**

自治区副主席、工程领导小组副组长、工程办主任甲热·洛桑丹增主持召开工程办主任办公会。研究三大工程招标投标工作方案和确定工程结算审核实行中介机构审计原则等工程管理制度问题。

**8月25日**

国家文物局正式下发同意"调整布达拉宫维修工程2003年度第一标段压力灌浆工程预算"的通知。

**8月31日至9月30日**

由国家发改委稽察办副主任方君实率领国务院稽查组一行9人，正式对三大工程进行了为期一个月的项目稽察。

**9月8日**

自治区副主席、工程领导小组副组长、工程办主任甲热·洛桑丹增视察布达拉宫雪城现状，研究下一步维修计划。

**9月15日**

自治区副主席、工程领导小组副组长、工程办主任甲热·洛桑丹增视察布达拉宫新发现的险情"五世达赖喇嘛灵塔殿和43处地垄"，并检查罗布林卡维修施工现场。

**9月22日**

自治区政协副主席次仁卓嘎，副秘书长索朗培杰、教科文卫体委员会主任委员西珠朗杰听取工程办常务副主任陈锦所作的三大工程进展情况汇报。

**9月23日**

区党委副书记、自治区常务副主席、工程领导小组组长胡春华，自治区副主席、工程领导小组副组长、工程办主任甲热·洛桑丹增实地察看布达拉宫雪城环境整治改造项目前期工作进展情况。

**10月6日**

三大工程木材防腐厂完成2004年度木材防腐处理工作。共处理木材2000余立方米。

**10月8日**

萨迦寺开工项目"城墙，东南角楼、西南角楼、西北角楼、东北角楼、南敌楼、西敌楼、北敌楼维修工程"竣工。

**10月13日**

自治区政协再次组织委员视察布达拉宫、罗布林卡维修工程，听取工程办的情况介绍。

**10月18日**

自治区建设厅副厅长、工程办常务副主任陈锦主持召开工程办主任办公会，决定成立由甲央、丹巴饶旦、木雅·确吉建才、平措旺堆等9人组成的"三大工程当地专家技术咨询委员会"，并研究了其他事项。

**10月23日**

三大工程办组织综合组、工程组、萨迦寺维修工程指挥部正式对萨迦寺开工项目"城墙，东南角楼、西南角楼、西北角楼、东北角楼、南敌楼、西敌楼、北敌楼维修工程"进行竣工验收。

**10月27日**

三大工程办组织综合组、工程组、布达拉宫维修工程指挥部正式对布达拉宫八世达赖灵塔殿、强庆塔拉姆门厅、朗杰扎仓殿内南壁和门厅等四处壁画保护修复工程进行竣工验收。

**10月27日**

三大工程办组织综合组、工程组、罗布林卡维修工程指挥部正式对罗布林卡持舟殿书库、湖心宫区西龙王宫、内马厩门廊、辩经台、习经室、其美曲溪、金色颇章、格桑德吉颇章、玛尼拉康等九处壁画保护修复工程进行竣工验收。

**11月1日**

国家文物局正式下达同意"拆除布达拉宫雪城内部分（违章）建筑"的意见函。

**11月5日**

萨迦寺新建文物库房（陈列室）正式竣工。

**11月10日**

国家发改委正式下发"西藏三大重点文物保护维修工程项目稽察整改意见"的通知。

**11月15日**

三大工程办组织综合组、工程组、萨迦寺维修工程指挥部正式对萨迦寺文物库房（陈列室）工程进行竣工验收。

**11月16日**

国家文物局正式下发同意"萨迦寺壁画保护修复方案和修复设计图"的批复。

**11月25日**

自治区副主席、工程领导小组副组长、工程办主任甲热·洛桑丹增主持召开工程办主任办公会。通报了区党委副书记、自治区常务副主席、三大工程领导小组组长胡春华同志对布达拉宫雪城保护及环境整治工作，萨迦寺经书墙编目整理工作，乃宁寺抢救性保护工作提出的具体要求，研究贯彻落实意见。

**12月9日**

自治区发改委正式下达同意"布达拉宫雪城内维修项目和罗布林卡院内维修项目施工实行邀请招标"的批复。

**12月10日**

三大工程办组织综合组、工程组、布达拉宫维修工程指挥部对布达拉宫玉阶窖、夏金窖、雪城造币厂、东印经院维修工程竣工项目进行验收。

**12月10日**

三大工程办组织综合组、工程组、罗布林卡维修工程指挥部对"原嘎夏政府办公区、西生活区，格桑颇章宫区之辩经台、习经室、新宫区之达赖办公用房、花房、湖心宫区之东龙王官、汉物库、金色颇章区之吉美曲溪及其附属建筑，外围区之门5、门6、门7、门9，园内三处牌坊维修工程竣工项目"进行验收。

**12月27日**

西藏三大重点文物保护维修工程领导小组办公室在拉萨召开年度总结大会。自治区副主席、工程领导小组副组长、工程办主任甲热·洛桑丹增出席会议并做重要讲话。会议向甲央、丹巴饶旦等9人组成的"三大工程当地专家技术咨询委员会"颁发了聘书。

**12月28日**

自治区副主席、工程领导小组副组长、工程办主任甲热·洛桑丹增视察布达拉宫雪城违章建筑拆除工程进展情况，并听取拆除工程有关情况汇报。

## 二〇〇五年

**1月3日**

三大工程领导小组下达"同意布达拉宫雪城环境整治项目之道路、给排水、场地平整、强弱电预埋穿线管、新建厕所和东、西敌楼墙体加固维修工程与雪城变压器、路灯安装工程"开工建设的批复。

**1月3日**

工程领导小组下达"同意罗布林卡新建厕所配套的化粪池及给水系统、新建商务用房装潢项目"开工建设的批复。

**1月25日**

三大工程当地专家技术咨询委员会部分专家检查布达拉宫雪城东大门新发现的险情，研究维修方案。

**2月20日**

自治区副主席、工程领导小组副组长、工程办主任甲热·洛桑丹增在工程办、自治区文化厅、文物局和指挥部有关负责人的陪同下，视察布达拉宫、罗布林卡2005年开工项目施工前的准备工作。要求确保工程按计划保质保量完成，向自治区成立40周年献礼。

**2月25日**

自治区副主席、工程领导小组副组长、工程办主任甲热·洛桑丹增，常务副主任陈锦、副主任常兴照赴京向国家文物局汇报2004年三大工程进展情况，衔接后两年工作计划。

**3月8日**

布达拉宫白宫、五世灵塔殿、日出康、杰布窖、约普西、僧官学校、扎夏维修正式开工。由苏州香山·拉萨古建联营体承担施工。

**3月21日**

国家文物局正式下达同意"布达拉宫雪城古建筑维修设计图"的批复。

**3月15日**

区党委常务副书记、自治区常务副主席、工程领导小组组长胡春华在三大工程办、区文物局、罗布林卡维修工程指挥部负责人的陪同下，全面视察了罗布林卡保护维修工程情况。

**3月15日**

罗布林卡新建办公区、9栋商务用房、8座公共厕所、牛羊圈和北仓库维修工程正式开工。由自治区第三建筑公司承建。

**3月21日**

国家文物局正式下达同意布达拉宫雪城"堪布宅、龙夏宅、五座院、毕西宅、林嘎宅、江东宅、东波宅、酒馆、幕加宅、奶牛院、马厩、监狱"维修工程的批复。

**3月24日**

为了确保消防安全，三大工程办安全保卫组集中半天时间对参与罗布林卡维修工程的800余名施工人员进行了消防安全常识培训。

**3月30日**

三大工程办召开年度维修工程动员大会。自治区副主席、工程领导小组副组长、工程办主任甲热·洛桑丹增同志在动员会上作动员讲话。监理、施工单位代表宣读决心书。参加会议的有三大工程办、区文物局、布达拉宫、罗布林卡指挥部和施工单位负责人共计60余人。

**4月1日**

自治区建设厅厅长、工程办常务副主任陈锦主持召开工程办主任办公会。专题研究自治区消防总队、拉萨市公安局提交的《关于雪堆白改造方案》和确定2005年压力灌浆综合单价等事宜。

**4月6日**

布达拉宫雪巴勒空后山挡土墙治理，东、西山坡阶梯墙维修，雪城城墙维修正式开工。由重庆建工集团承担施工任务。

**4月10日**

布达拉宫雪城东门、西门墙体加固维修工程和雪城堪布宅、龙夏宅、五座院、毕西宅、林嘎宅、江布宅、东波宅、酒馆、幕加宅、奶牛院、马厩、监狱维修工程正式开工。

**4月20日**

区党委常务副书记、自治区常务副主席、工程领导小组组长胡春华，自治区副主席、工程领导小组副组长、工程办主任甲热·洛桑丹增在工程办、两个指挥部负责人的陪同下，视察布达拉宫、罗布林卡保护维修工程现场，实地察看了工程建设情况，并要求通过此次维修培养一批人才、制定一些标准、积累一些经验。

**5月8日**

（藏历3月30日）上午12:00萨迦寺举行佛事活动，启动经书墙搬迁仪式。区文物局副局长、工程办副主任丹增朗杰、综合组组长尼玛次仁代表工程办参加活动。

**5月30日**

三大工程办组织综合组、工程组、罗布林卡维修工程指挥部对"格桑颇章、乌尧颇章、康松司伦、达旦明久颇章、准曾颇章、新宫区东门、南门、西门、东侧门、花工住房、水塔基座维修工程"进行竣工验收。

**6月6日**

布达拉宫指挥部邀请三大工程当地专家技术咨询委员会部分专家与维修工程技术人员共同对布达拉宫五世灵塔殿维修方案进行现场交流。甲央、强巴格桑（佛协）参加。

**6月15日**

布达拉宫雪城环境整治项目"修建道路、给排水、场地平整、强弱电预埋穿线管、新建厕所"正式开工建设。由南京六建承建。

**6月21日**

自治区副主席、工程领导小组副组长、工程办主任甲热·洛桑丹增率三大工程办，区财政厅、民宗委、日喀则行署领导组成工作组赴萨迦寺调研经书墙搬迁和研究文物库房归属问题等事宜。

**7月5日**

三大工程办组织综合组、工程组、布达拉宫维修工程指挥部对"布达拉宫五世达赖喇嘛灵塔殿壁画修复工程"进行竣工验收。

**7月7日**

三大工程办组织综合组、工程组、罗布林卡维修工程指挥部对"罗布林卡两座消防大门和部门围墙维修工程"进行竣工验收。

**7月9日**

萨迦寺（北寺部分遗址、南寺护城河）考古调查发掘工作正式启动。项目经自治区文物局同意由陕西省考古研究院负责实施。

**7月18日**

全国政协副主席、中央统战部部长刘延东，中央统战部副部长朱维群在区党委书记杨传堂，区党委常委、区政协副主席、区党委统战部部长巴桑顿珠等陪同下，视察布达拉宫维修工程施工现场。

**7月20日**

布达拉宫雪堆白（消防中队营房）改造工程正式开工。

**7月25日**

国家文物局正式下发同意"西藏萨迦寺壁画保护修复工程预算控制数"的批复。

**7月26日**

区党委常务副书记、自治区常务副主席、工程领导小组组长胡春华和自治区副主席、工程领导小组副组长、工程办主任甲热·洛桑丹增在工程办、拉萨市政府、布达拉宫指挥部负责人的陪同下，视察了布达拉宫雪城维修施工现场和雪堆白消防中队营房建设项目。

**7月28日**

区党委常务副书记、自治区常务副主席、工程领导小组组长胡春华和自治区副主席、工程领导小组副组长、工程办主任甲热·洛桑丹增在工程办、拉萨市政府、布达拉宫指挥部负责人的陪同下，二次视察了布达拉宫雪城维修施工现场。

**8月1日**

布达拉宫雪城环境整治项目，增建垃圾池工程正式开工。

**8月2日**

布达拉宫雪城变压器、路灯安装工程正式开工。

**8月3日**

罗布林卡格桑德吉颇章，大、小净厨房，净厨房大门，招待所，招待所之西门，凉亭，外观马宫及马厩，新宫区古建筑维修工程正式开工。

**8月4日**

三大工程办组织综合组、工程组、布达拉宫维修工程指挥部对"布达拉宫持明佛殿壁画保护修复单项工程"进行竣工验收。

**8月11日**

区党委常务副书记、自治区主席向巴平措，区党委常务副书记、自治区常务副主席、工程领导小组组长胡春华，区党委常委、自治区副主席、区党委宣传部部长吴英杰，自治区副主席、工程领导小组副组长、工程办主任甲热·洛桑丹增及自治区有关部门负责同志视察布达拉宫雪城，全面了解雪城保护维修工程进展情况。

**8月13日**

三大工程办召开动员大会，部署西藏自治区成立40周年大庆前需要完成的各项维修工作任务。

**8月15日**

区党委常务副书记、自治区常务副主席、三大重点文物保护维修工程领导小组组长胡春华视察罗布林卡封闭式维修工程。

**8月16日**

国家文物局正式下达同意"布达拉宫雪城西印经院保护维修工程设计方案"的批复。

**8月27日**

国家文物局赴藏三大重点文物保护维修工程检查组对布达拉宫、罗布林卡、萨迦寺完工项目和工程资料进行了验收，并对在建项目进行检查。

**9月1日**

自治区领导与国家文物局领导举行座谈。国家文物局党组书记、局长、三大工程领导小组组长单霁翔到会听汇报。区党委常务副书记、自治区常务副主席、三大工程领导小组组长胡春华出席会议并讲话。

**9月10日**

中央电视台当晚播出的《焦点访谈》栏目"西藏自治区成立40周年"大庆特别报道，全景式解读西藏三大重点文物保护维修工程。

**9月25日**

萨迦寺考古现场调查发掘工作结束。共出土元、明、清时代的各类文物900余件，全部移交寺庙。此次考古调查发掘工作基本摸清了南寺外围护城河、羊马墙遗址走向和北寺拉康（佛殿）、贡康（护法神殿）、颇章（宫殿）、拉章（寺庙机构）等的建筑布局与规模。

**11月2日**

三大工程办组织综合组、萨迦寺维修工程指挥部对萨迦寺考古调查发掘工作进行阶段性成果验收。此次考古调查发掘工作内容包括：考古勘察、调查、发掘、记录、测绘，文物修复、整理、交接。考古工作由陕西省考古研究院承担。

**11月4日**

自治区副主席、工程领导小组副组长、工程办主任甲热·洛桑丹增主持召开工程办主任办公会，研究、部署年底工作目标。

**11月5日**

自治区副主席、工程领导小组副组长、工程办主任甲热·洛桑丹增在工程办、区文化厅、文物局、消防总队负责人陪同下，先后视察布达拉宫雪城维修和雪堆白（消防中队营房）改造现场，罗布林卡维修工程。

**11月14日**

三大工程办在拉萨召开"西藏三大重点文物保护维修工程消防安全设计学术研讨会"。西藏古建筑火灾安全技术研究课题组、中国建筑科学研究院、西藏消防总队、拉萨消防支队负责人和专业技术人员参加。研讨会主要从文物古建筑消防改造设计的学术层面进行了积极探讨，并提出了建设性的意见，供设计单位采纳。

**11月18日**

三大工程办组织综合组、工程组、罗布林卡维修工程指挥部对"原嘎夏政府东、西办公区，东生活区，祝寿殿，持舟殿，湖心亭，西龙王宫，兽房古建筑维修工程和新建化粪池，商务用房藏式装修工程十个项目"进行竣工验收。

**11月22日**

三大工程办组织综合组、工程组、布达拉宫维修工程指挥部对"雪城新建道路、给排水、场地平整、强弱电预埋穿线管、公共厕所和雪巴勒空后山挡土墙治理，东、西山坡阶梯墙，雪城城墙，东印经院，造币场维修工程九个项目"进行竣工验收。

**11月24日**

三大工程办组织综合组、工程组、布达拉宫维修工程指挥部对"雪城东、西城门楼墙体加固维修工程，雪城变压器、路灯安装工程，红山东北侧山底墙缺口修补工程，雪城修建垃圾池工程，雪堆白（消防中队营房）改造维修工程"进行竣工验收。

**11月25日**

三大工程办组织综合组、工程组、罗布林卡维修工程指挥部对"罗布林卡乌绕颇章、格桑颇章壁画修复工程"进行竣工验收。

**11月26日**

三大工程办组织综合组、工程组、罗布林卡维修工程指挥部对"罗布林卡格桑德吉颇章，大、小净厨房，净厨房大门，招待所，招待所之西门，凉亭，外观马宫、马厩，新宫区，牛羊圈、北仓库维修工程和新建办公区，

9栋商务用房，8座公共厕所工程"进行竣工验收。

**11月30日**

西藏三大重点文物保护维修领导小组办公室在拉萨召开年度总结表彰大会。自治区副主席、工程领导小组副组长、工程办主任甲热·洛桑丹增出席会议并讲话。会议总结了2005年工作，安排部署2006年工作计划，并向布达拉宫指挥部等"先进集体"和重庆建工集团项目部等"优秀施工单位"，常兴照、尼玛次仁等11名"先进工作者"颁发了荣誉证书和奖牌。宣布三大工程进入冬季停工期。

## 二〇〇六年

**1月6日**

三大工程办批准同意由罗布林卡指挥部代为购买罗布林卡管理处职工周转房，投资来源同意从罗布林卡维修工程职工搬迁项目资金中列支。

**1月10日**

自治区文物局正式下达同意三大工程办上报的《编制萨迦寺经书目录方案》请示的批复。

**1月21日**

罗布林卡管理处34户职工陆续迁入由拉萨宏发公司开发的当巴小区新购置的职工周转房。正式启动罗布林卡园内环境整治和职工搬迁。

**1月25日**

区党委副书记、自治区常务副主席杨松在工程办、自治区文化厅、文物局、消防总队等部门负责人陪同下视察布达拉宫、罗布林卡维修工程和消防安全工作，看望慰问布达拉宫消防大队全体官兵。

**3月29日**

布达拉宫、罗布林卡维修施工全面复工。

**4月3日**

自治区副主席、工程领导小组副组长、工程办主任甲热·洛桑丹增主持召开工程办主任办公会。部署布达拉宫黄房子、德央夏、日出康、红宫西大殿等处新发现的地垄险情维修工作。决定邀请中国文化遗产研究院古建筑维修设计人员进藏实地勘察，提出维修方案。

**4月9日**

罗布林卡壁画保护修复工程全面竣工，共保护壁画病害总面积698平方米，总投资达290万元。

**4月24日**

三大工程办组织专家现场勘察布达拉宫德央夏新发现地垄险情及北侧地垄2003、2005年度维修工程项目和红宫西大殿新发现地垄及地面局部沉降等问题，提出对策建议。

**5月12日**

自治区林业局正式下达三大工程所需橡子木指标的通知。

**5月26日**

国家文物局正式下达同意"西藏萨迦寺主殿（大经堂）维修设计方案"的批复。

**5月31日**

国家文物局正式下达同意"布达拉宫雪城乃康顶（粮仓）复建设计"的批复。

**6月22日**

自治区副主席、工程领导小组副组长、工程办主任甲热·洛桑丹增在工程办、区发改委、建设厅、文物局有关负责人的陪同下检查了布达拉宫红、白宫两大主体古建筑地垄结构加固维修工程实施情况和安防、电器、给排水系统建设施工现场及罗布林卡维修工地。

**6月26日**

国家文物局正式下达同意"萨迦寺公用设施改造工程给排水、电力系统初步设计"的批复。

**6月30日**

自治区建设厅厅长、工程办常务副主任陈锦主持召开工程办主任办公会，研究部署三大工程下半年工作计划。自治区副主席、工程领导小组副组长、工程办主任甲热·洛桑丹增出席会议并作重要讲话。

**7月4日**

国家文物局正式下达同意"布达拉宫公用设施改造工程火灾自动报警系统初步设计"和"罗布林卡公用设施改造工程给排水、电力系统初步设计"的批复。

**7月11日**

自治区发改委正式下达同意"三大工程2006年部分项目邀请招标方案"的批复。

**7月11日**

国家文物局正式下达同意"布达拉宫公用设施改造工程给排水、电力系统初步设计"的批复。

**7月16日**

萨迦寺主殿（拉康钦莫）维修工程正式开工。

**7月16日**

布达拉宫珍宝馆、游客中心改建及附属工程正式开工。

**7月27日**

三大工程办组织综合组、工程组、布达拉宫维修工程指挥部对"黄房子、红宫门厅、十三世灵塔殿、红宫本生殿、强巴佛殿五处壁画保护修复工程"进行竣工验收。

**8月1日**

布达拉宫西印经院维修（乃康顶复建）工程正式开工。

**8月7—16日**

国家文物局赴藏检查三大工程在建项目和完工项目验收组正式对布达拉宫、罗布林卡、萨迦寺维修工程检查验收。同时，考察了"十一·五"规划拟维修的江孜白居寺、拉孜平措林寺、日喀则扎什伦布寺等。检查验收组由张之平、兰立志等8名专家和国家文物局文保司、财务司（财务处、预算处）相关领导组成。工程办综合组组长尼玛次仁全程陪同。

**8月7日**

国家文物局正式下达同意"布达拉宫公用设施改造工程安防系统初步设计""罗布林卡公用设施改造工程安防系统初步设计""萨迦寺公用设施改造工程火灾自动报警系统初步设计"的批复。

**8月9日**

全国政协副主席、中央统战部部长刘延东一行视察布达拉宫维修工程。自治区副主席、工程领导小组副组长、工程办主任甲热·洛桑丹增陪同。

**9月7日**

自治区建设厅厅长、工程办常务副主任陈锦主持召开工程办主任办公会，通报了国家文物局检查验收组在藏检查验收三大工程情况和区发改委对三大工程概算执行情况审核的意见，安排部署落实意见。

**9月9日**

三大工程办对萨迦寺考古现场进行正式验收。自治区文物局副局长、工程办副主任丹增朗杰，工程办综合组组长尼玛次仁参加验收。

**10月12日**

国家文物局和公安部消防局联合在京召开"西藏三大文物消防工程设计专家论证会"，并下发会议纪要。自治区建设厅厅长、工程办常务副主任陈锦，自治区消防总队防火部部长、工程办安保组组长王增华参会。

**10月13日**

国家文物局组织专家，验收布达拉宫、罗布林卡、萨迦寺完工项目，检查在建项目。

**10月31日**

自治区副主席、工程领导小组副组长、工程办主任甲热·洛桑丹增视察布达拉宫雪城维修施工现场。

**11月2日**

区党委书记张庆黎，自治区副主席、工程领导小组副组长、工程办主任甲热·洛桑丹增视察布达拉宫雪城维修和保护利用工作。

**11月6日**

自治区建设厅厅长、三大工程办常务副主任陈锦主持召开工程办主任办公会。通报公安部对三大工程消防论证会的纪要精神，传达区党委书记张庆黎视察布达拉宫雪城时所做的重要指示精神，并研究部署落实意见。

**11月15日**

三大工程办组织综合组、工程组、布达拉宫维修工程指挥部对"雪城堪布宅、龙夏宅、五座院、毕西宅、林嘎宅、江布宅、东波宅、酒馆、幕加宅、奶牛宅、马厩、监狱维修工程十二个项目"进行竣工验收。

**11月15日**

三大工程办组织综合组、工程组、布达拉宫维修工程指挥部对"雪巴勒空、雪城城墙、东南角楼、西南角楼、红山正面两侧阶梯墙、红山前后上山坡道女儿墙加固维修工程六个项目"进行竣工验收。

**11月16日—17日**

三大工程办组织"当地专家技术咨询委员会"7名专家对萨迦寺主殿（拉康钦莫）维修设计变更问题赴现场指导，提出要以保存历史原貌、保护文物古建筑信息为原则，要以治病为目的，而不是以全部更换新木构件为目的的要求。

**12月4日**

自治区建设厅厅长、工程办常务副主任陈锦主持召开工程办主任办公会，安排"公铺工程"招投标具体事宜。同时，下达三大工程冬季停工令。

## 二〇〇七年

**1月30日**

国家文物局正式下达同意"西藏萨迦寺公用设施改造工程安防系统初步设计"的批复。

**2月24日**

自治区副主席、工程领导小组副组长、工程办主任甲热·洛桑丹增视察布达拉宫雪城展示利用前期工作进展情况。

**3月14日**

国家文物局正式下达同意"布达拉宫雪城斋康改造为珍宝馆设计方案"的批复。

**4月18日**

自治区副主席、工程领导小组副组长、工程办主任甲热·洛桑丹增检查布达拉宫雪城保护维修、珍宝馆建设进展情况。

**6月25日**

三大工程办组织综合组、工程组、布达拉宫维修工程指挥部对"西大殿、药师殿、七世灵塔殿、圣观音殿室外、时轮殿、平措堆朗门厅等五处壁画修复工程"进行竣工验收。标志着布达拉宫壁画保护修复工程全部结束。

**7月12日—21日**

国家文物局组织专家赴藏进行实地检查，指导维修工程。

**7月10日**

自治区副主席、工程领导小组副组长、工程办主任甲热·洛桑丹增视察布达拉宫珍宝馆建设现场及西印经院维修、壁画修复、粮仓遗址（乃康顶）复建和罗布林卡北外墙复建工程施工现场。

**8月3日**

自治区建设厅厅长、工程办常务副主任陈锦主持召开工程办主任办公会，研究部署当前工作。自治区副主席、工程领导小组副组长、工程办主任甲热·洛桑丹增出席会议并做重要指示。

**12月21日**

自治区建设厅厅长、工程办常务副主任陈锦主持召开工程办主任办公会，通报了经三大工程测算，需要申请国家追加投预算的情况，确定有工程办副主任焦显政、综合组组长尼玛次仁组成进京衔接汇报组，向国家发改委、财政部、国家文物局汇报衔接和落实三大工程投资追加事宜。自治区副主席、工程领导小组副组长、工程办主任甲热·洛桑丹增出席会议并提出具体要求。

**12月22日**

三大工程办下达2007年度冬季全面停工通知书。

## 二〇〇八年

**4月14日**

自治区建设厅厅长、工程办常务副主任陈锦主持召开工程办主任办公会。研究公辅工程延伸设计内容和马基康维修、五世灵塔殿和白宫果品库北侧新发现21处地垄加固处理方案，并同意拆除布达拉宫雪城麻花院一带违章建筑。自治区副主席、工程领导小组副组长、工程办主任甲热·洛桑丹增出席会议并提出具体要求。

**4月18日—21日**

国家发改委项目评审中心赴藏专家组一行6人分别对布达拉宫、罗布林卡、萨迦寺现场进行核查项目安排情况和投资执行情况，考察是否调整西藏三大重点保护维修工程投资概算进行全面评估。工程办综合组组长尼玛次仁全程陪同。

**5月29日**

国家发改委正式下发"核定西藏三大重点保护维修工程投资概算的通知"，将三大工程可研报告批复投资33330万元调整为38059万元，追加投资4729万元。

**6月11日**

自治区建设厅厅长、工程办常务副主任陈锦召开专题会议，研究萨迦寺维修工程相关问题。同意萨迦寺主殿天井院内彩画用材料为矿物颜料和尼泊尔进口颜料。

**7月25日**

三大工程办正式向各指挥部下发通知，通报国家正式核定三大工程概算由原来的33330万元调整到38059万元，总追加4729万元的情况。其中：布达拉宫由原来的17930万元，调整为20499万元，增加投资2569万元；罗布林卡由原来批准的6740万元，调整为8086万元，增加投资1346万元；萨迦寺由原来批准的8660万元，调整为9474万元，增加投资814万元。

**7月27日**

三大工程办与北京交通大学"布达拉宫重点部位结构检测研究工作课题组"召开交换意见会，听取课题组就《布达拉宫重点部位结构检测设备布点方案》的汇报。会议认为"方案"可行，原则同意。要求按照总体设计、分期实施的计划执行。

**7月28日**

自治区建设厅厅长，工程办常务副主任陈锦率工作组赴萨迦寺维修现场检查在建项目，并召开现场办公会。

**8月9日**

三大工程办正式委托西藏圣益设计有限公司承担萨迦寺新增项目"卓玛拉康、顿觉拉康维修工程"设计工作。

**8月12日**

布达拉宫雪城麻花院一带绿化工程正式开工。

**8月16日**

自治区建设厅厅长、工程办常务副主任陈锦主持召开工程办主任办公会，安排部署接待"国家文物局赴藏检查验收三大工程专家组"一行和其他相关工作。

**8月21日—28日**

国家文物局专家张之平、兰立志、张克贵、杜启明、郑军组成赴藏检查验收三大工程专家组，利用8天时间对布达拉宫、罗布林卡、萨迦寺完工项目进行了验收，对在建项目做了现场检查，仔细查阅了工程相关技术资料。工程办副主任常兴照、综合组组长尼玛次仁全程陪同。

**8月29日**

自治区副主席多吉泽仁与国家文物局赴藏检查三大重点文物保护维修工程专家组一行在拉萨举行座谈。自治区相关部门负责人参会。

**9月25日**

三大工程办正式向国家文物局上报由北京交通大学土木建筑工程学院编制的《布达拉宫结构监测设计方案》。

**9月26日**

布达拉宫、罗布林卡、萨迦寺消防、安防、给排水、电器照明改造工程（公辅工程）公开招标正式启动。

**9月27日**

自治区副主席、工程领导小组副组长、工程办主任甲热·洛桑丹增视察布达拉宫消防、安防工程开工准备情况，并做了具体部署。

**10月2日**

布达拉宫前山半山腰黄房子（大唐卡库）一带零星建筑屋面改性阿嘎土项目正式开工。

**10月14日**

国家文物局正式下达同意"西藏布达拉宫红宫宫门厅柱子进行拨正"的批复。

**11月10日**

罗布林卡、萨迦寺公辅工程给排水、电气照明系统延伸深化设计任务正式委托区建筑勘察设计院承担。

**11月24日**

三大工程办组织综合组、工程组、布达拉宫维修工程指挥部对"布达拉宫珍宝馆、游客服务中心改造及附属工程"进行竣工验收。

**11月30日**

布达拉宫珍宝馆安防、消防工程正式开工。由湖南一网公司承建。

**12月18日**

三大工程办组织综合组、工程组、布达拉宫维修工程指挥部对"雪城西城墙加固维修工程"进行竣工验收。

**12月23日**

三大工程办召集自治区文研所、布达拉宫指挥部并邀请当地古建咨询专家组成员白玛旦增和平措旺堆两位老先生，召开布达拉宫红宫门庭木柱打牮拨正方案技术专家论证会。同时，下达冬季停工令。

## 二〇〇九年

**4月2日**

自治区副主席、工程领导小组副组长、工程办主任甲热·洛桑丹增主持召开工程领导小组会议，研究三大工程文物本体维修竣工和"十一五"文物保护工程开工庆典活动相关内容。

**4月5日**

罗布林卡火灾自动报警系统和安防监控系统工程正式开工。

**4月30日**

三大重点文物保护维修工程木材防腐厂搬迁工作正式启动，搬迁至达孜大桥附近的罗布林卡管理处材料储备库院内。

**5月1日**

布达拉宫珍宝馆正式对外开馆。

**5月8日**

自治区副主席、工程领导小组副组长、工程办主任甲热·洛桑丹增视察布达拉宫和罗布林卡公辅工程进展情况及指导消防安全工作。

**5月15日**

罗布林卡技防控制室防雷接地工程正式开工。

**6月2日**

日喀则地区萨迦县向三大工程办上报"关于利用上海援藏资金在萨迦南、北两寺之间建设文化广场"请示。经研究，决定转由自治区文物局和自治区建设厅拿出具体意见，以两家名义向国家文物局报审，并以国家文物局最终审批意见为准，由自治区文物局向日喀则地区行署转发国家文物局审批意见，并监督贯彻执行情况。

**6月23日**

国家文物局正式下达同意"布达拉宫马基康维修工程设计方案"的批复和"西藏布达拉宫红宫门厅木柱打牮拨正设计方案"的意见。

**6月24日—7月4日**

国家文物局文物保护司副司长许言一行12人组成的国家文物局赴藏技术检查验收专家组分别对布达拉宫、罗布林卡、萨迦寺保护维修工程所有完工项目进行了现场终验。工程办综合组组长尼玛次仁全程陪同。

**7月15日**

三大工程办组织综合组、工程组、安保组、罗布林卡维修工程指挥部对"罗布林卡技防控制室防雷接地工程"进行竣工验收。

**8月4日**

国家文物局正式下达同意"萨迦寺建设控制地带内建设萨迦县旅游文化广场工程设计方案"的批复。

**8月6日**

三大工程办组织综合组、工程组、安保组、布达拉宫维修工程指挥部并邀请拉萨市消防支队对"布达拉宫珍宝馆安防、消防工程"进行竣工验收。

**8月20日**

国家文物局正式下发"萨迦寺新增项目僧舍群、顿觉拉康、卓玛拉康维修工程设计方案"的意见。

**8月23日**

三大工程（文物本体维修）竣工庆典活动在布达拉宫广场隆重举行。中共中央政治局委员、国务委员刘延东出席活动，并发表热情洋溢的讲话。教育部部长周济、文化部部长蔡武、国务院副秘书长项兆伦、国务院政研室主任江小娟、教育部副部长鲁昕、国家民委副主任丹珠昂奔、国家文物局局长单霁翔、国家宗教局副局长蒋坚永、中国藏研中心总干事拉巴平措出席活动。自治区领导张庆黎、热地、向巴平措、郝鹏、宫蒲光出席会议。区党委副书记、自治区主席向巴平措讲话。自治区副主席、三大工程领导小组副组长、工程办主任甲热·洛桑丹增主持会议。拉萨各族各界代表7000余人参加竣工庆典大会。次日，在拉萨大昭寺举行了"十一五"规划全区重点文物保护维修工程开工典礼。

**9月2日**

随着三大文物本体维修工程的全面竣工，经工程领导小组研究同意，决定精简工程办机构和人员。保留综合组和工程组，撤销计划财务组和安全保卫组，将这两个组合的职能合并到综合组并精简人员。三个指挥部暂不做调整。

**9月11日**

三大工程办组织综合组、工程组、布达拉宫维修工程指挥部对"布达拉宫屋面改性阿嘎土工程"进行竣工验收。

**9月16日**

国家文物局组织《中国文物报》社资深记者采访报道三大文物维修工程总体情况。《中国文物报》四个整版刊登了采访文章。

**10月13日**

国家文物局正式下达同意"布达拉宫结构监测系统与第一期结构监测实施方案"的批复。

**11月6日—7日**

三大工程办组织综合组、工程组、萨迦寺维修工程指挥部对"萨迦寺主殿（拉康钦莫）维修工程""萨迦寺壁画保护维修工程"进行竣工验收。

**12月23日**

三大工程办在拉萨召开三大工程电气设备采购专题会。

**12月9日**

三大工程办组织综合组、工程组、布达拉宫维修工程指挥部对"雪城麻花院一带绿化工程"进行竣工验收。

**12月9日**

三大工程办组织综合组、工程组、布达拉宫维修工程指挥部对"布达拉宫前山半山腰黄房子（大唐卡库）一带零星建筑屋面改性阿嘎土工程"进行竣工验收。

## 二〇一〇年

**3月26日**

受国家文物局委托，自治区文物局正式下达同意"布达拉宫结构监测系统与第一期结构监测实施方案""布达拉宫马基康维修工程设计方案"的批复。

**6月12日**

布达拉宫火灾自动报警系统、安防监控系统进入设备调试阶段。

**7月2日**

三大工程办组织自治区消防总队防火部、中咨监理、日喀则地区消防支队、萨迦县消防大队有关人员，对萨迦寺正在实施的消防、安防、给排水、电气照明系统工程施工现场进行了检查，解决了施工中存在的问题。工程办综合组组长尼玛次仁参加。

**7月22日**

三大工程办组织综合组、工程组、布达拉宫维修工程指挥部对"雪城西印经院维修（乃康顶复建）工程"进行竣工验收。

**8月1日**

布达拉宫马基康（含雪城两处民房）维修正式开工。

**10月10日**

布达拉宫火灾自动报警系统、安防监控系统正式进入为期一个月的试运行阶段。

**10月24日**

萨迦寺公辅工程施工全面停工。

**12月16日**

布达拉宫公辅工程及马基康维修全面停工。

## 二〇一一年

**1月6日**

三大工程办对布达拉宫珍宝馆安防、消防工程的保修期阶段运行情况进行了复验。

**4月1日**

三大工程办组织综合组、工程组、布达拉宫维修工程指挥部，邀请自治区公安厅、自治区消防总队、拉萨市公安局、拉萨市消防支队等单位对"布达拉宫火灾自动报警系统和安防监控系统工程"进行竣工验收。

**4月11日**

三大工程办牵头，组织当地专家咨询委员会7位专家，并邀请自治区文物局、罗布林卡指挥部、中咨监理和已往参与罗布林卡维修工程的各施工单位负责人和工程技术人员，对罗布林卡维修质量进行了全面的检查评估，并在现场召开了专家意见分析会。

**10月14日**

三大工程办组织综合组、工程组、布达拉宫维修工程指挥部对"雪城马基康（原藏军司令部）维修工程"进行竣工验收。

**10月17日**

三大工程办组织综合组、工程组、罗布林卡维修工程指挥部对"罗布林卡给排水及电力系统工程"进行竣工验收。

**10月24日**

三大工程办组织综合组、工程组、布达拉宫维修工程指挥部对"布达拉宫给排水及电力系统工程"进行竣工验收。

**11月23日**

三大工程办组织综合组、工程组、罗布林卡维修工程指挥部，邀请自治区公安厅、自治区消防总队、拉萨市公安局、拉萨市消防支队等单位对"罗布林卡安防及火灾自动报警系统工程"进行竣工验收。

## 二〇一二年

### 4月19日

三大工程办组织综合组、工程组、罗布林卡维修工程指挥部，邀请拉萨市消防支队、拉萨市电业局等单位对"布达拉宫一级配电房设备，龙王潭水泵房、水池及设备的建安工程"进行竣工验收。

### 4月30日—9月30日

随着三大文物公辅工程主要项目的全面竣工交验，经工程领导小组研究，决定再次精简工程办机构，减员过半，进入收尾阶段。由综合组组长尼玛次仁担任收尾组组长，重大事项须请示陈锦厅长。收尾组负责工程资料的整理、归档，编写和出版三大文物工程竣工报告；负责编制三大工程财务决算书，结清所有工程尾款，接受自治区审计厅的竣工审计，消除银行基本账户；清理固定资产；整理归档后的工程资料整体移交自治区或拉萨市档案馆永久保存。

### 10月1日

经自治区人民政府同意，正式撤销三大工程办。收尾组全体成员返回原单位。

## 二〇一五年

### 3月23日—5月23日

西藏自治区审计厅派出审计组对西藏三大重点文物保护维修工程的公辅工程进行了审计，延伸审计了与项目有关的勘察设计、施工监理单位。自治区审计厅派出的审计组依法独立实施设计，并出具了《审计报告》。作出的"审计评价意见"充分肯定了建设单位和参建单位克服了高原缺氧环境下的施工条件、技术要求高且难度大、不可预见因素多等困难，顺利完成了项目建设。三大文物工程收尾组组长尼玛次仁和财务会计大德央、出纳强巴卓嘎、资料员扎西玉珍等参与并协助全程审计工作。自治区住建厅厅长、三大文物工程办常务副主任陈锦指导。自治区副主席甲热·洛桑丹增要求收尾组认真做好协助配合工作做出了重要指示批示。

### 8月28日

自治区副主席甲热·洛桑丹增在自治区文物局召开会议，研究部署近期全区文物工作时，根据自治区审计厅审计报告提出的三大文物工程彻底结算仍有2000多万元缺口的结论，研究解决事宜，初步确定自治区财政解决1500万元，剩余500万元由布达拉宫管理处解决。

### 9月26日上午

自治区副主席甲热·洛桑丹增主持召开"三大工程"收尾工作专题会议，研究部署收尾工作。决定追加投资控制在2000万元。明确资金来源渠道，其中1500万元从自治区文物保护资金中调剂拨付，500万元从布达拉宫管理处收入中调剂解决，直接拨付到"三大工程"账户。"三大工程"收尾工作组要抓紧时间，及时按照审定的资金额度结算工程款项。确保年内画上圆满句号。

### 11月23日

西藏自治区财政厅正式下发"关于下达自治区文物局西藏三大重点文物保护维修工程缺口资金预算指标的通知"（藏财教指〔2015〕204号），下达三大工程缺口资金1500万元。

### 11月30日—12月30日

三大文物工程收尾工作组按照计划和计算结果，结算了全部工程款项，结清了所有尾款。三大工程收尾工作全面完成。

# 工程图纸（部分）

西藏三大重点文物保护维修工程实录

# 布达拉宫

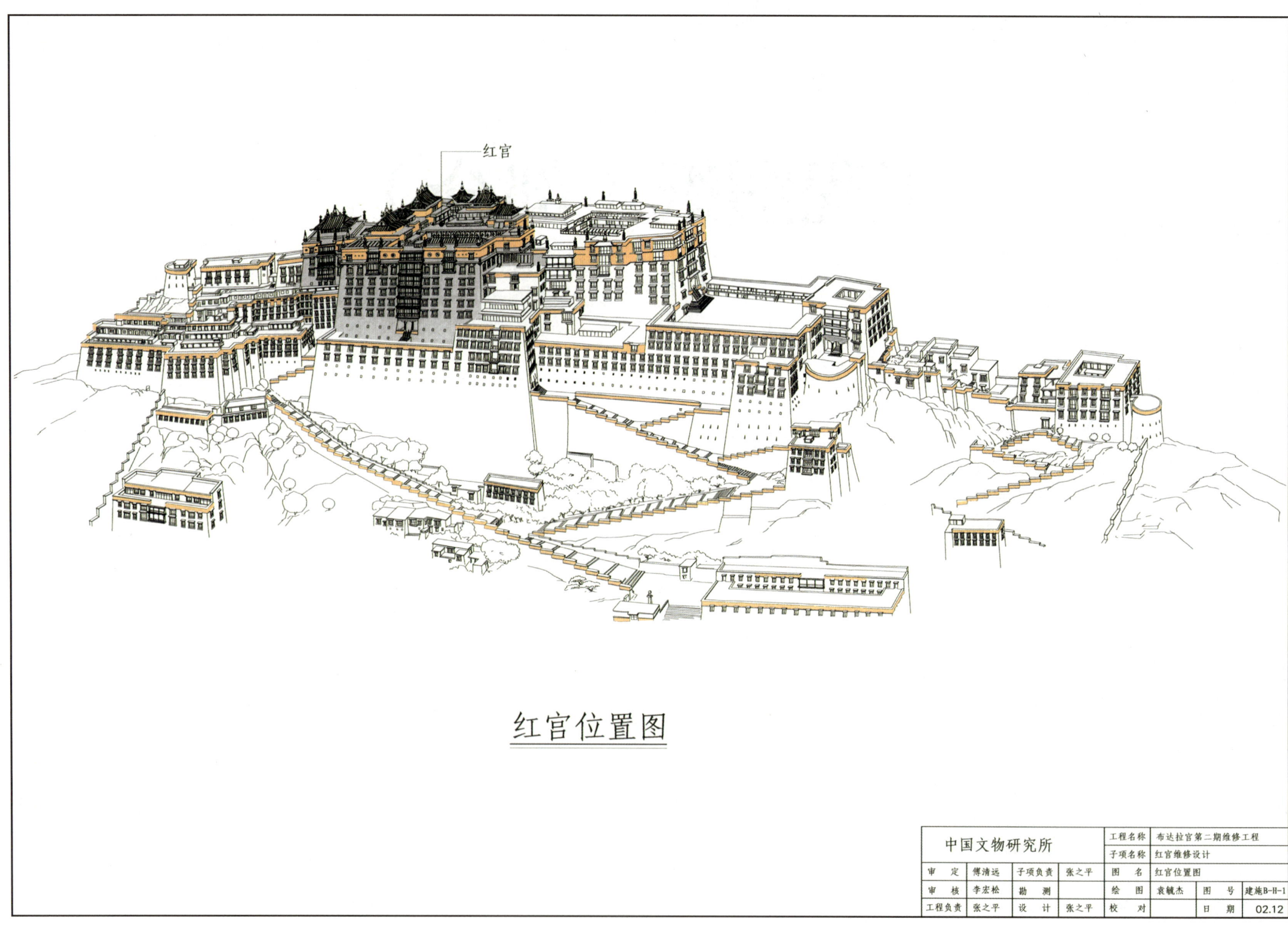

红官位置图

| 中国文物研究所 | 工程名称 | 布达拉宫第二期维修工程 |
|---|---|---|
| | 子项名称 | 红宫维修设计 |
| 审定 傅清远 子项负责 张之平 | 图 名 | 红宫位置图 |
| 审核 李宏松 勘测 | 绘图 袁毓杰 | 图号 建施B-H-1 |
| 工程负责 张之平 设计 张之平 校对 | 日期 | 02.12 |

约普西位置图
（布达拉宫西立面）

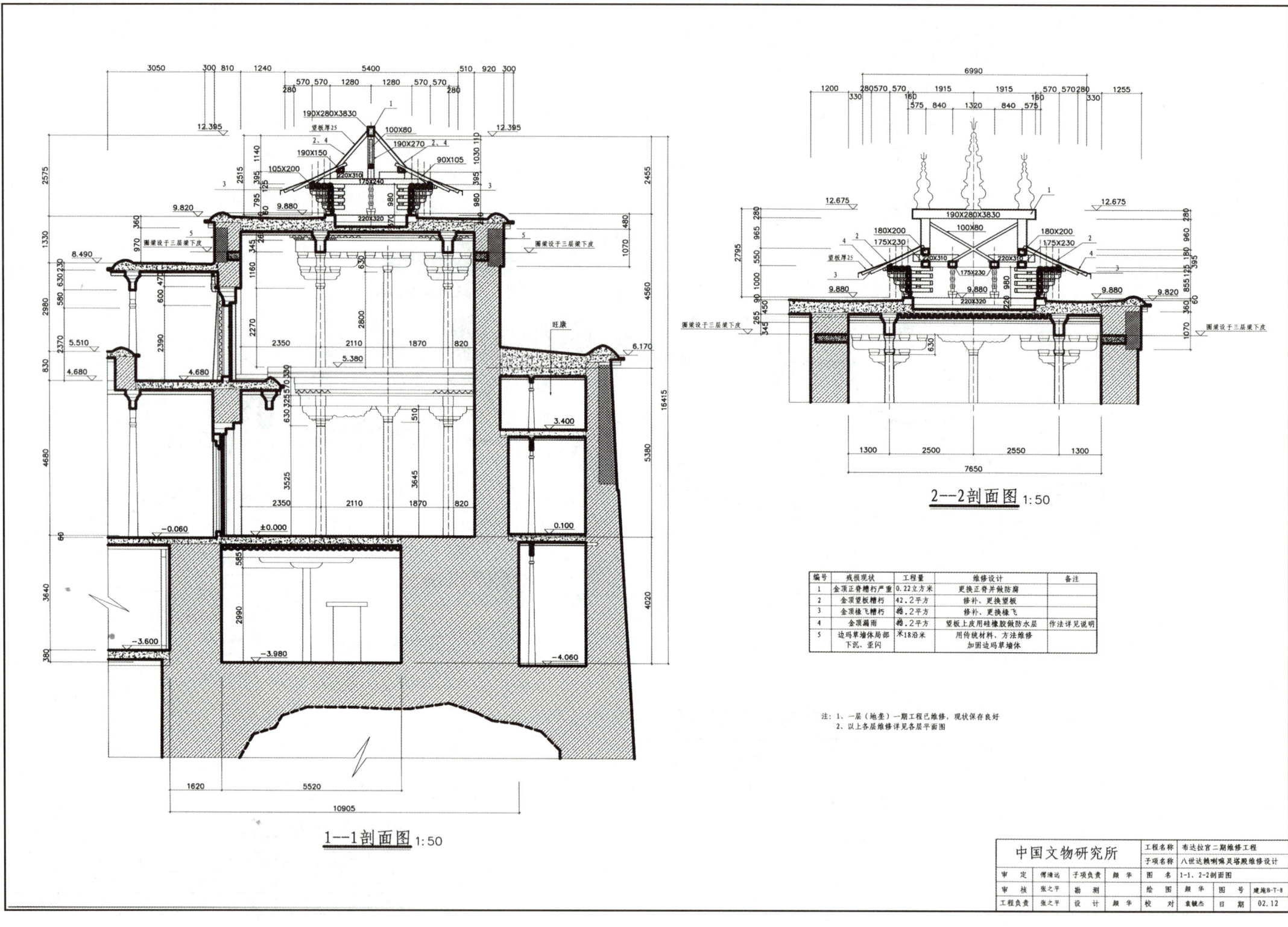

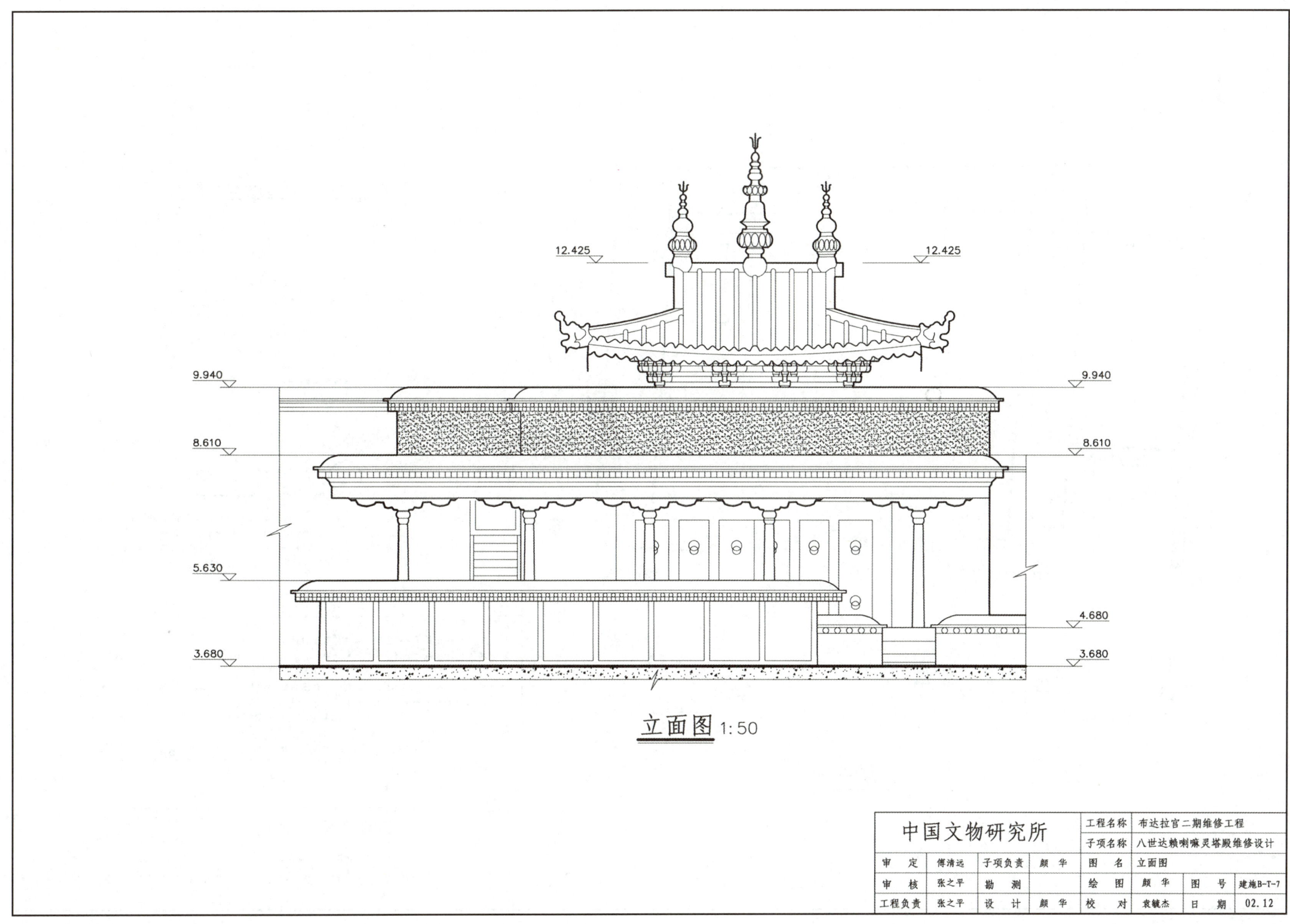

立面图 1:50

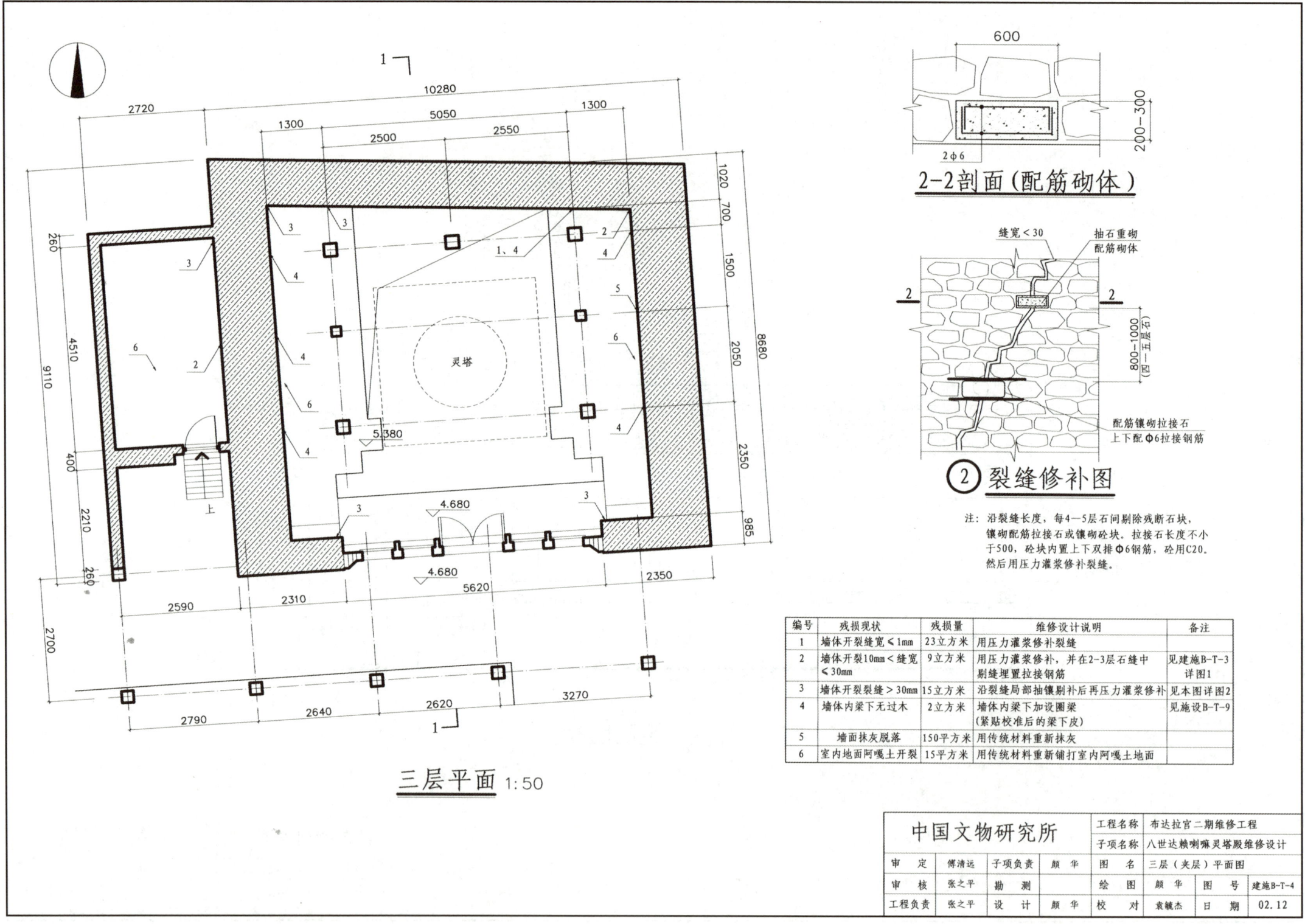

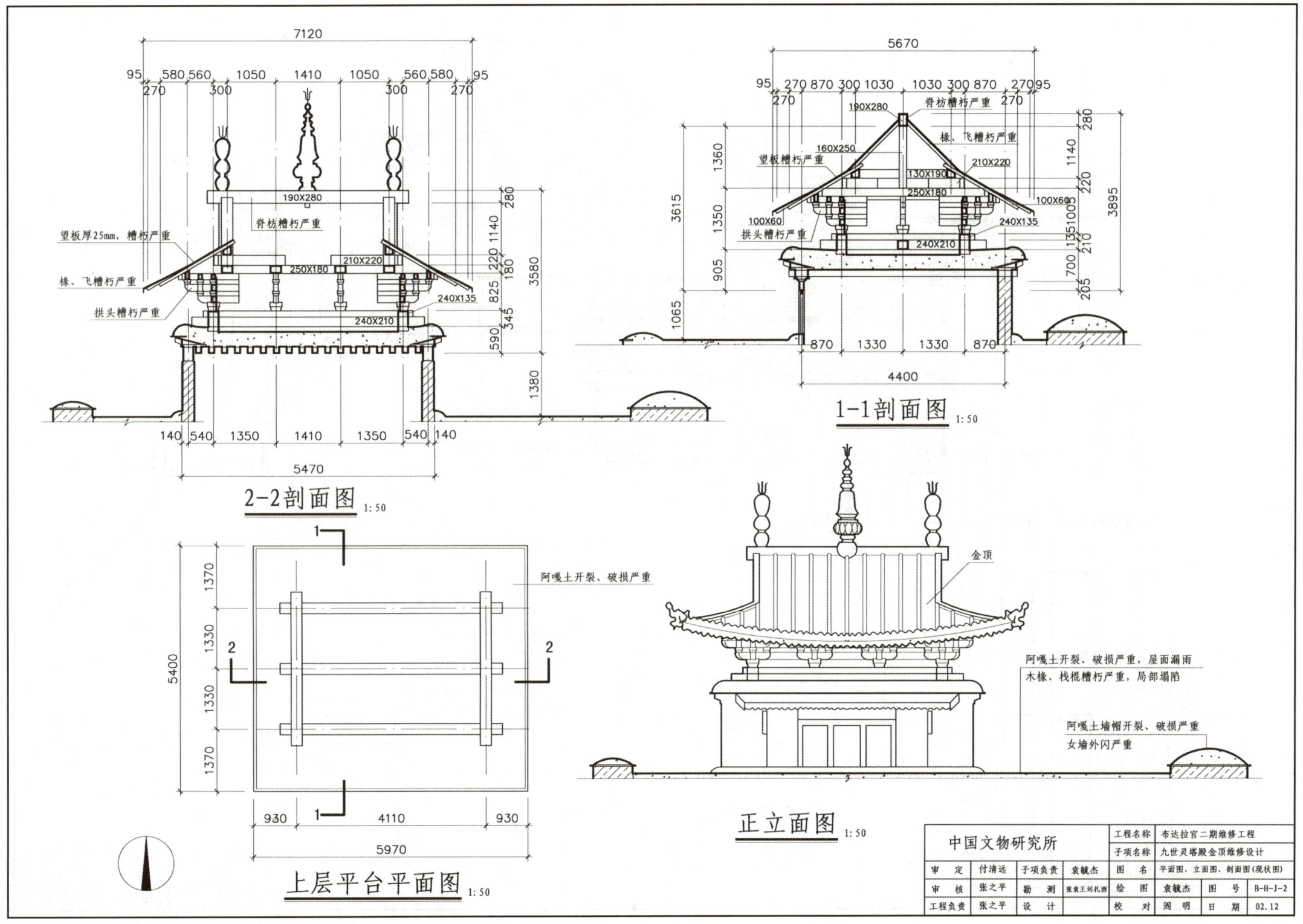

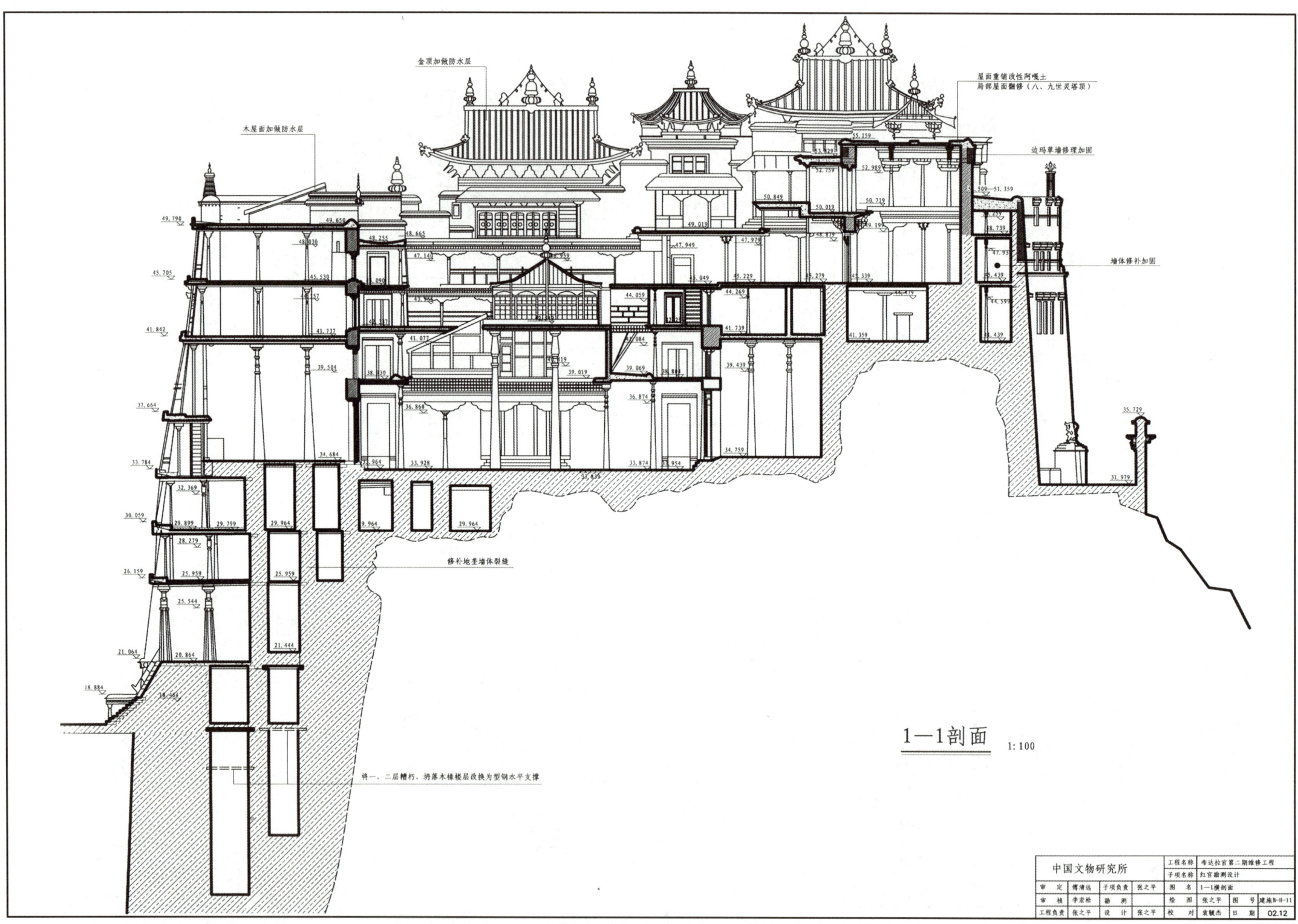

1—1剖面 1:100

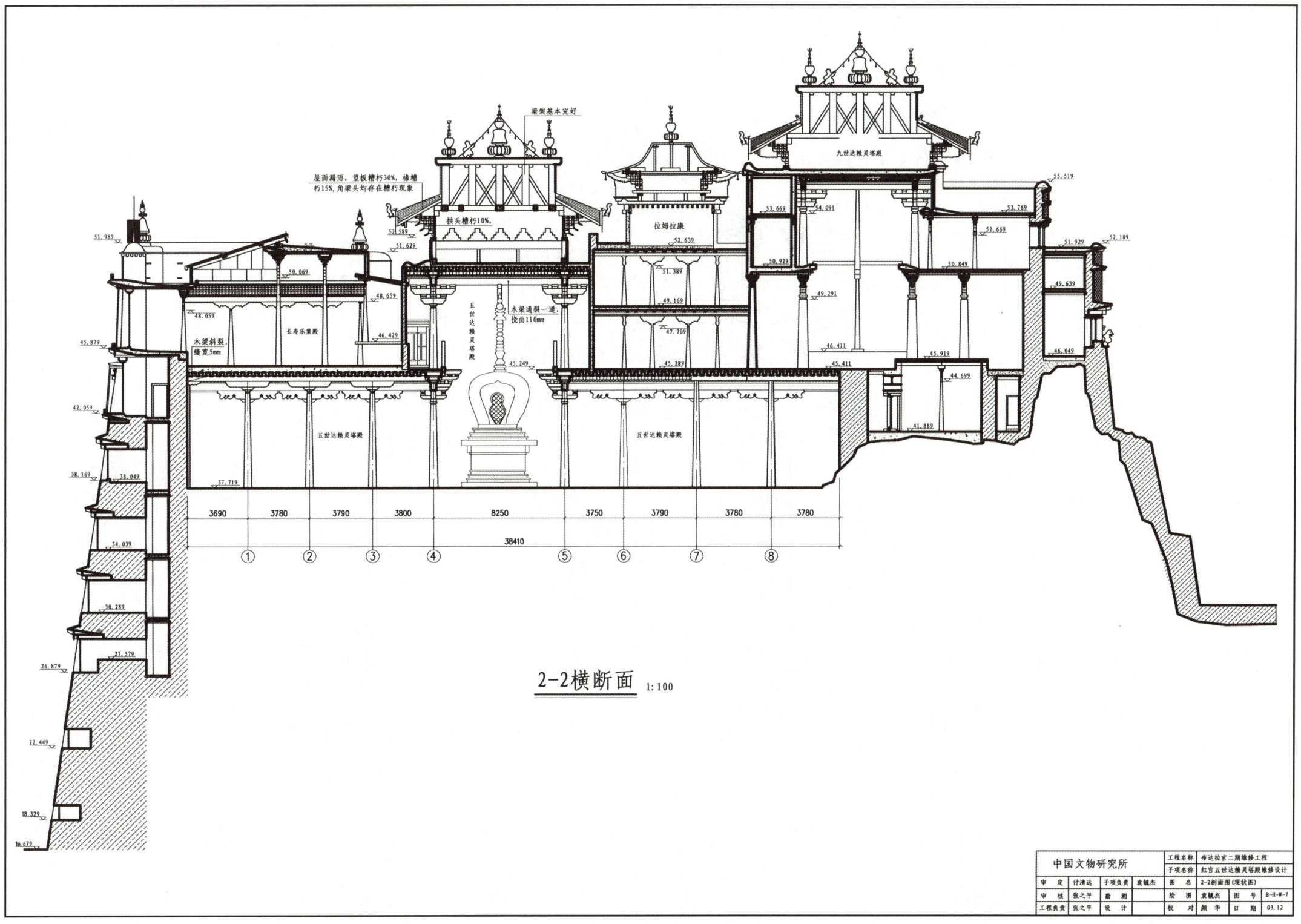

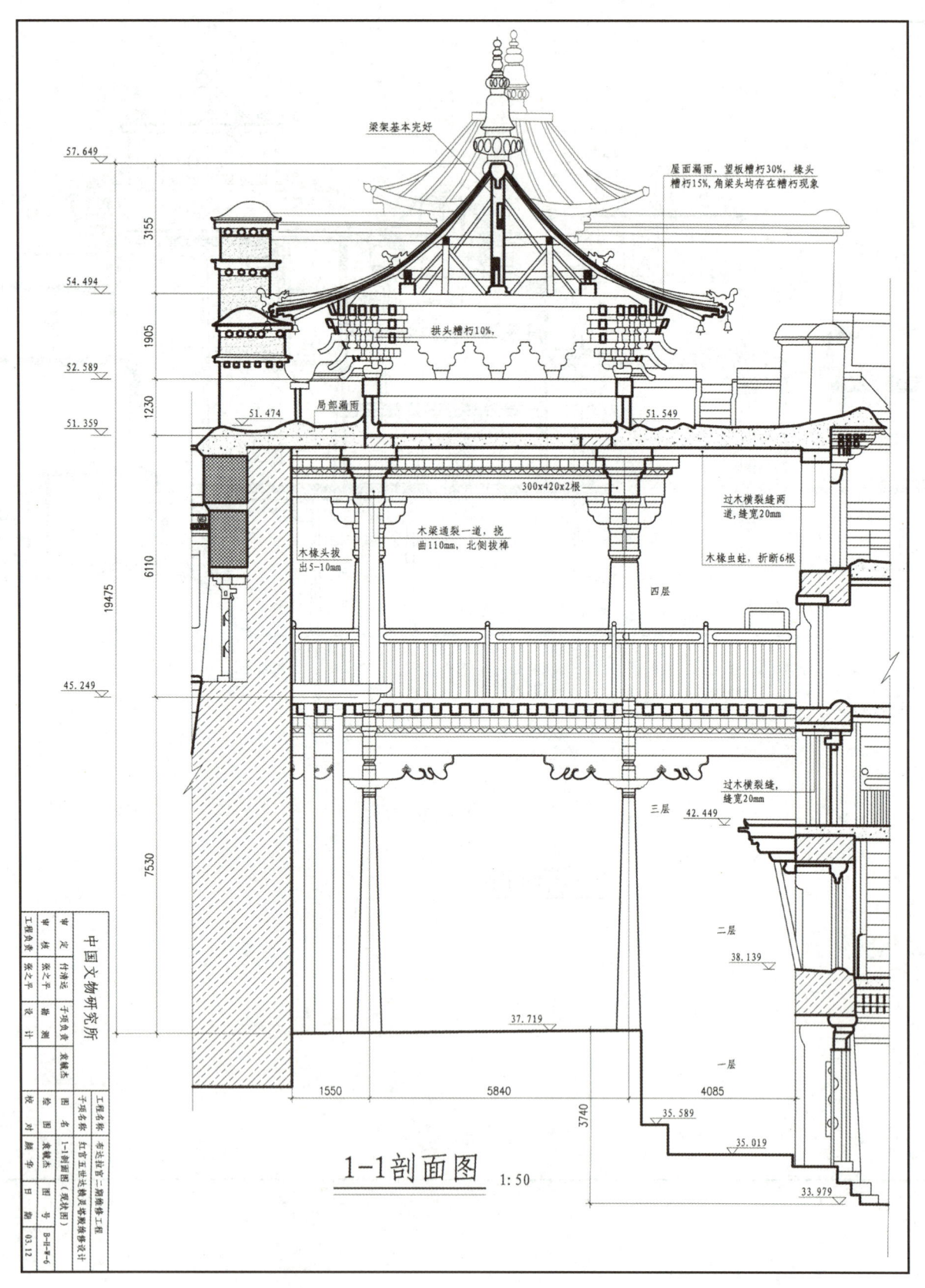

1-1剖面图 1:50

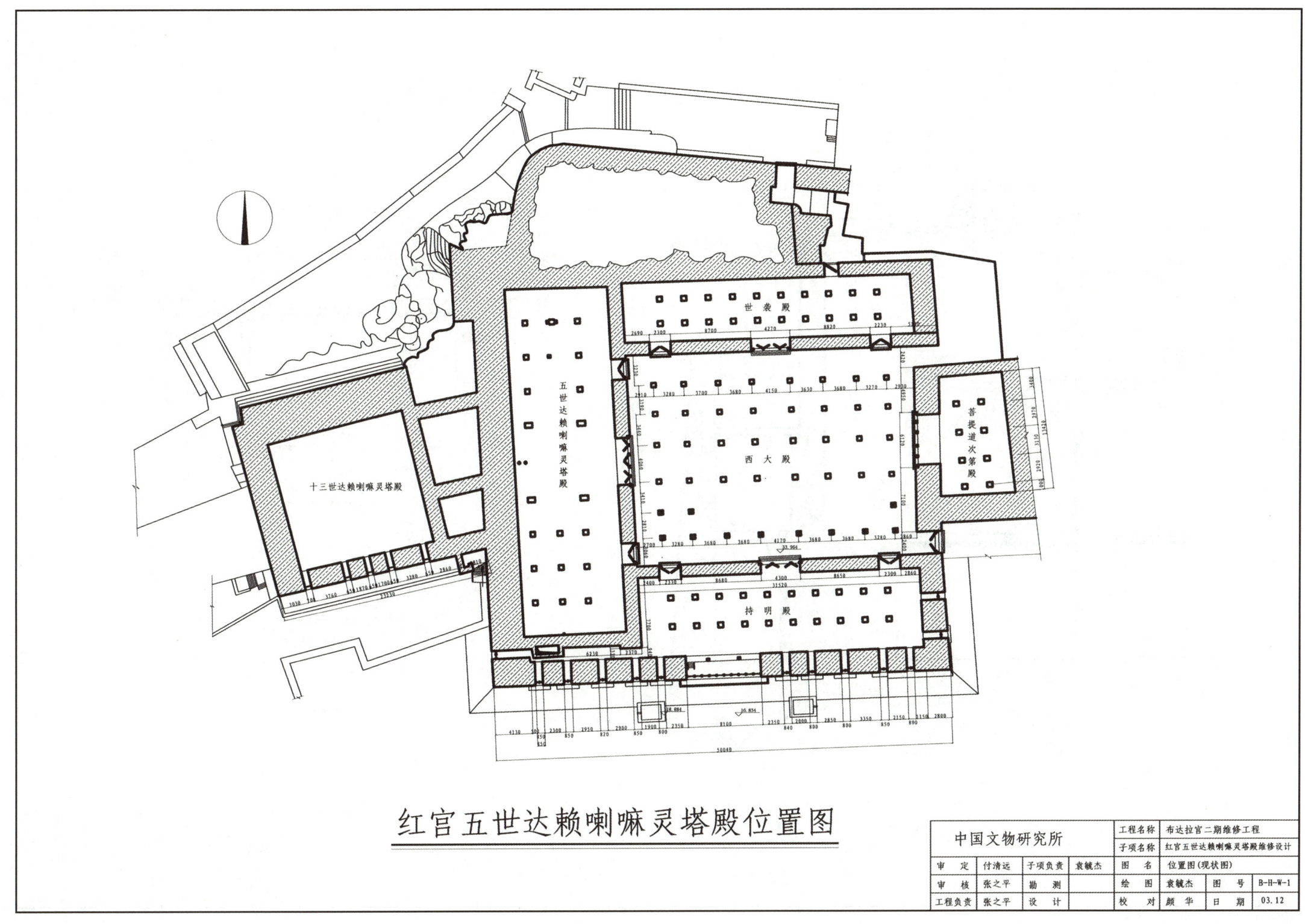

红宫五世达赖喇嘛灵塔殿位置图

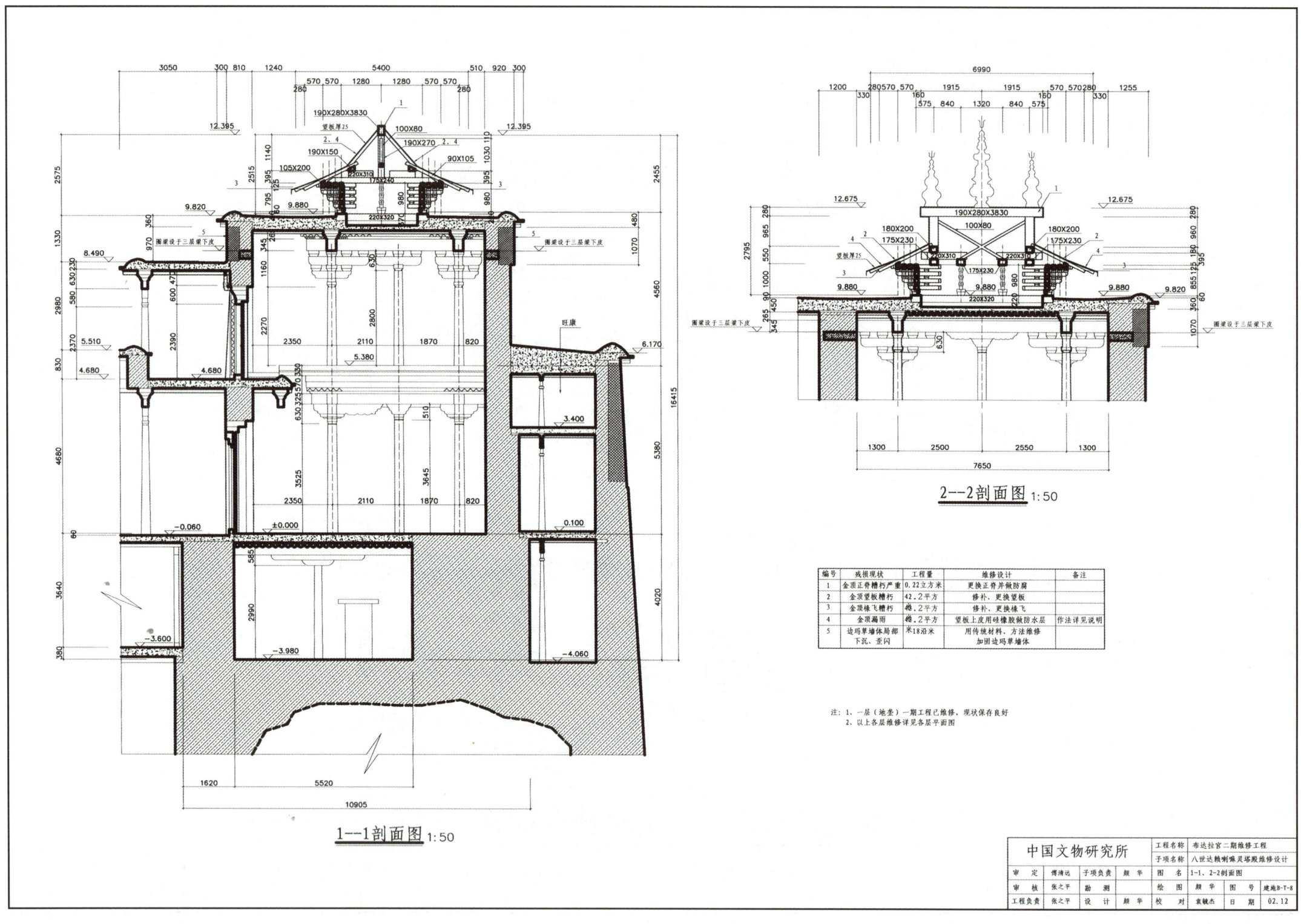

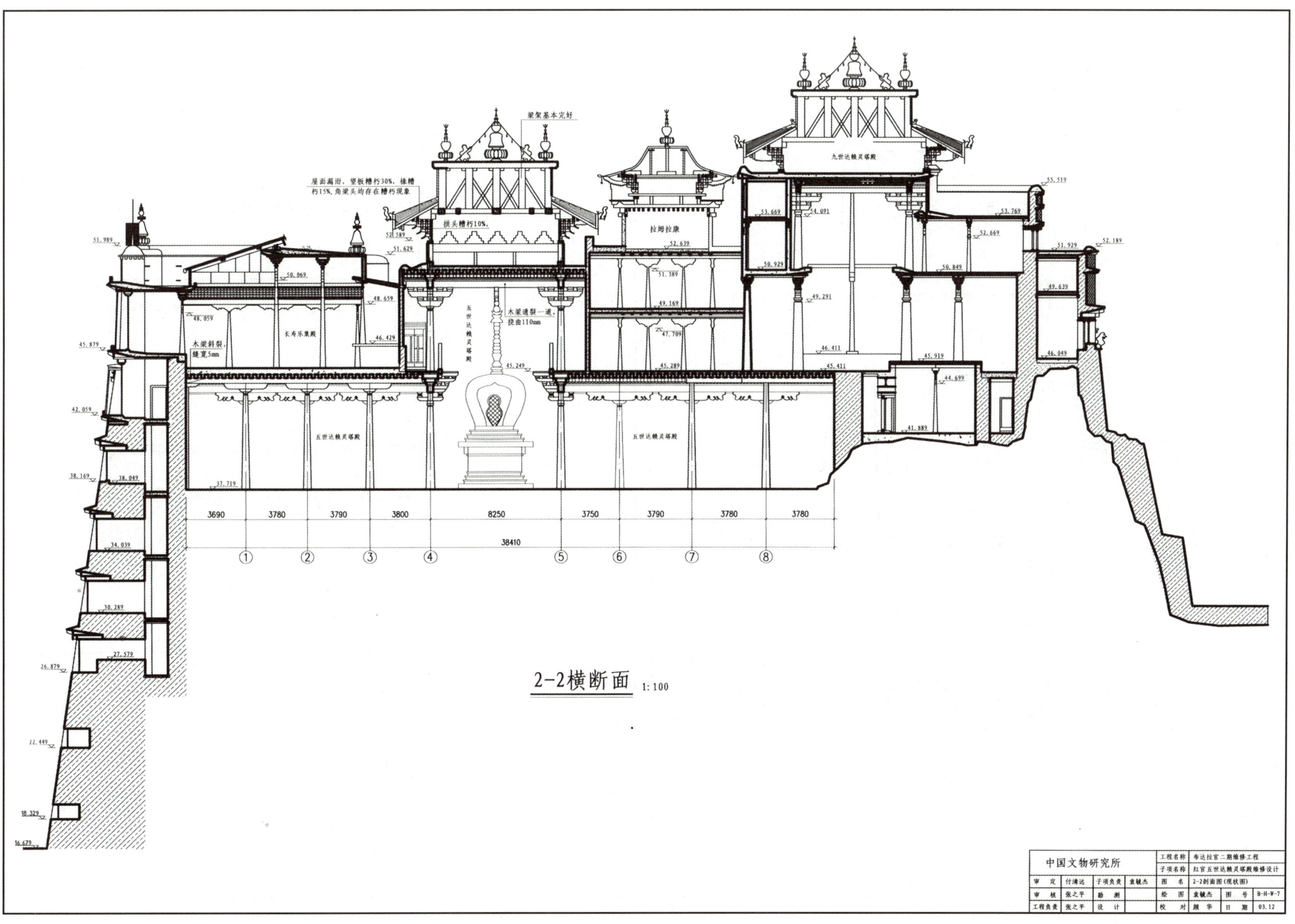

2-2横断面 1:100

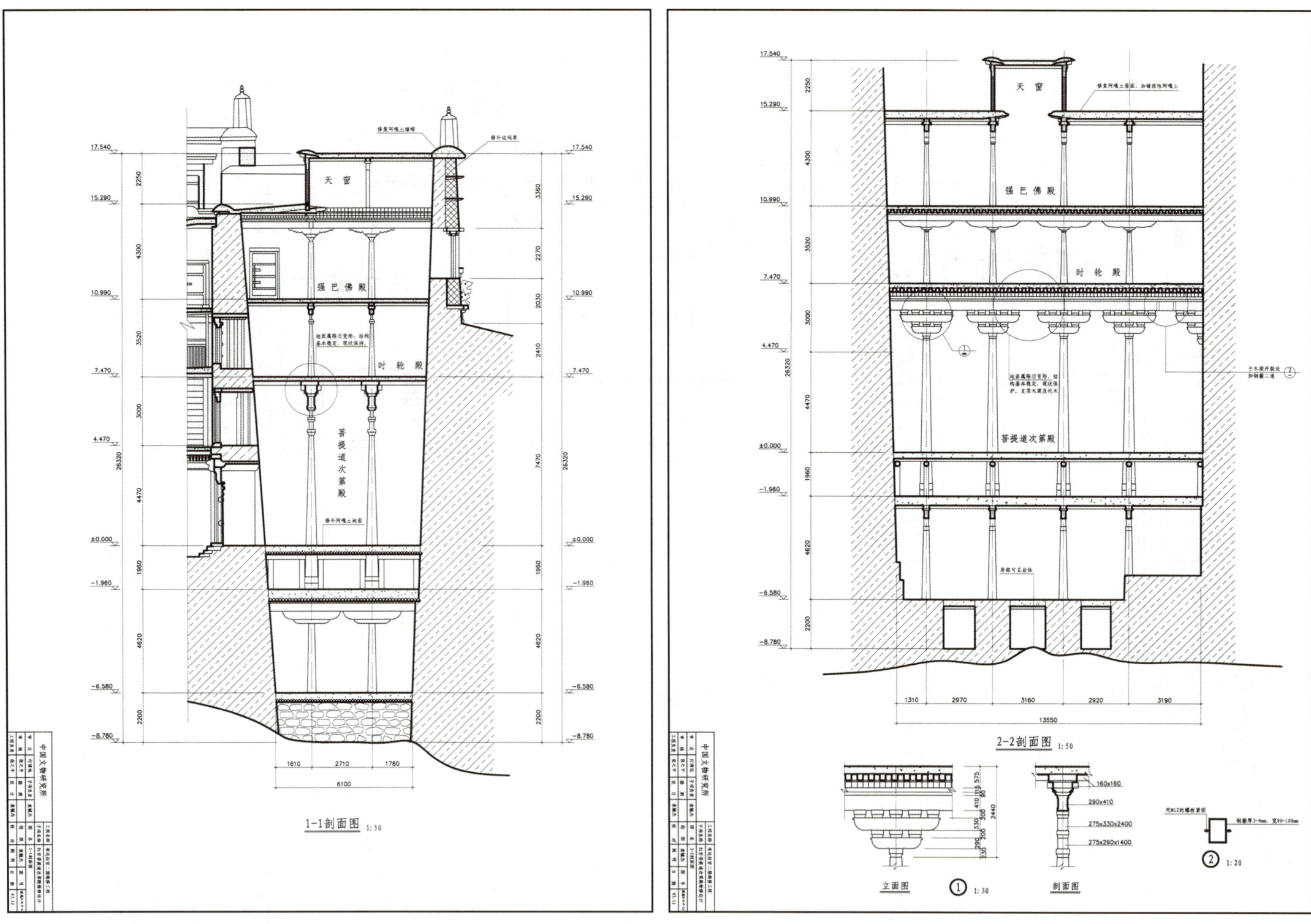

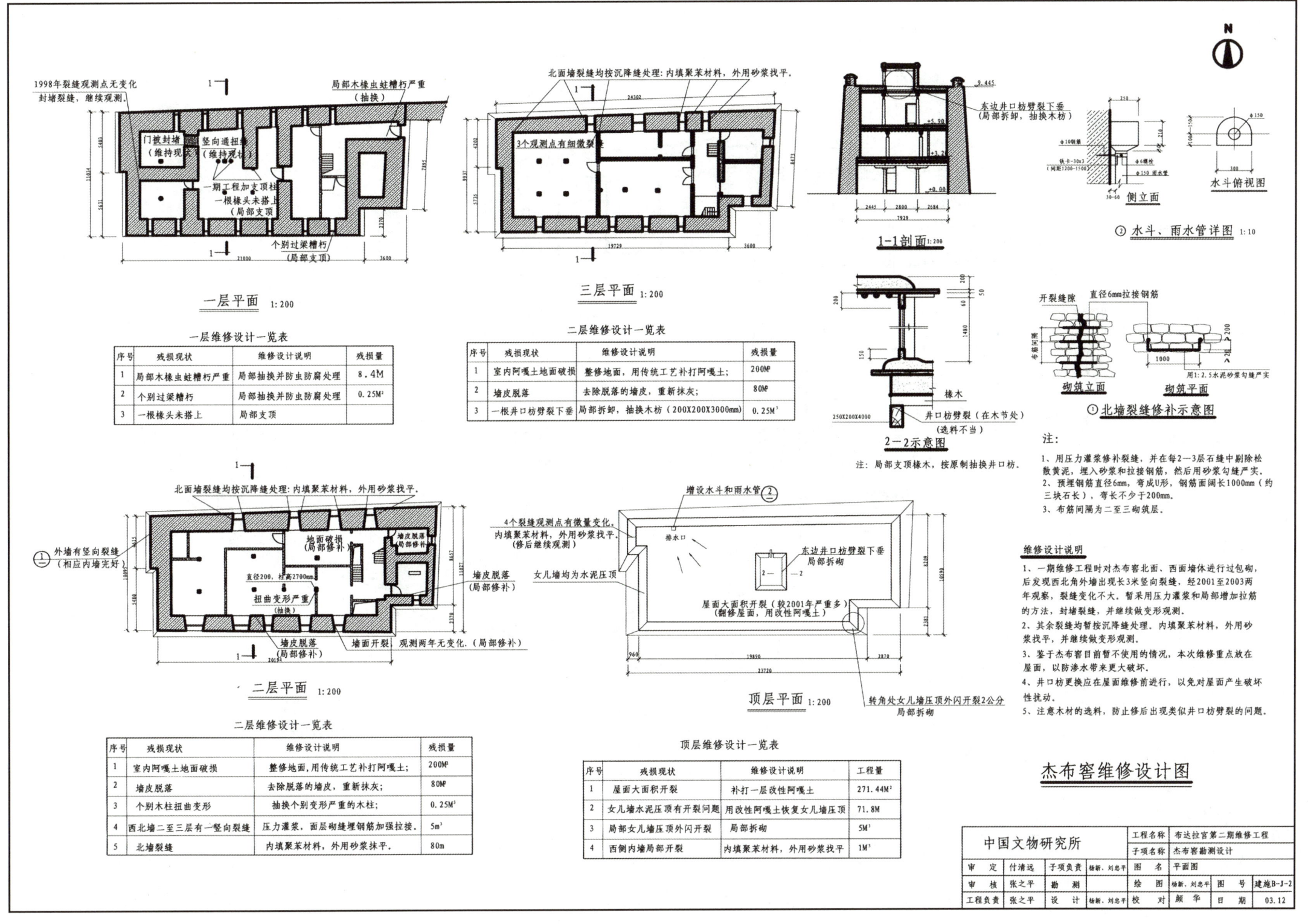

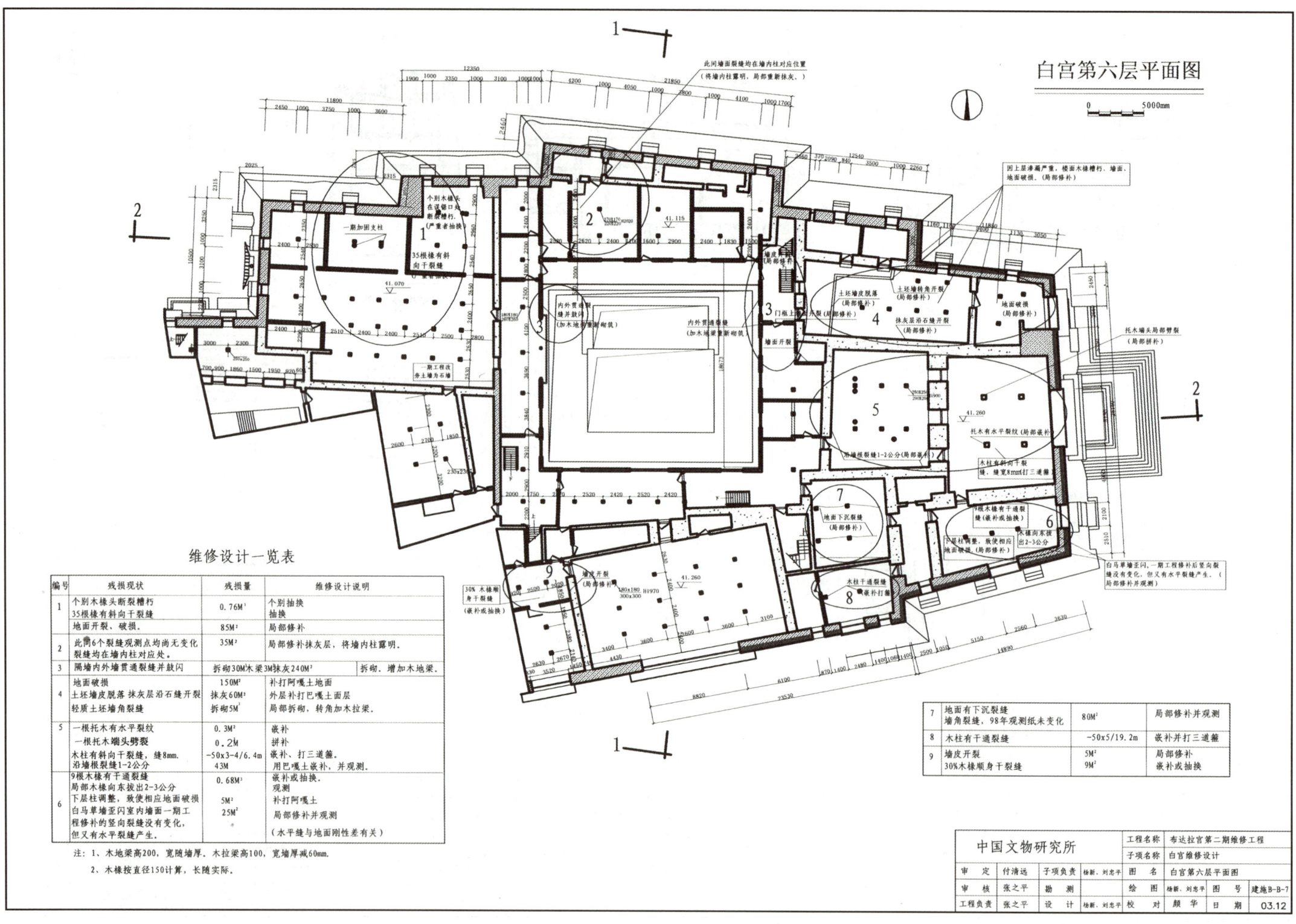

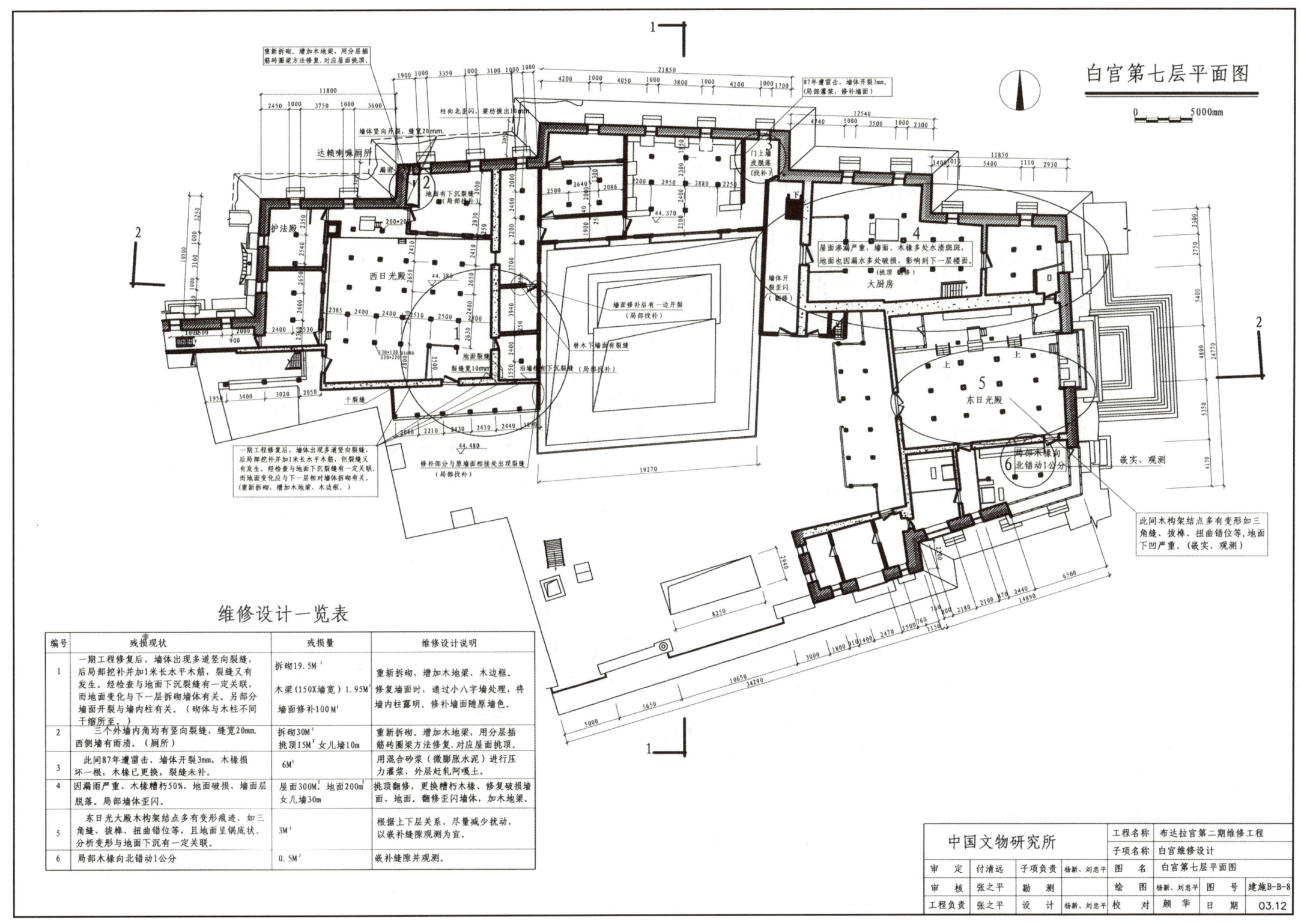

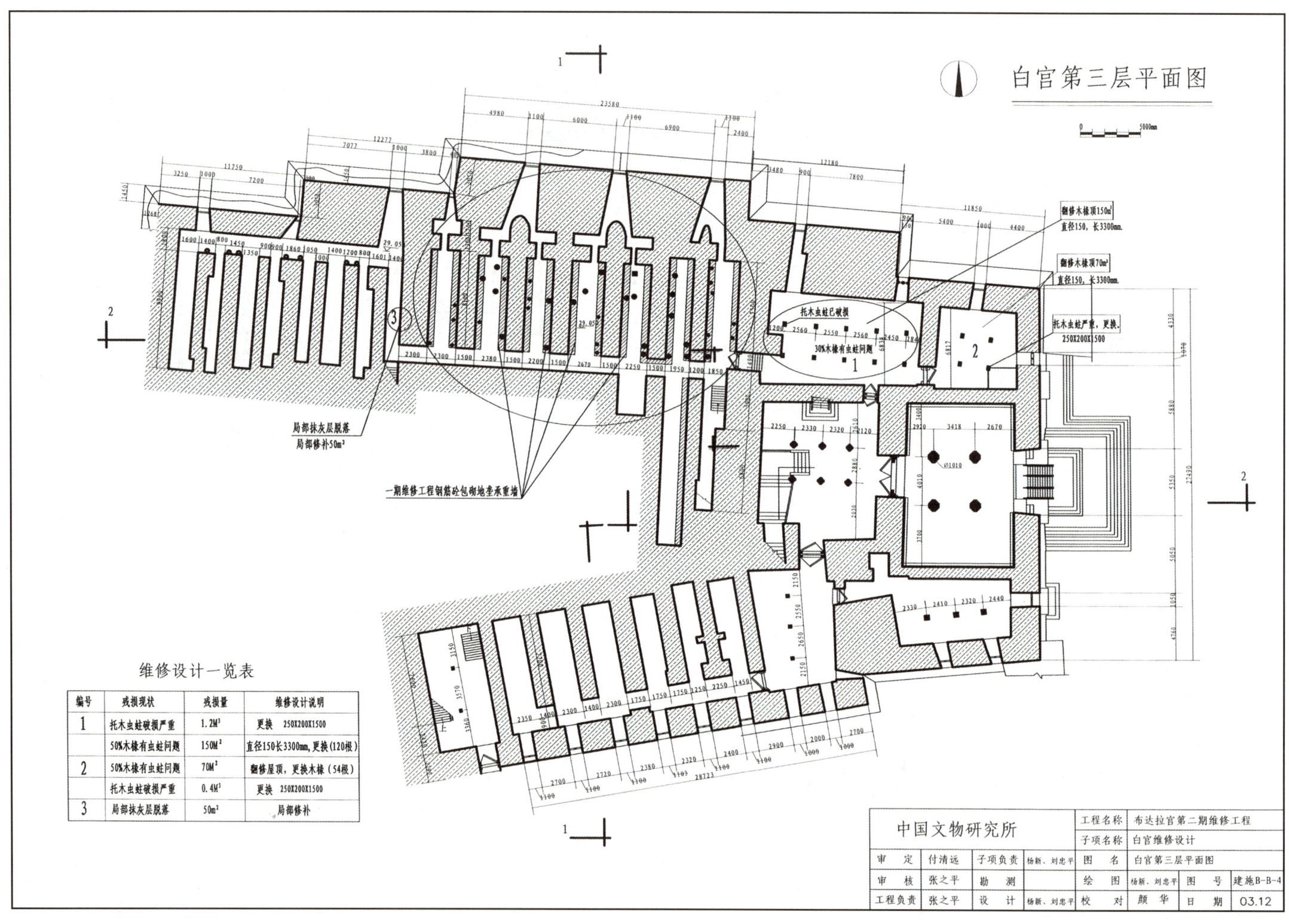

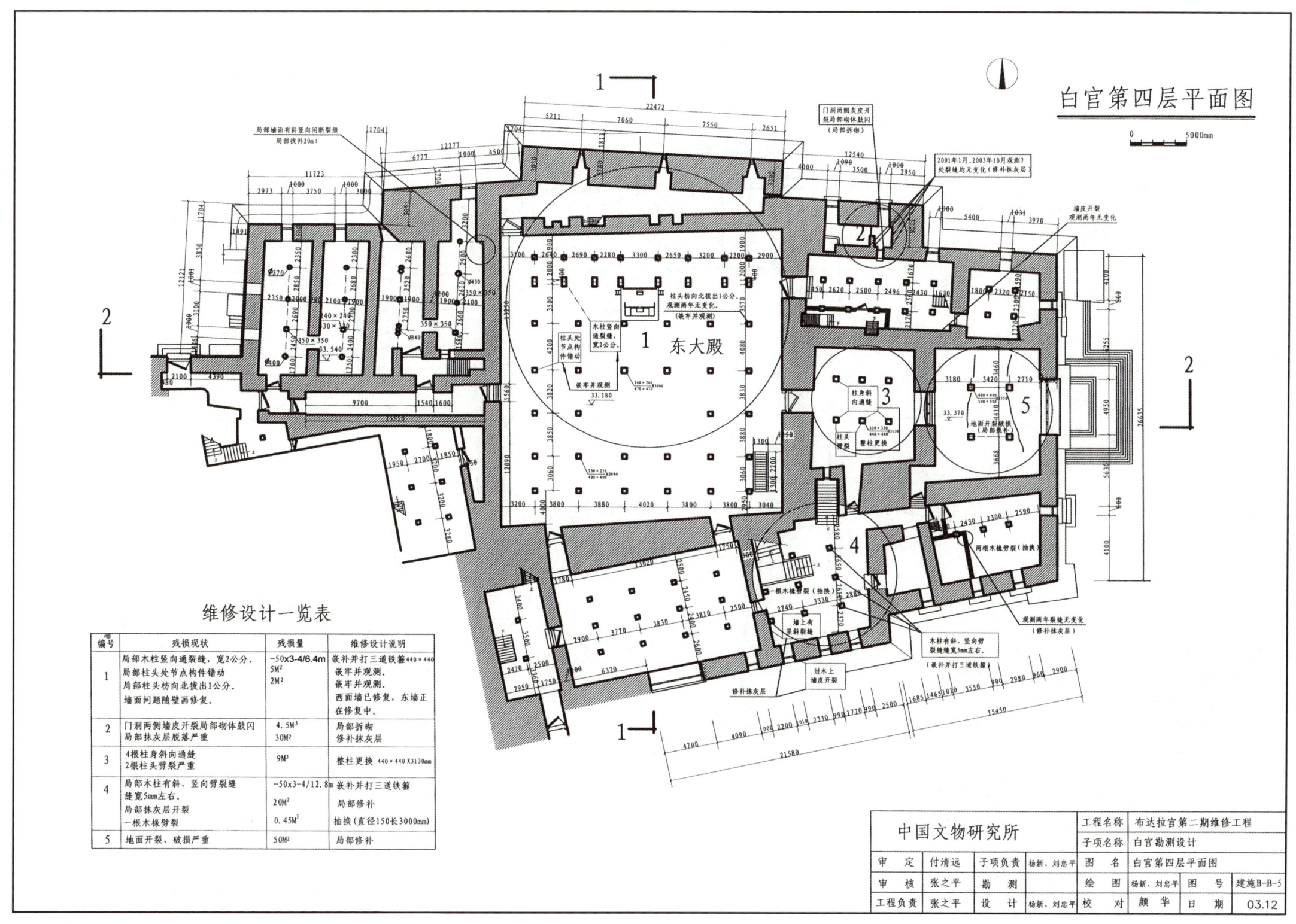

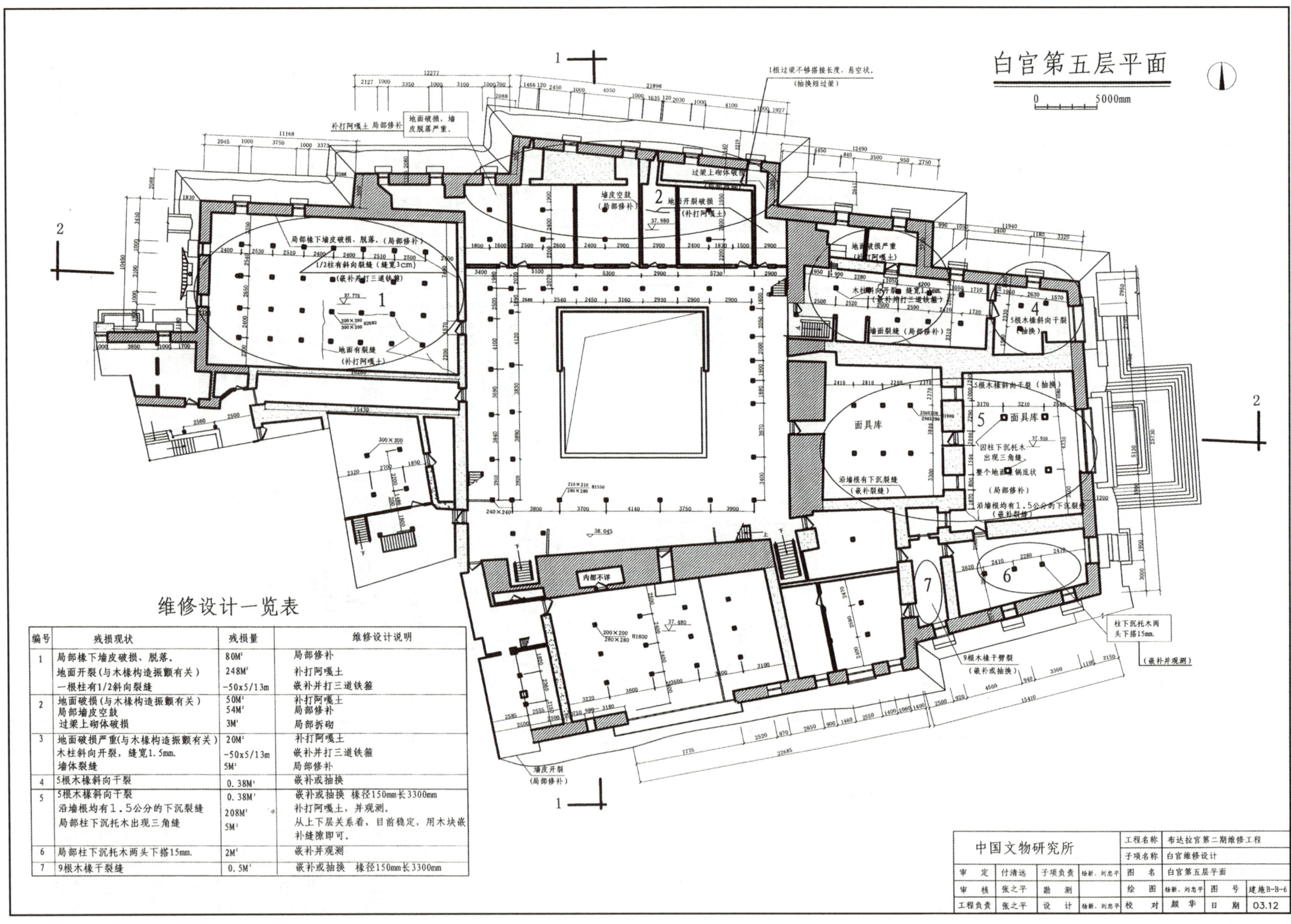

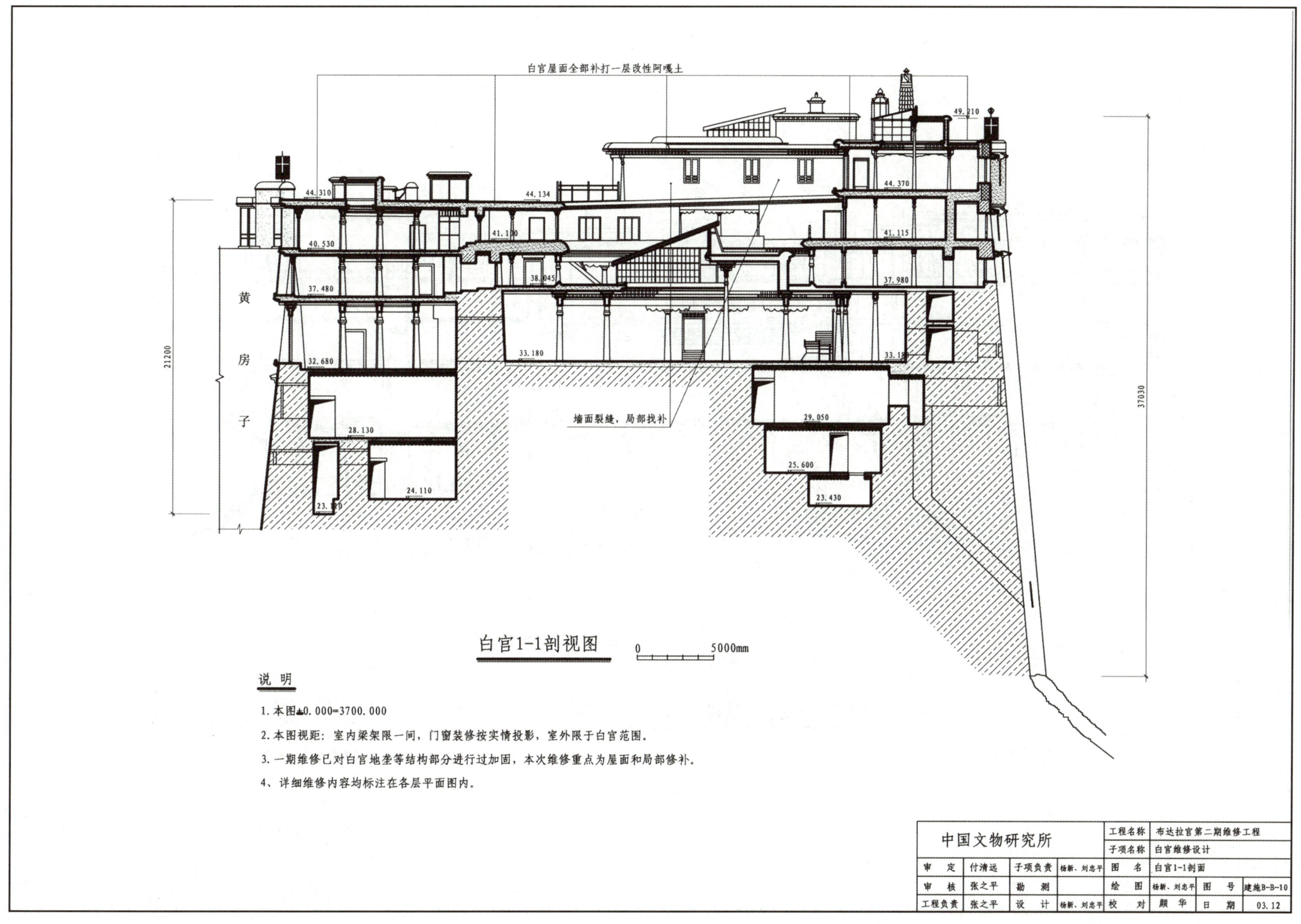

白宫1-1剖视图

**说 明**

1. 本图±0.000=3700.000
2. 本图视距：室内梁架限一间，门窗装修按实情投影，室外限于白宫范围。
3. 一期维修已对白宫地垄等结构部分进行过加固，本次维修重点为屋面和局部修补。
4. 详细维修内容均标注在各层平面图内。

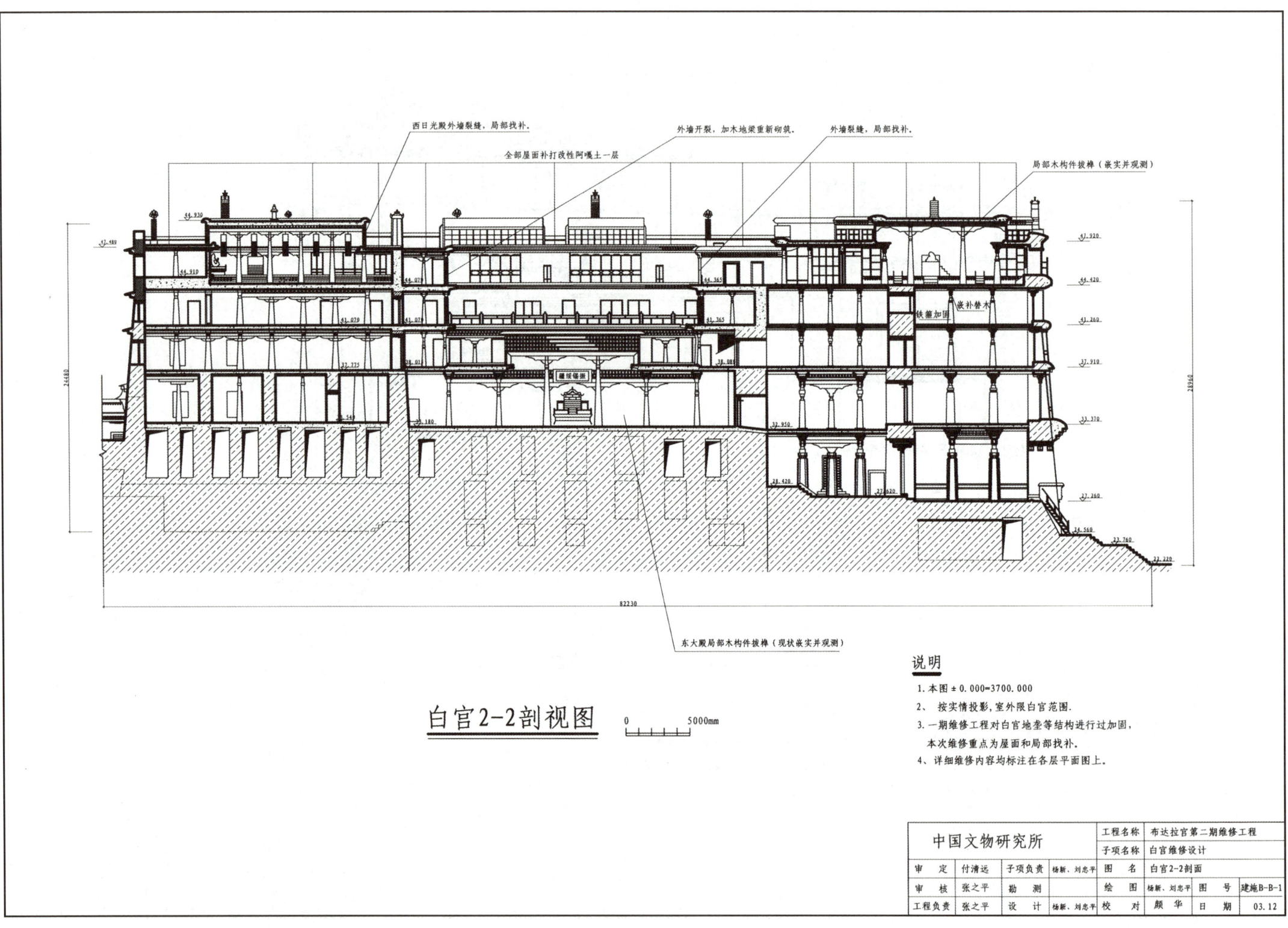

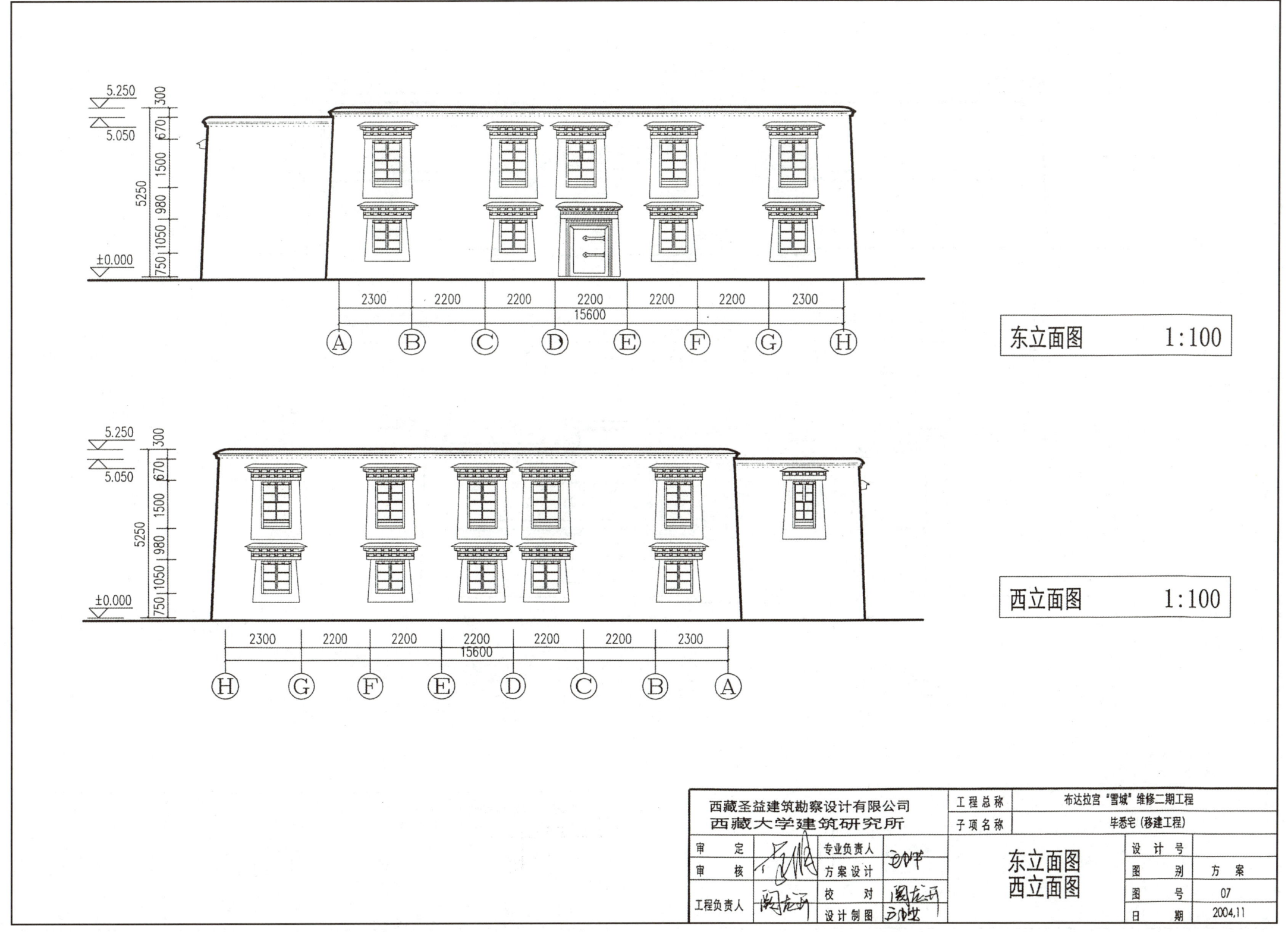

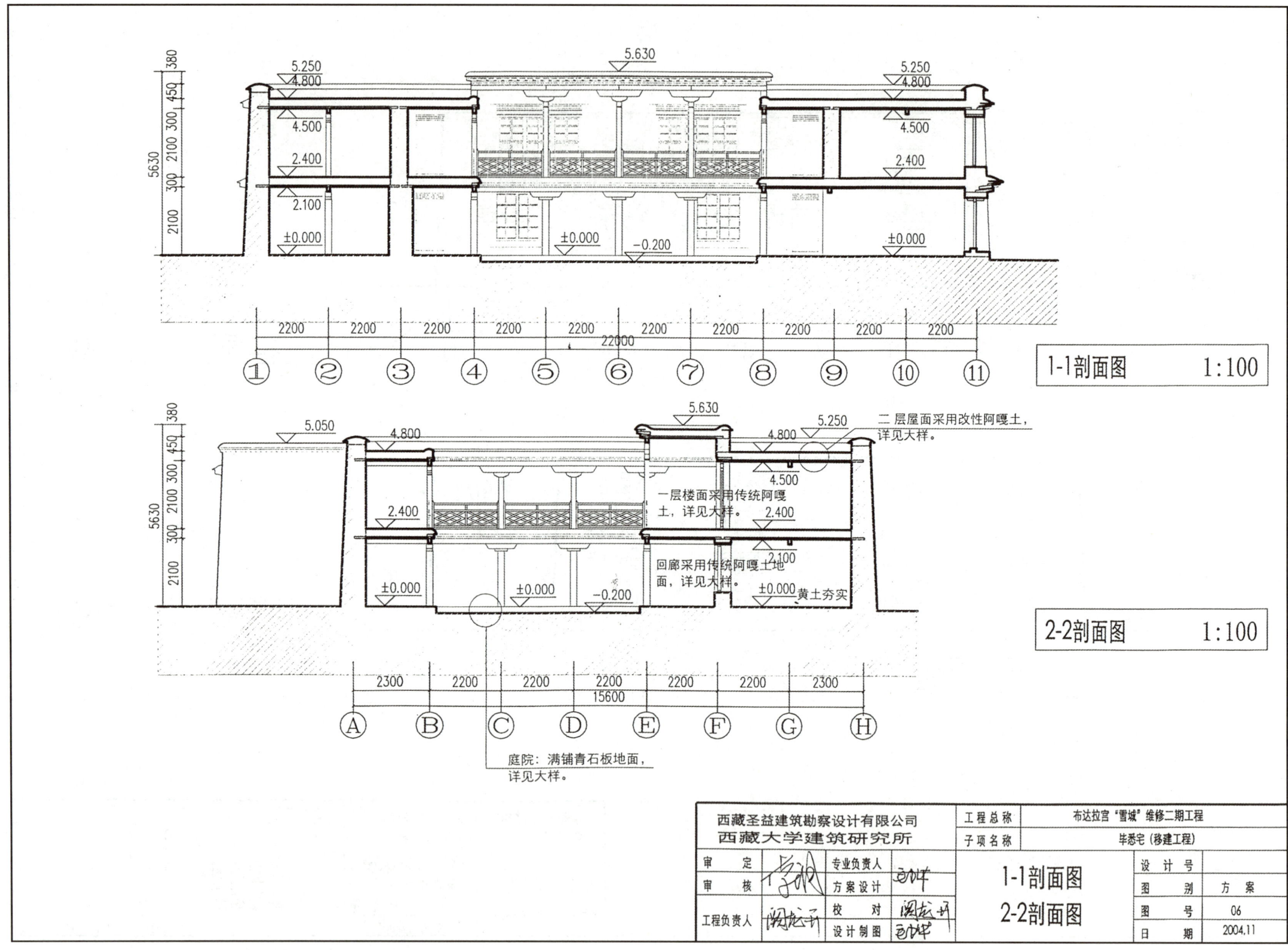

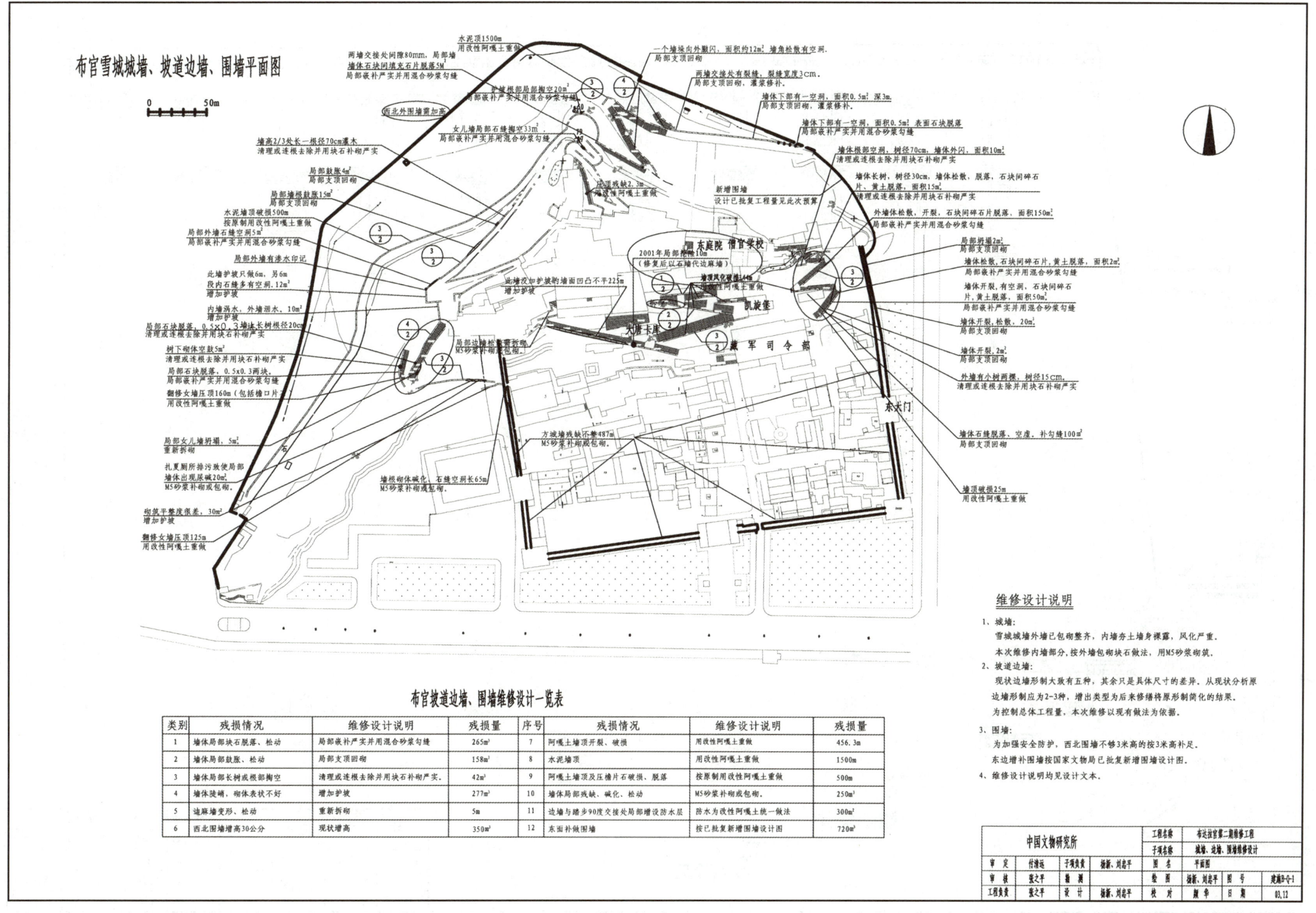

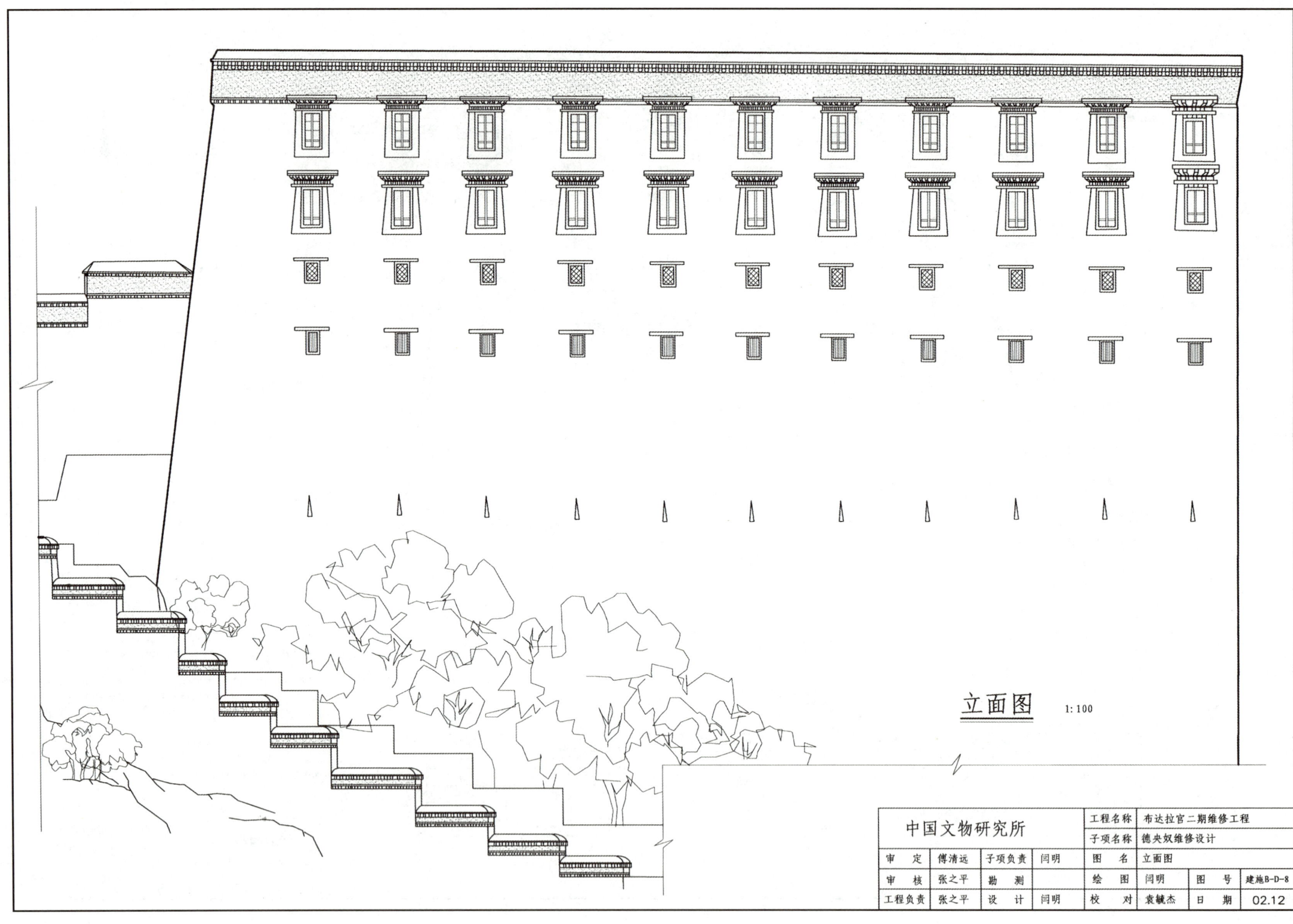

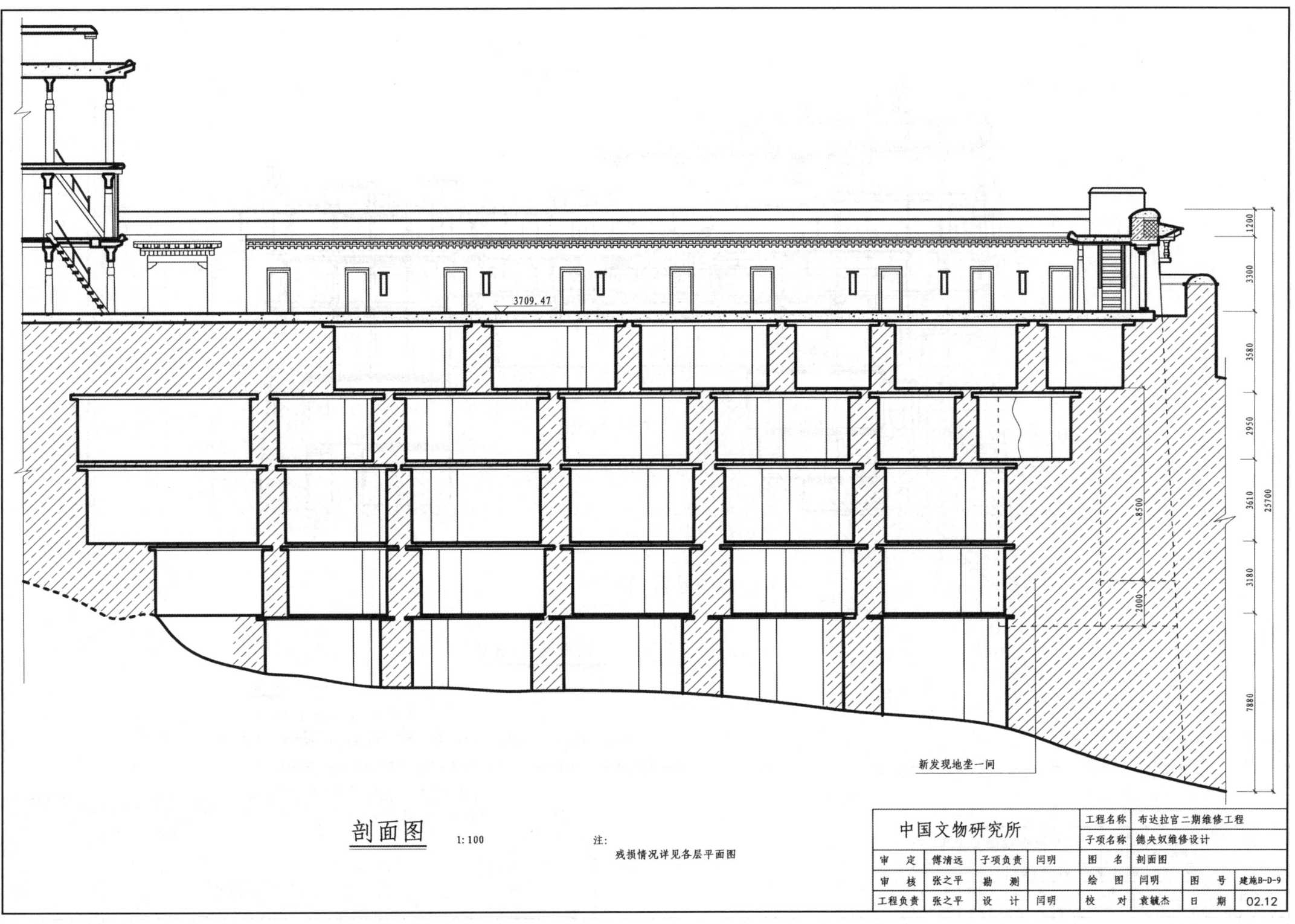

**剖面图** 1:100

注：
残损情况详见各层平面图

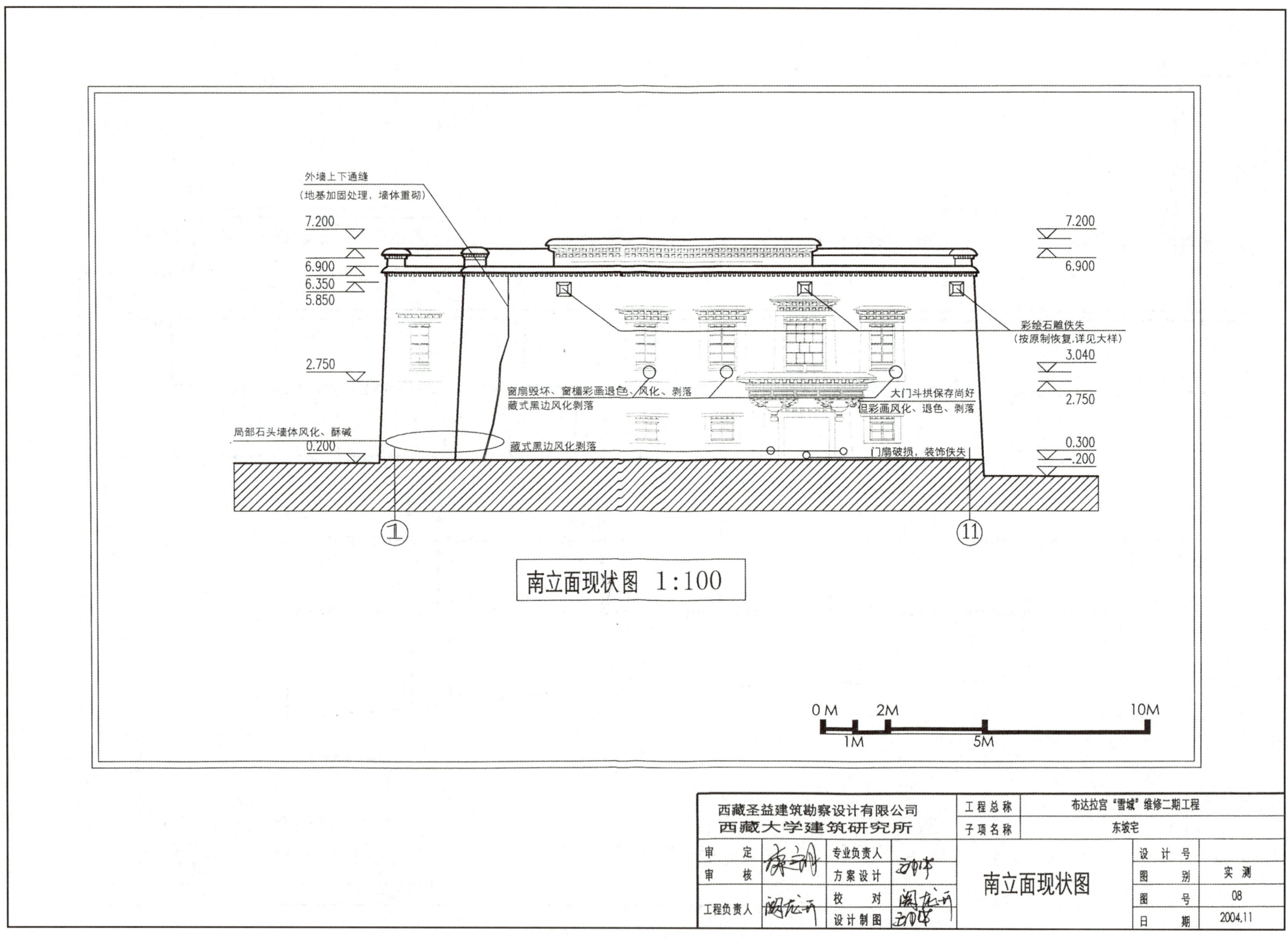

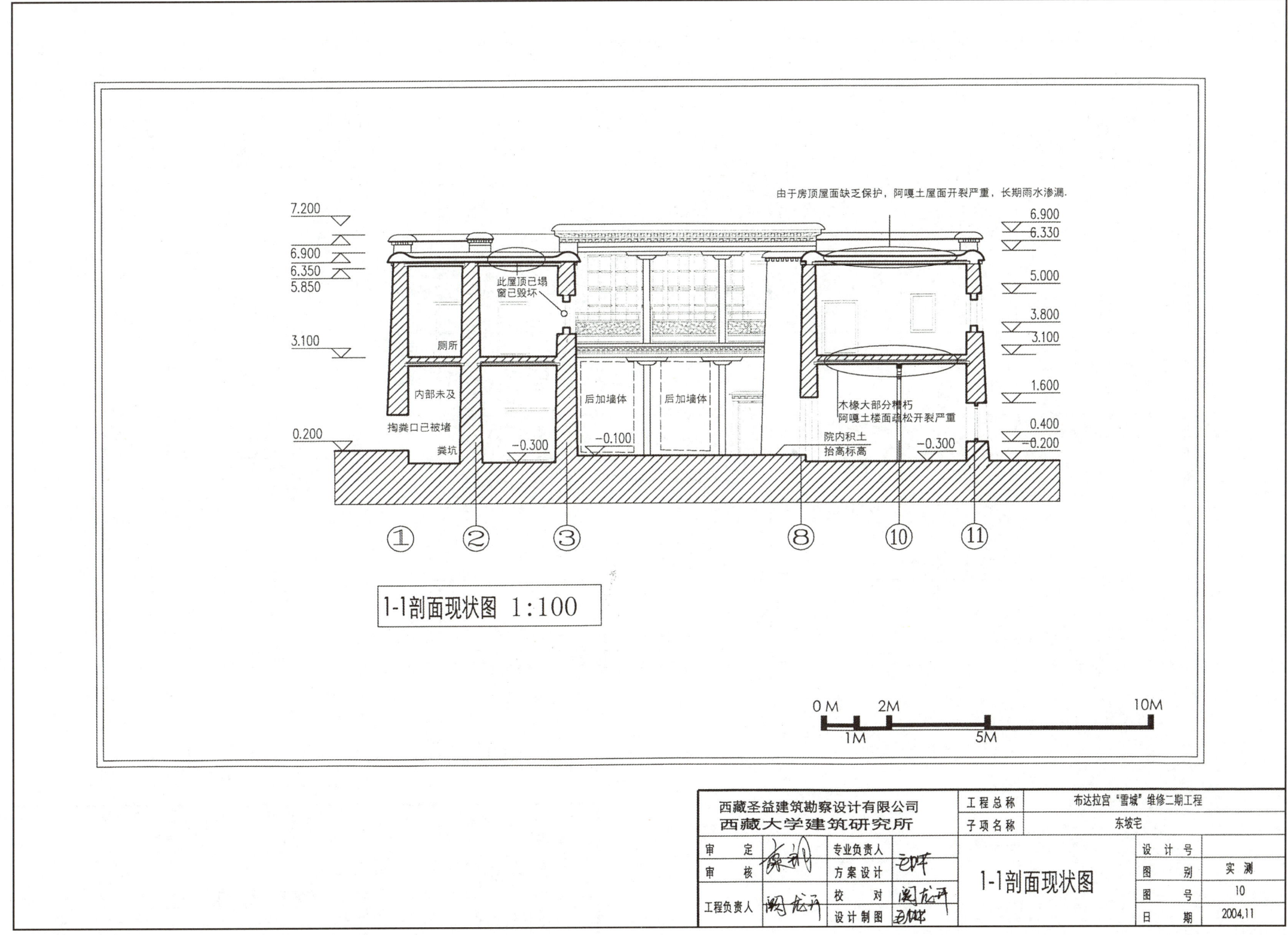

西藏三大重点文物保护维修工程实录

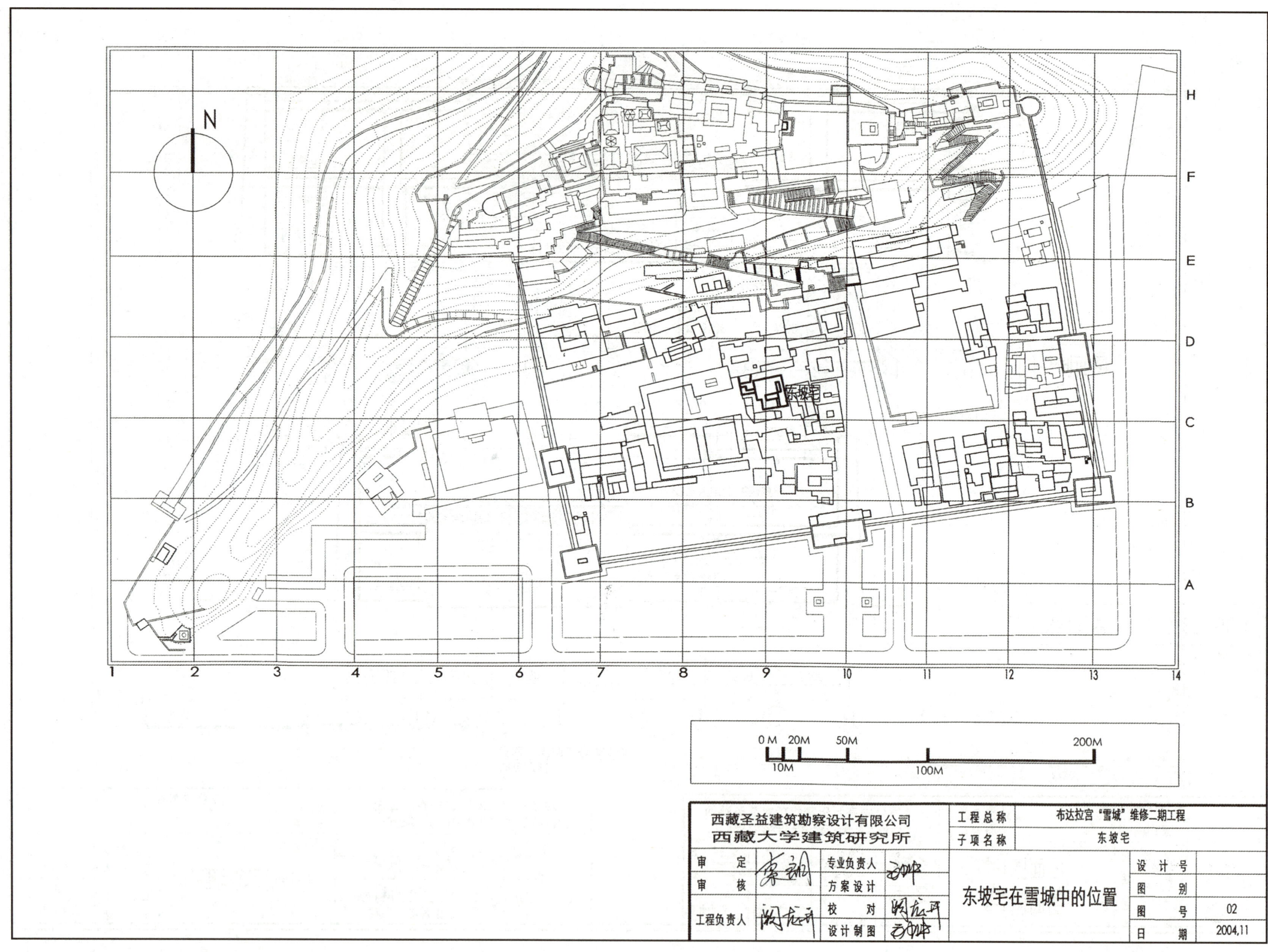

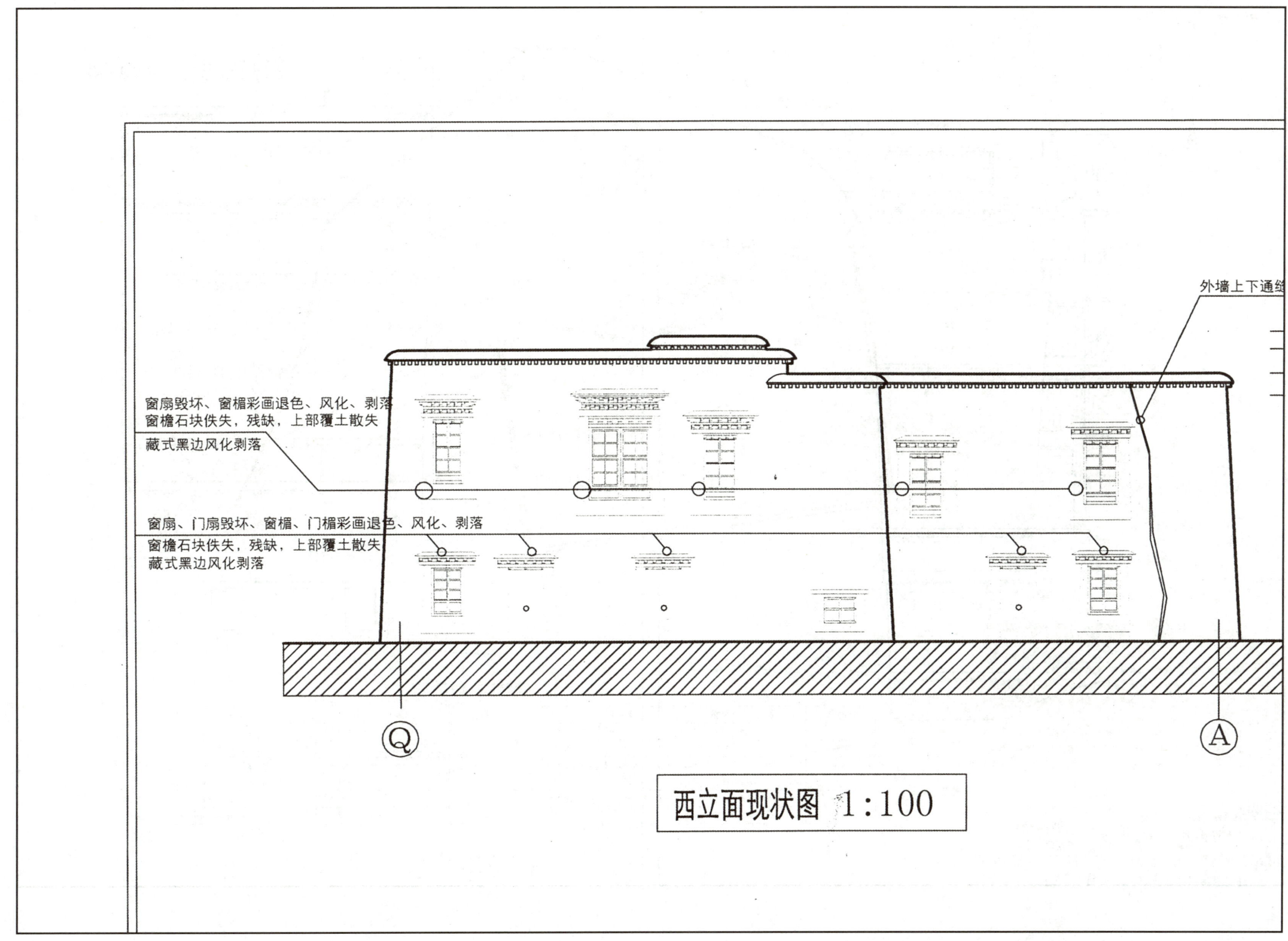

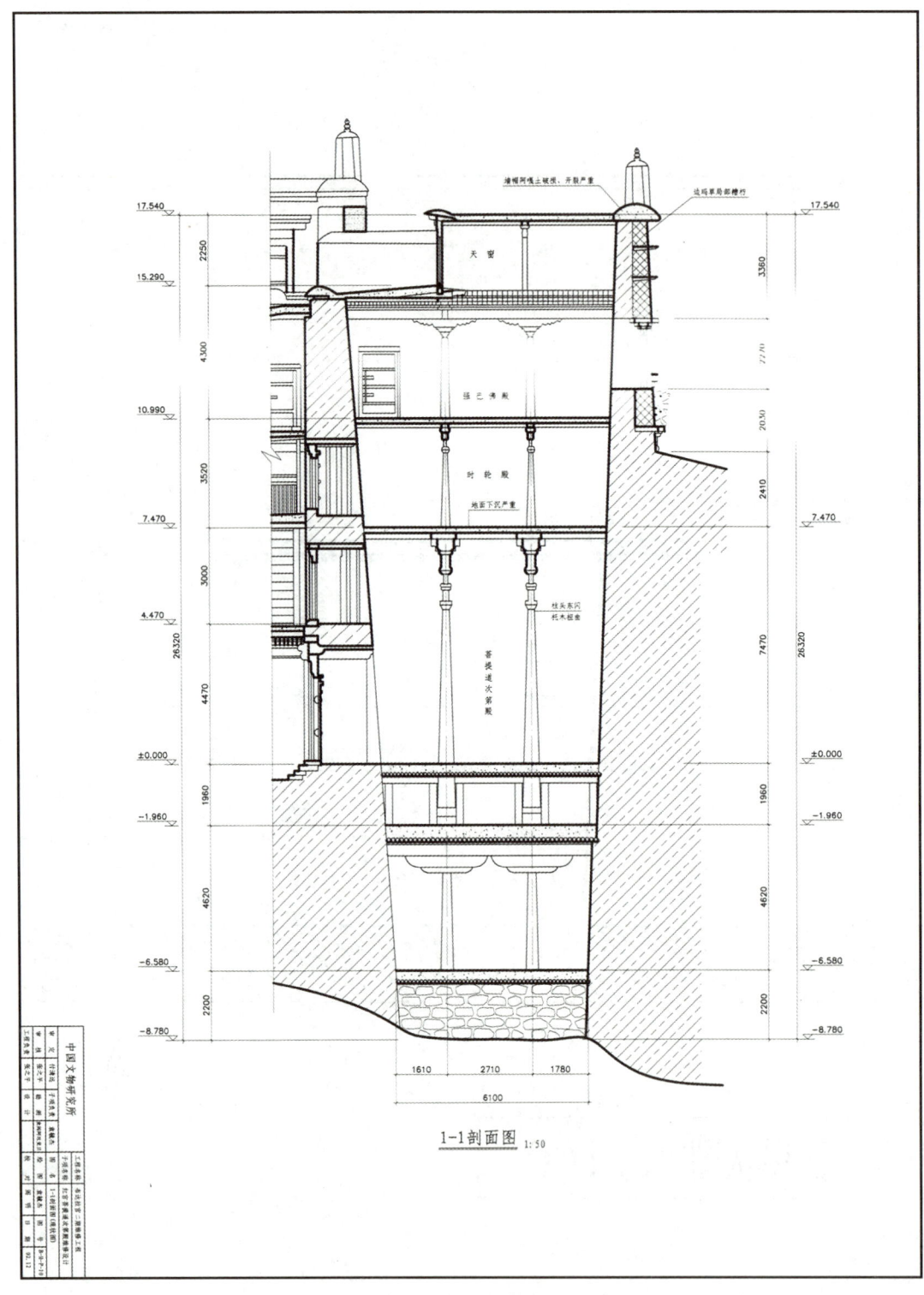

1-1剖面图 1:50

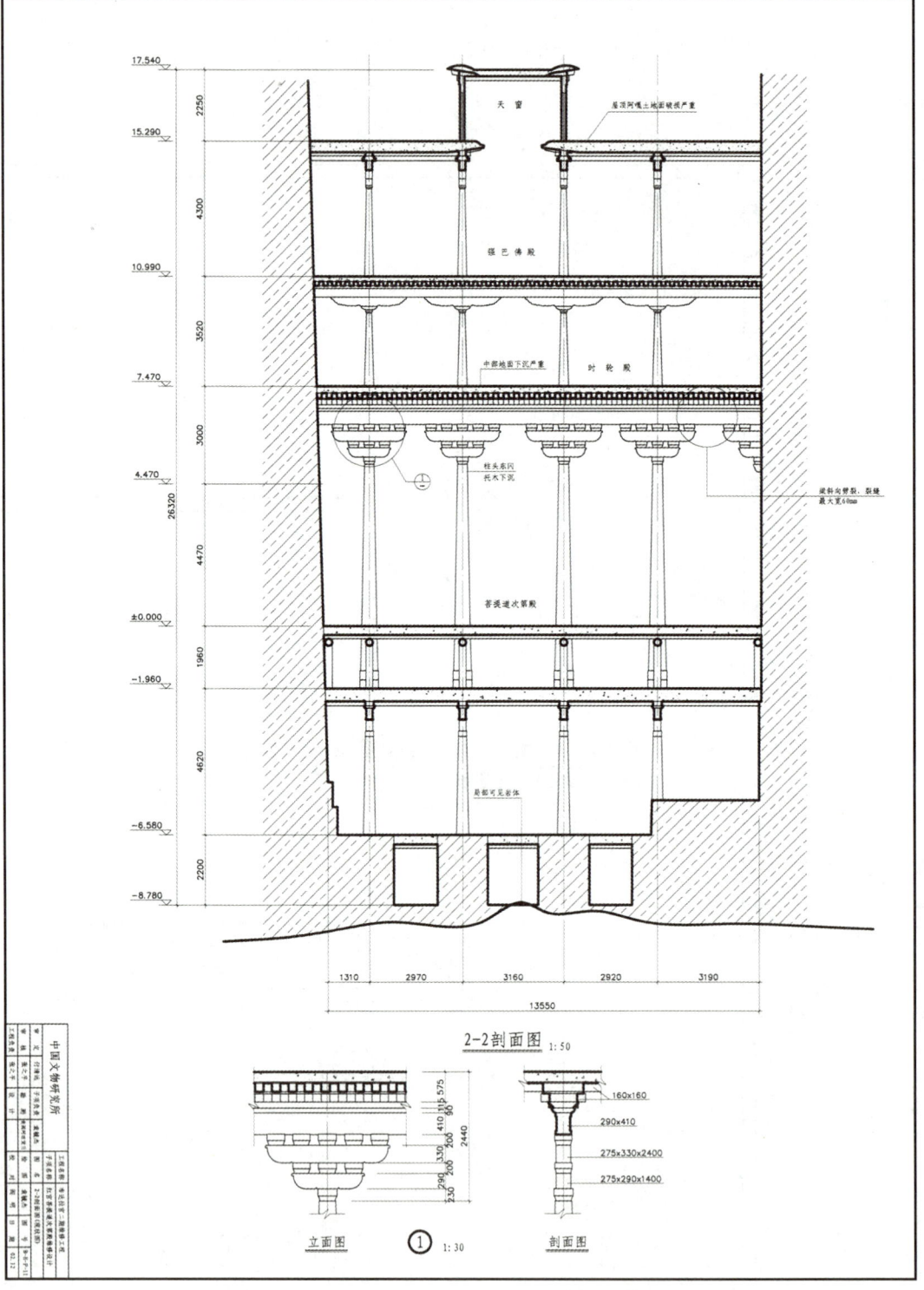

2-2剖面图 1:50

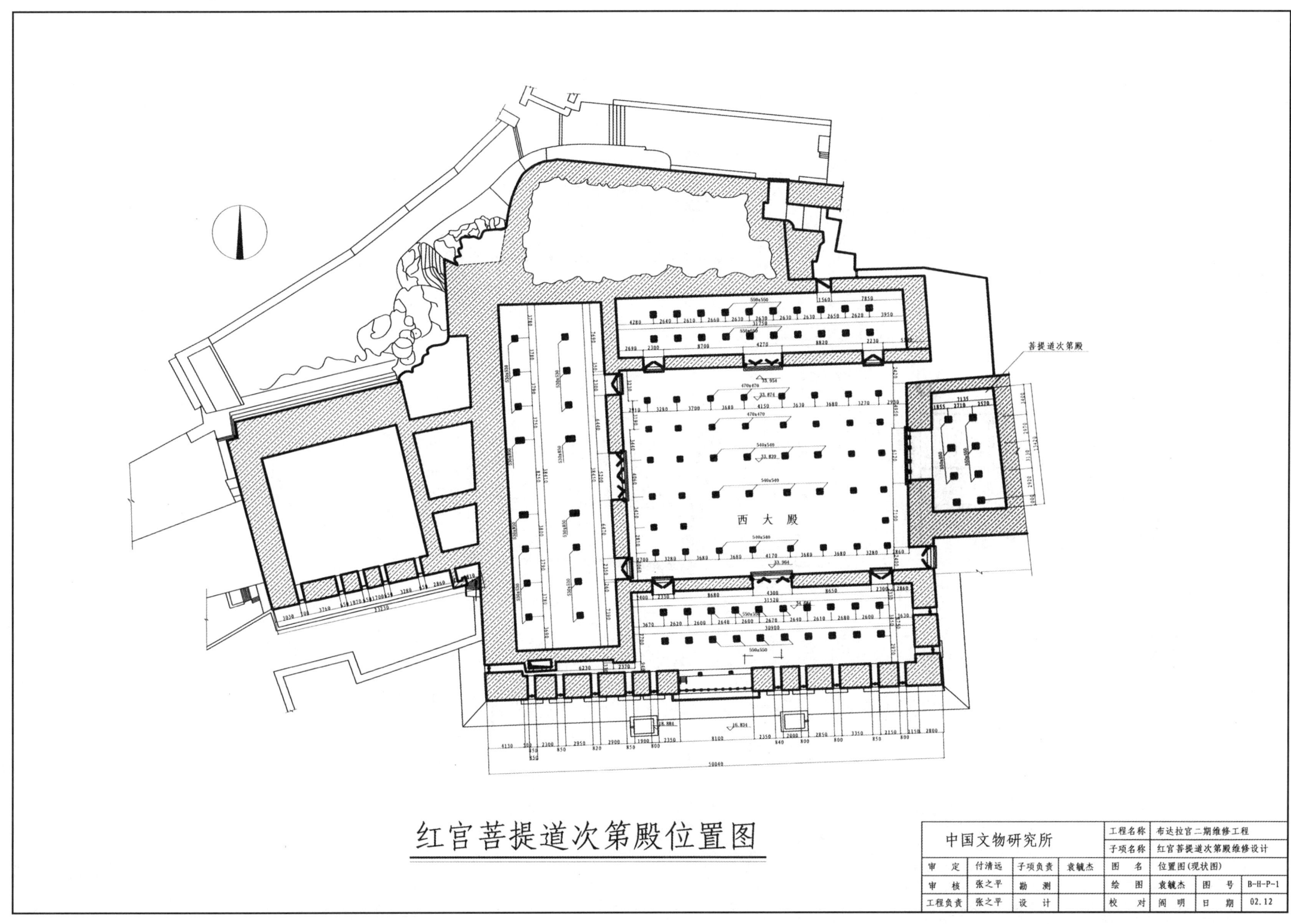

红宫菩提道次第殿位置图

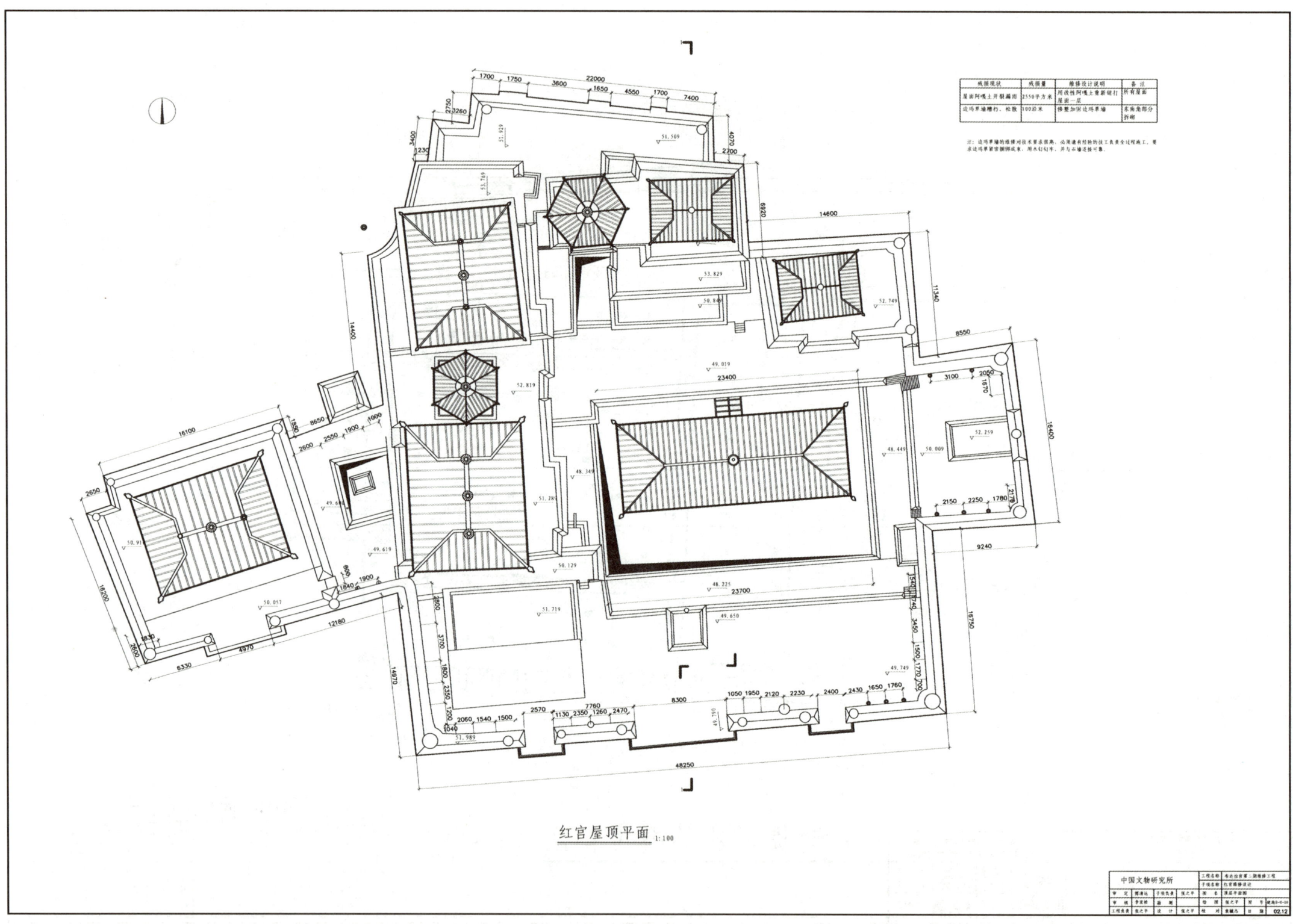

红宫屋顶平面 1:100

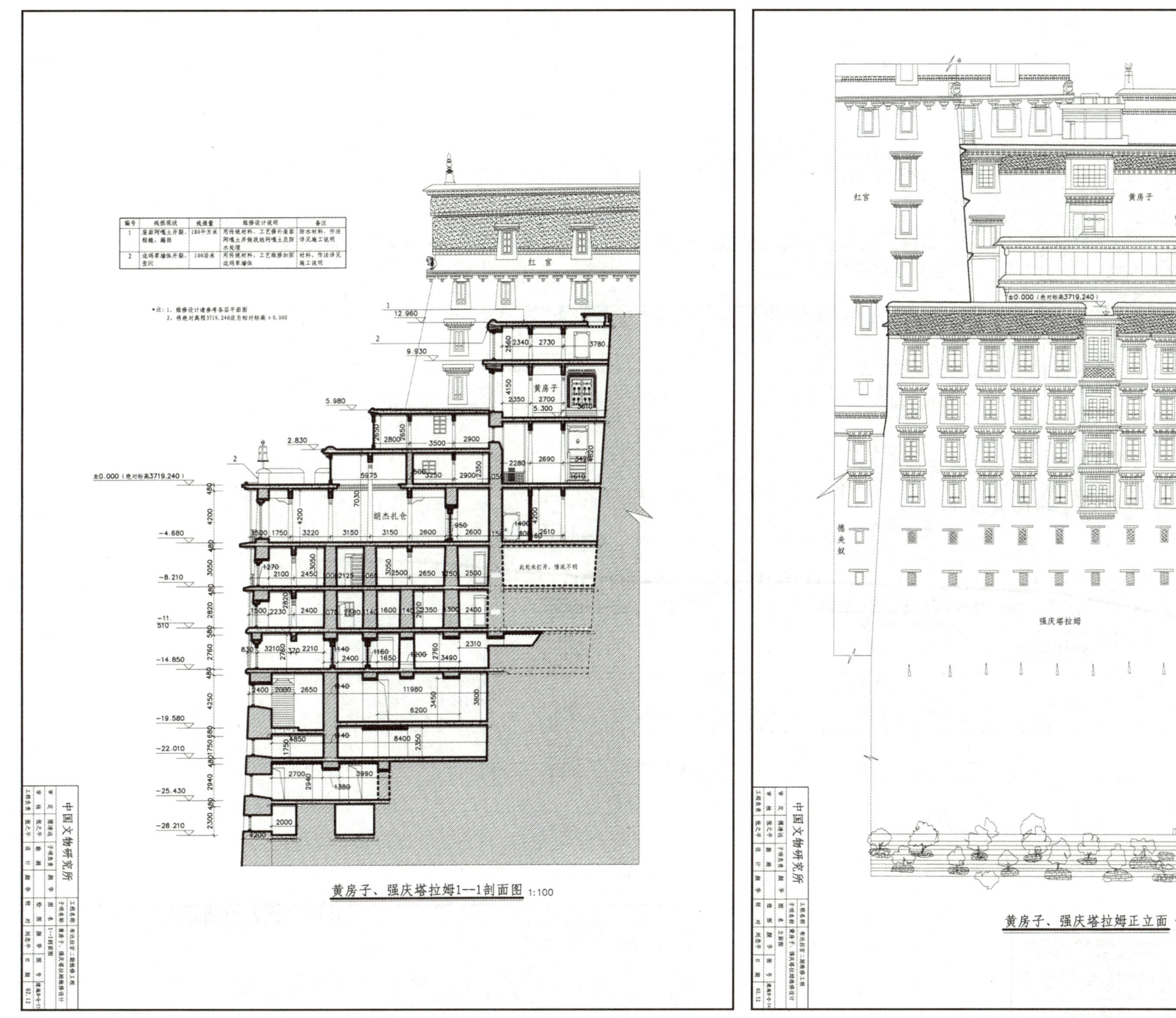

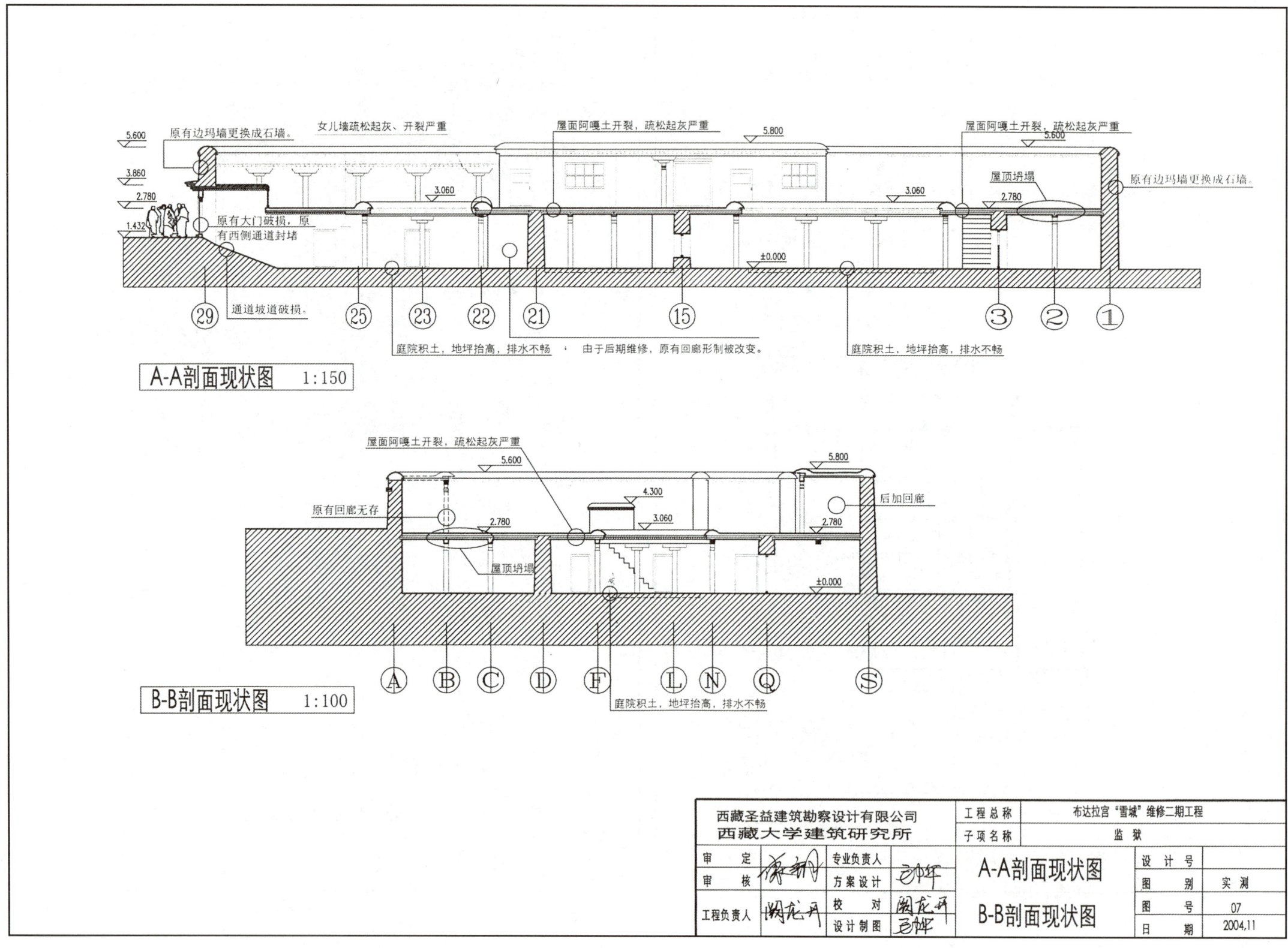

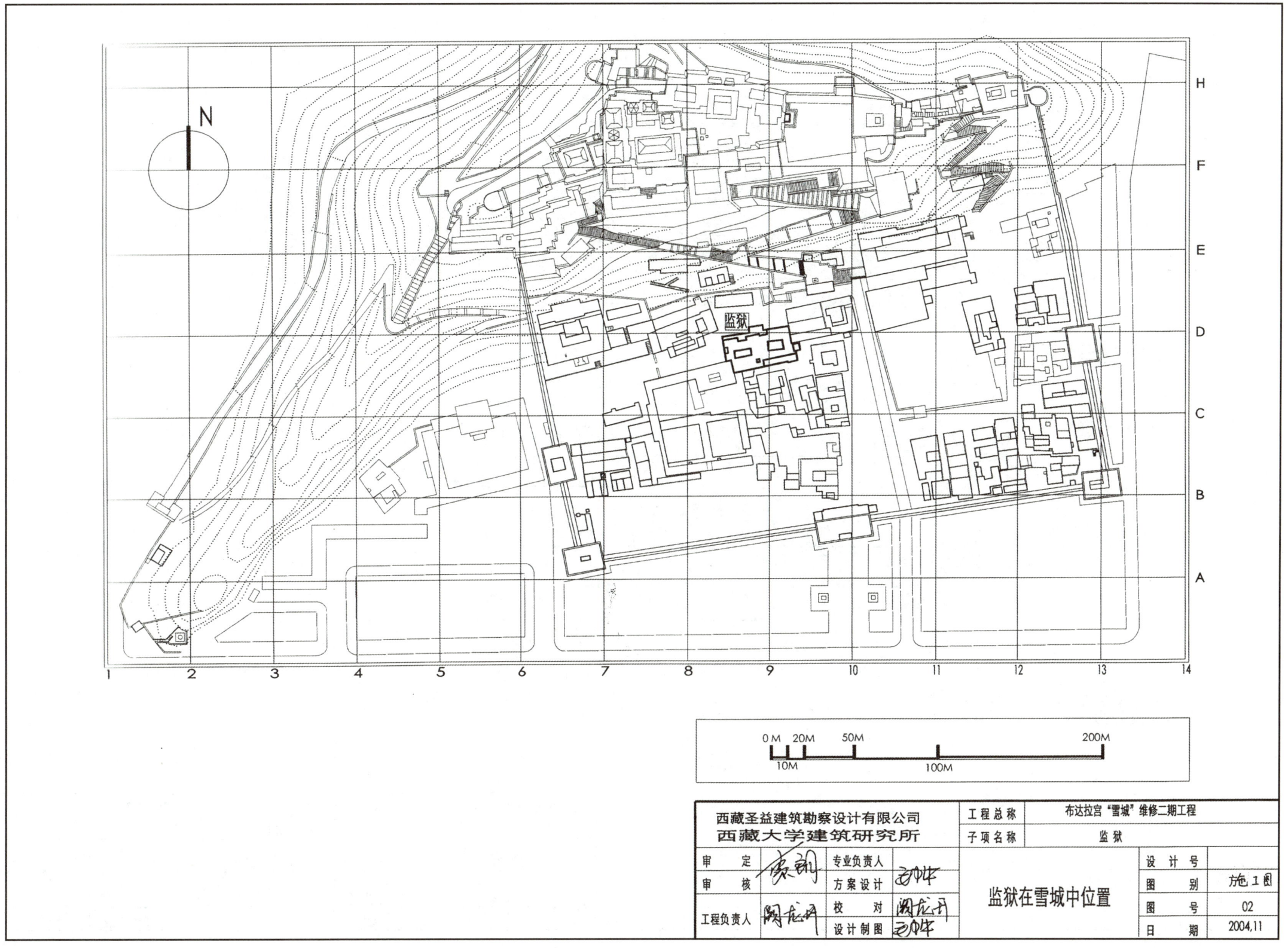

西藏三大重点文物保护维修工程实录

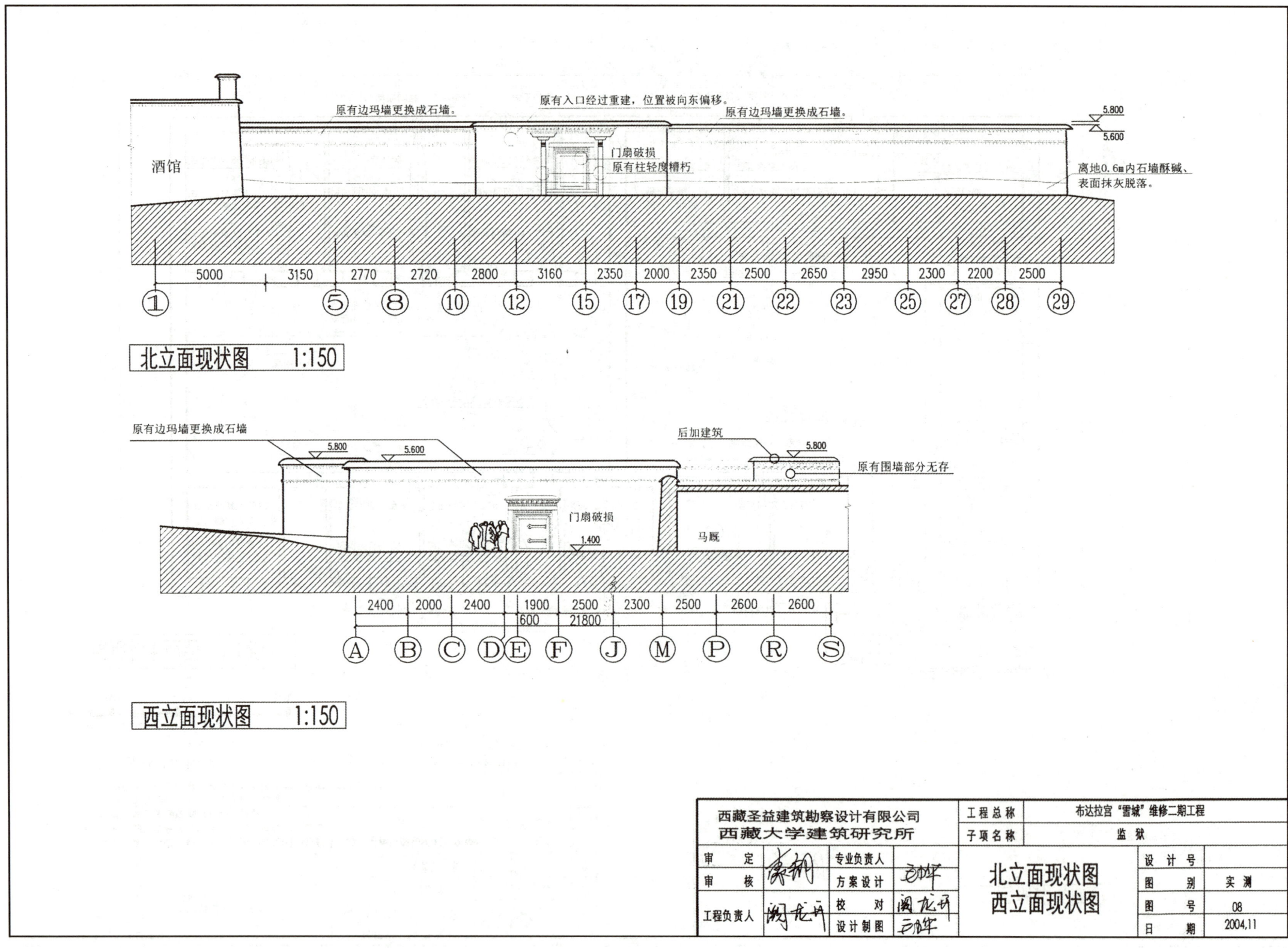

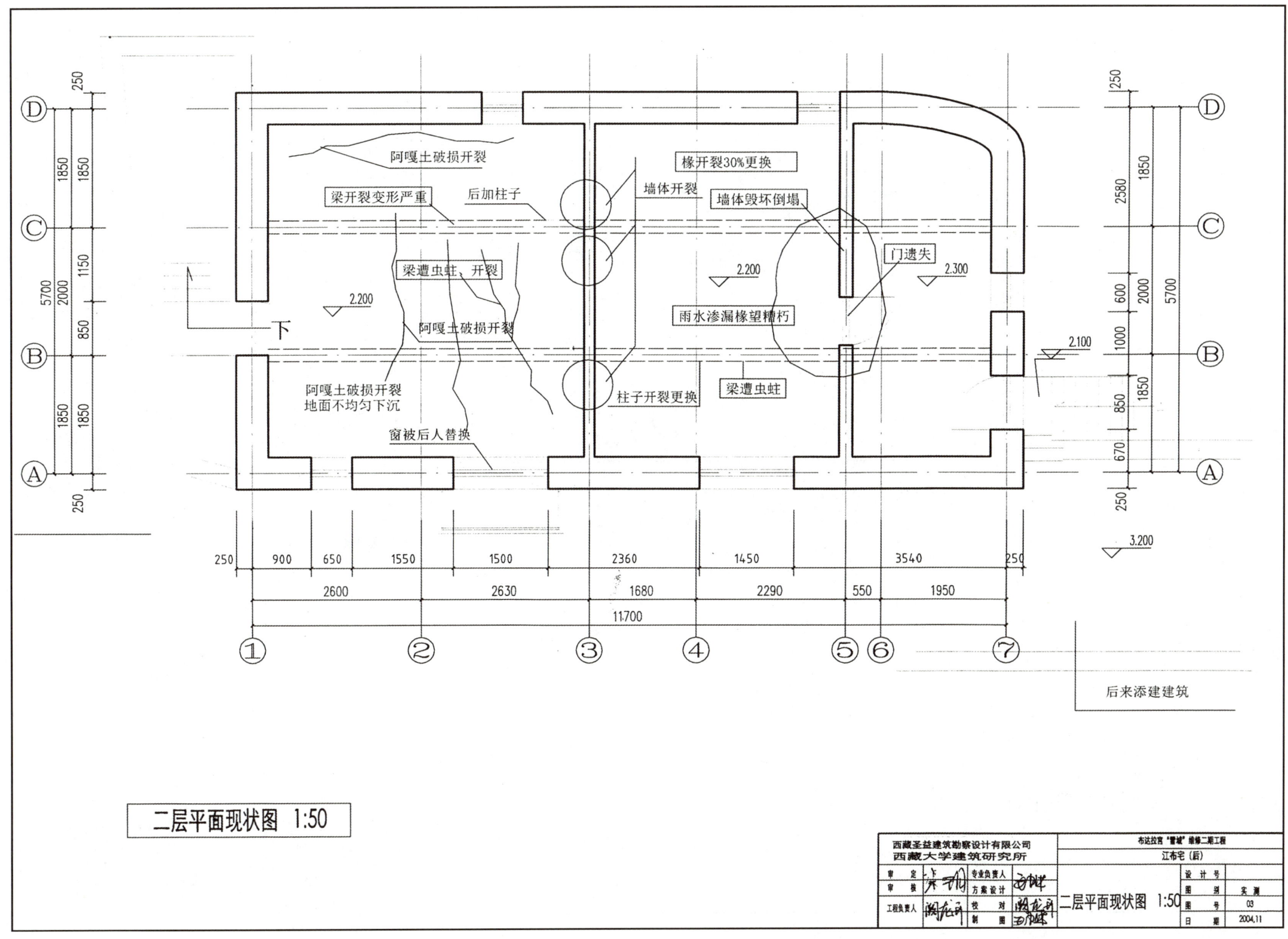

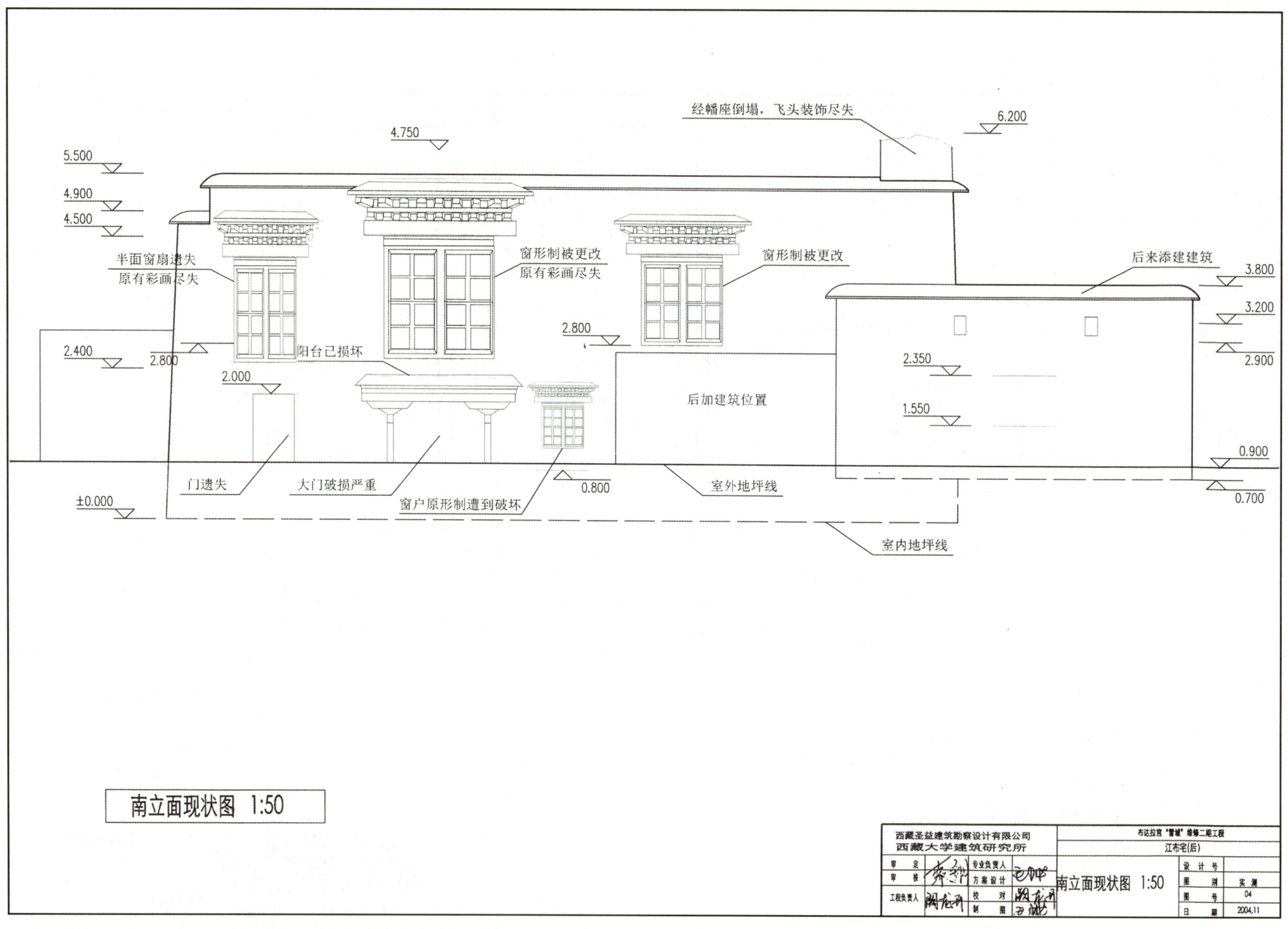

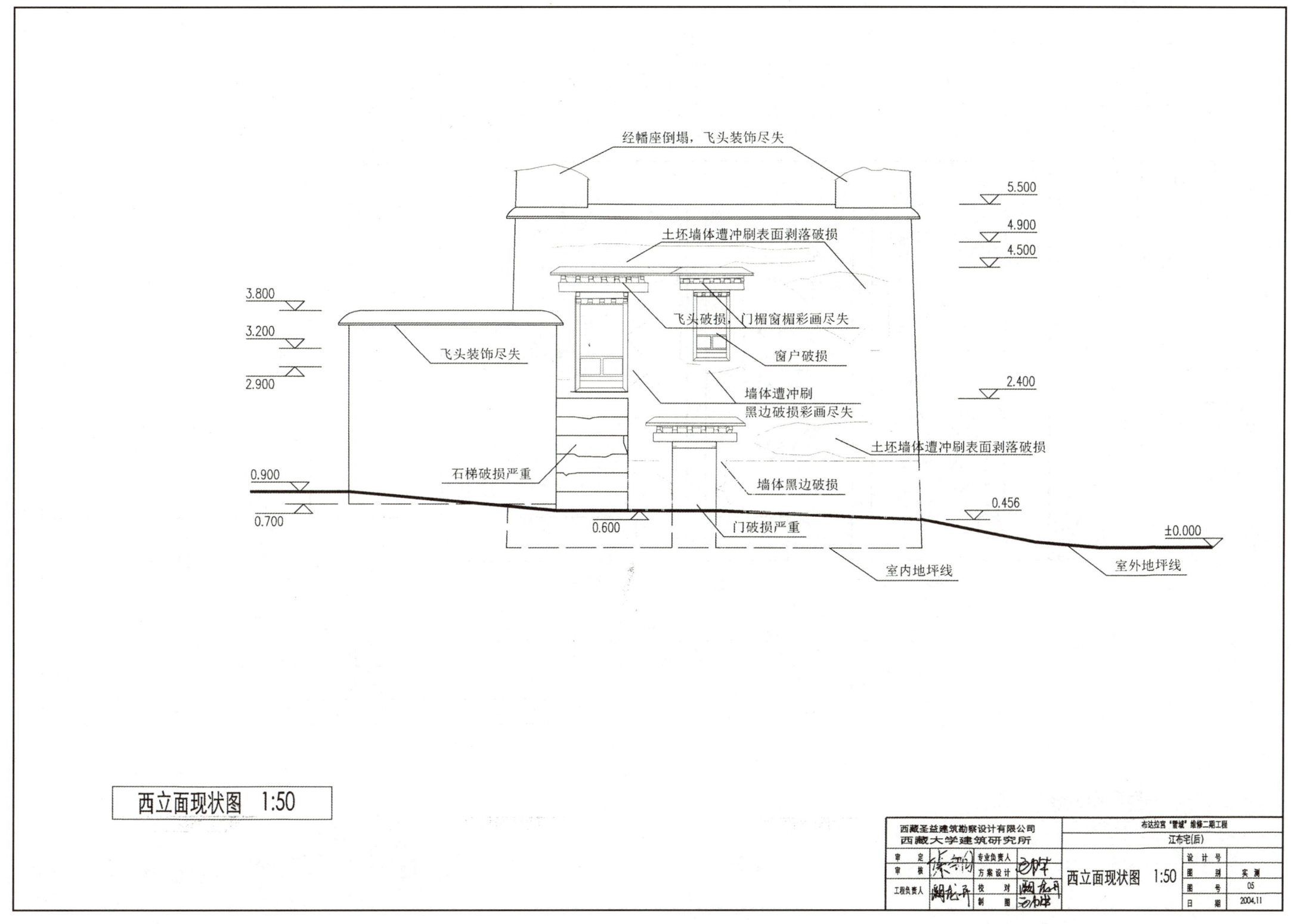

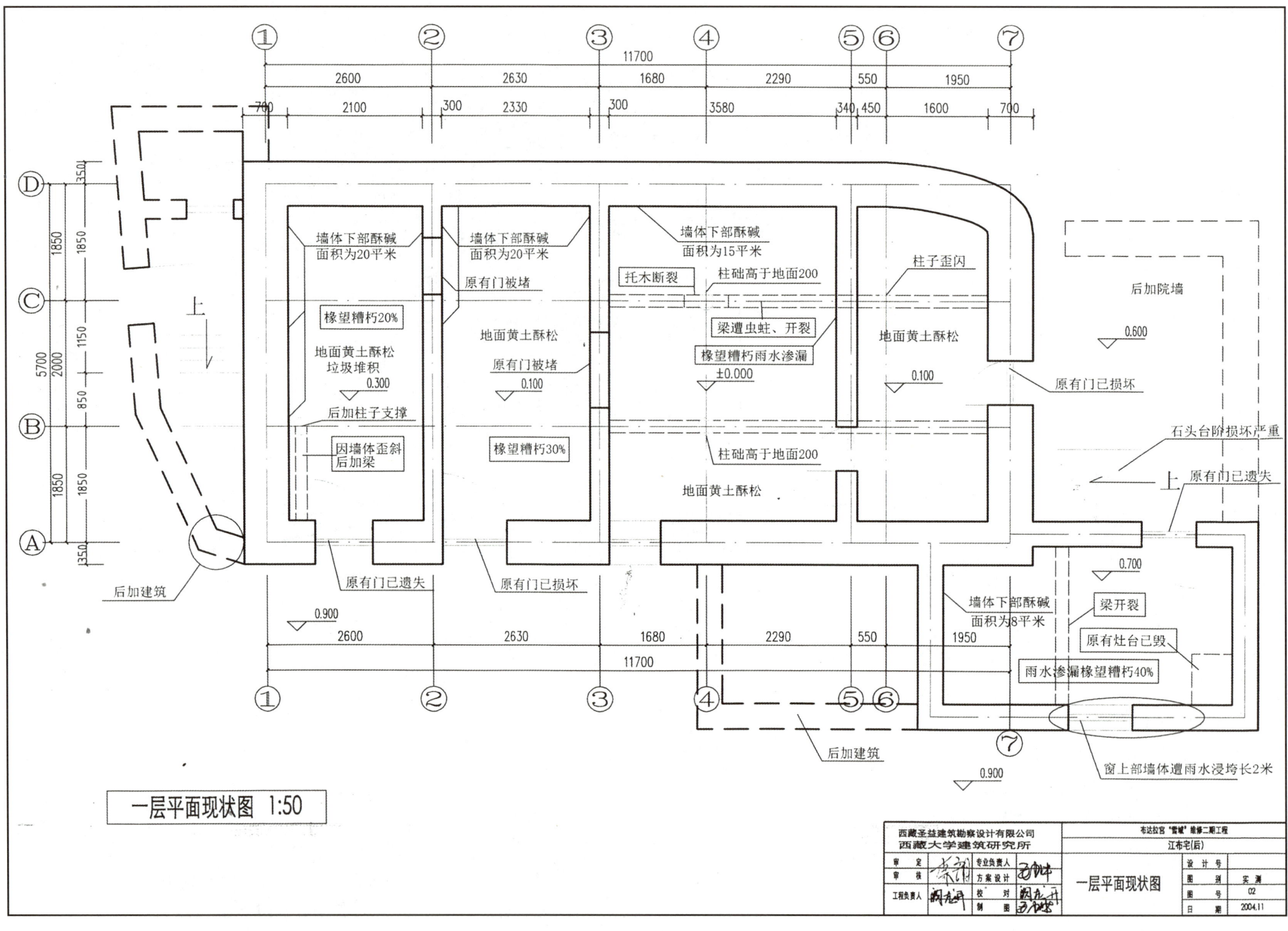

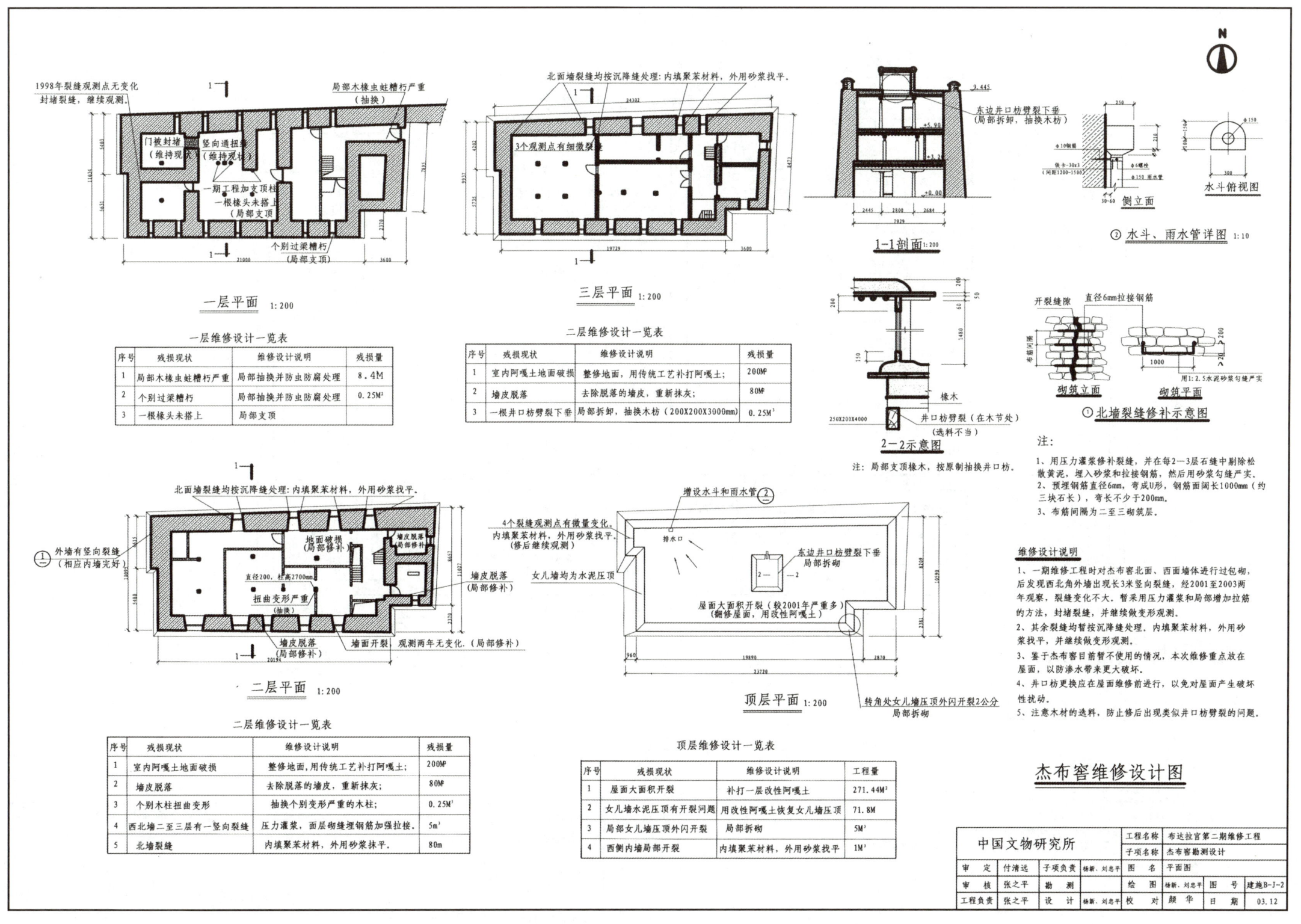

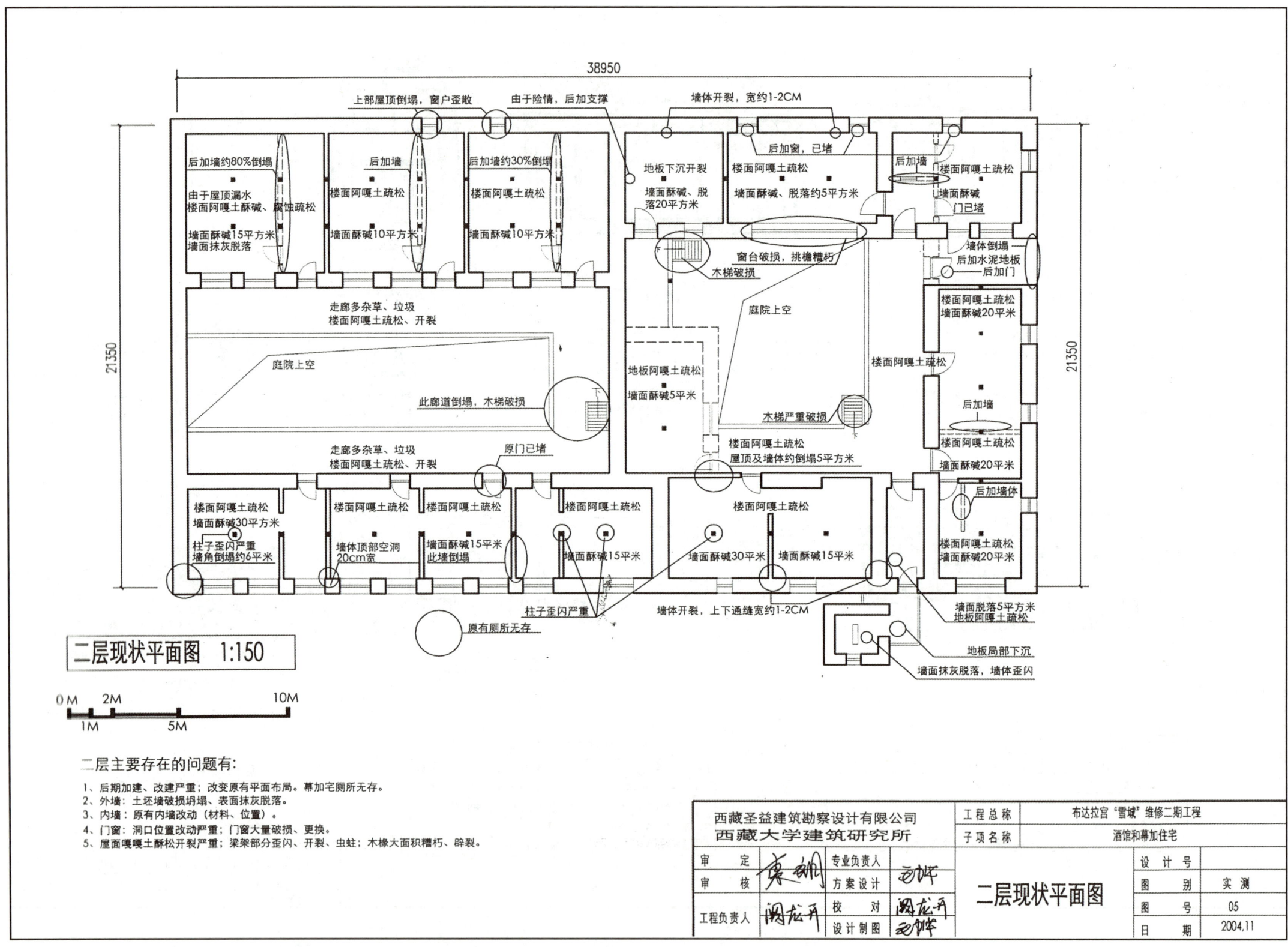

工程图纸

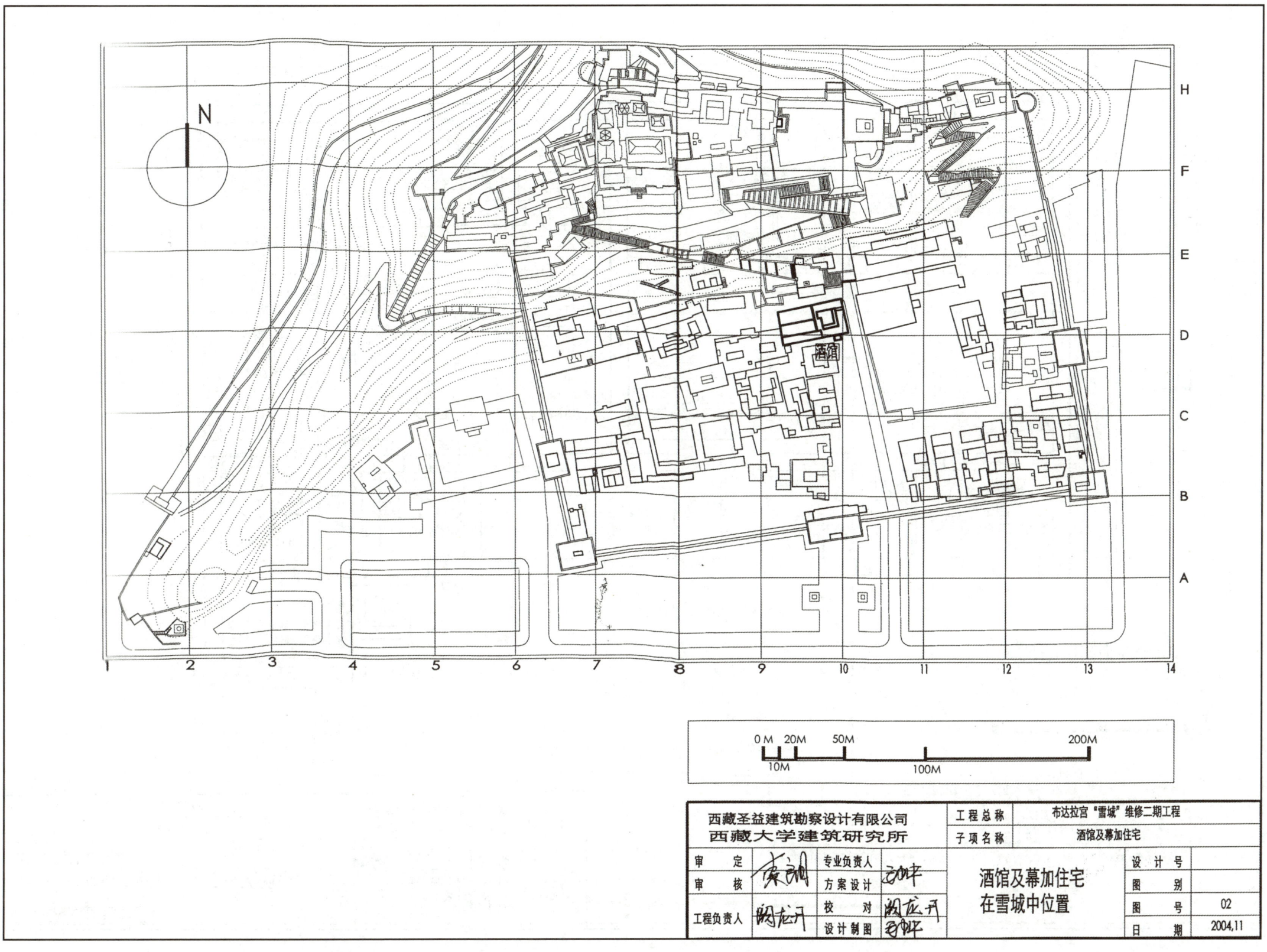

酒馆及幕加住宅在雪城中位置

西藏三大重点文物保护维修工程实录

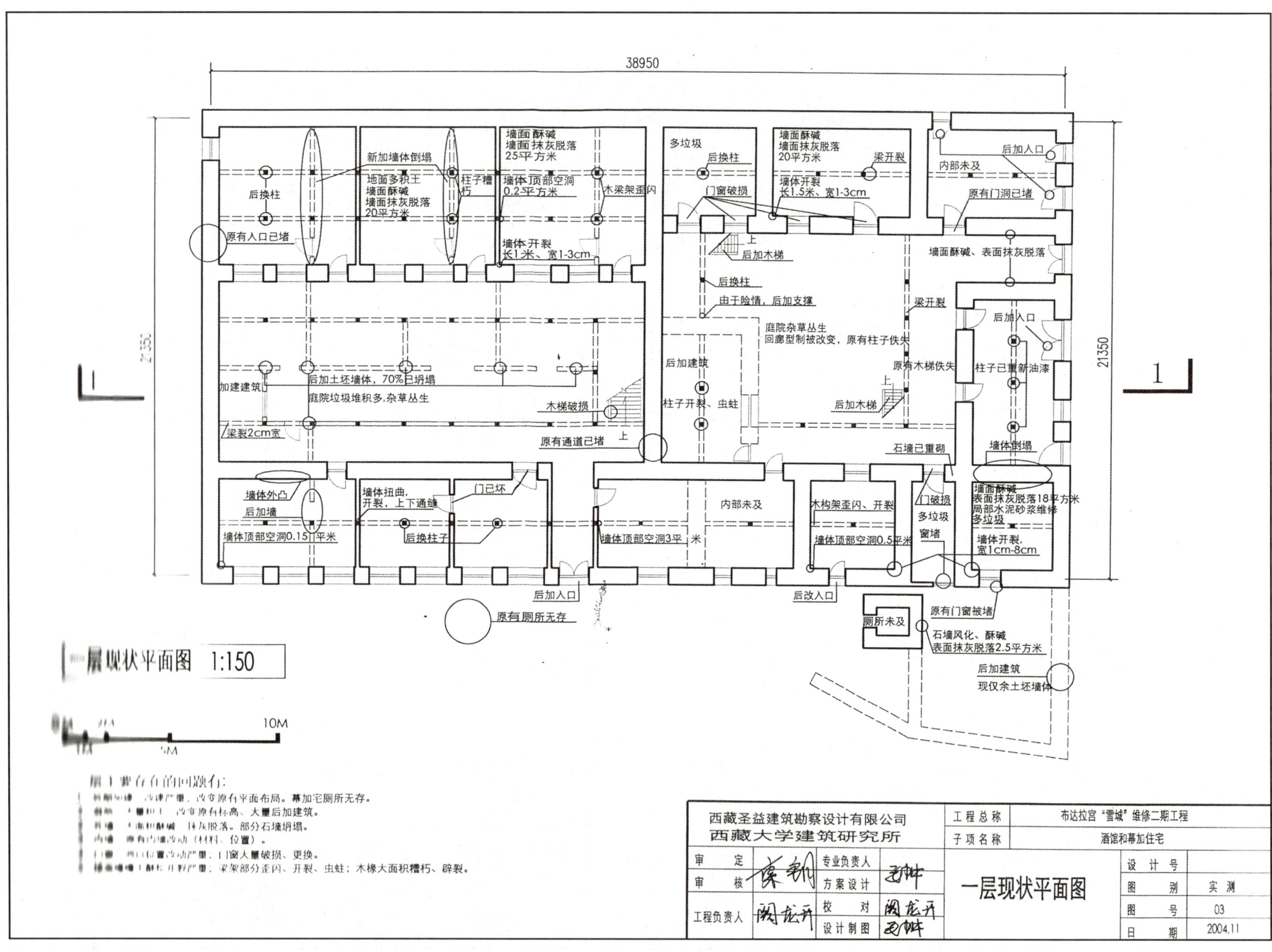

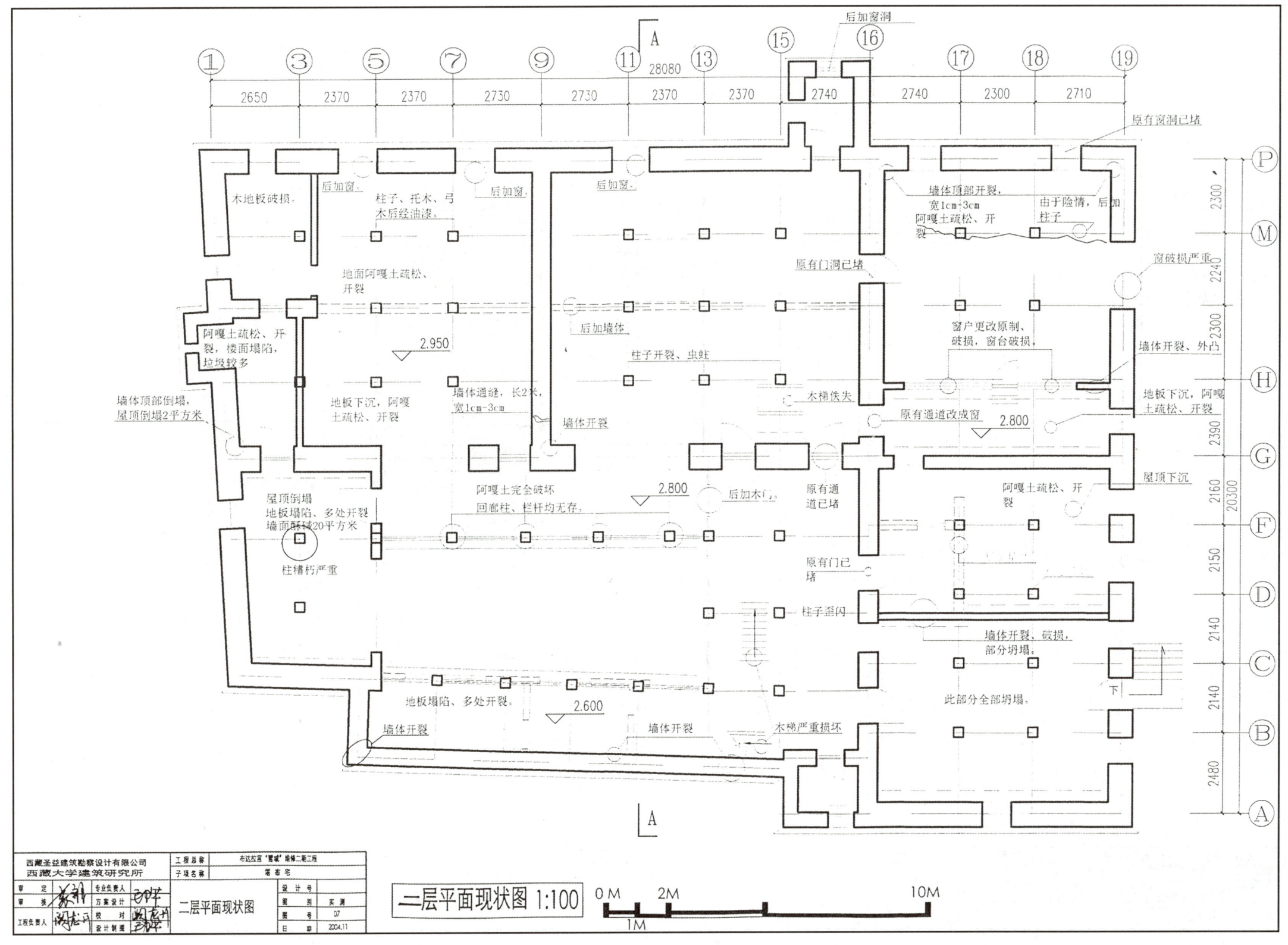

二层平面现状图 1:100

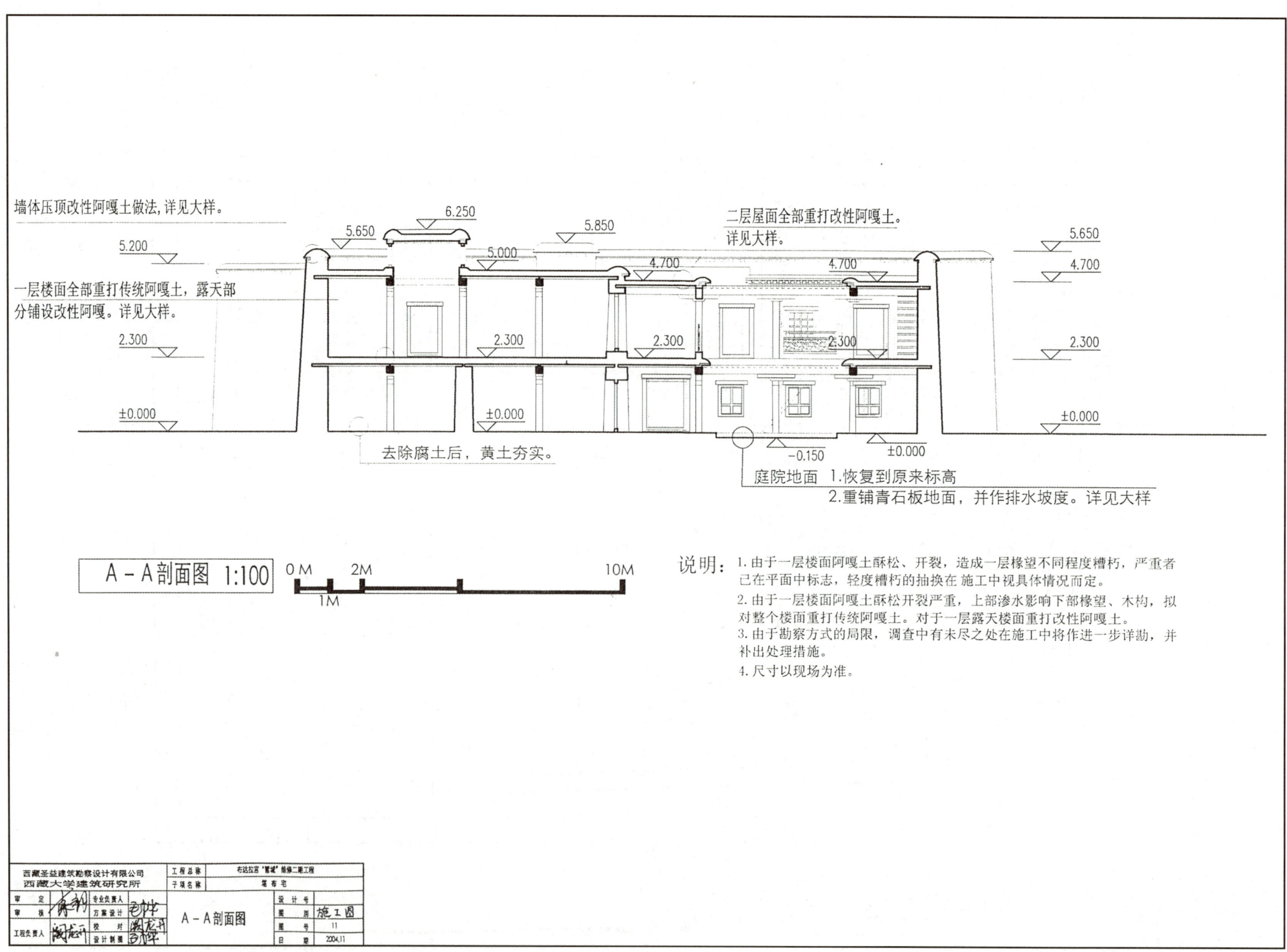

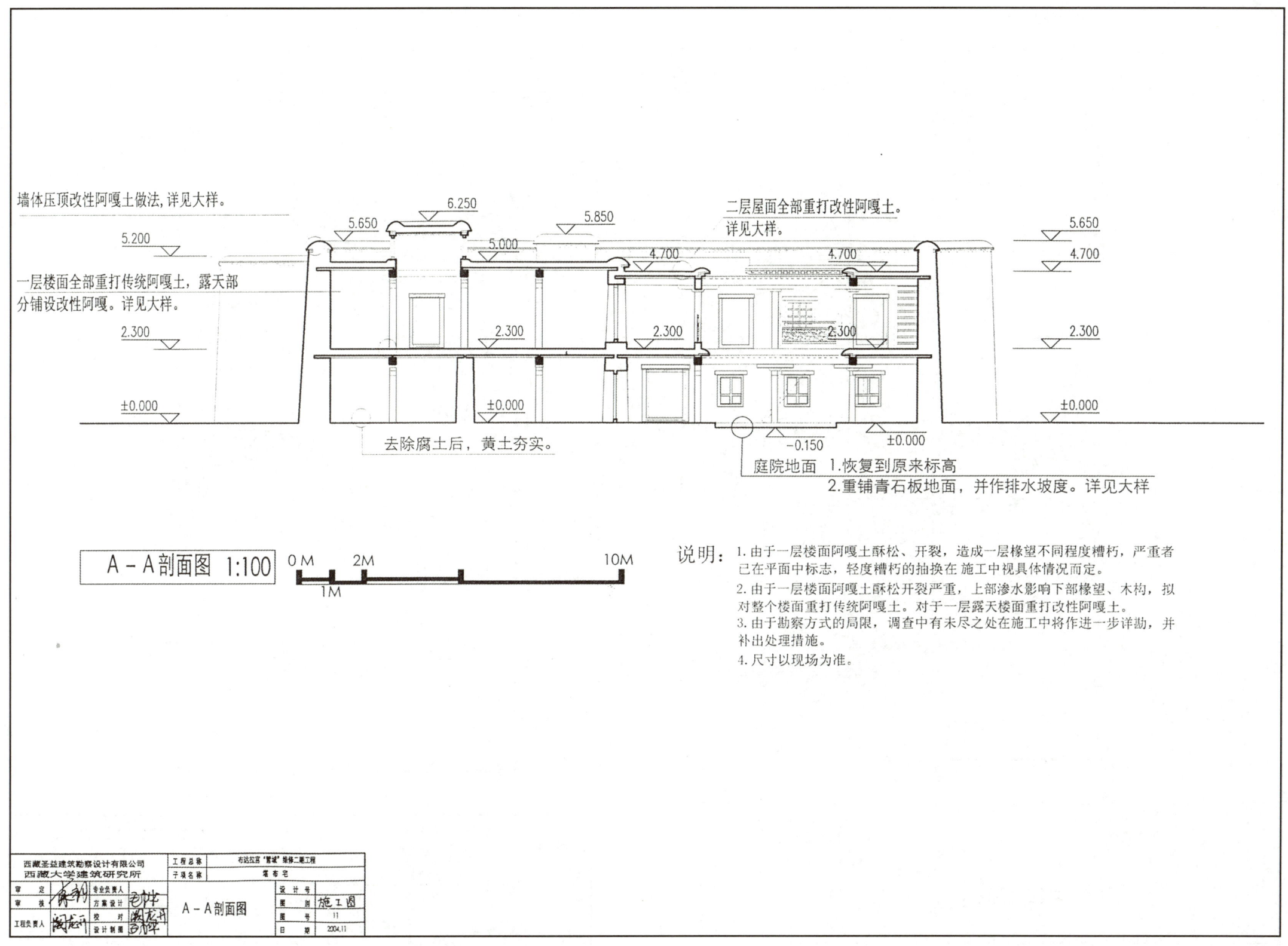

# 西藏三大重点文物保护维修工程实录

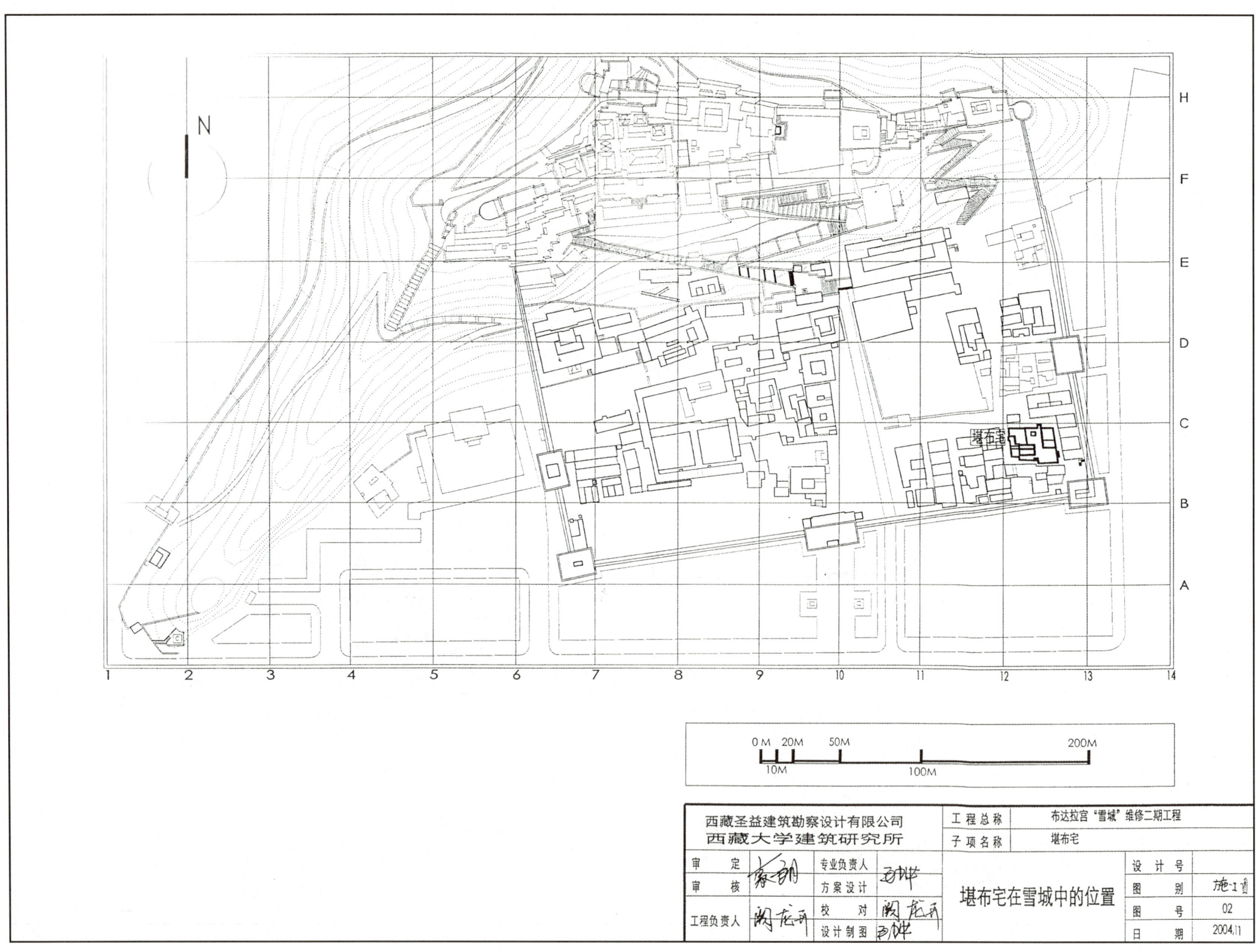

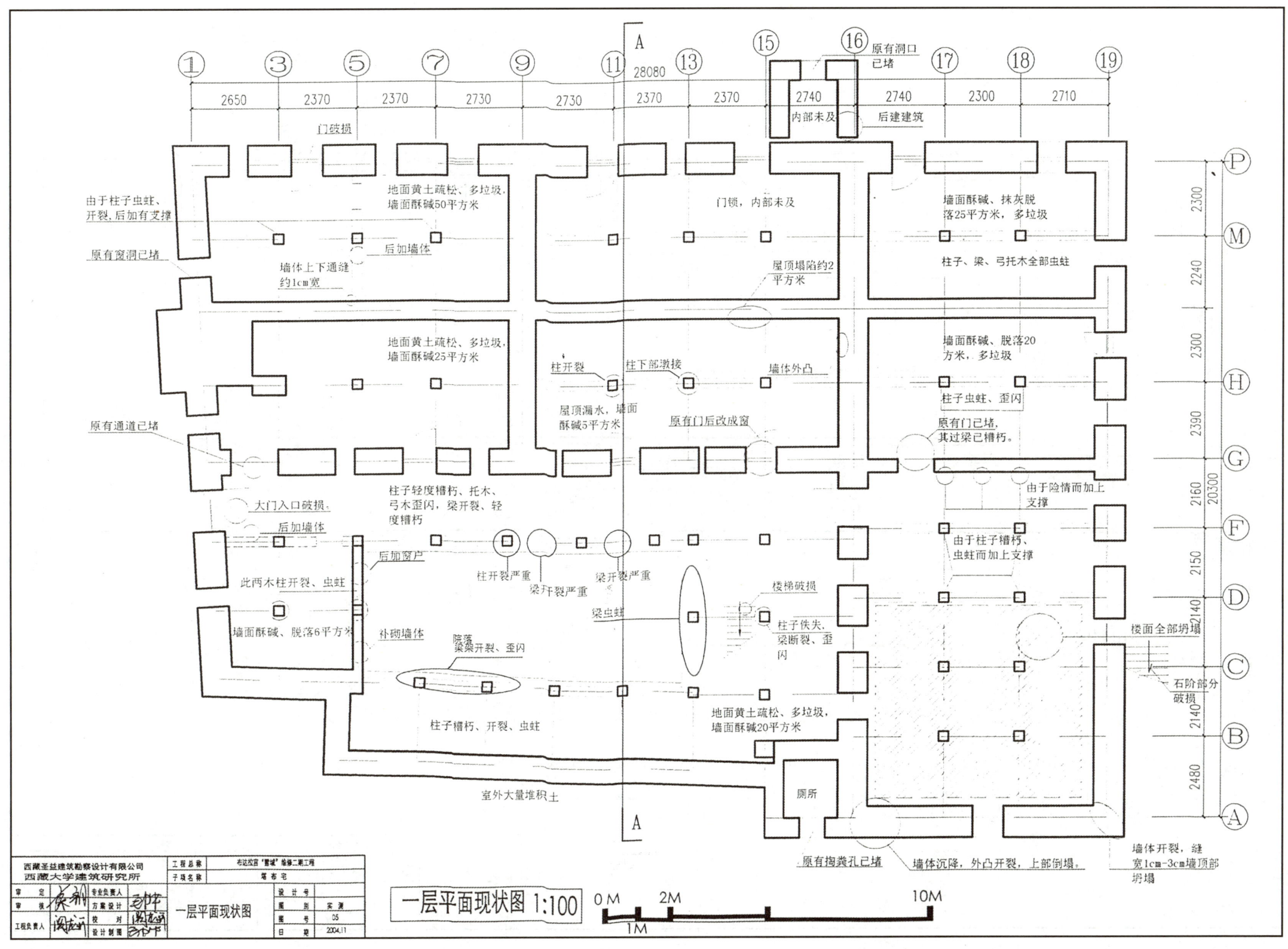

一层平面现状图 1:100

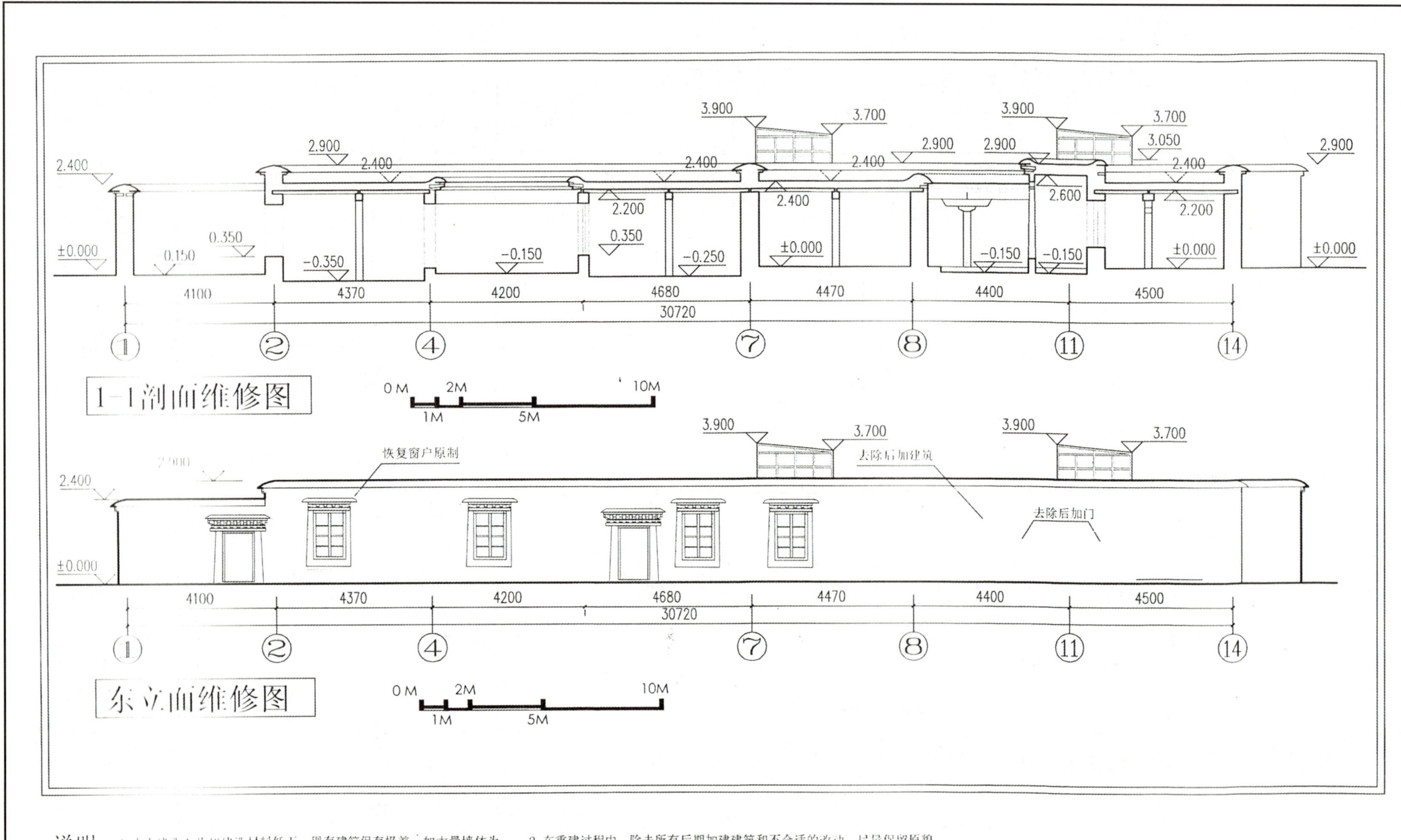

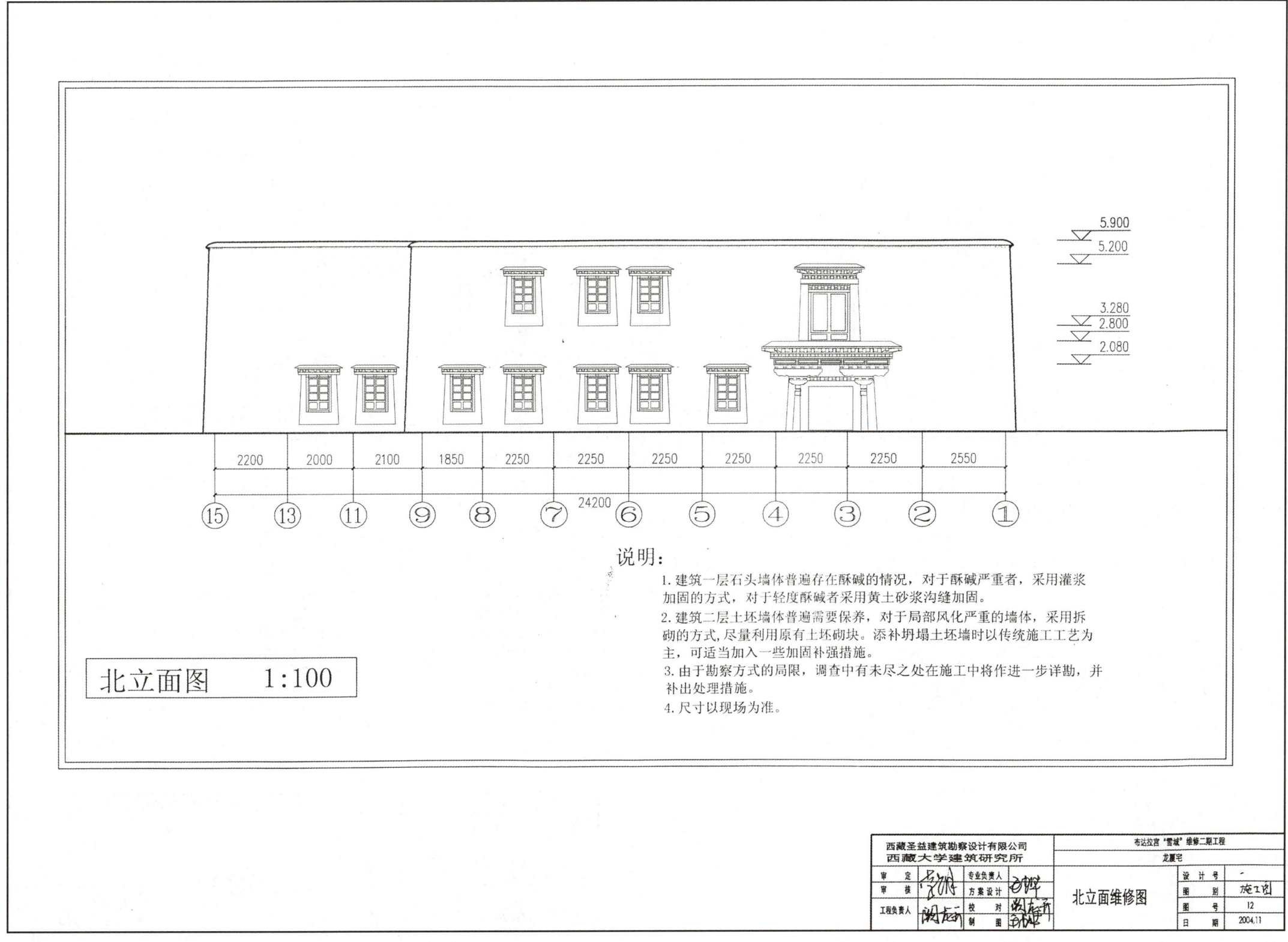

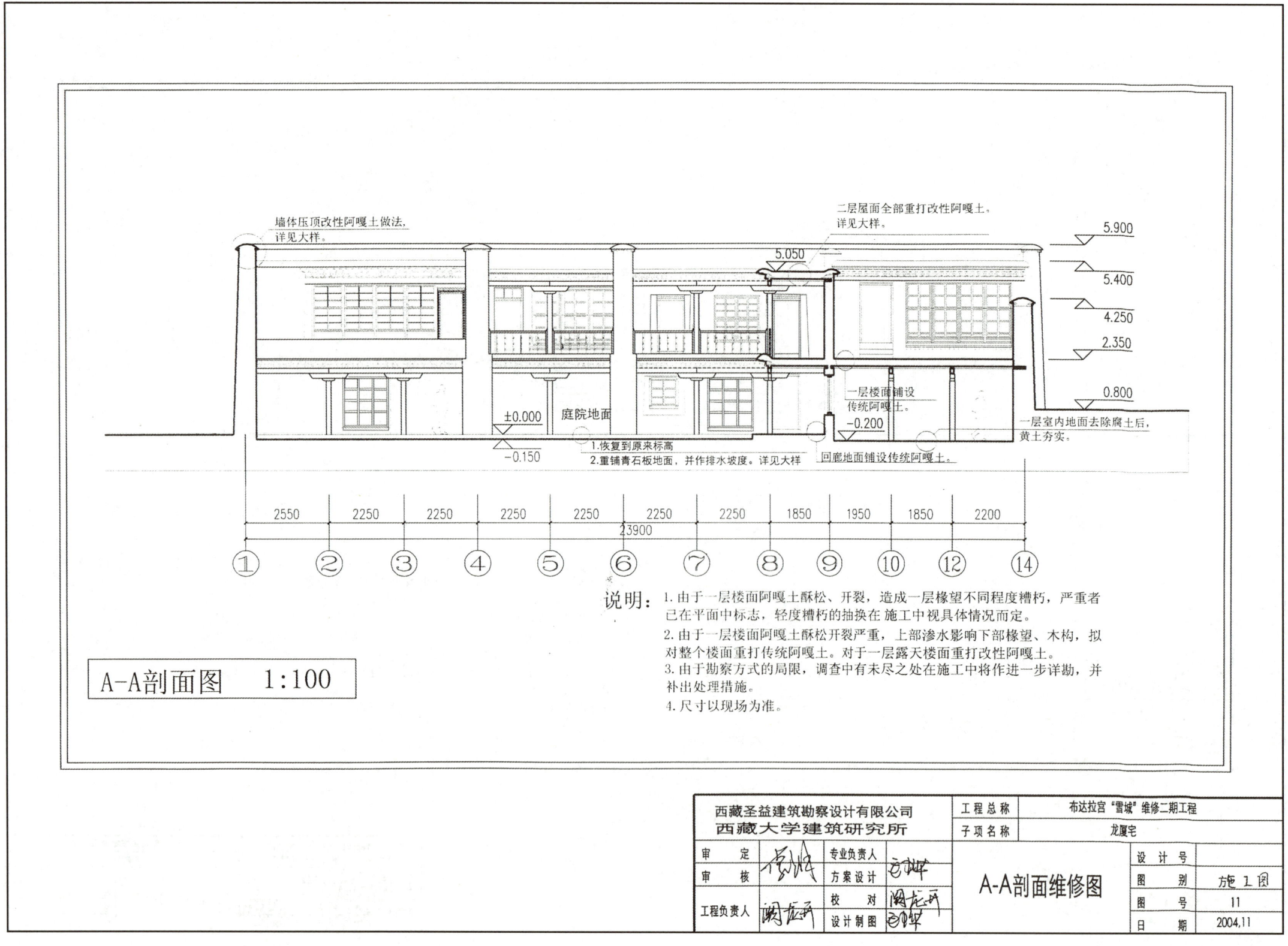

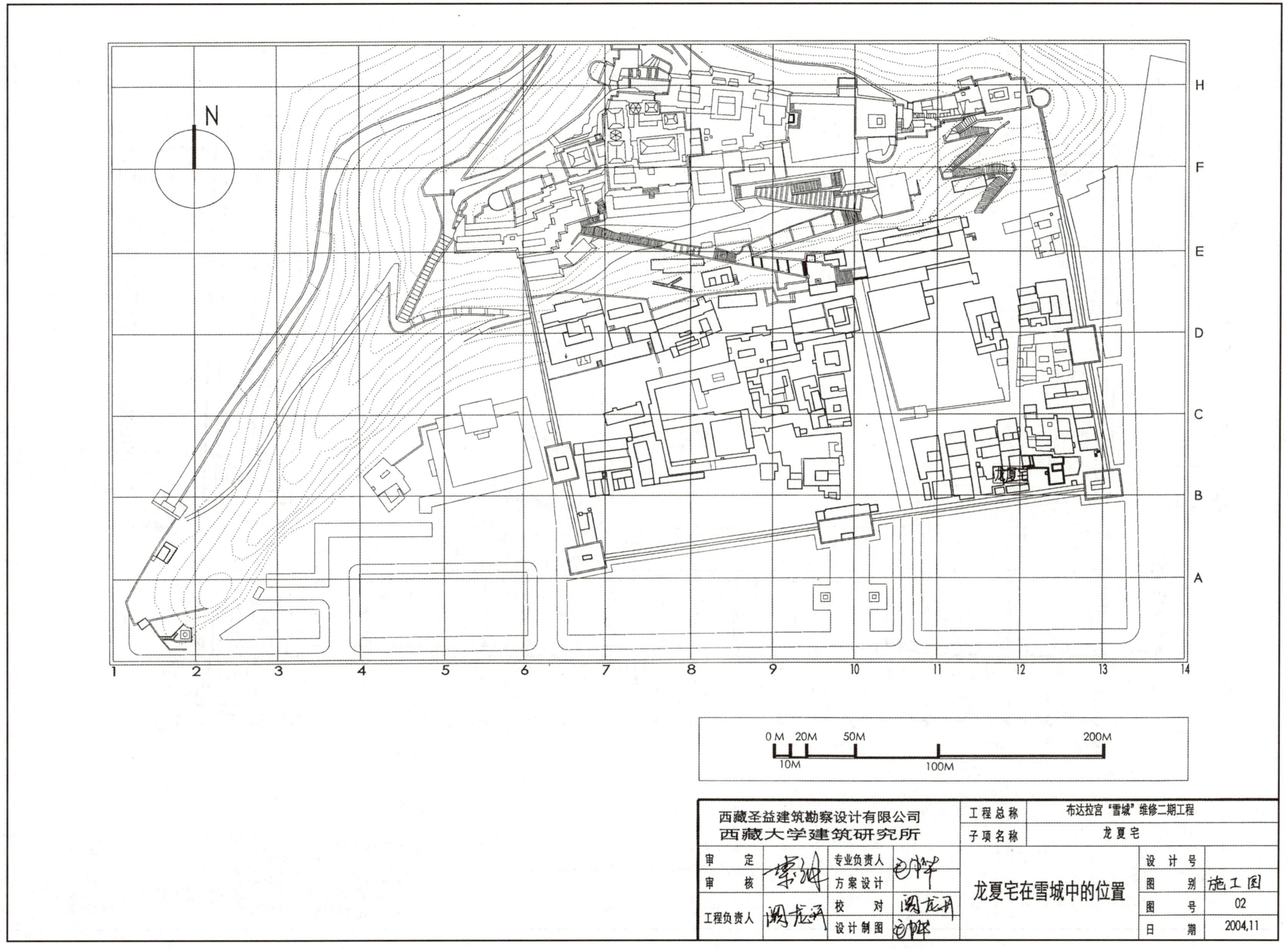

### 西藏三大重点文物保护维修工程实录

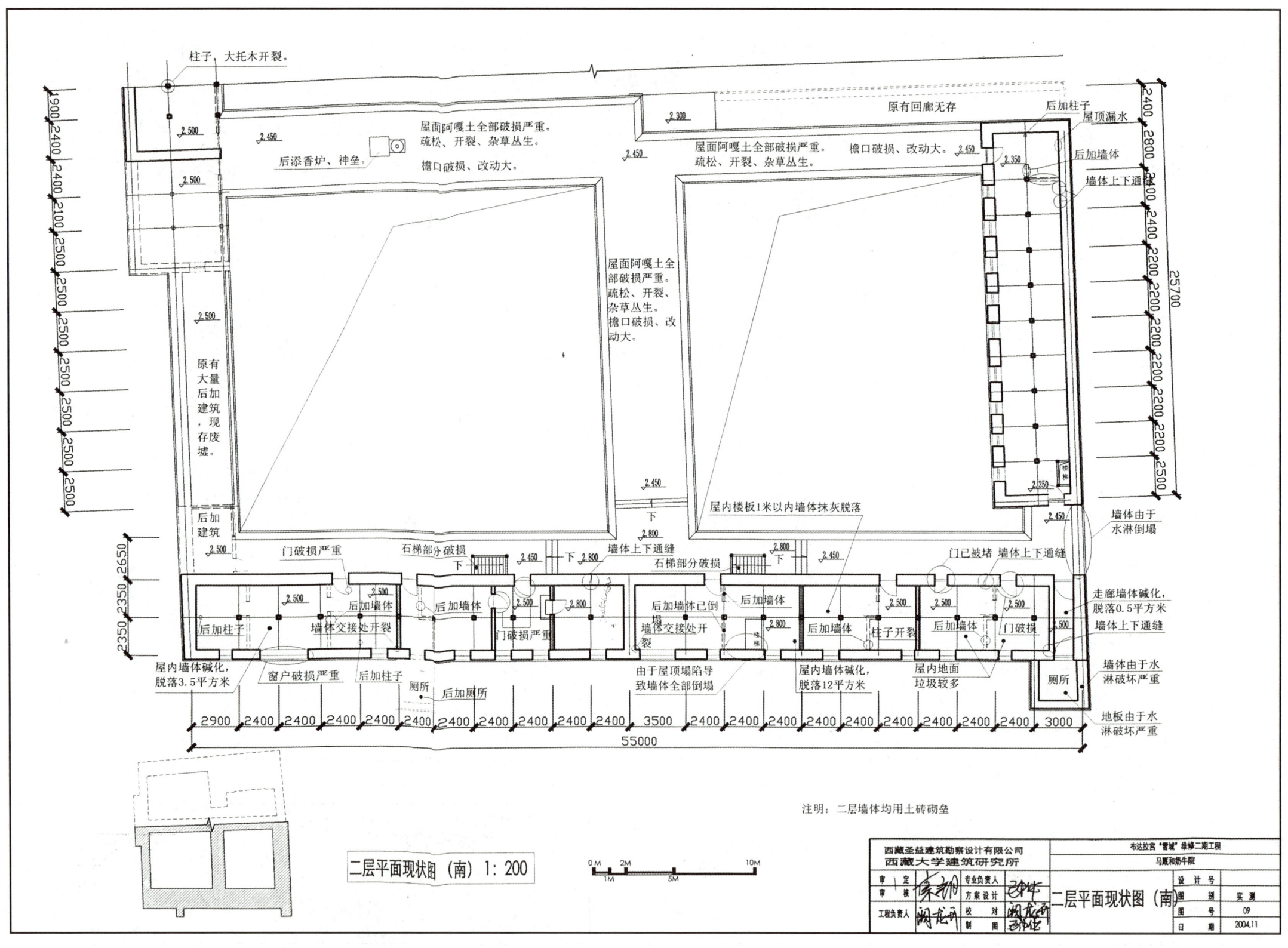

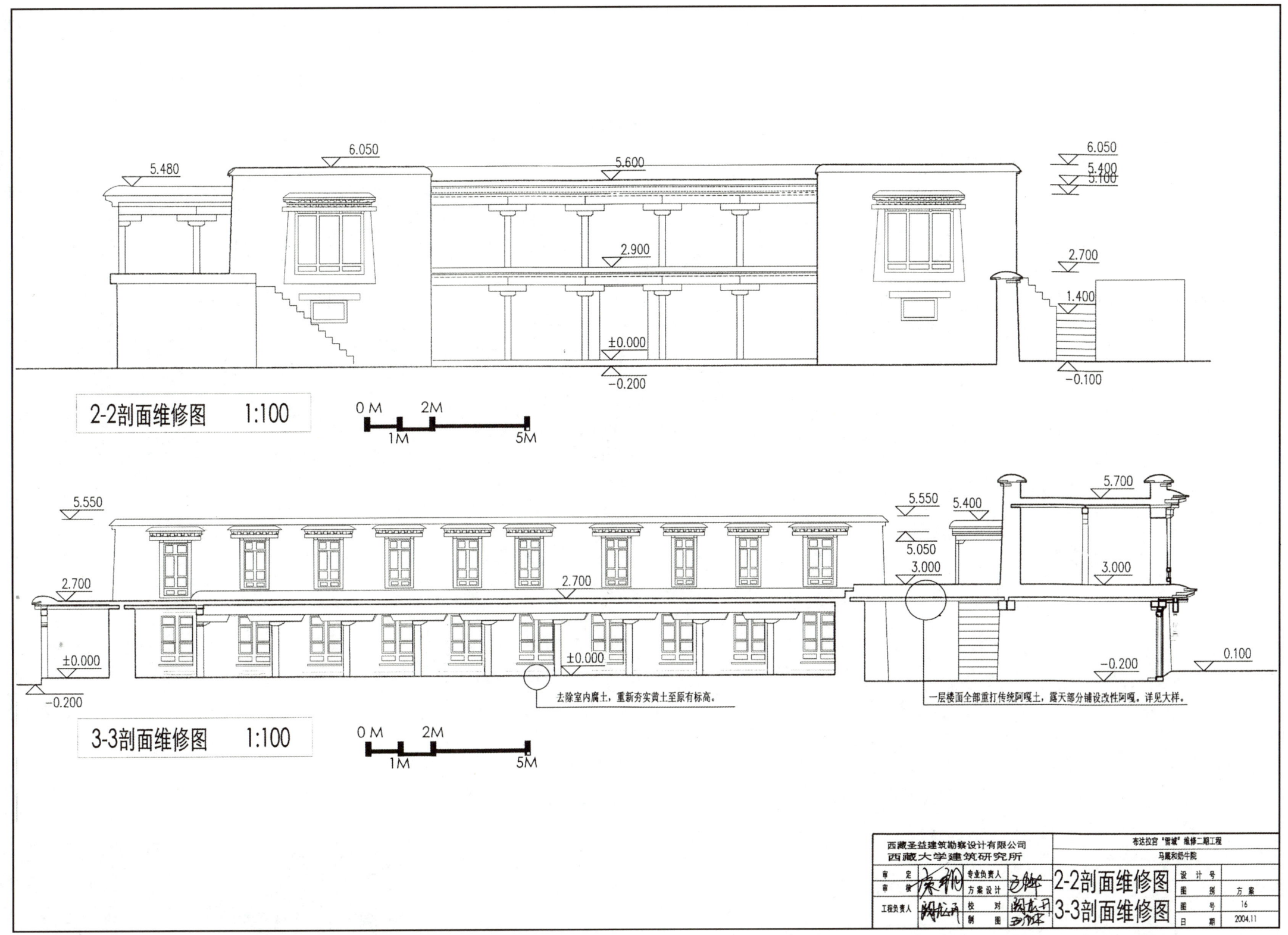

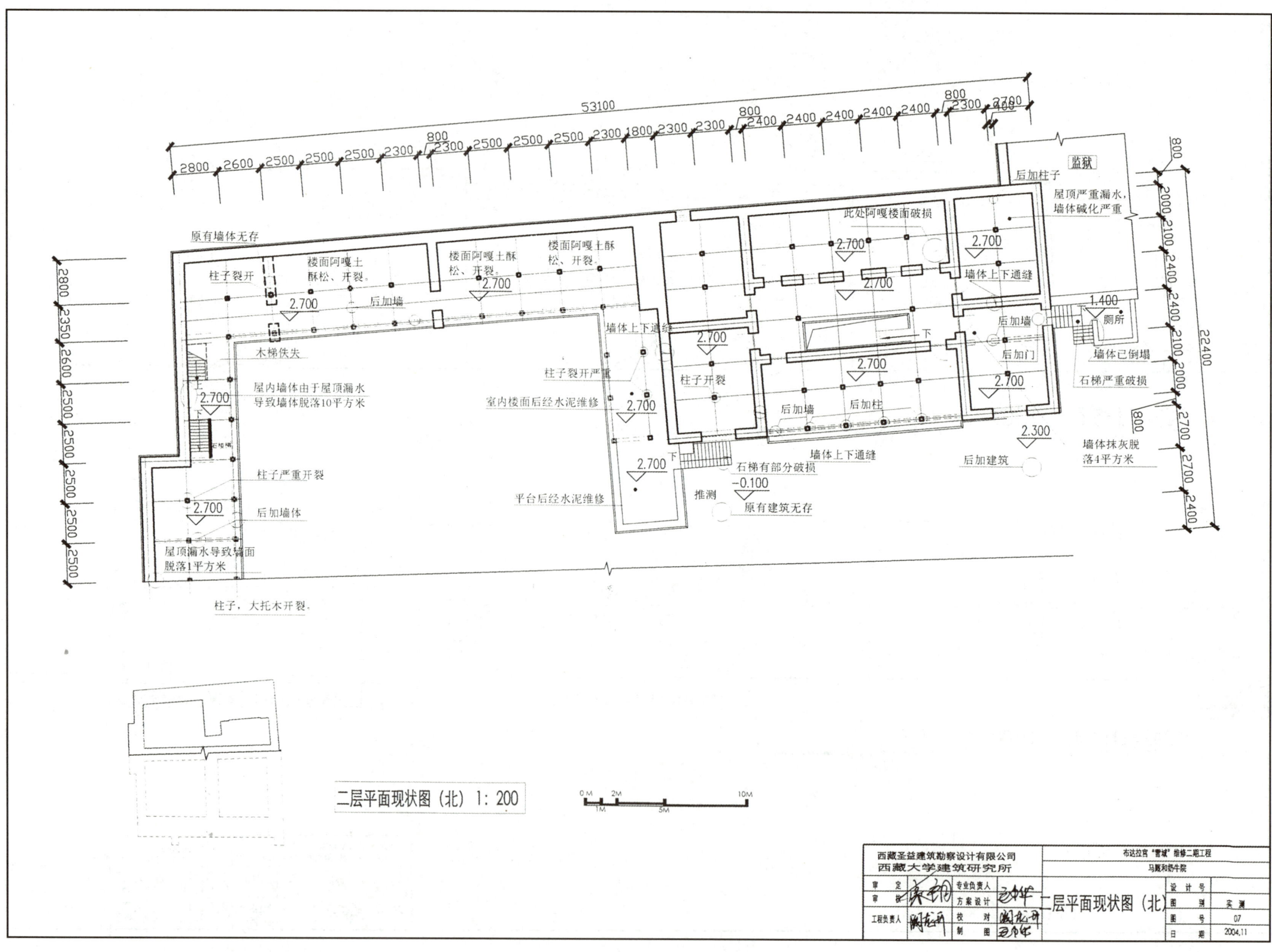

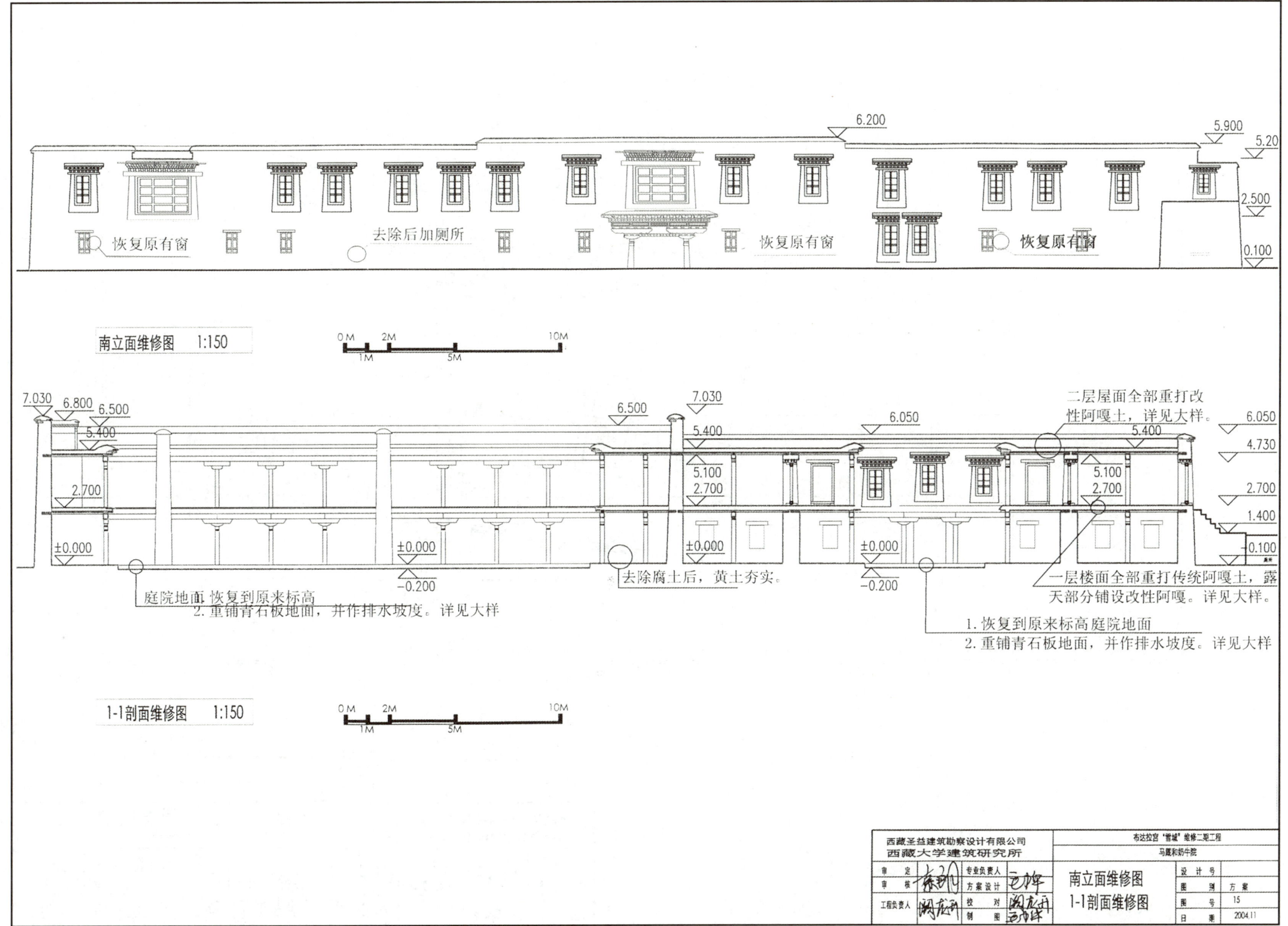

西藏三大重点文物保护维修工程实录

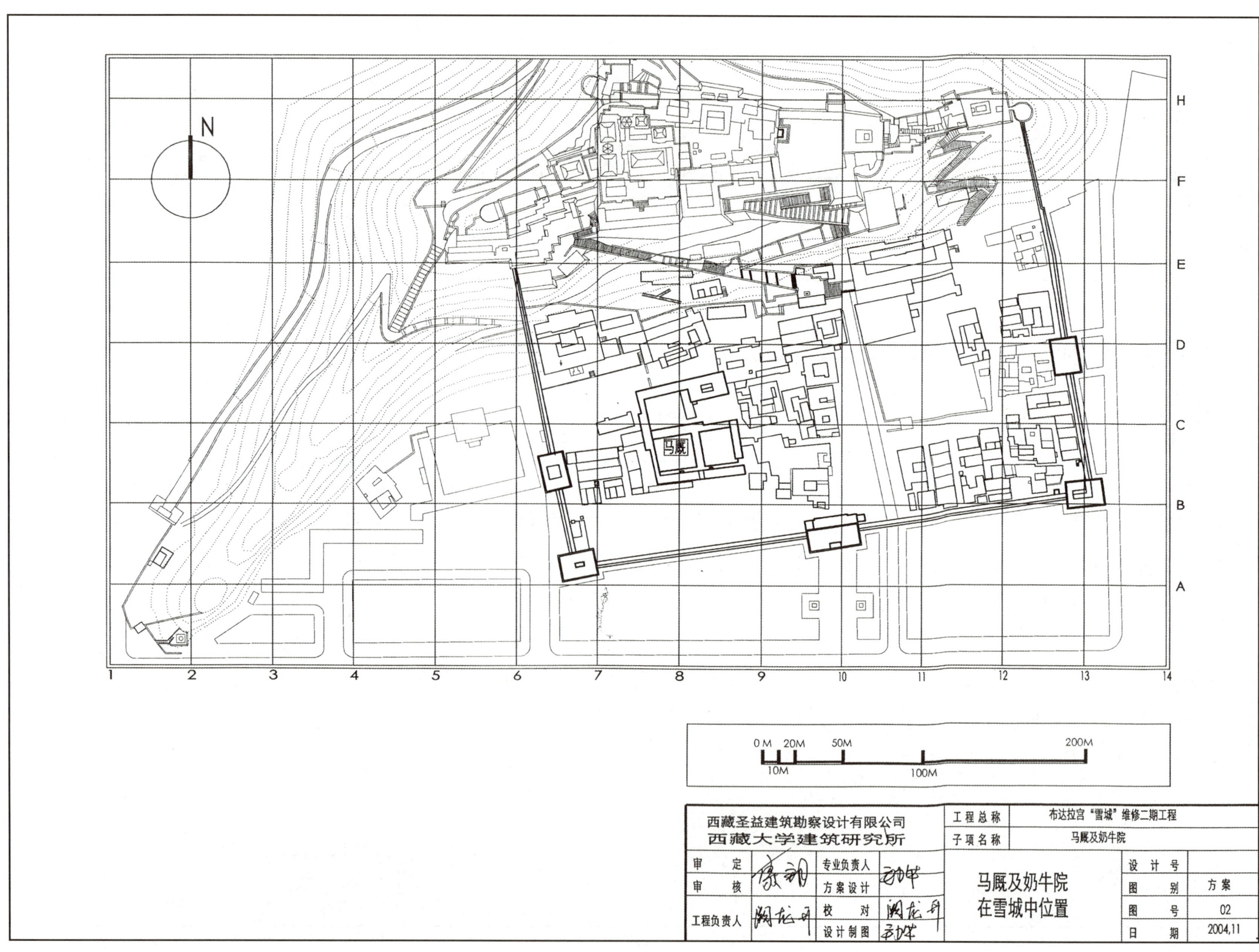

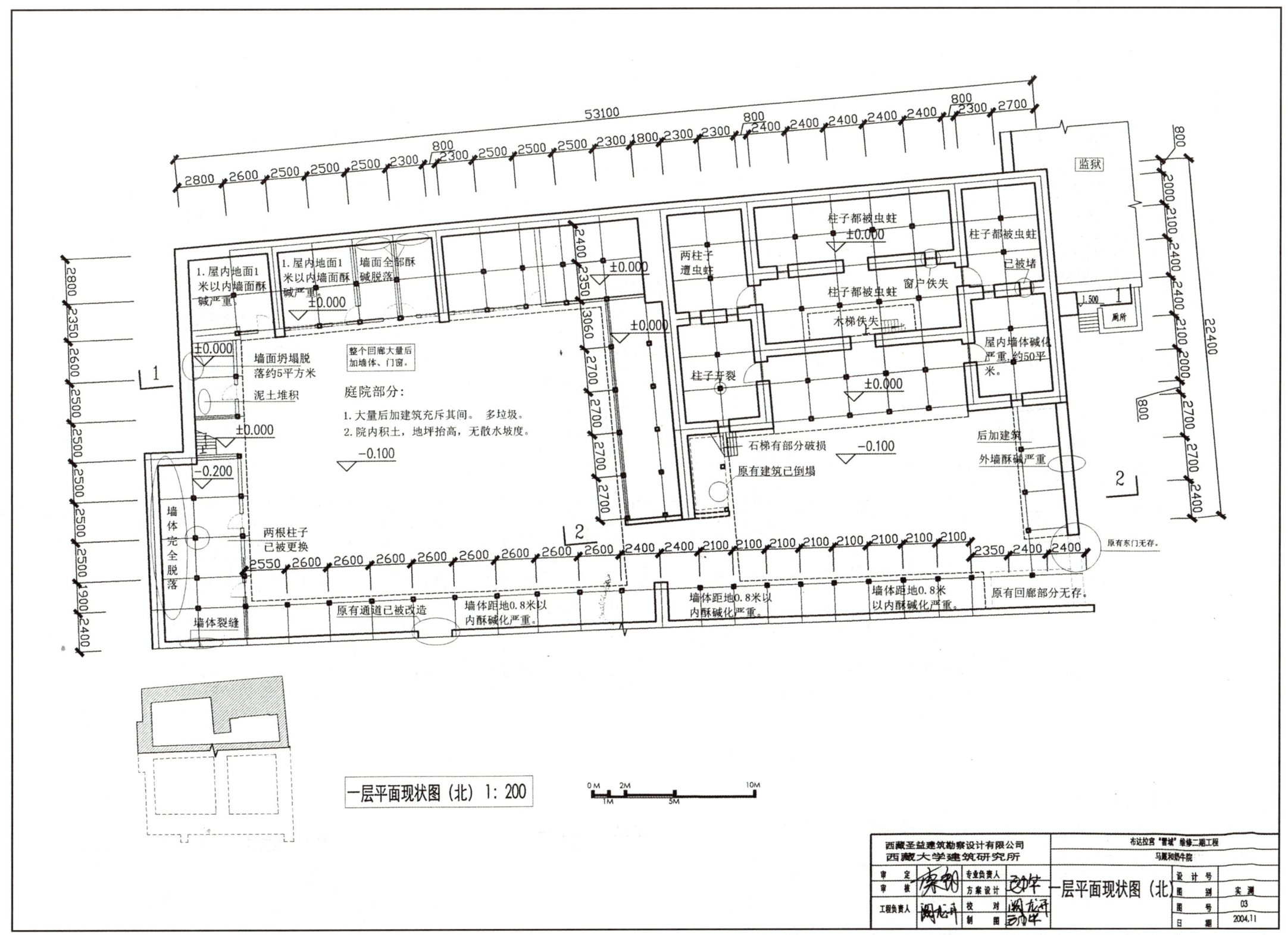

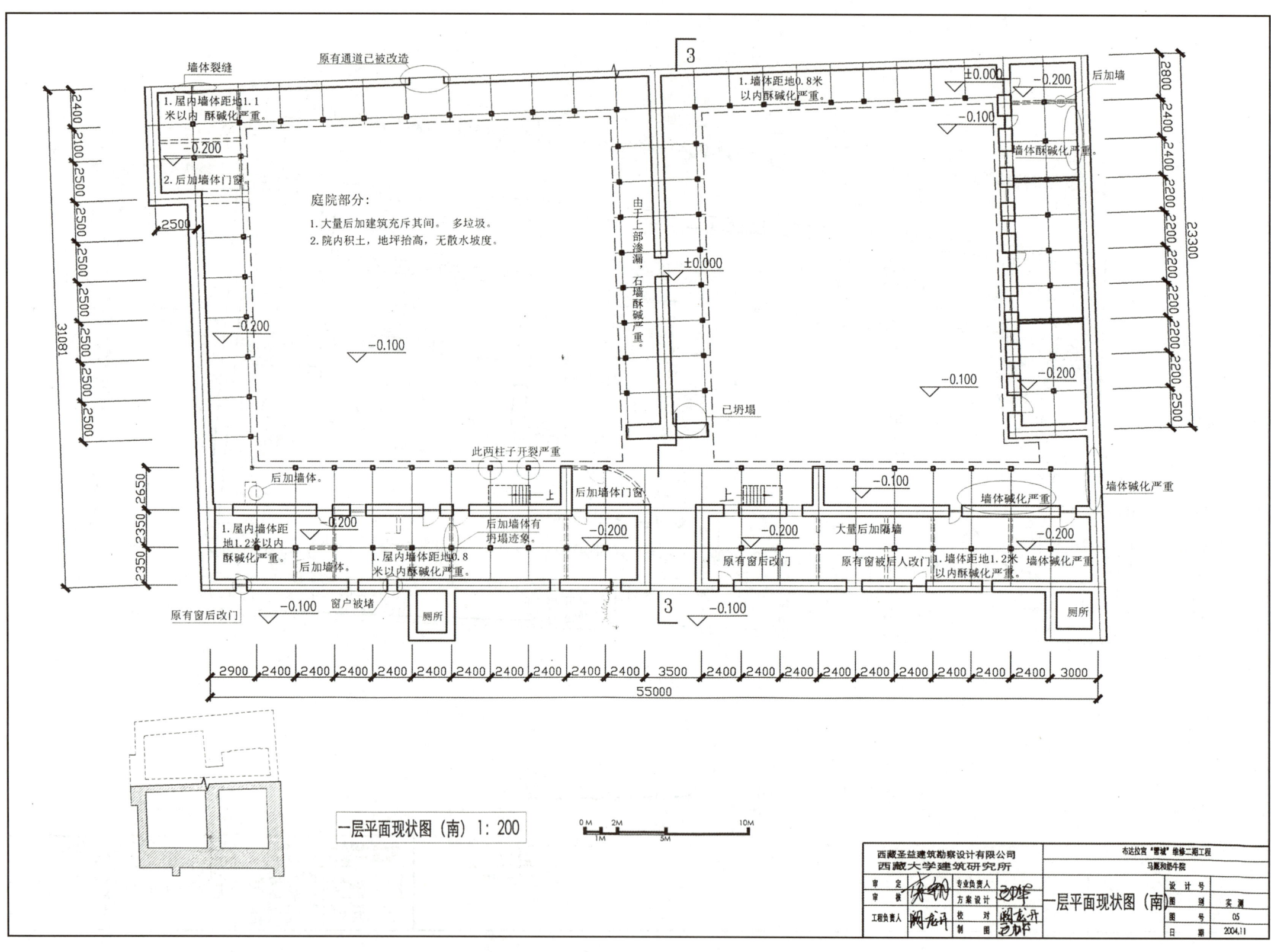

一层平面现状图（南）1:200

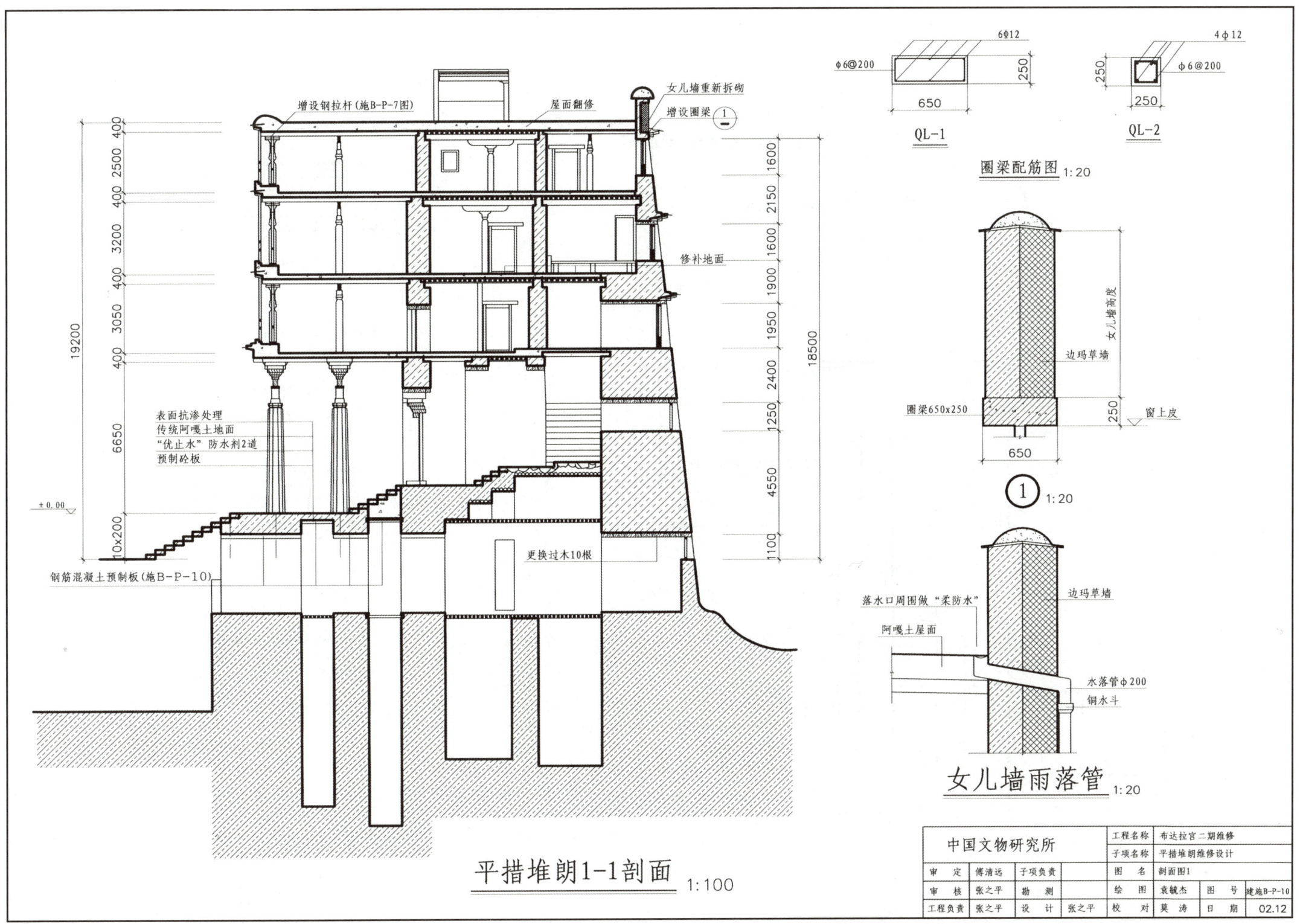

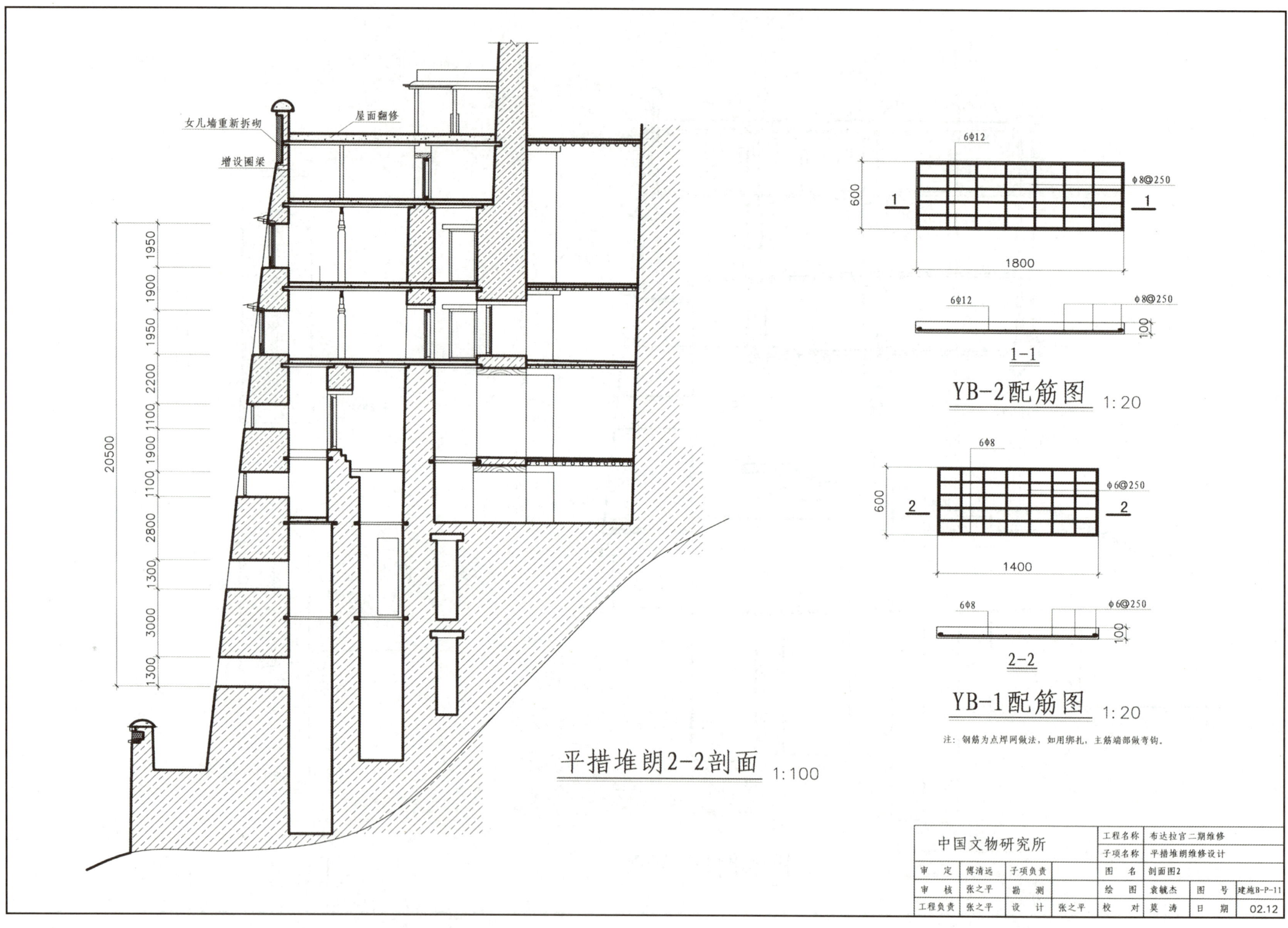

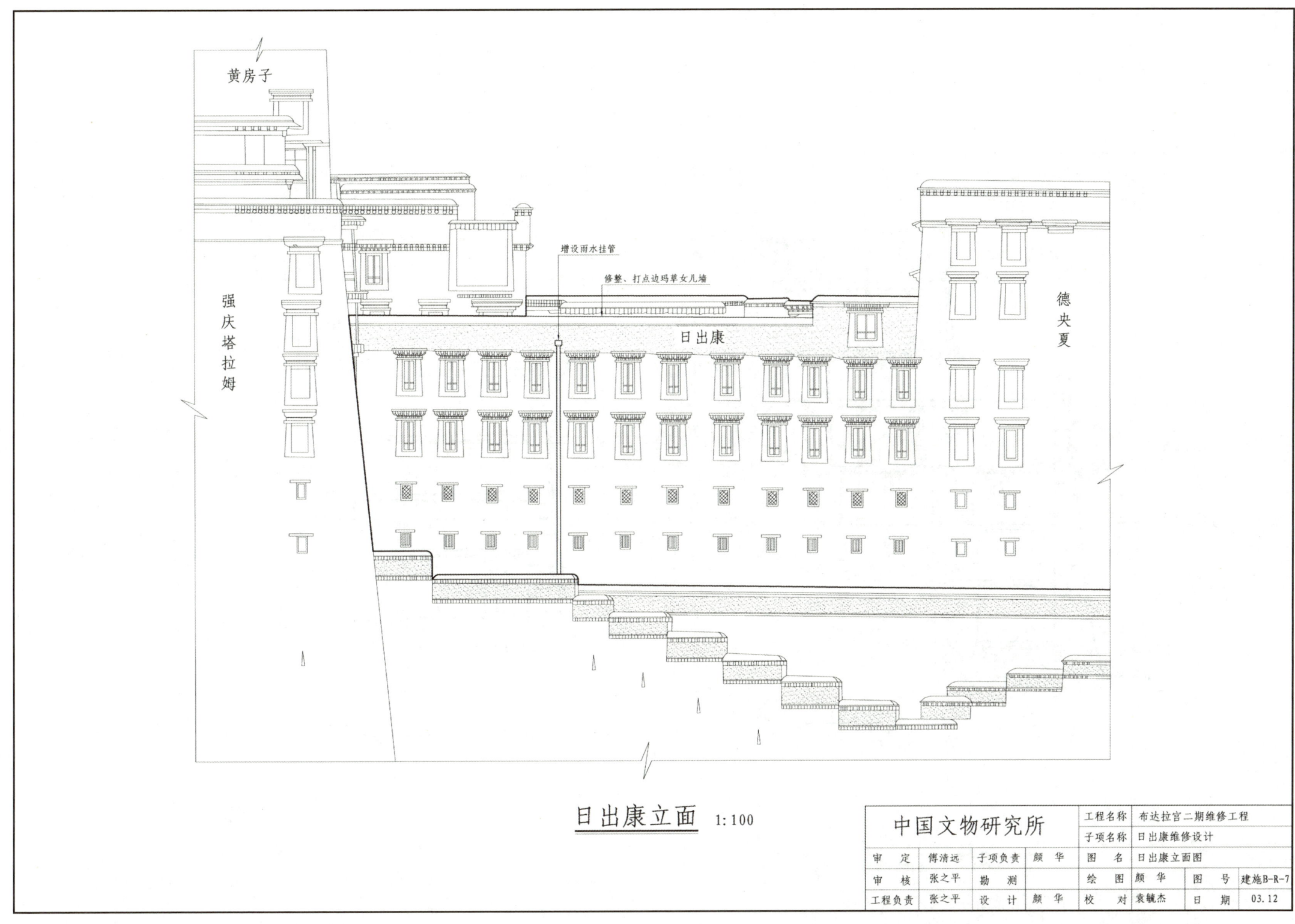

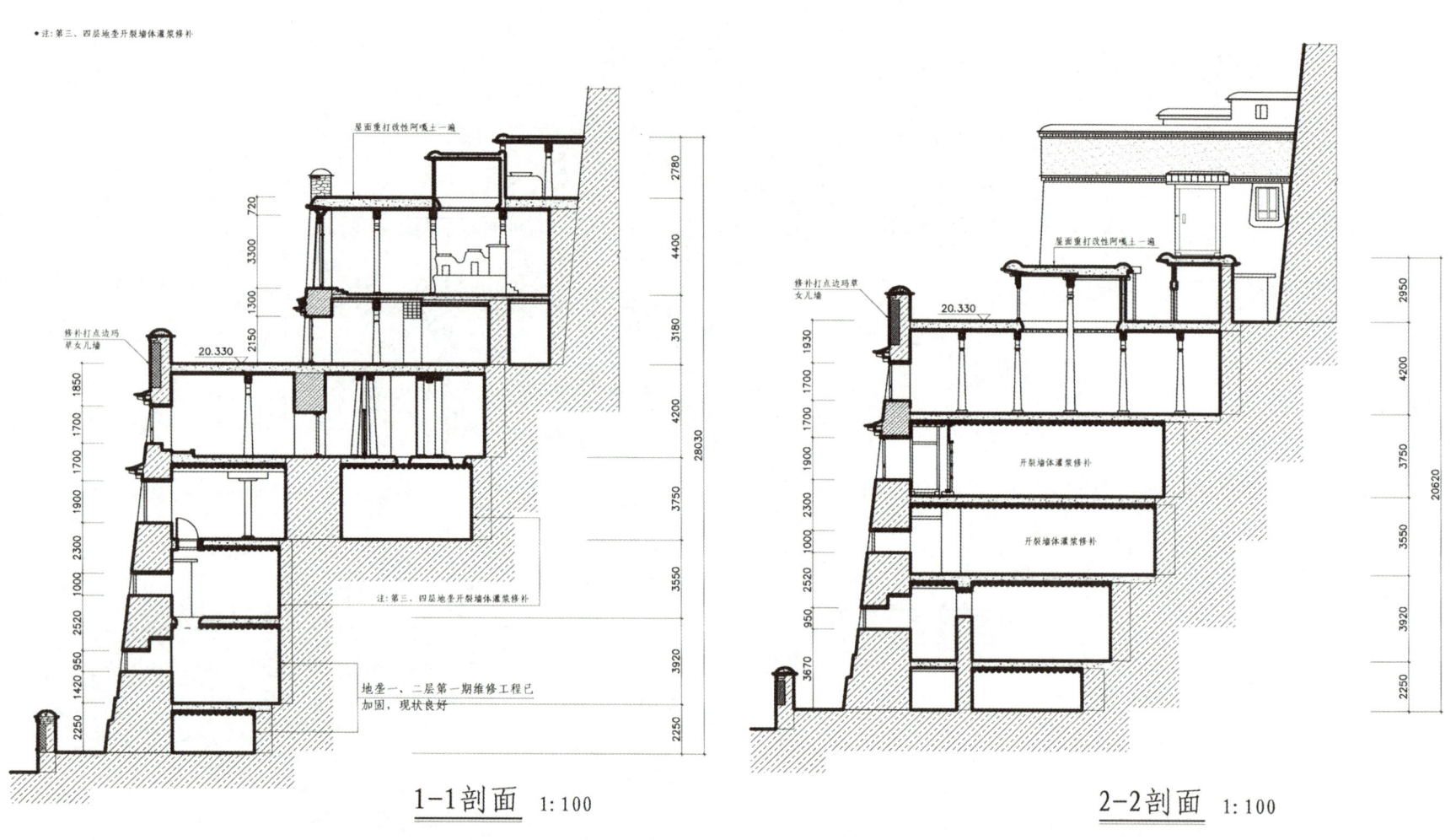

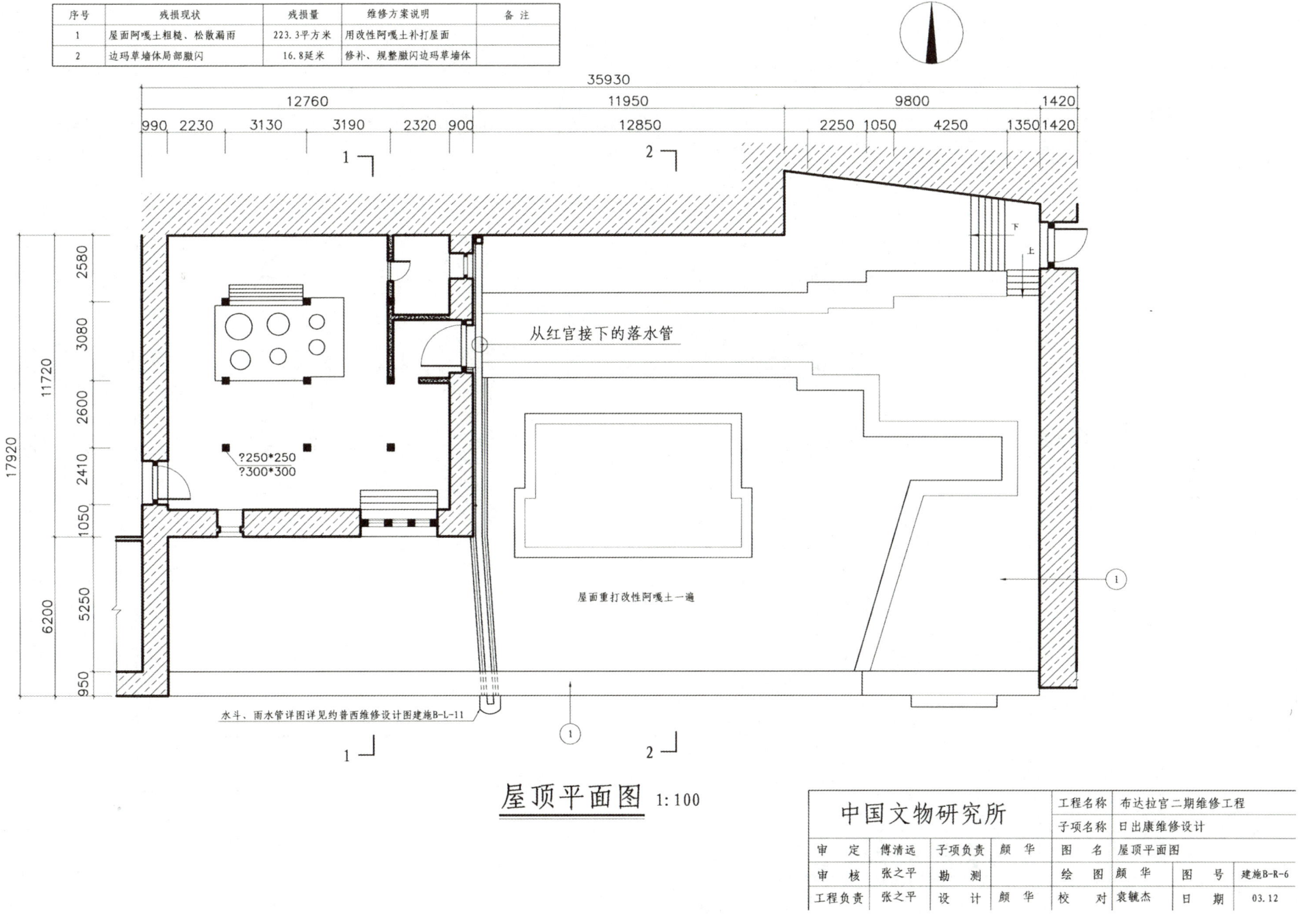

西藏三大重点文物保护维修工程实录

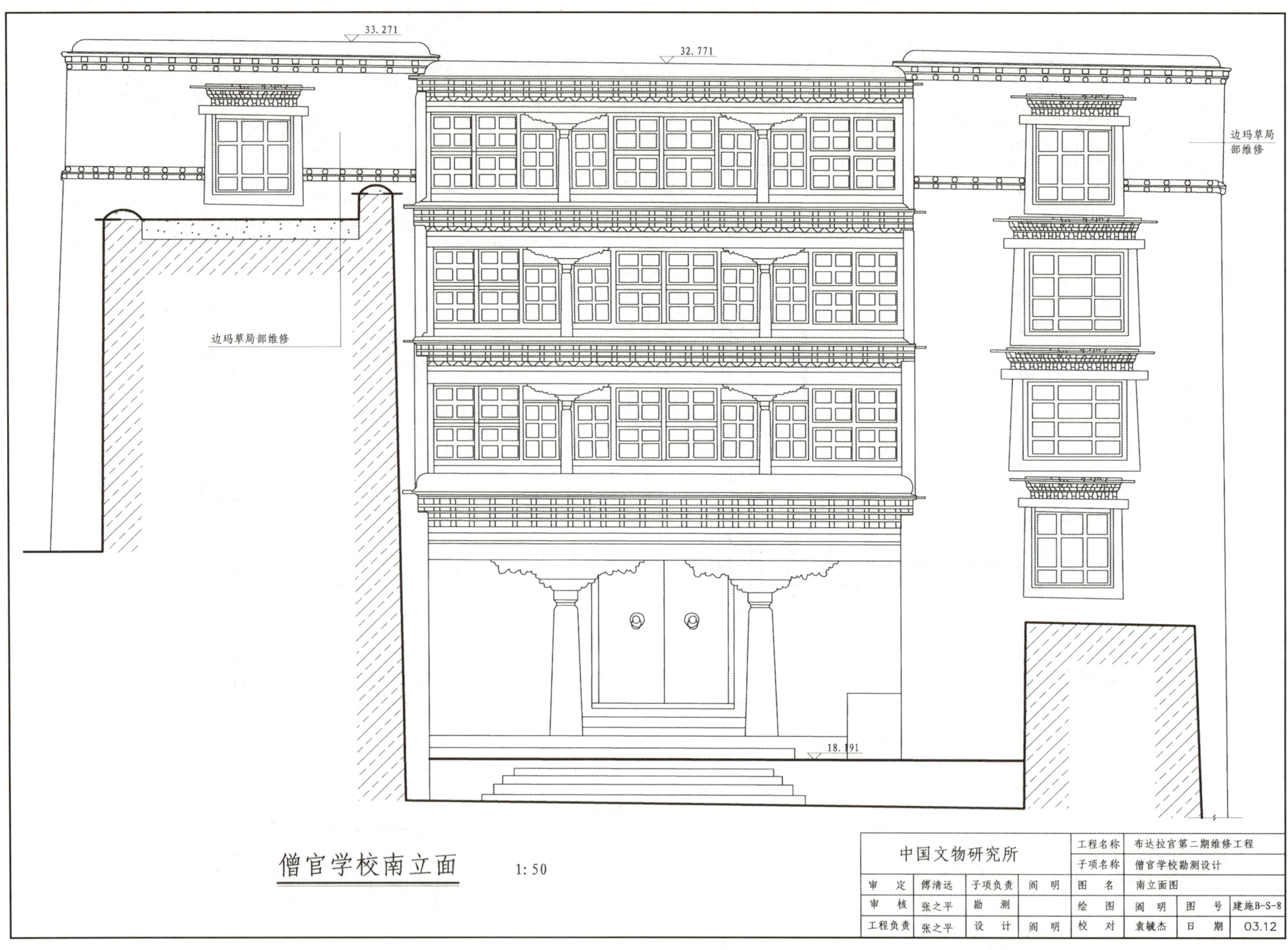

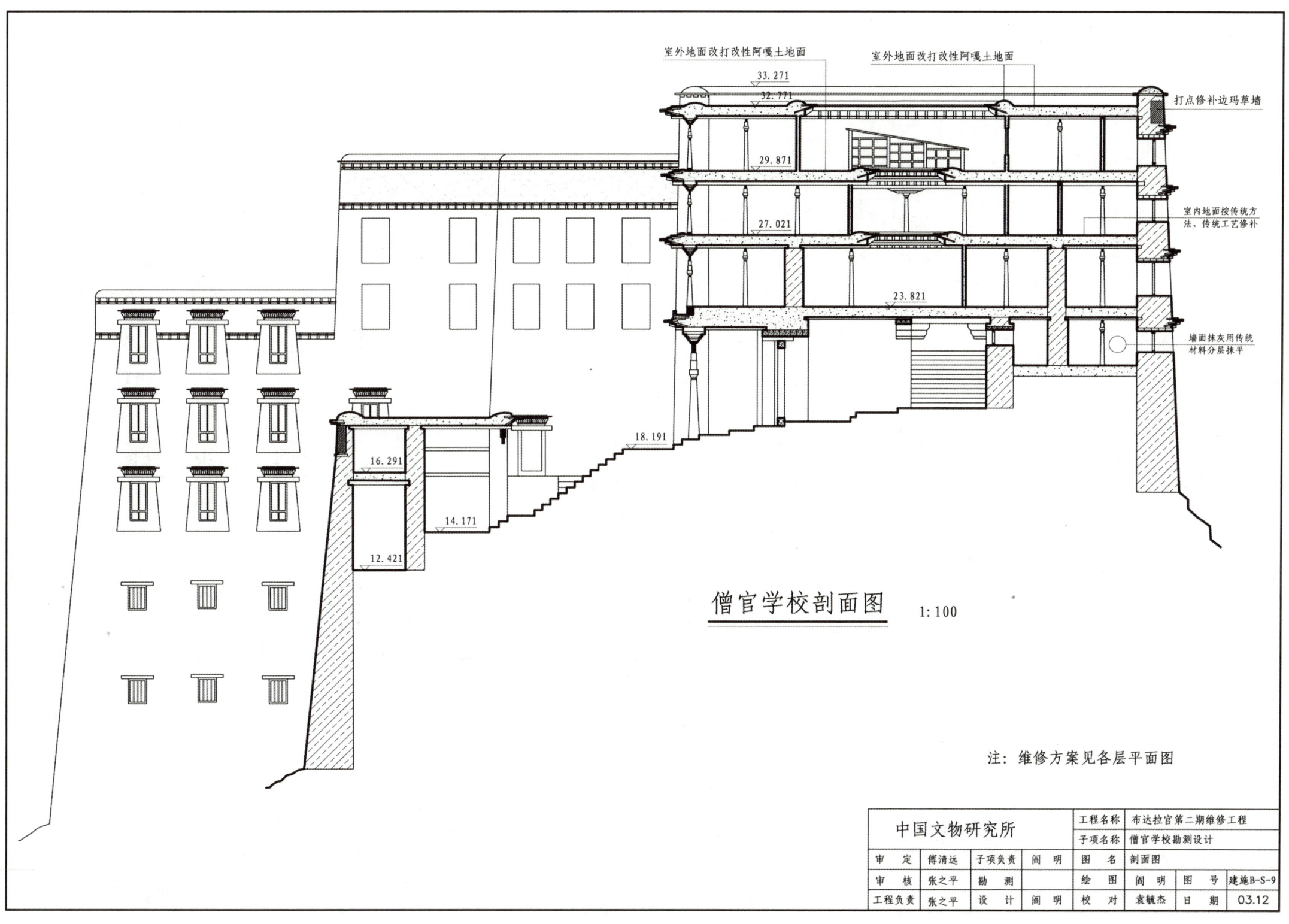

僧官学校剖面图 1:100

注：维修方案见各层平面图

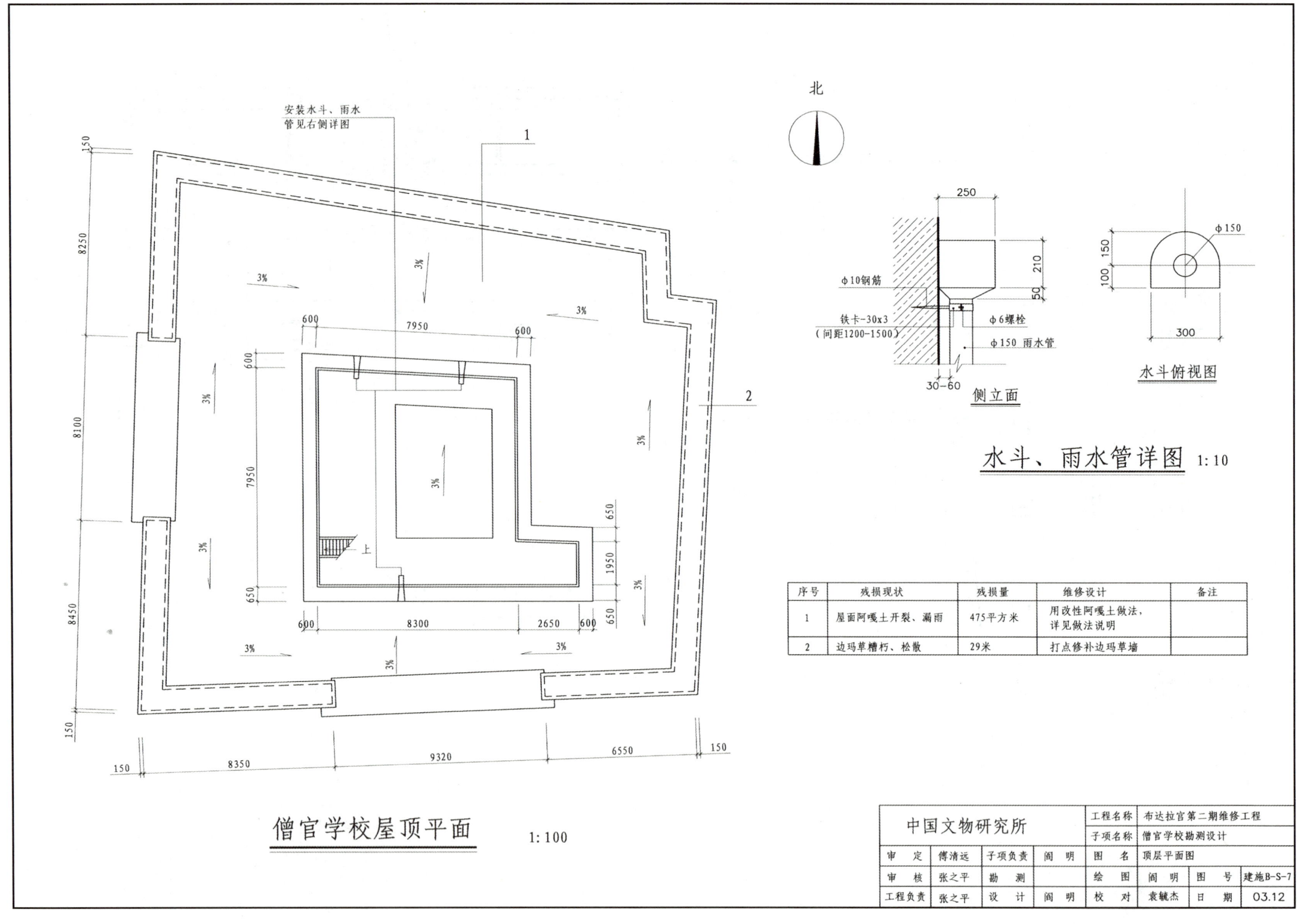

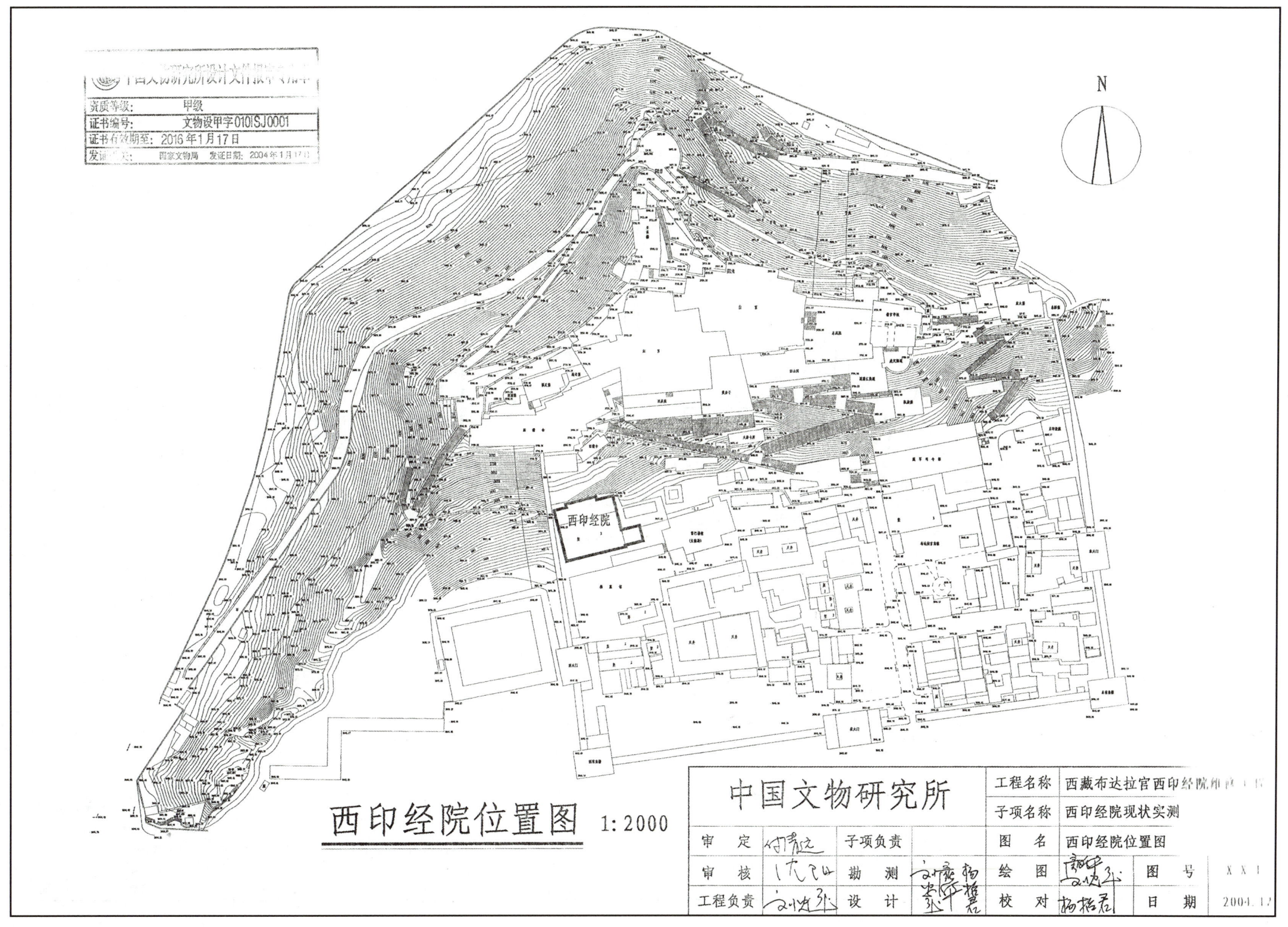

西藏三大重点文物保护维修工程实录

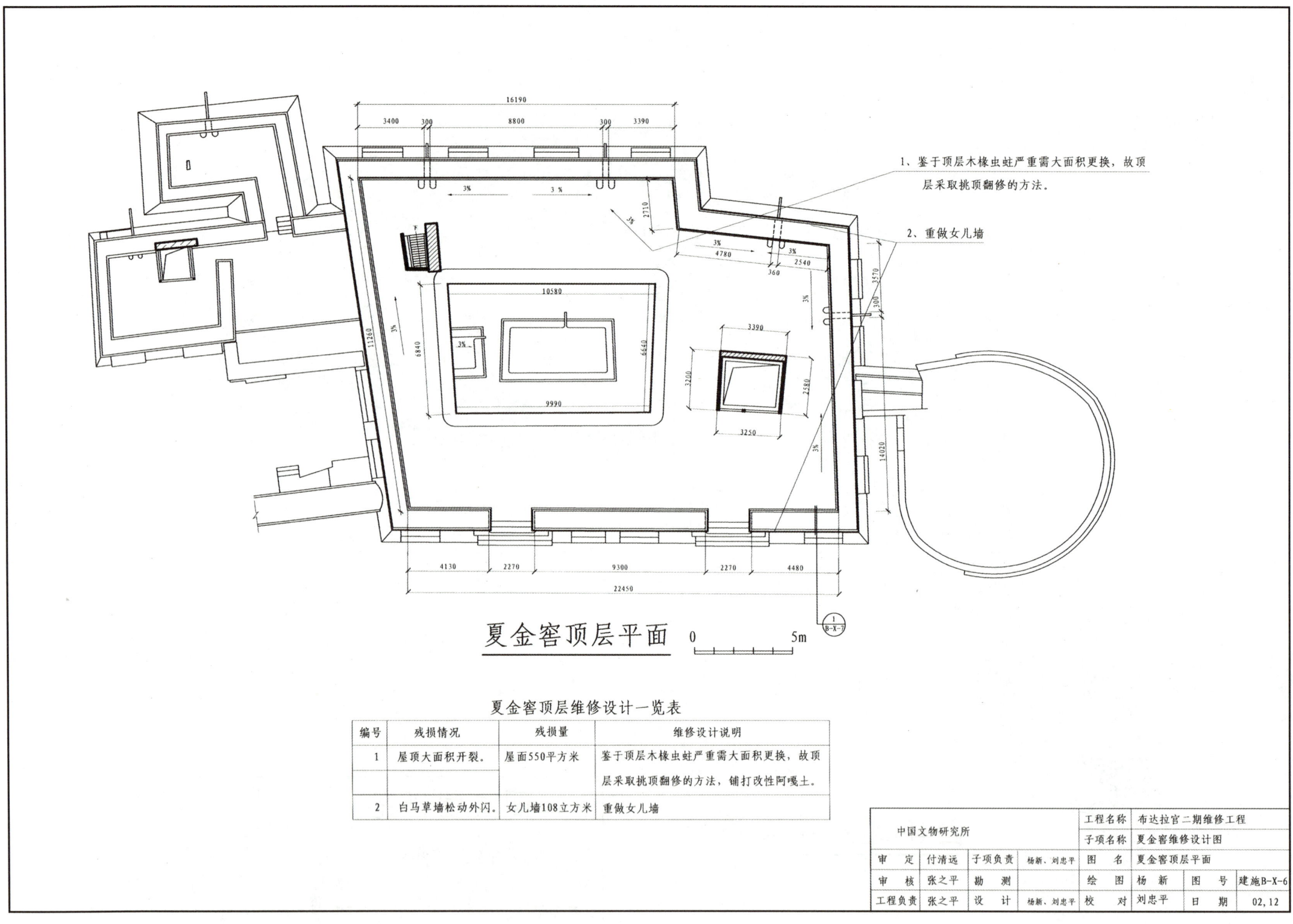

夏金窖顶层平面

夏金窖顶层维修设计一览表

| 编号 | 残损情况 | 残损量 | 维修设计说明 |
|---|---|---|---|
| 1 | 屋顶大面积开裂。 | 屋面550平方米 | 鉴于顶层木椽虫蛀严重需大面积更换，故顶层采取挑顶翻修的方法，铺打改性阿嘎土。 |
| 2 | 白马草墙松动外闪。 | 女儿墙108立方米 | 重做女儿墙 |

| 中国文物研究所 | | | 工程名称 | 布达拉宫二期维修工程 |
|---|---|---|---|---|
| | | | 子项名称 | 夏金窖维修设计图 |
| 审　定 | 付清远 | 子项负责 | 杨新、刘忠平 | 图　名 | 夏金窖顶层平面 |
| 审　核 | 张之平 | 勘　测 | | 绘　图 | 杨新 | 图号 | 建施B-X-6 |
| 工程负责 | 张之平 | 设　计 | 杨新、刘忠平 | 校　对 | 刘忠平 | 日　期 | 02.12 |

·334·

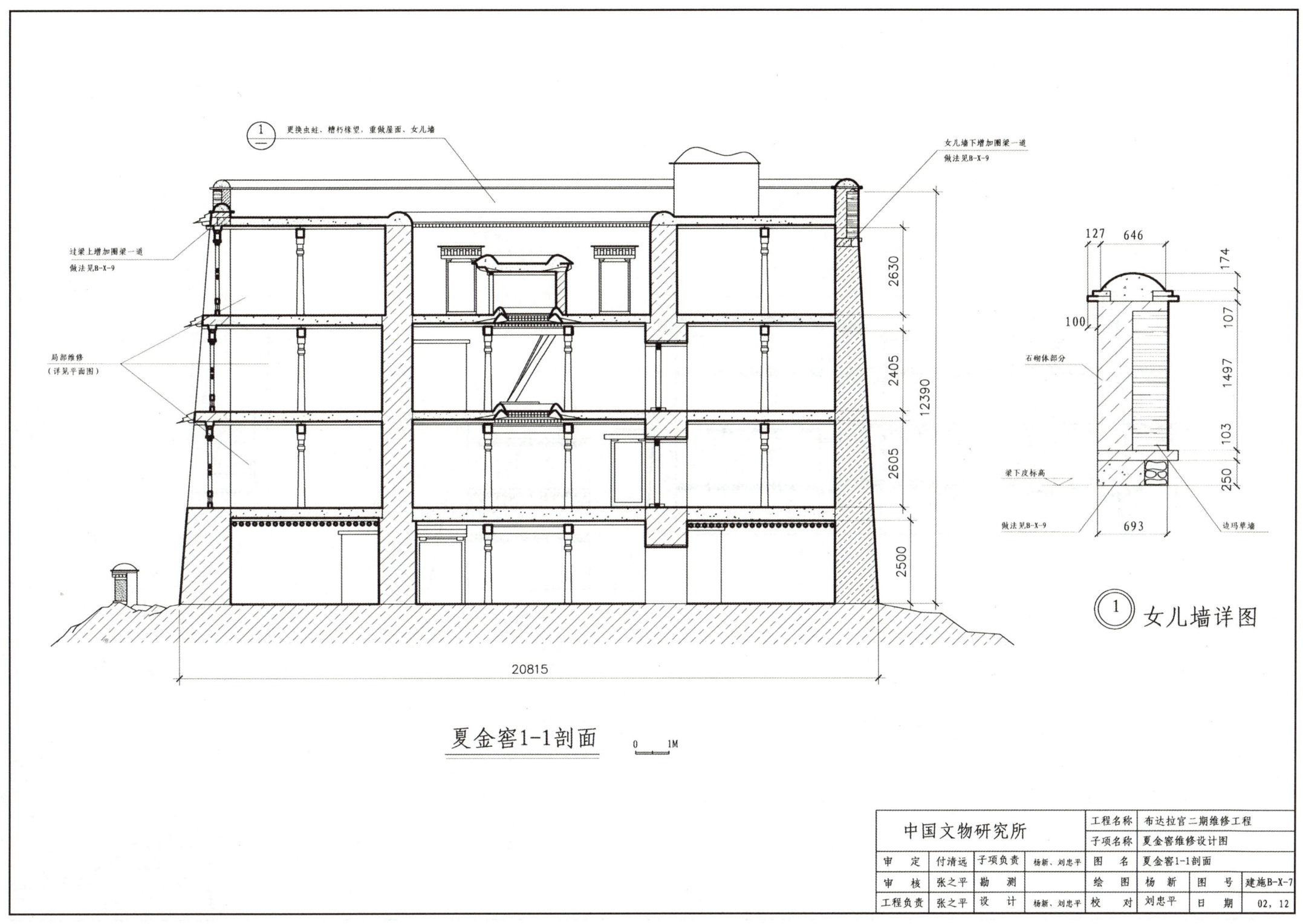

夏金窖1-1剖面

① 女儿墙详图

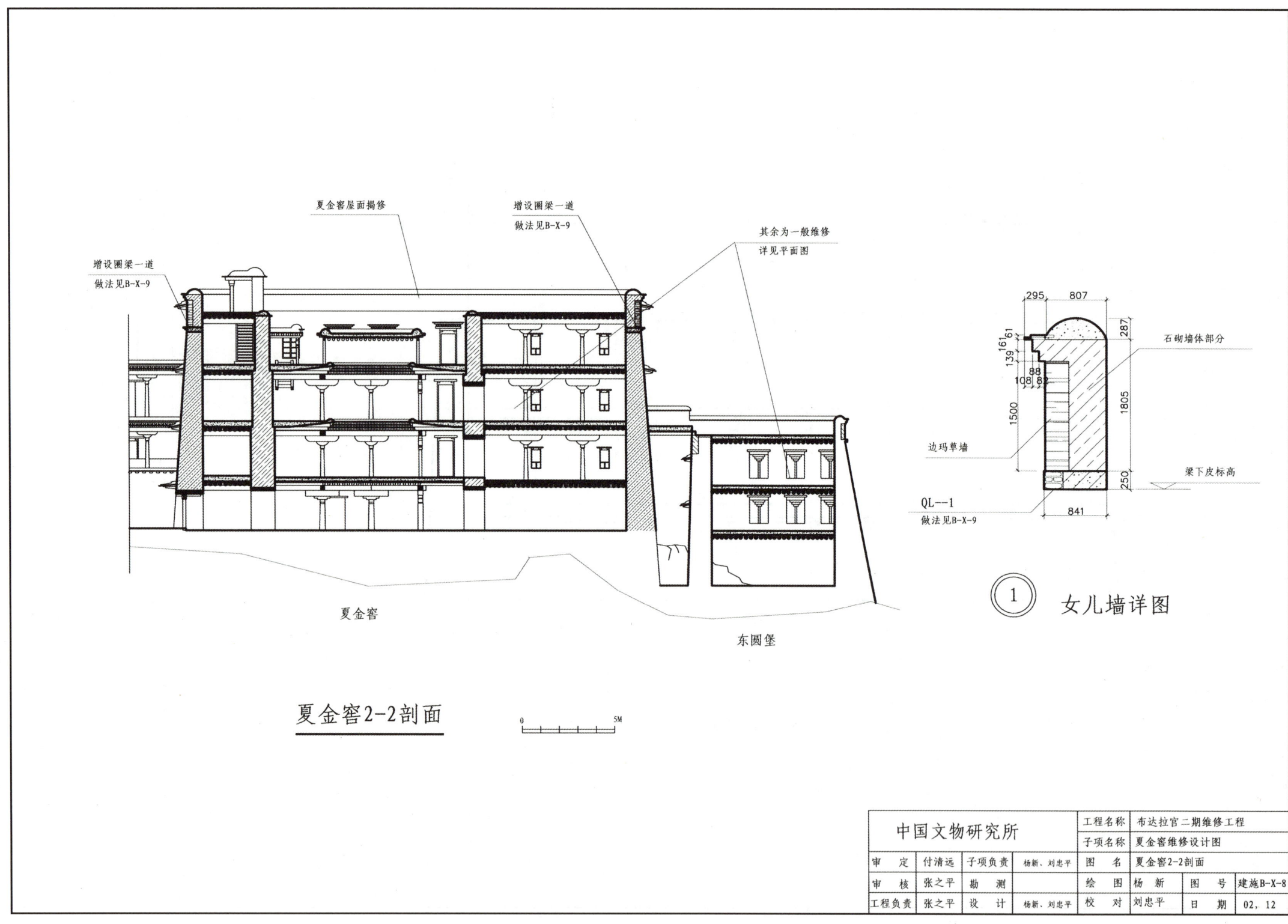

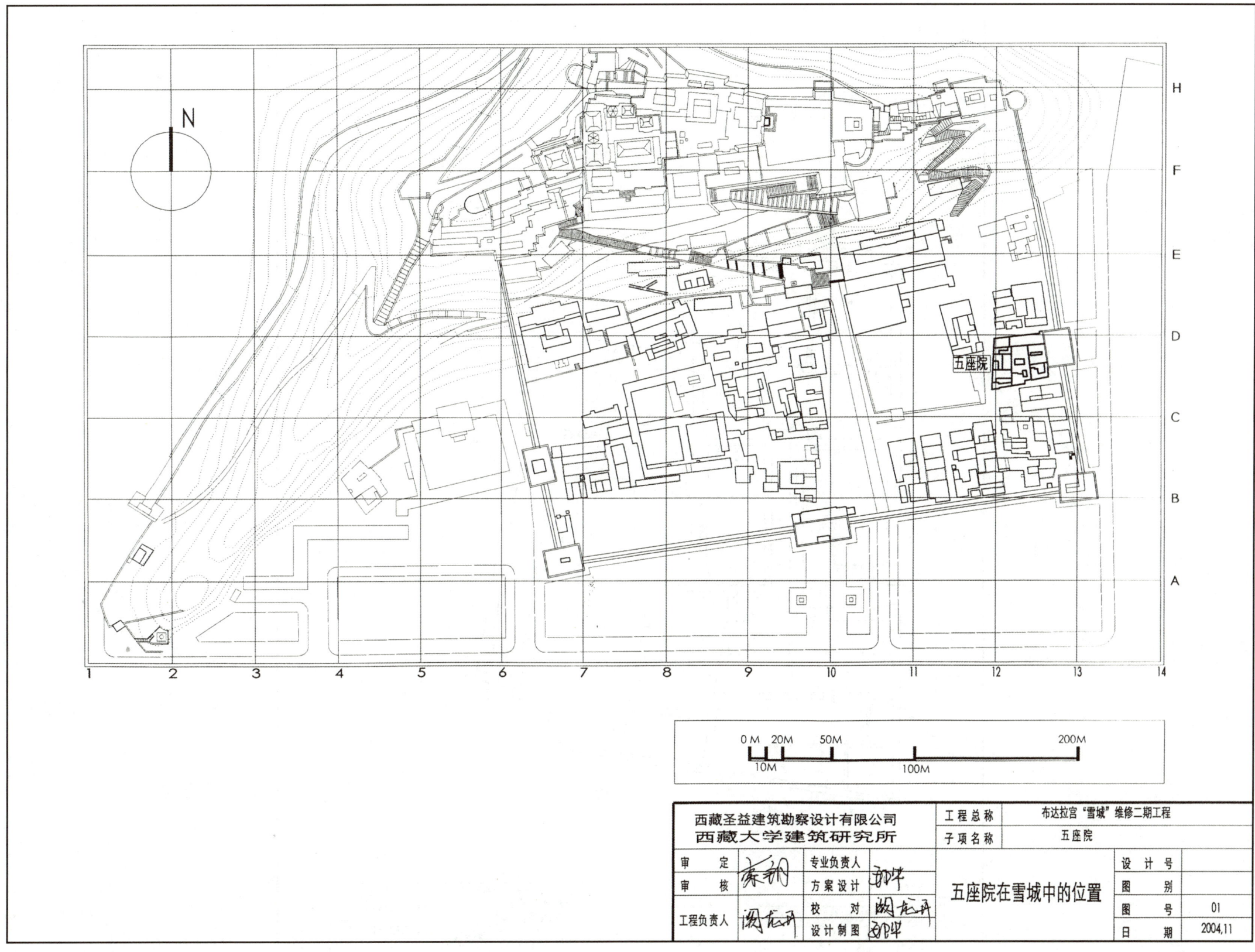

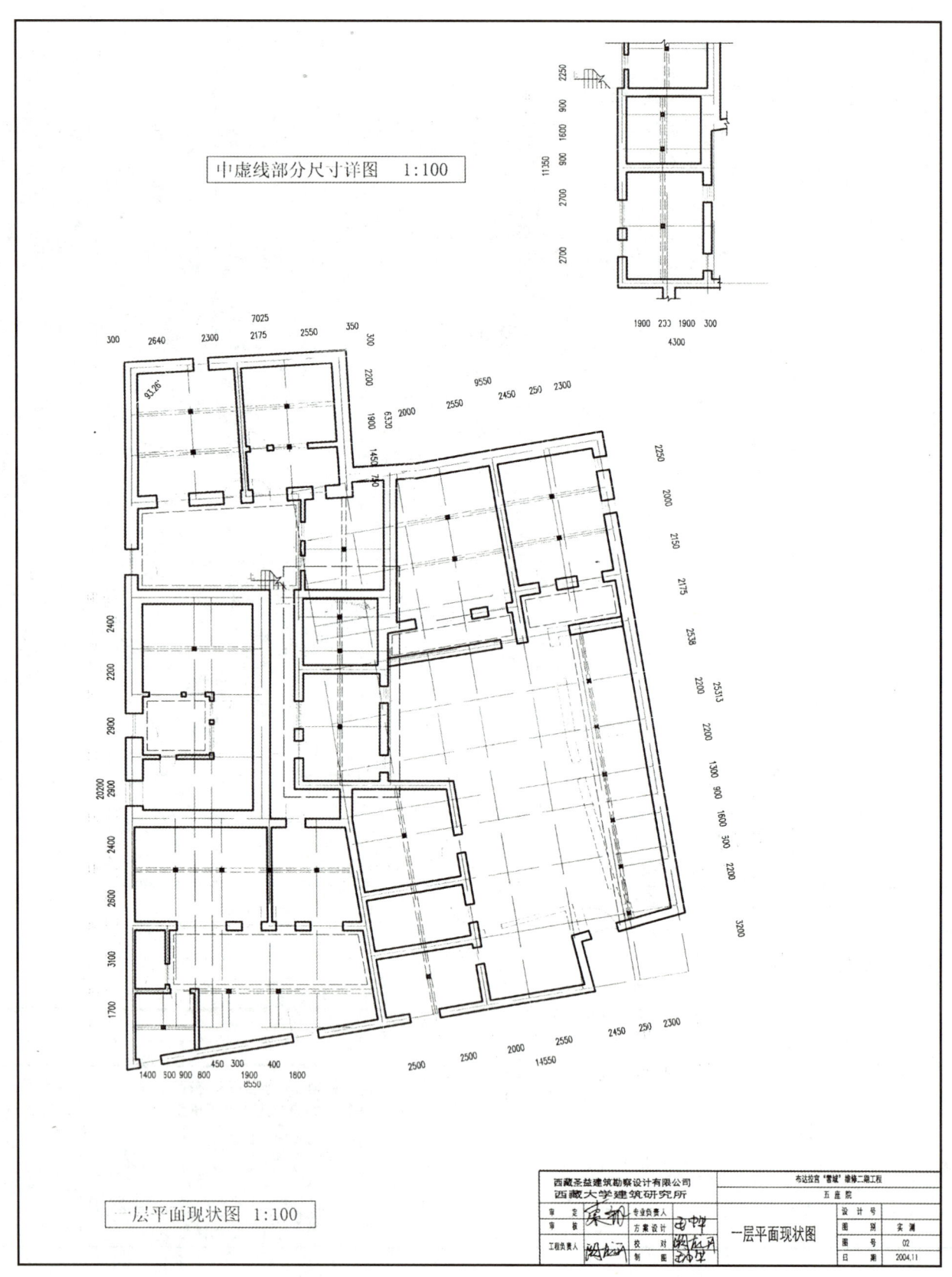

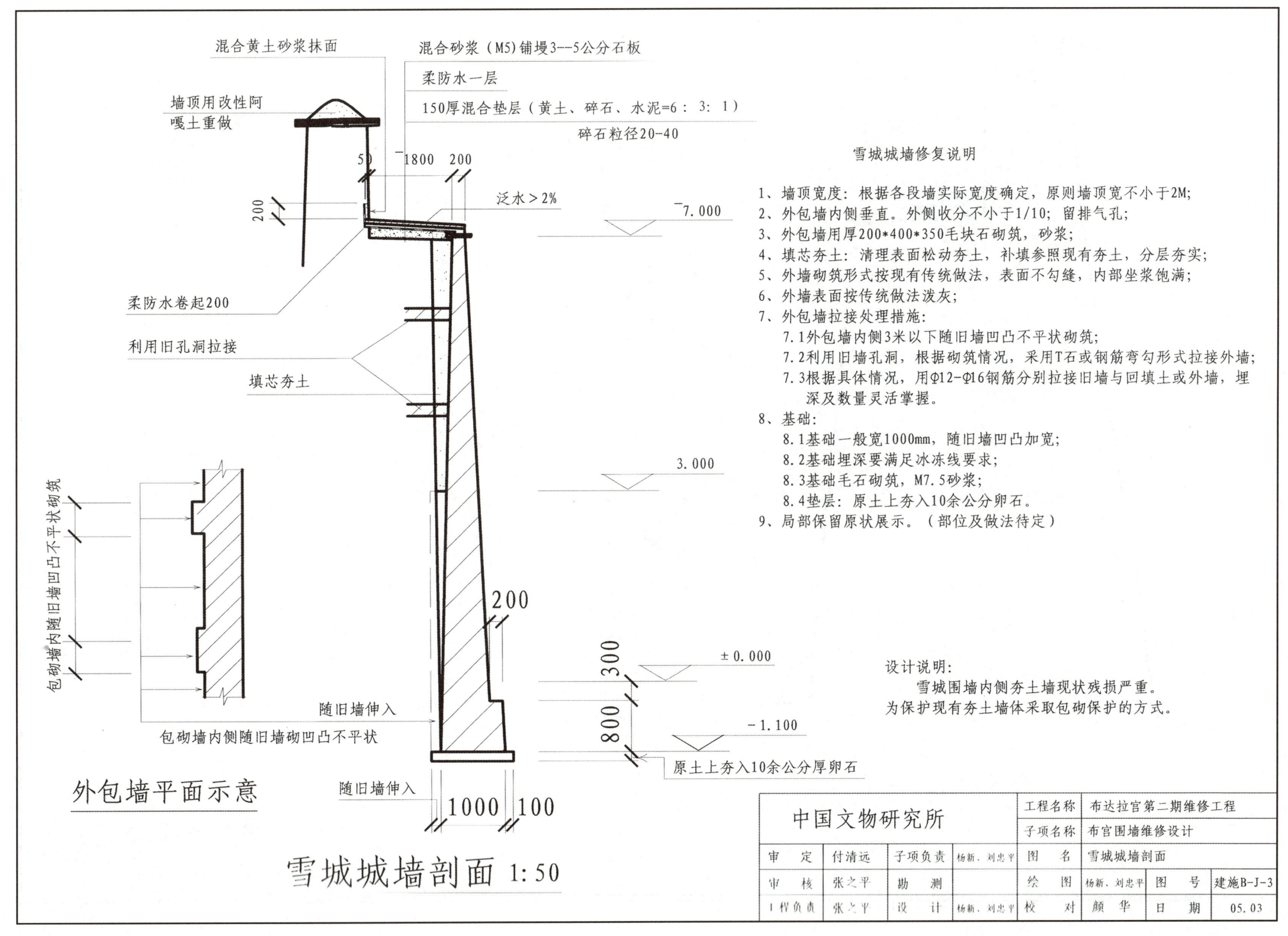

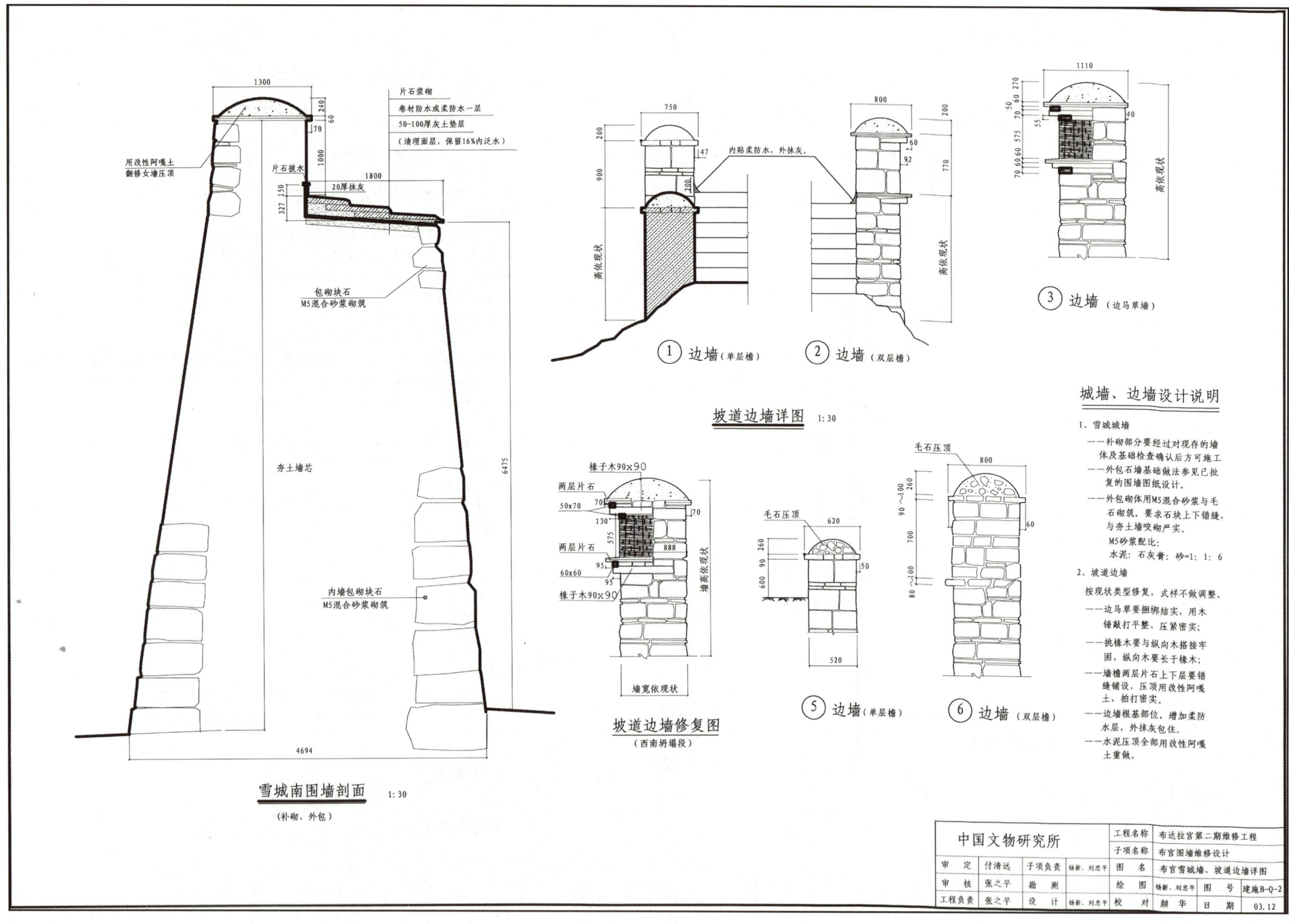

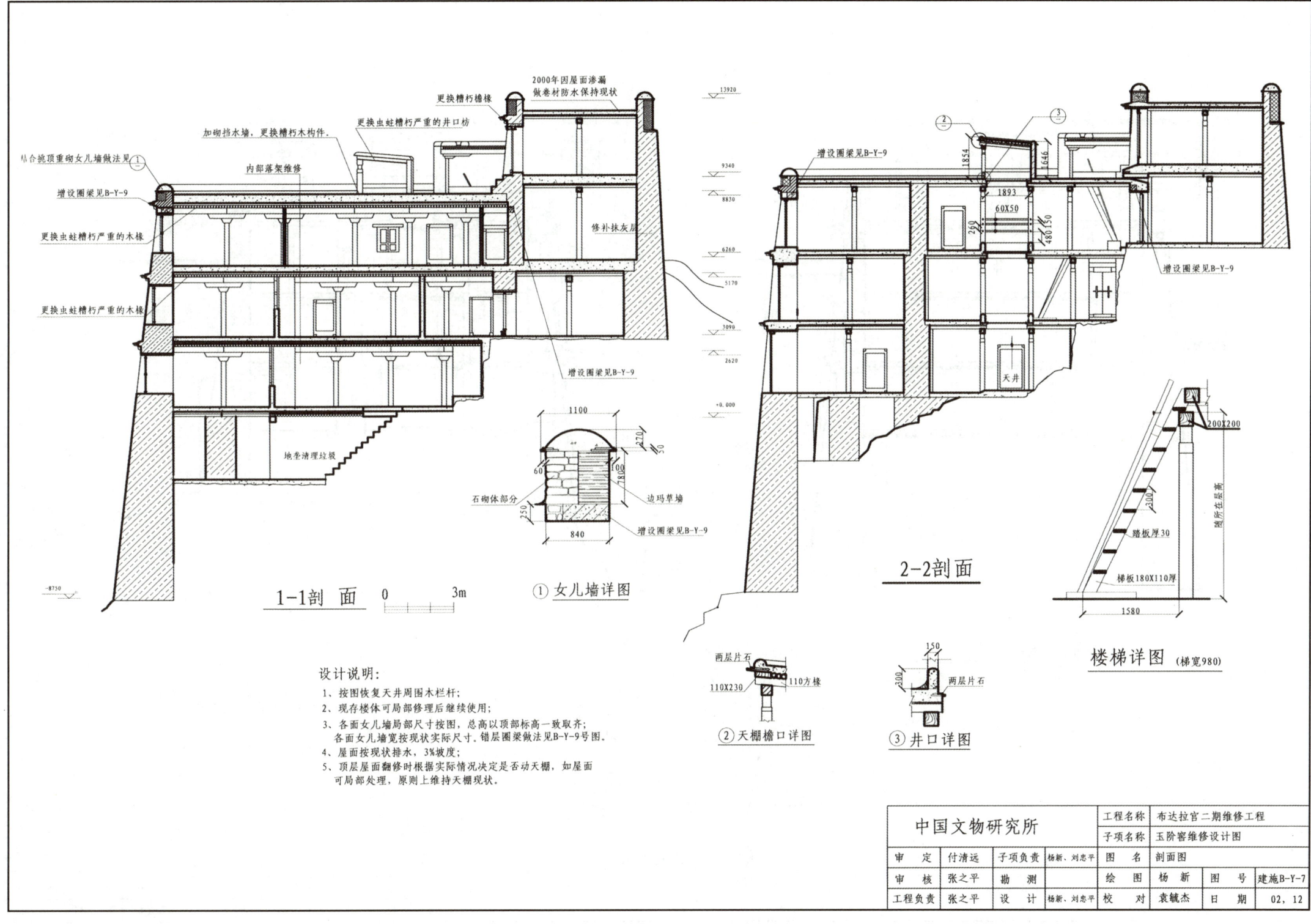

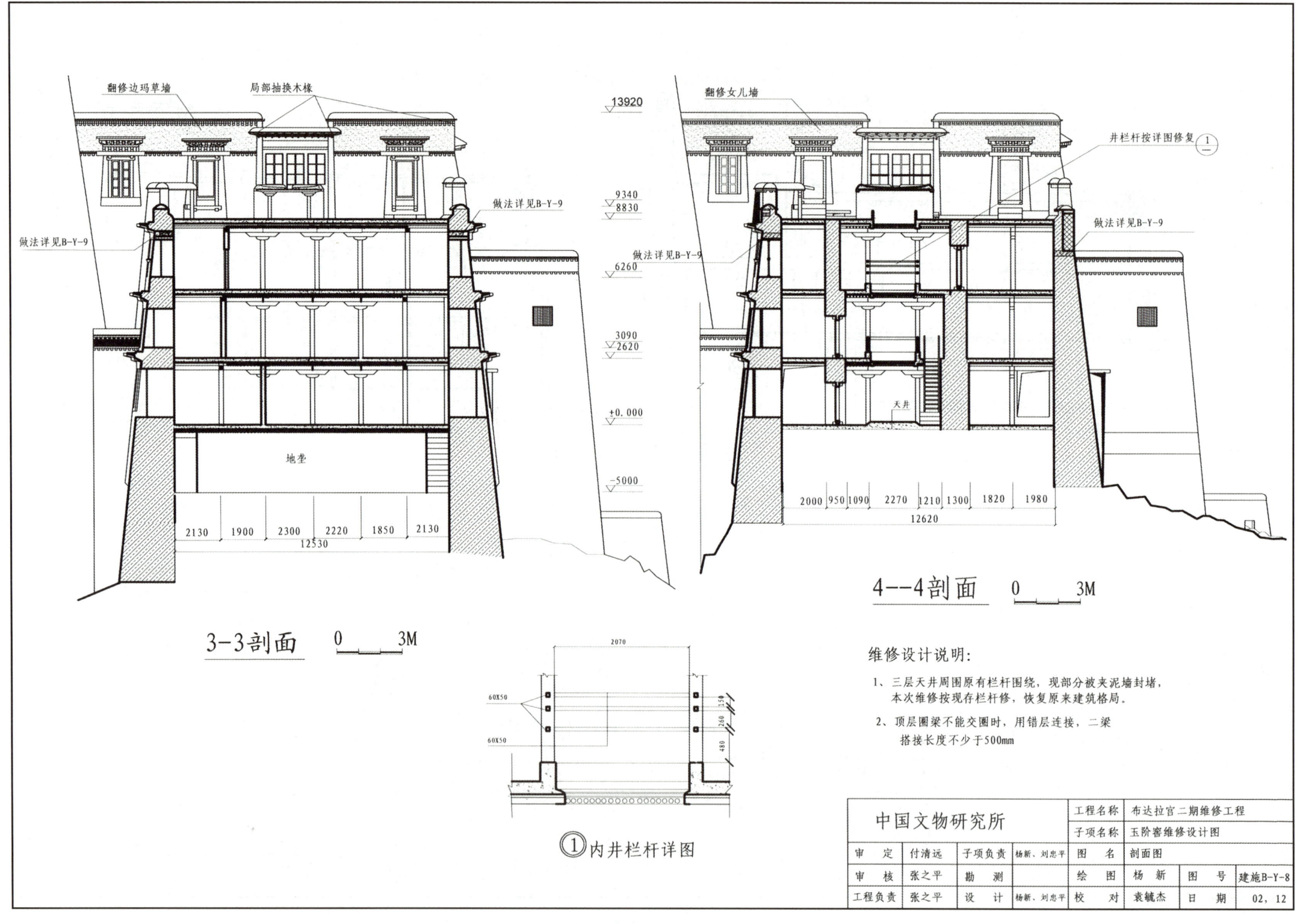

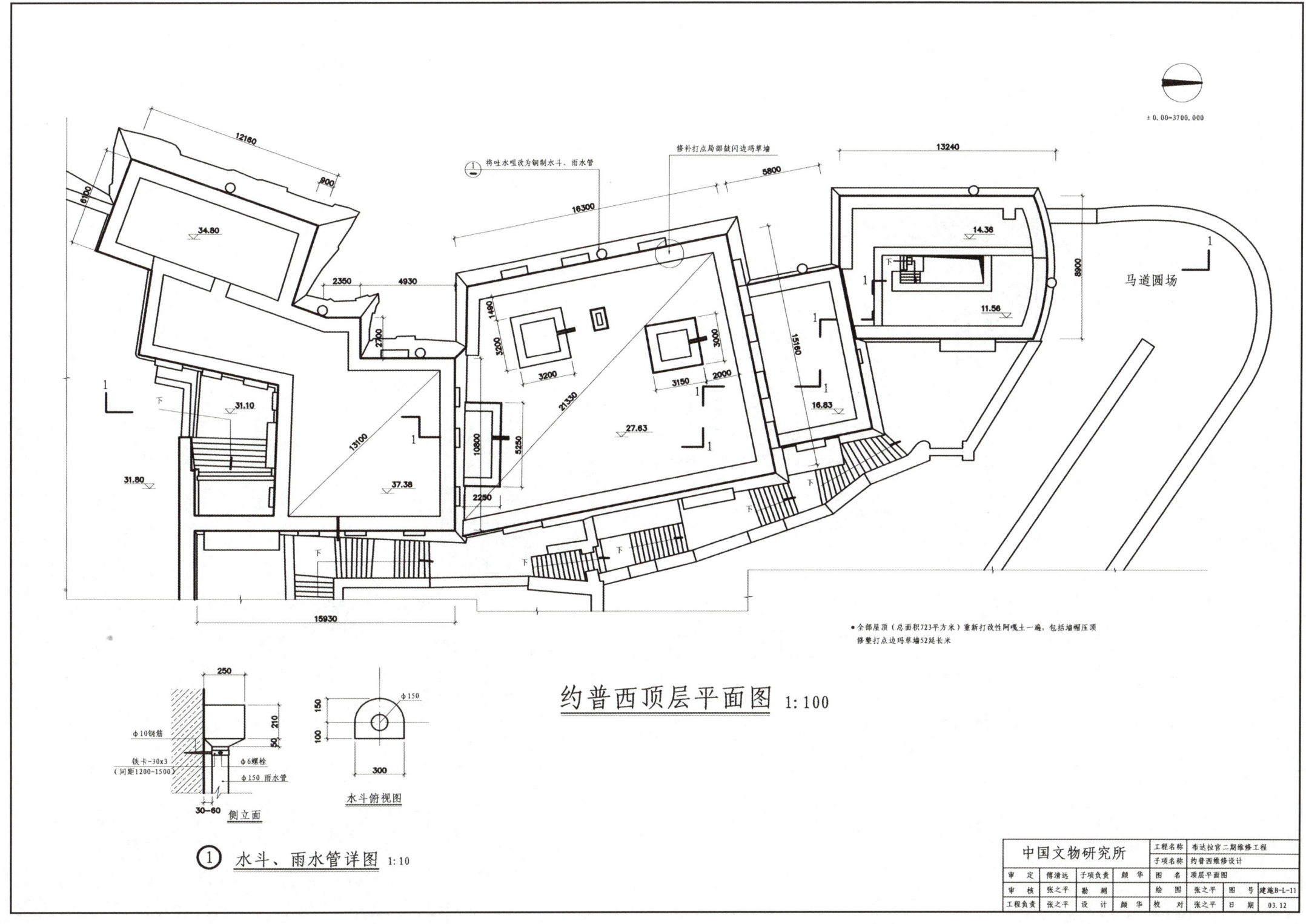

约普西顶层平面图 1:100

① 水斗、雨水管详图 1:10

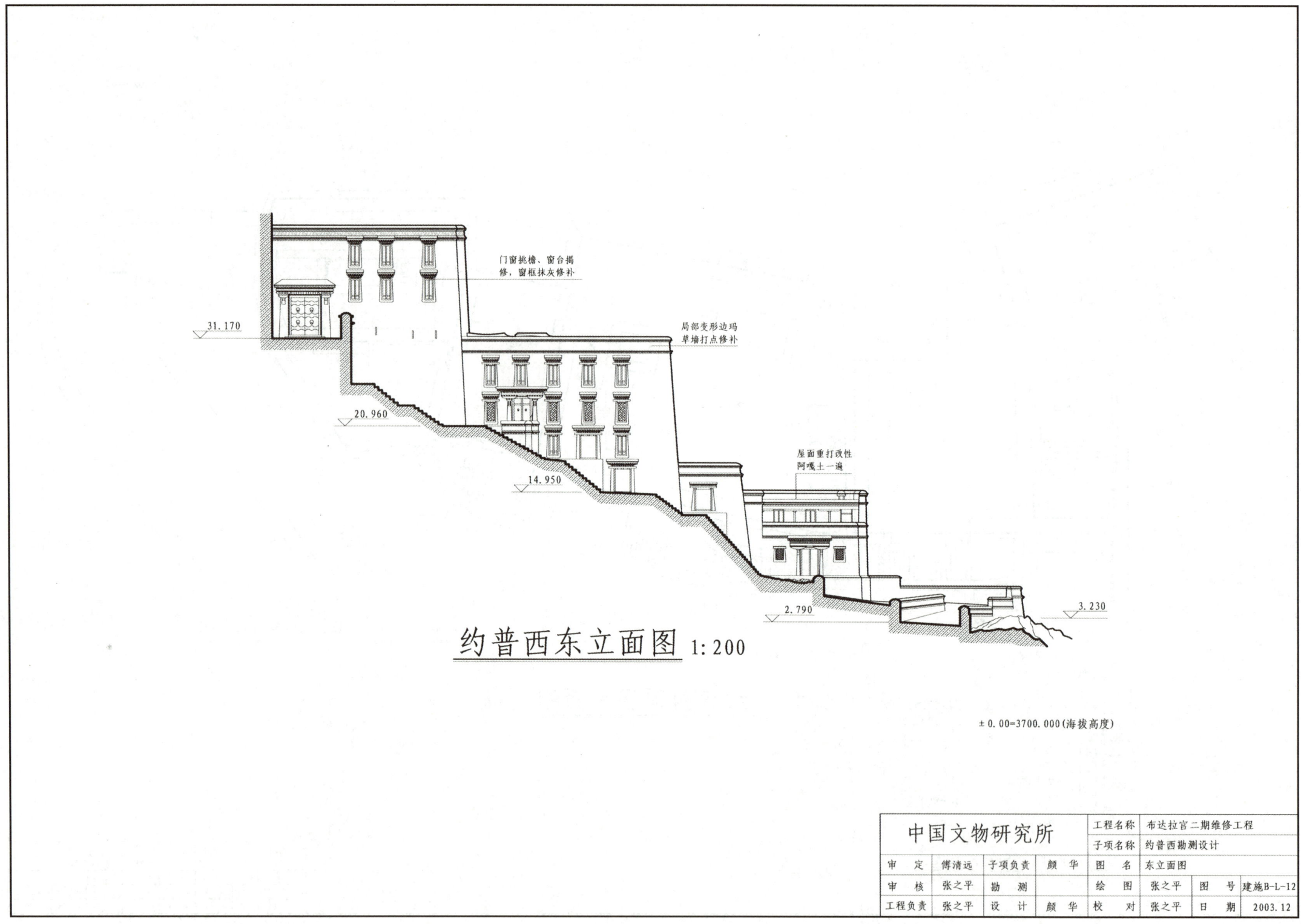

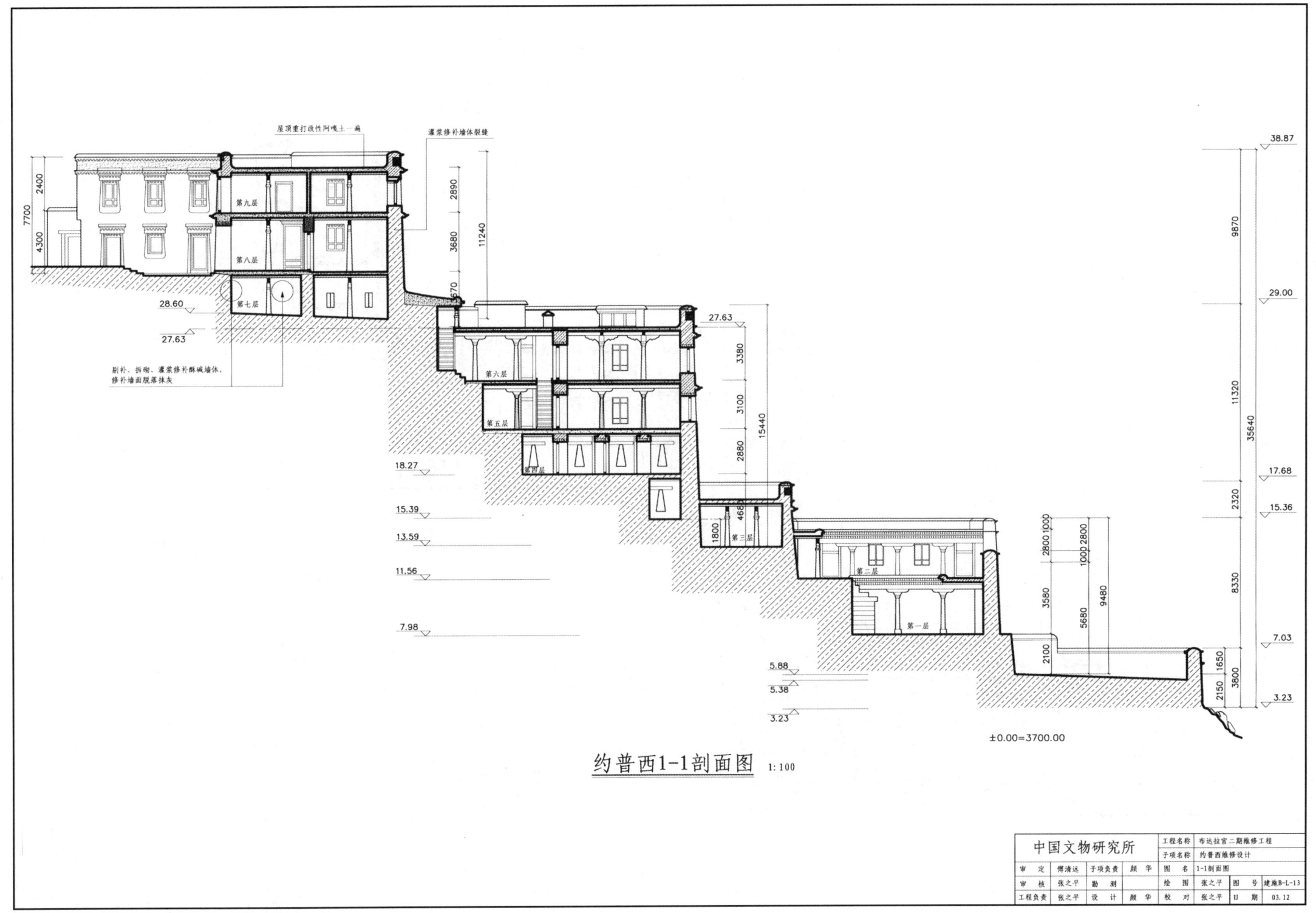

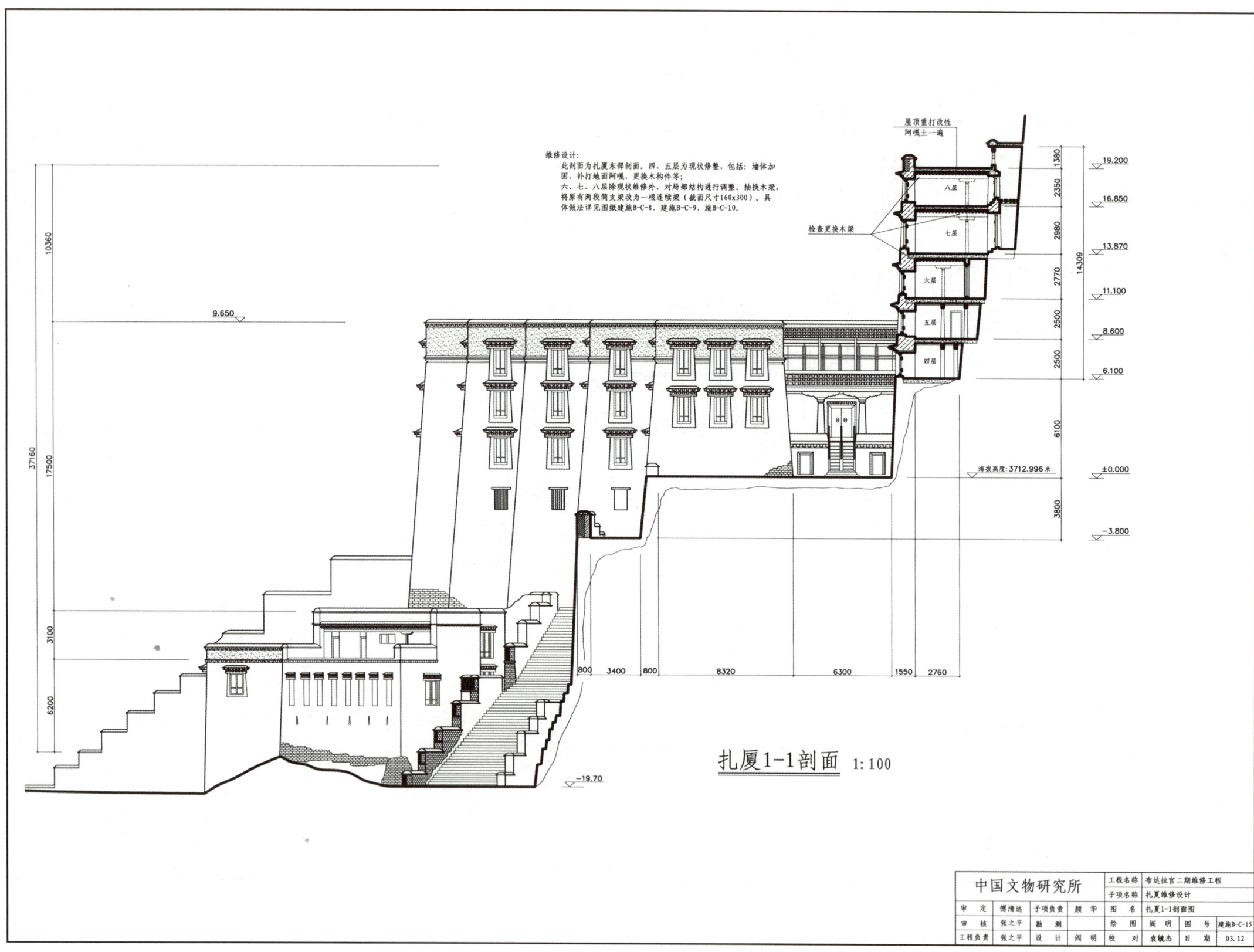

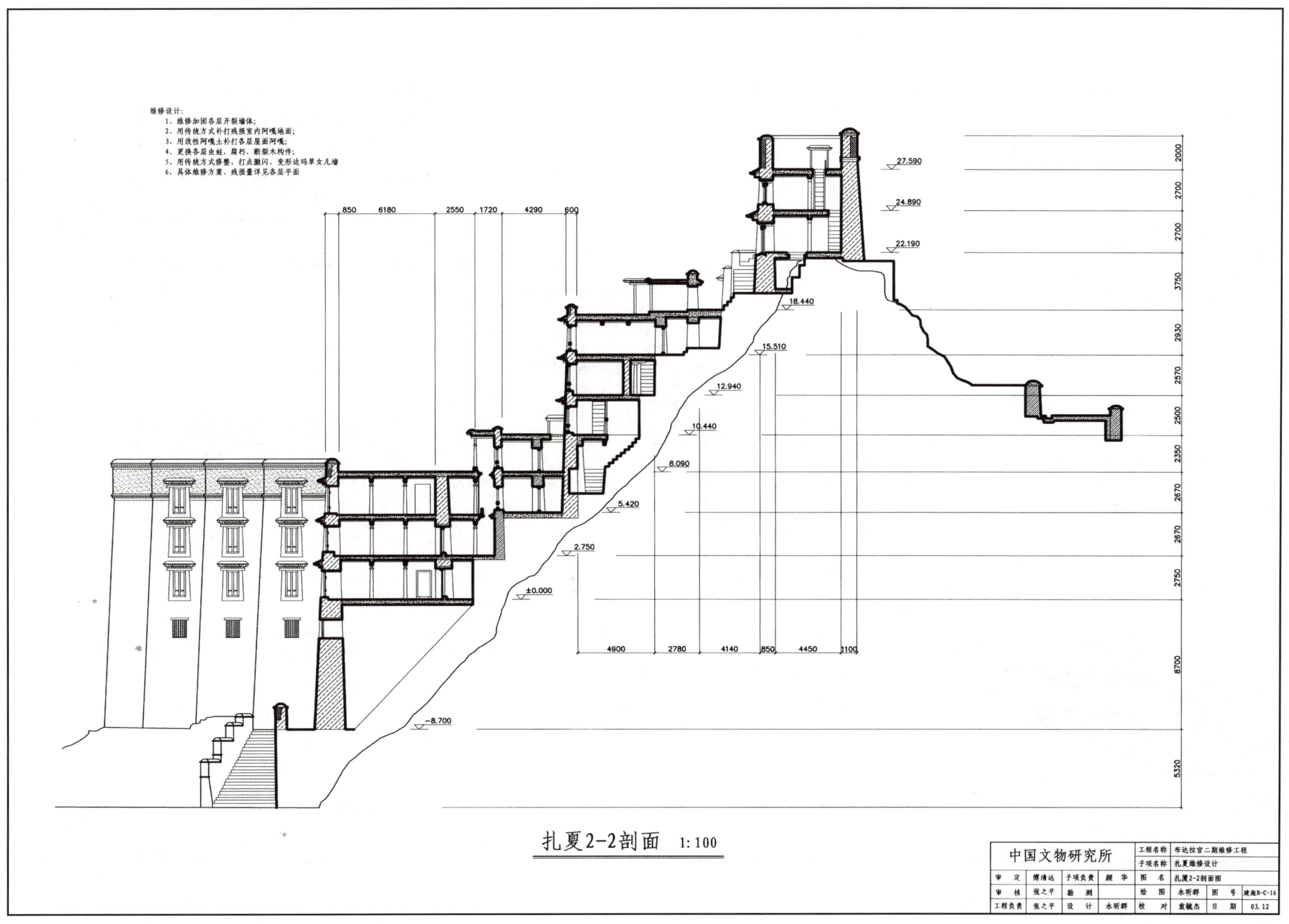

扎夏2-2剖面 1:100

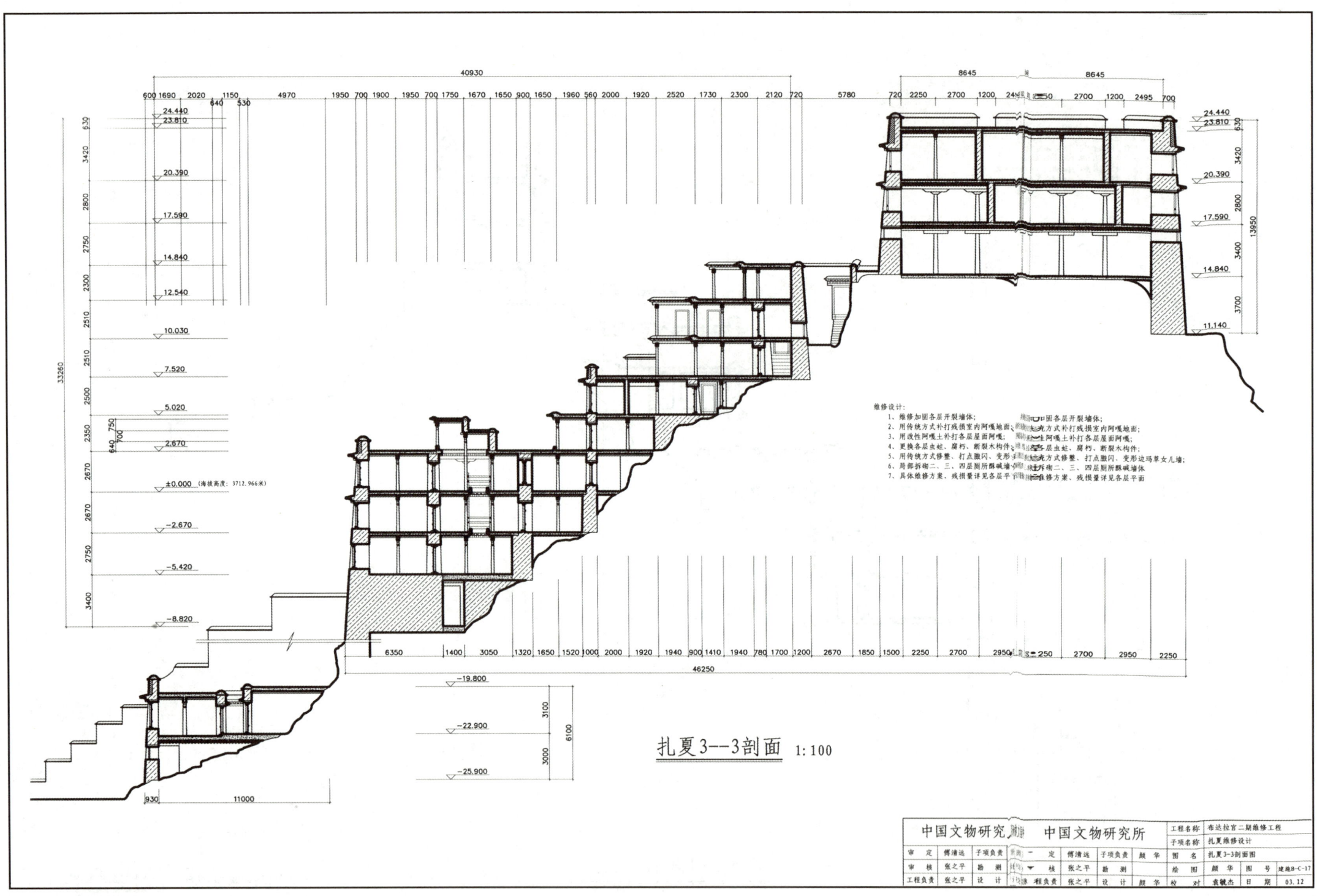

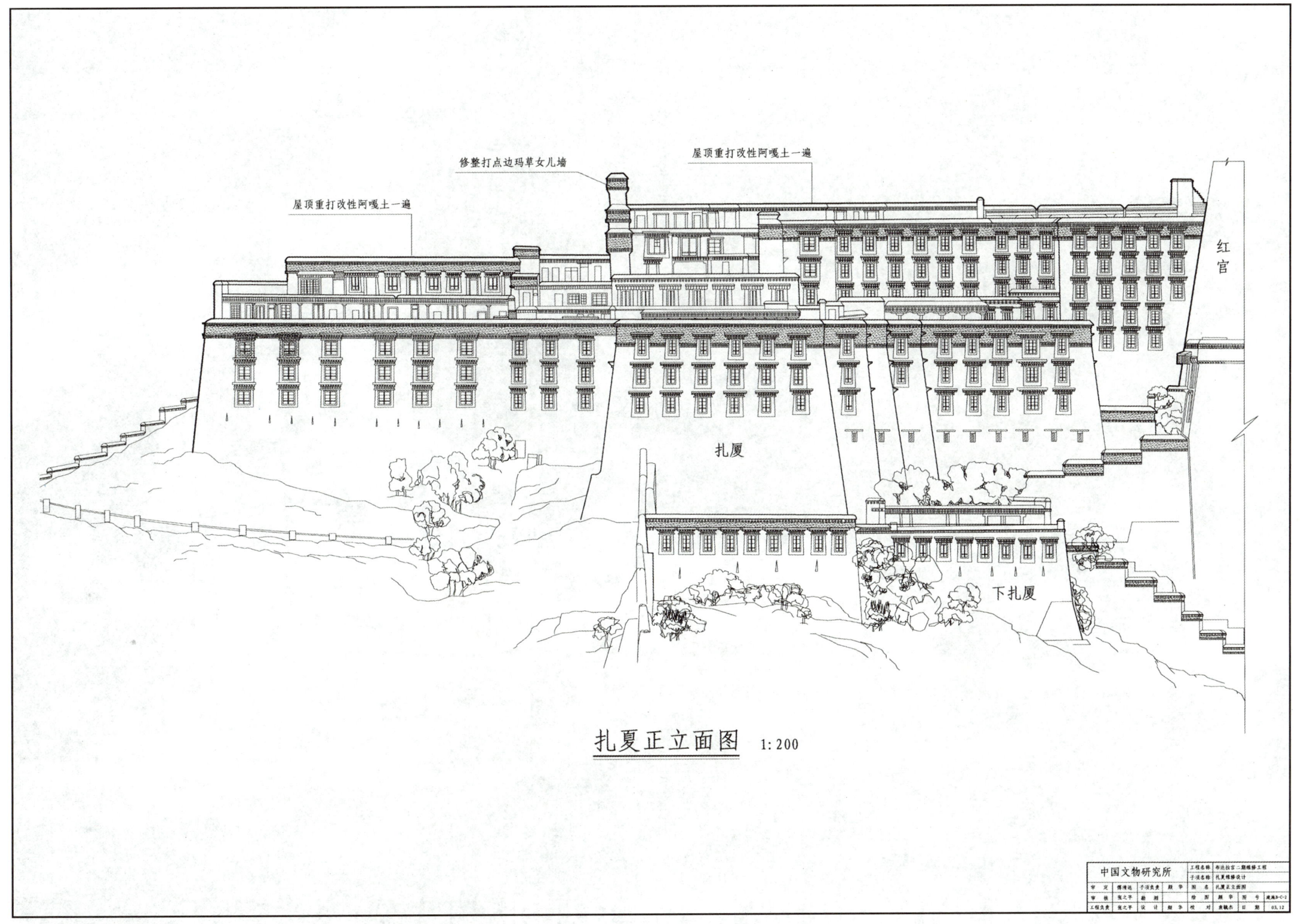

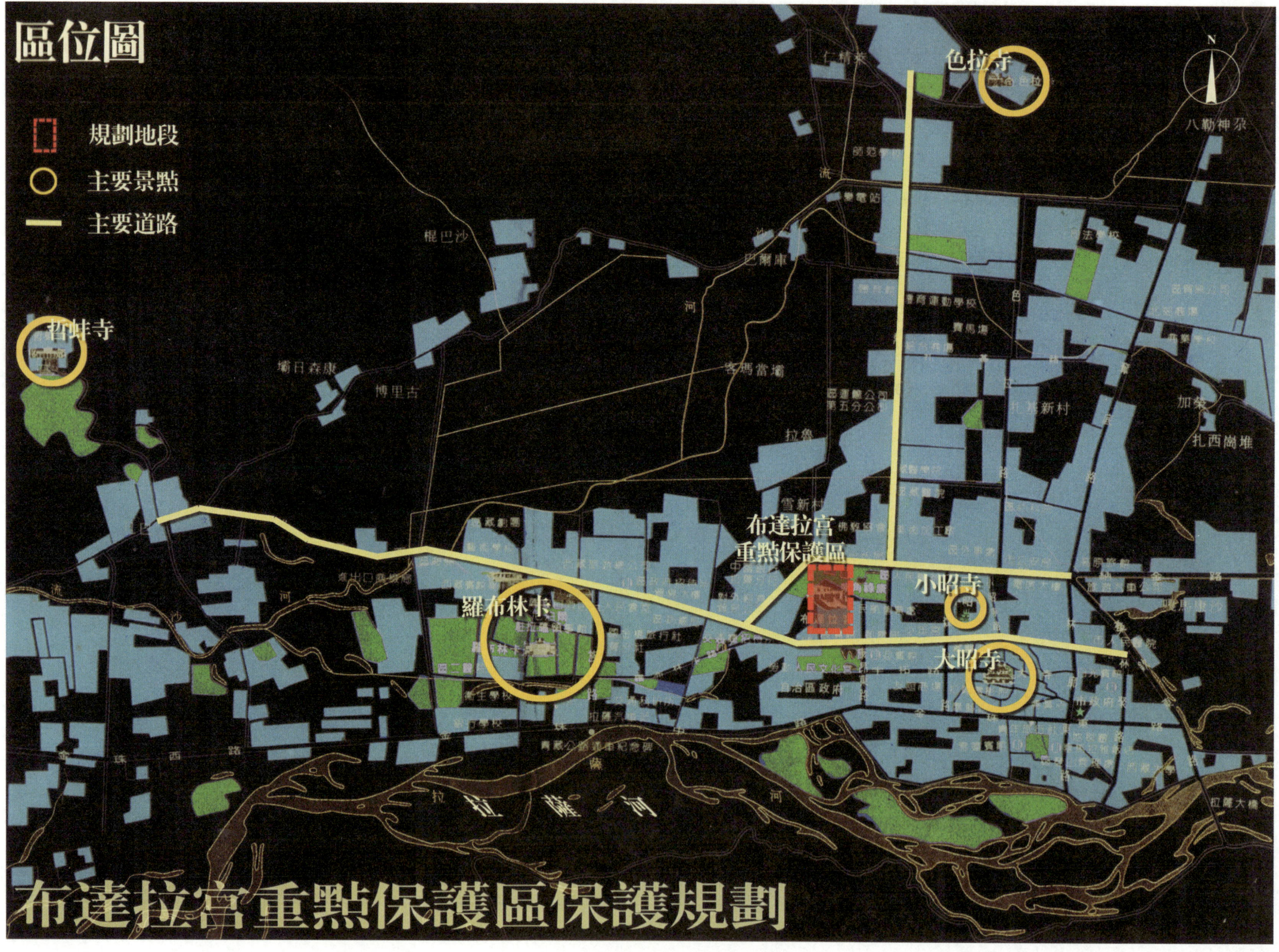

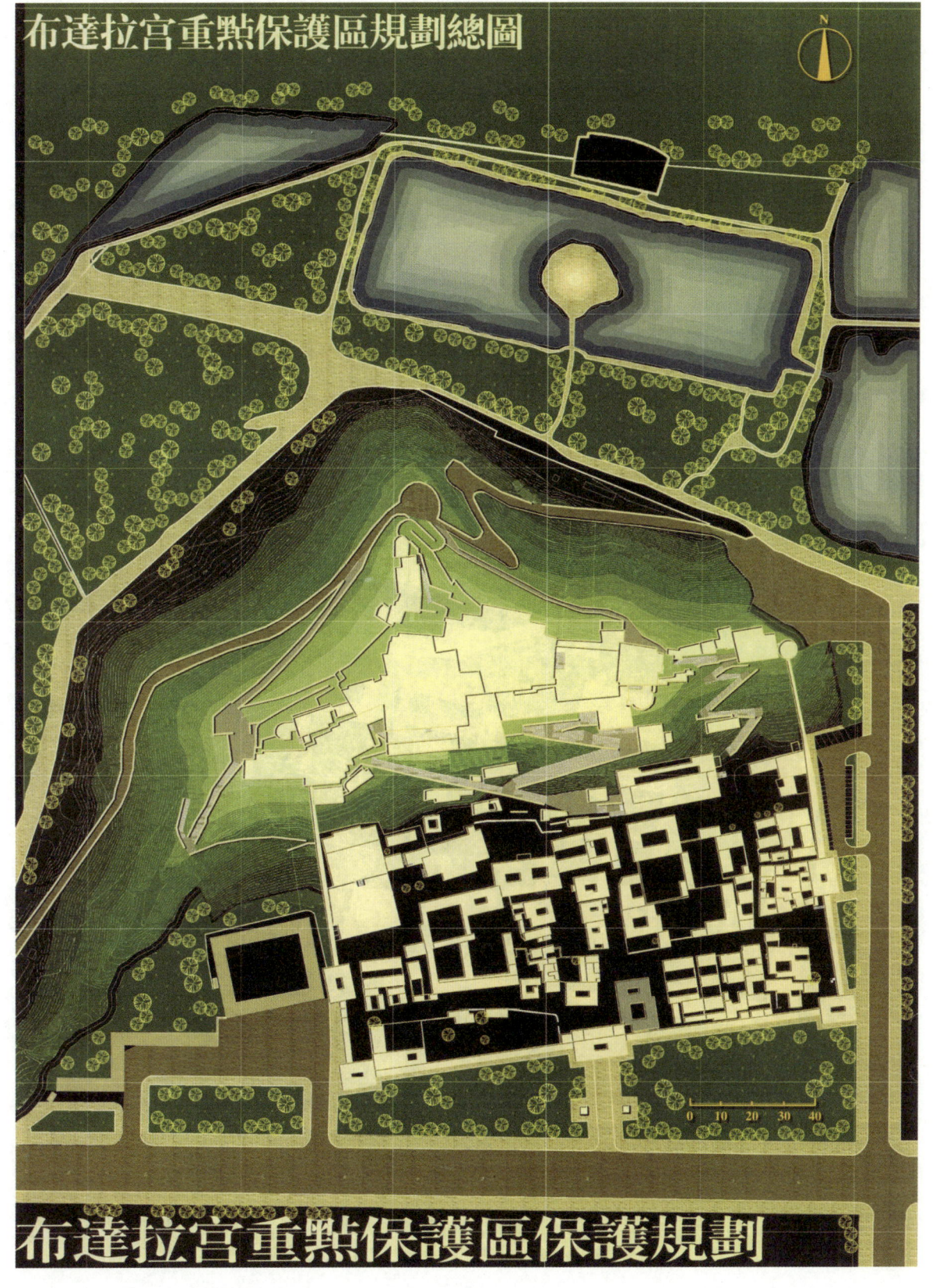

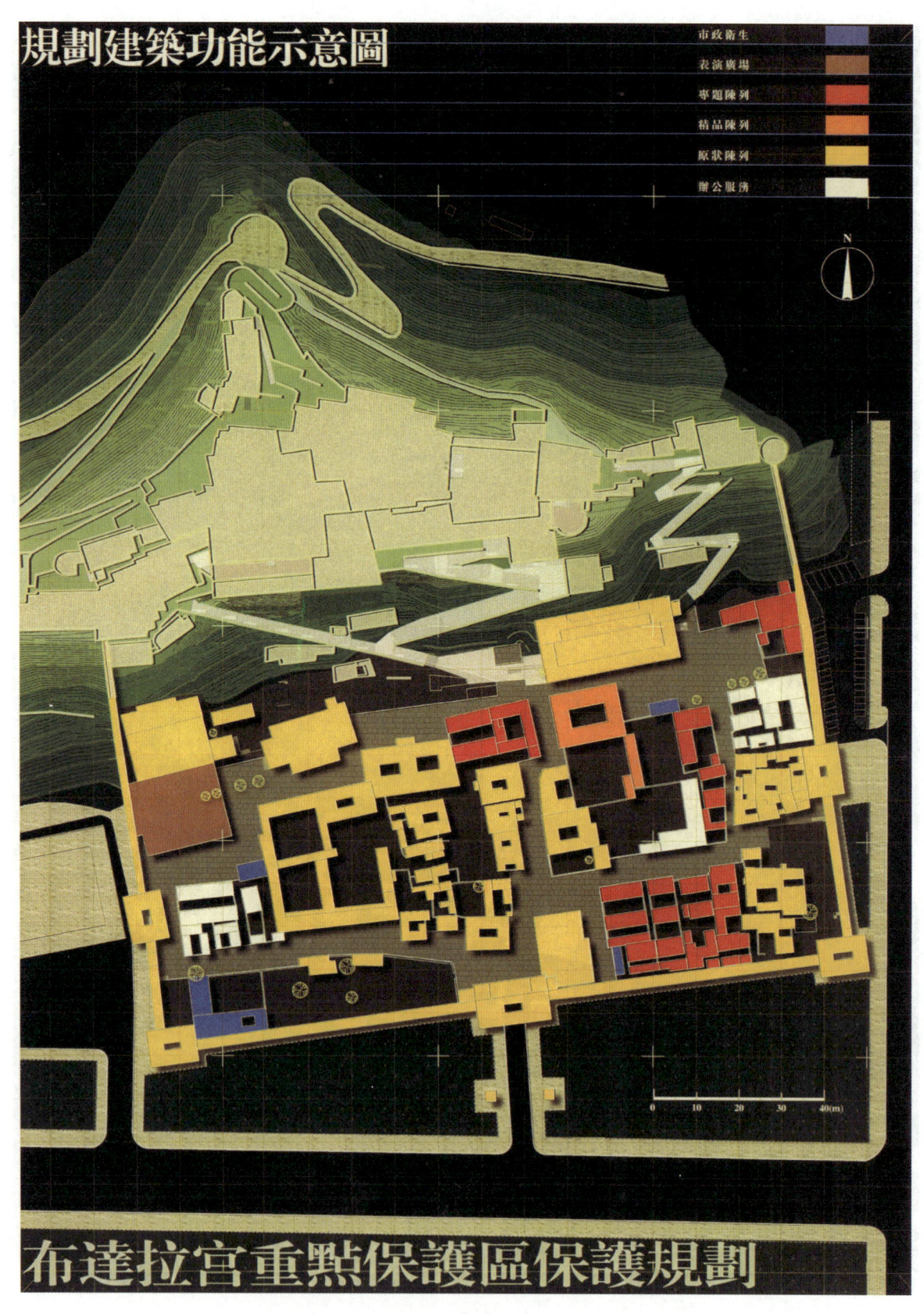

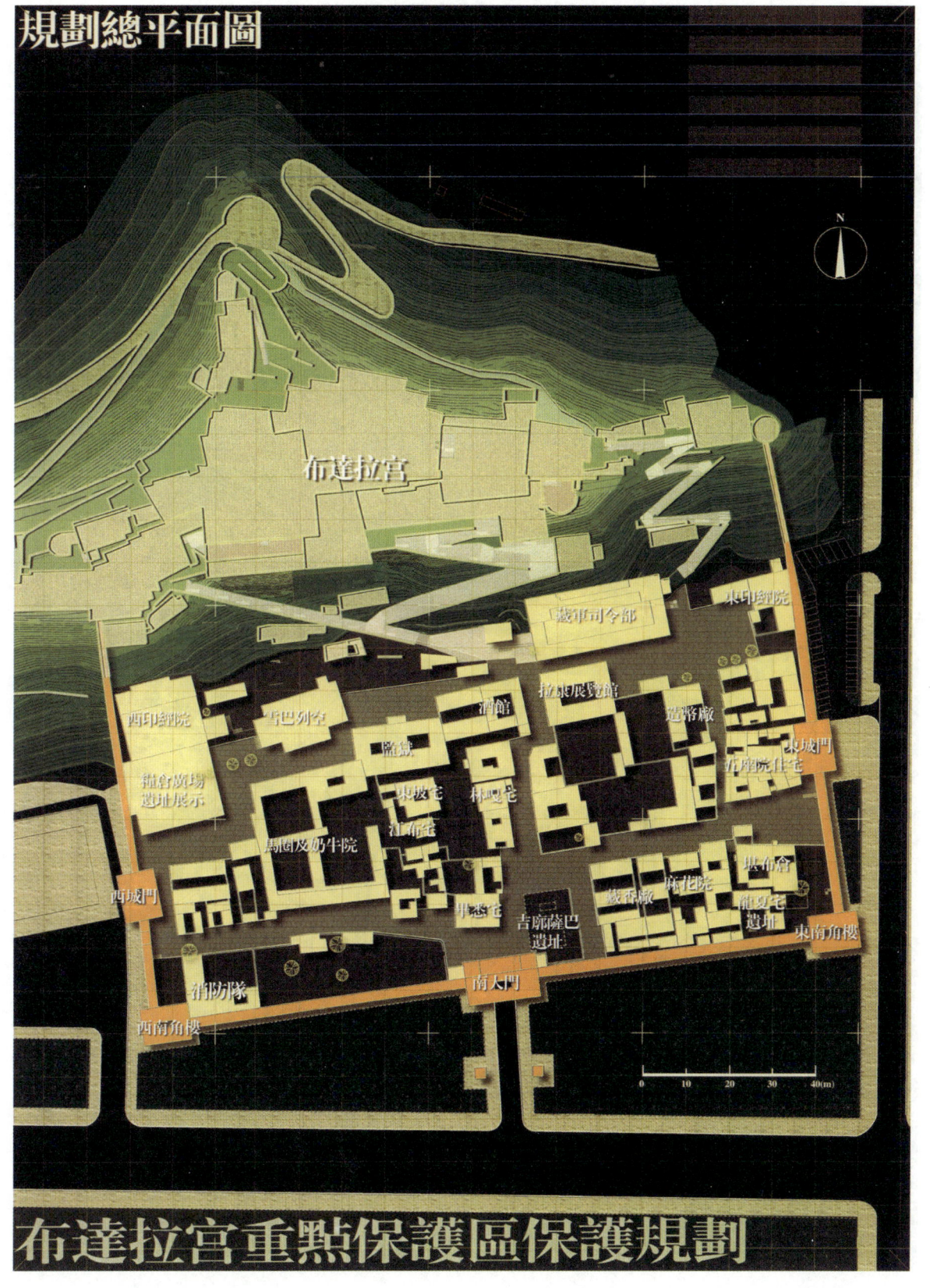

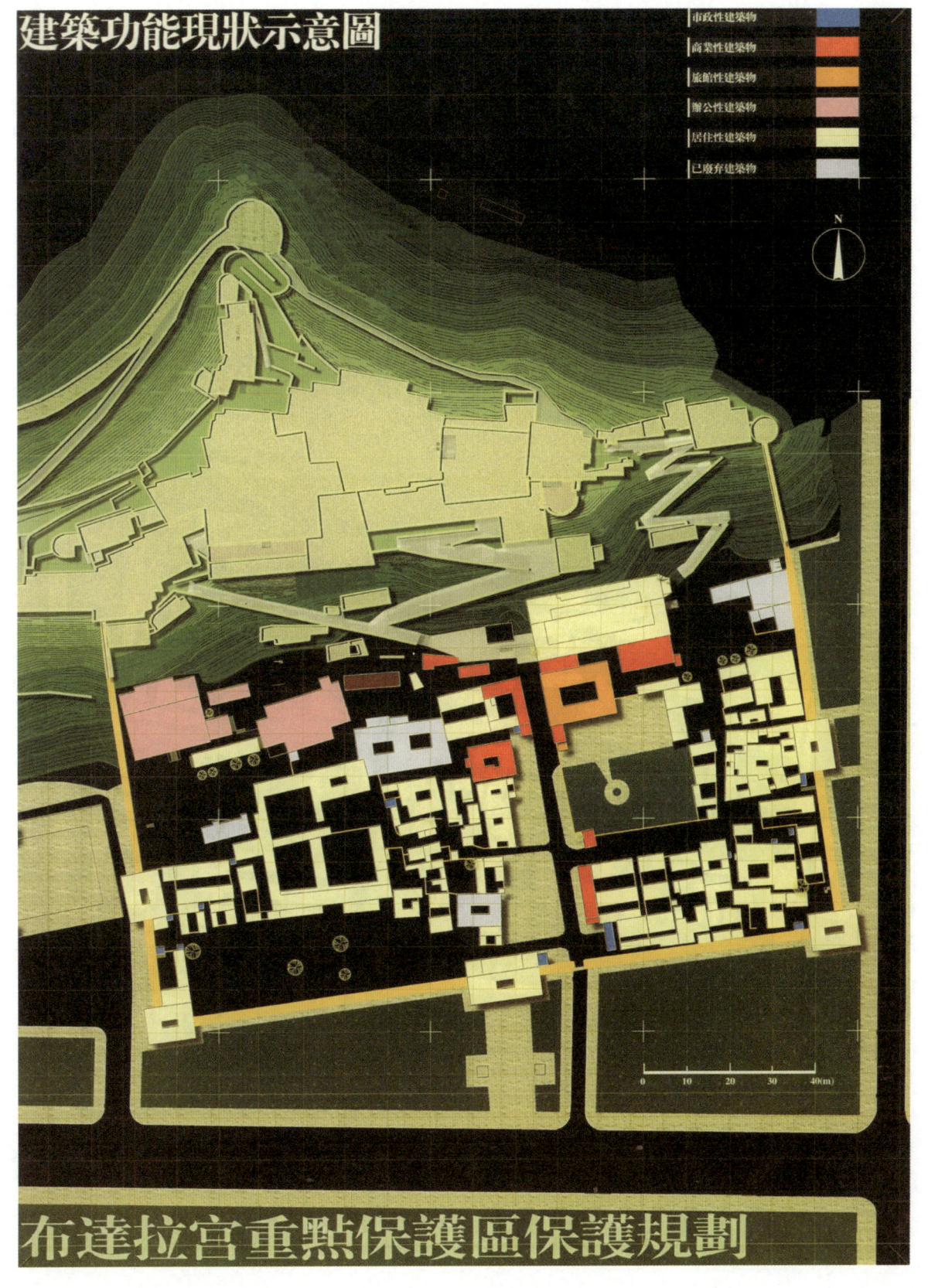

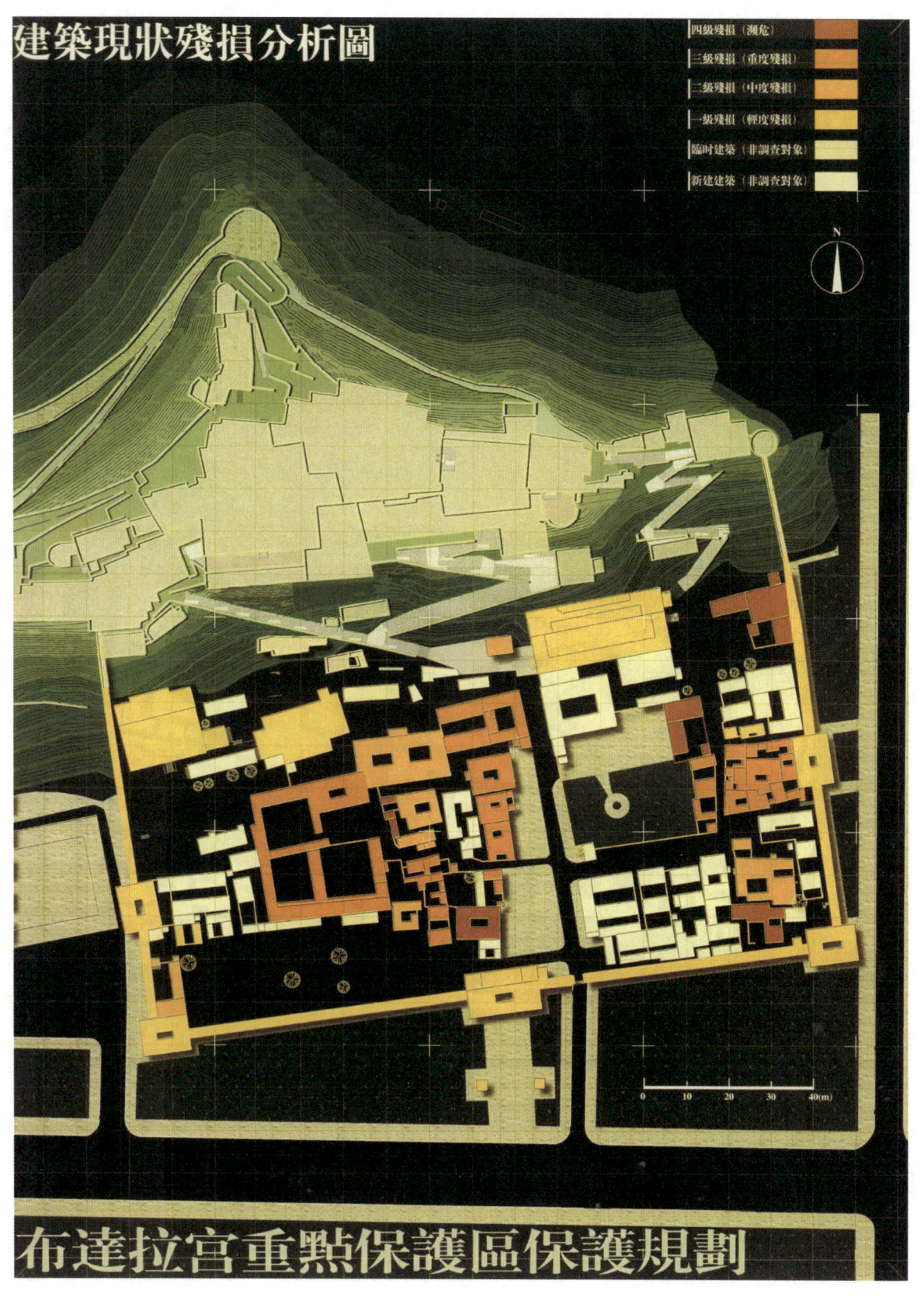

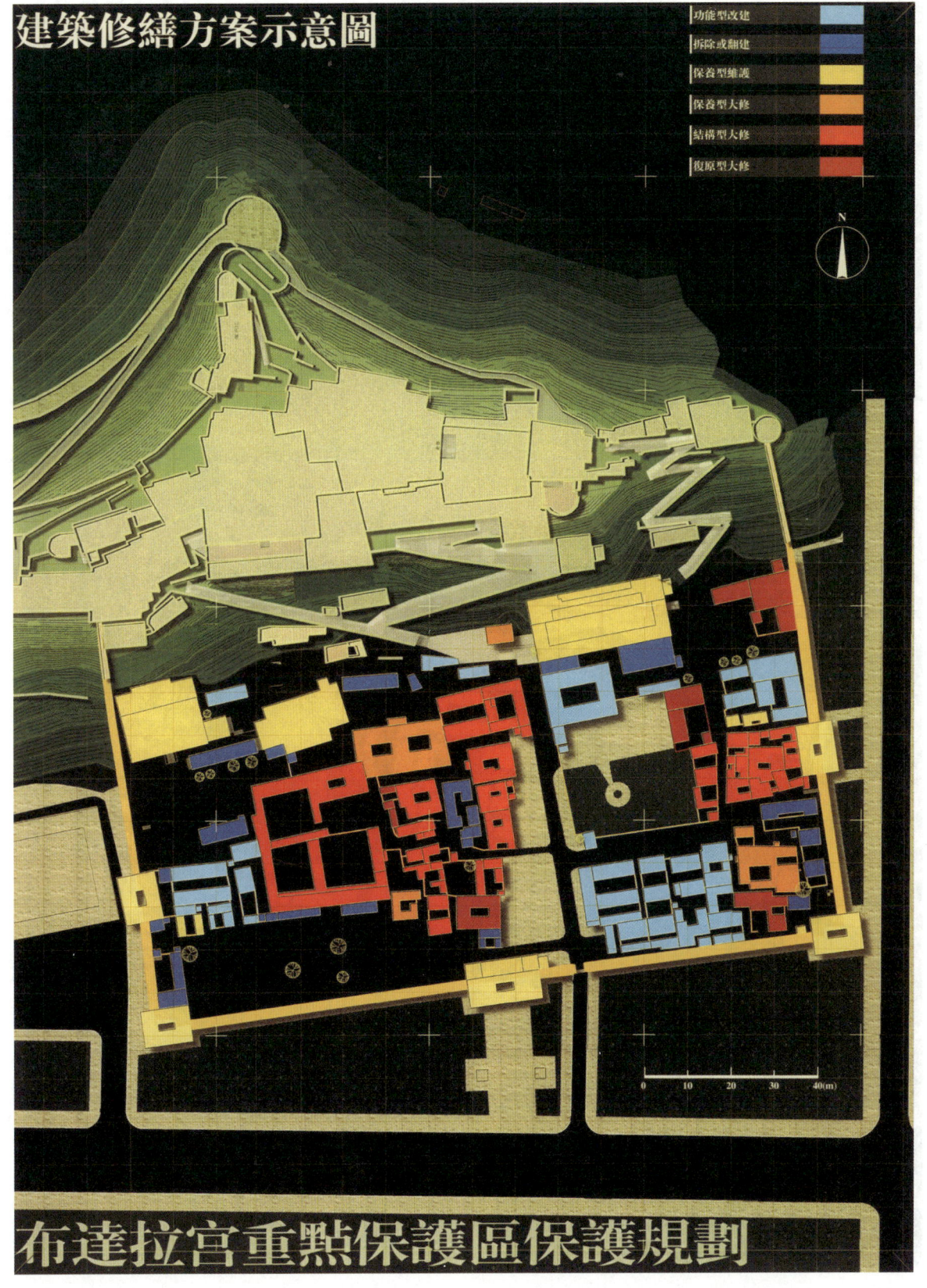

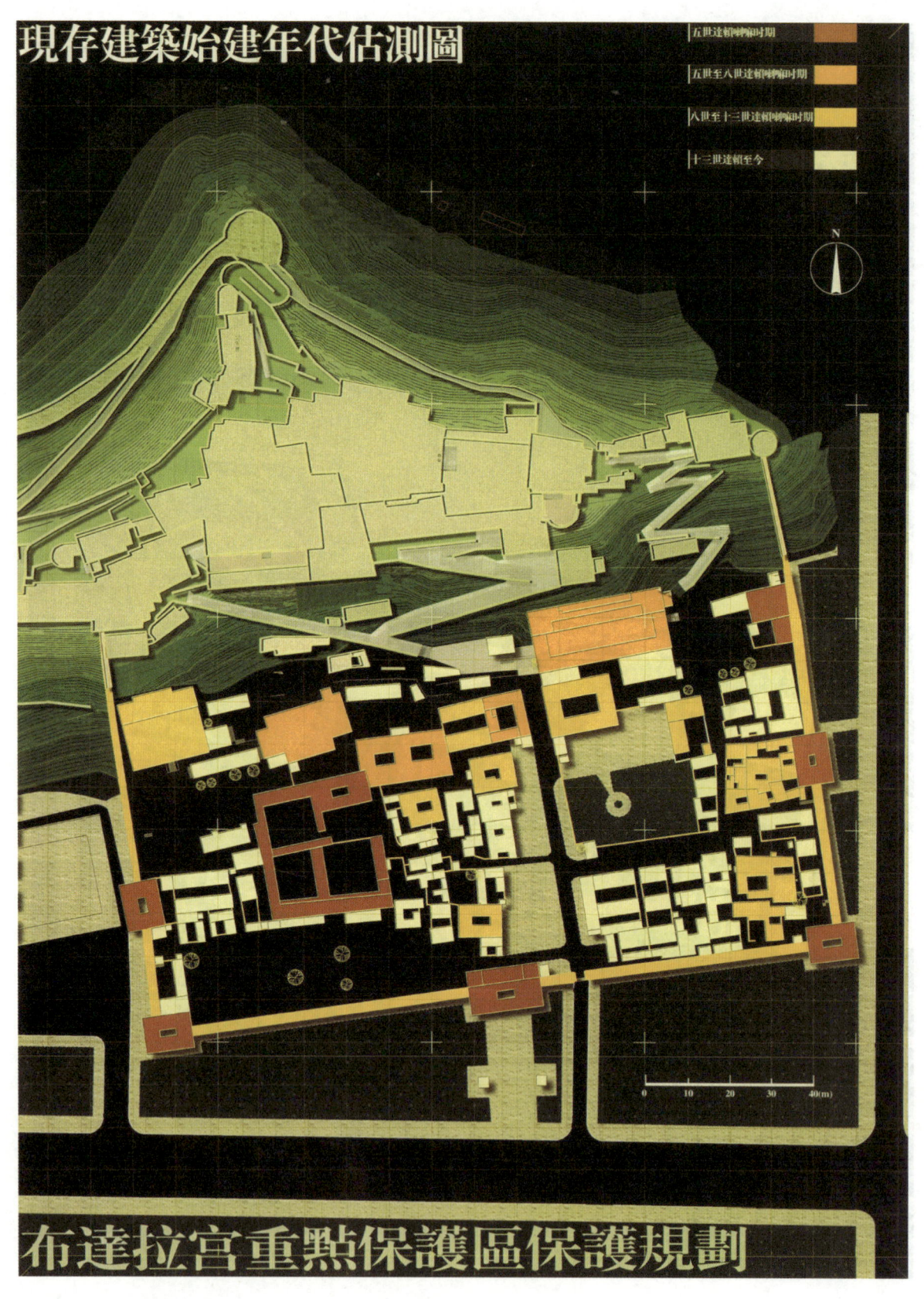

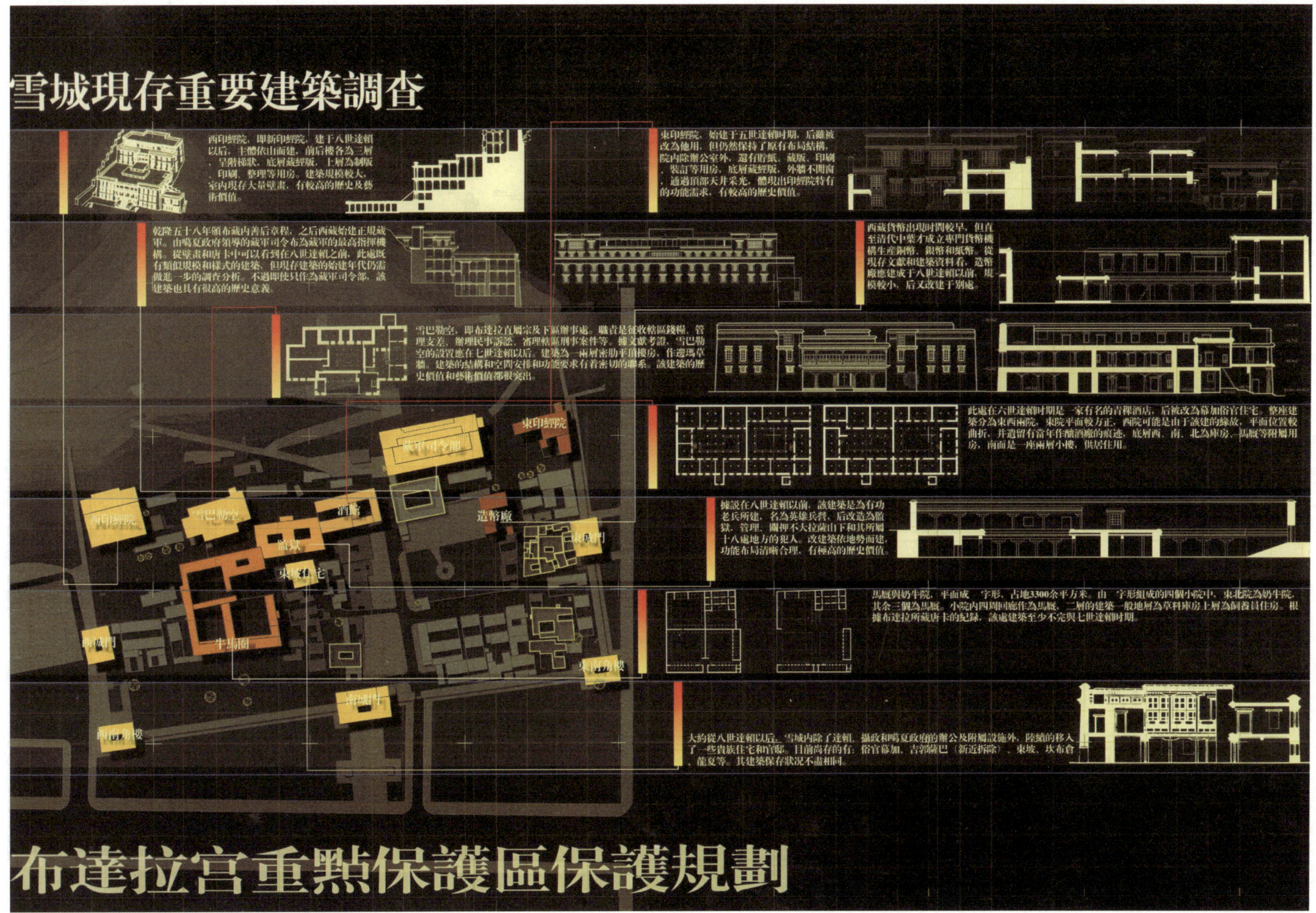

# 罗布林卡

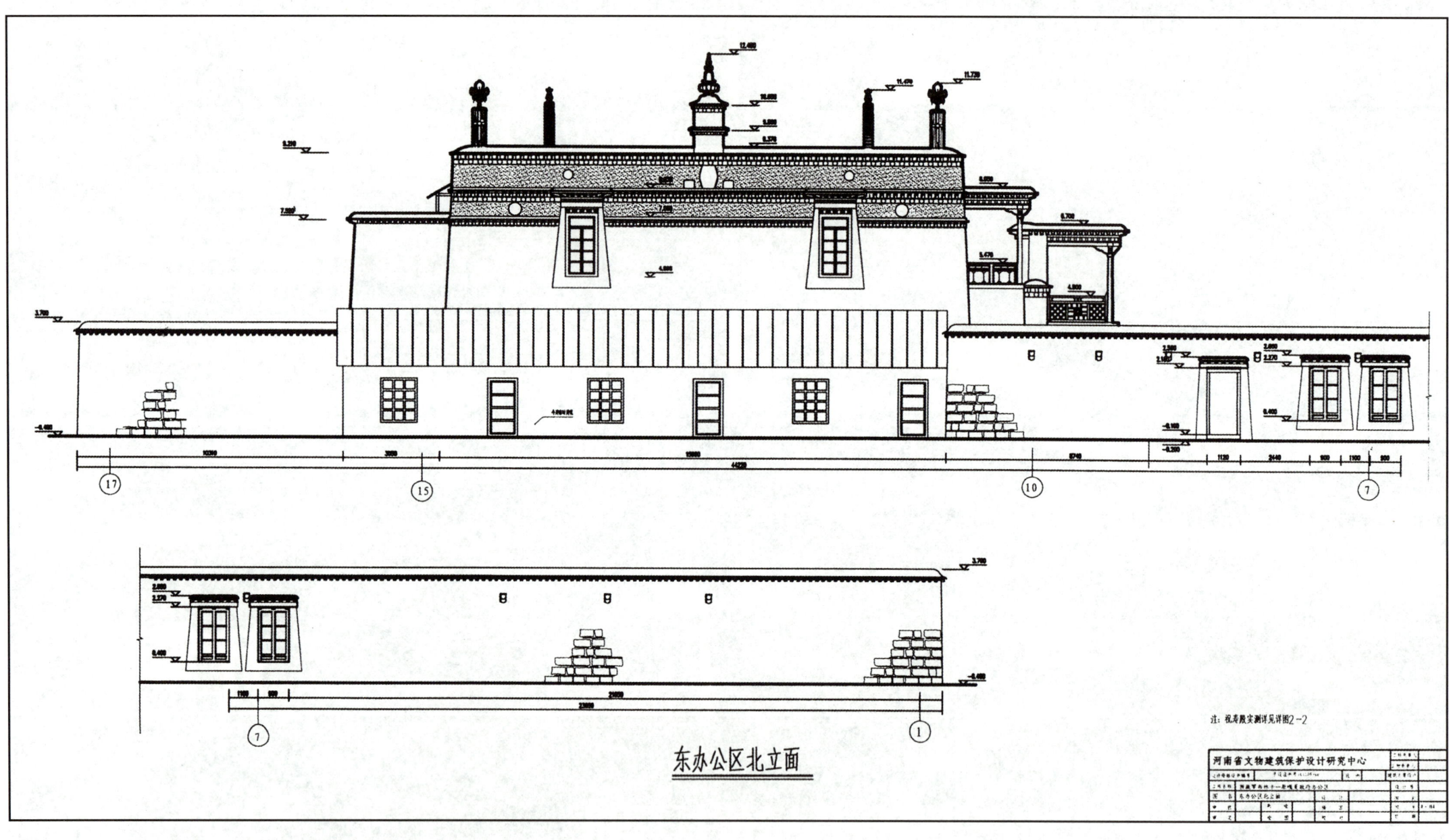

东办公区北立面

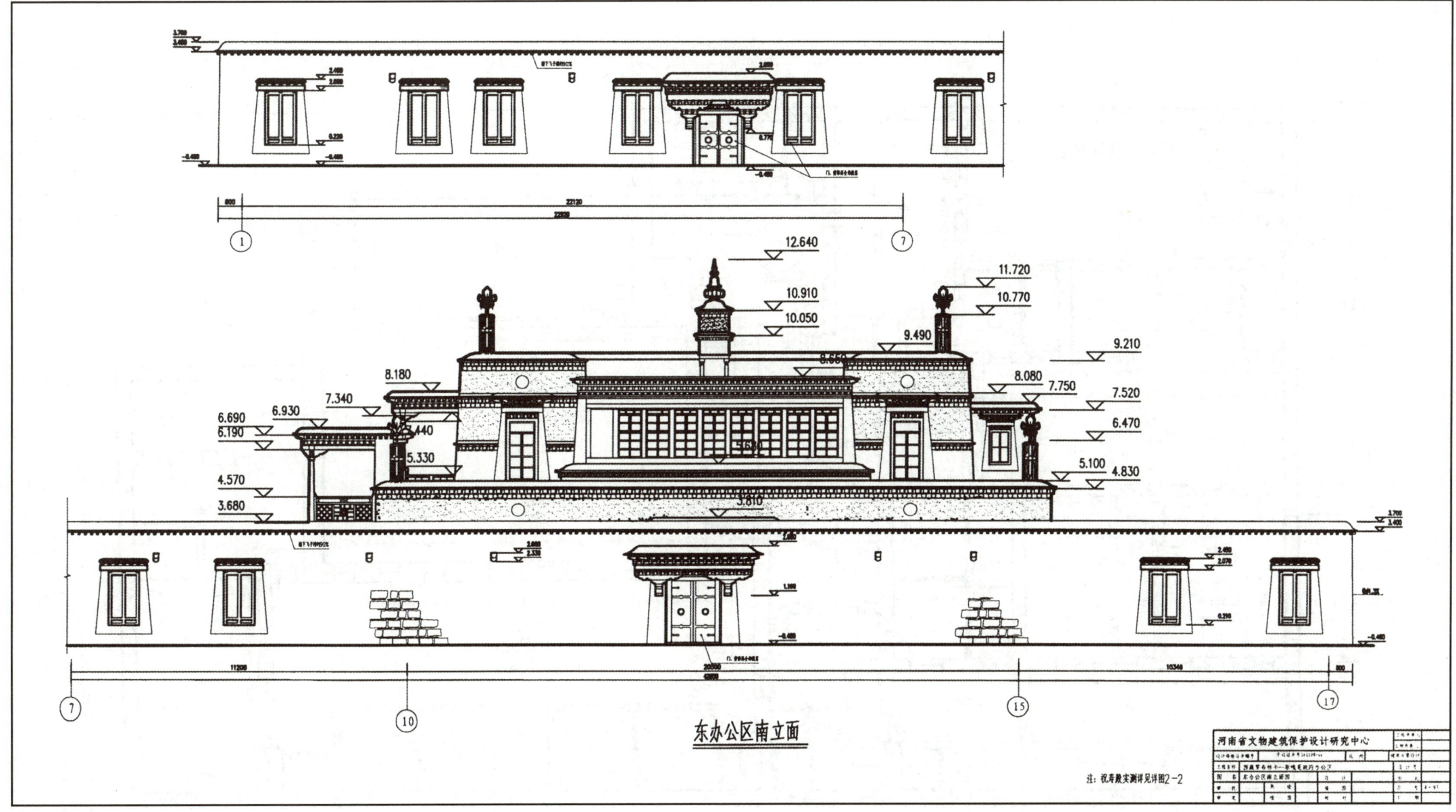

东办公区南立面

# 西藏三大重点文物保护维修工程实录

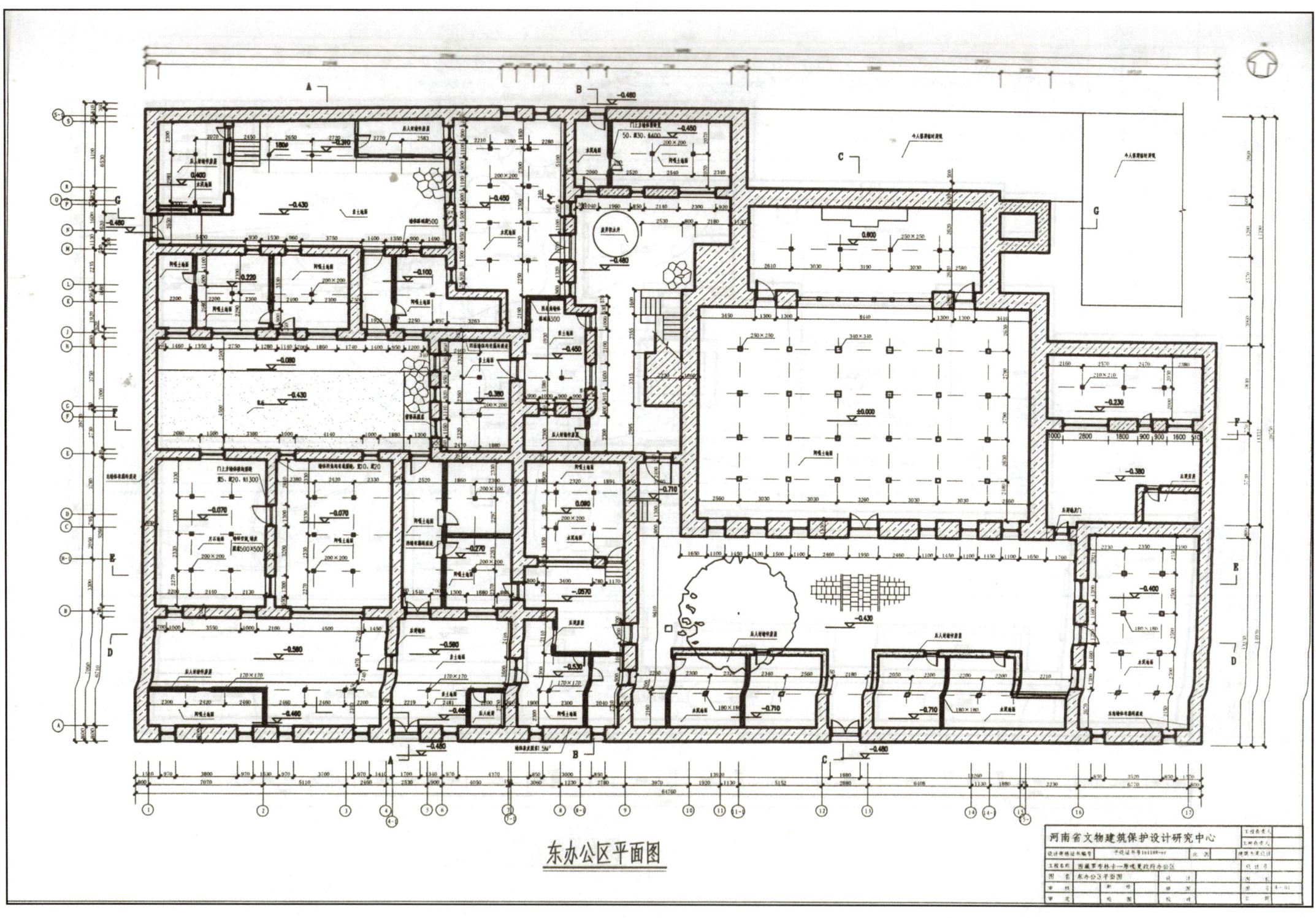

东办公区平面图

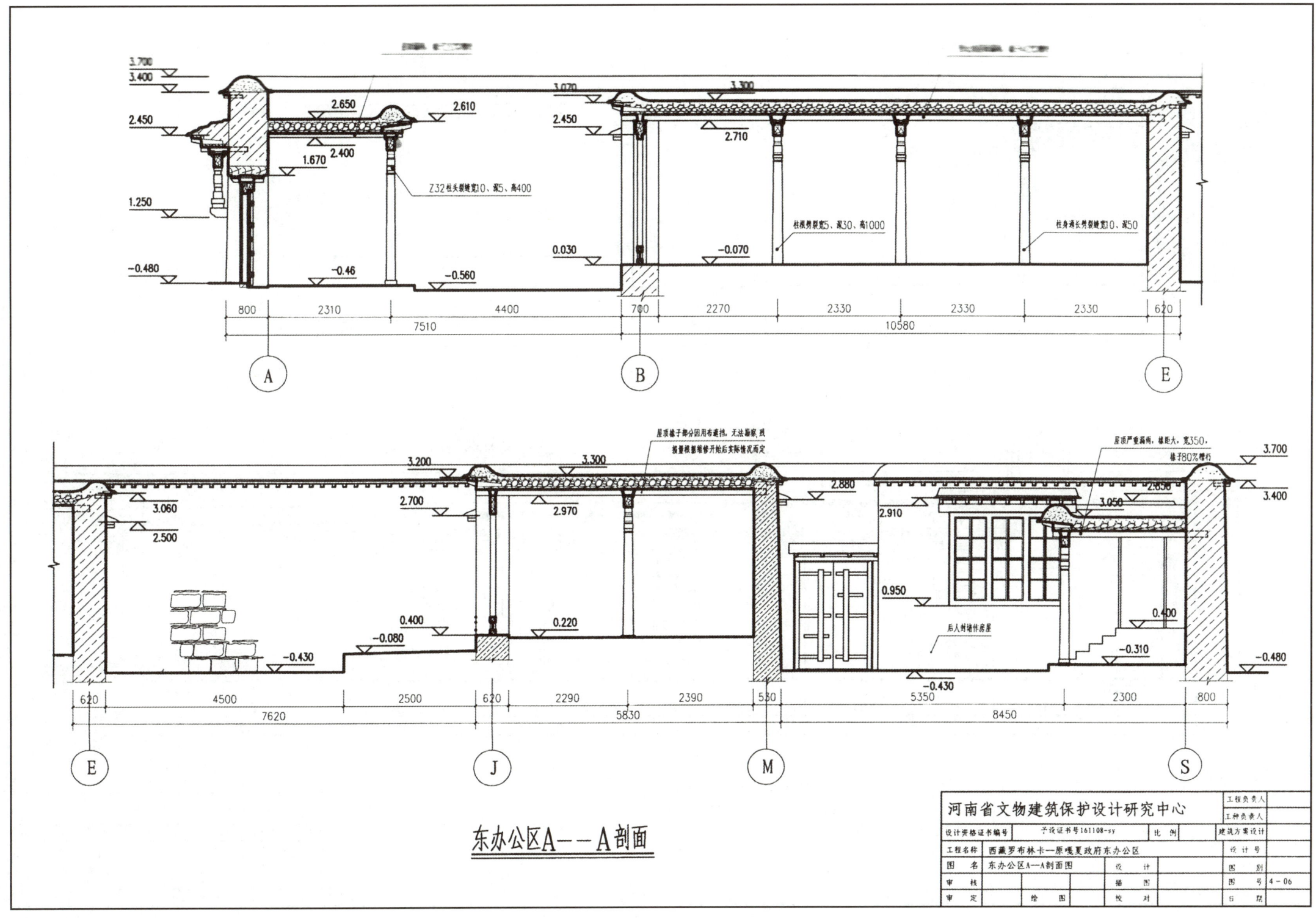

东办公区A——A剖面

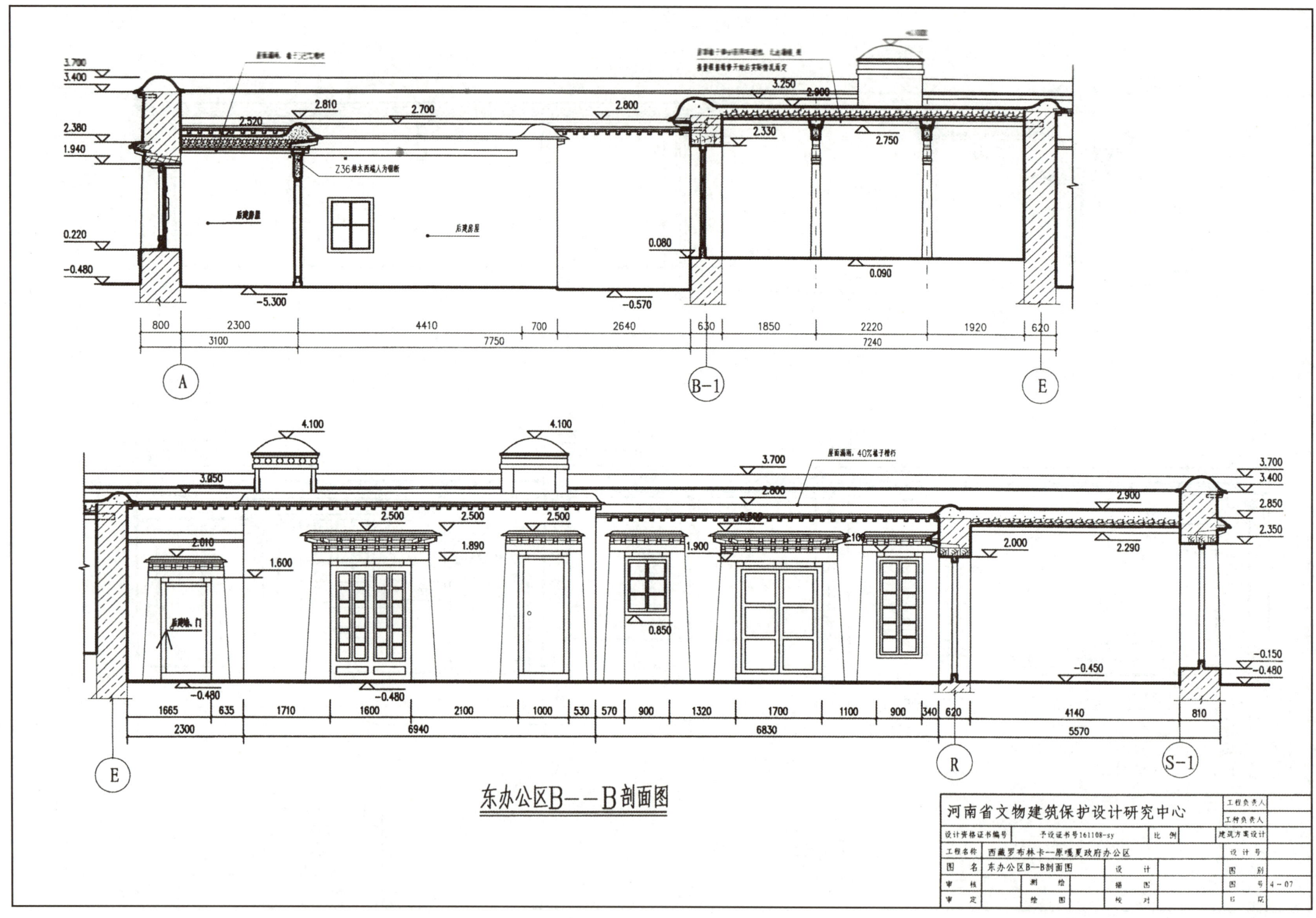

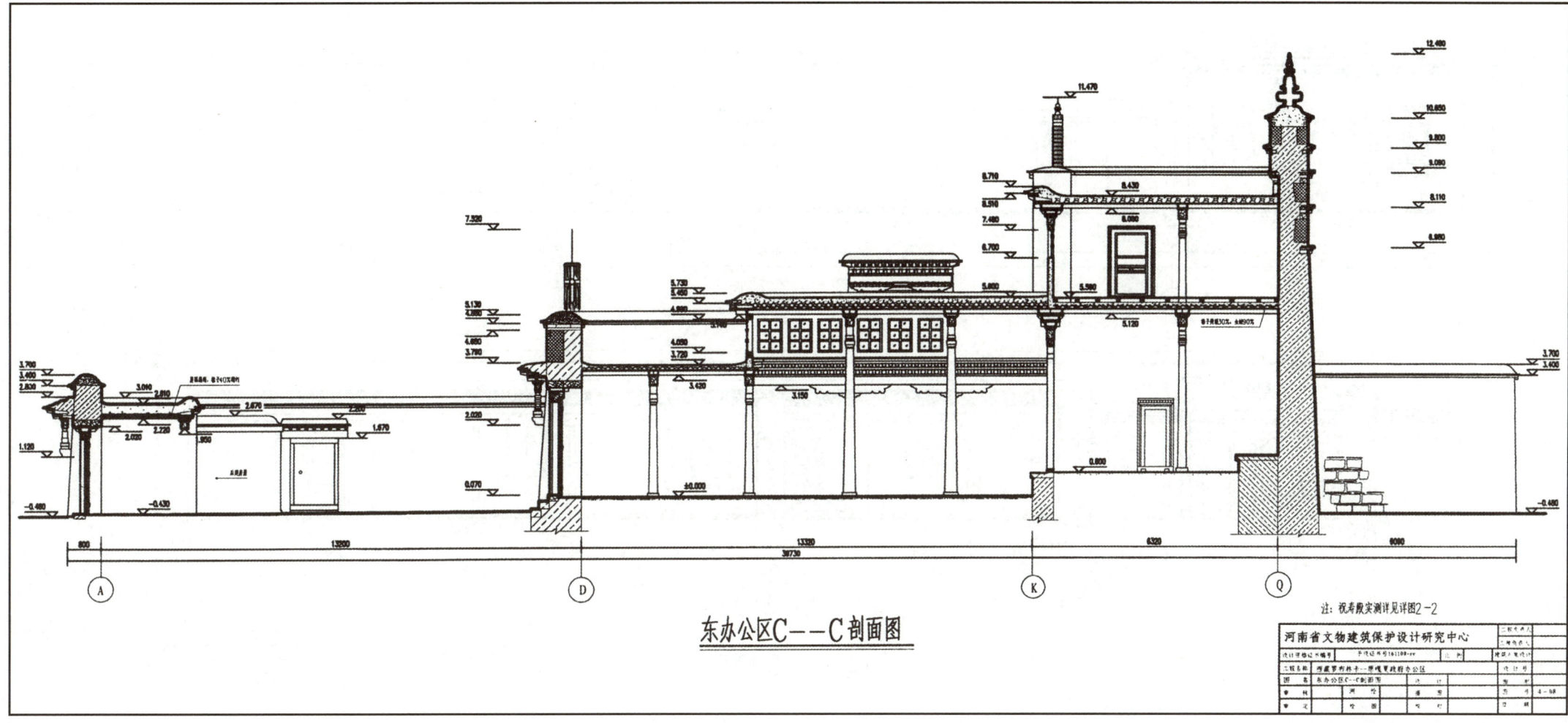

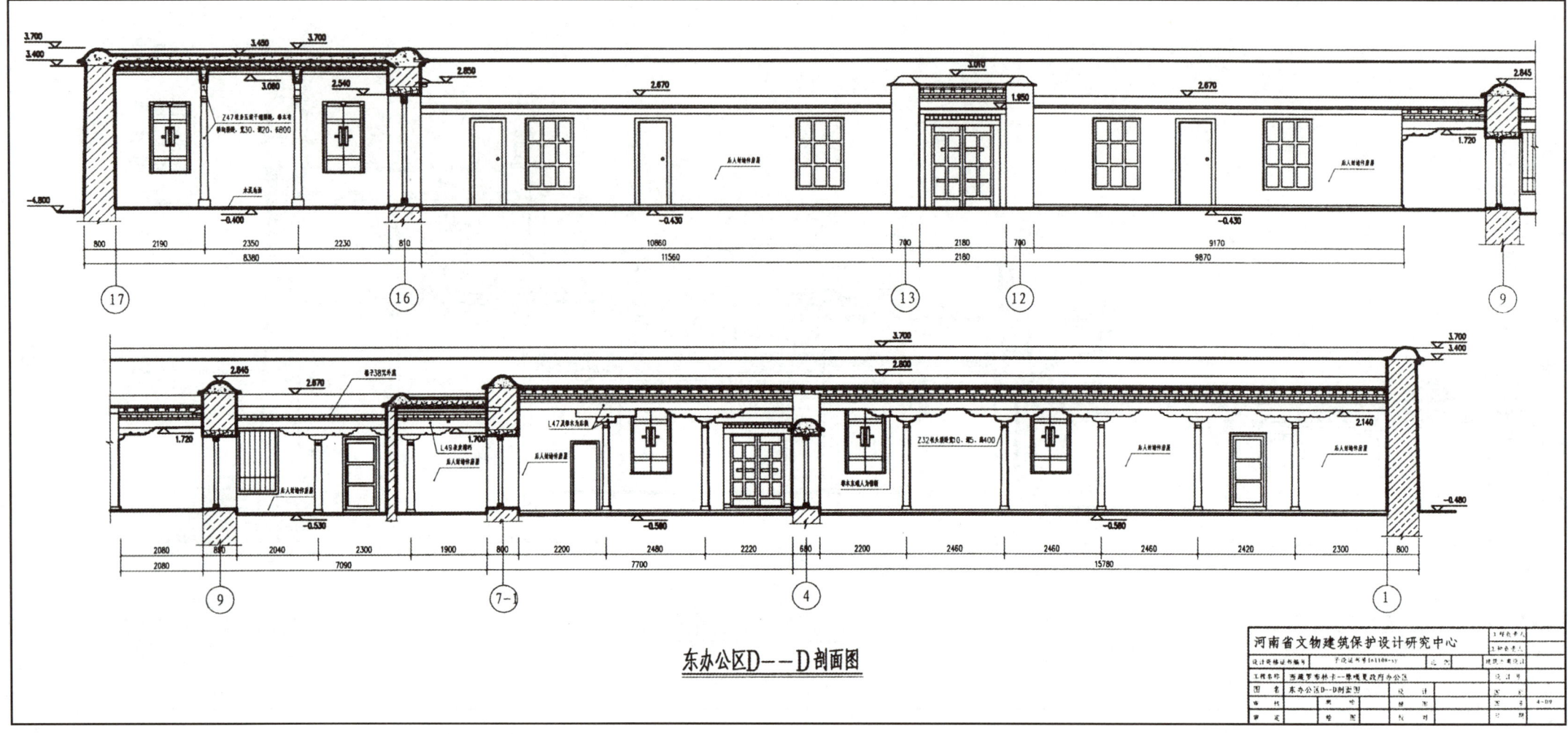

东办公区D--D剖面图

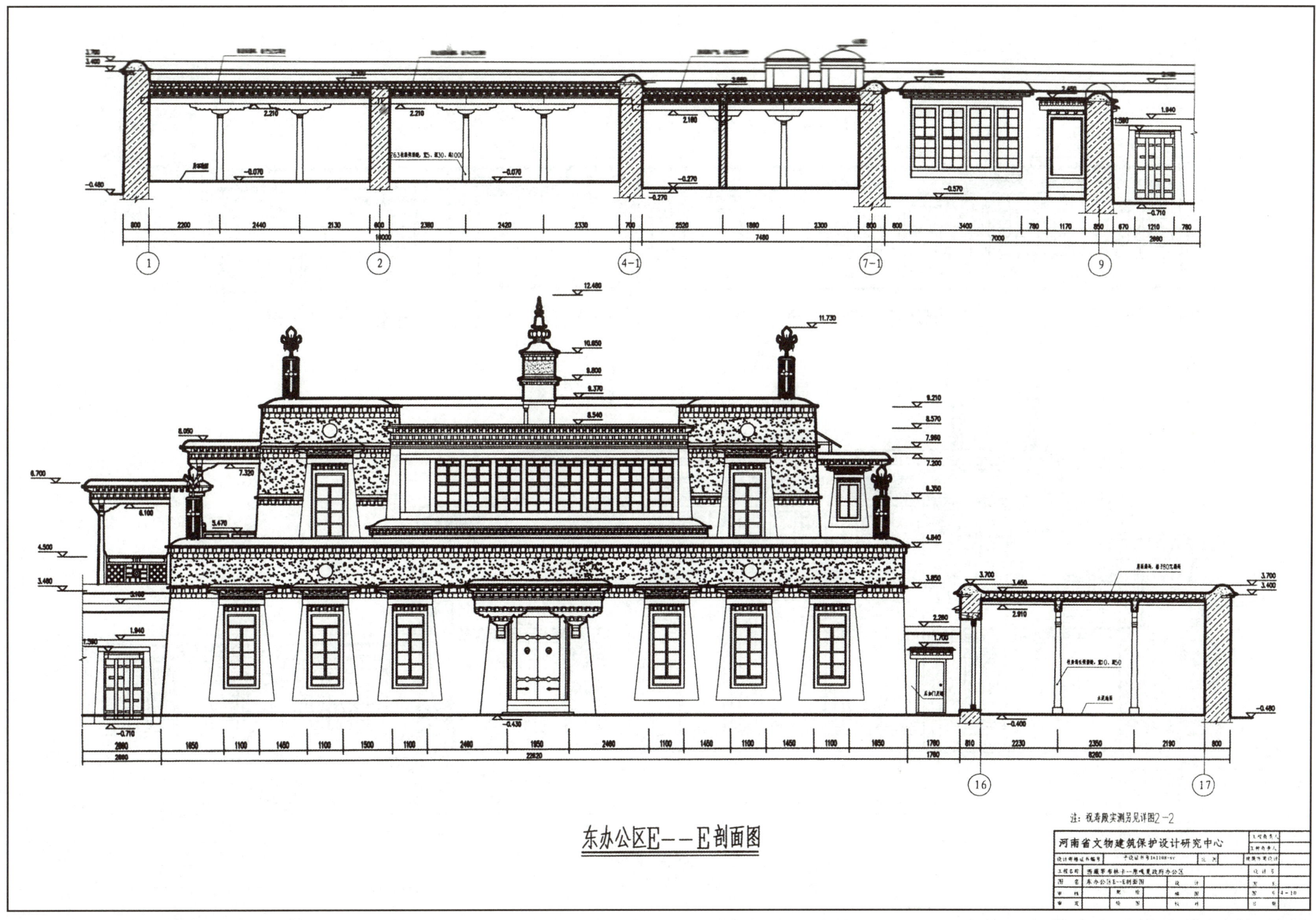

东办公区E--E剖面图

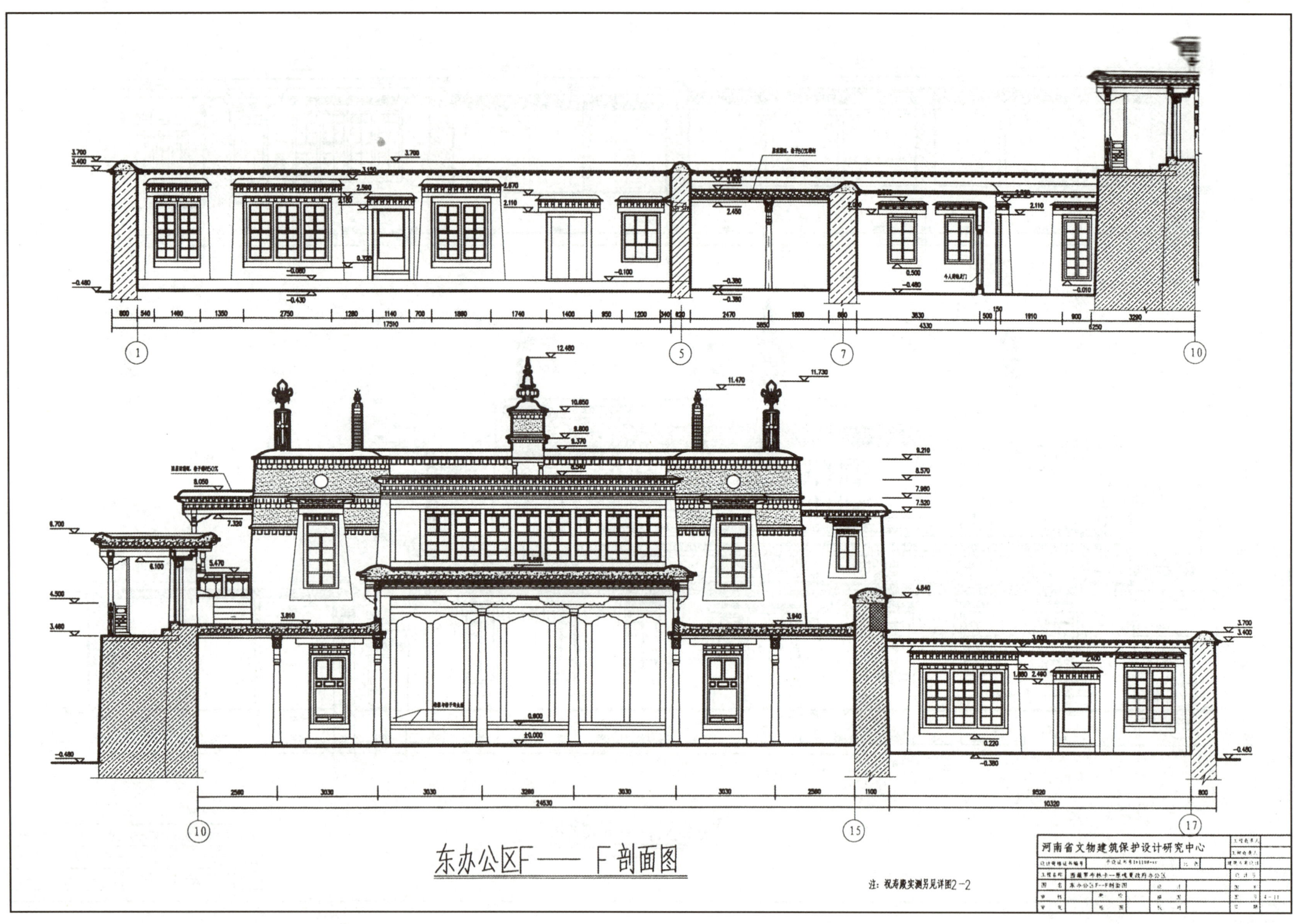

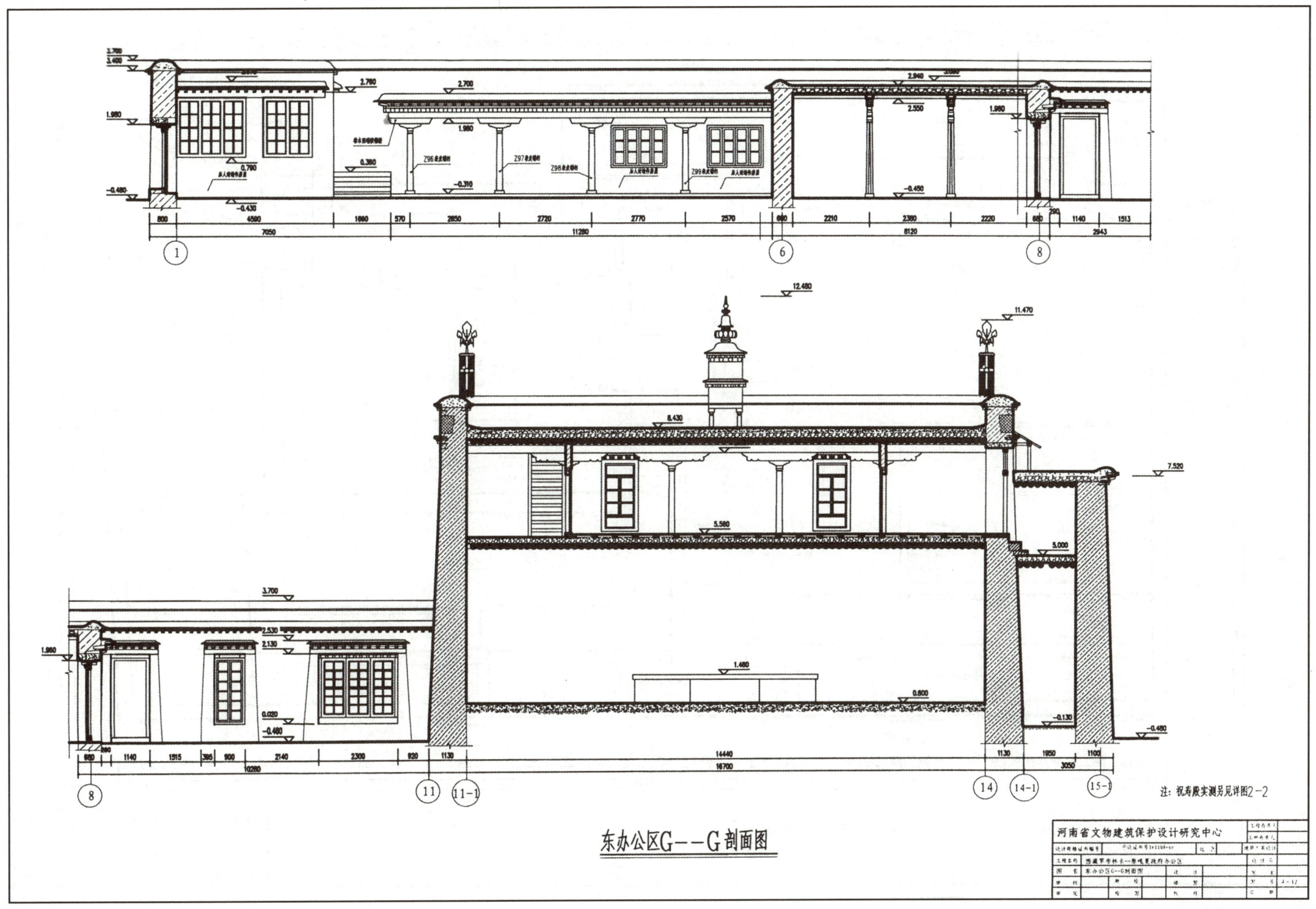

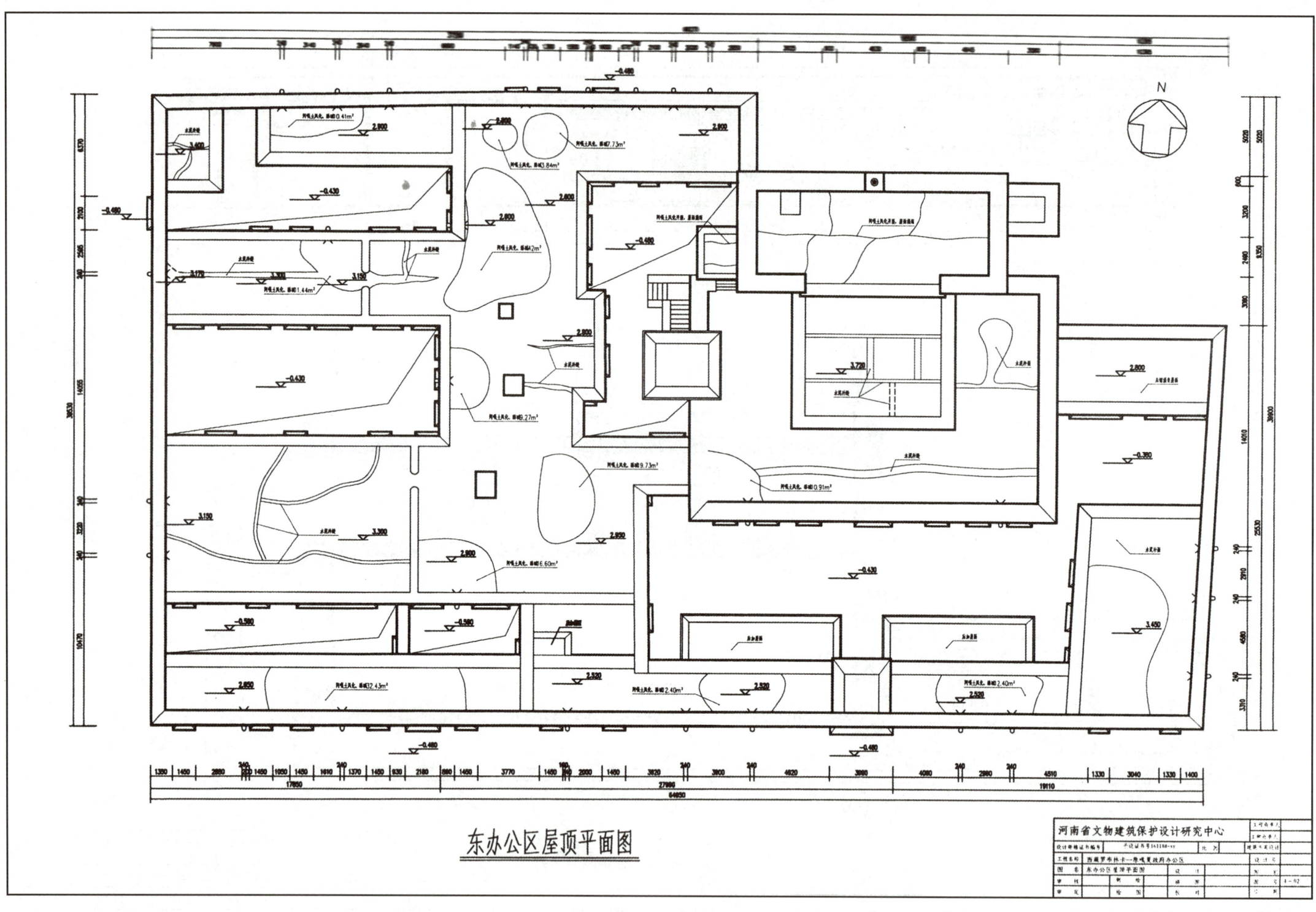

东办公区屋顶平面图

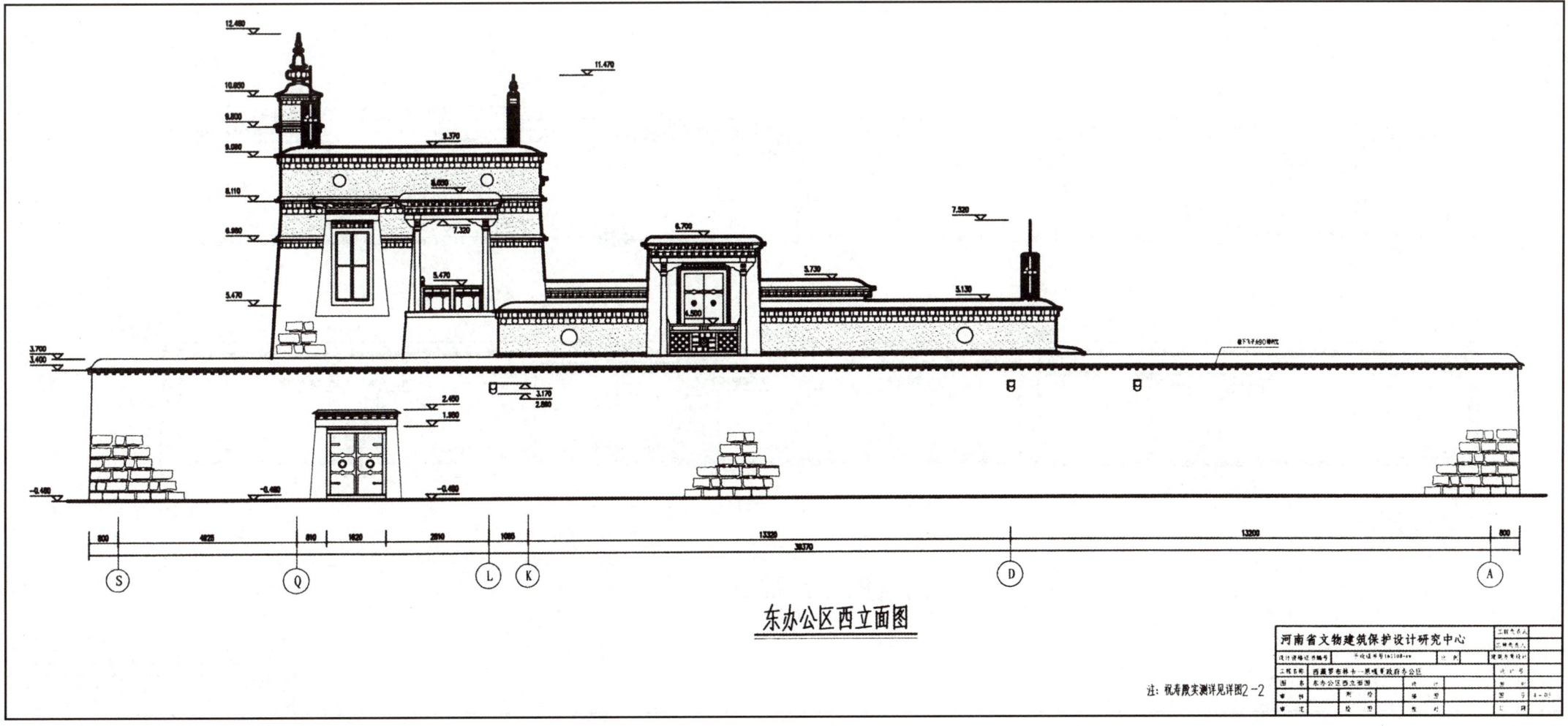

东办公区西立面图

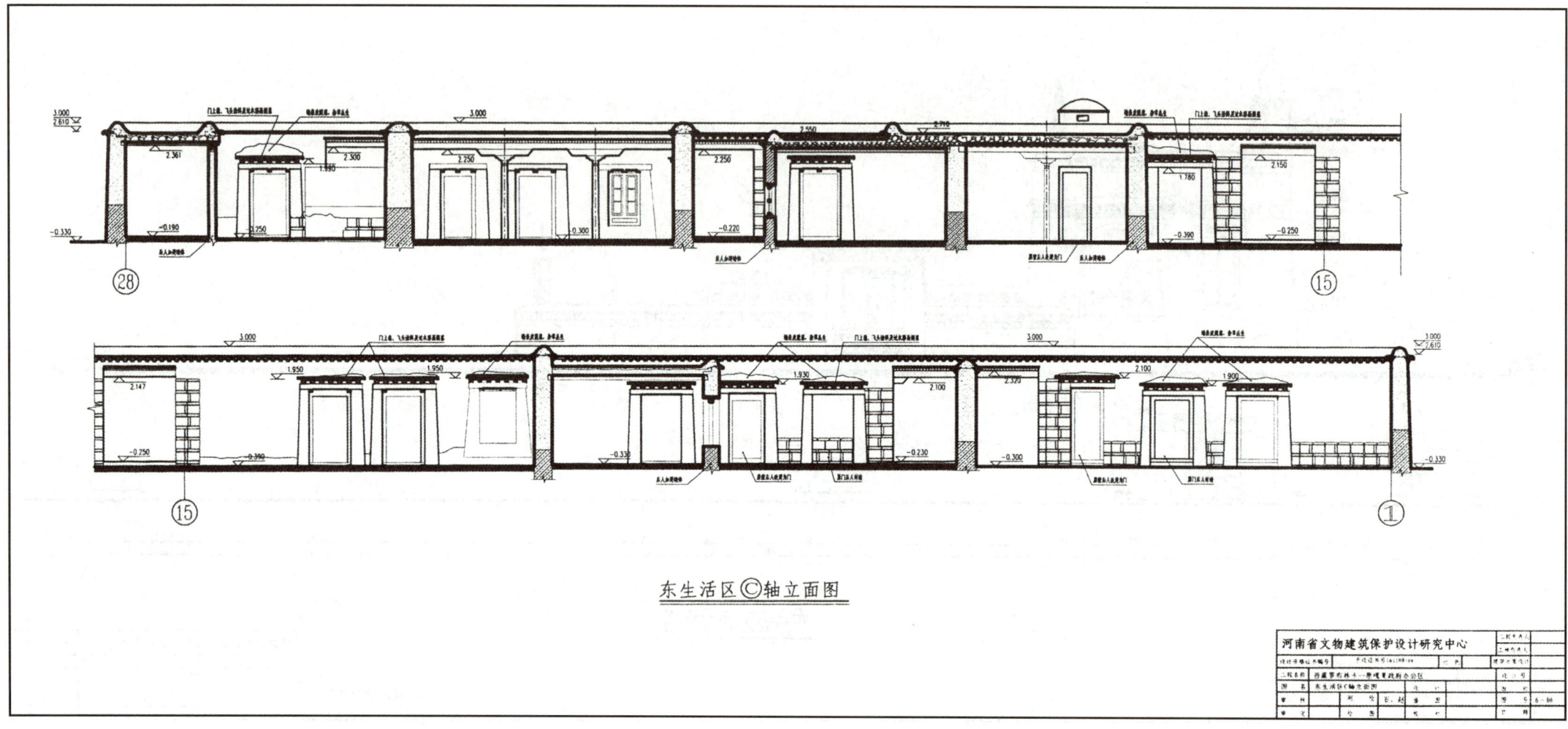

东生活区ⓒ轴立面图

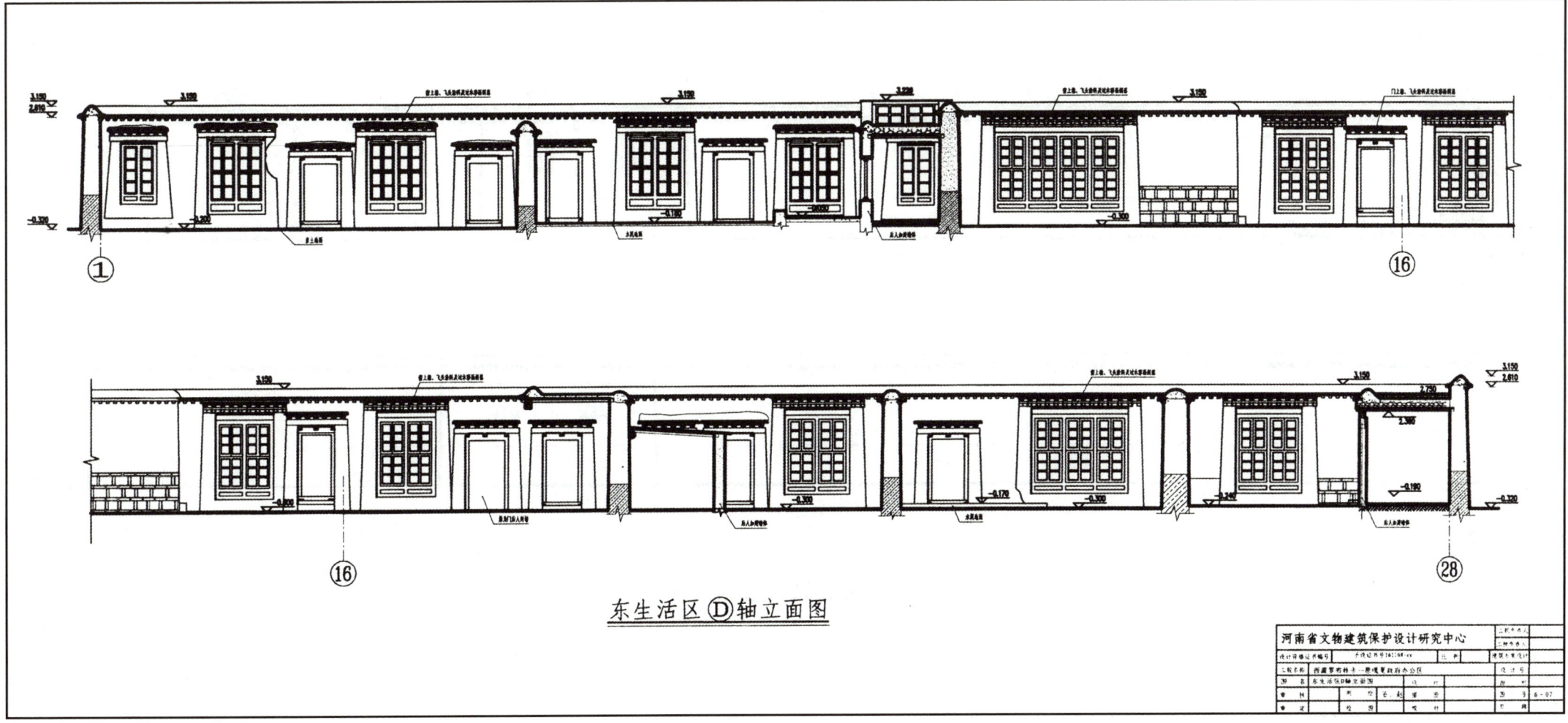

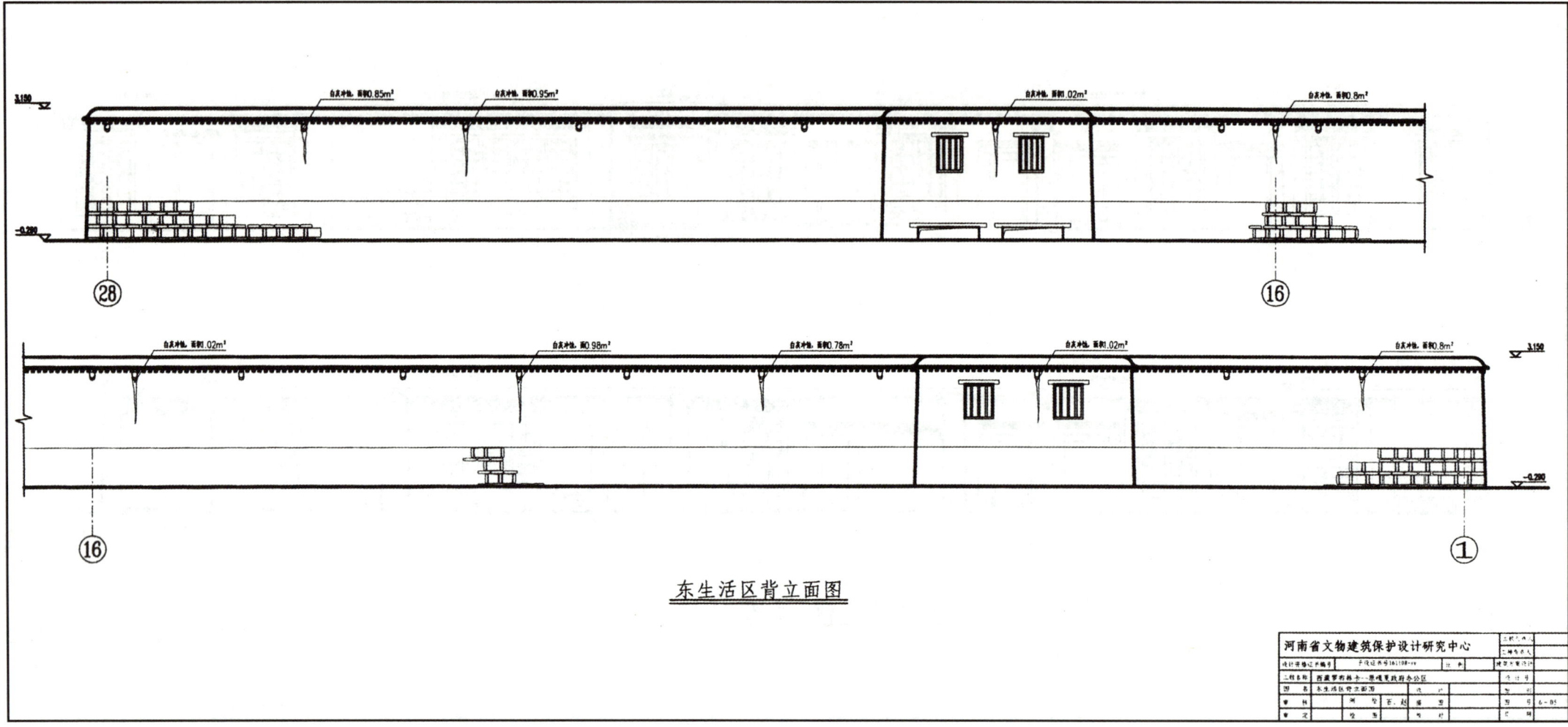

东生活区背立面图

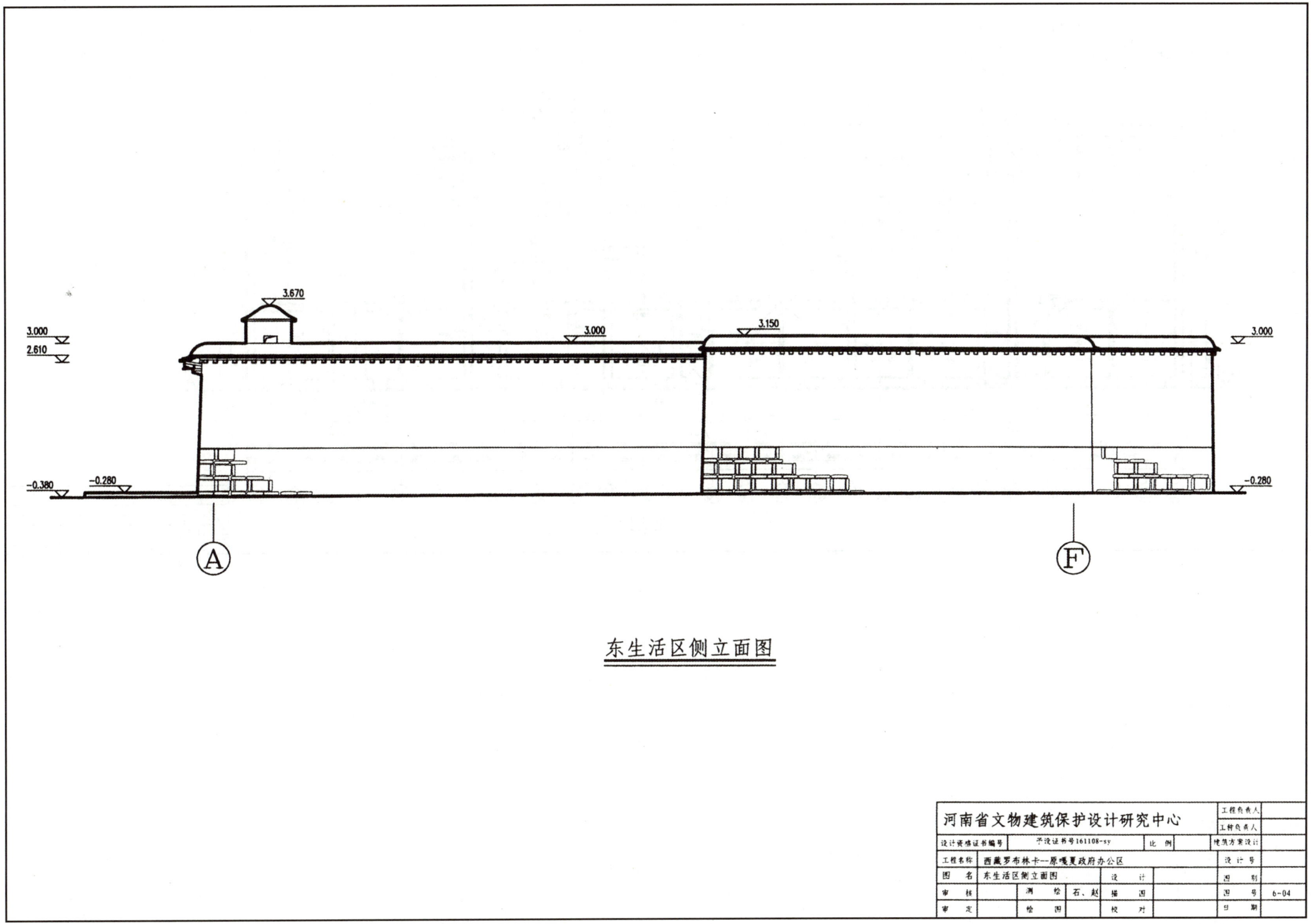

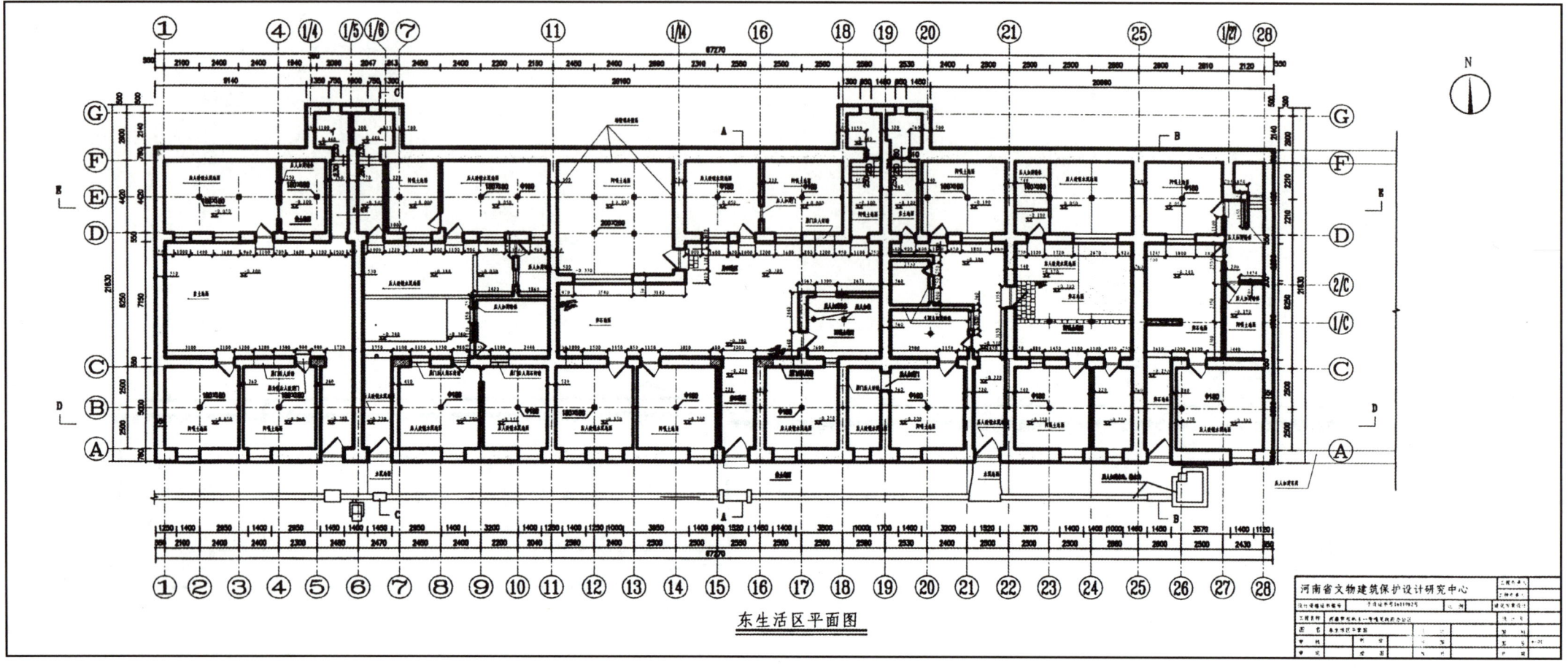

东生活区平面图

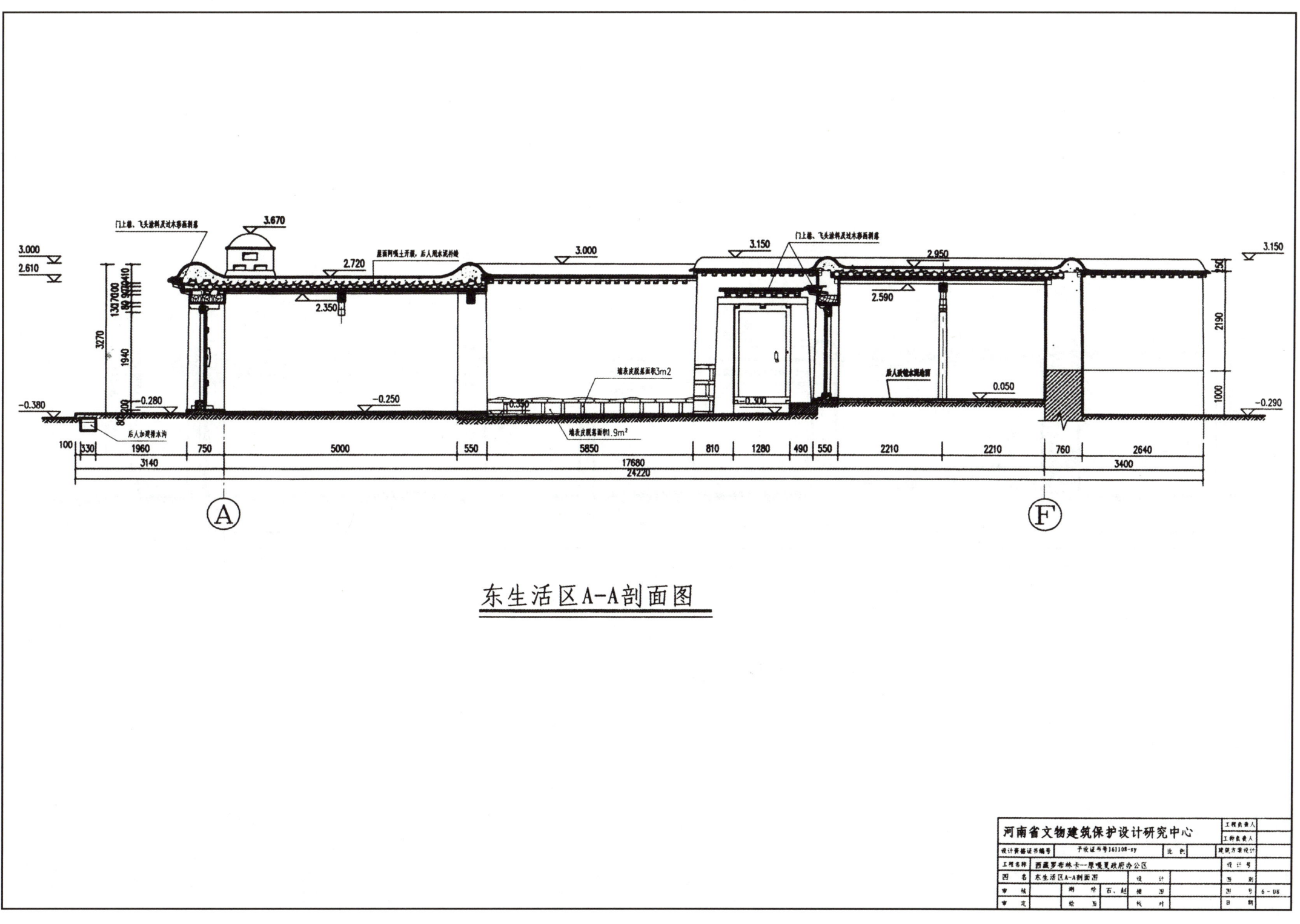

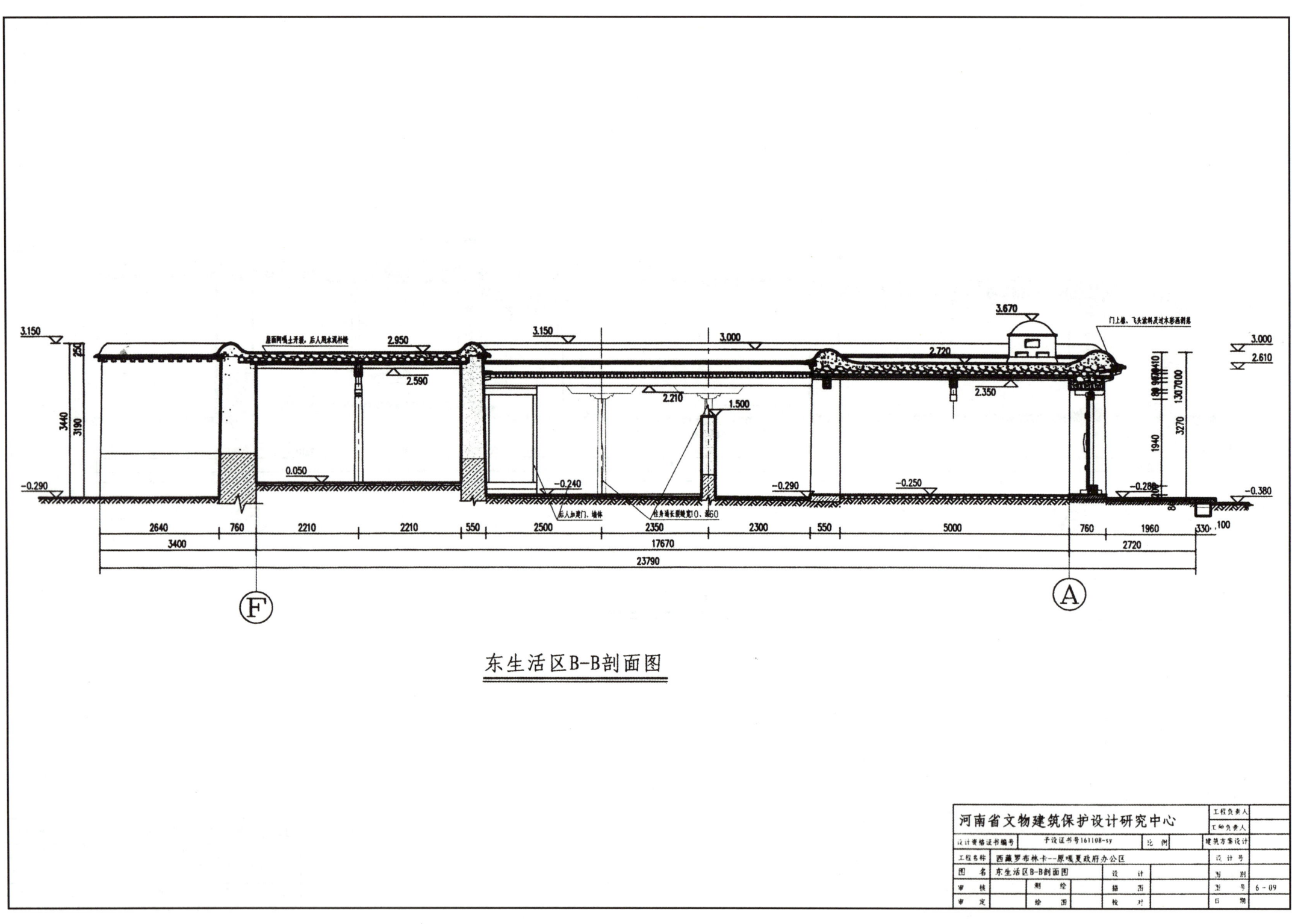

东生活区B-B剖面图

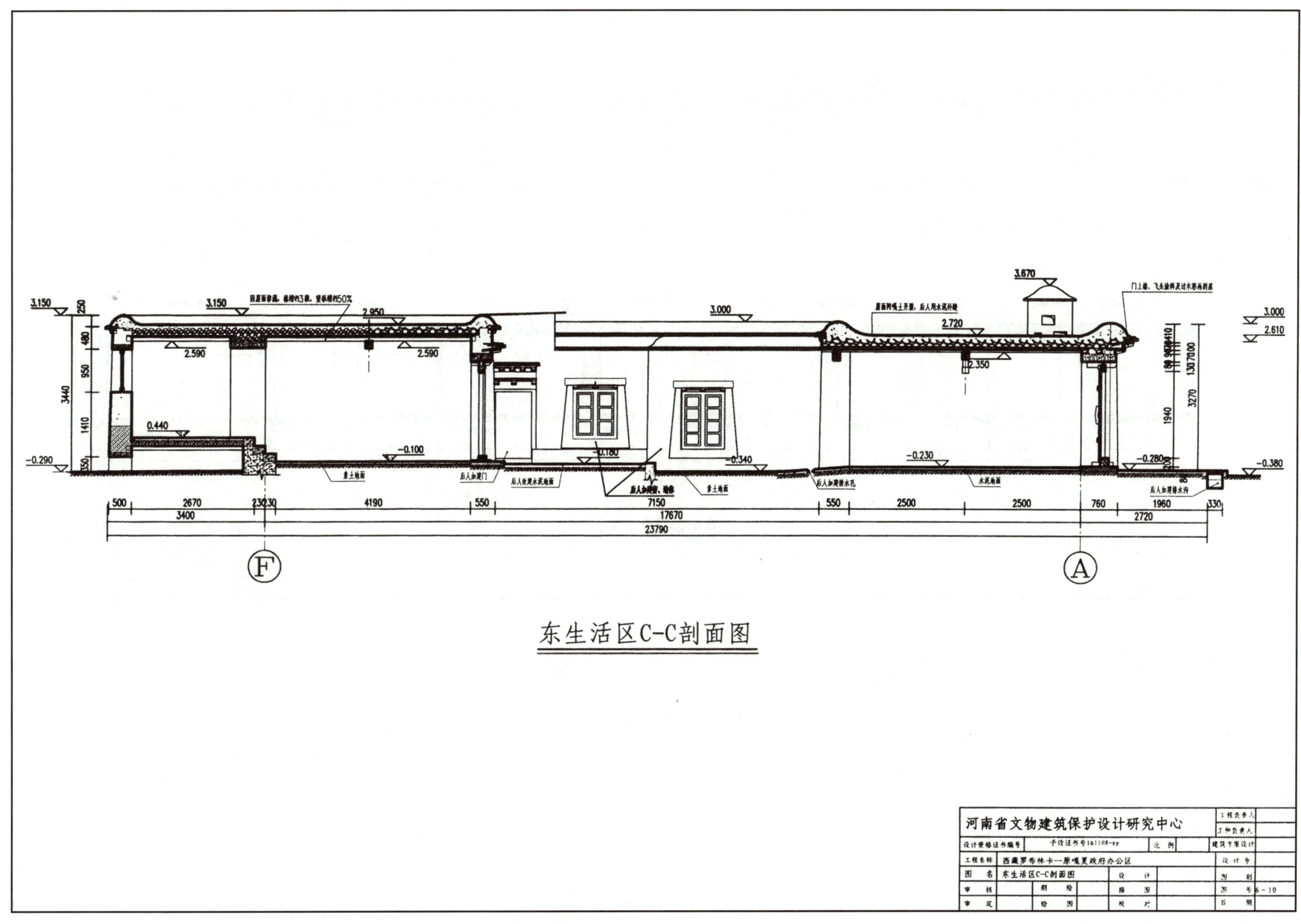

东生活区C-C剖面图

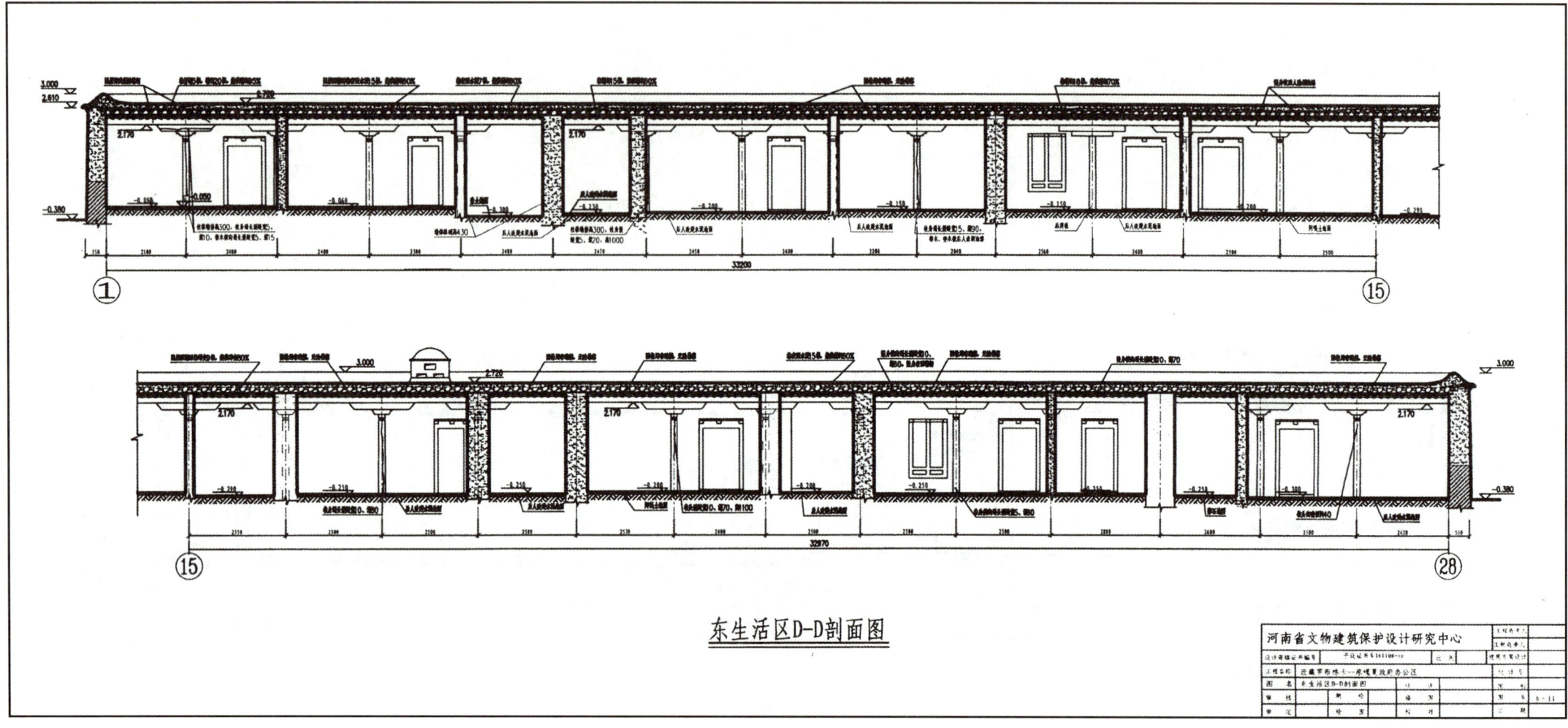

东生活区D-D剖面图

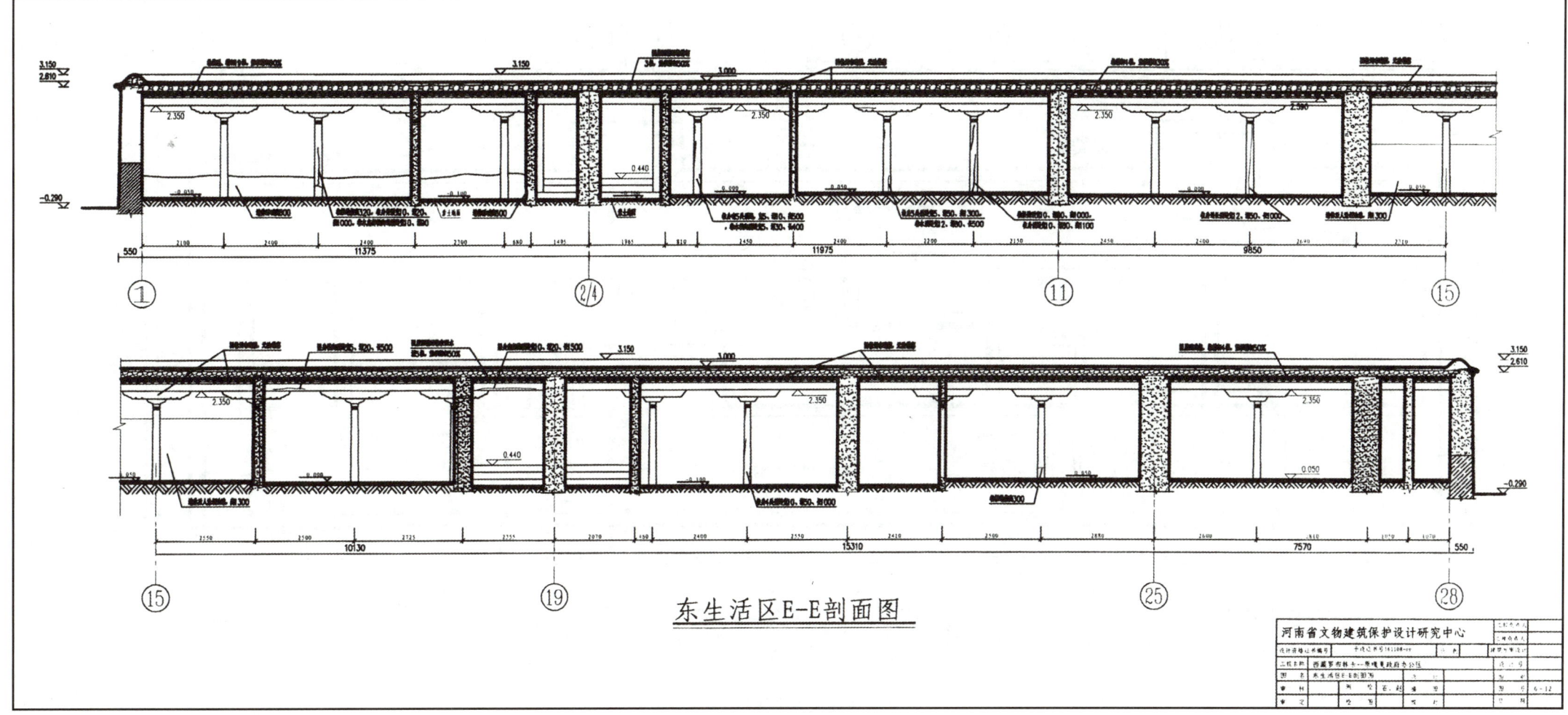

东生活区E-E剖面图

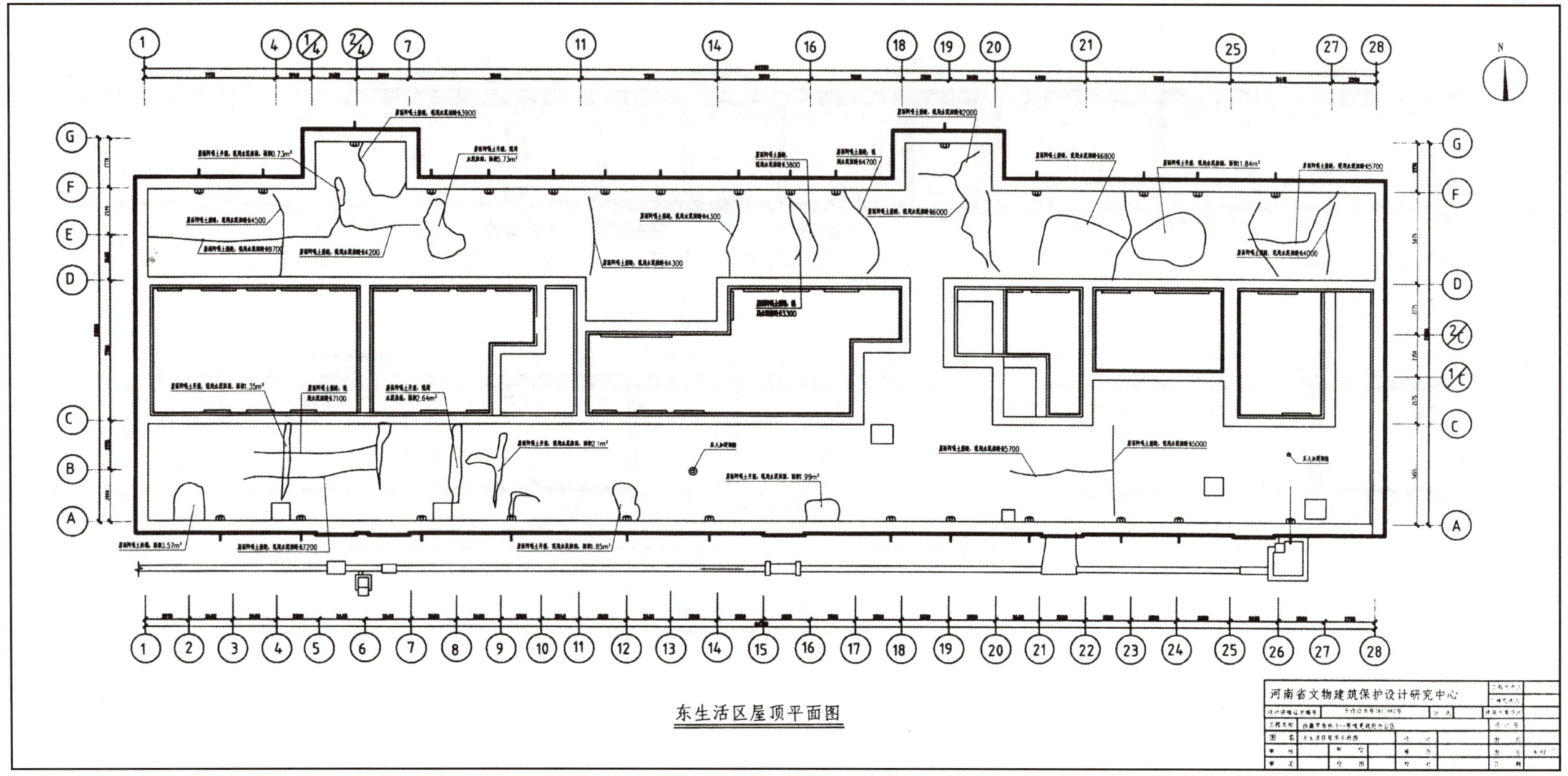

东生活区屋顶平面图

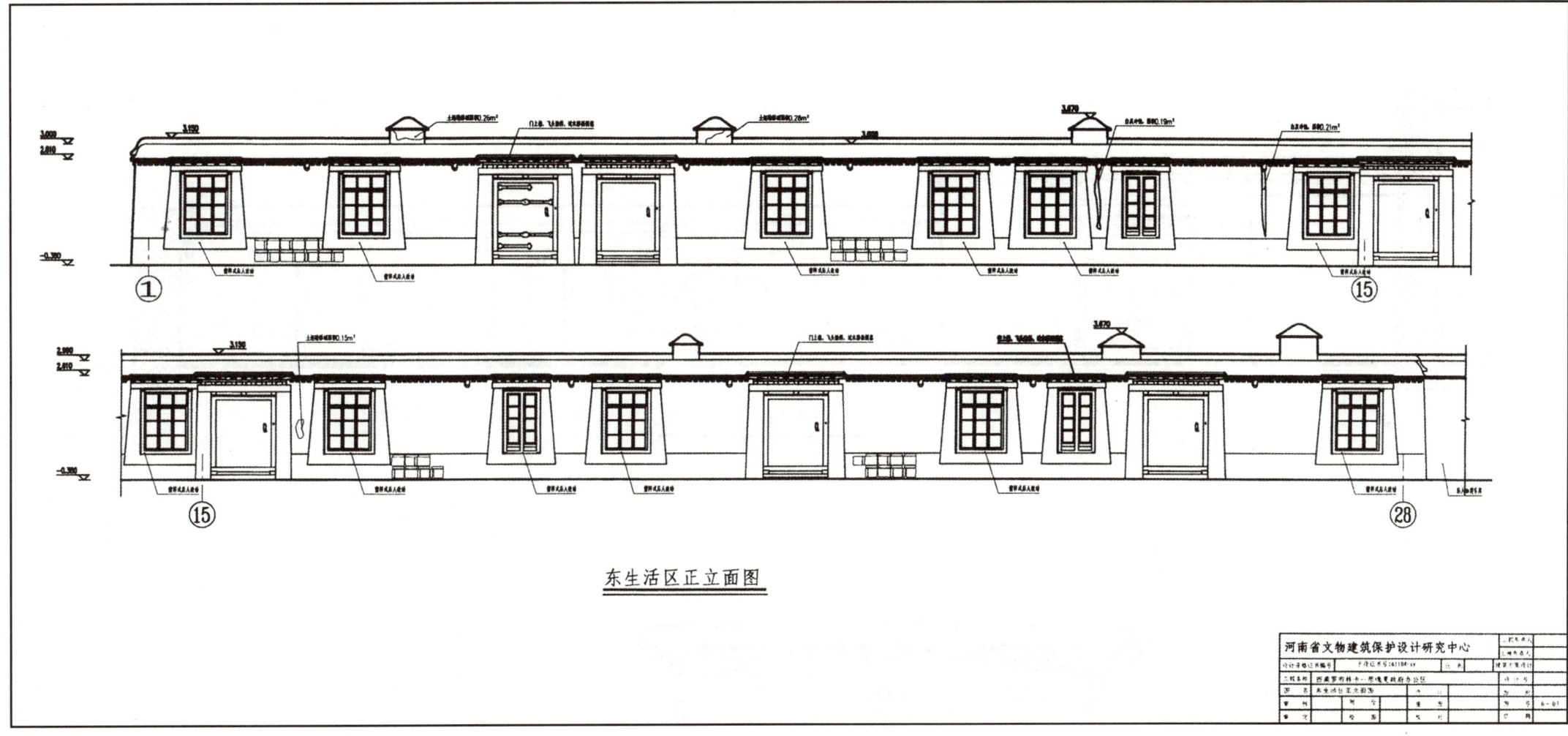

东生活区正立面图

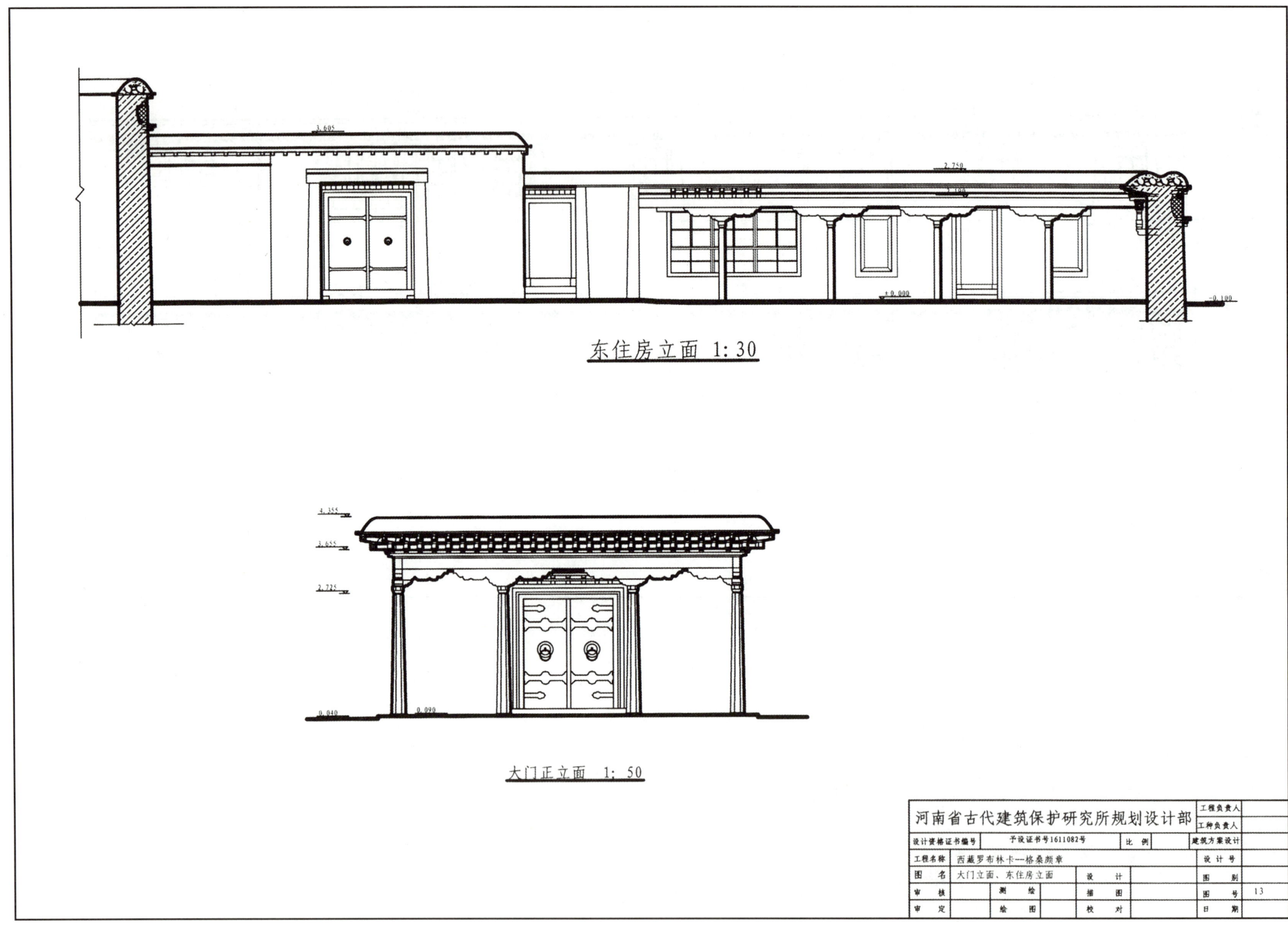

工程图纸

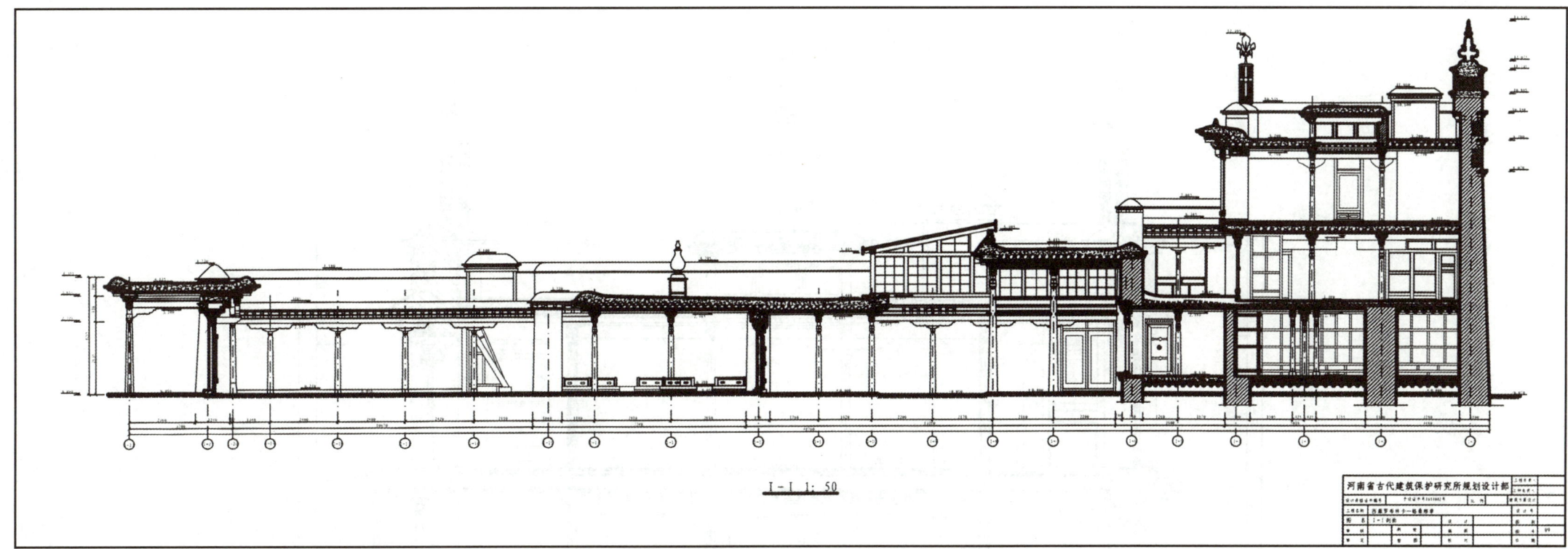

I-I 1:50

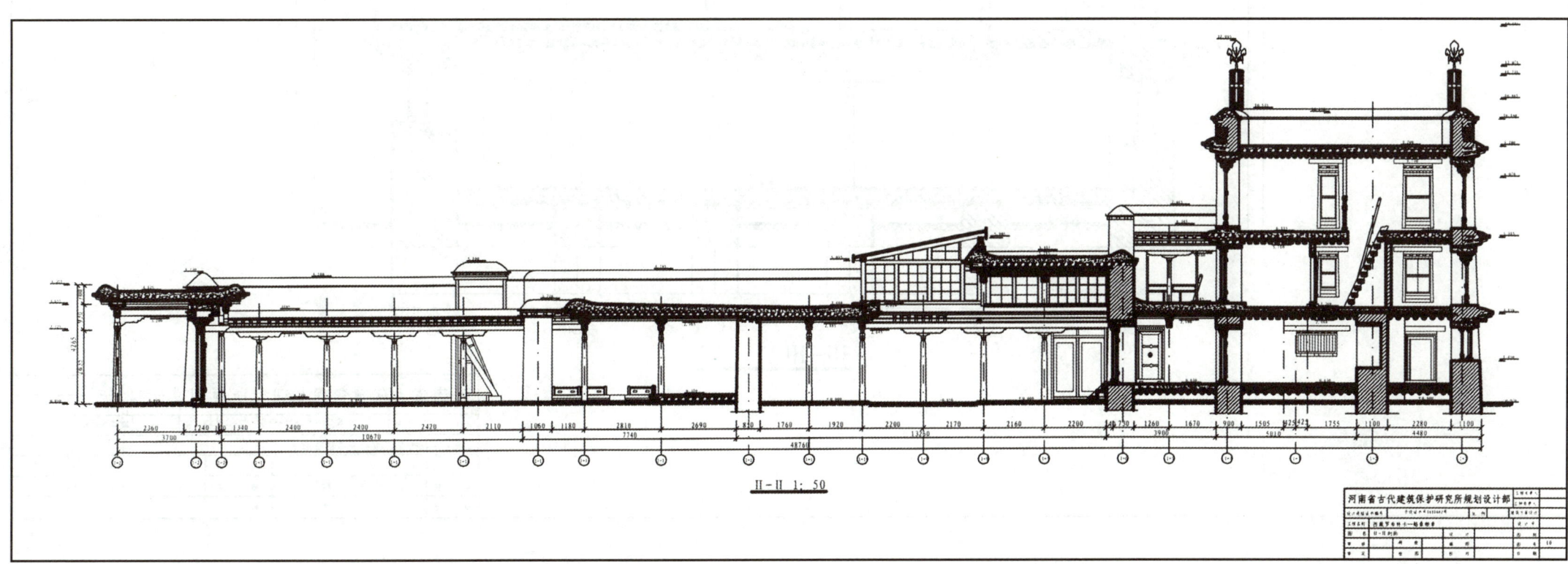

II-II 1:50

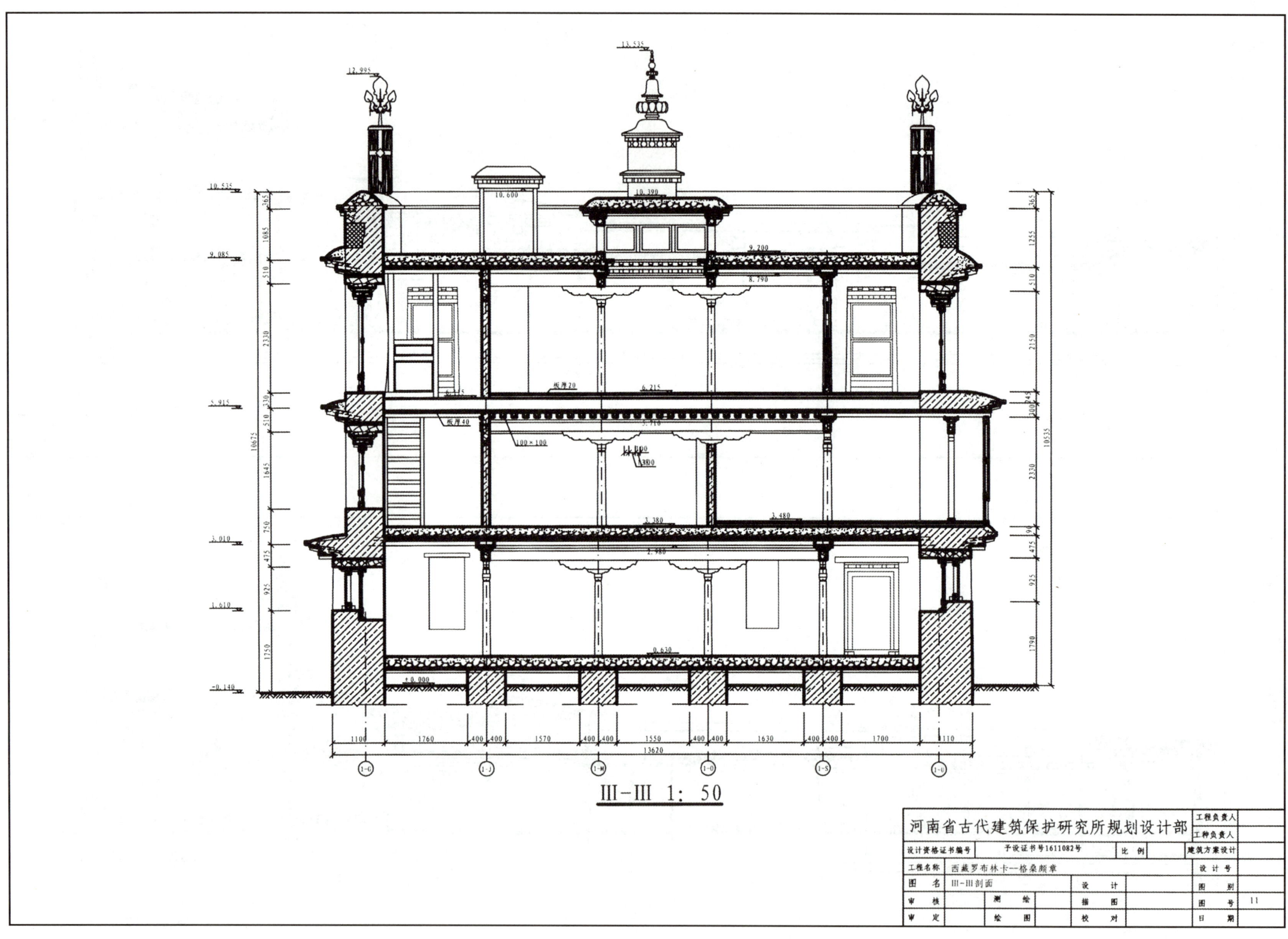

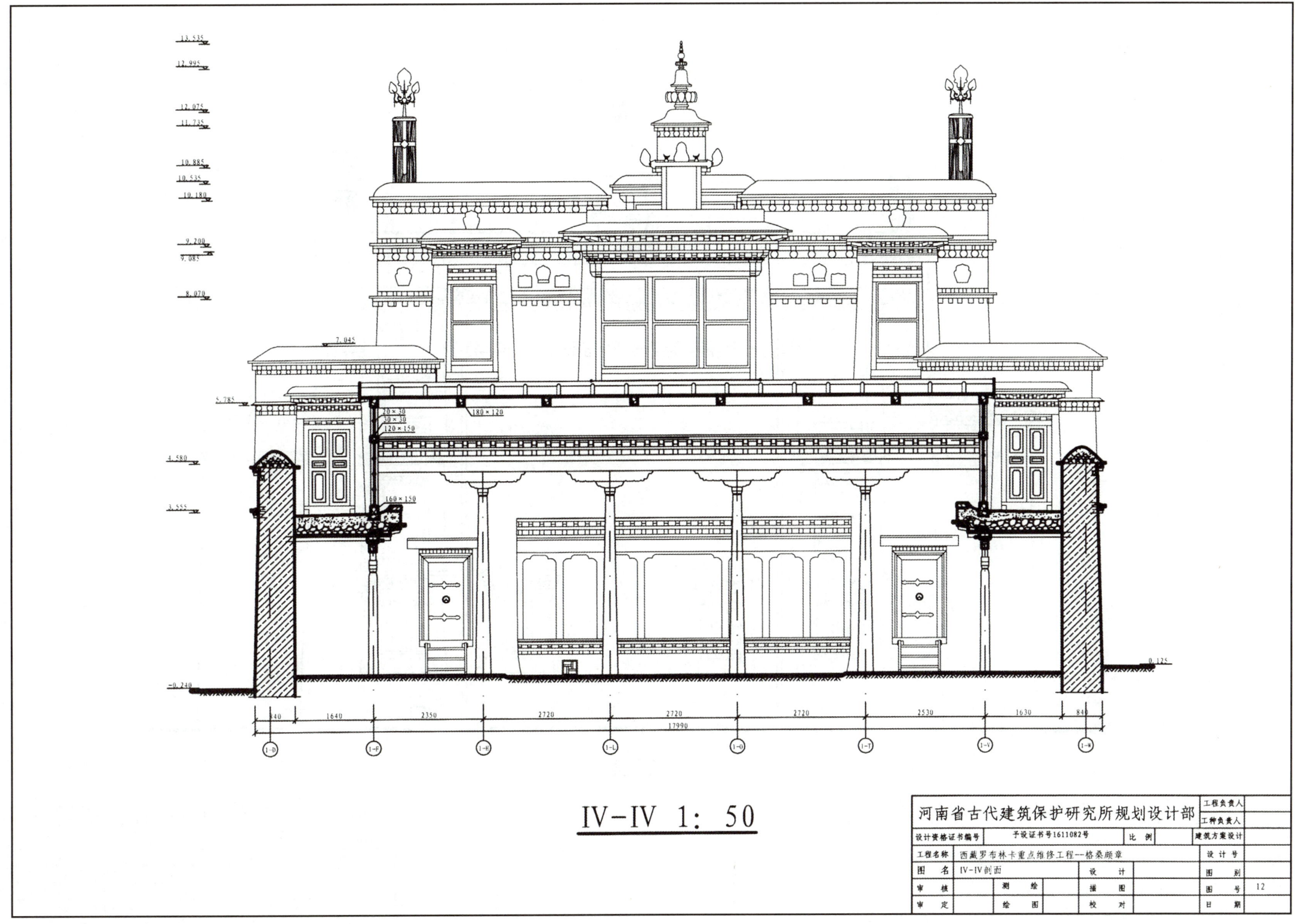

IV-IV 1:50

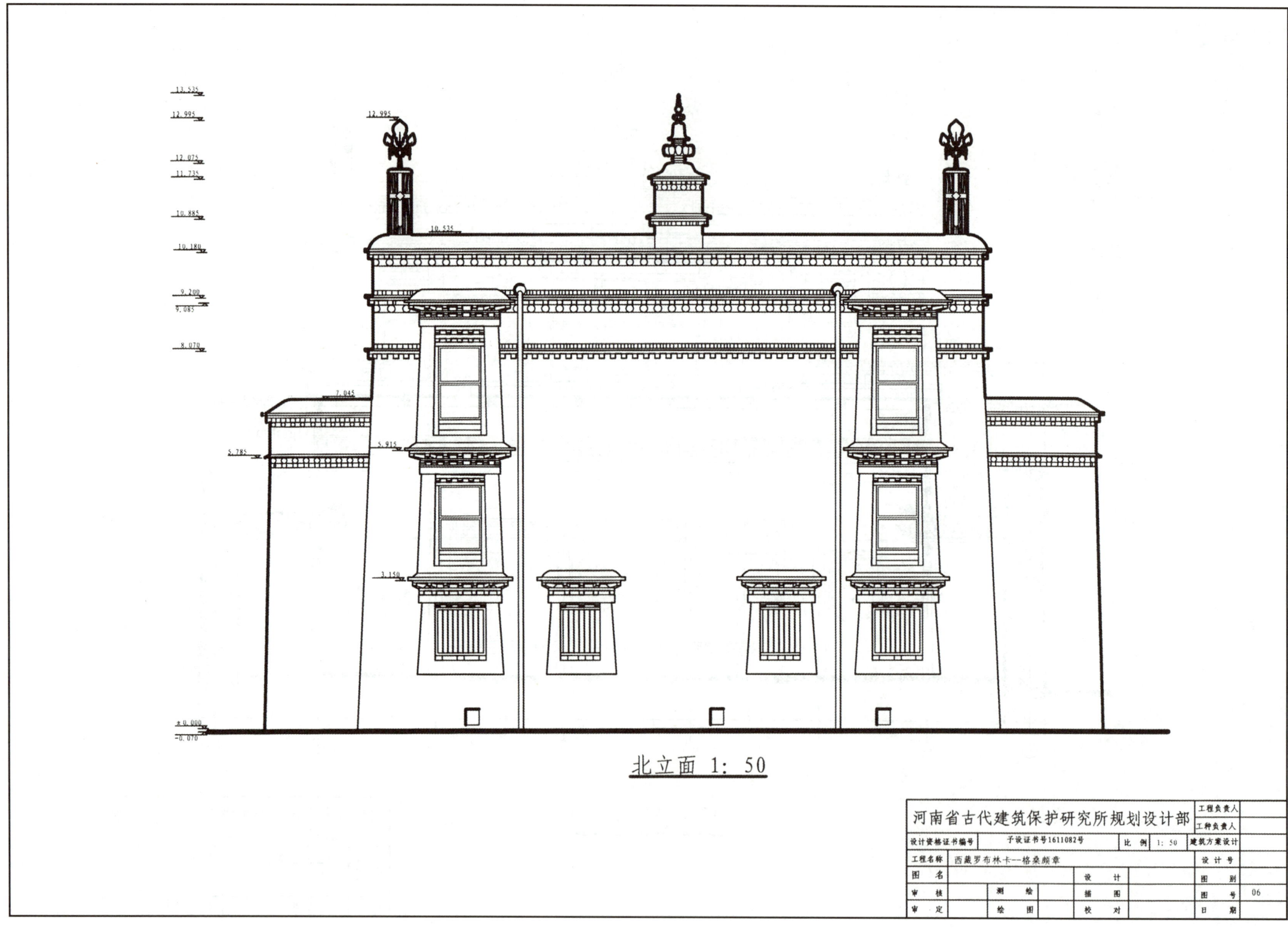

北立面 1:50

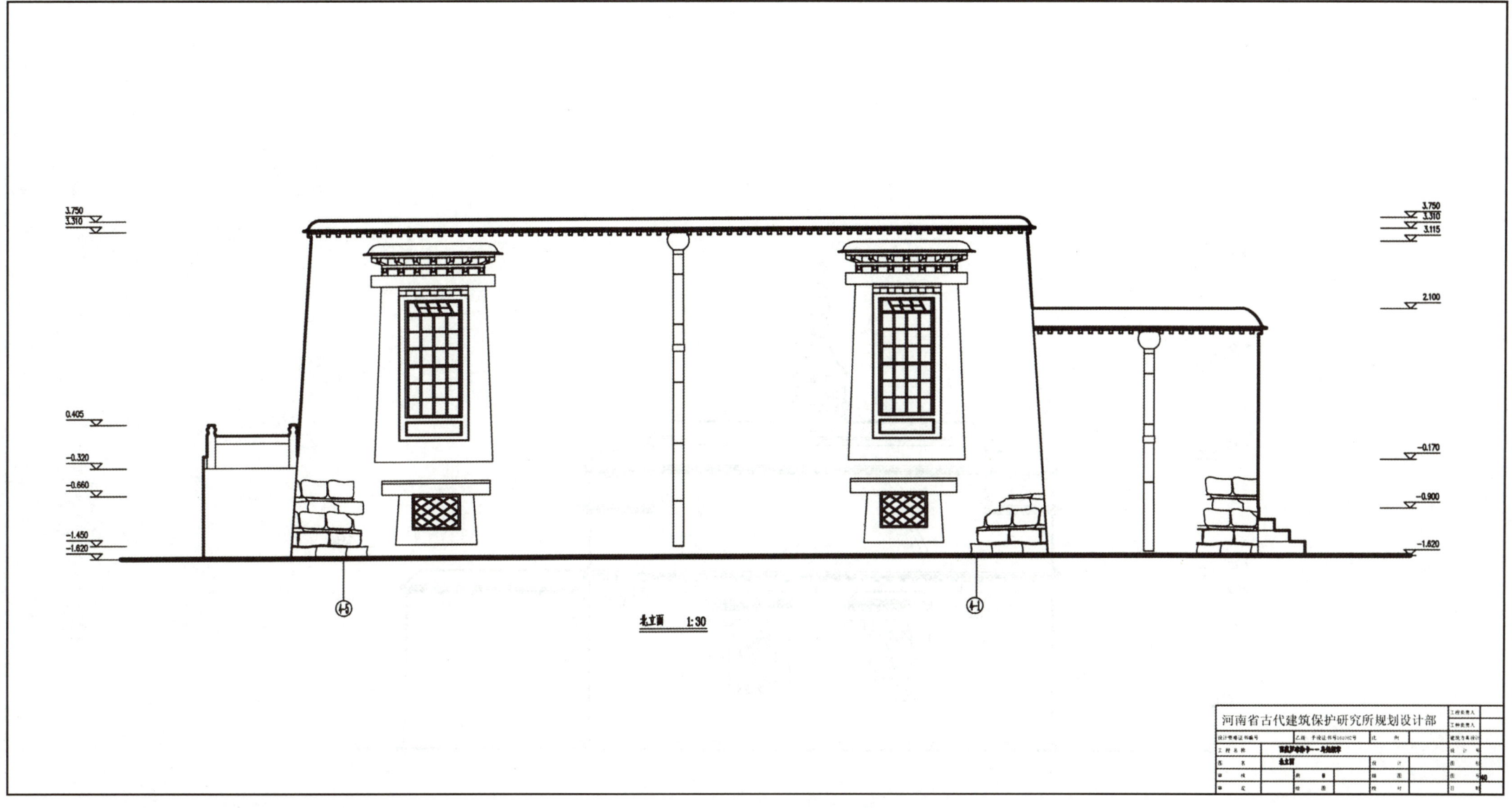

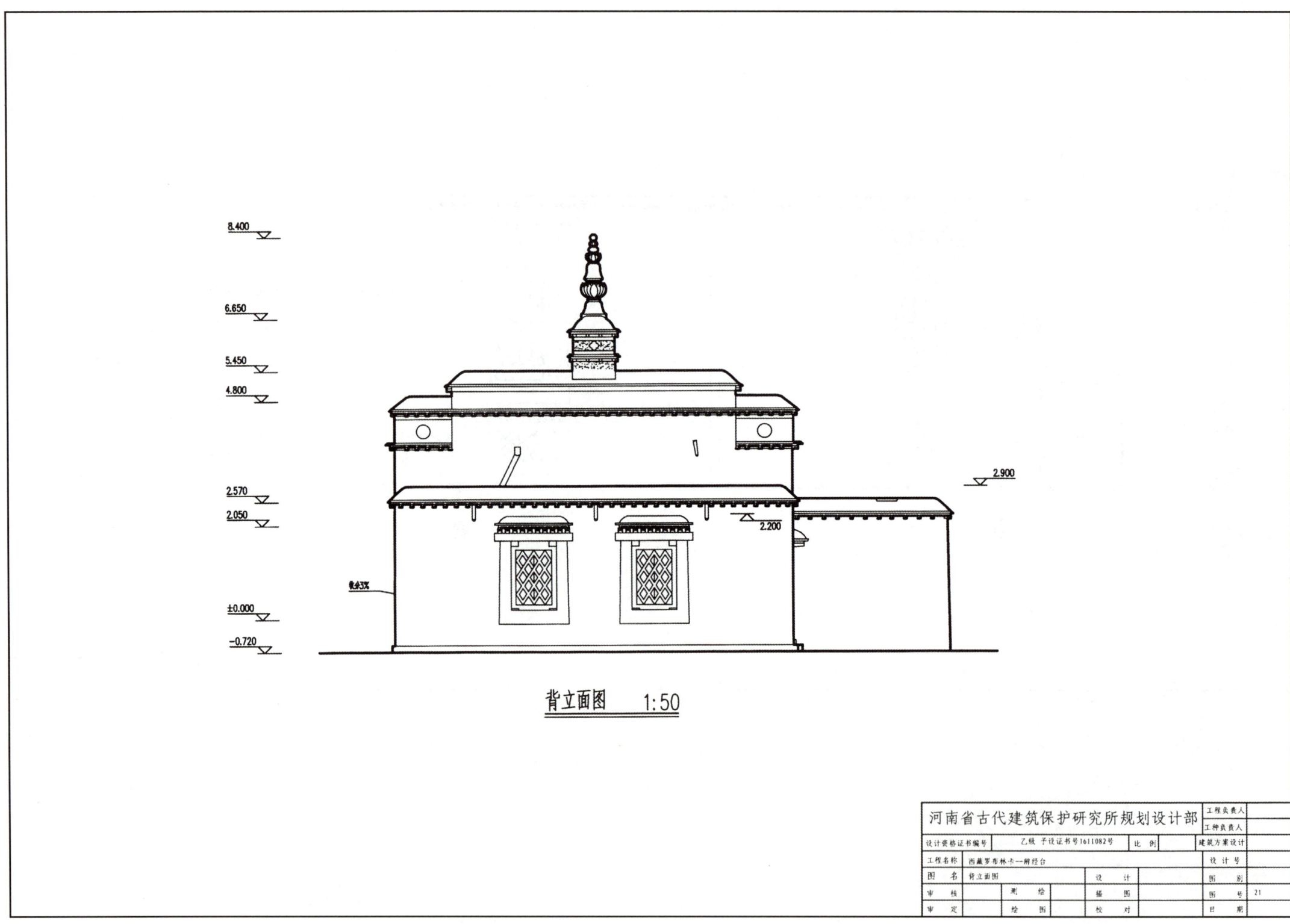

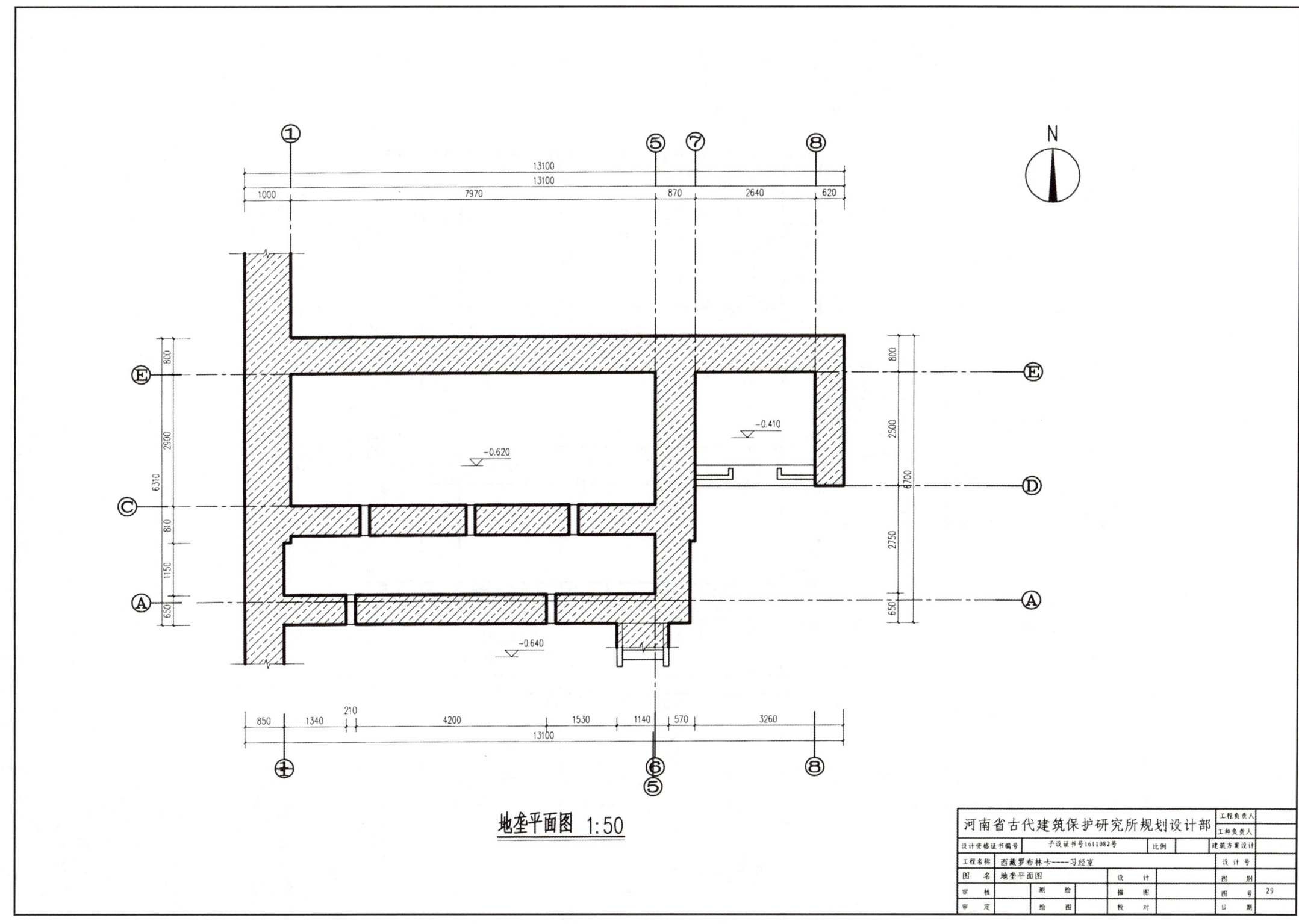

地垄平面图 1:50

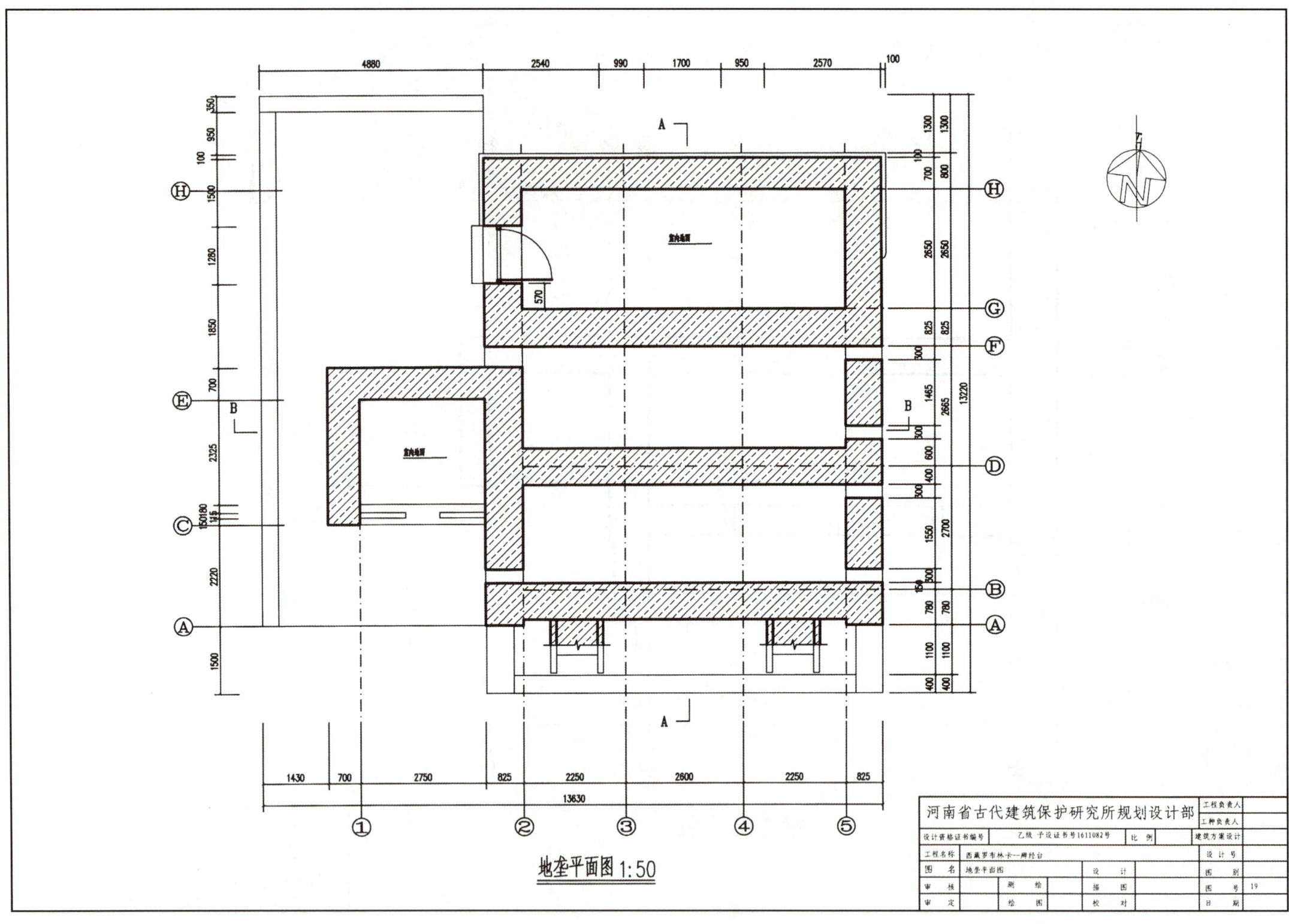

地垄平面图 1:50

工程图纸

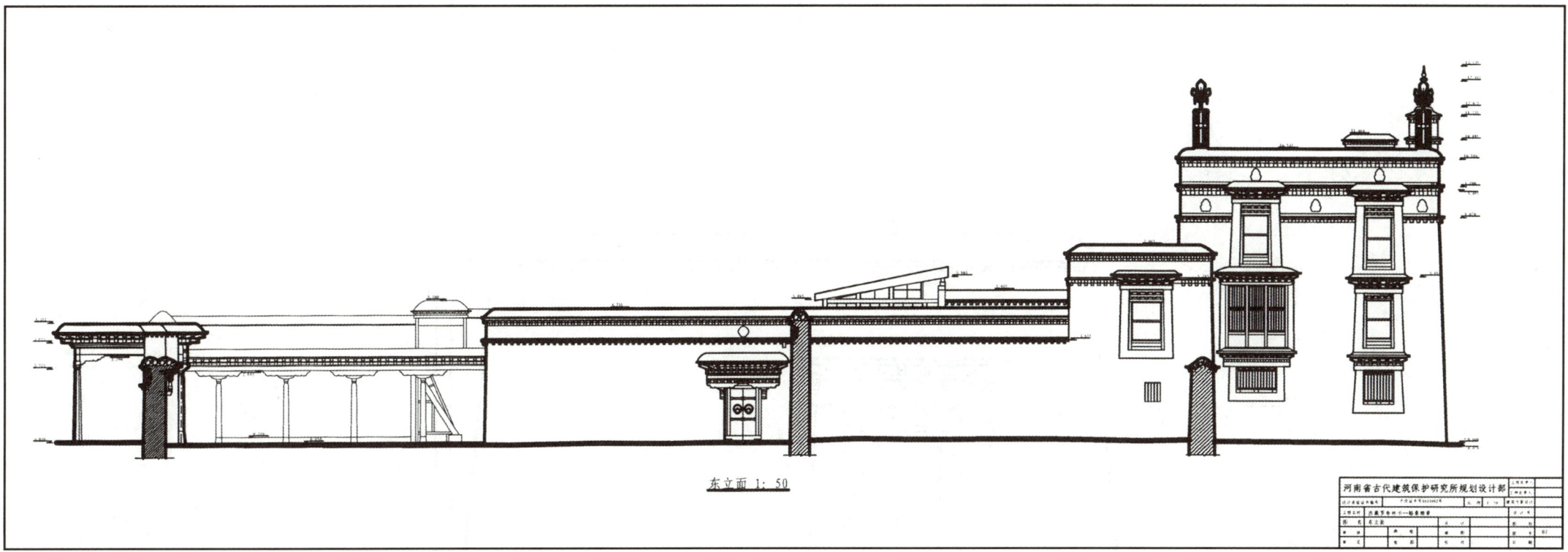

东立面 1:50

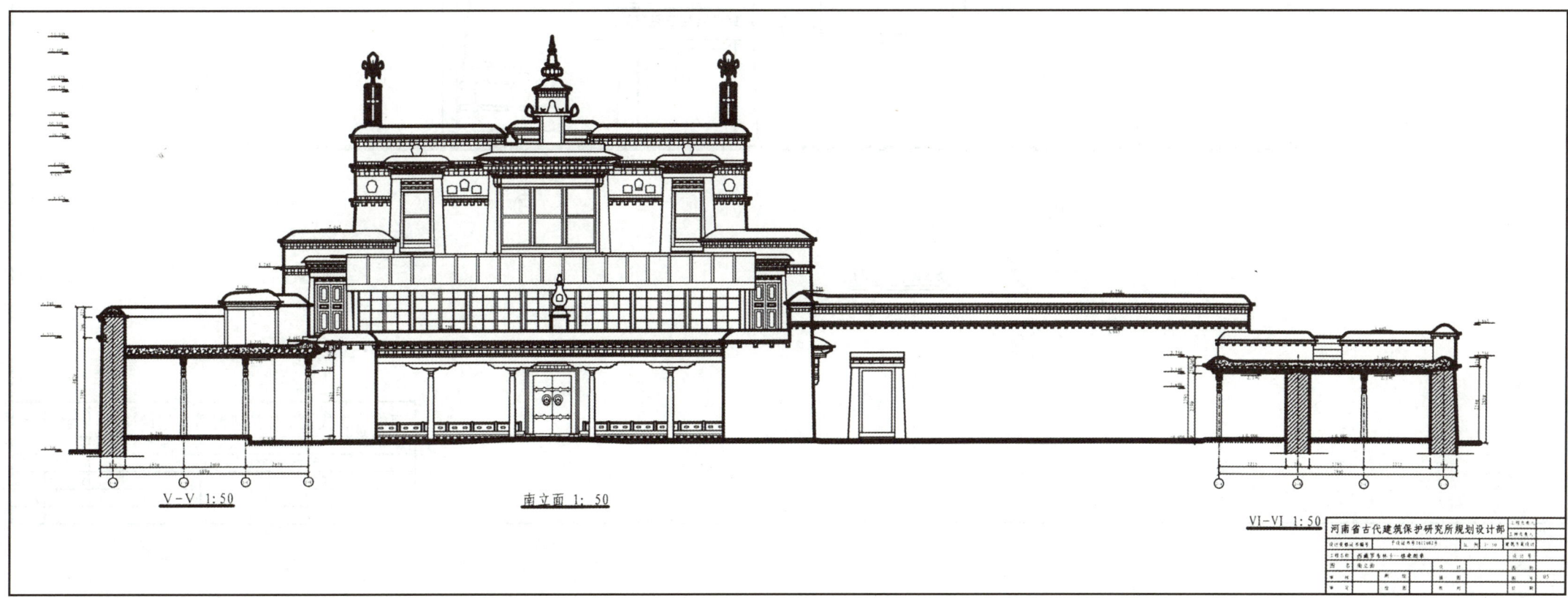

V-V 1:50   南立面 1:50   VI-VI 1:50

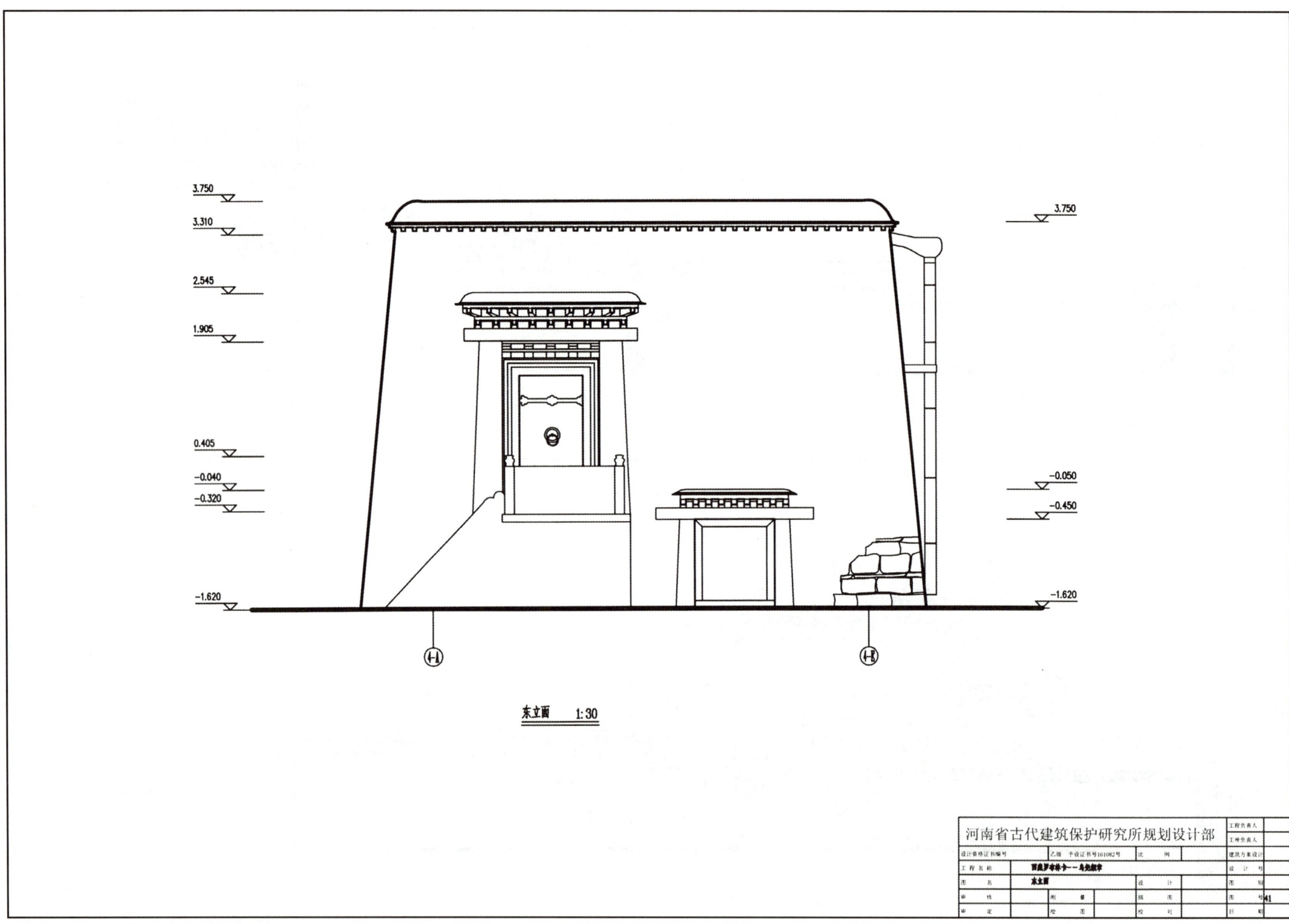

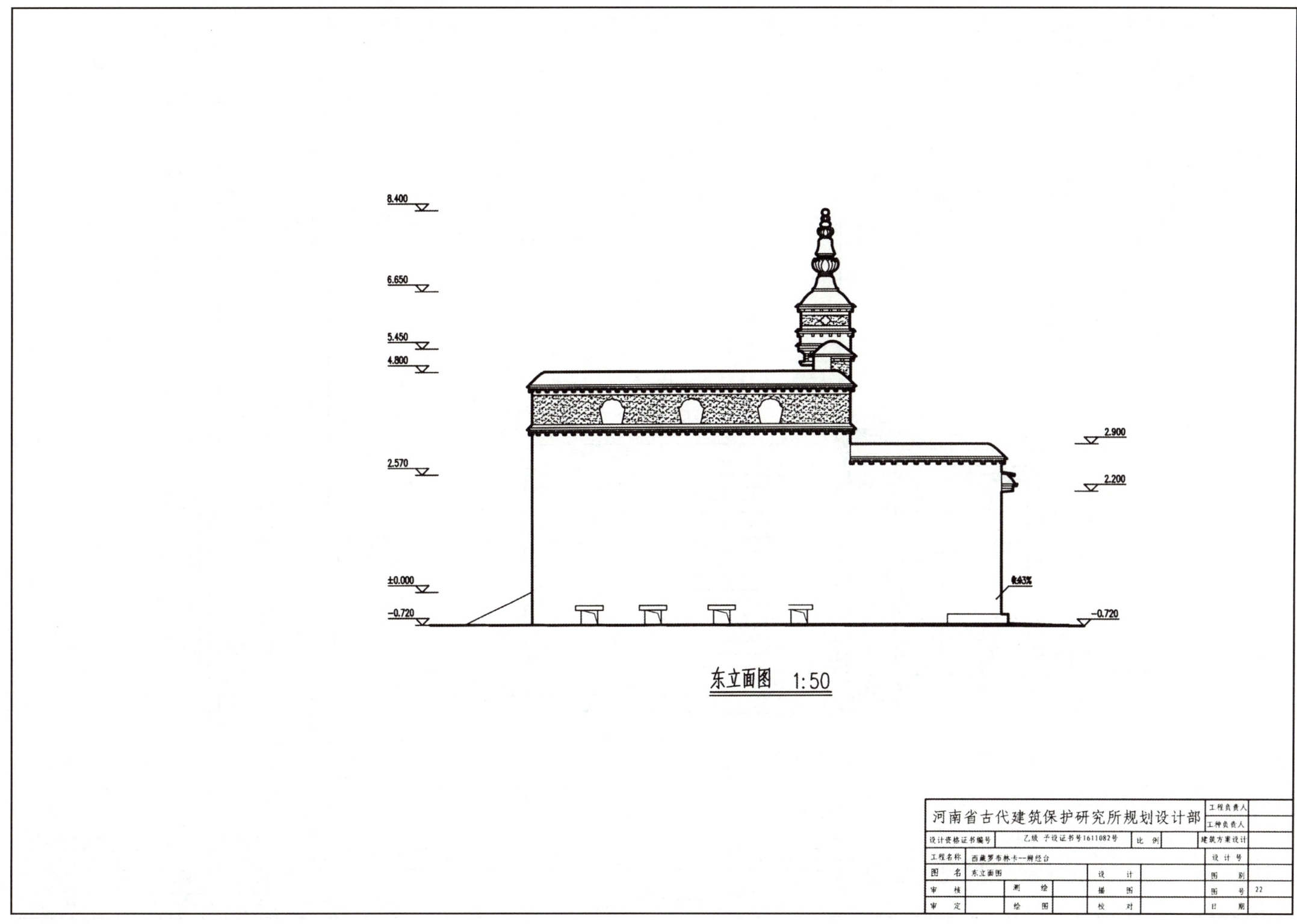

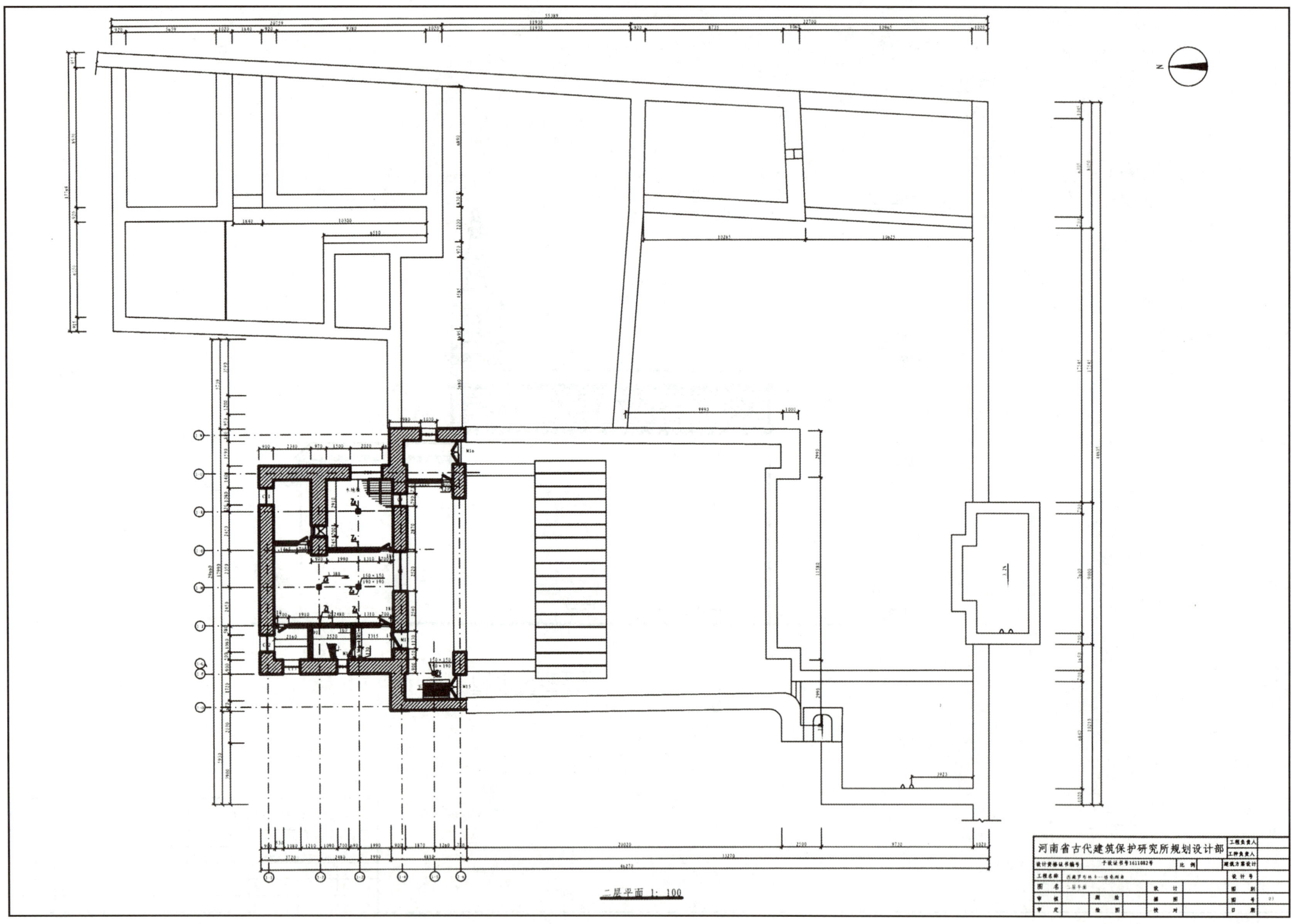

二层平面 1:100

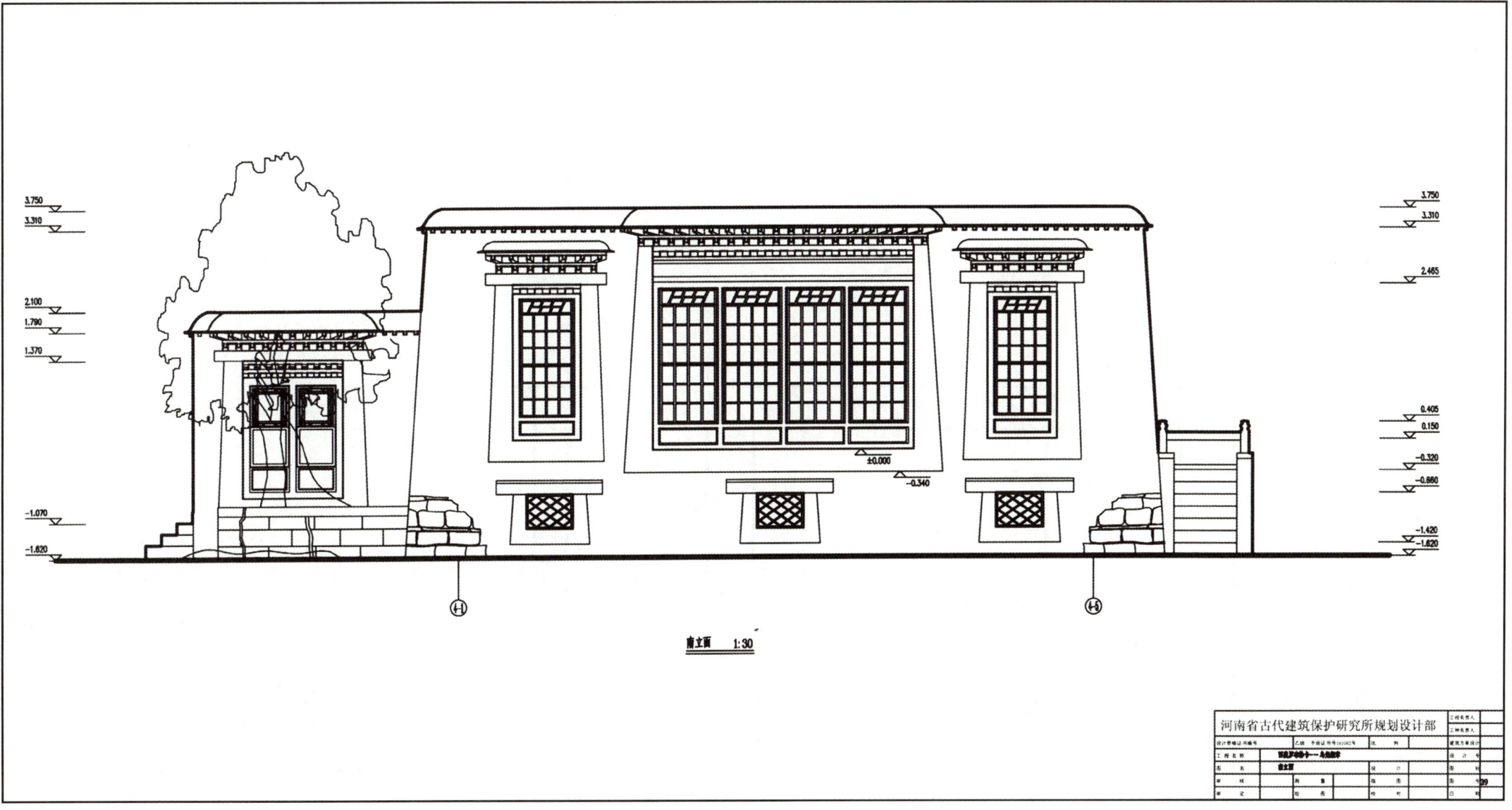

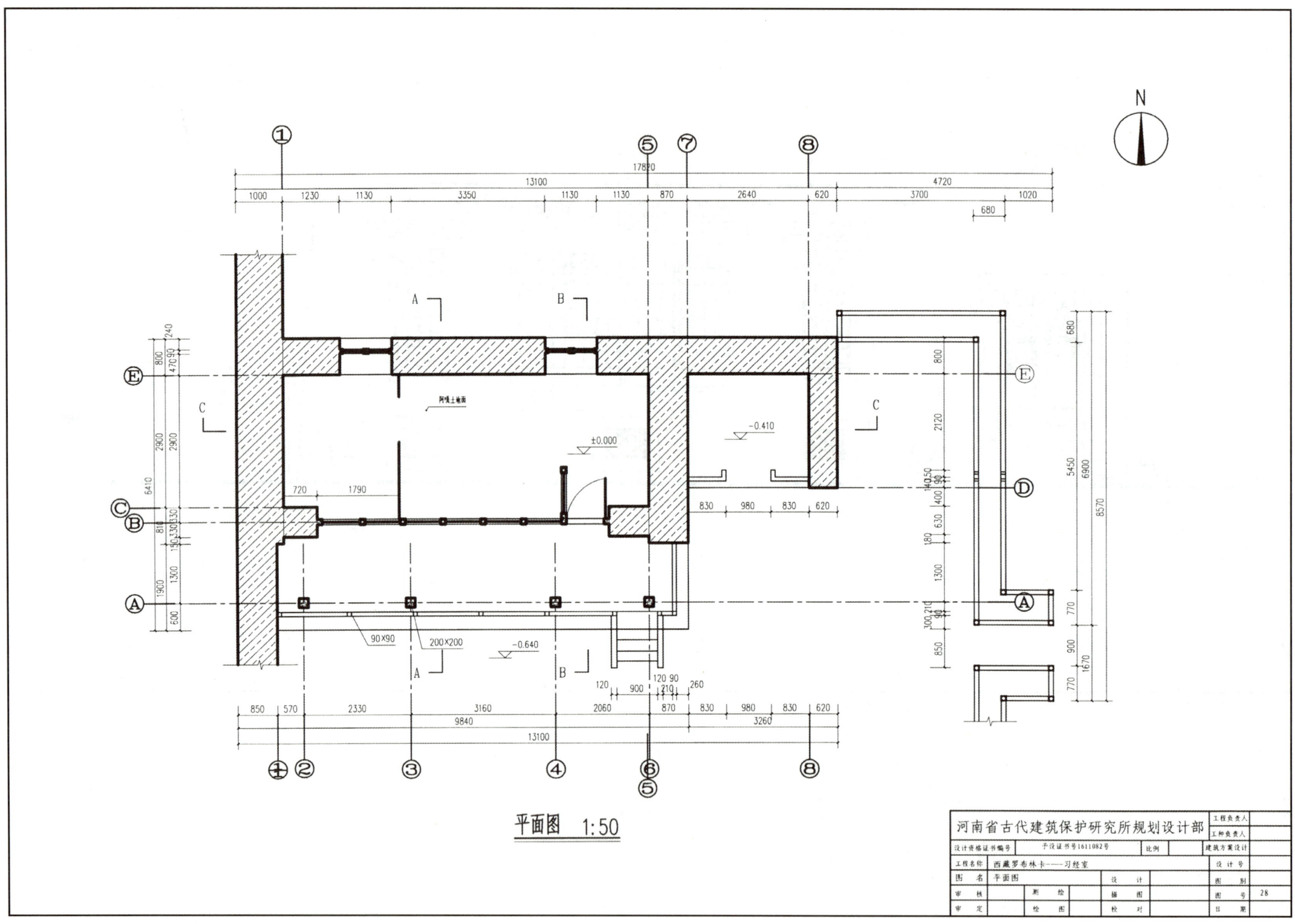

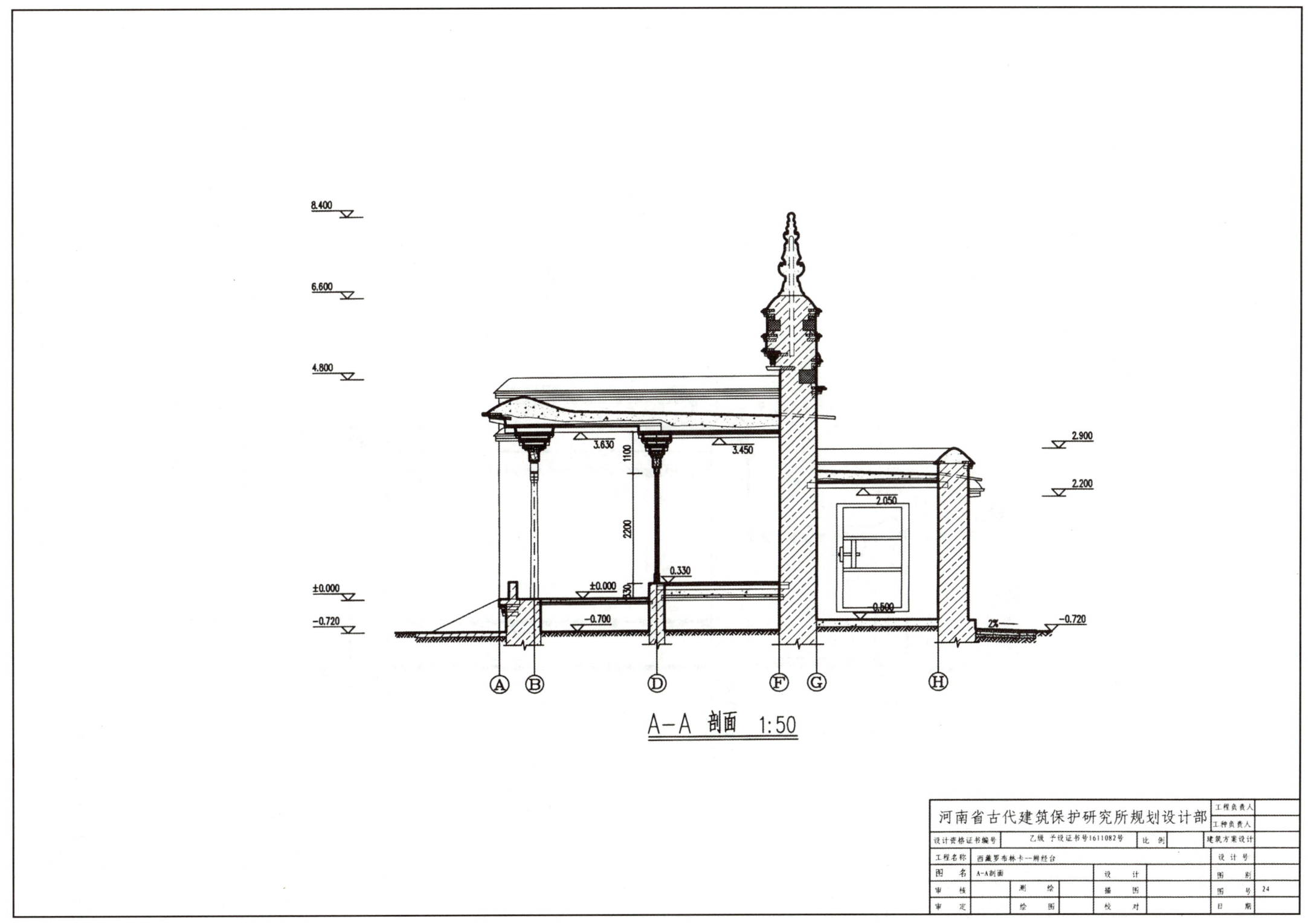

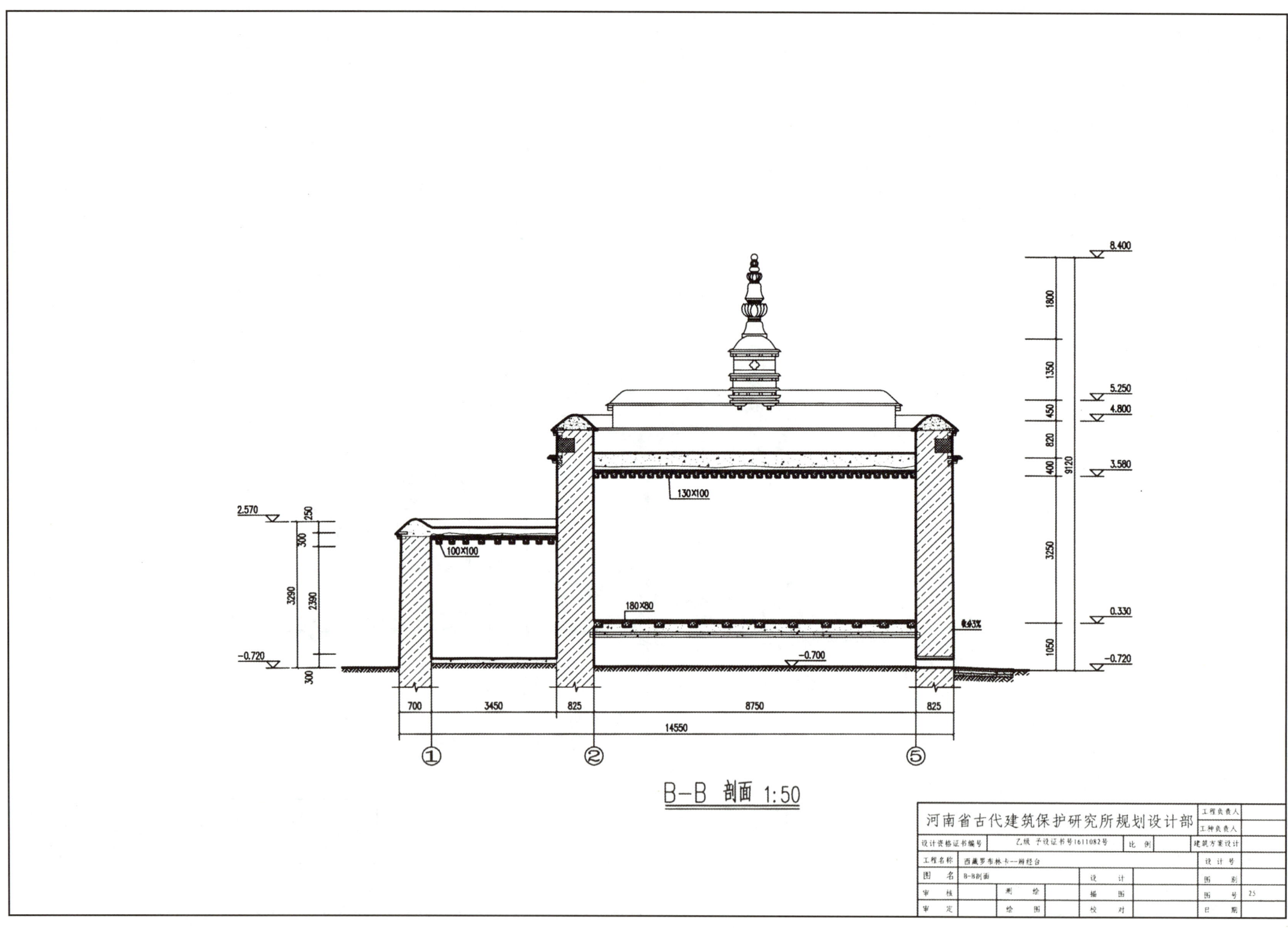

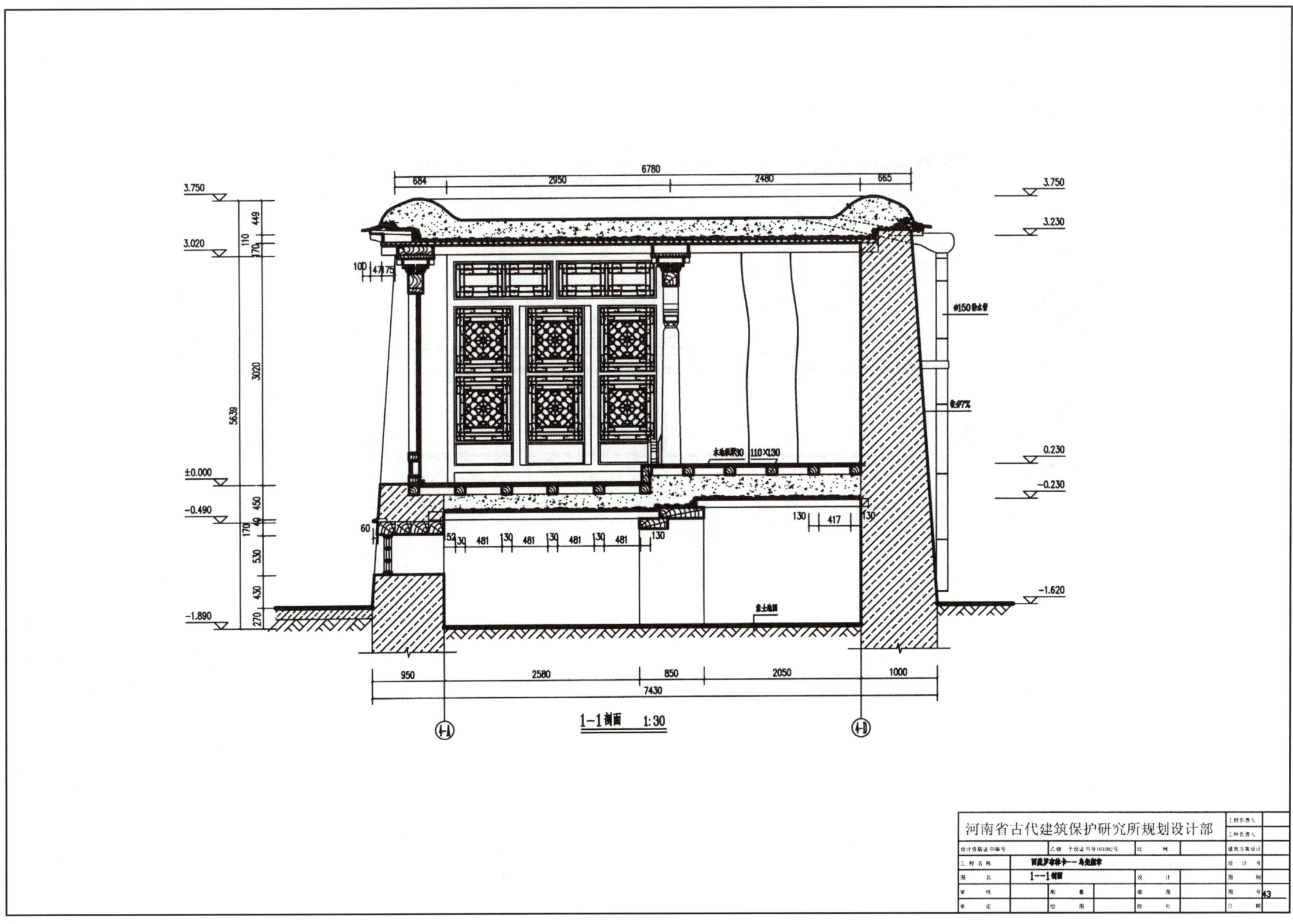

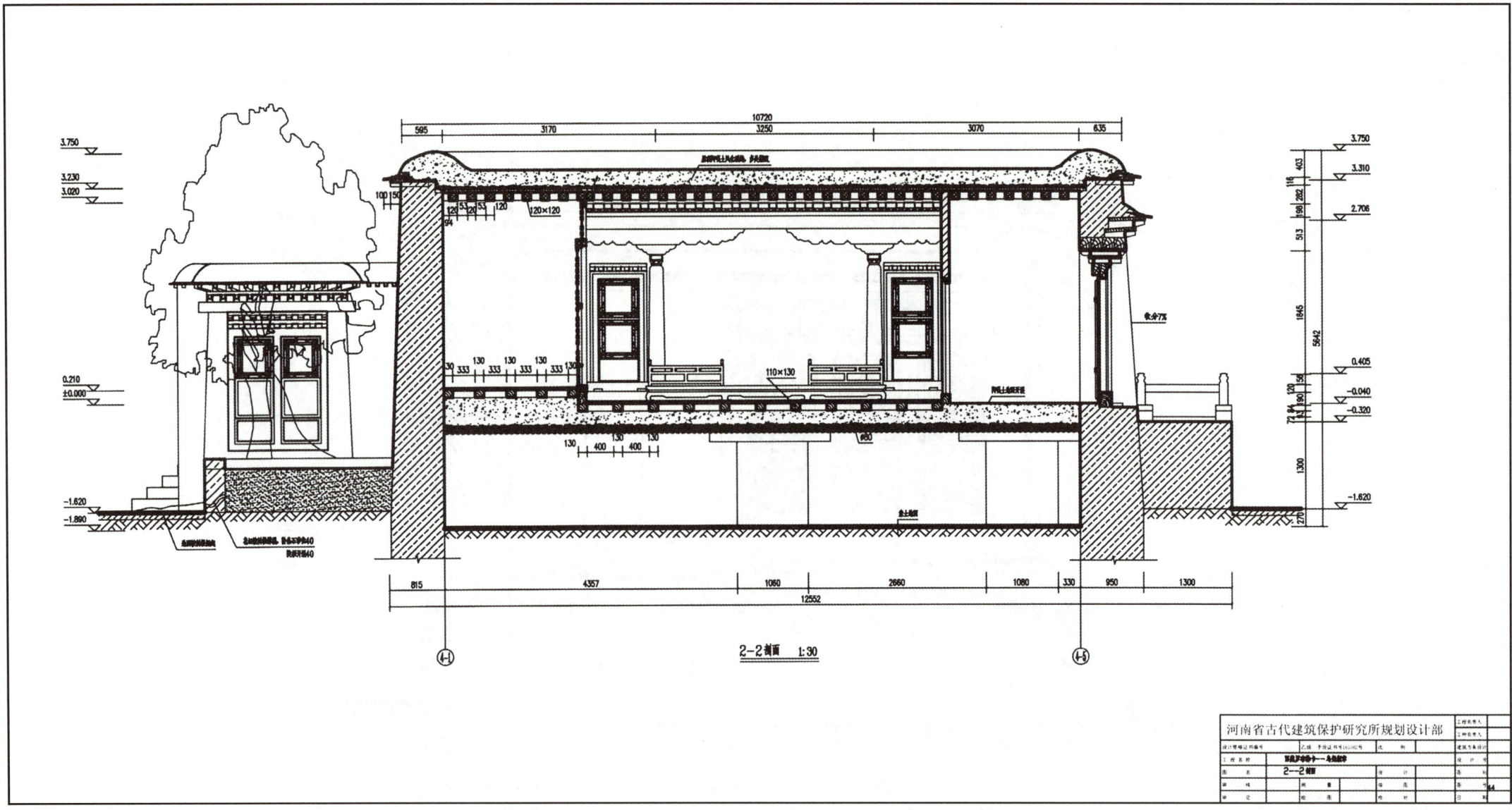

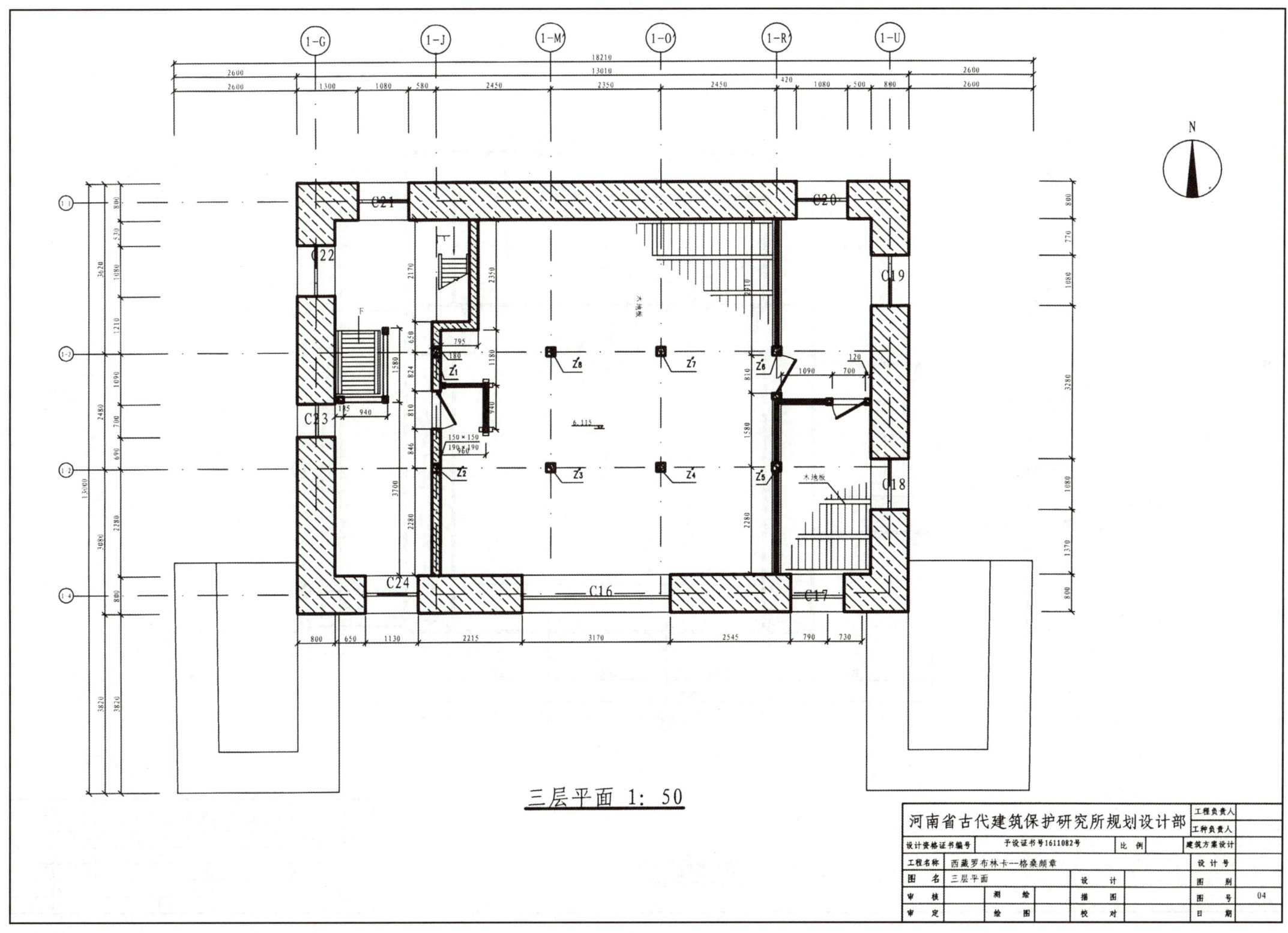

三层平面 1:50

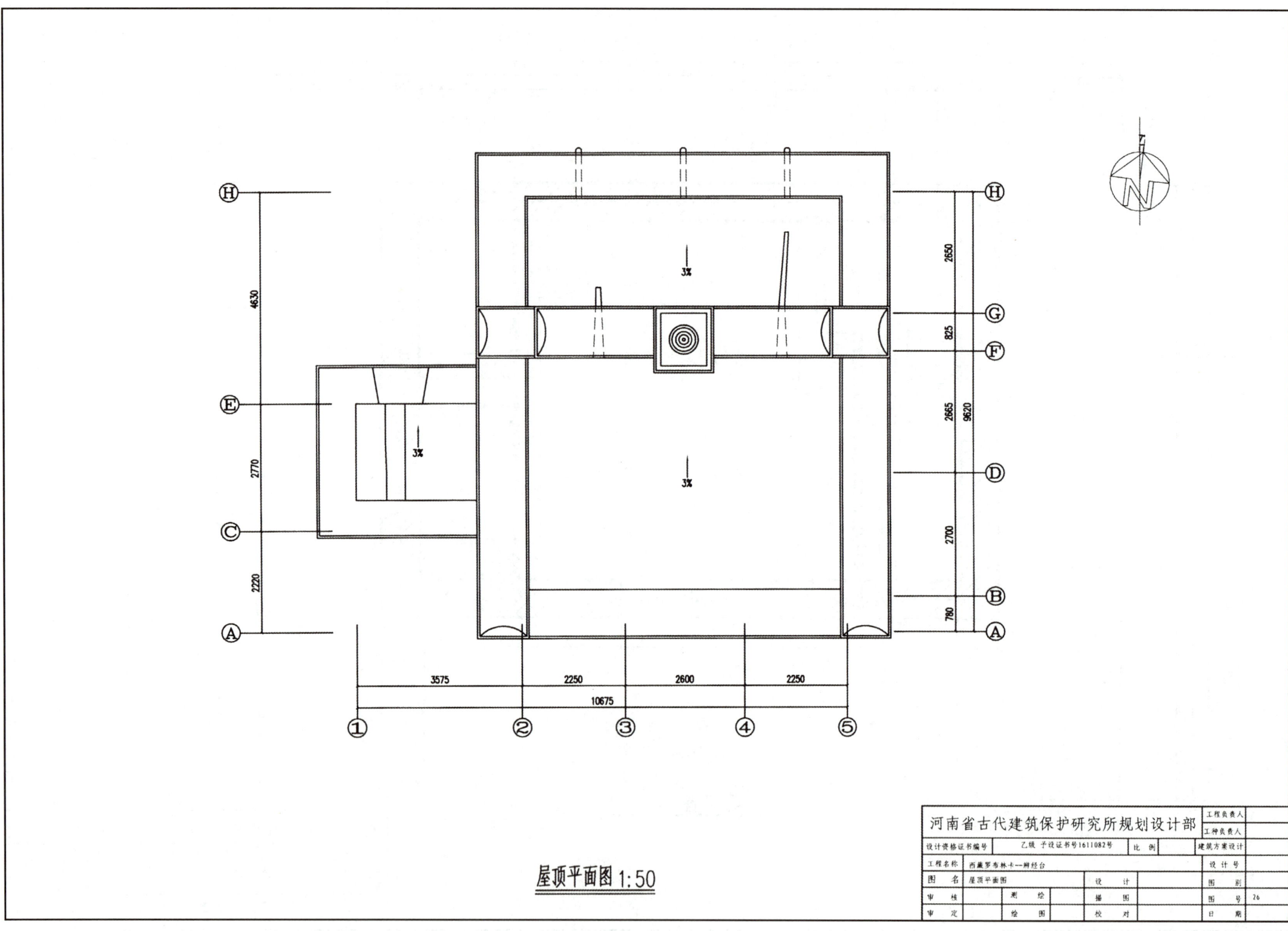

屋顶平面图 1:50

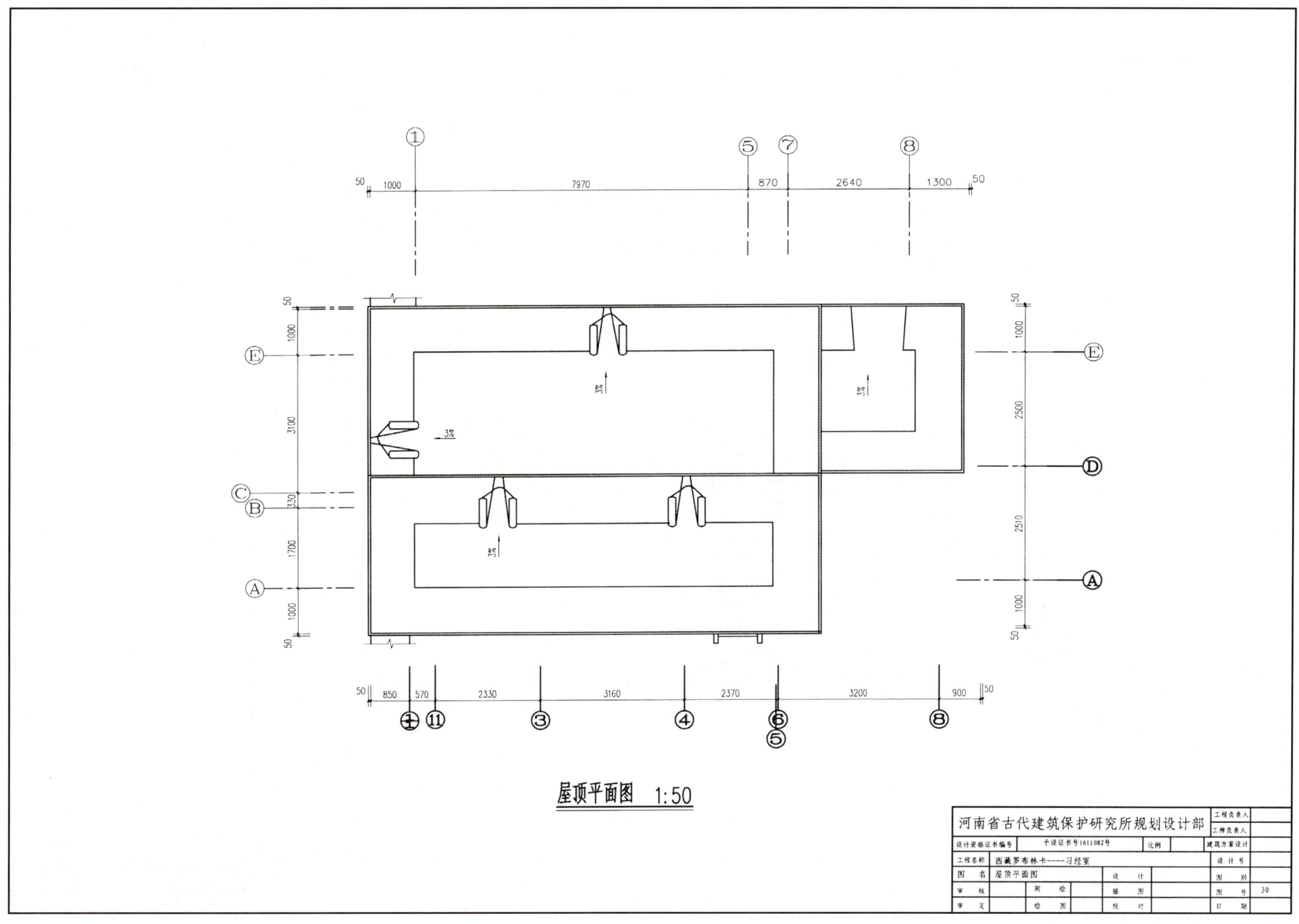

屋顶平面图　1:50

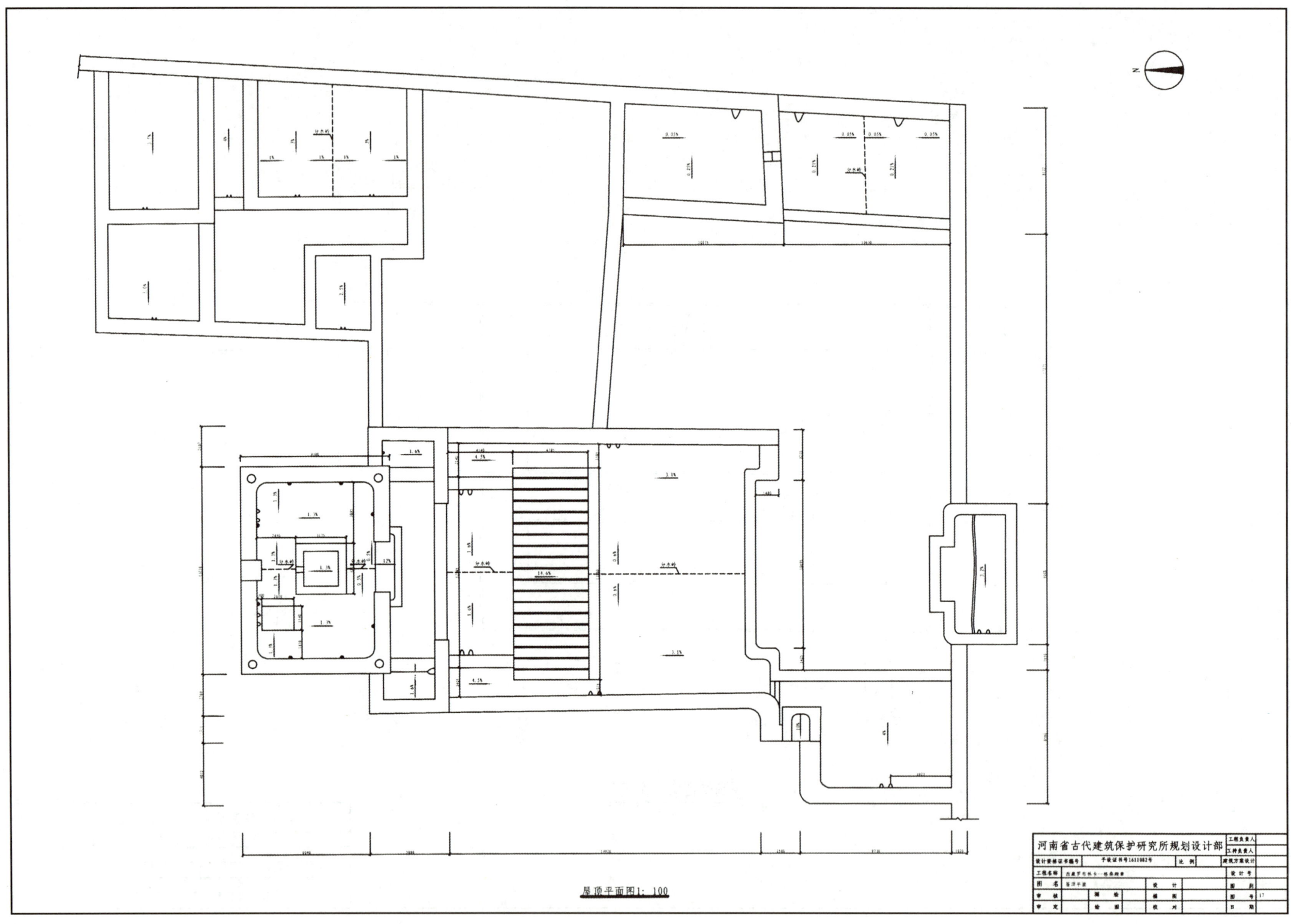

屋顶平面图 1:100

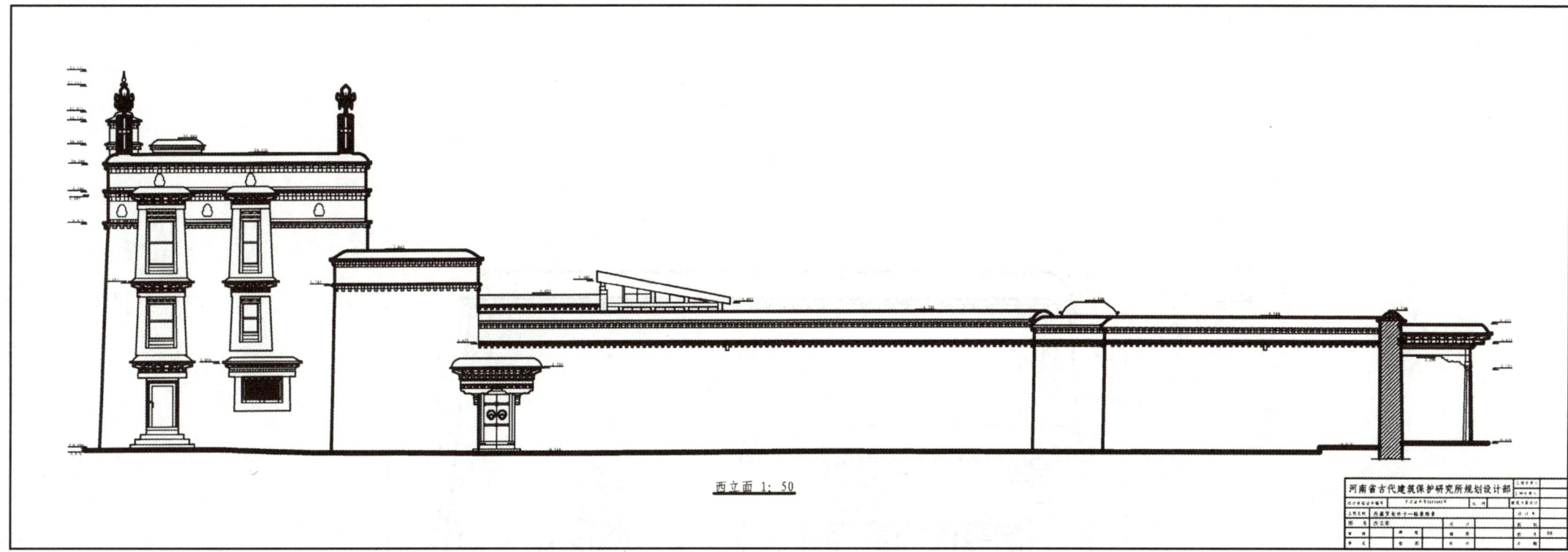

西立面 1:50

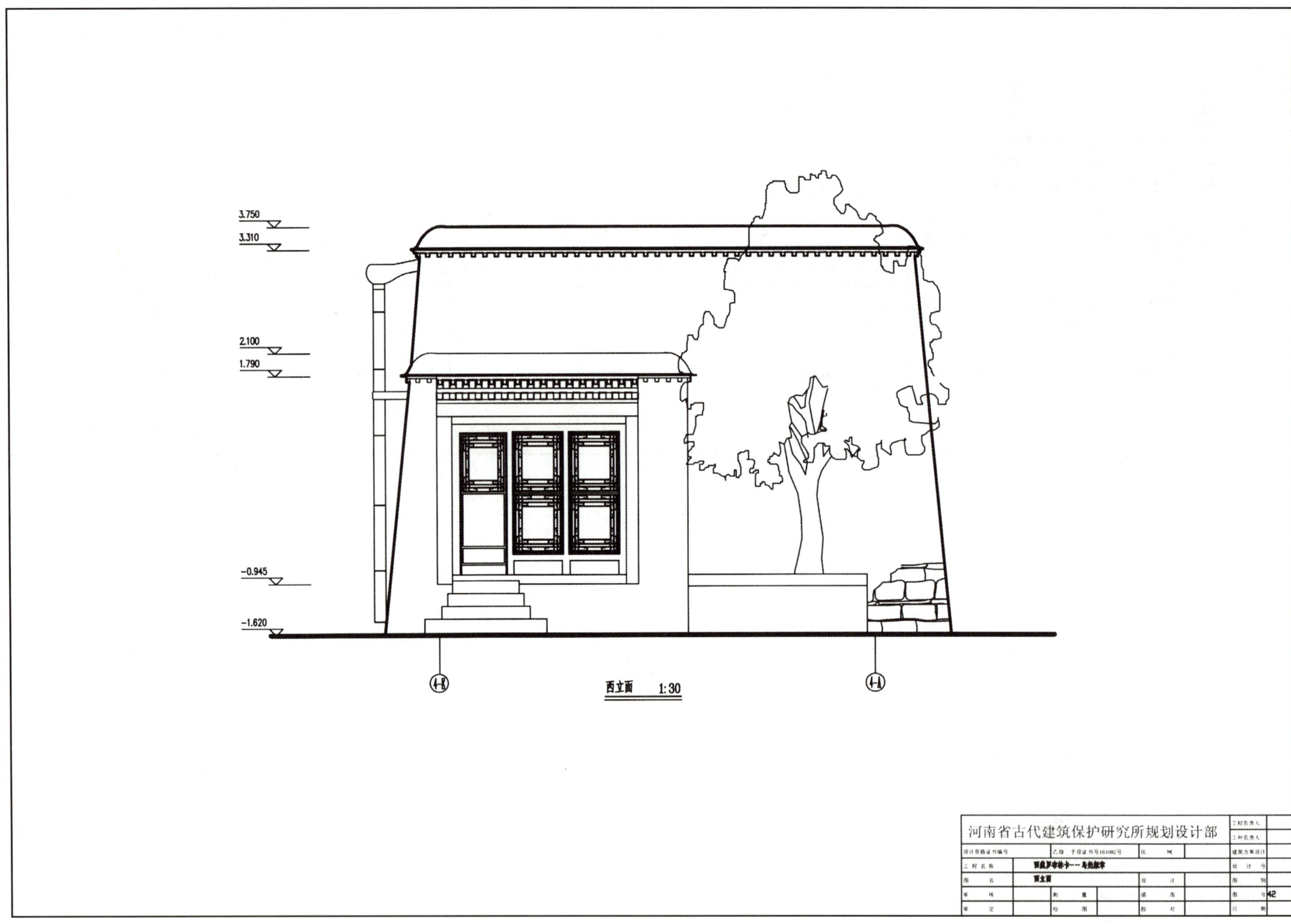

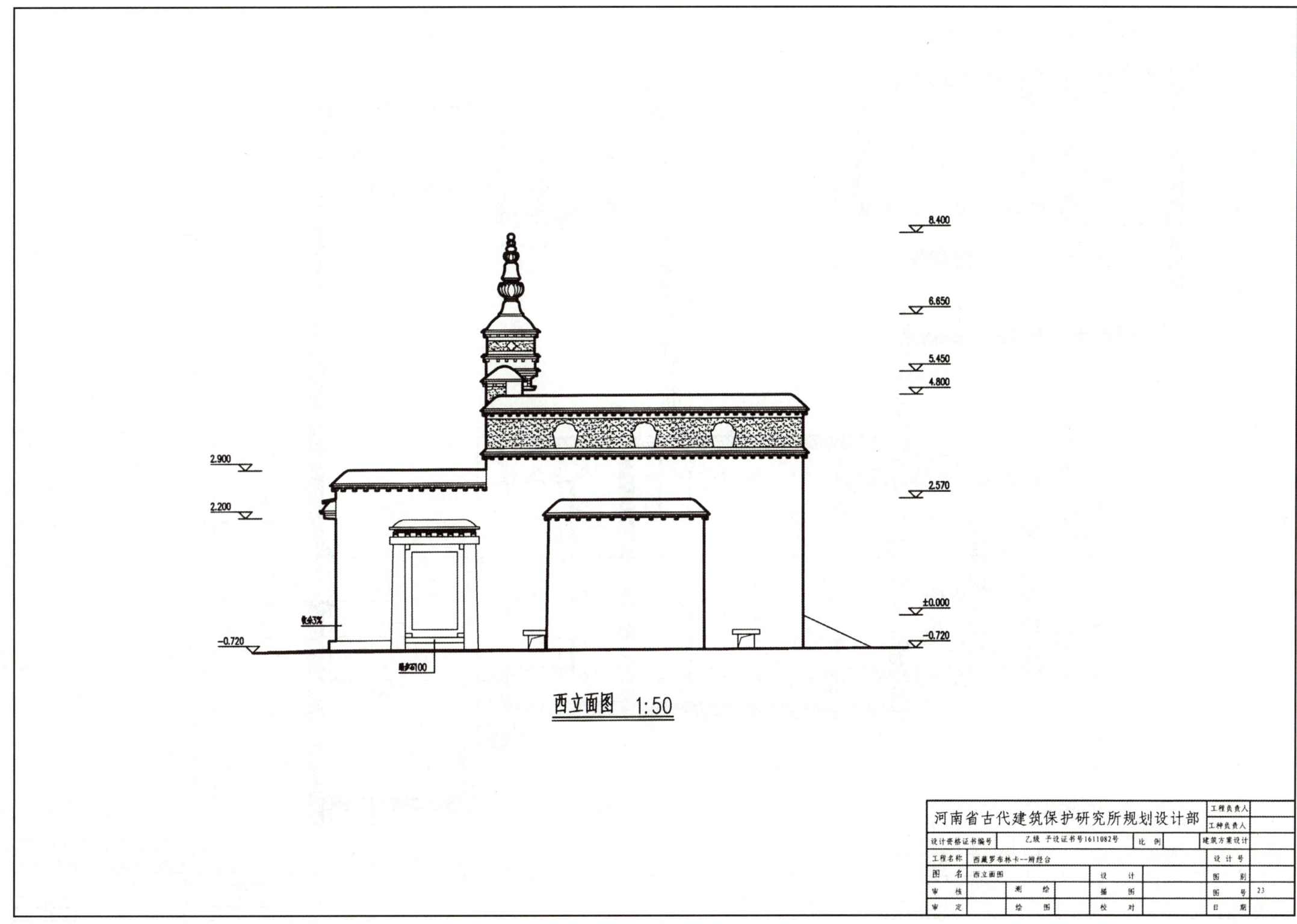

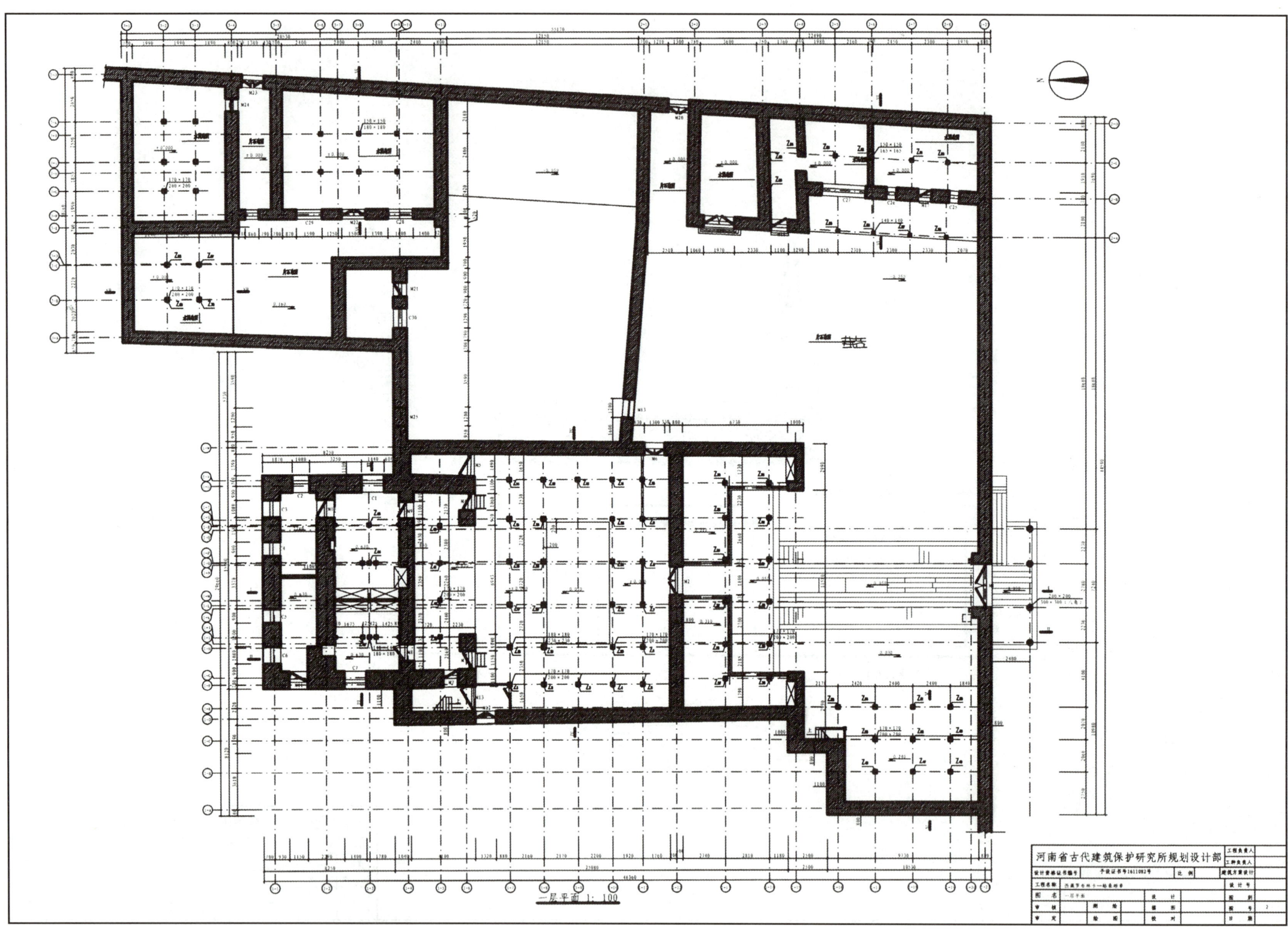

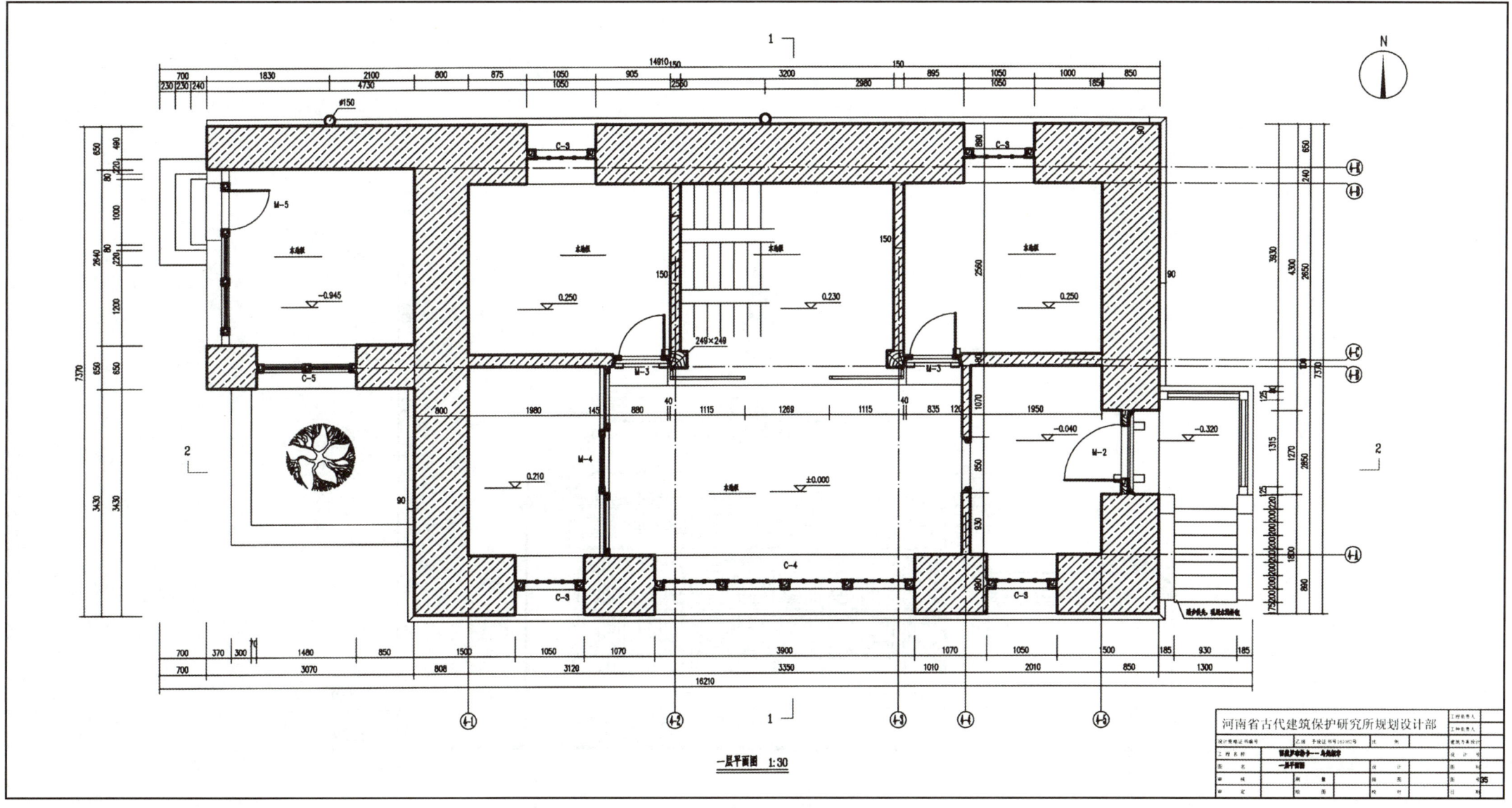

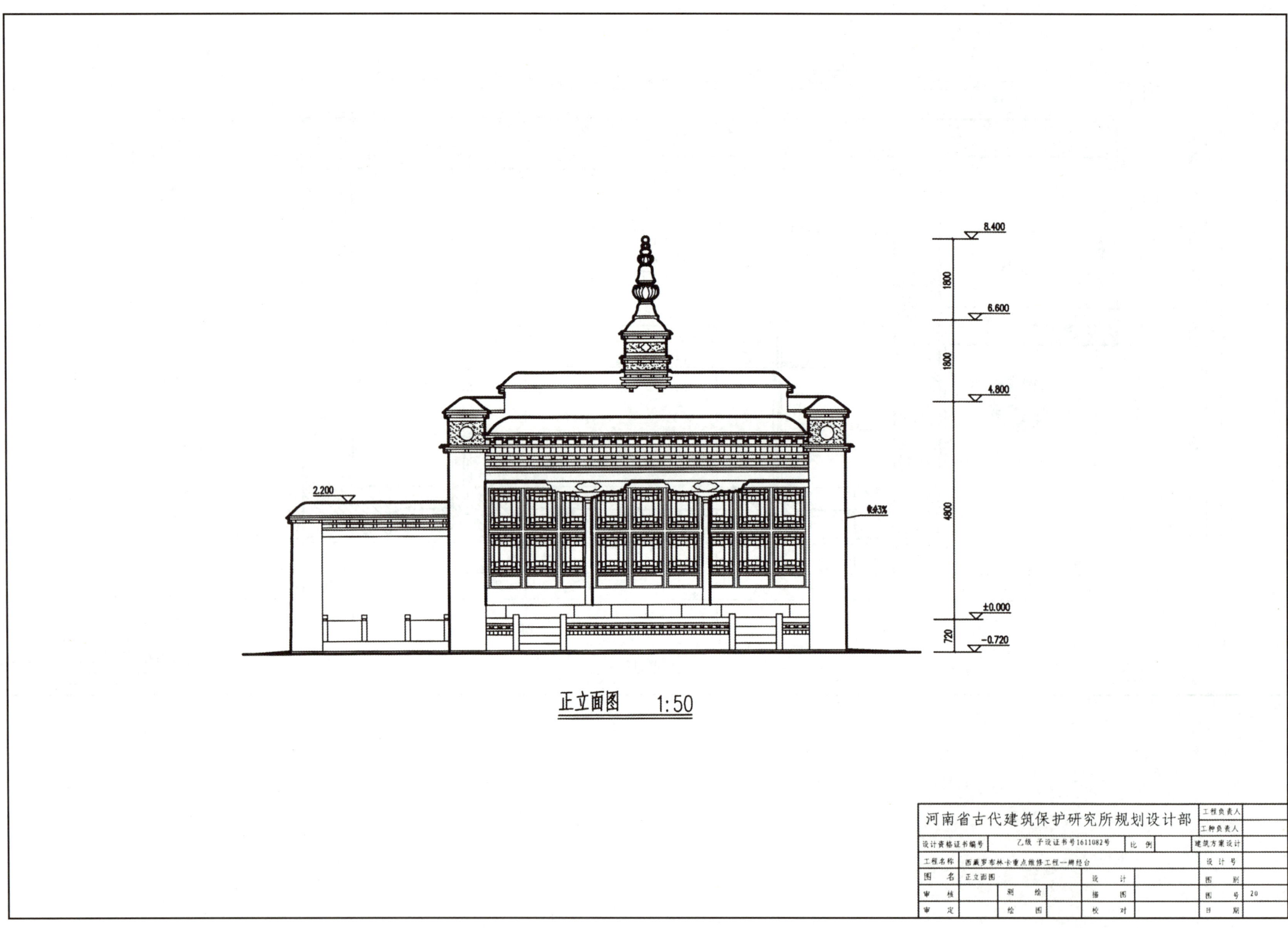

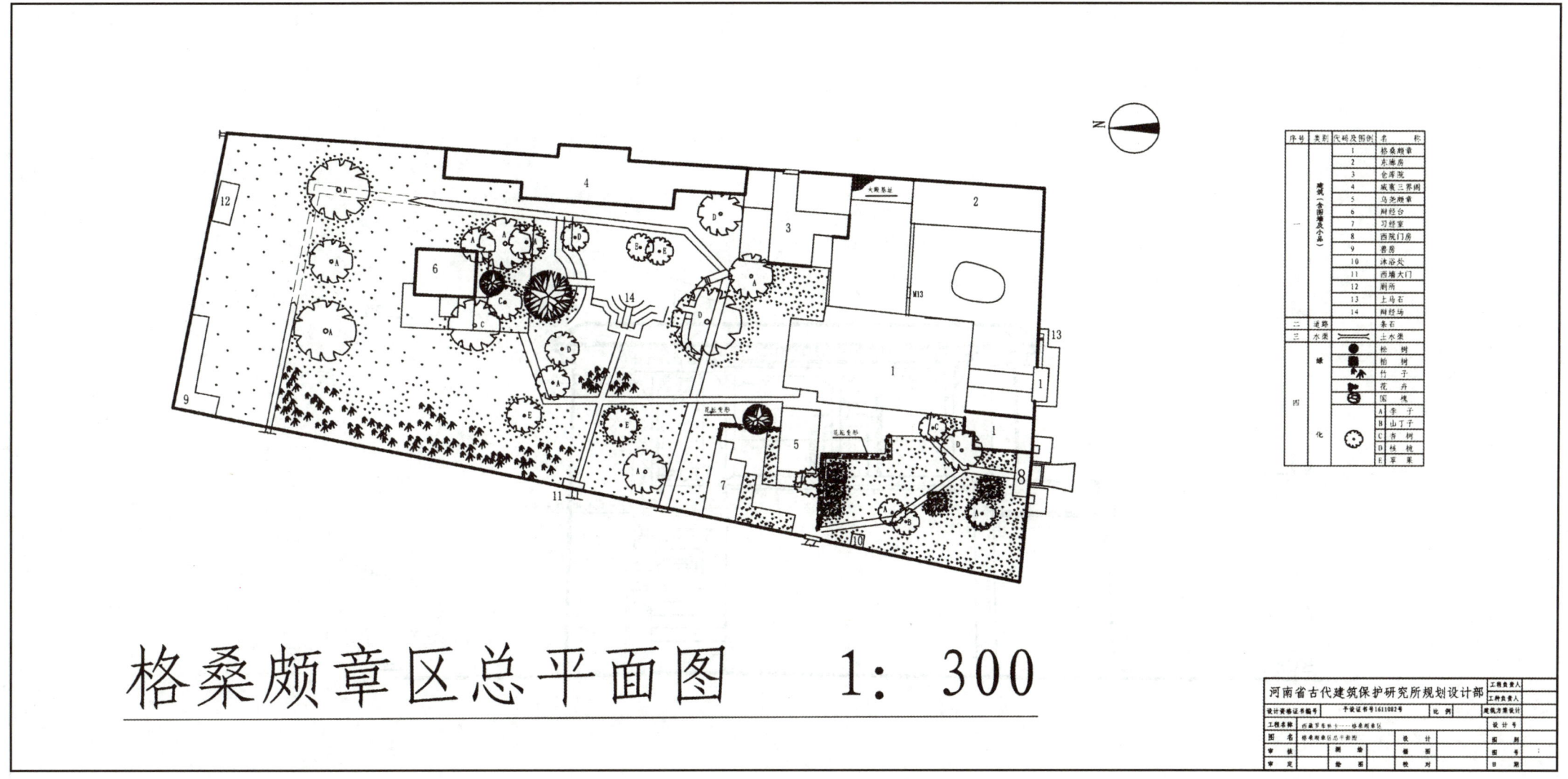

格桑颇章区总平面图　1：300

东立面图

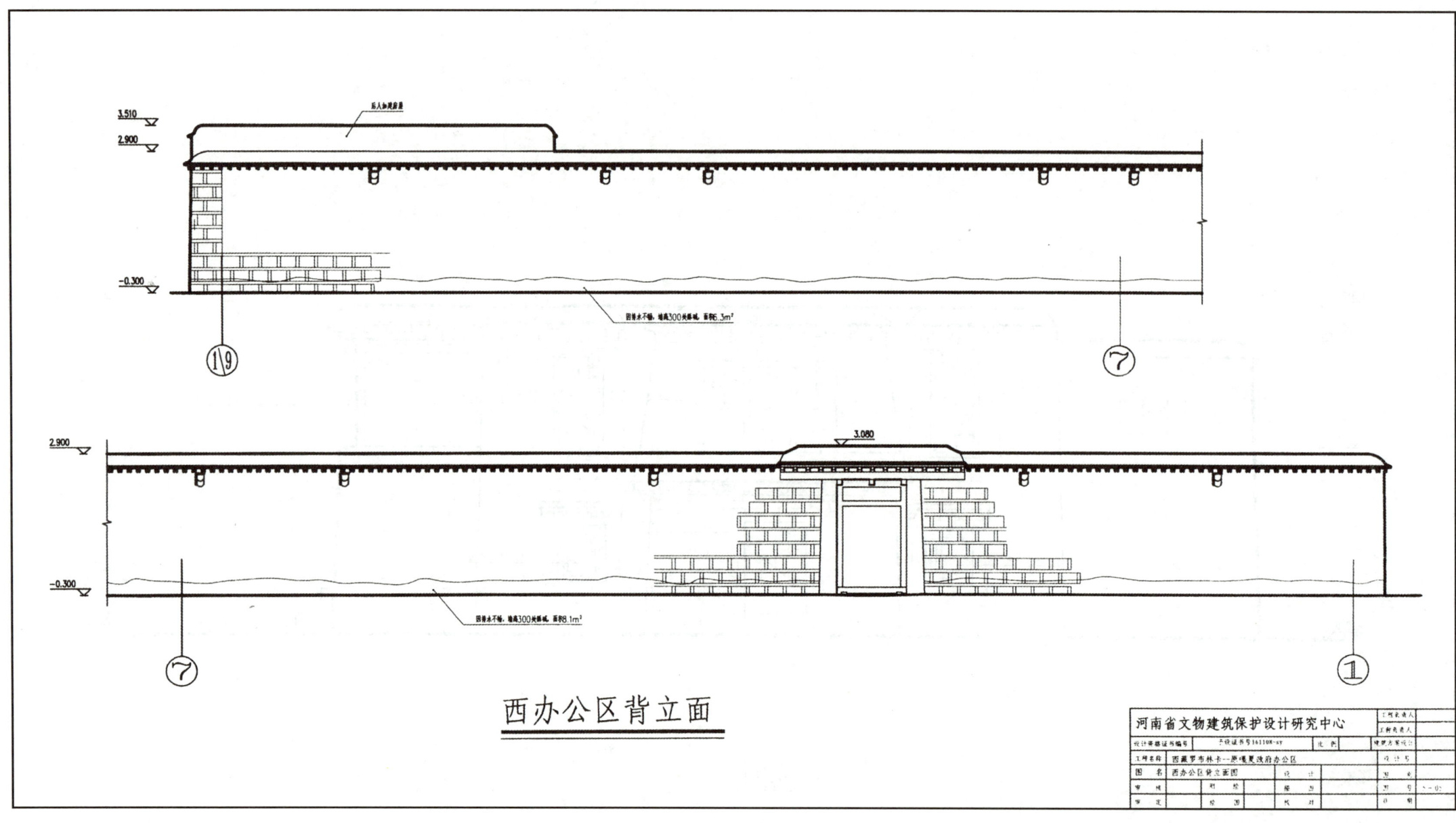

西办公区背立面

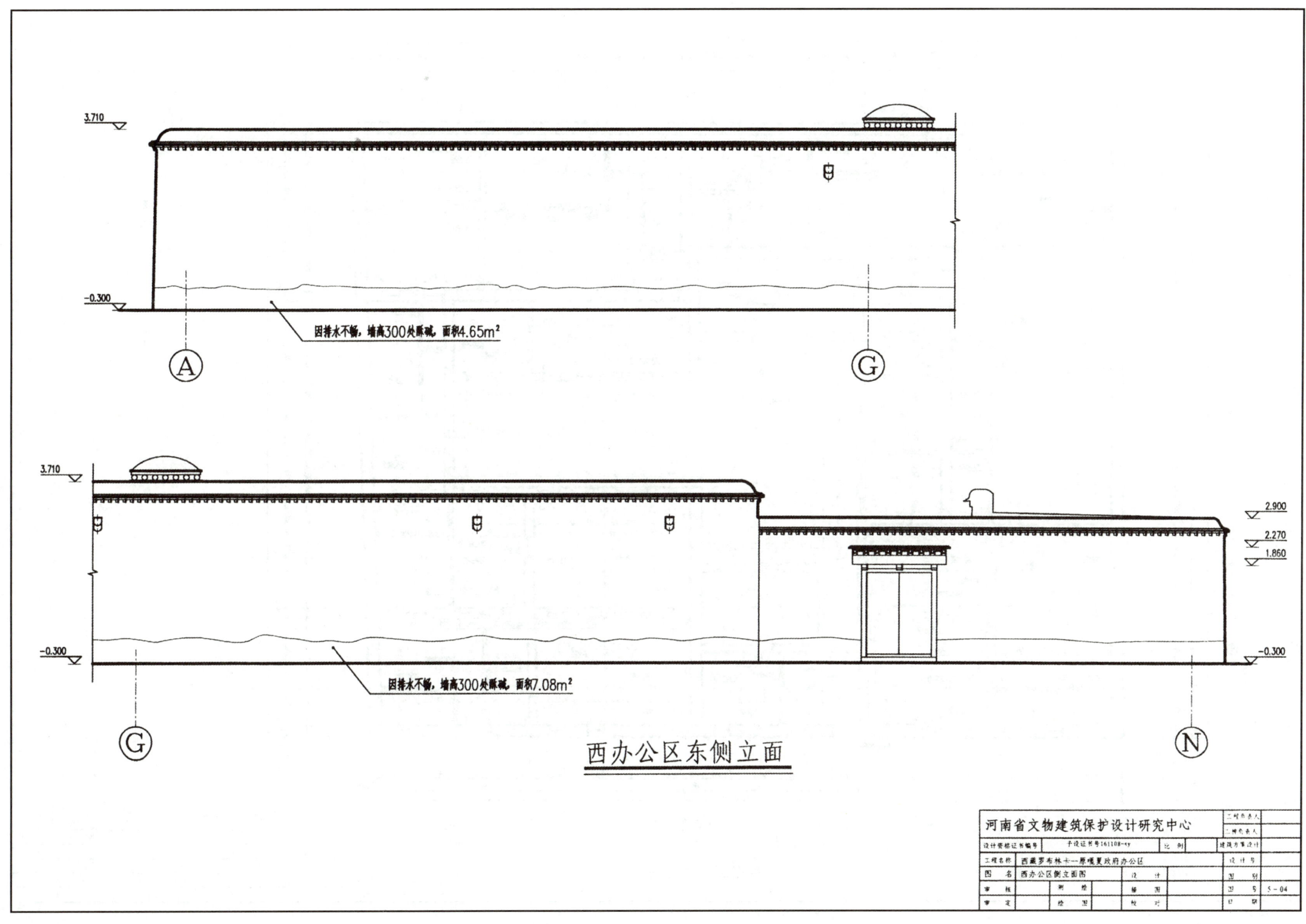

西办公区东侧立面

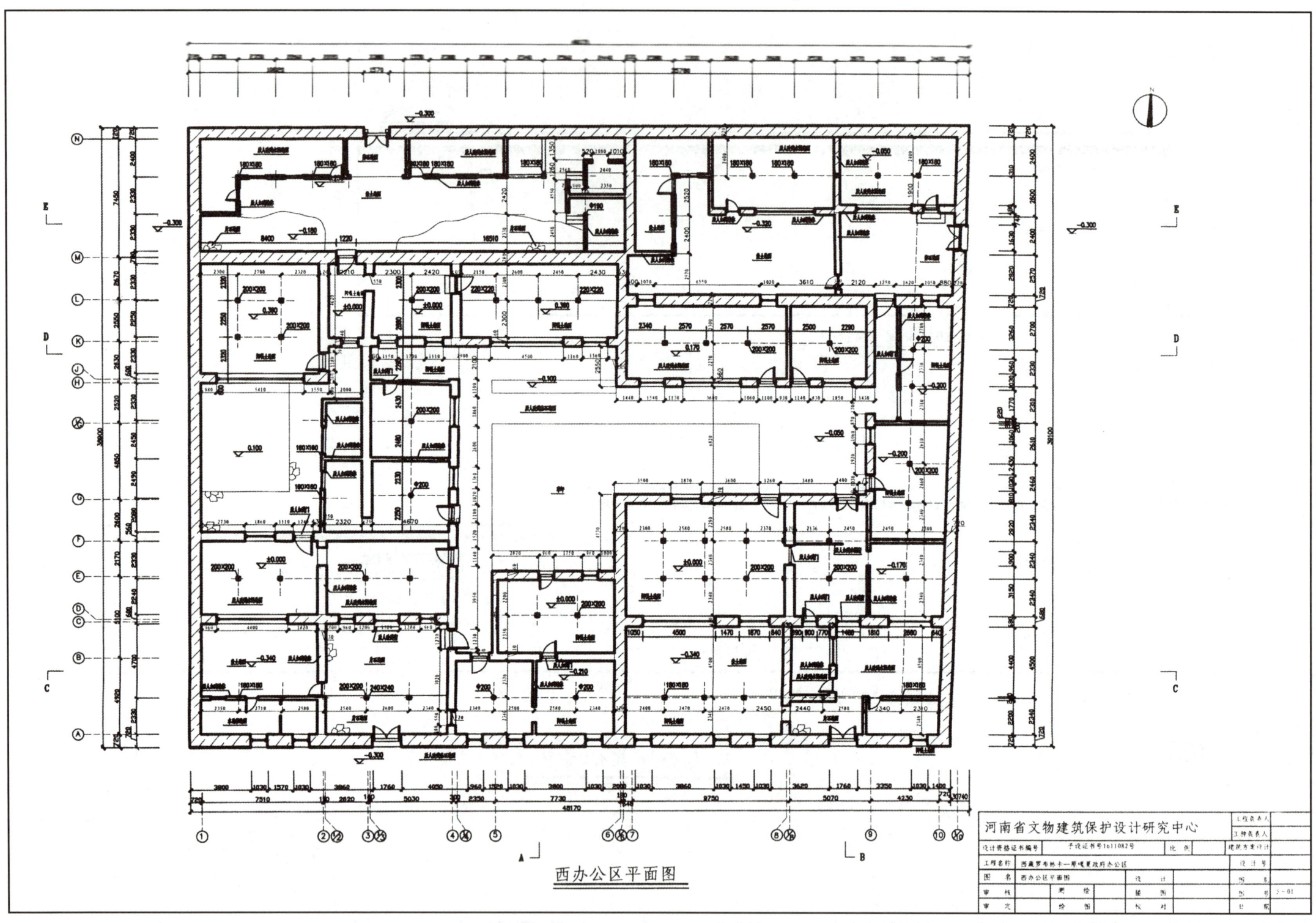

西办公区平面图

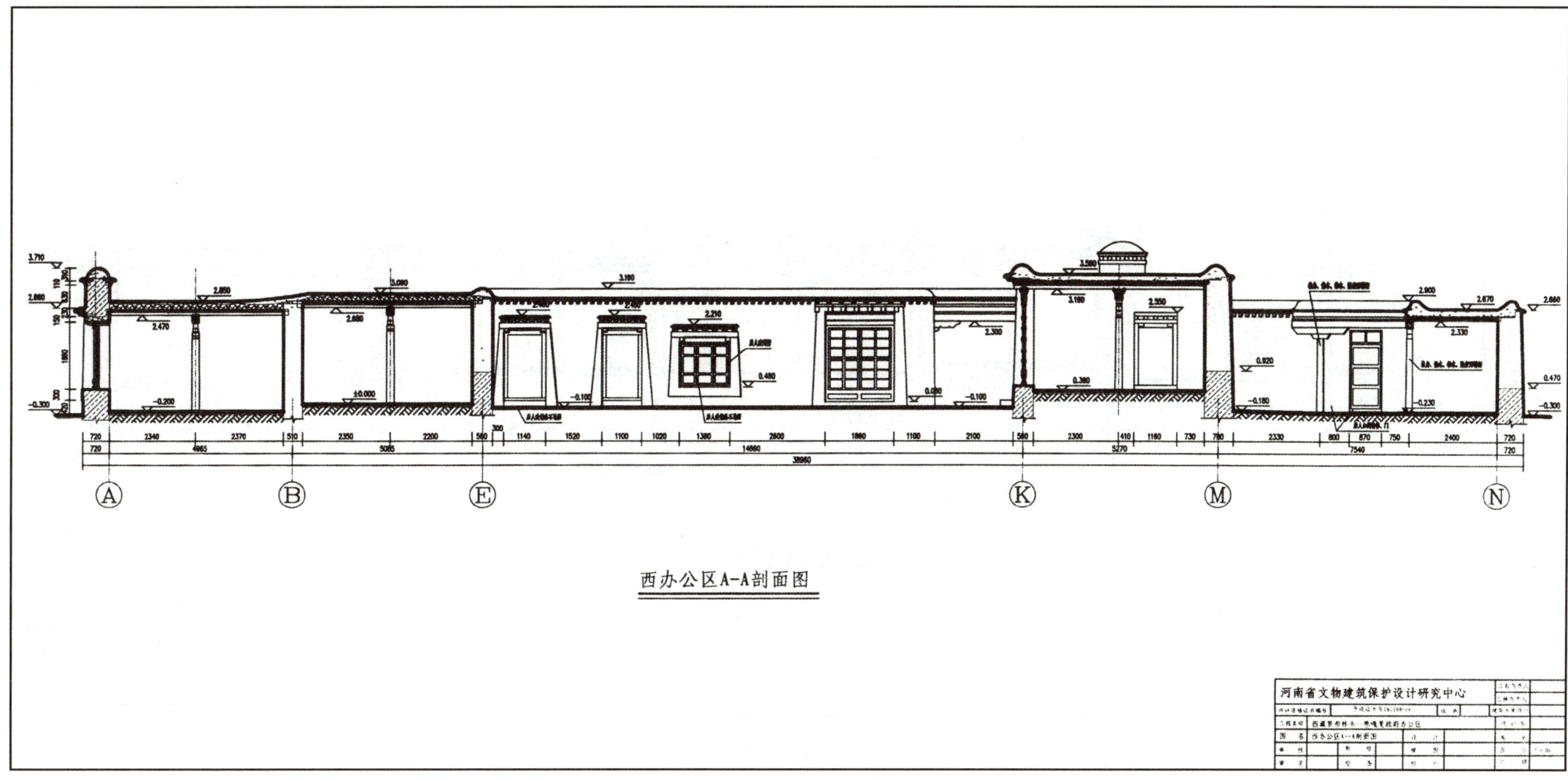

西办公区A-A剖面图

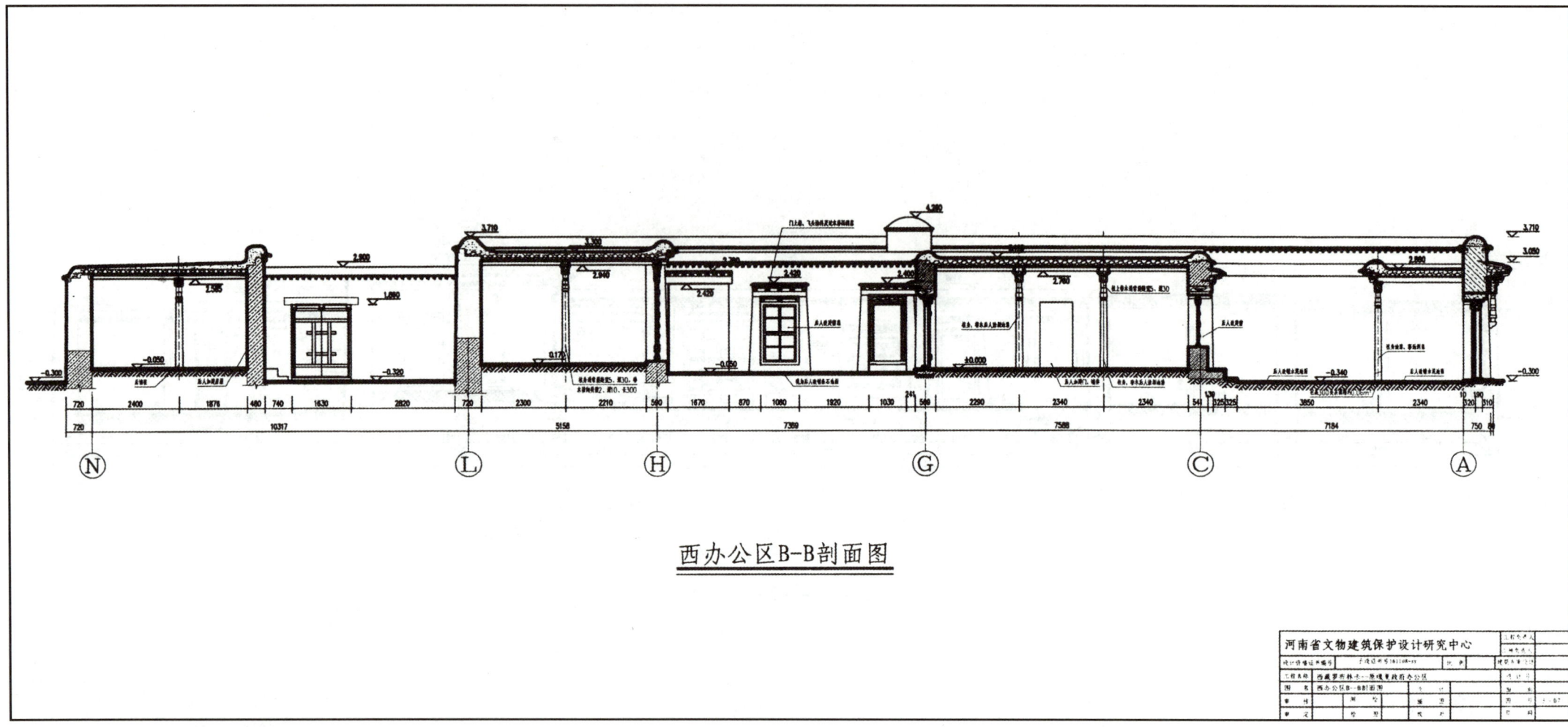

西办公区B-B剖面图

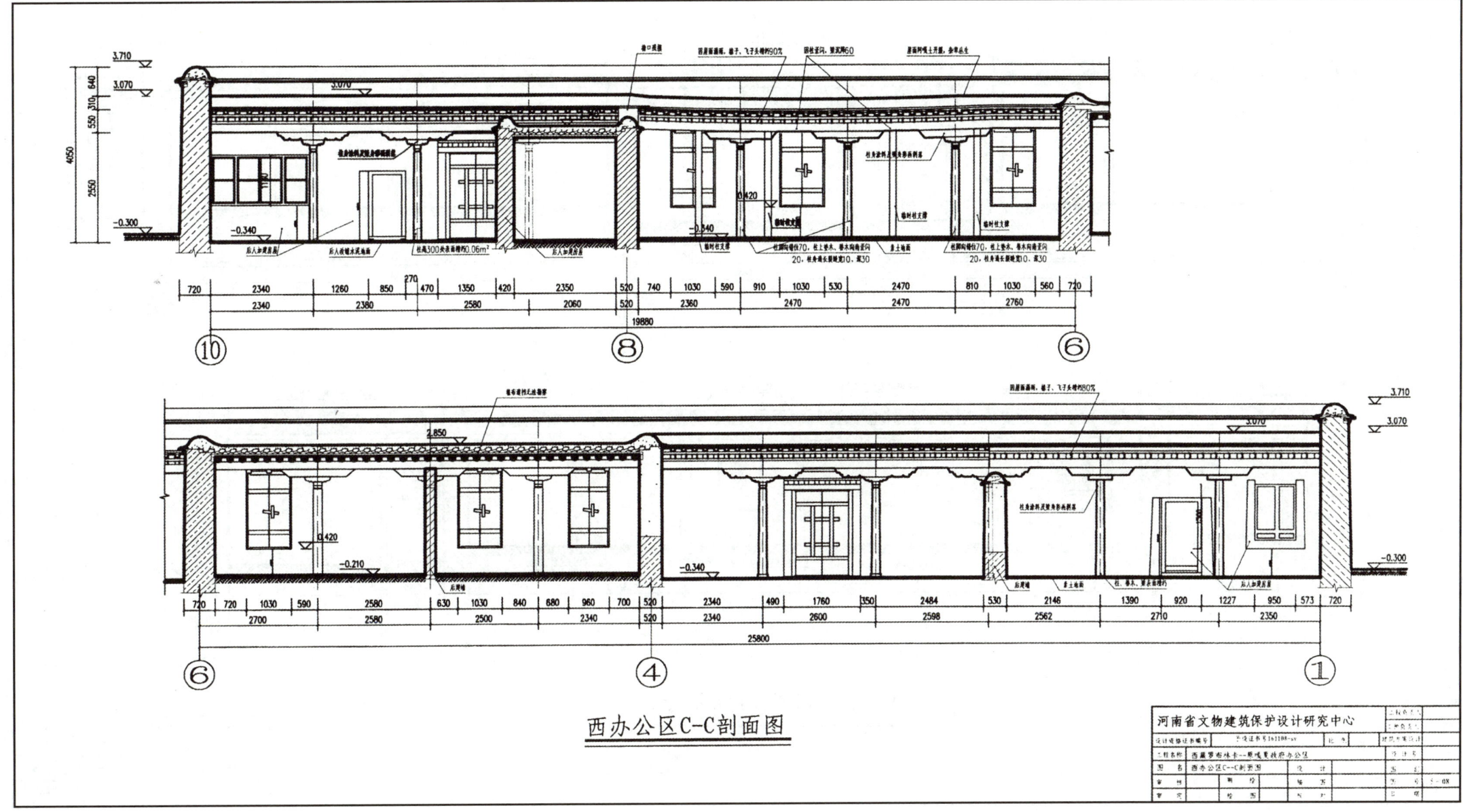

西办公区C-C剖面图

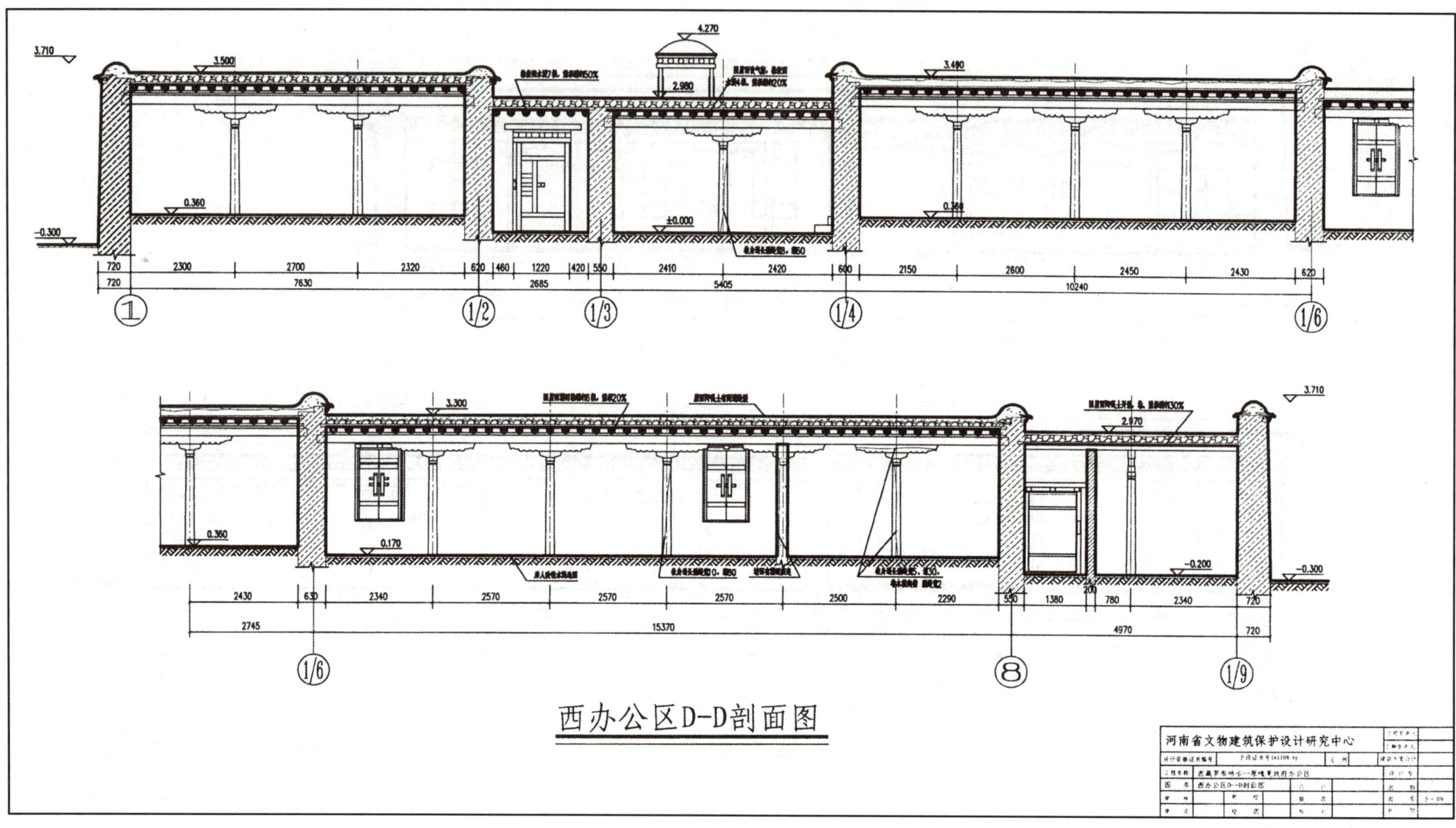

西办公区D-D剖面图

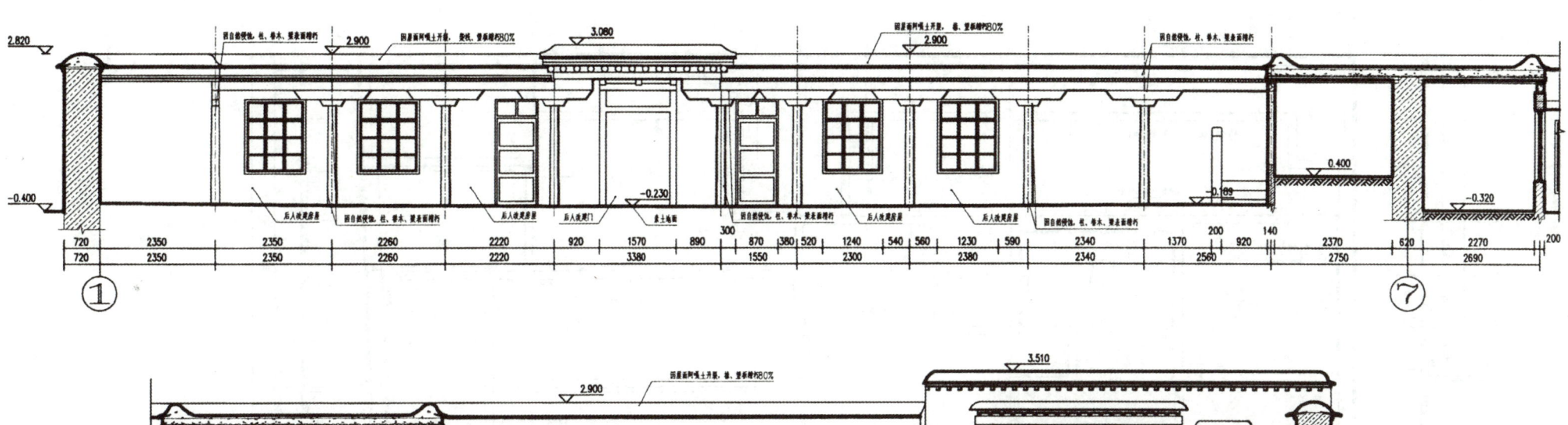

西办公区E-E剖面图

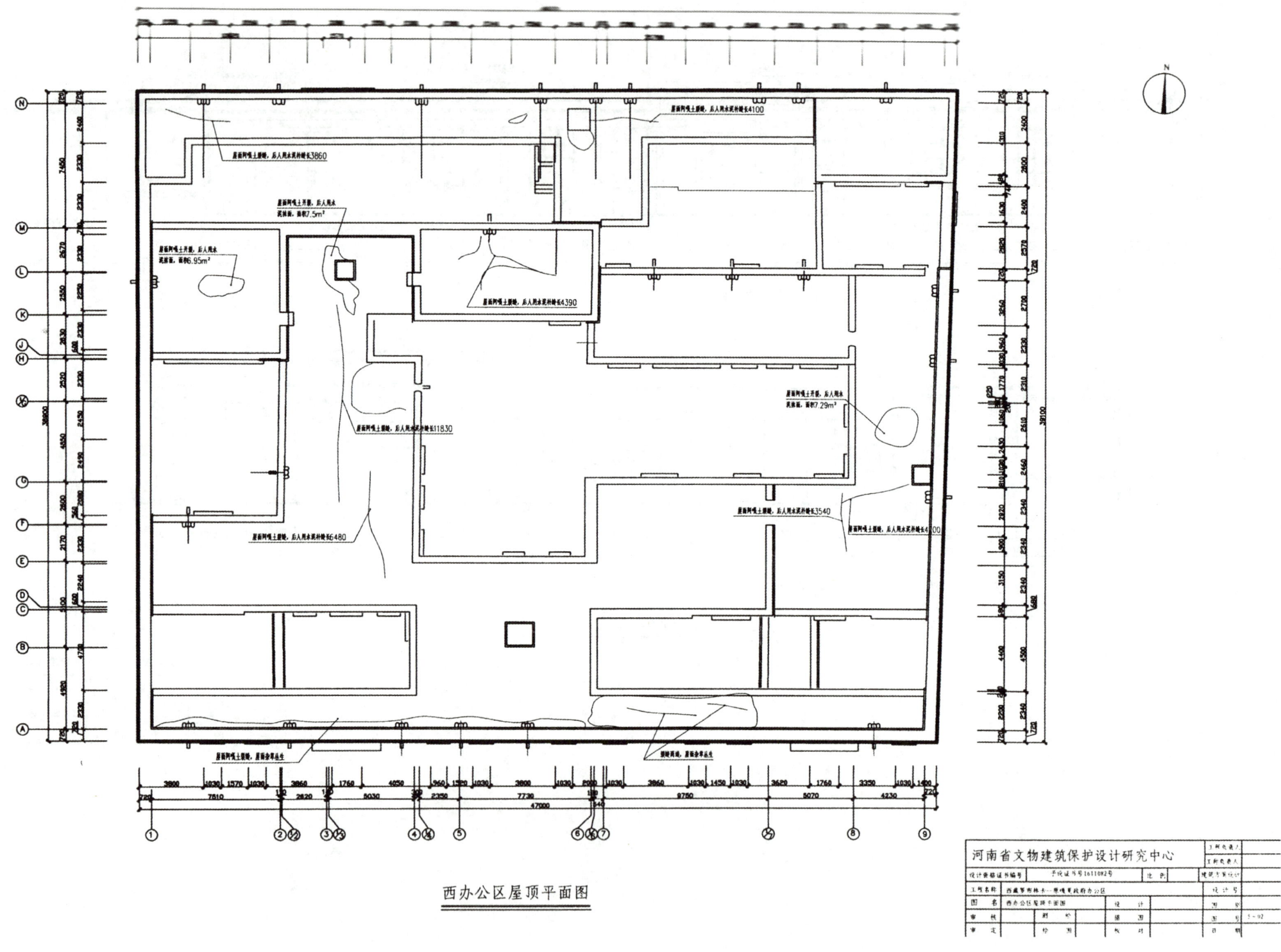

西办公区屋顶平面图

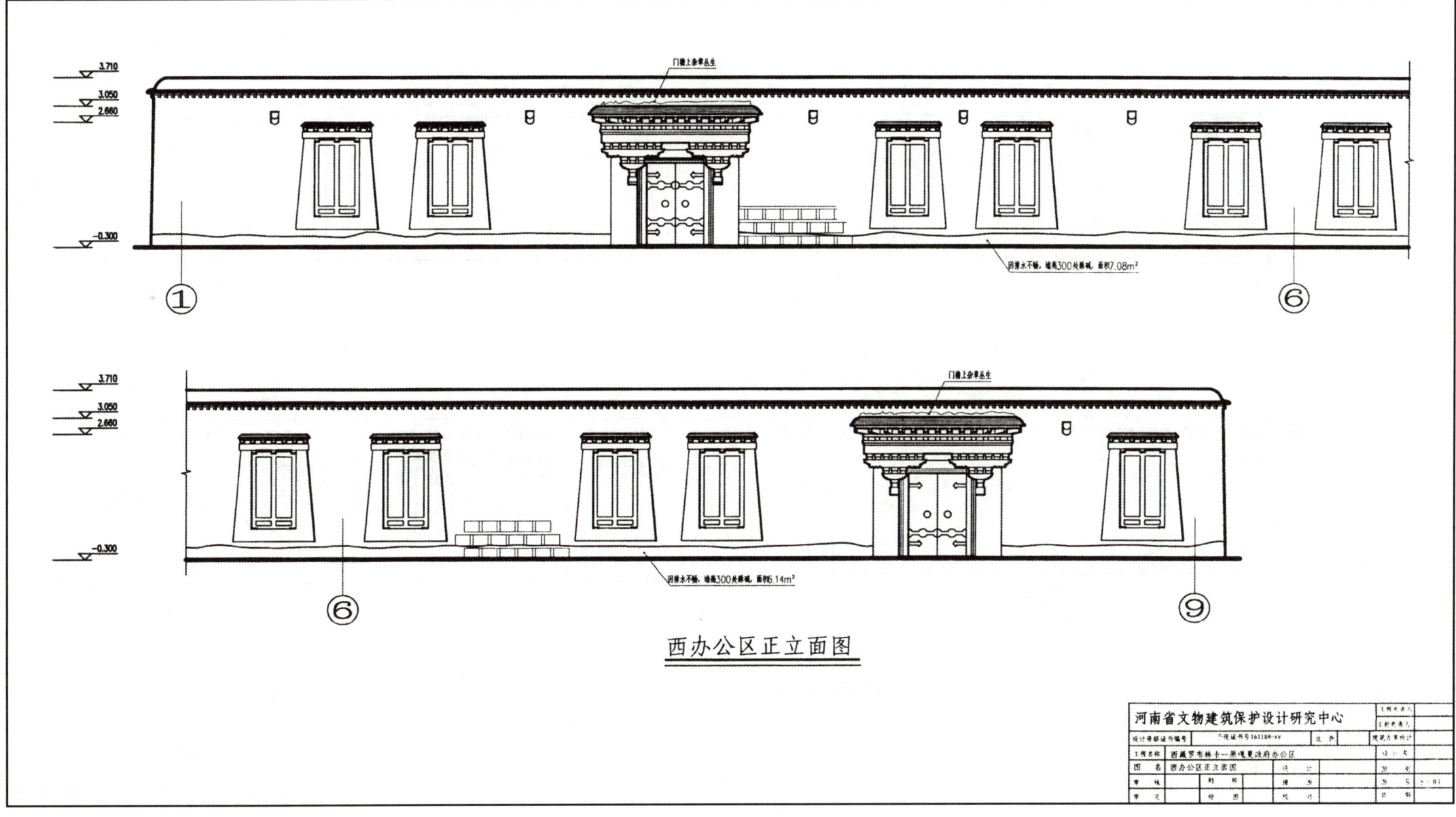

西办公区正立面图

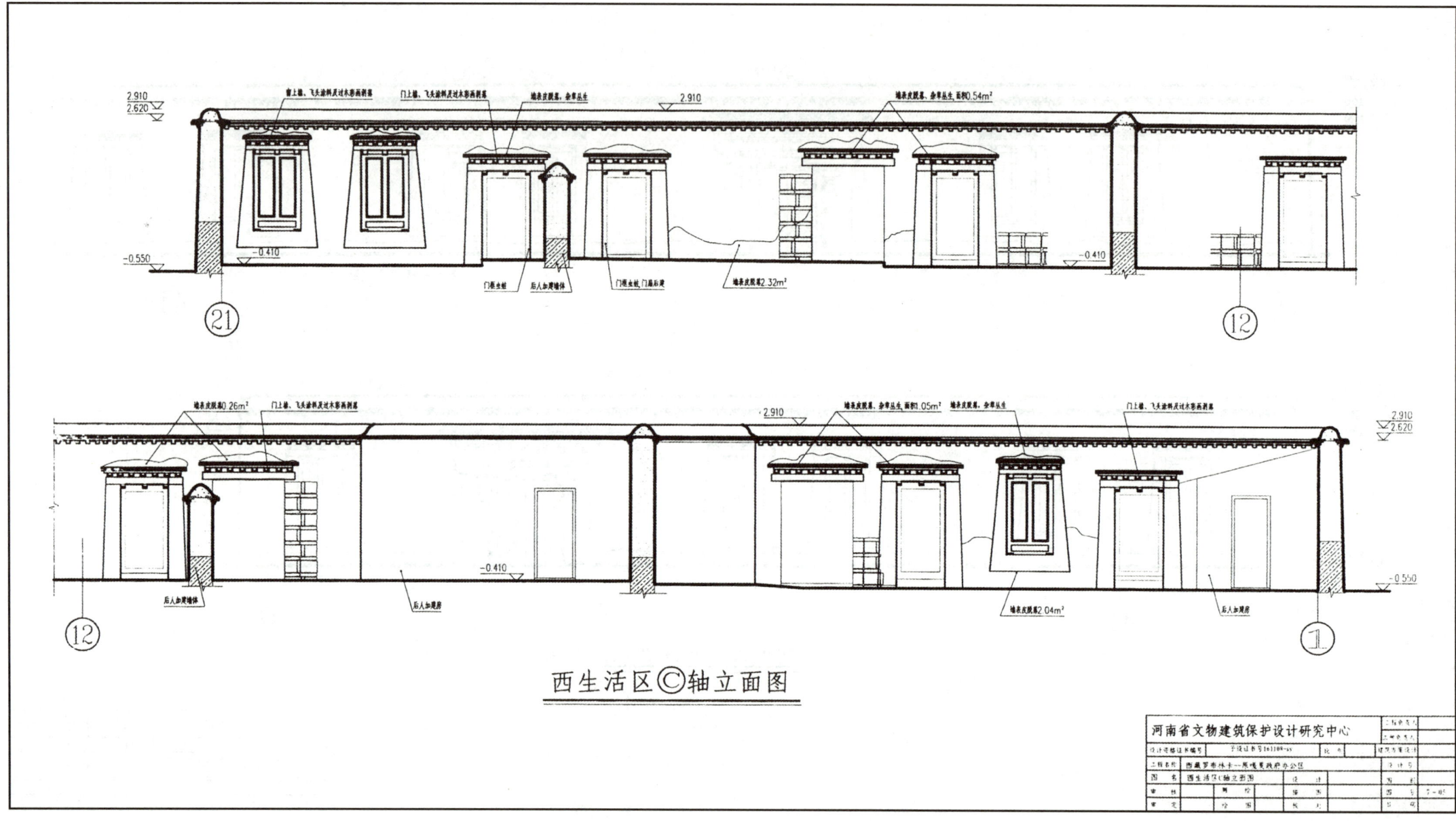

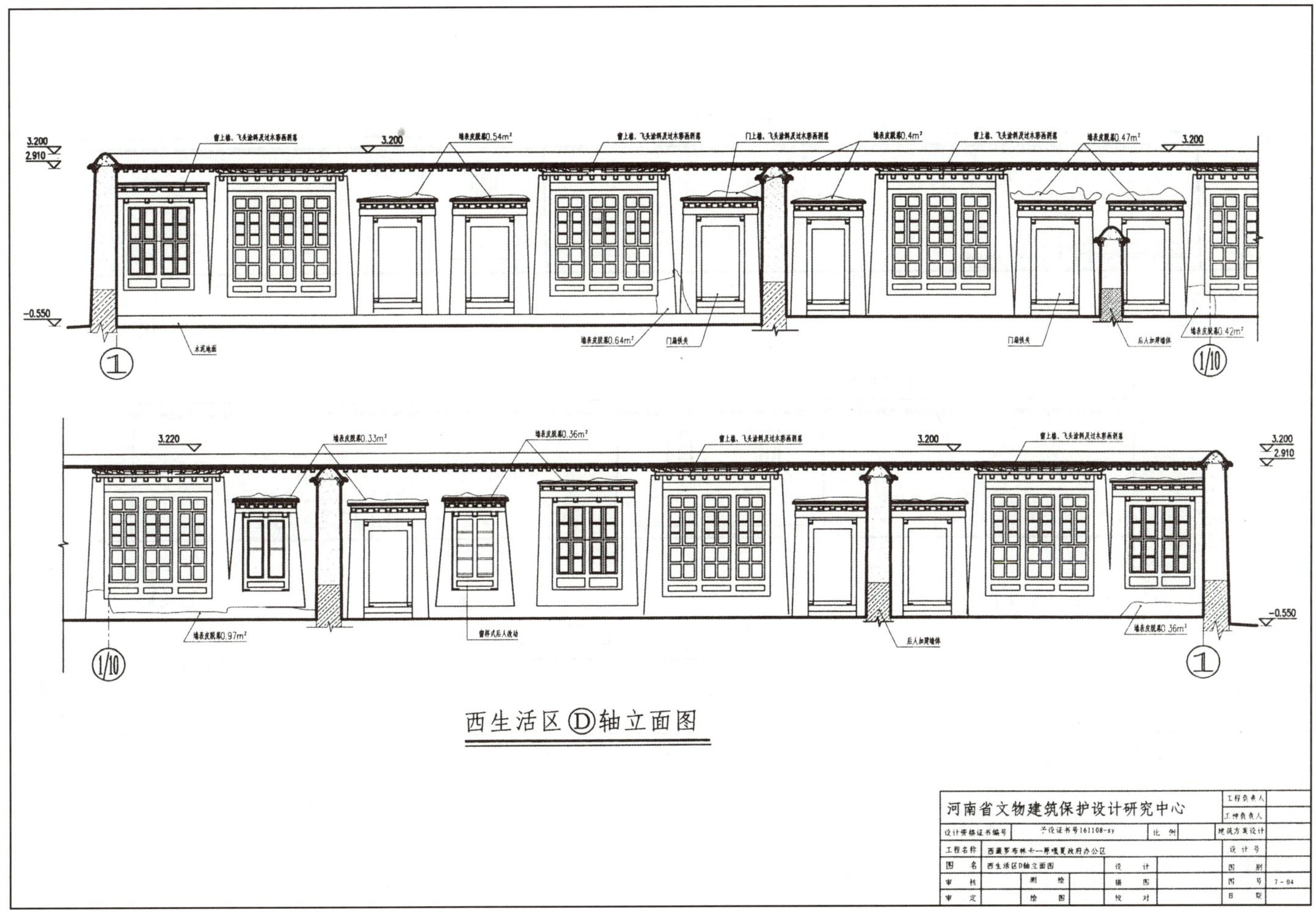

西生活区 Ⓓ 轴立面图

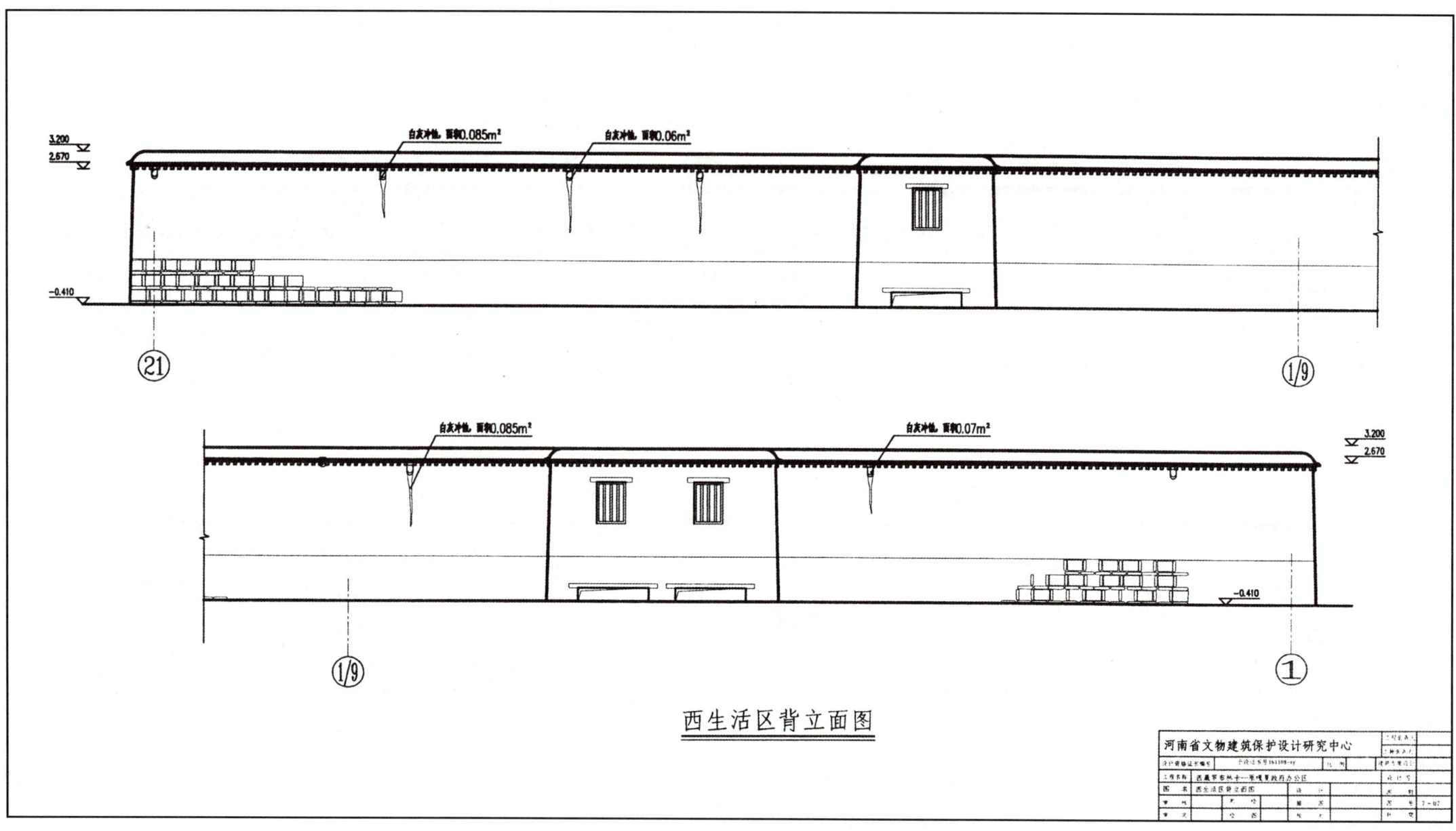

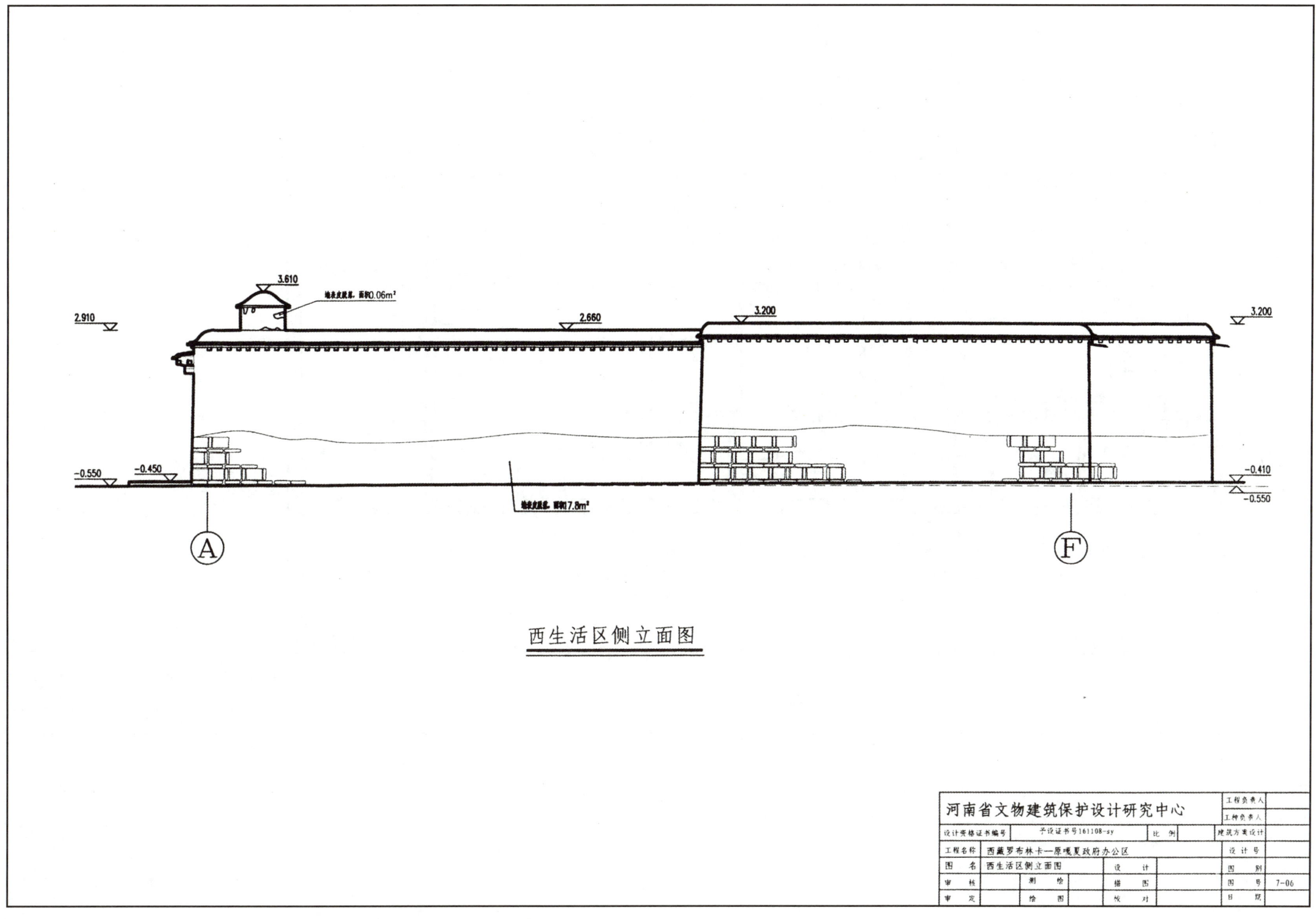

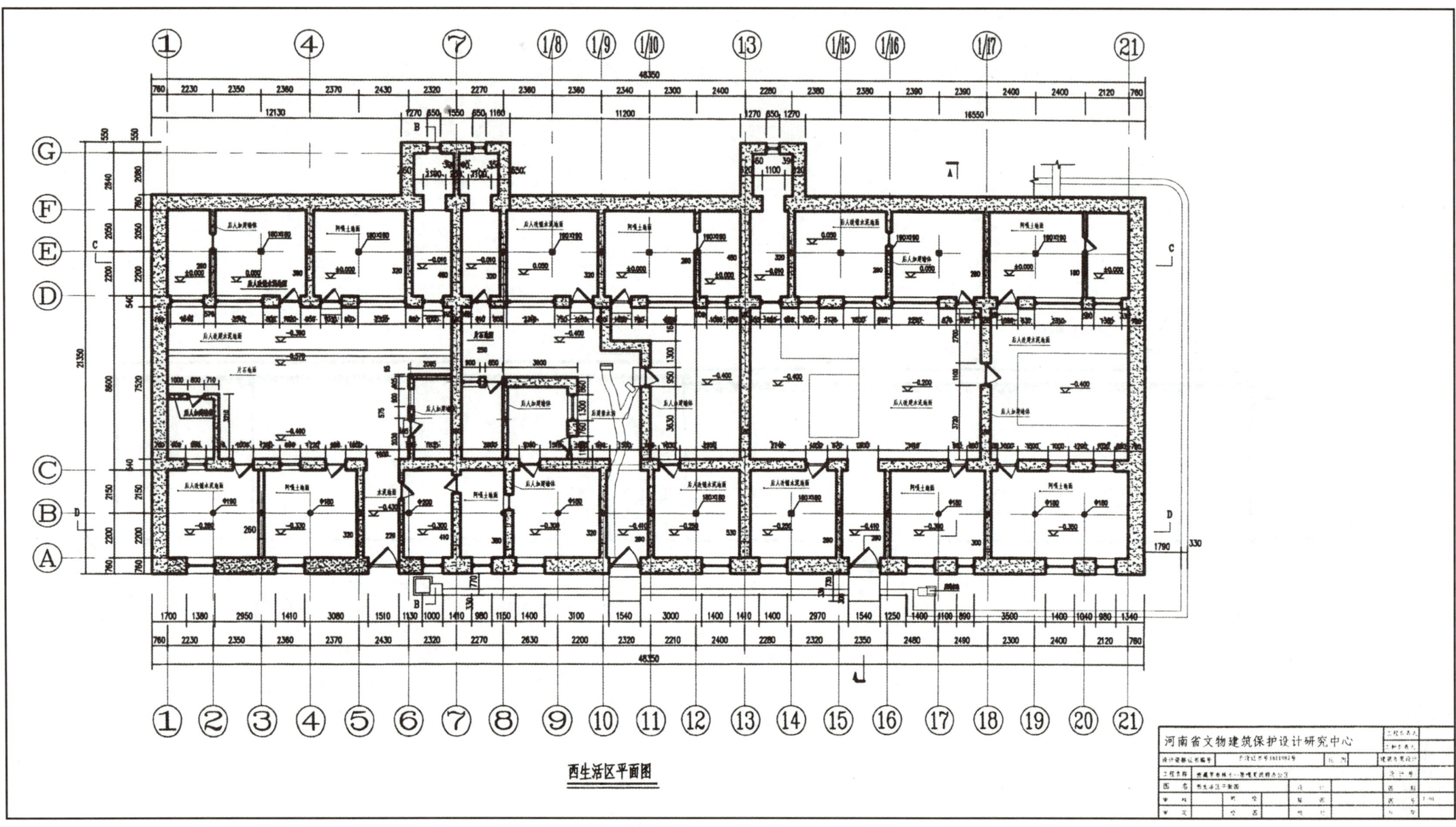

西生活区平面图

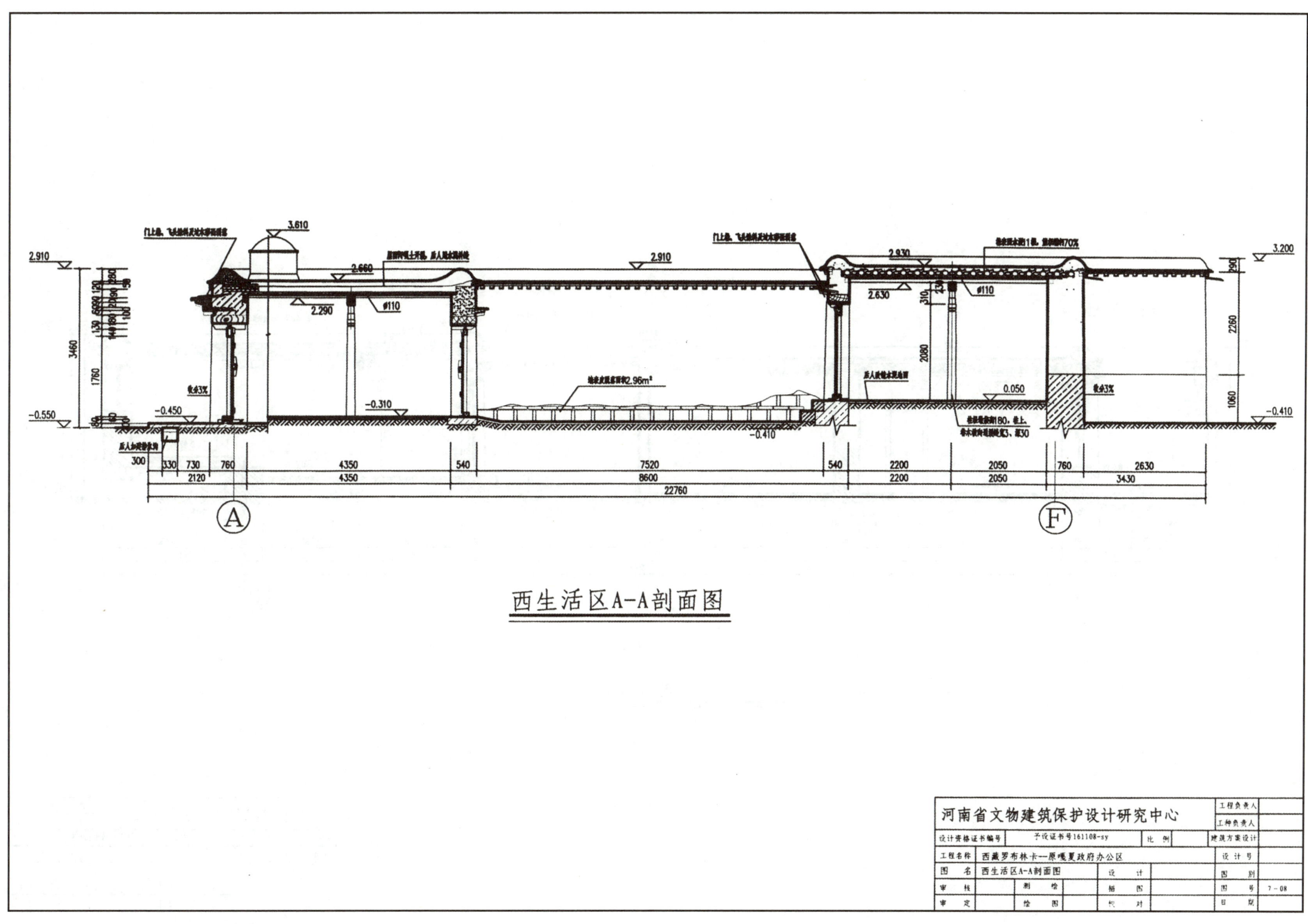

西生活区A-A剖面图

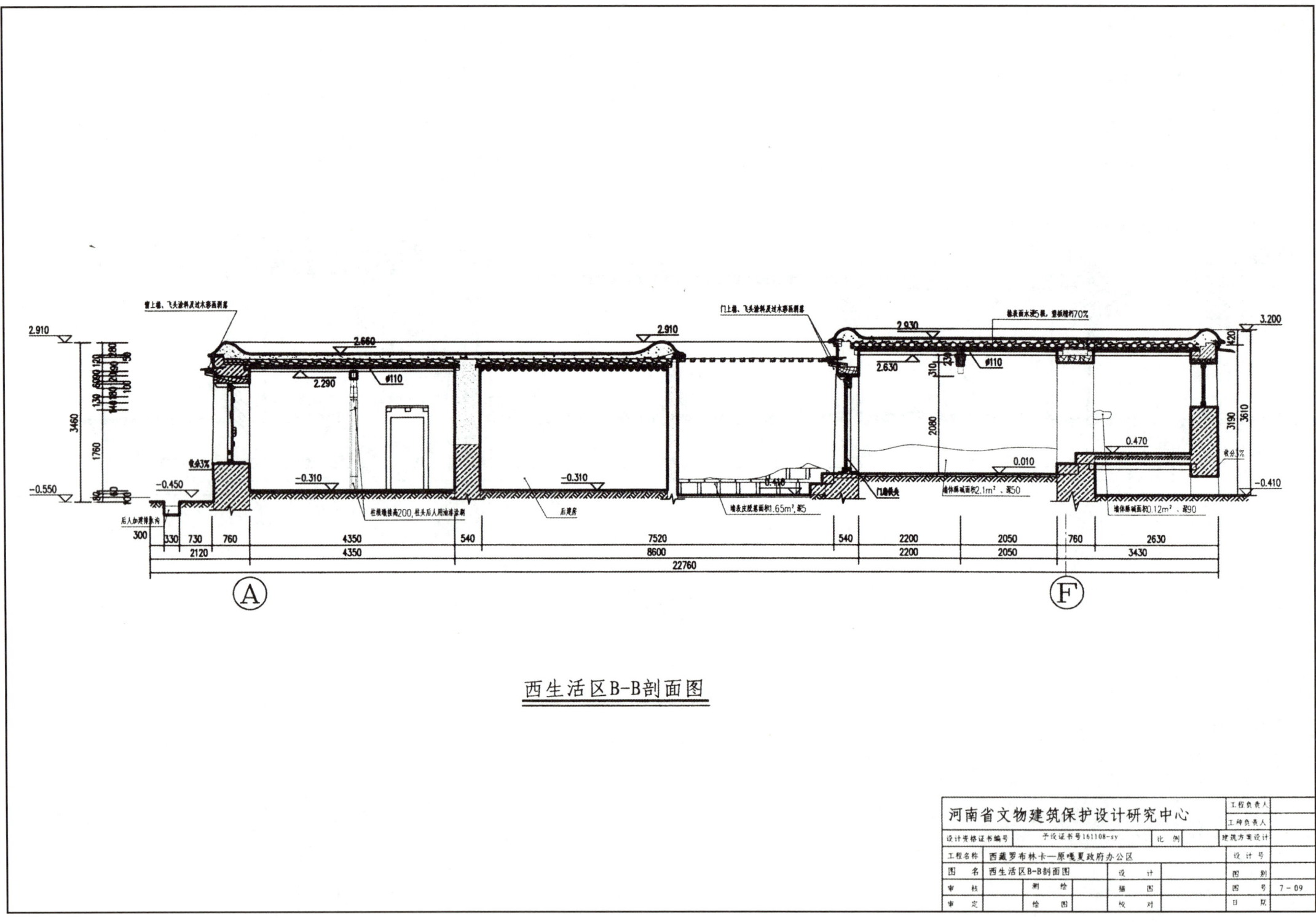

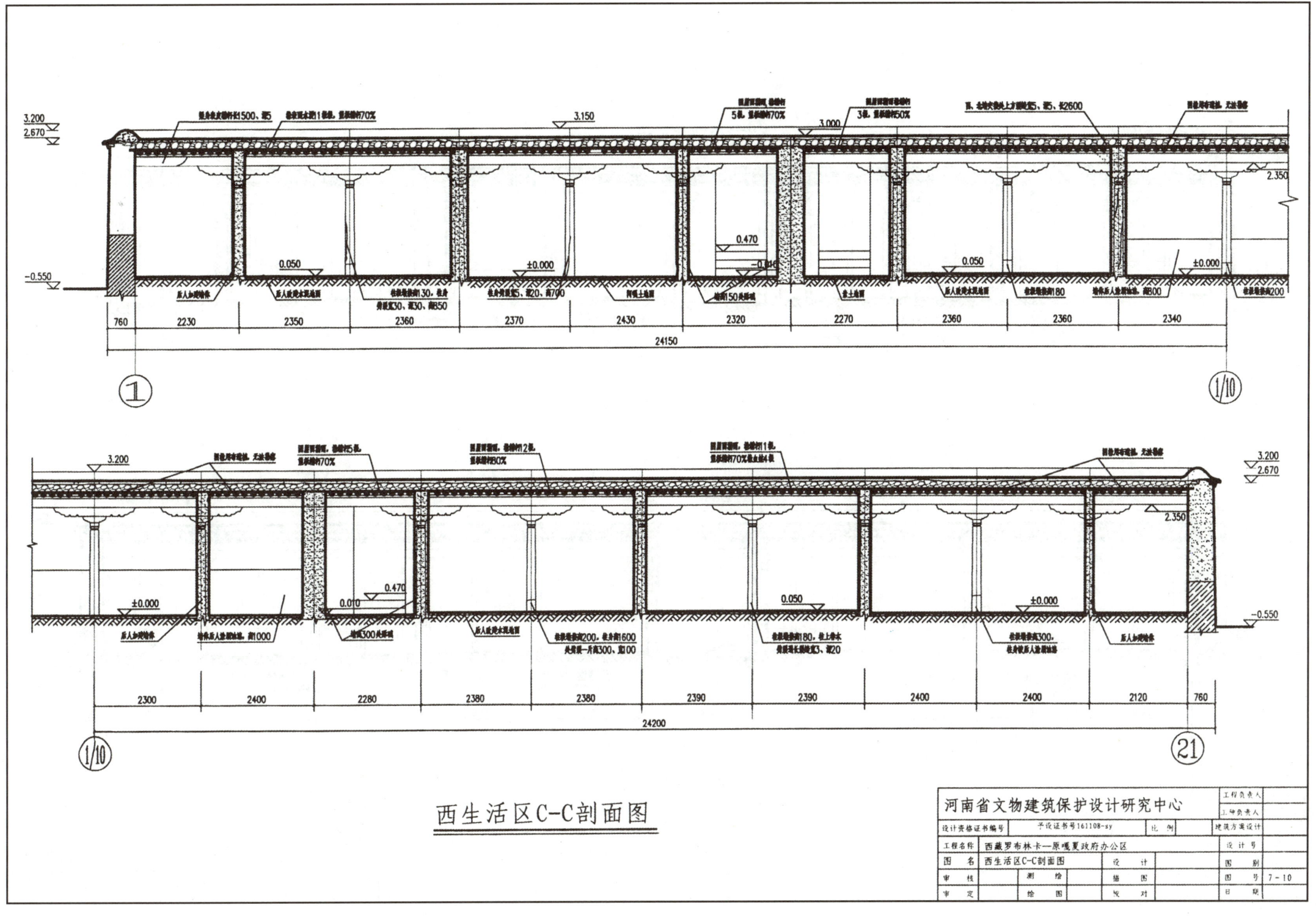

西生活区C-C剖面图

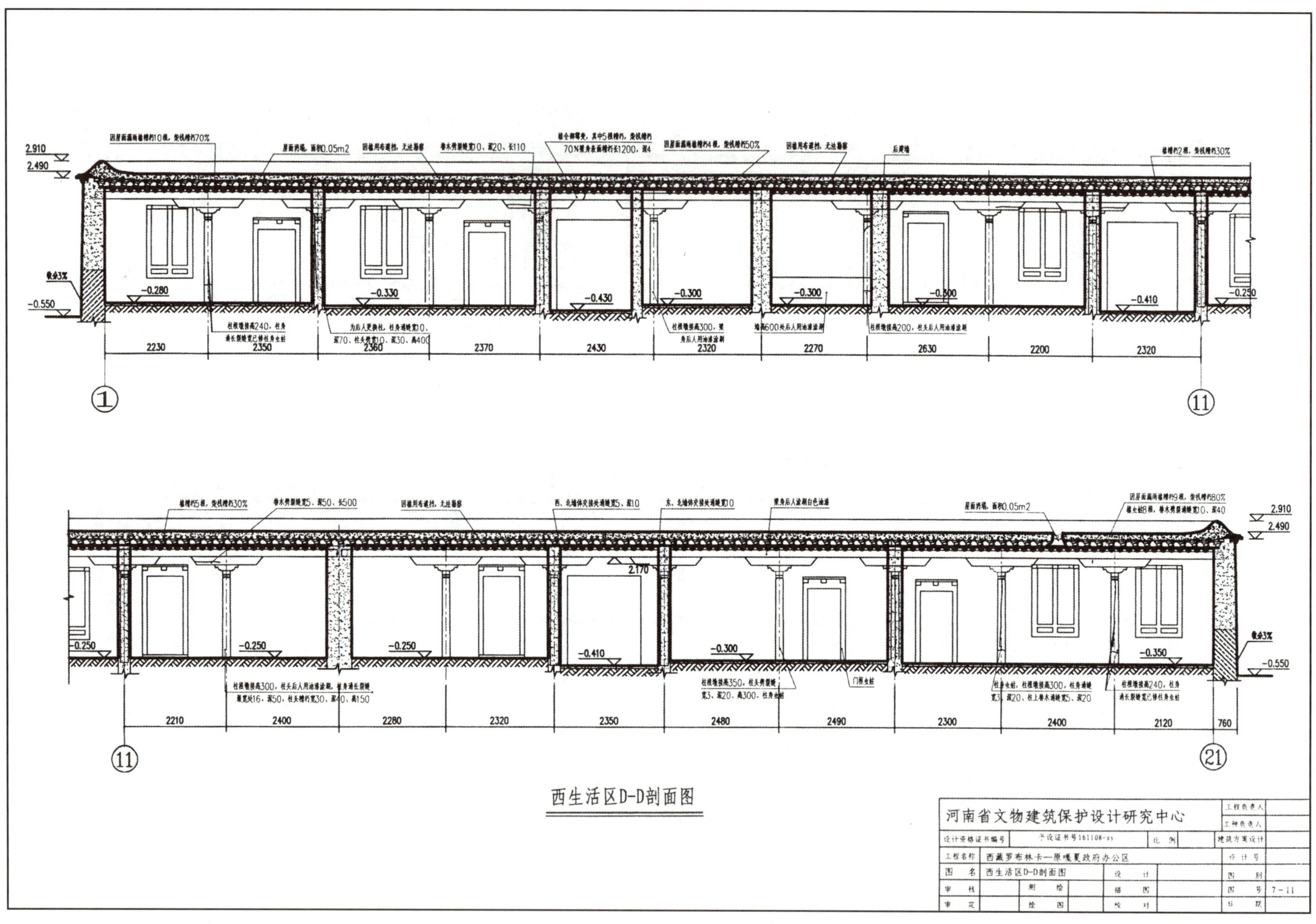

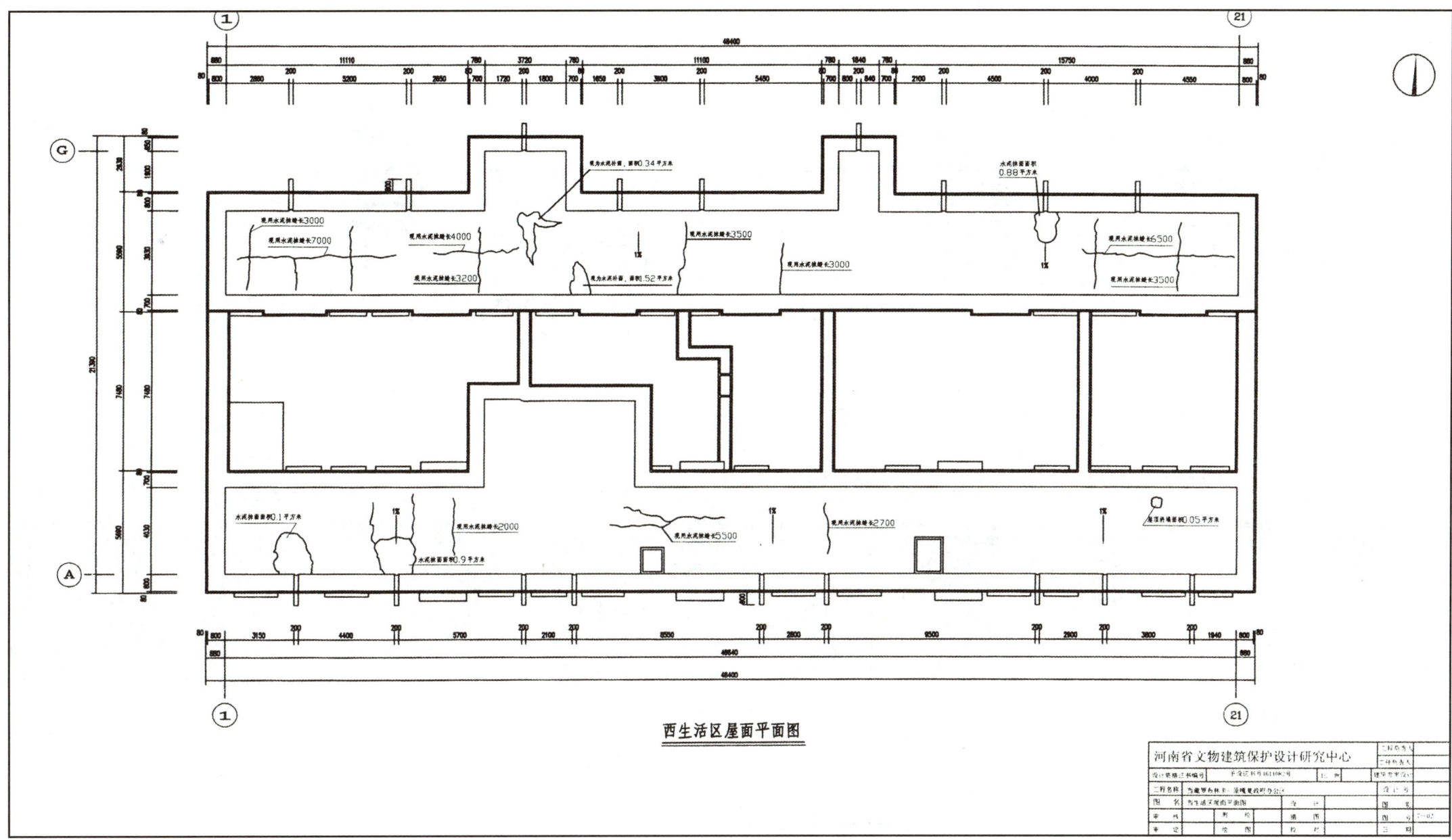

西生活区屋面平面图

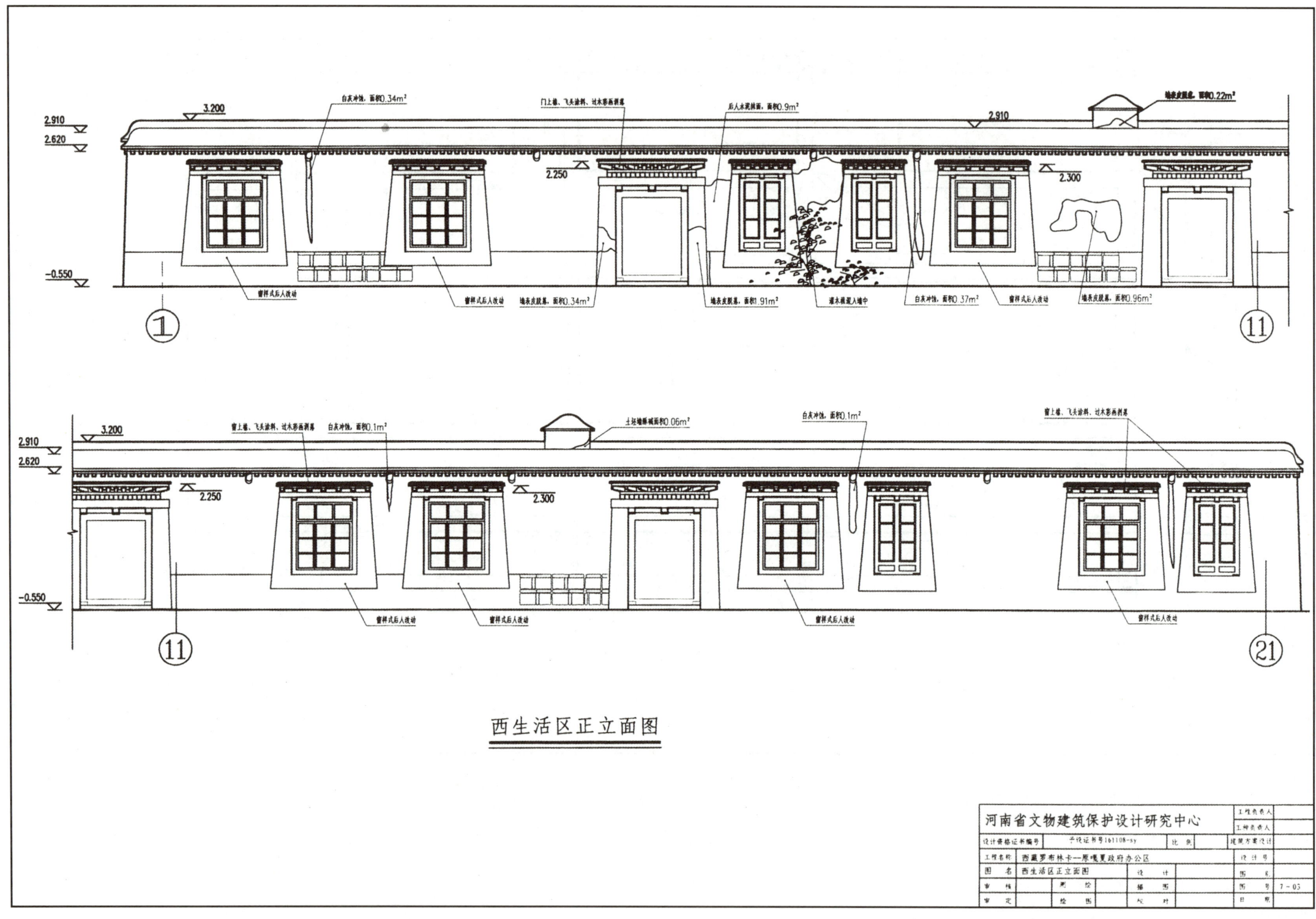

西生活区正立面图

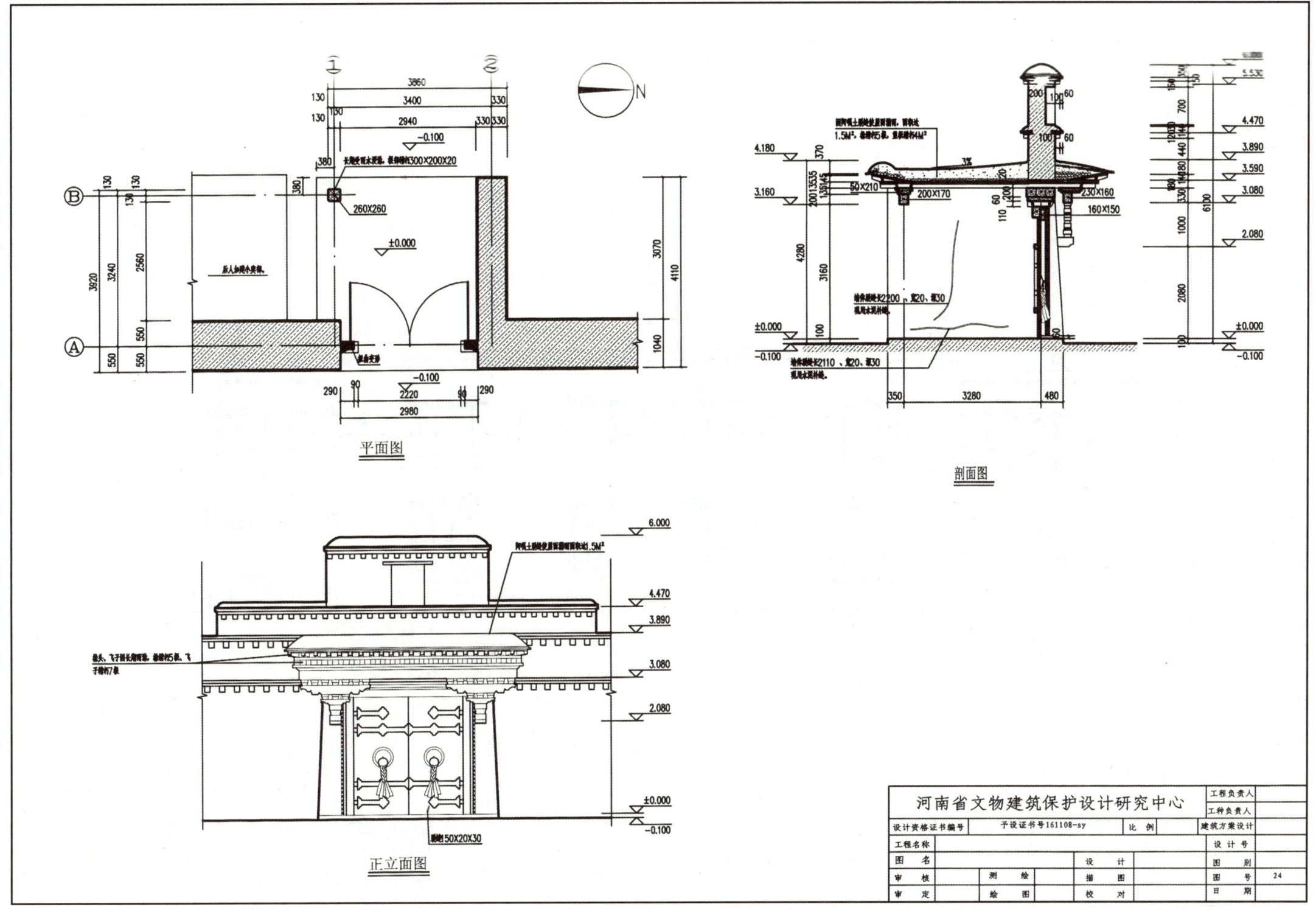

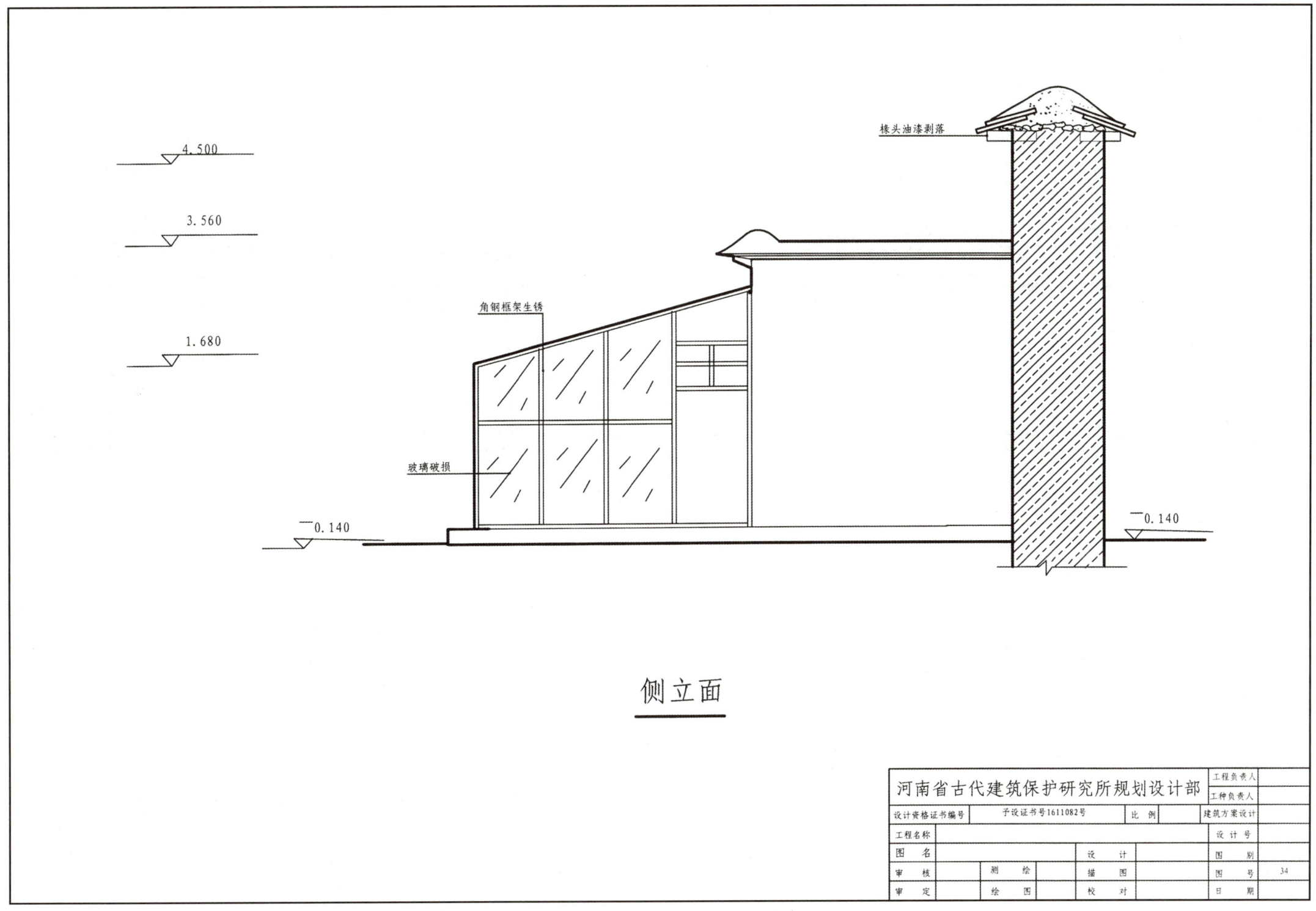

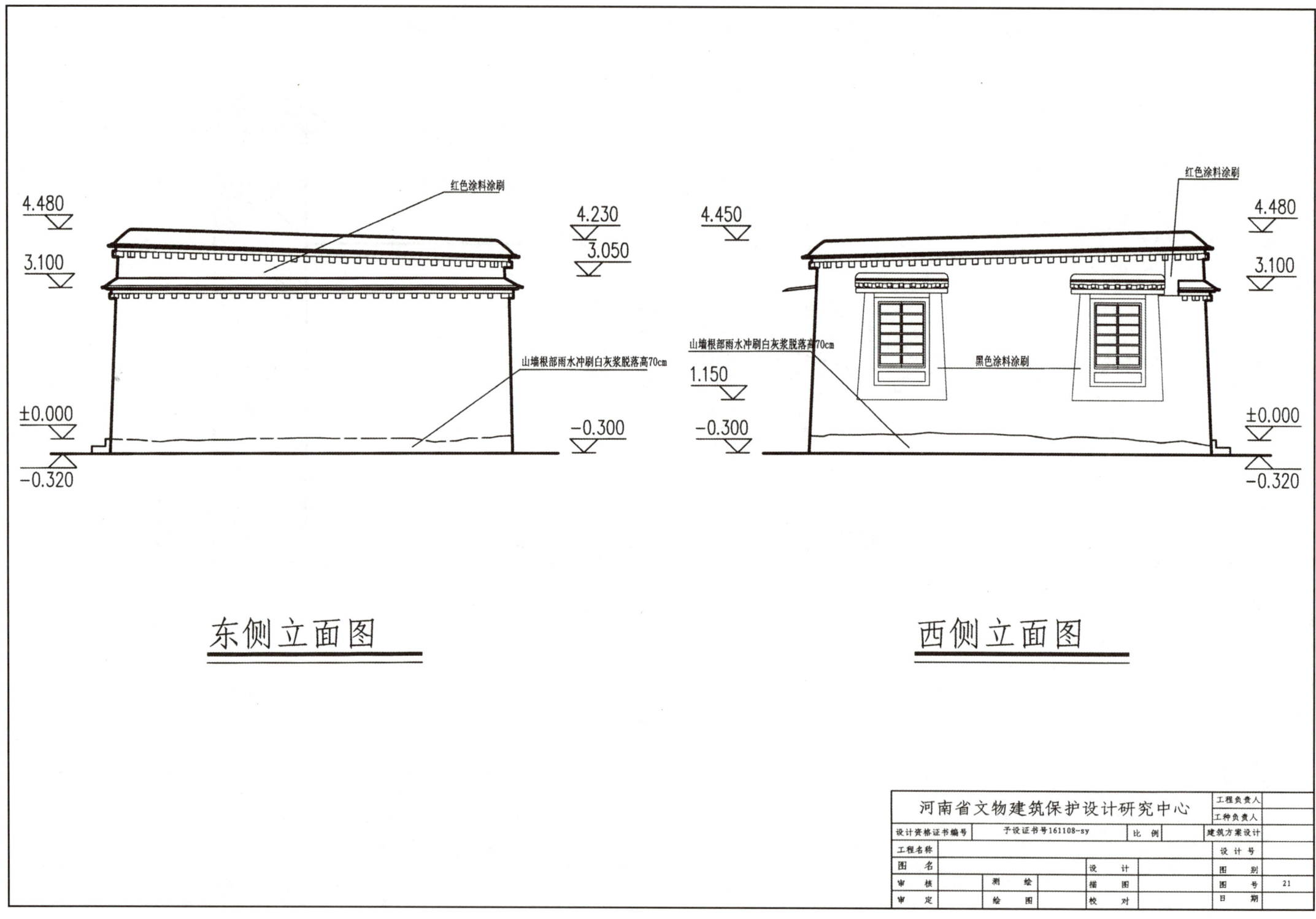

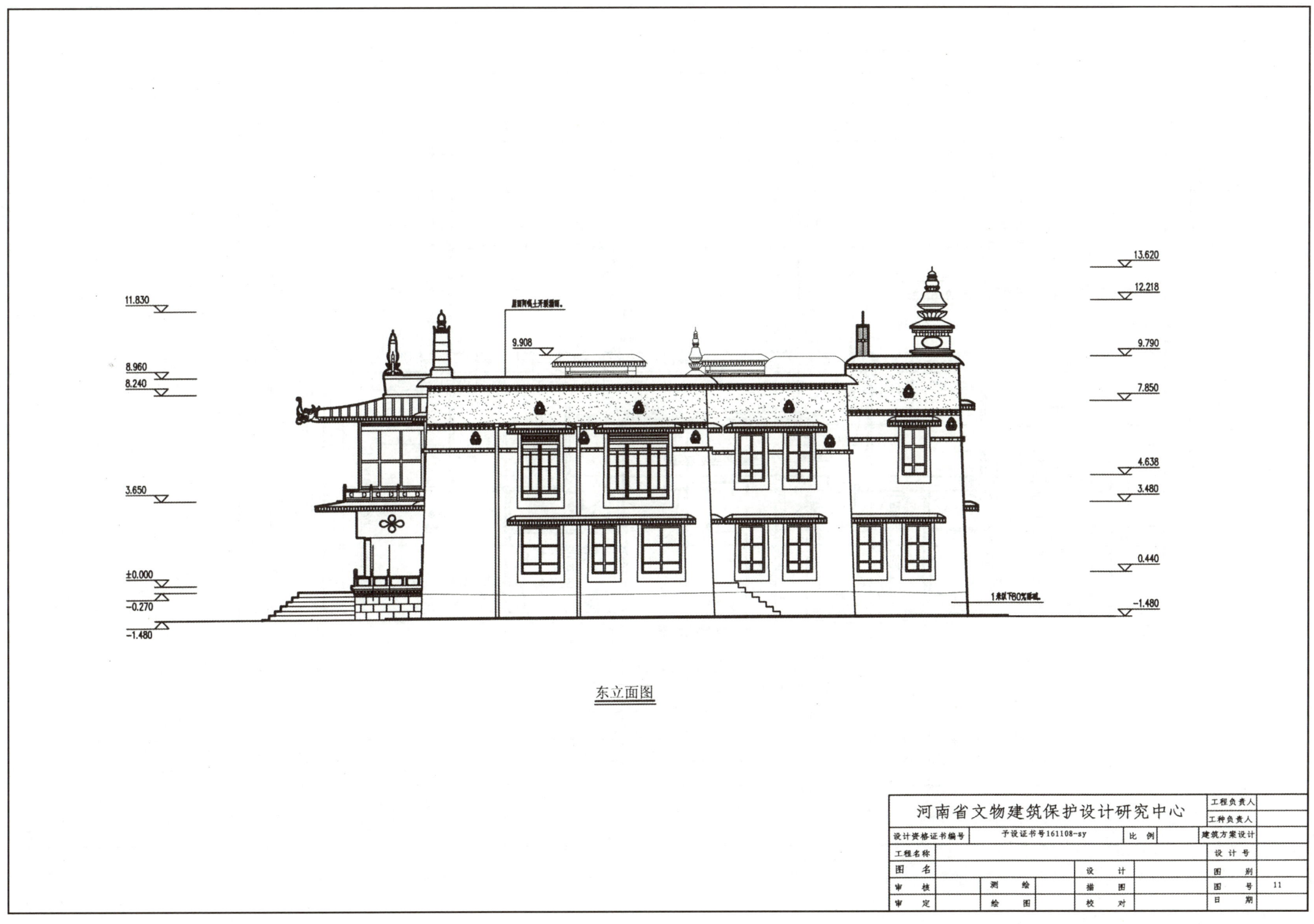

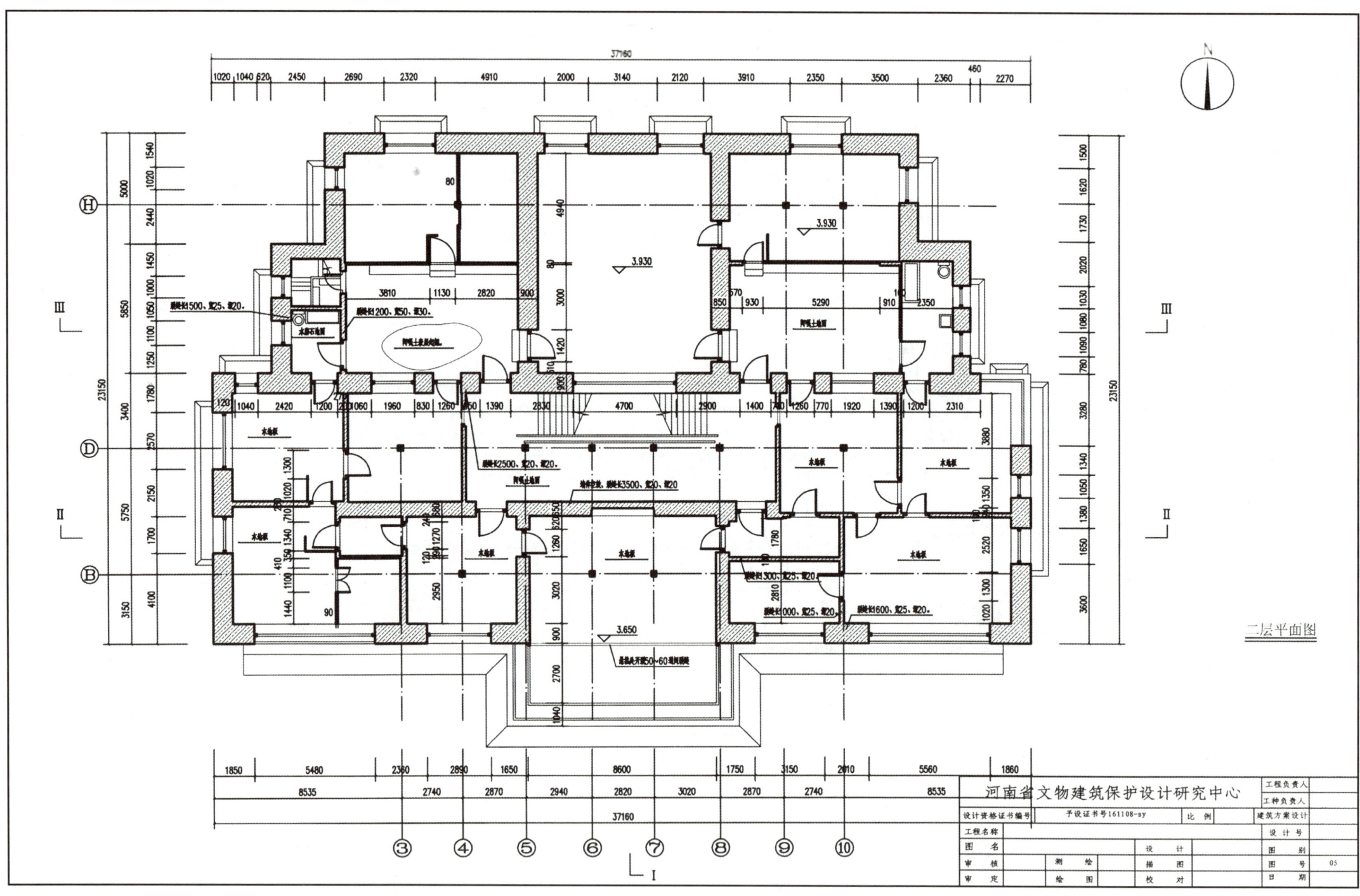

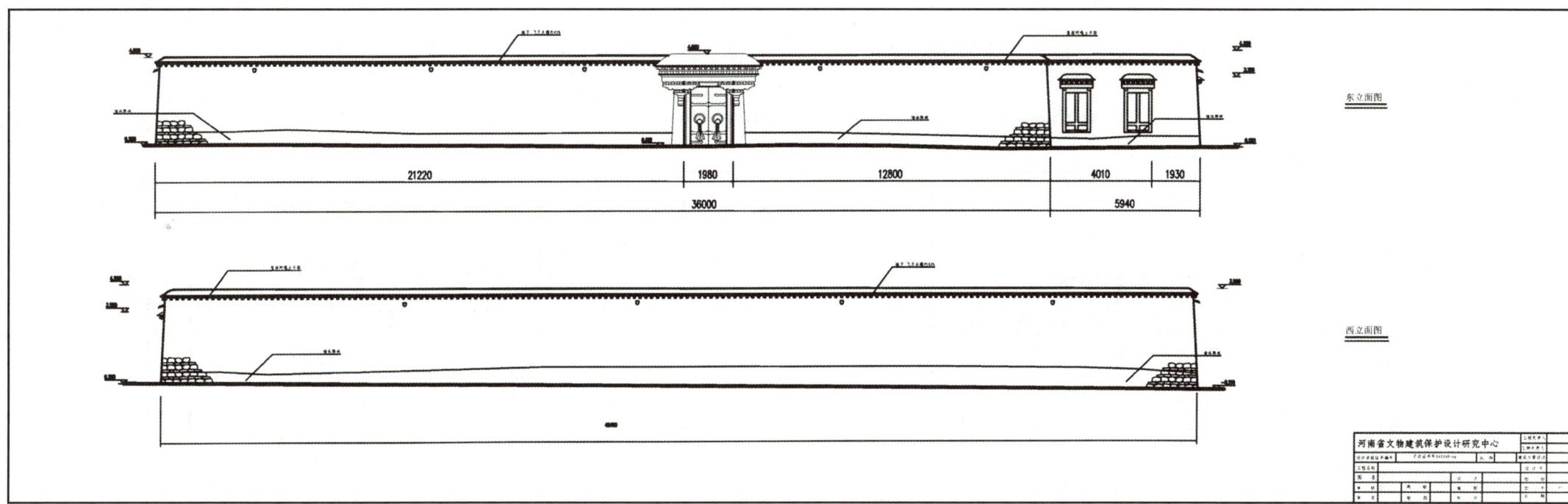

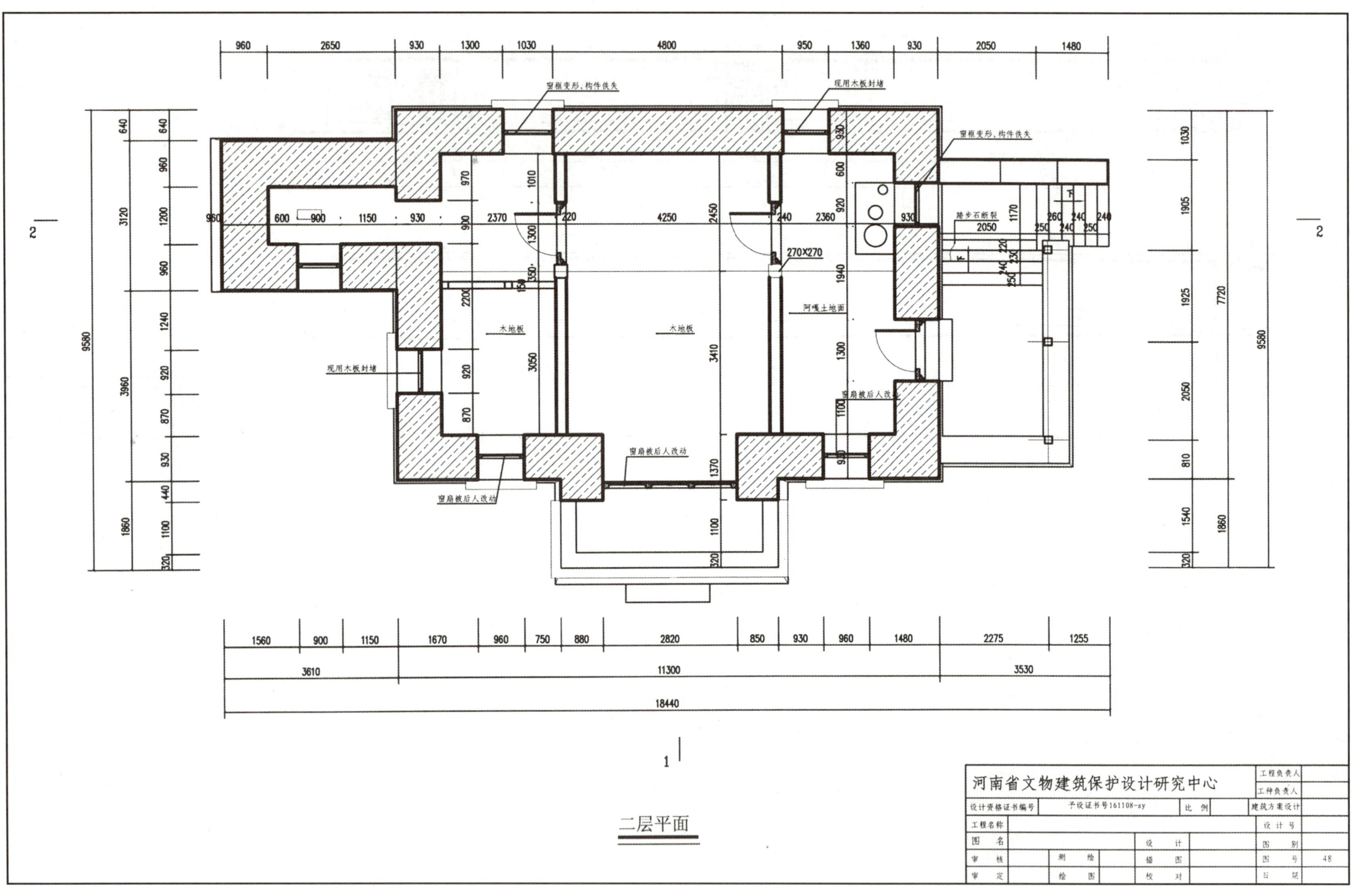

二层平面

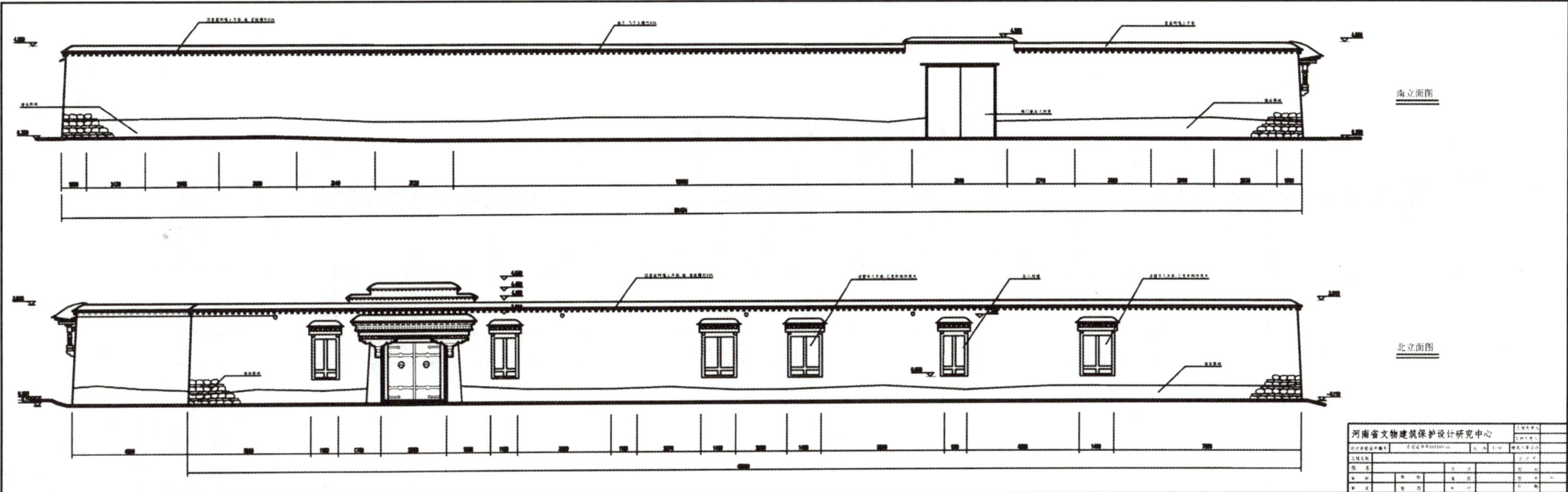

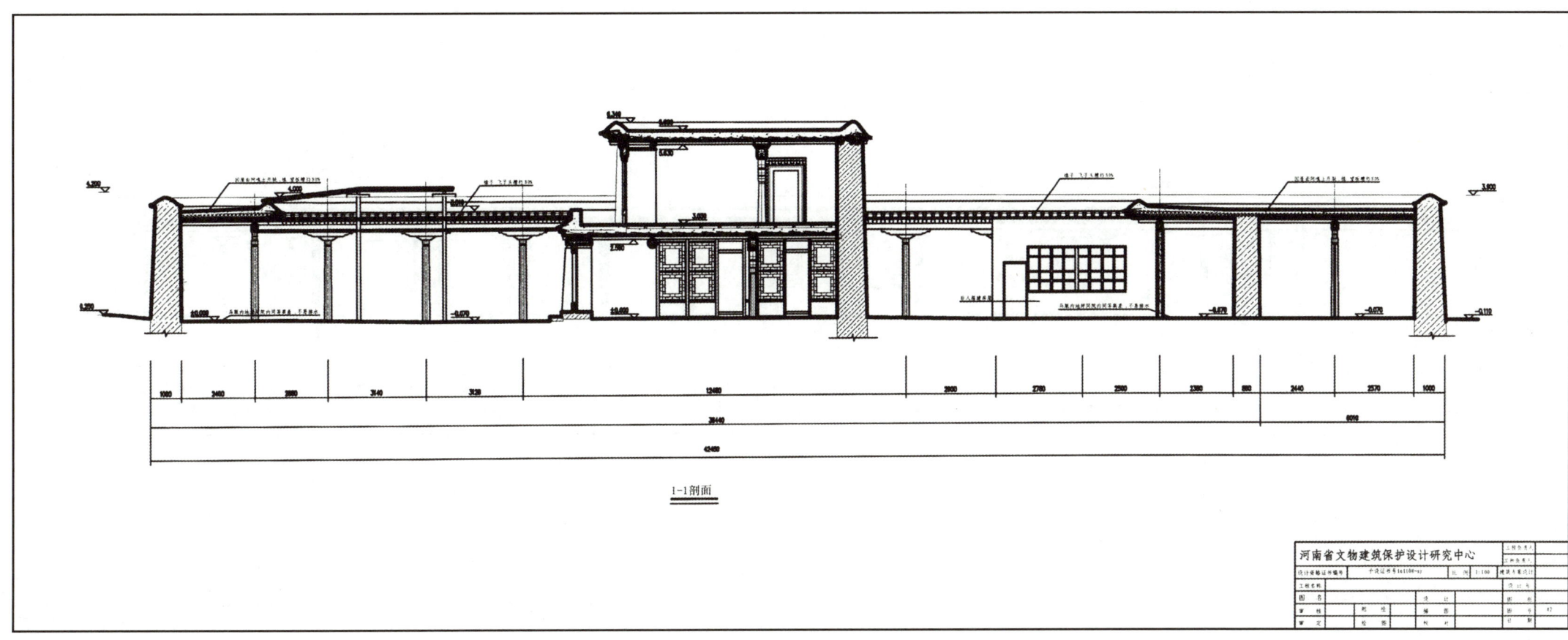

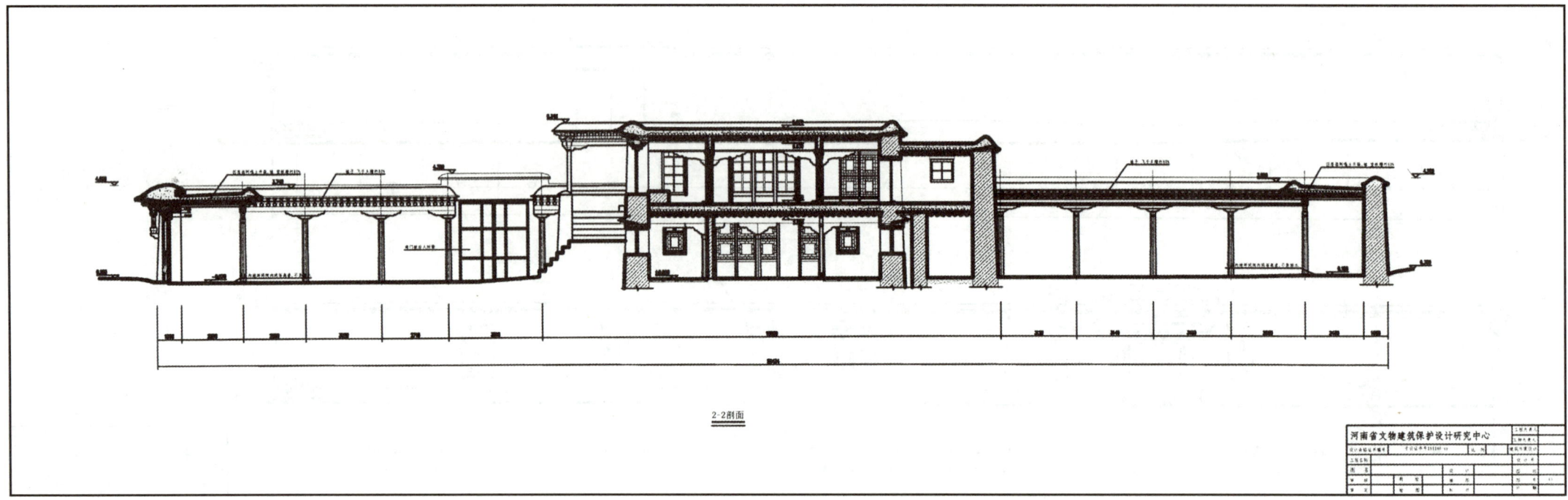

2-2剖面

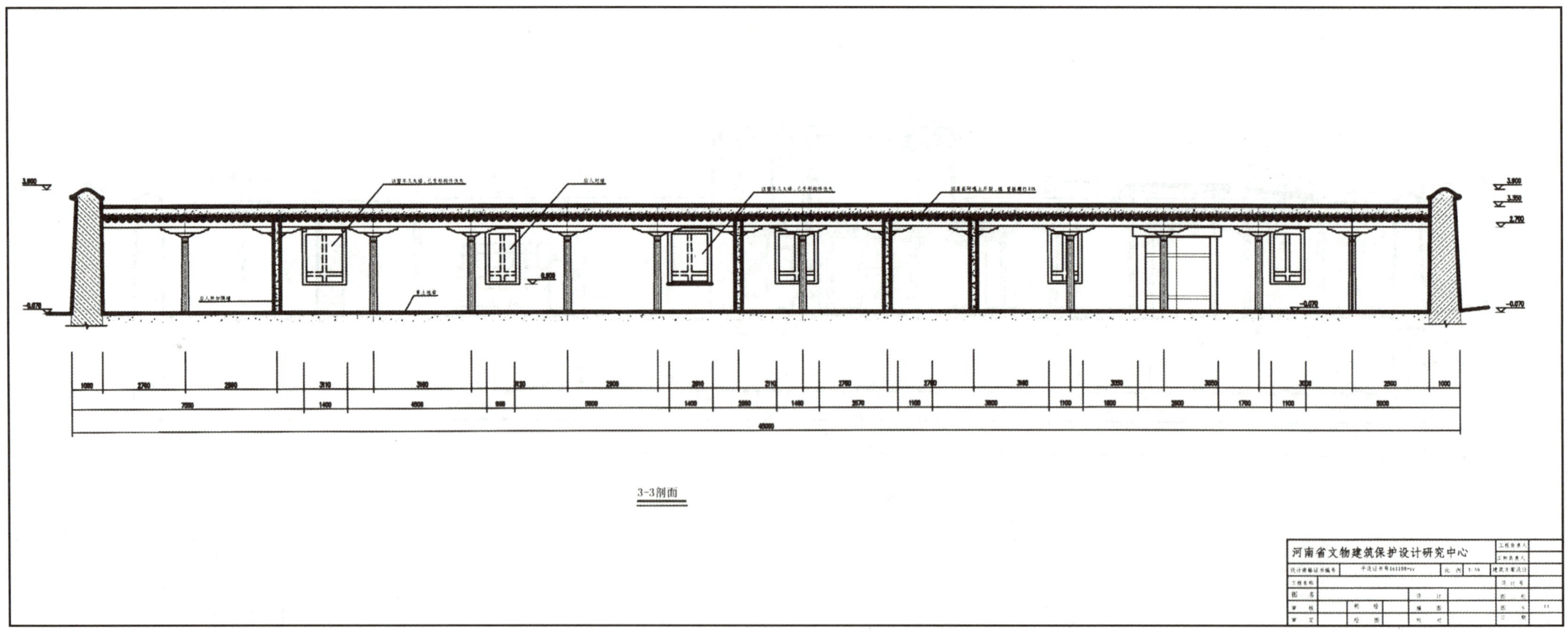

3-3剖面

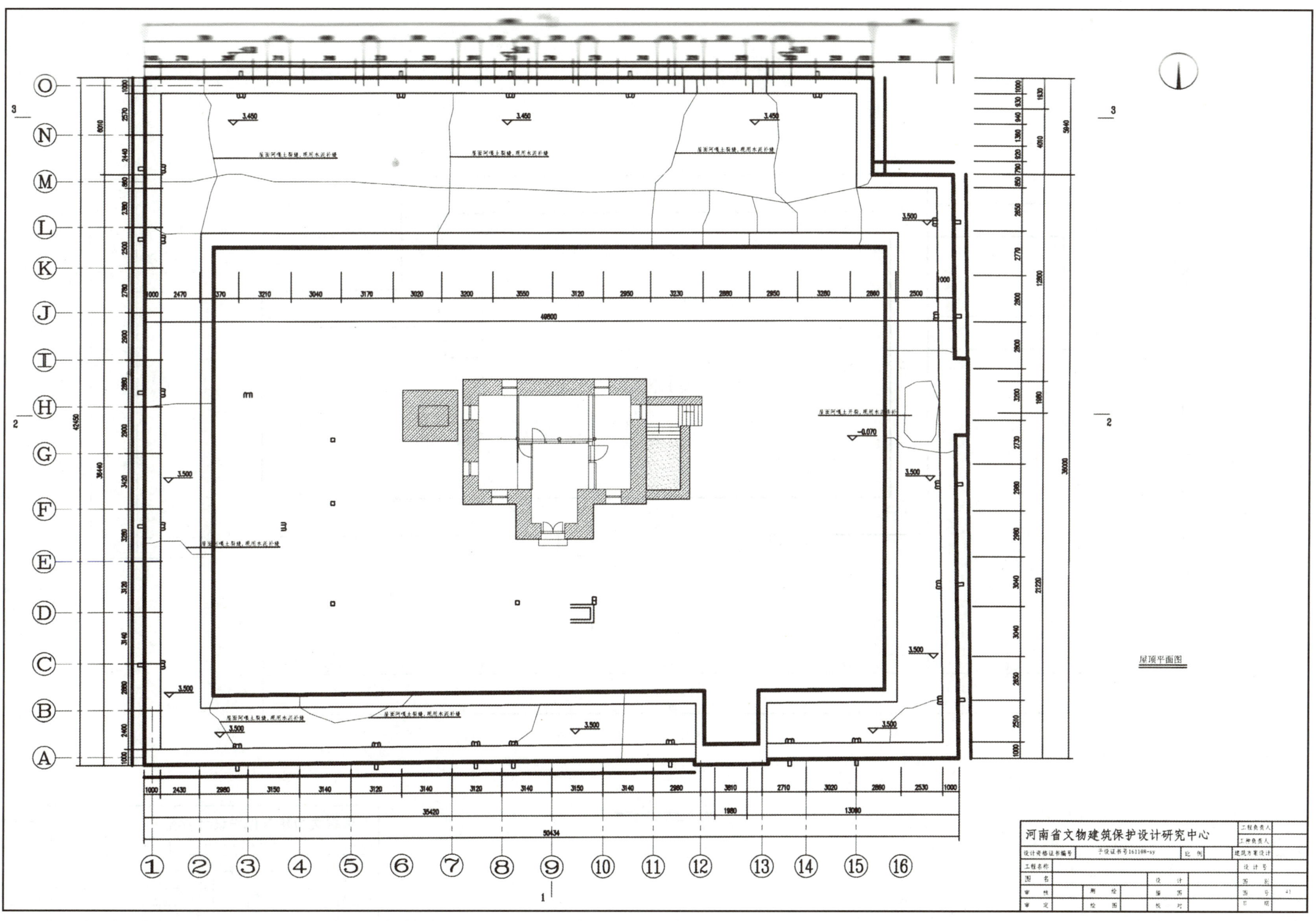

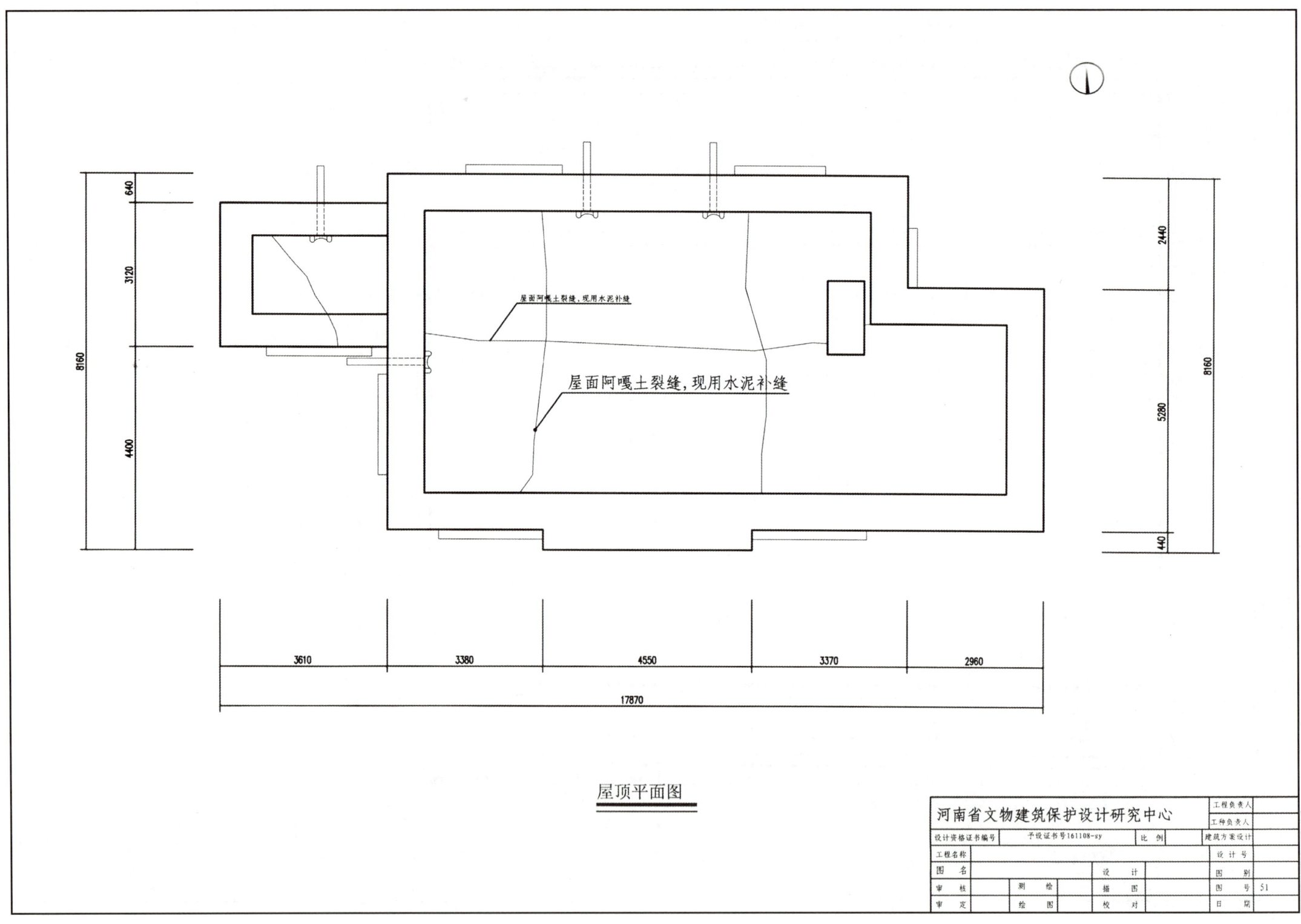

屋顶平面图

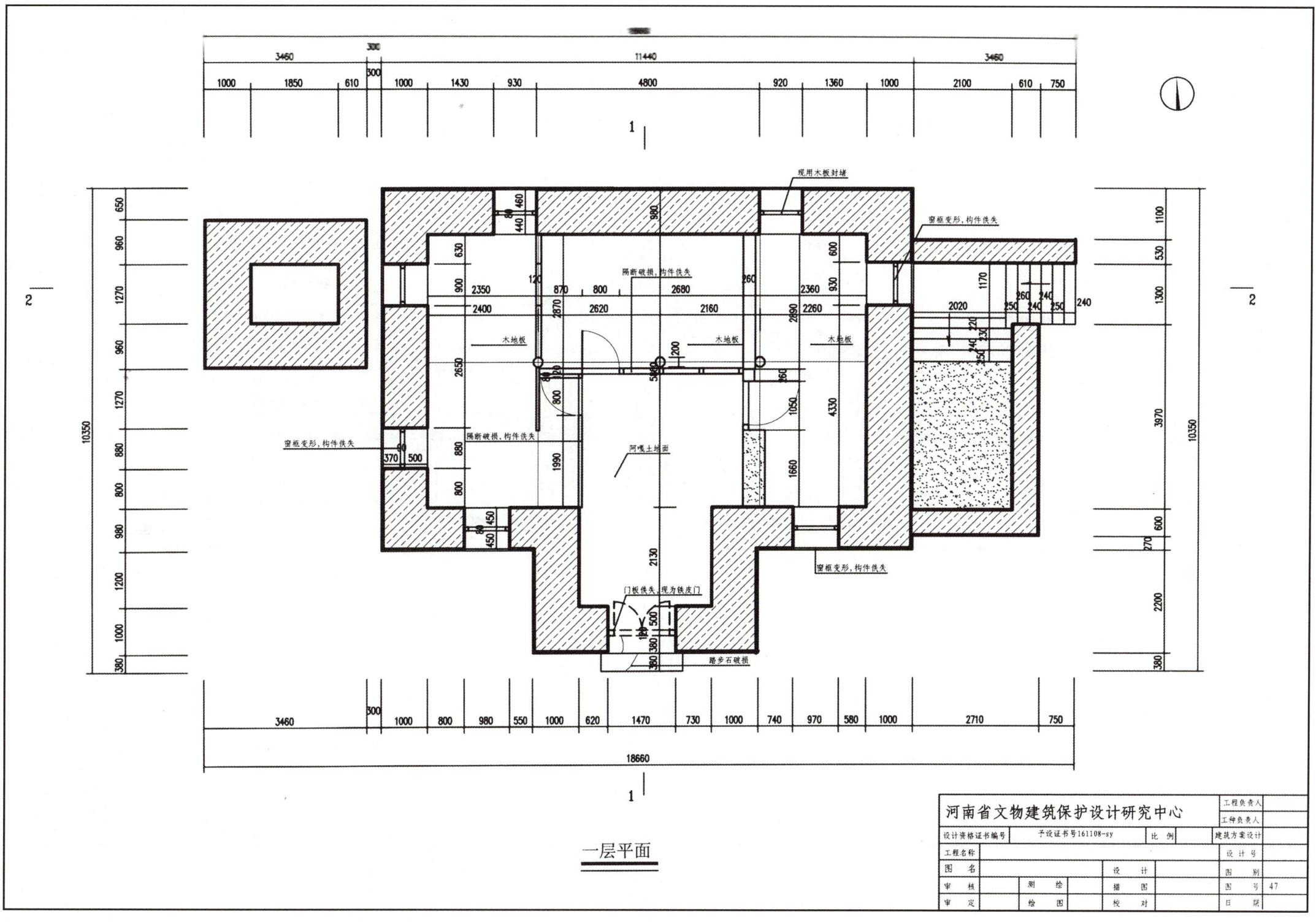

一层平面

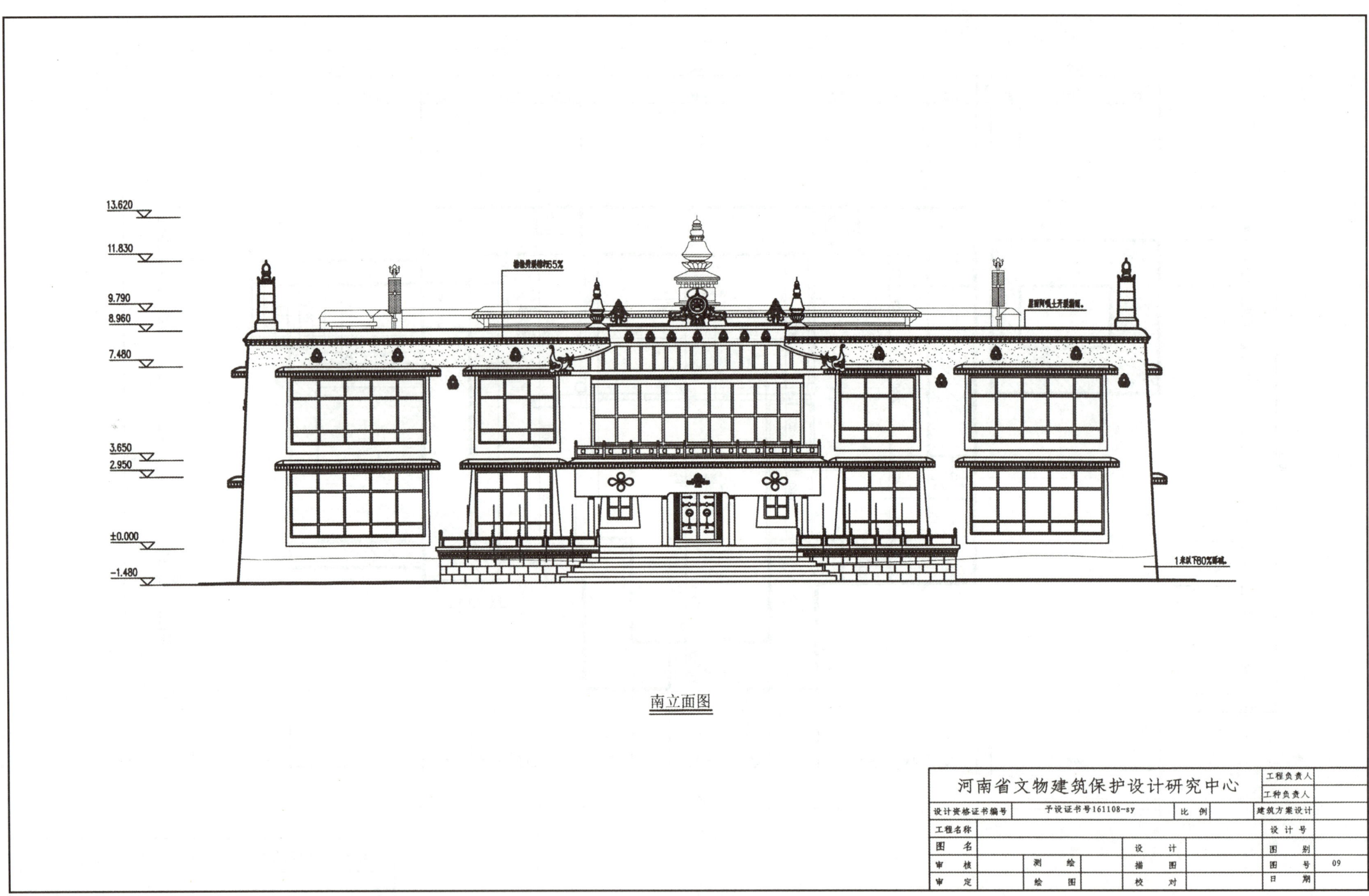

南立面图

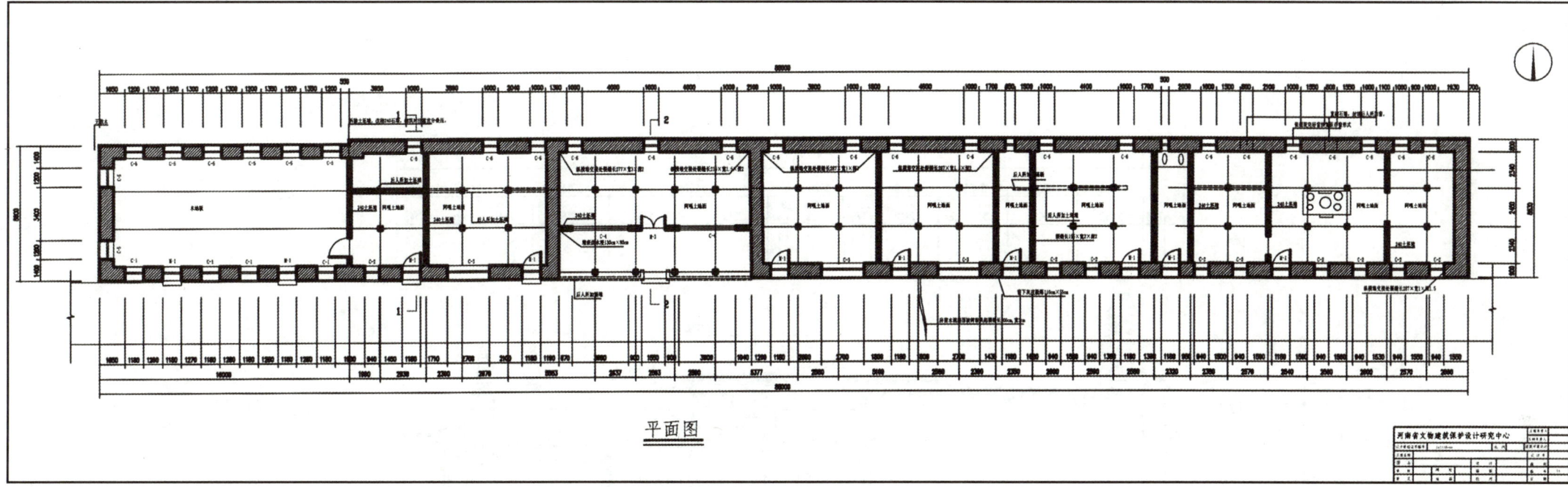

平面图

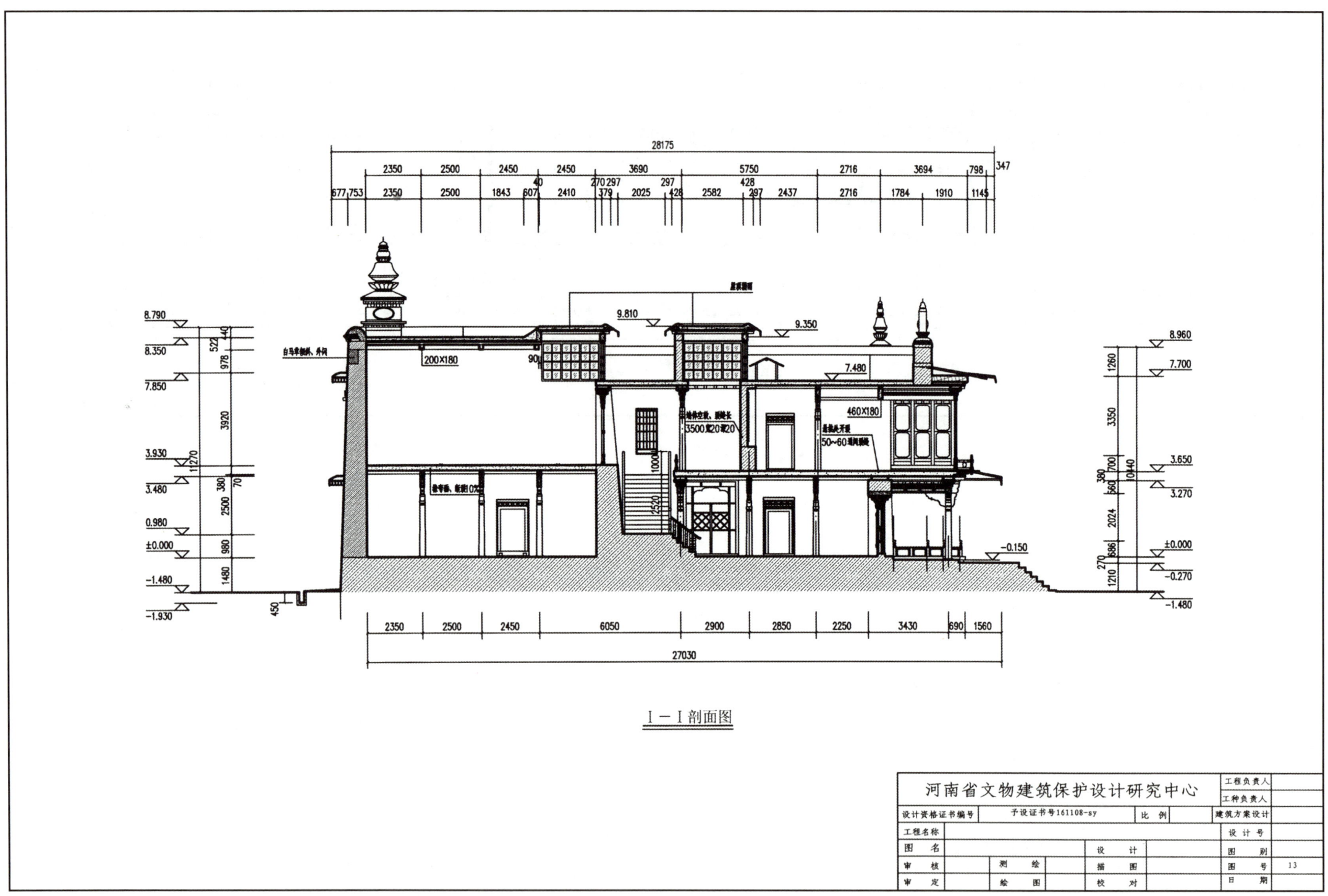

Ⅰ-Ⅰ剖面图

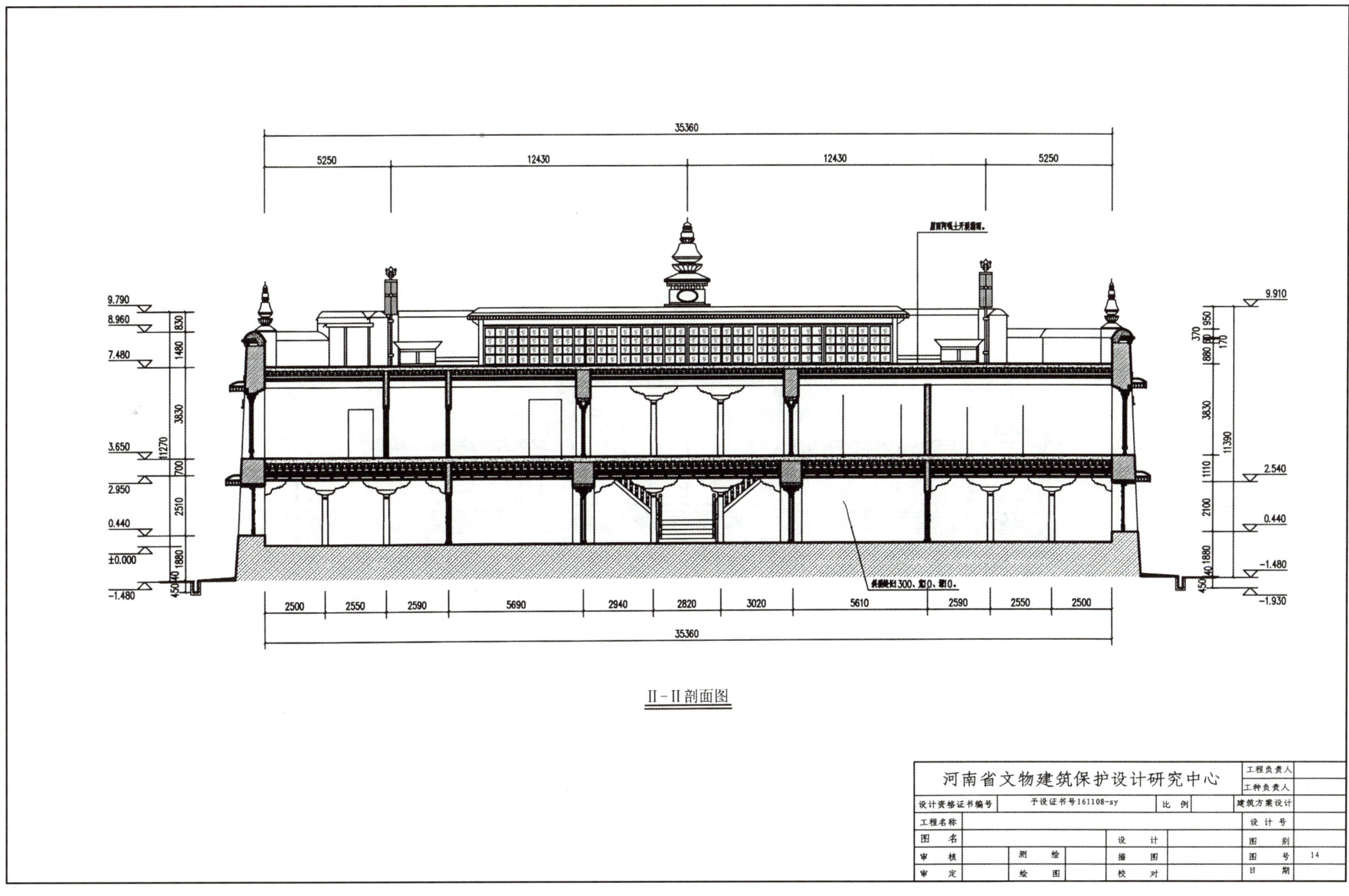

Ⅱ-Ⅱ剖面图

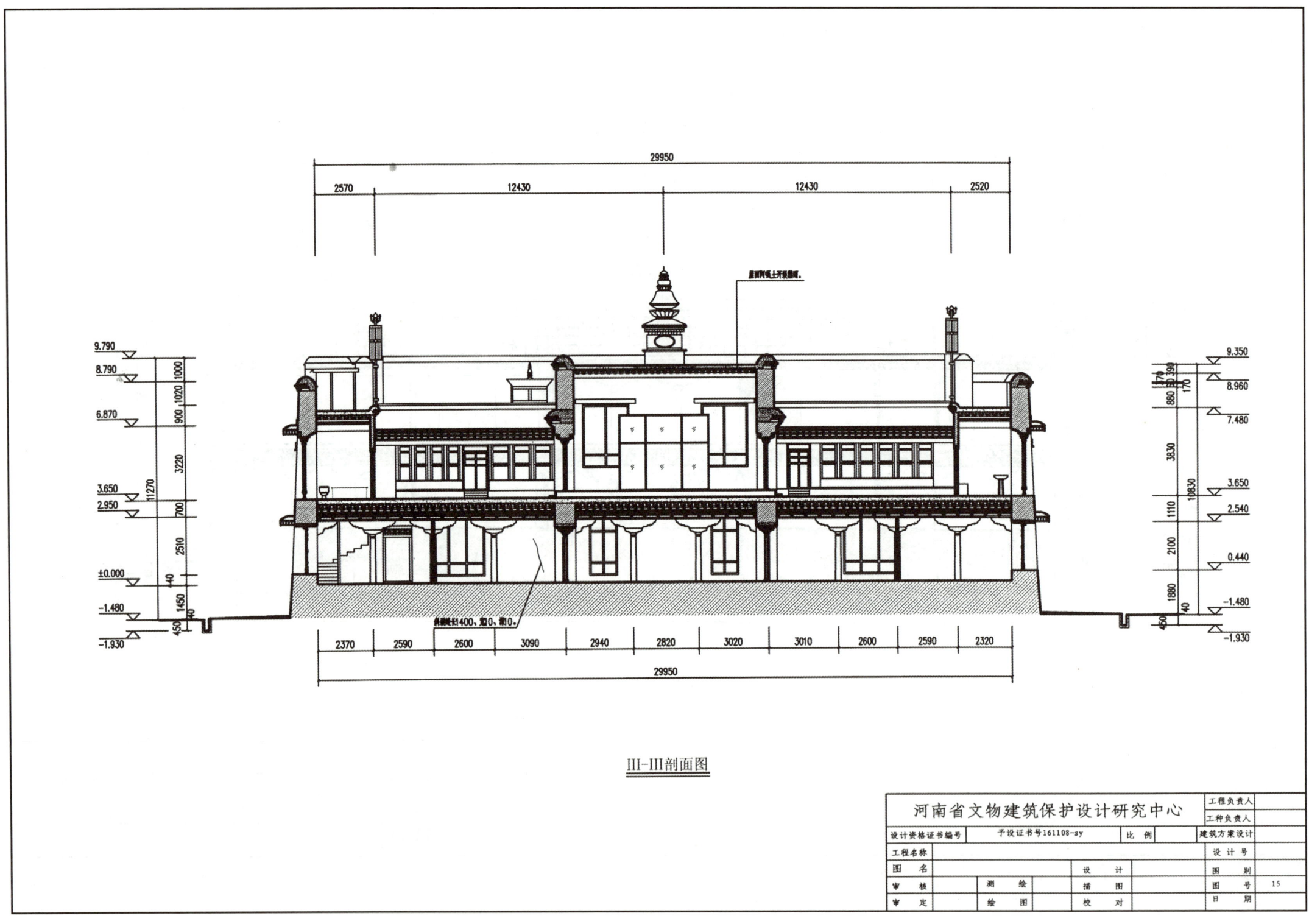

Ⅲ-Ⅲ剖面图

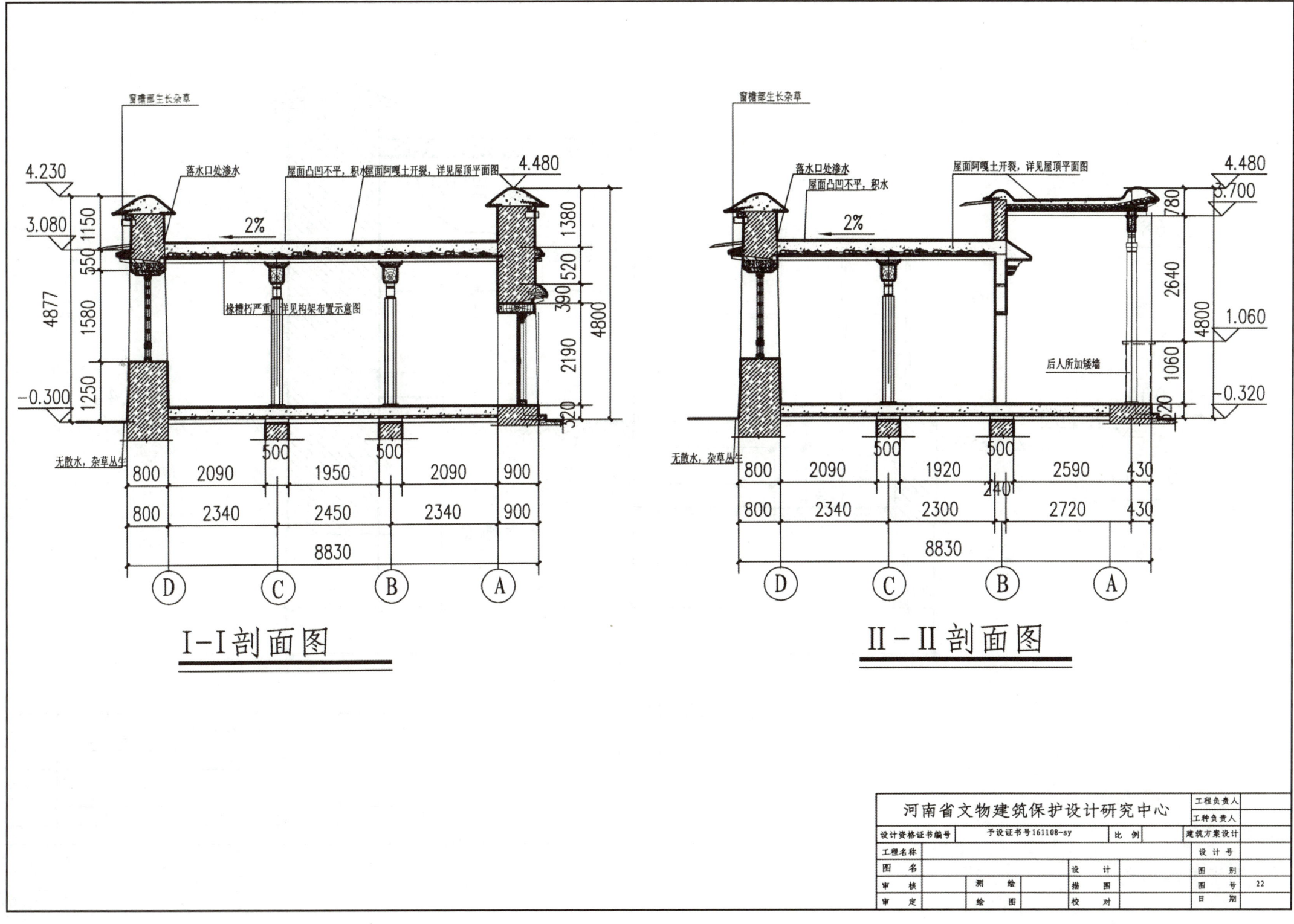

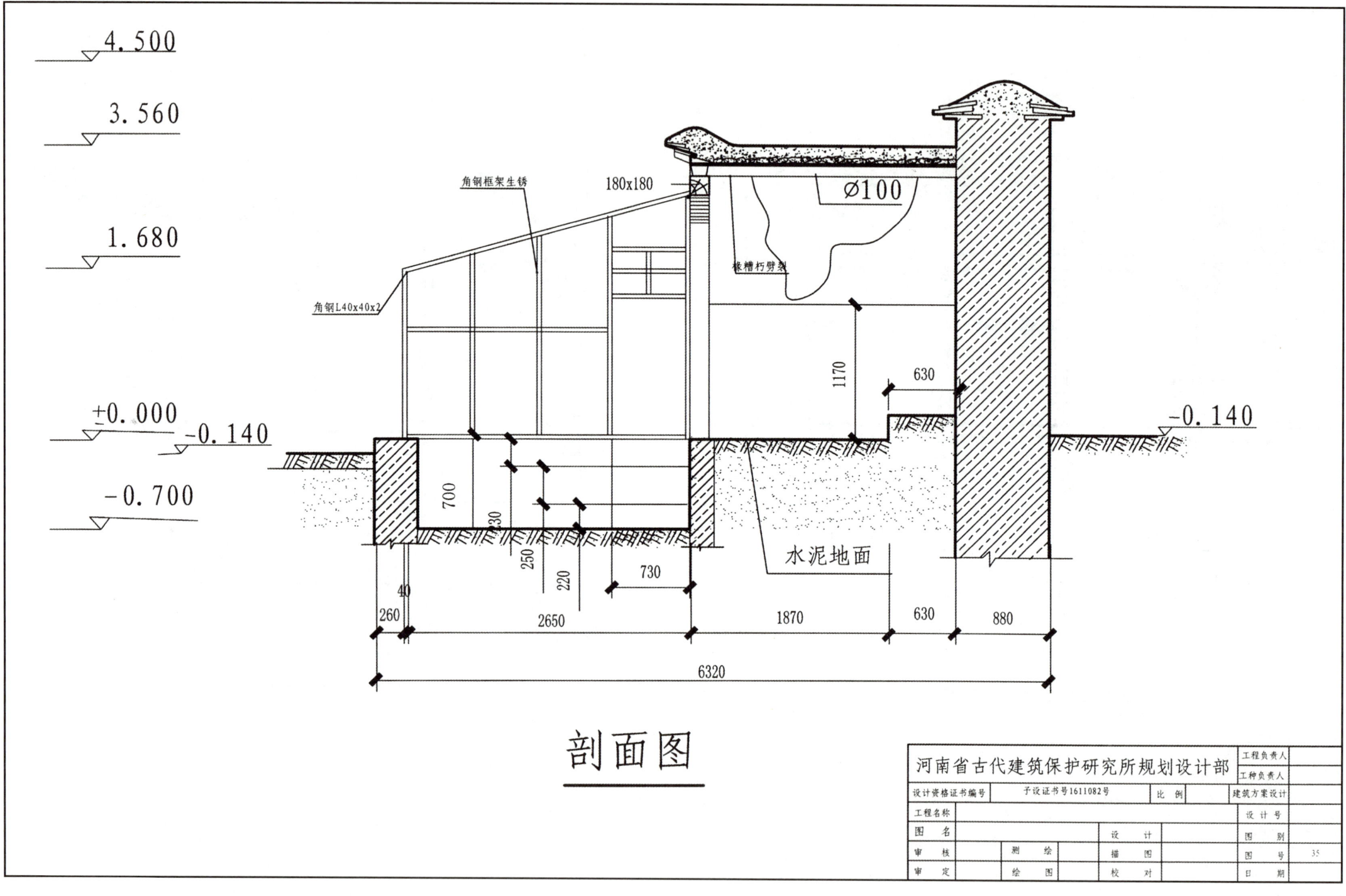

剖面图

工程图纸

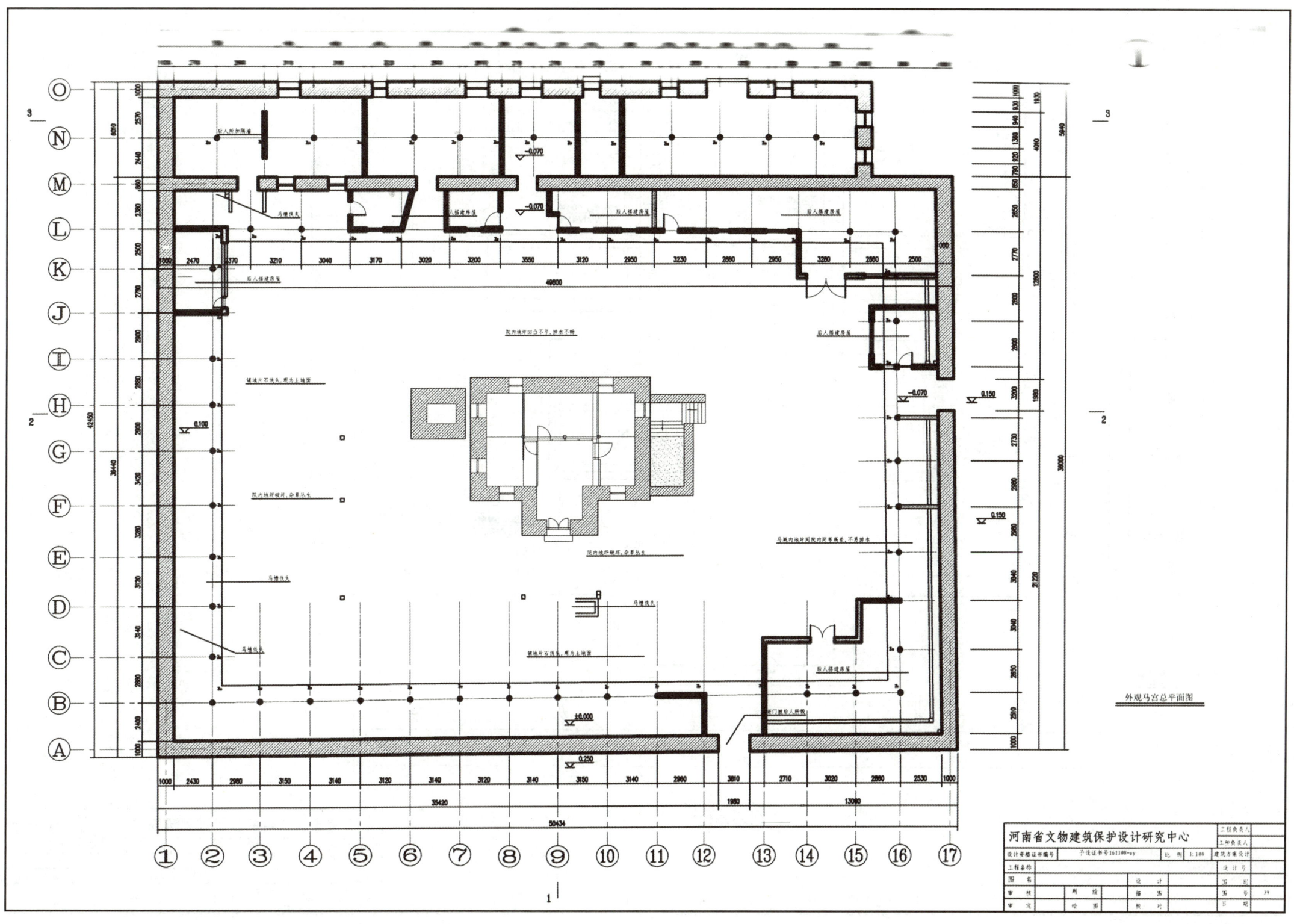

外观马宫总平面图

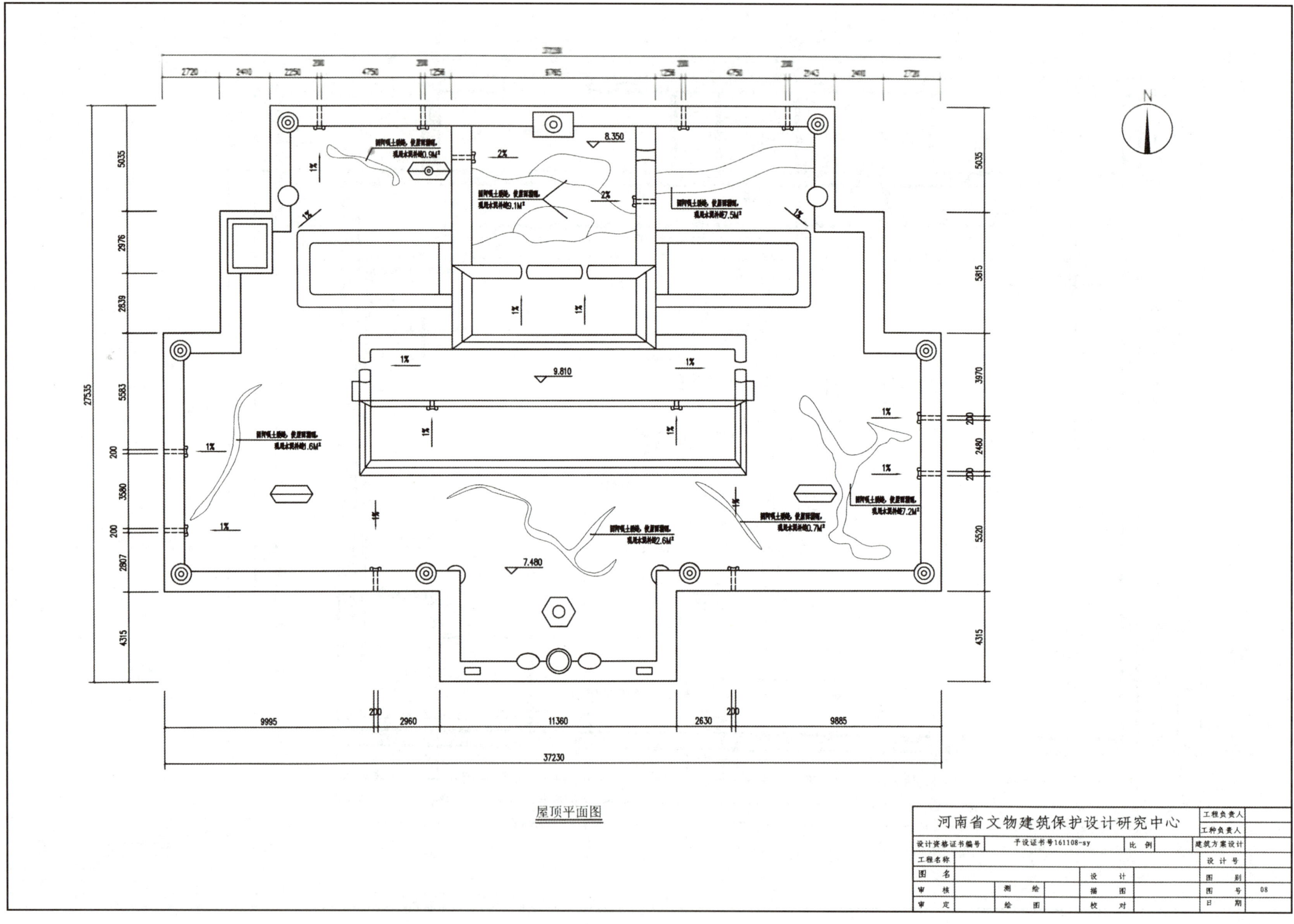

屋顶平面图

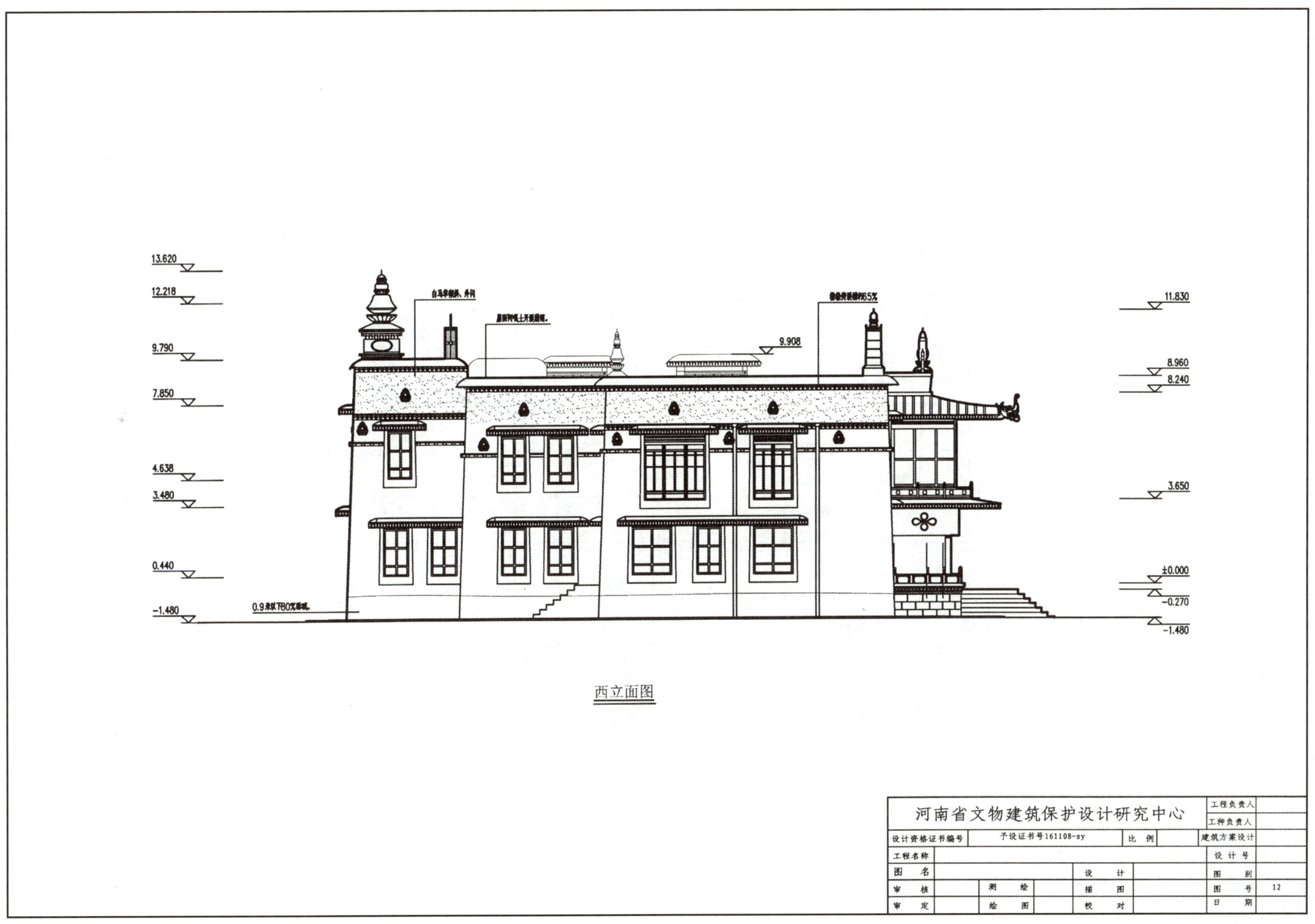

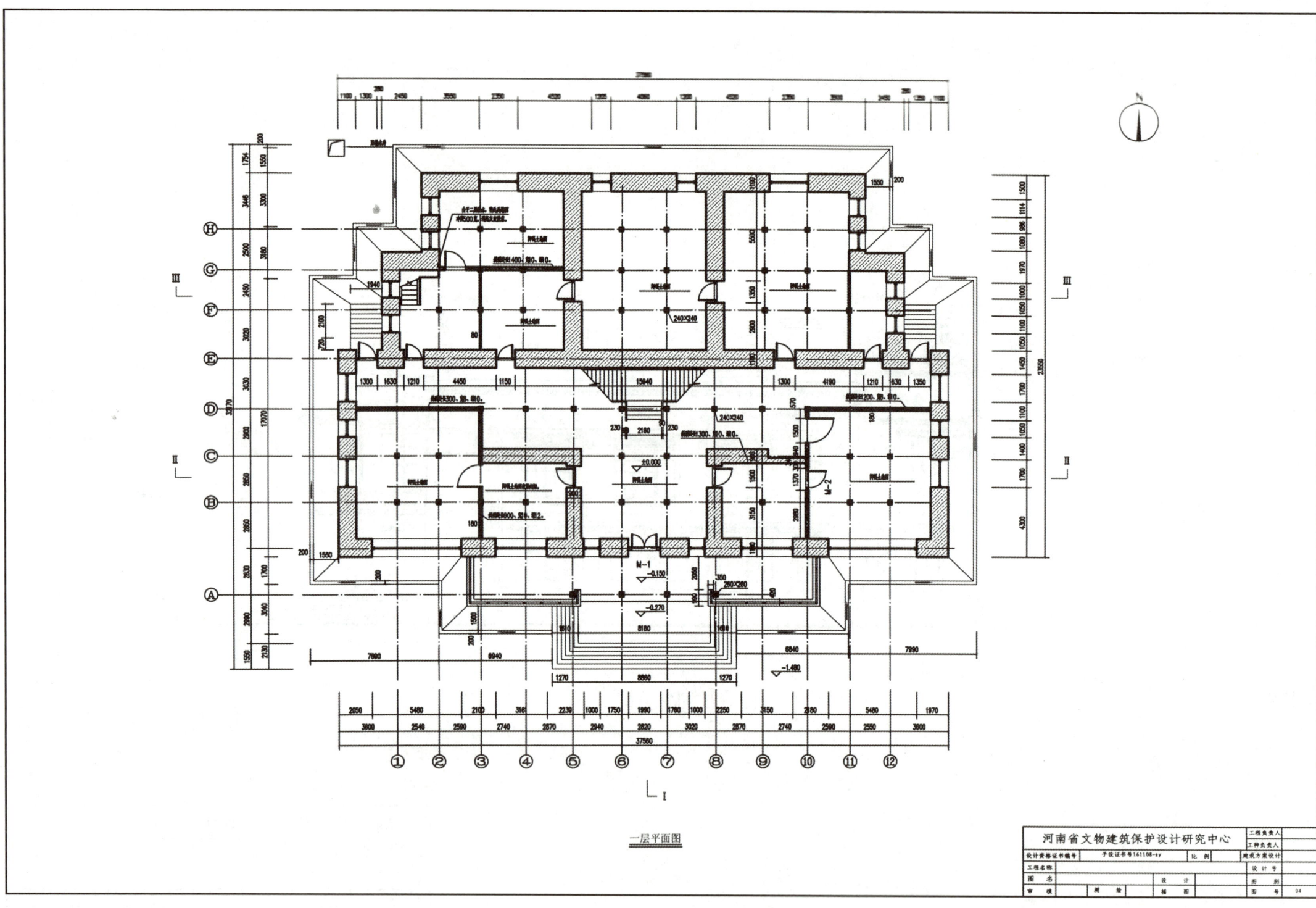

一层平面图

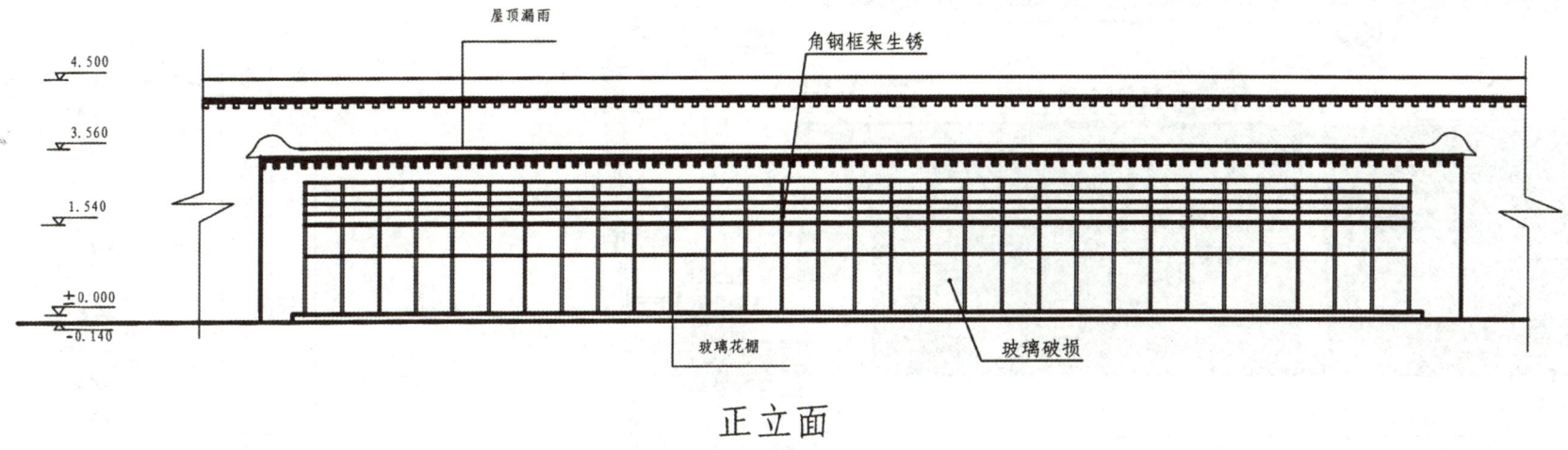

正立面

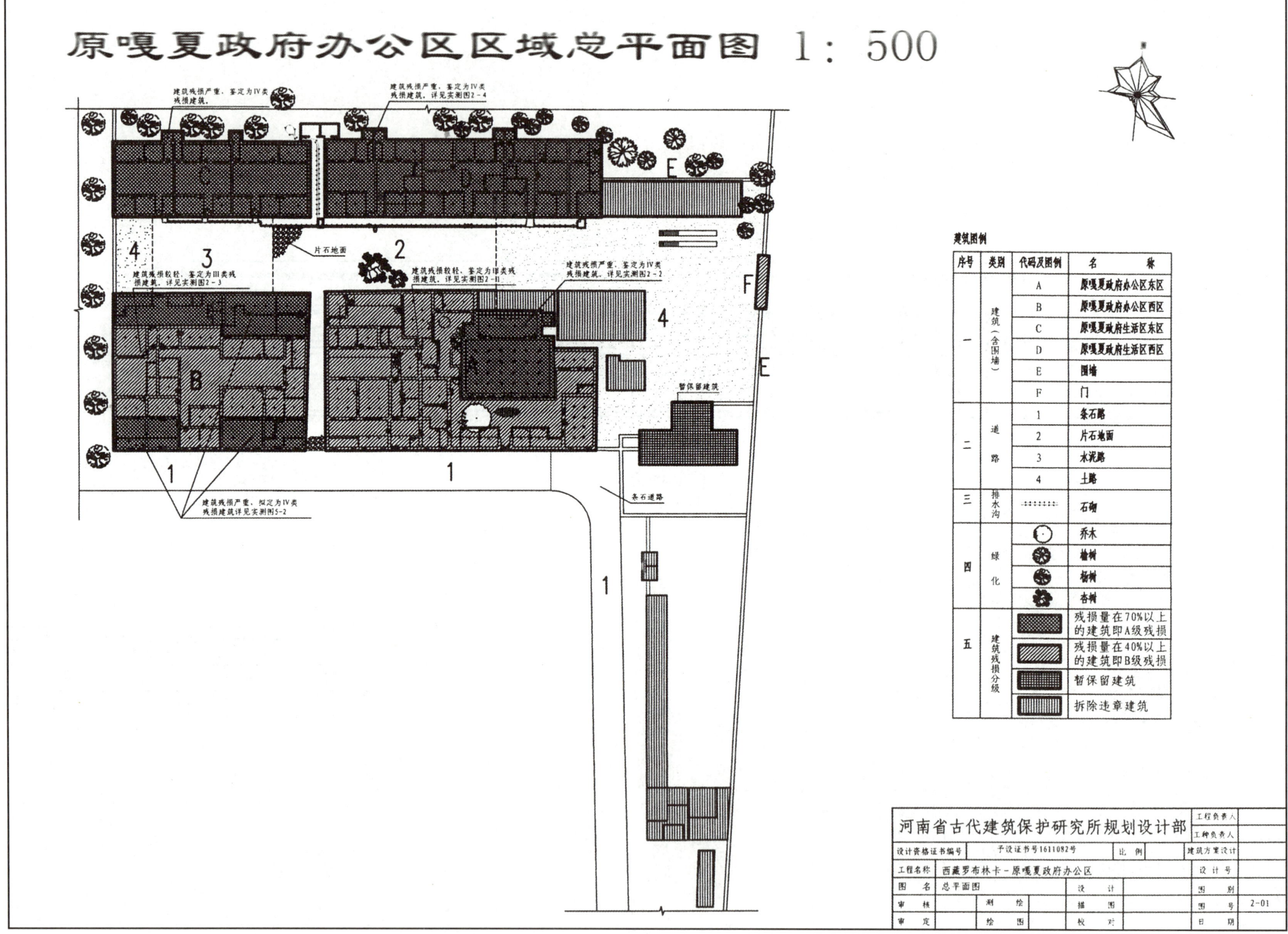

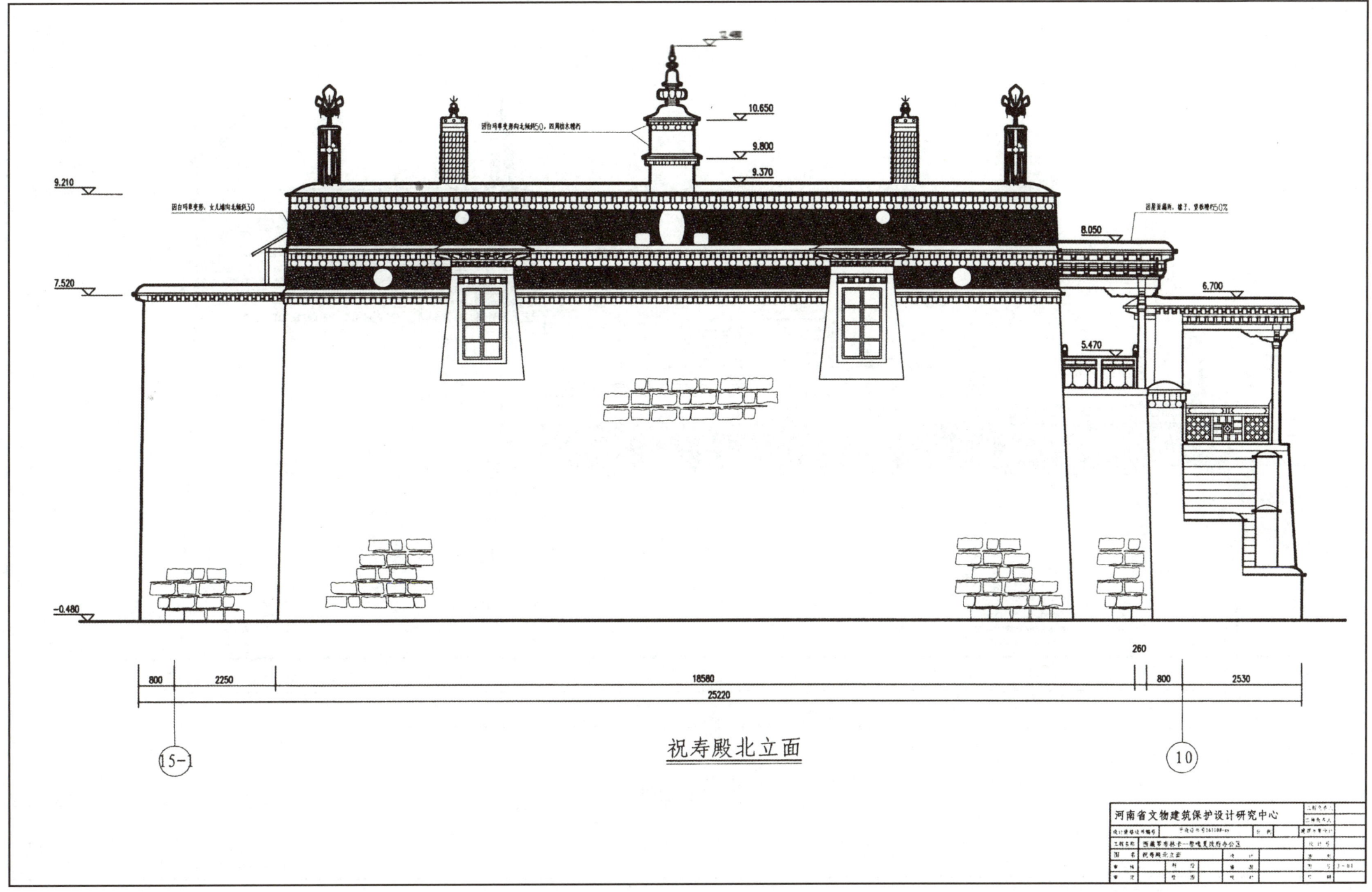

祝寿殿北立面

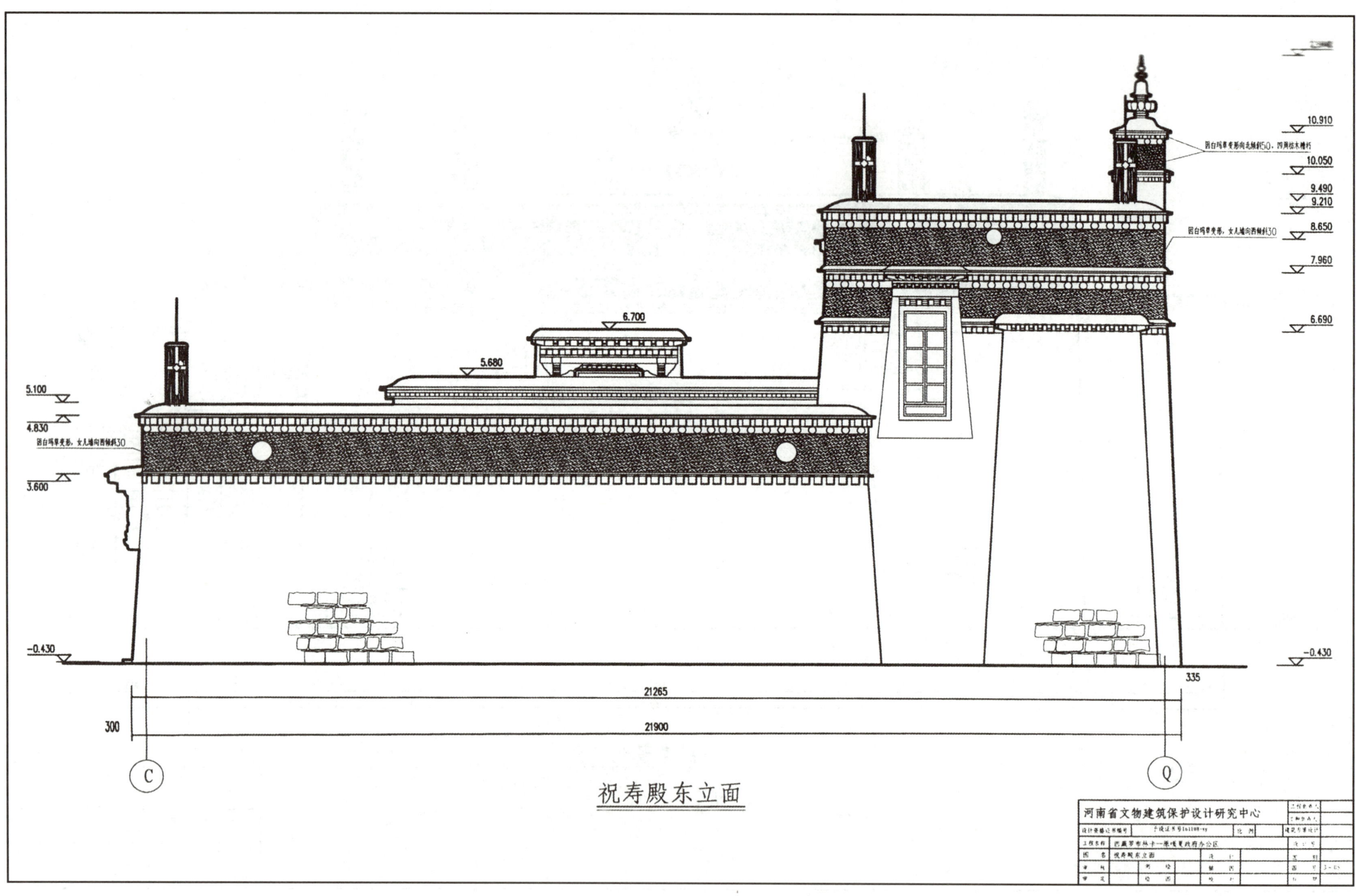

祝寿殿东立面

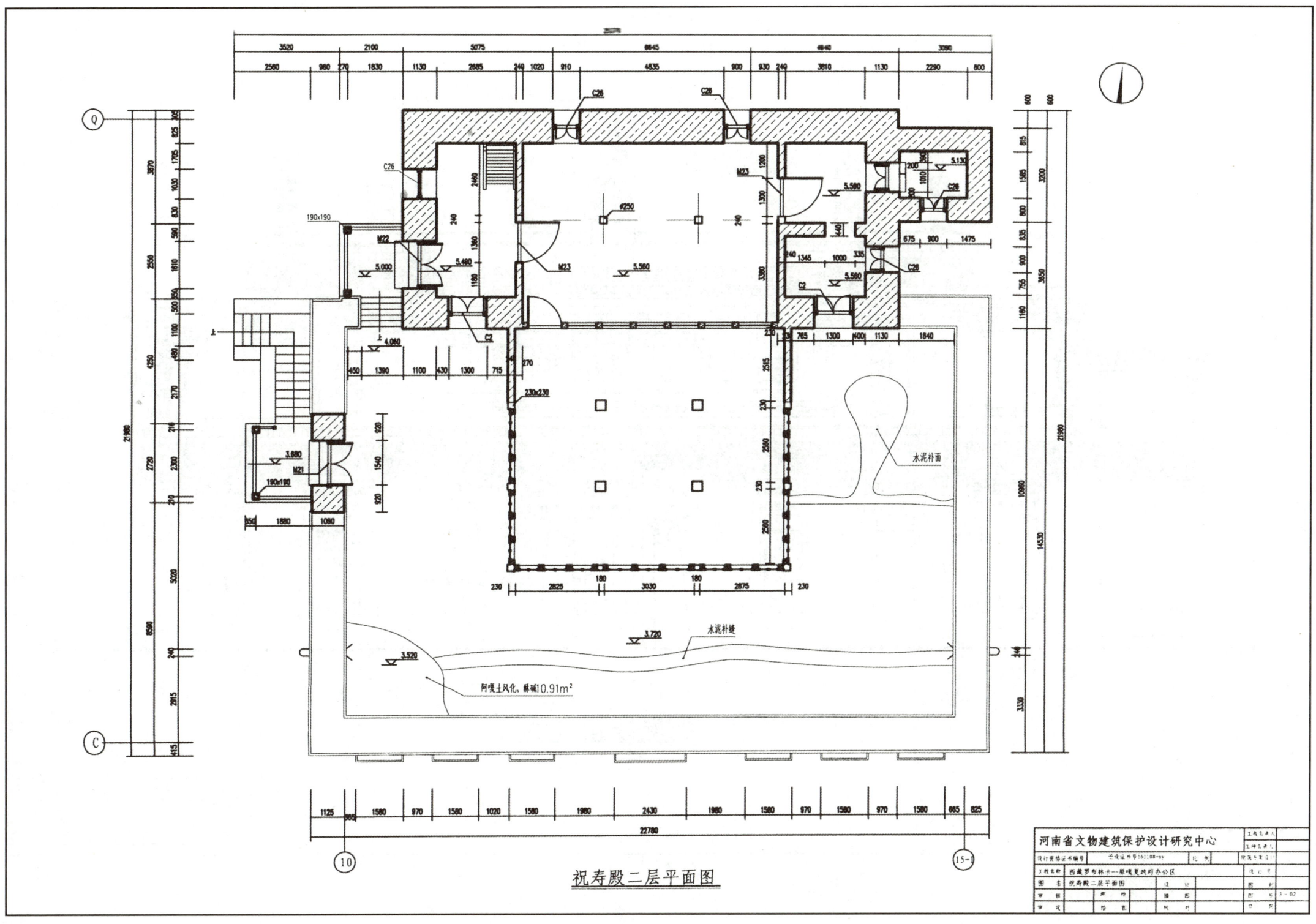

祝寿殿二层平面图

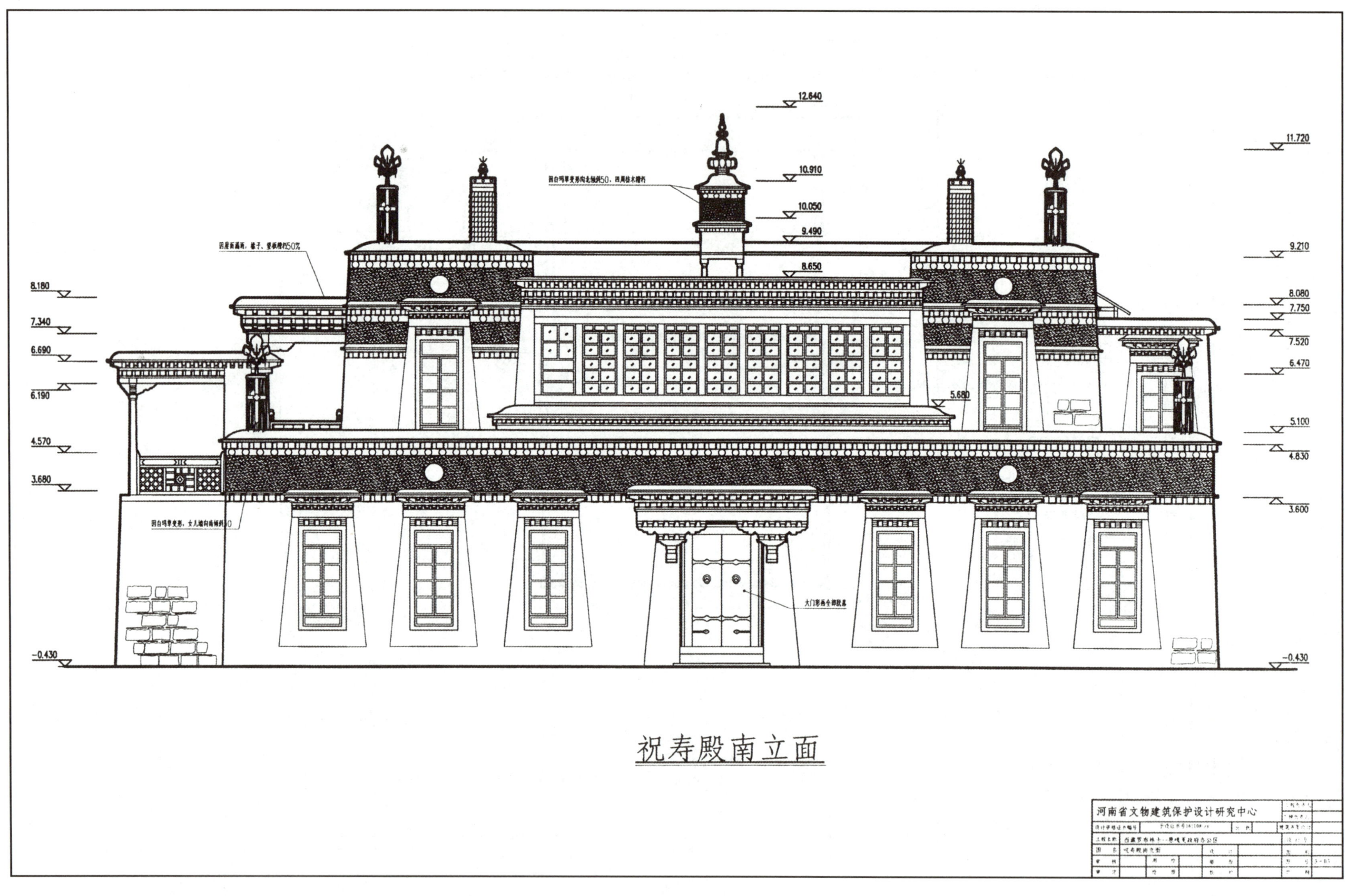

祝寿殿南立面

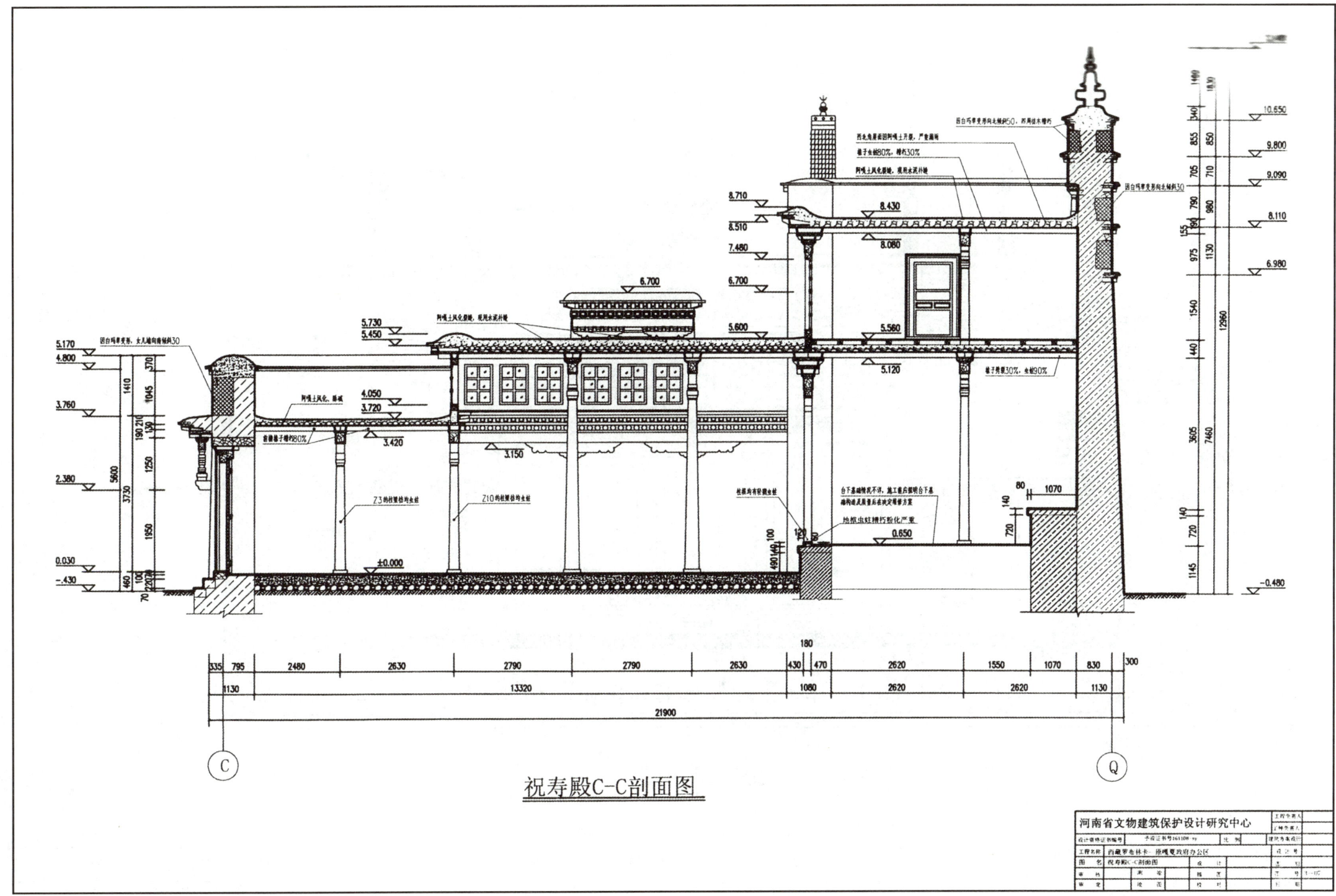

祝寿殿C-C剖面图

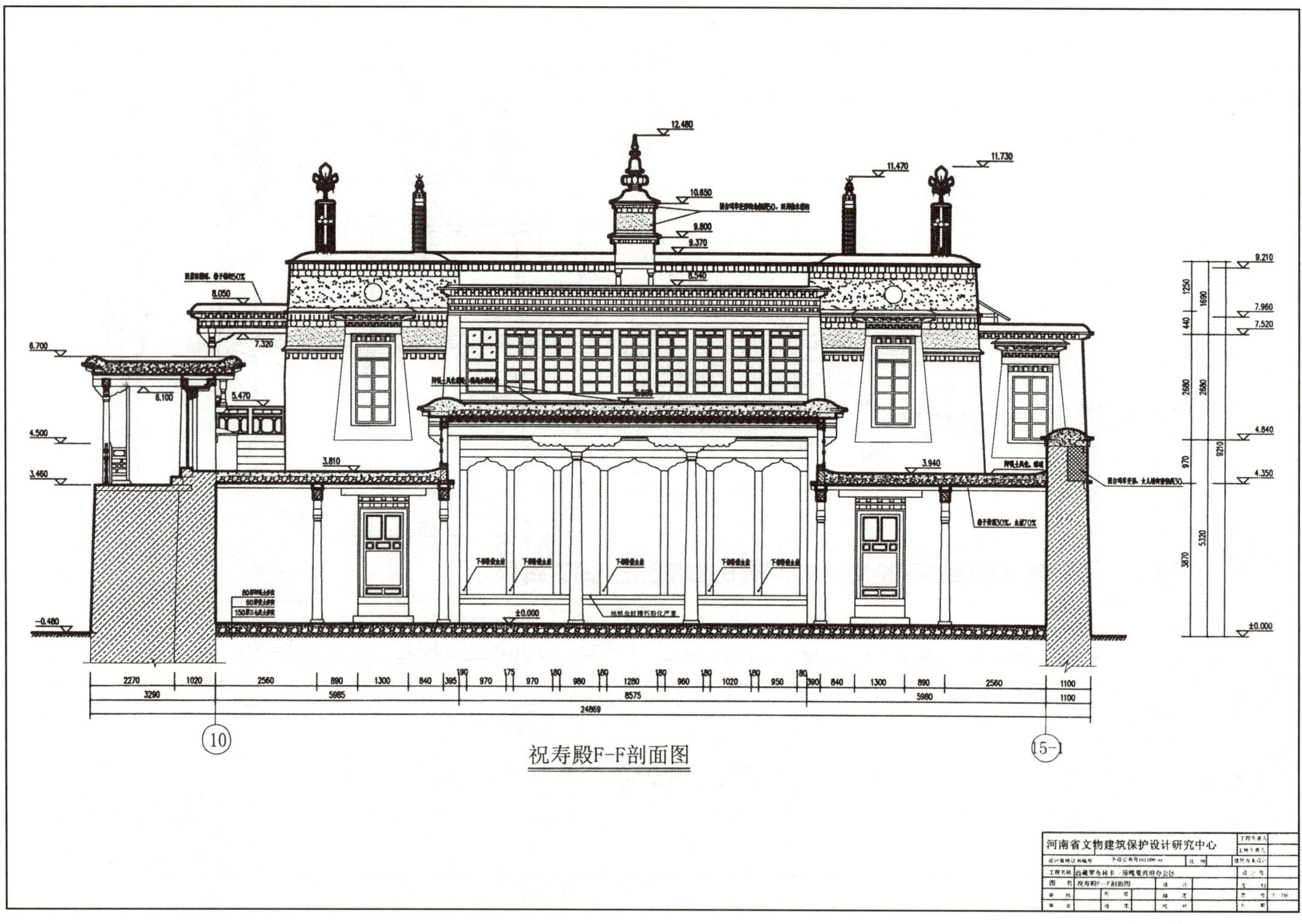

祝寿殿F-F剖面图

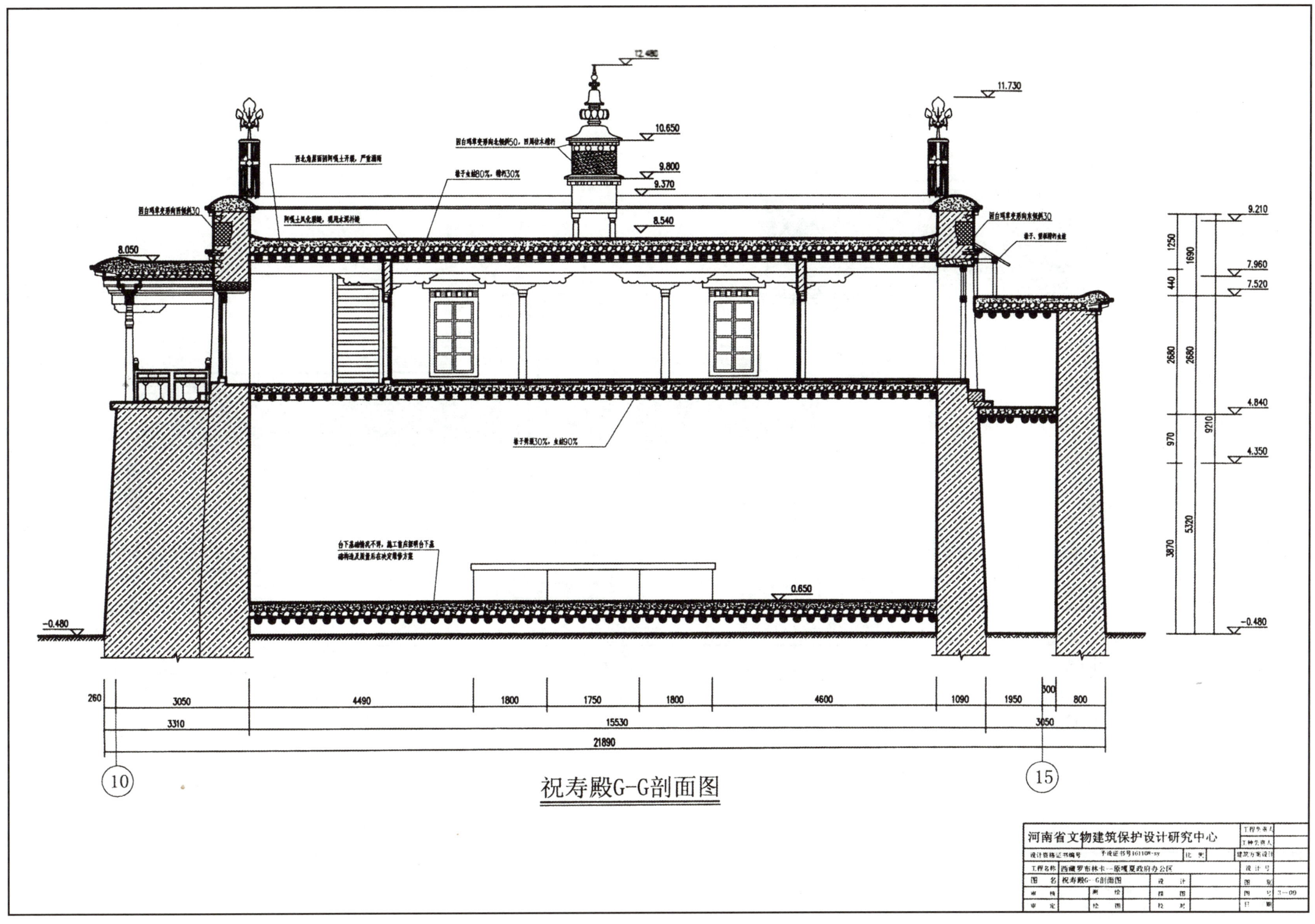

祝寿殿G-G剖面图

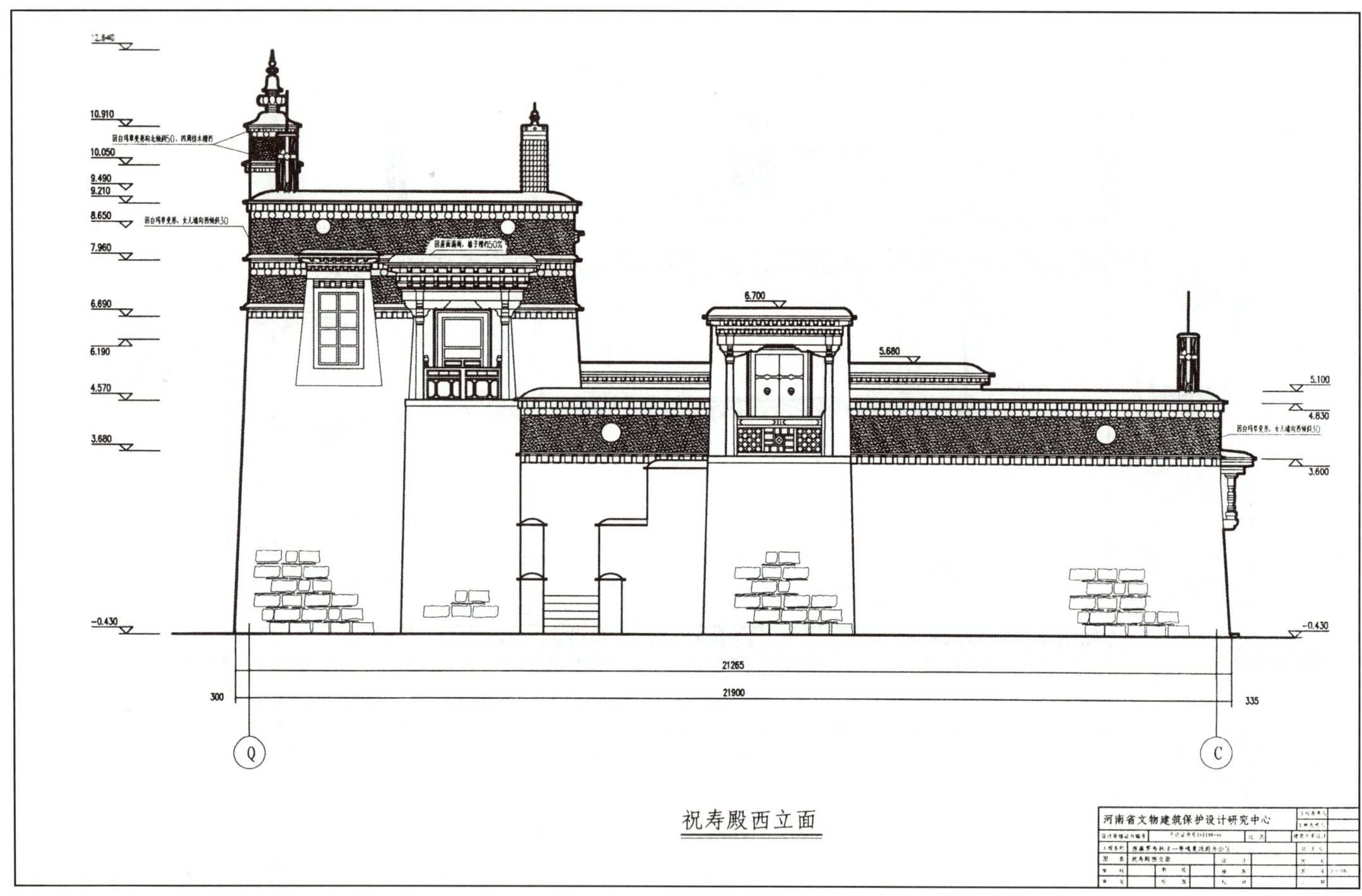

祝寿殿西立面

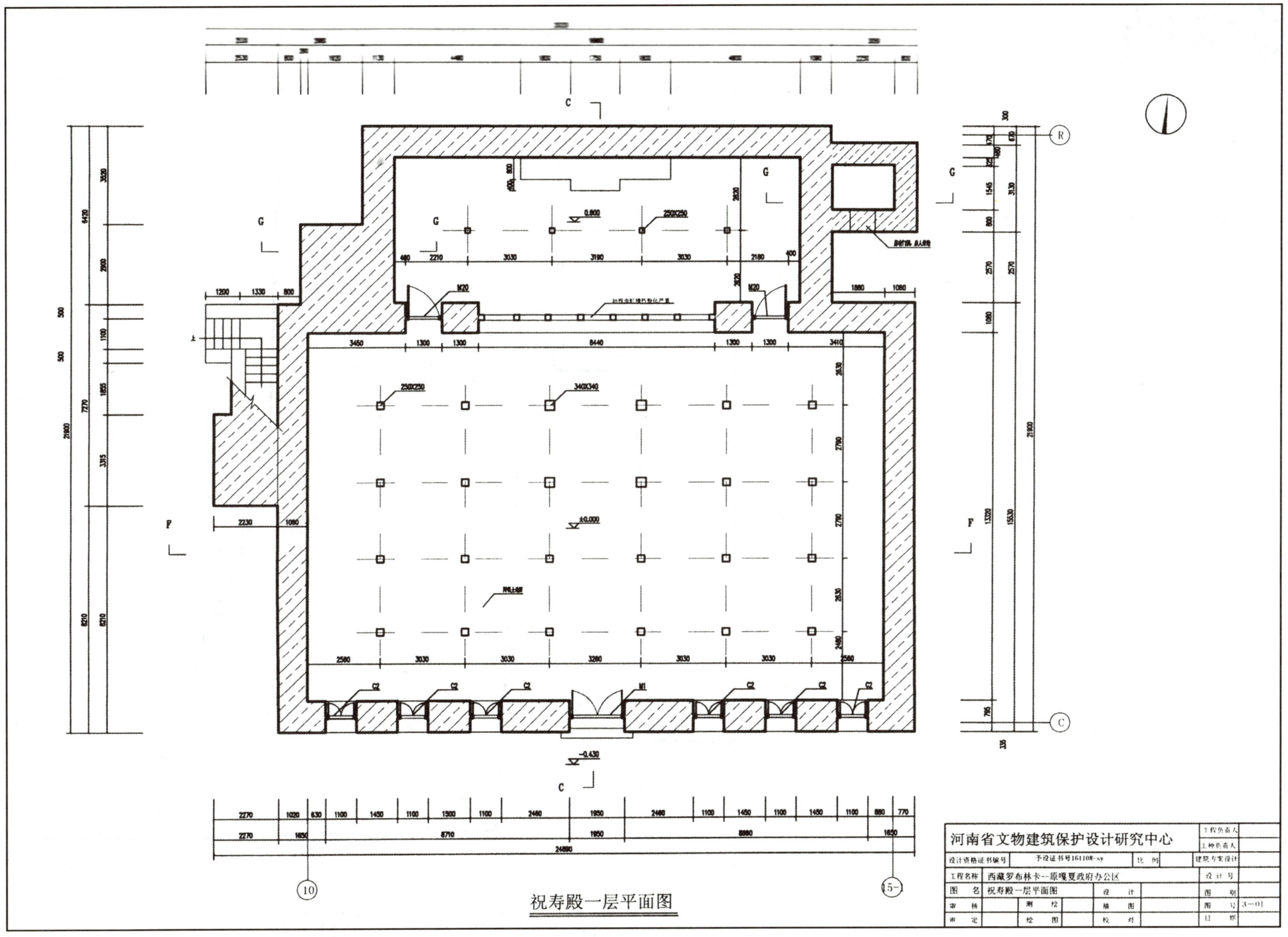

祝寿殿一层平面图

# 萨迦寺

北敌楼东立面图

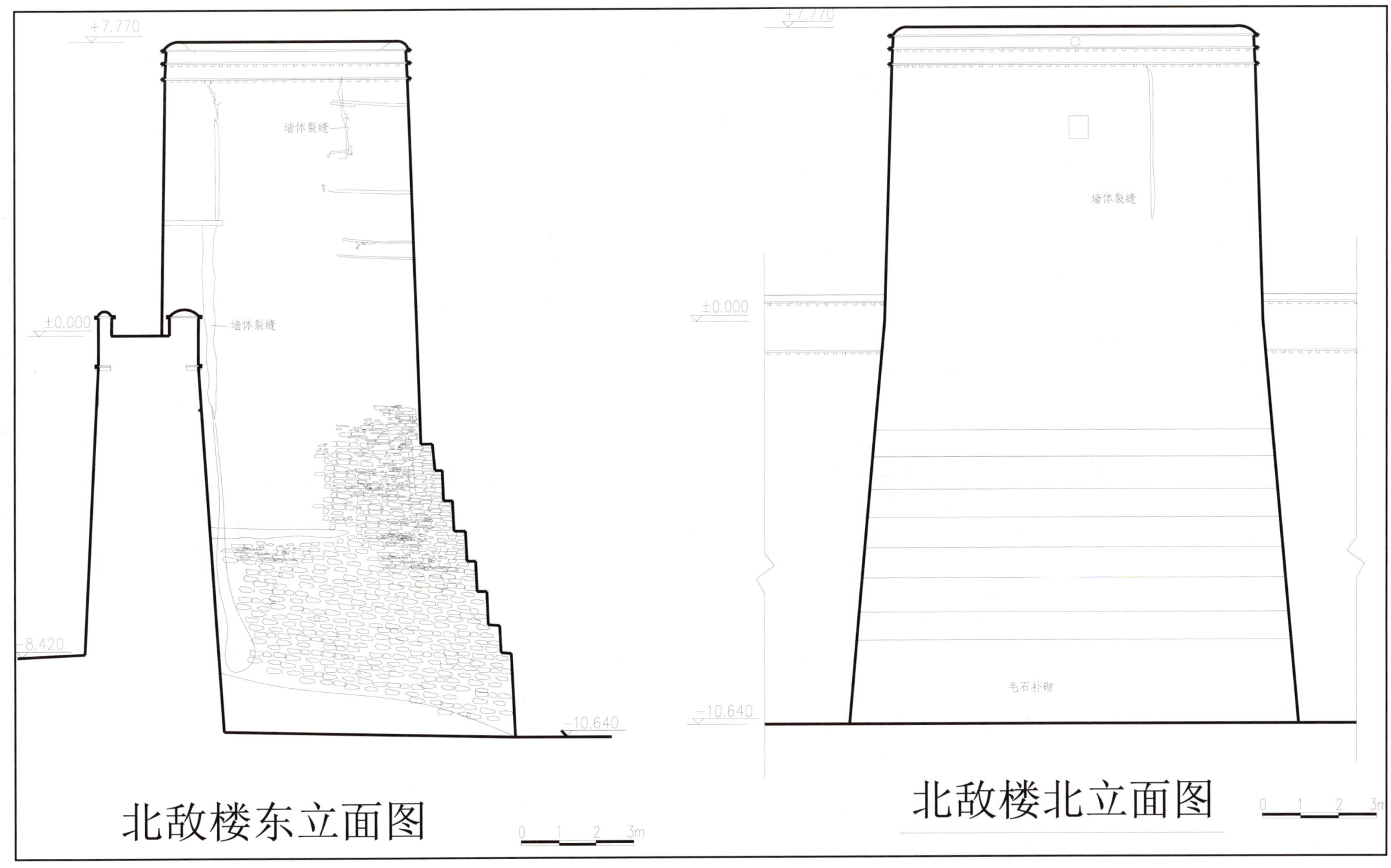

北敌楼东立面图

北敌楼北立面图

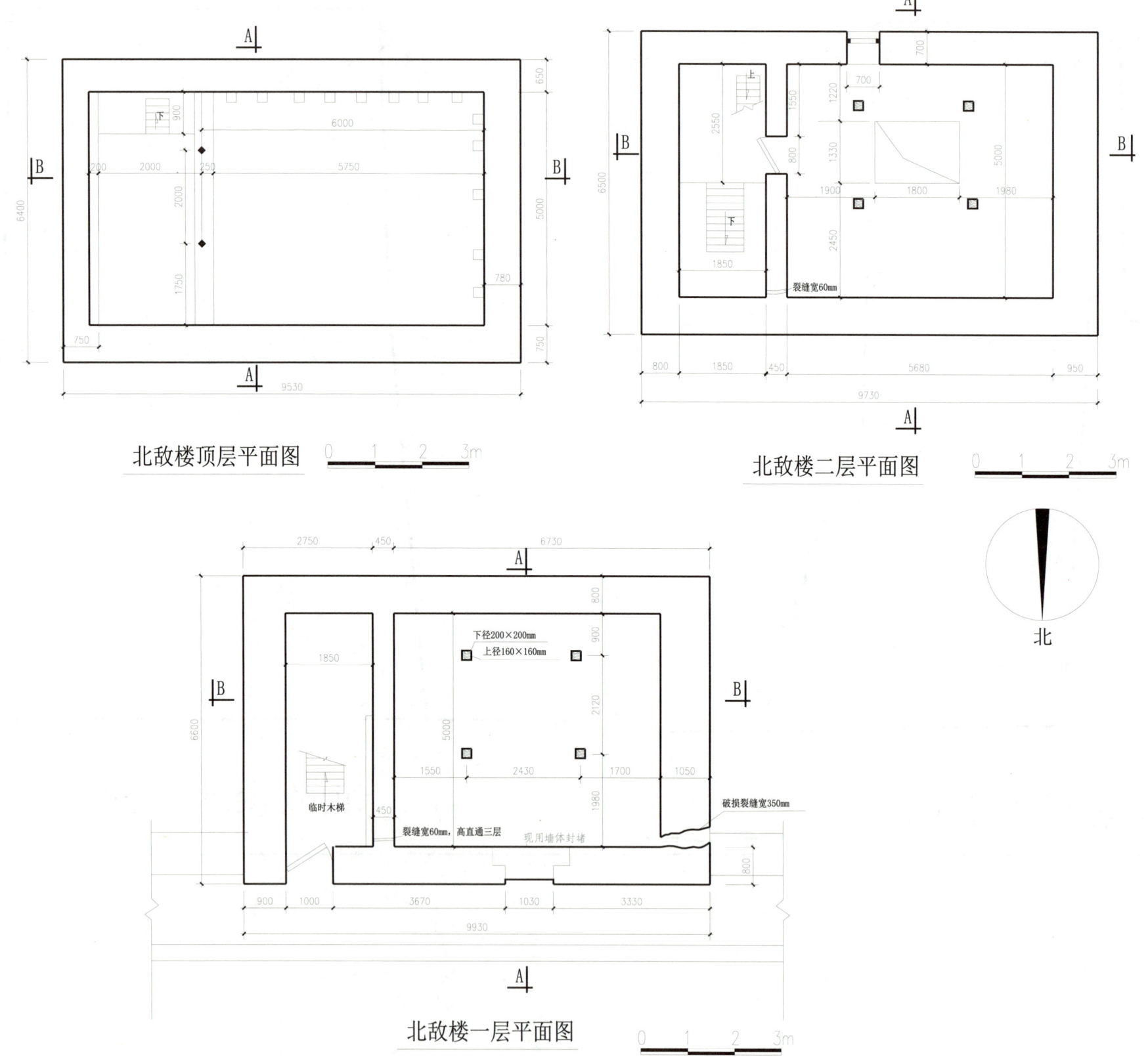

北敌楼顶层平面图

北敌楼二层平面图

北敌楼一层平面图

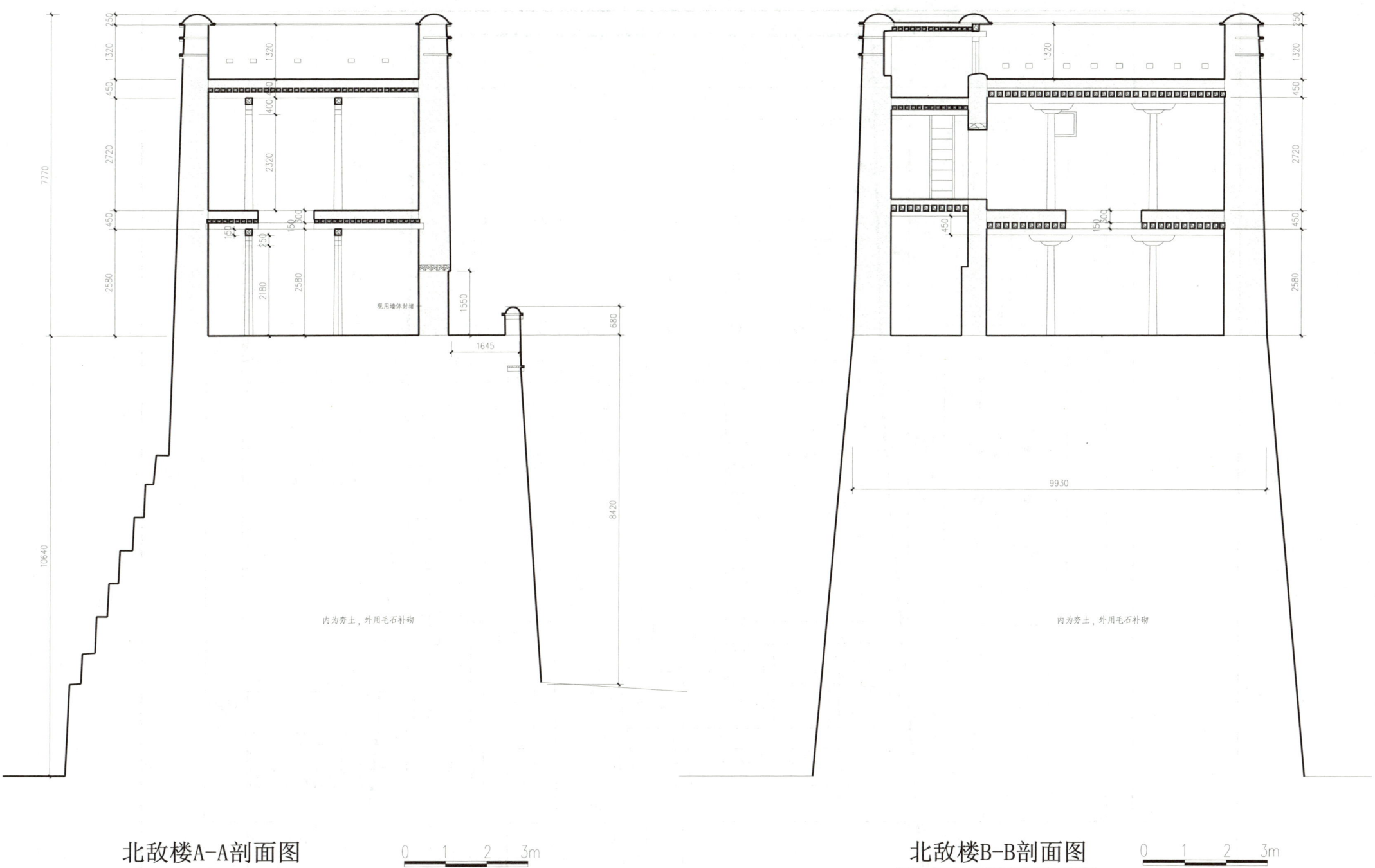

北敌楼A-A剖面图　　　北敌楼B-B剖面图

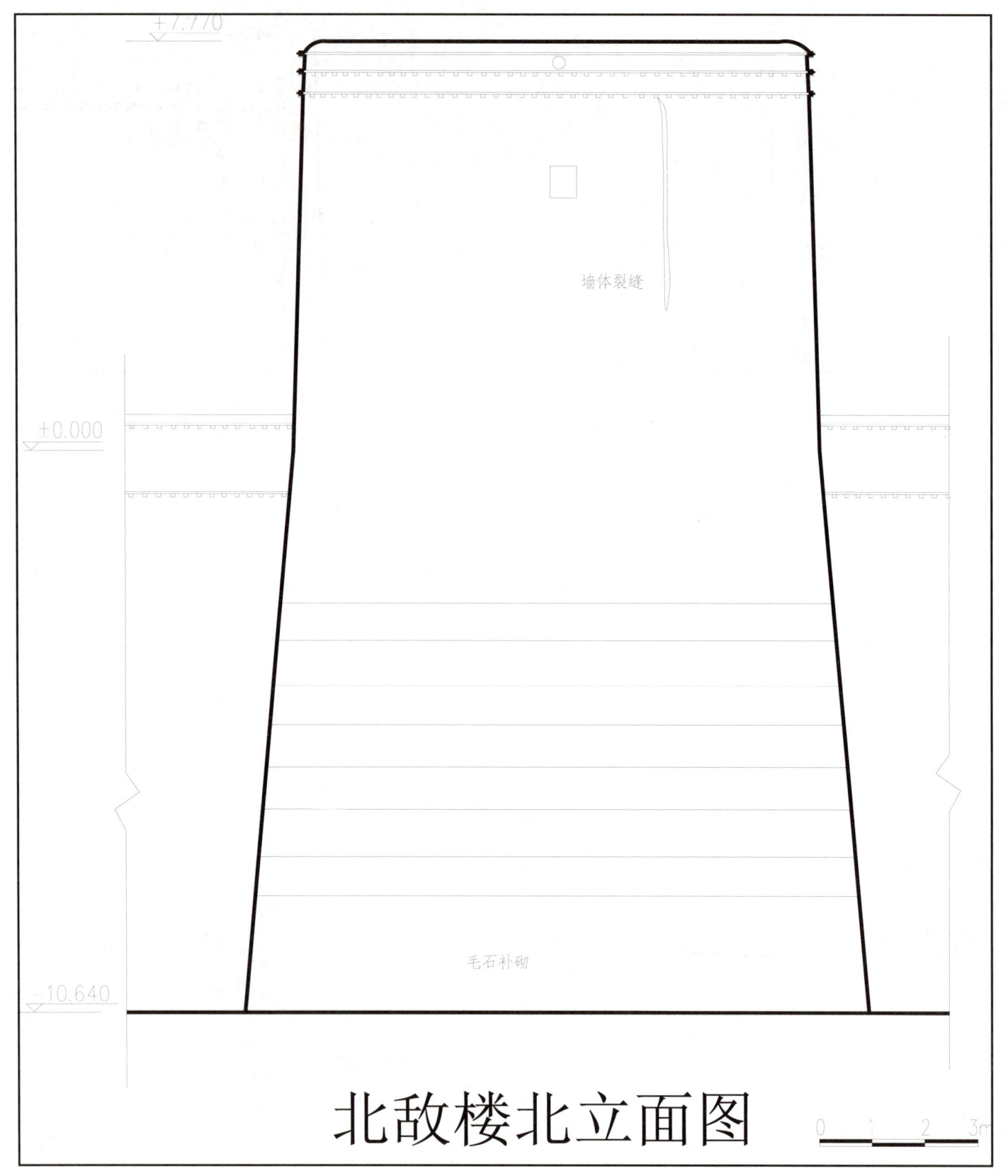

北敌楼北立面图

工程图纸

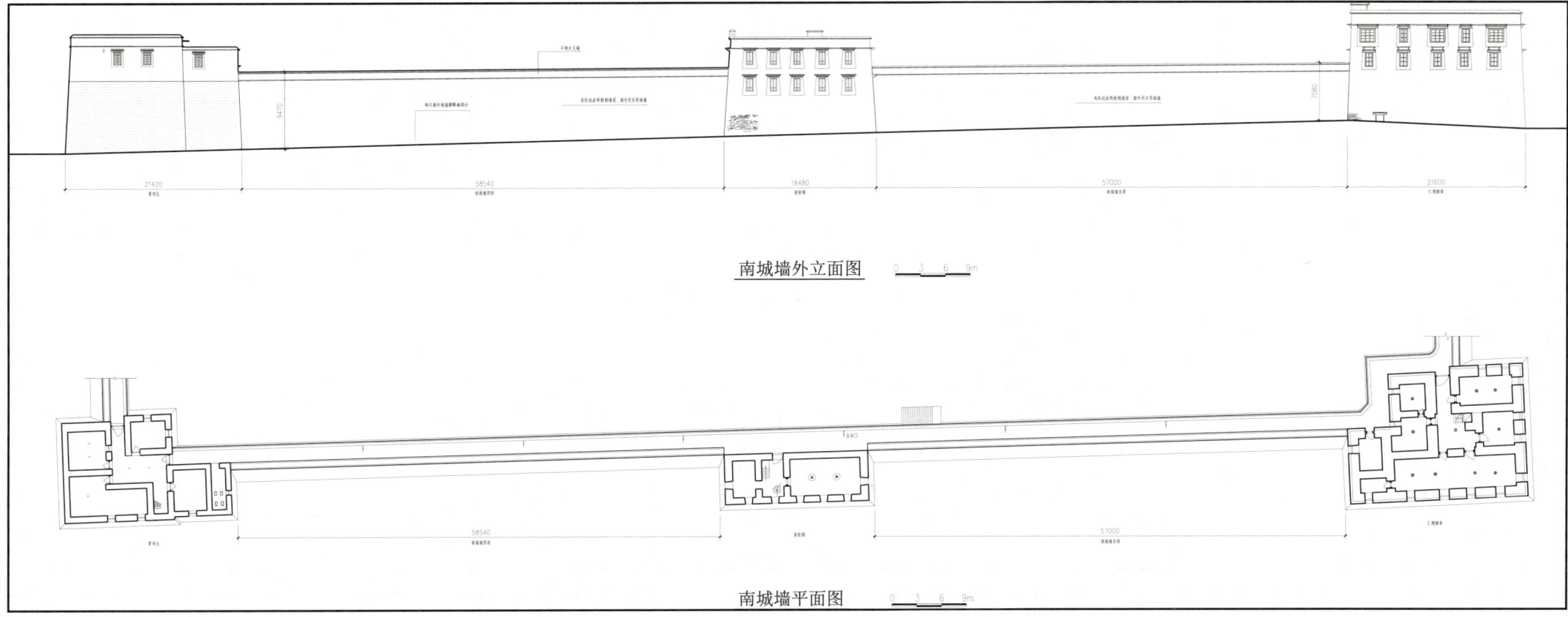

南城墙外立面图　0　3　6　9m

南城墙平面图　0　3　6　9m

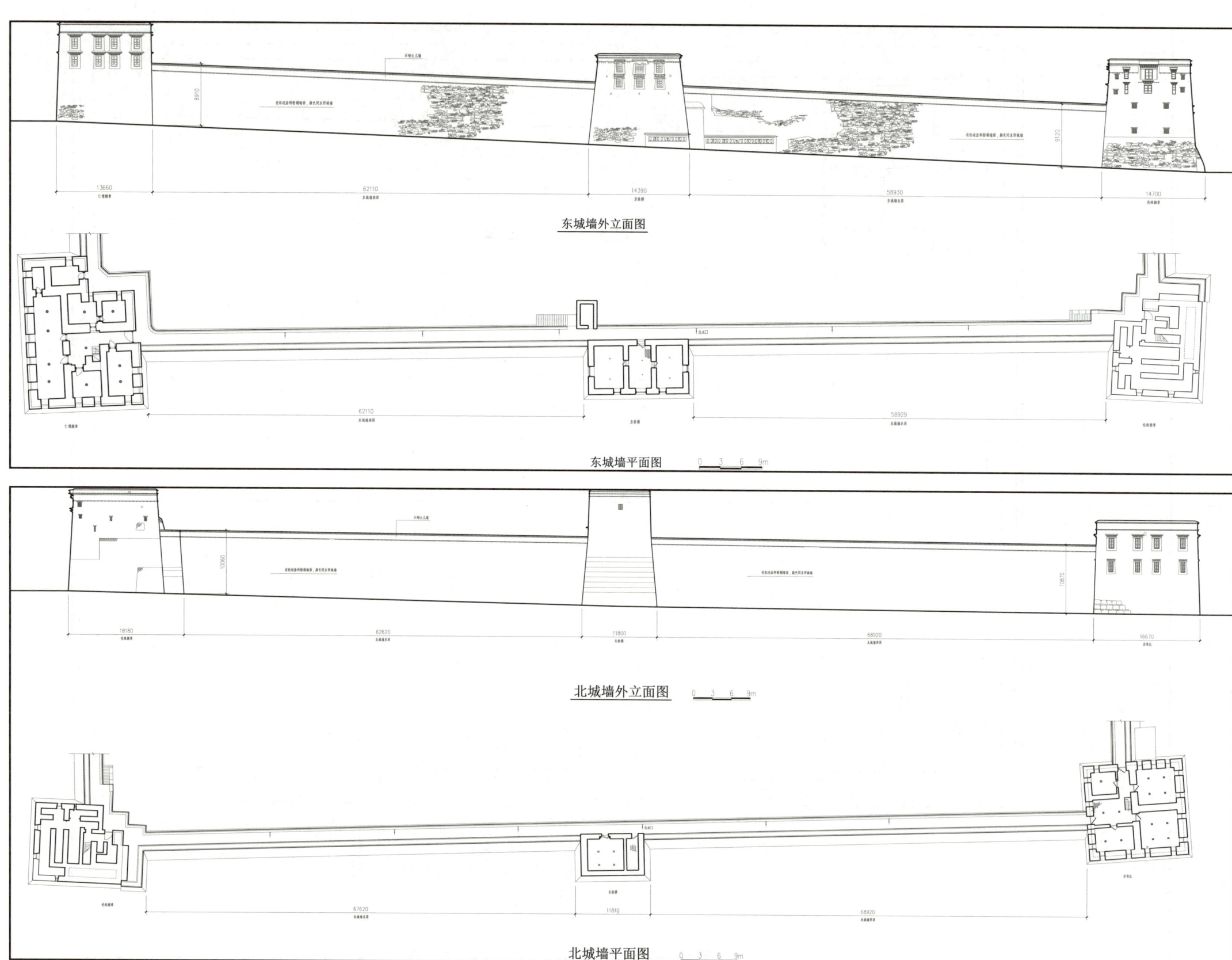

东城墙外立面图

东城墙平面图　0　3　6　9m

北城墙外立面图　0　3　6　9m

北城墙平面图　0　3　6　9m

工程图纸

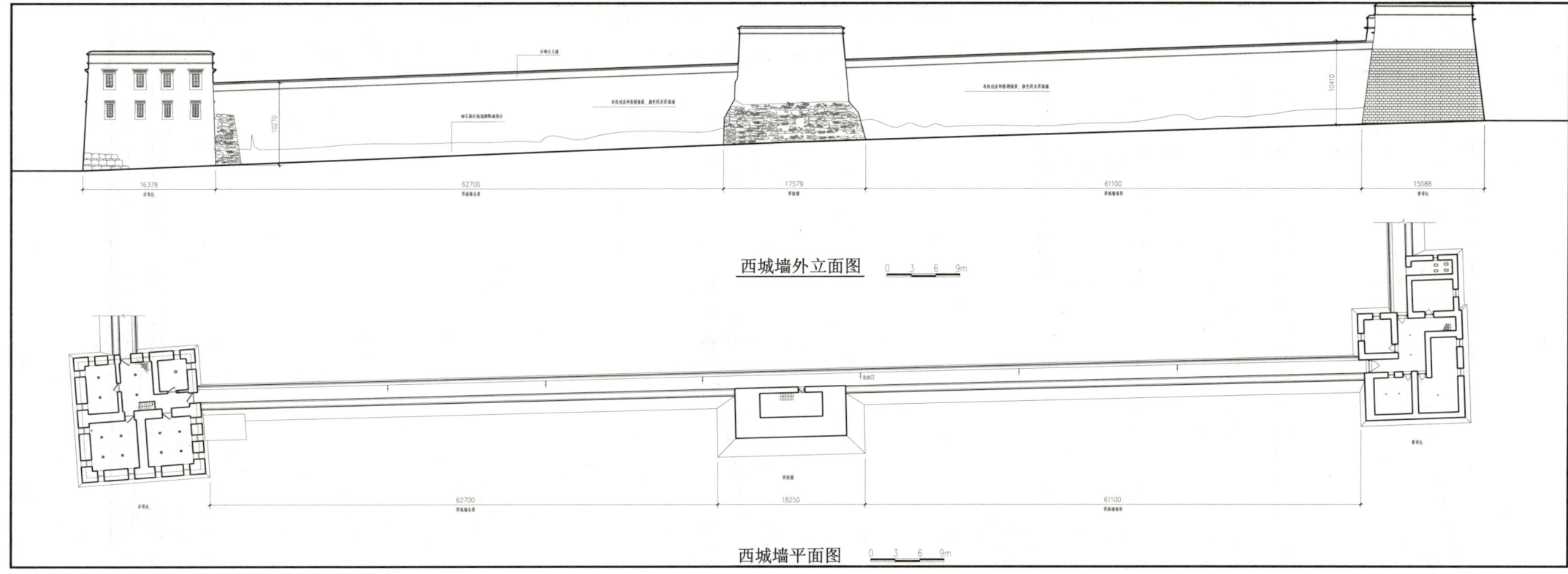

西城墙外立面图　0　3　6　9m

西城墙平面图　0　3　6　9m

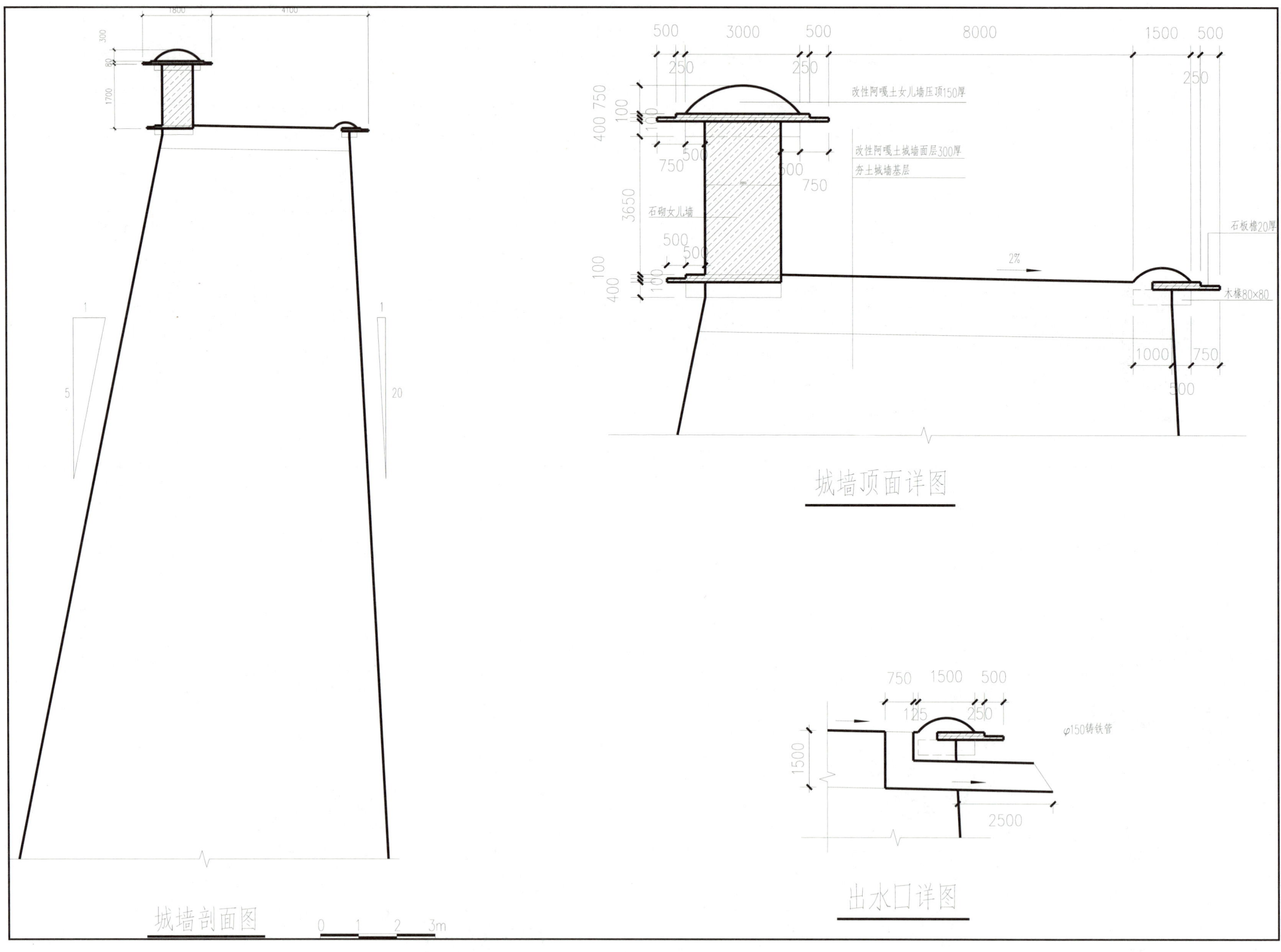

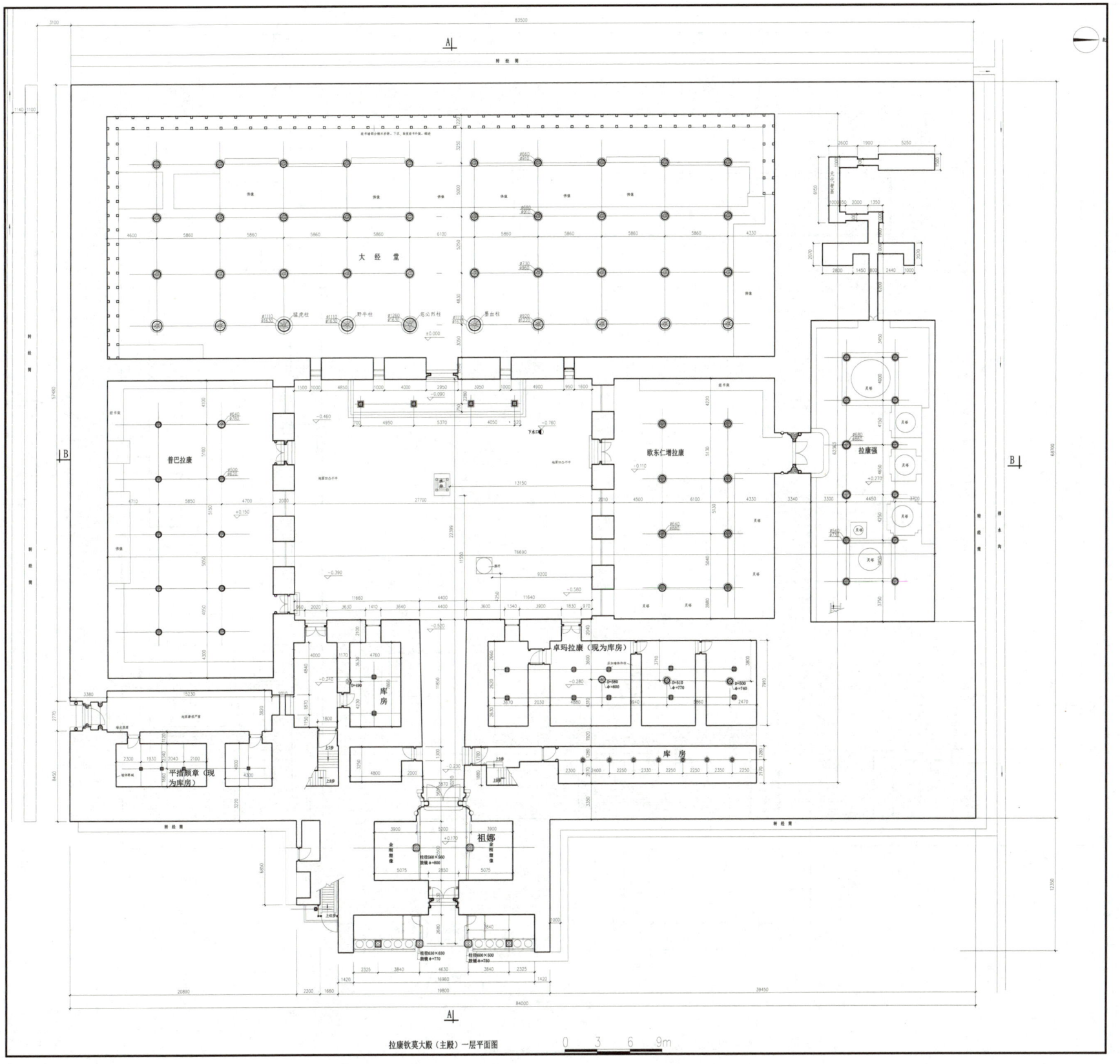

拉康钦莫大殿（主殿）一层平面图

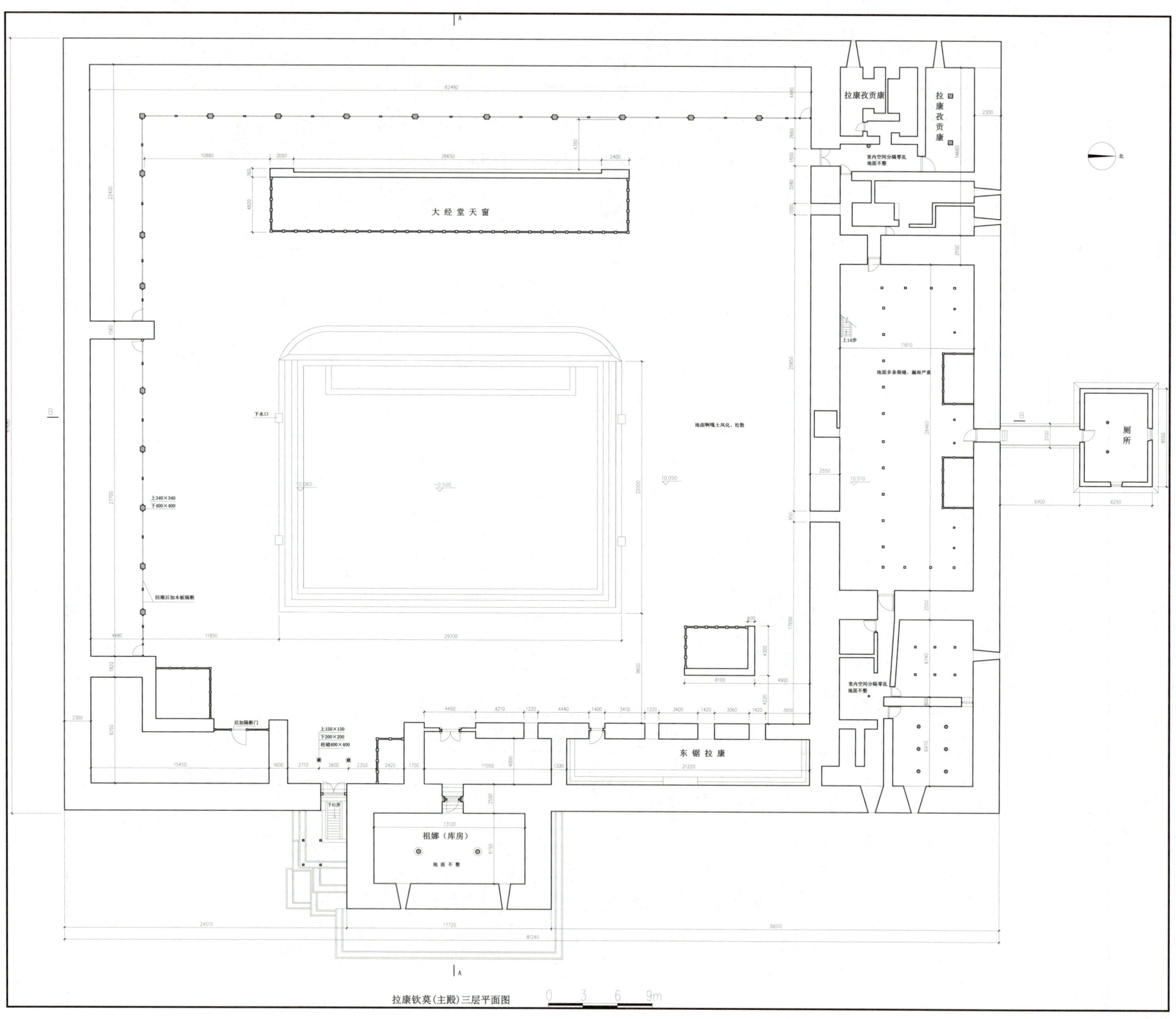

拉康钦莫(主殿)三层平面图

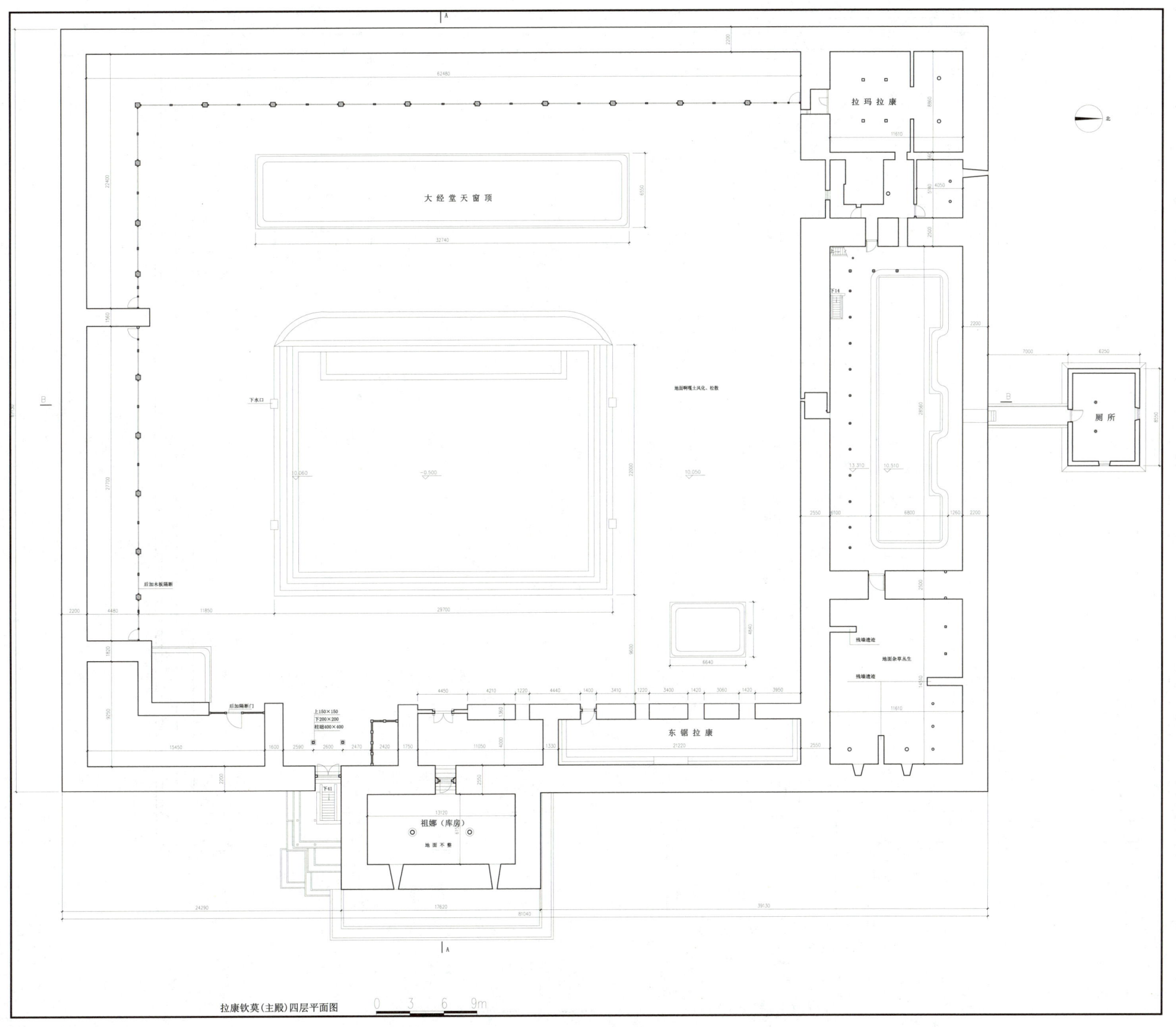

拉康钦莫(主殿)四层平面图

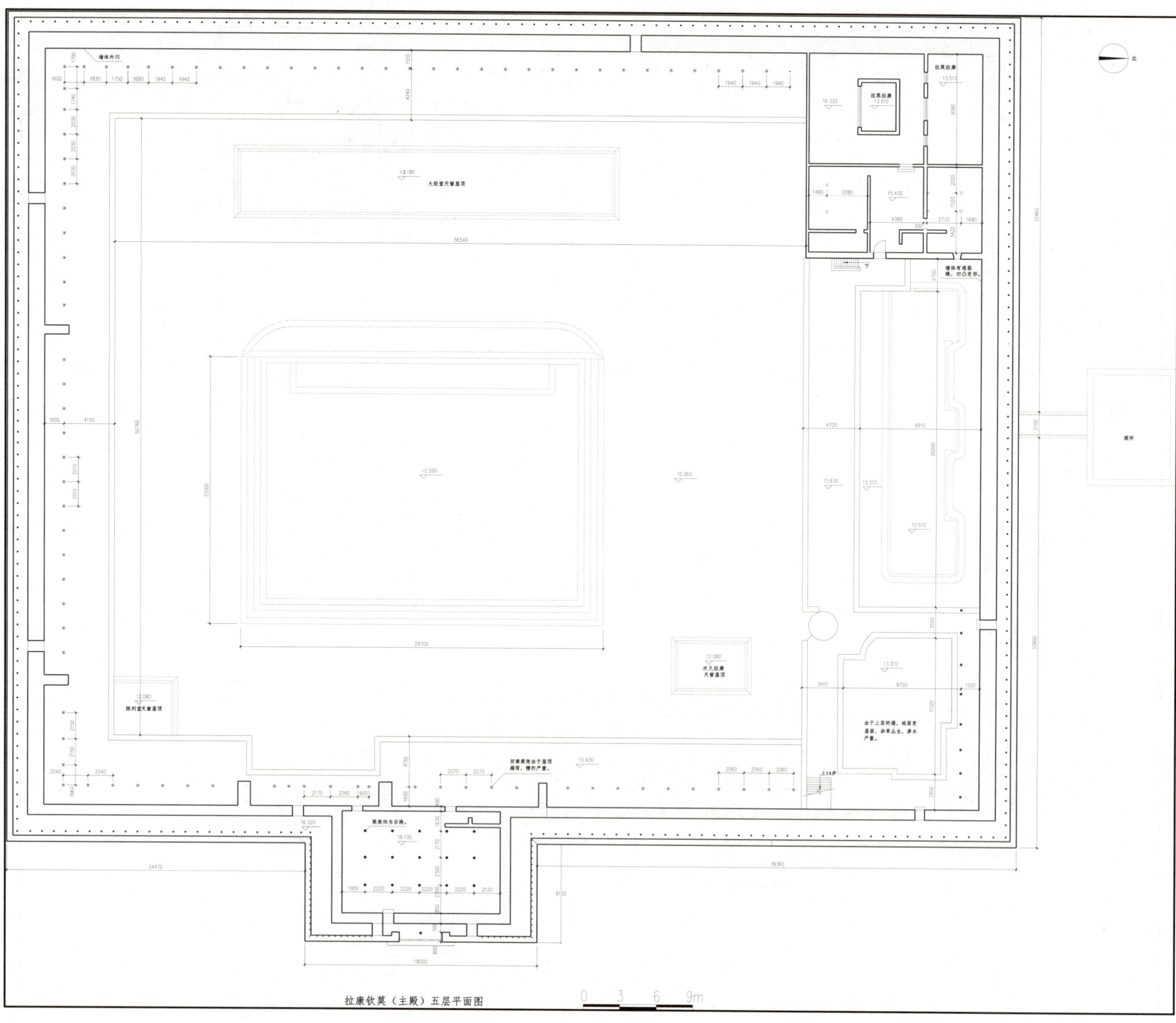

拉康钦莫（主殿）五层平面图

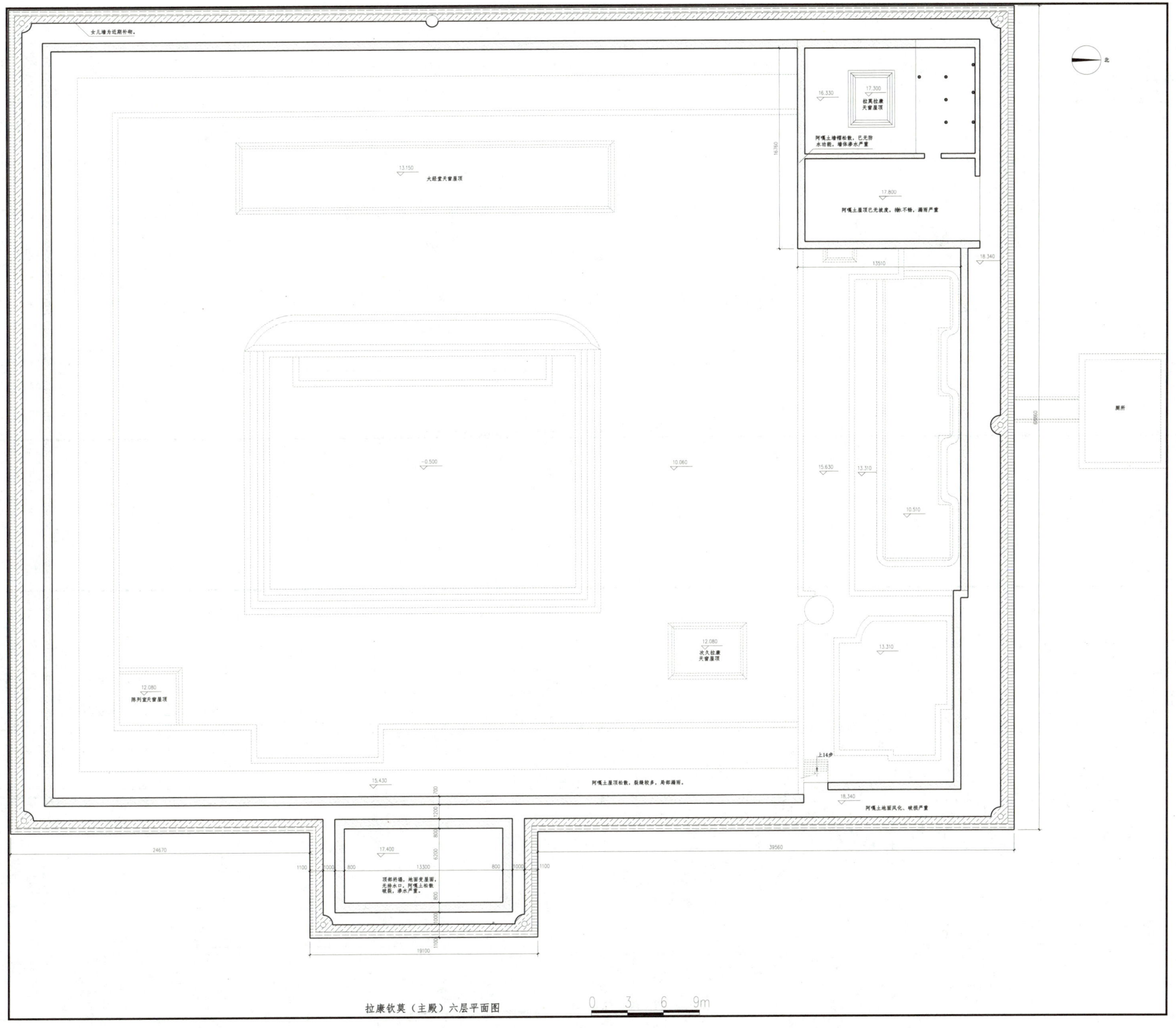

拉康钦莫（主殿）六层平面图

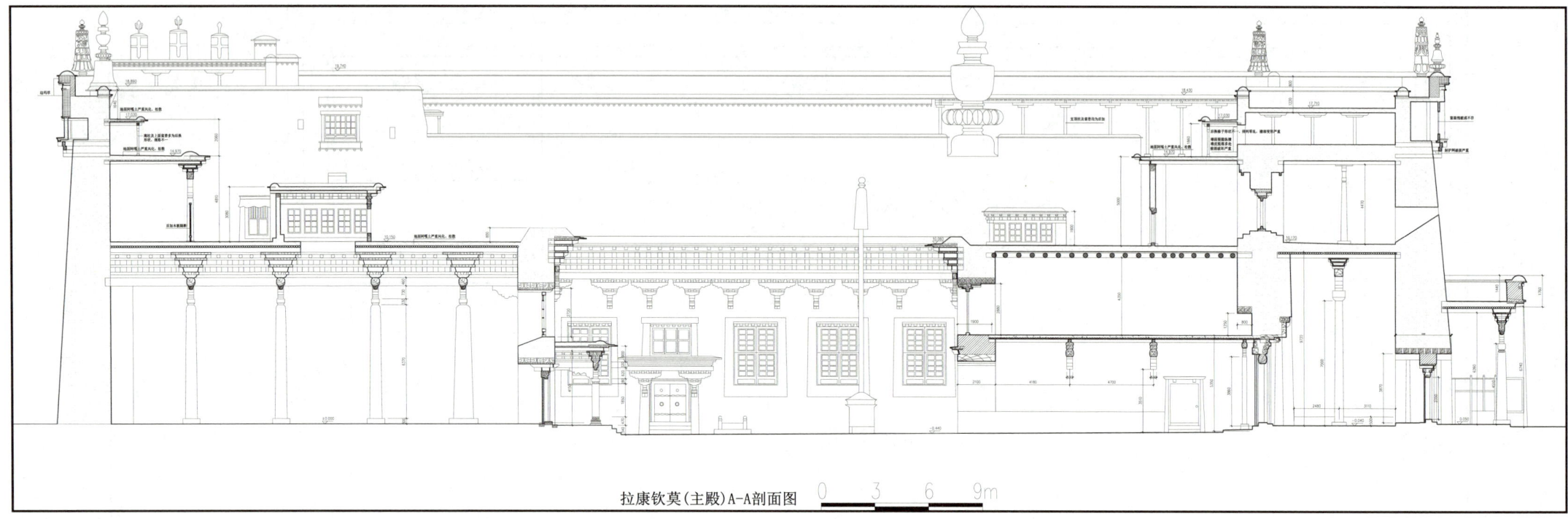

拉康钦莫(主殿)A-A剖面图

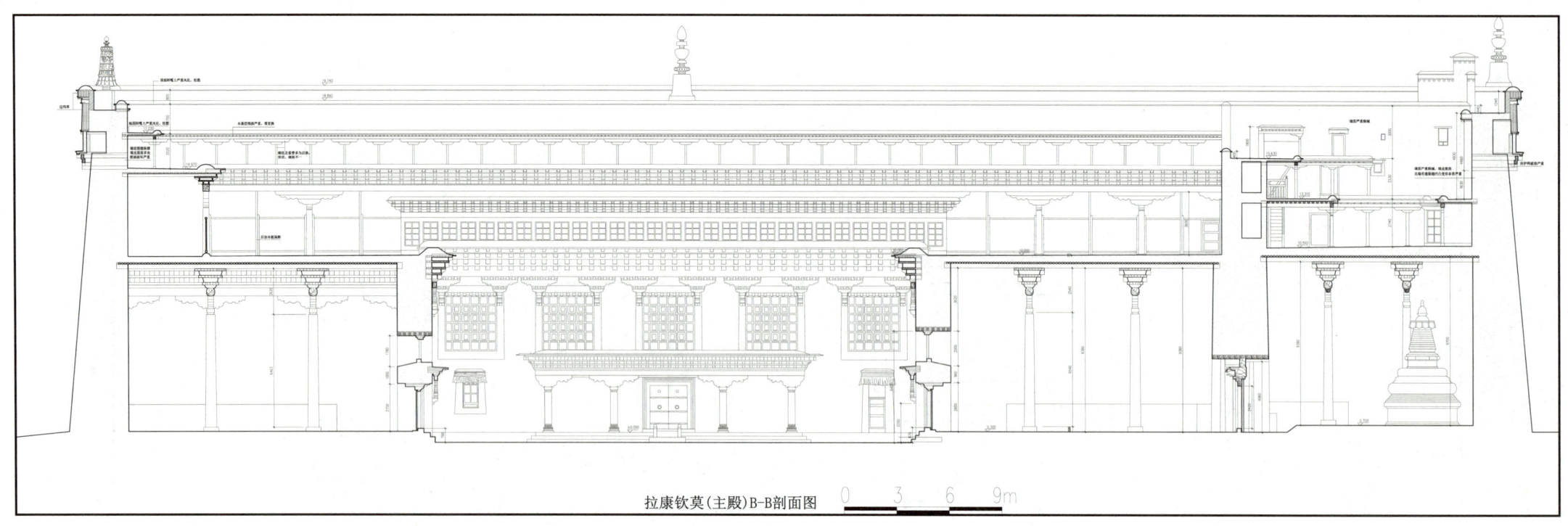

拉康钦莫(主殿)B-B剖面图

萨迦寺拉康钦莫大殿（主殿）东立面 0 3 6 9m

伦珠颇章（东北角楼）东立面图 0 1 2 3m

伦珠颇章（东北角楼）南立面图 0 1 2 3m

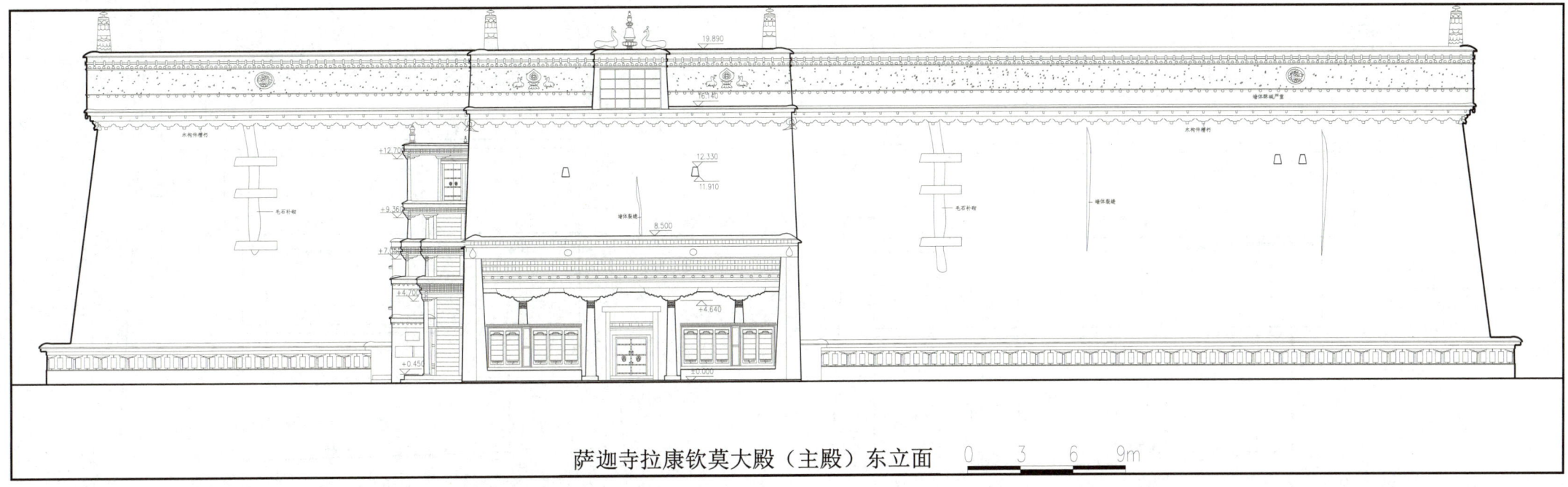

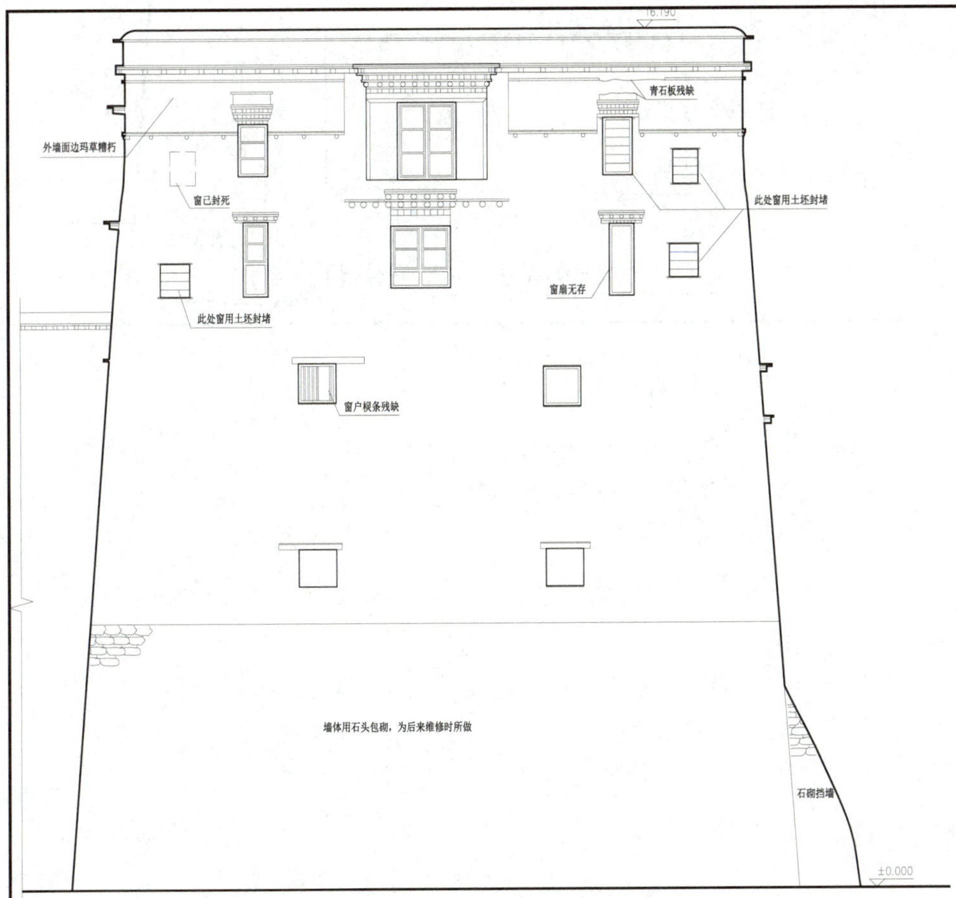

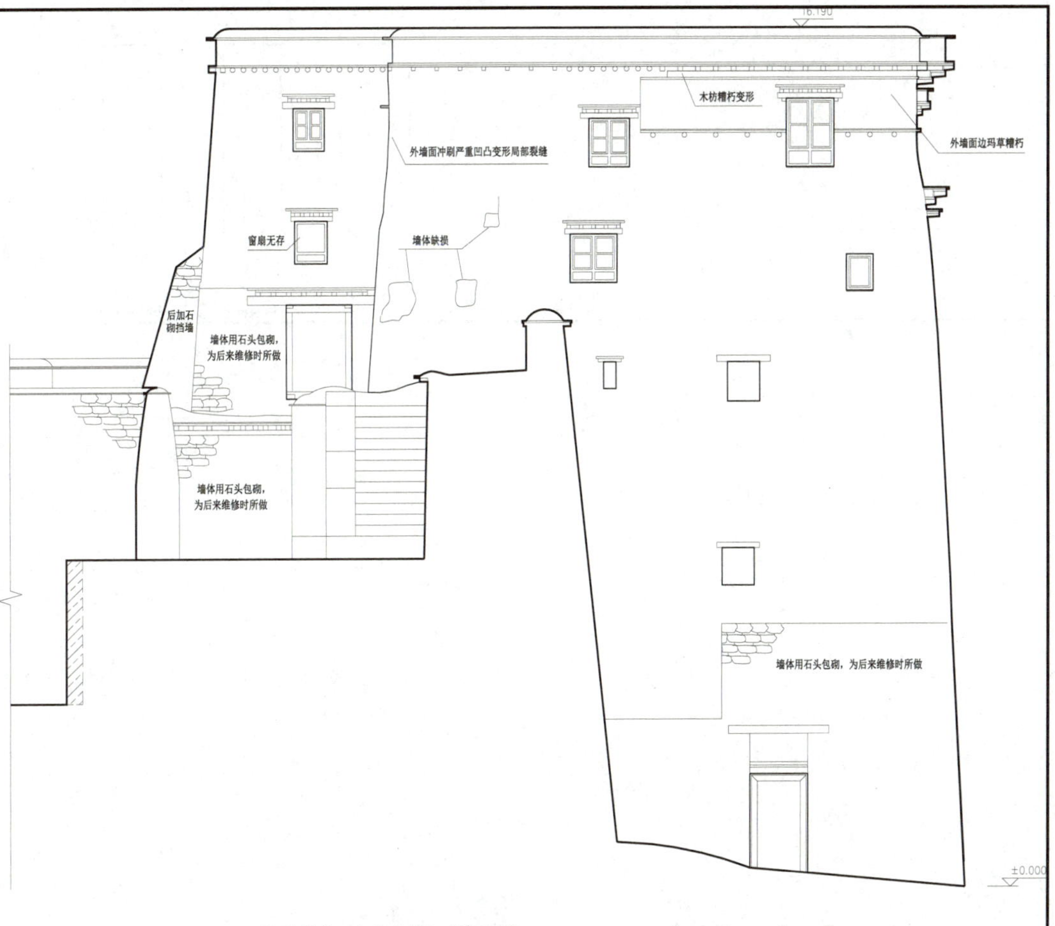

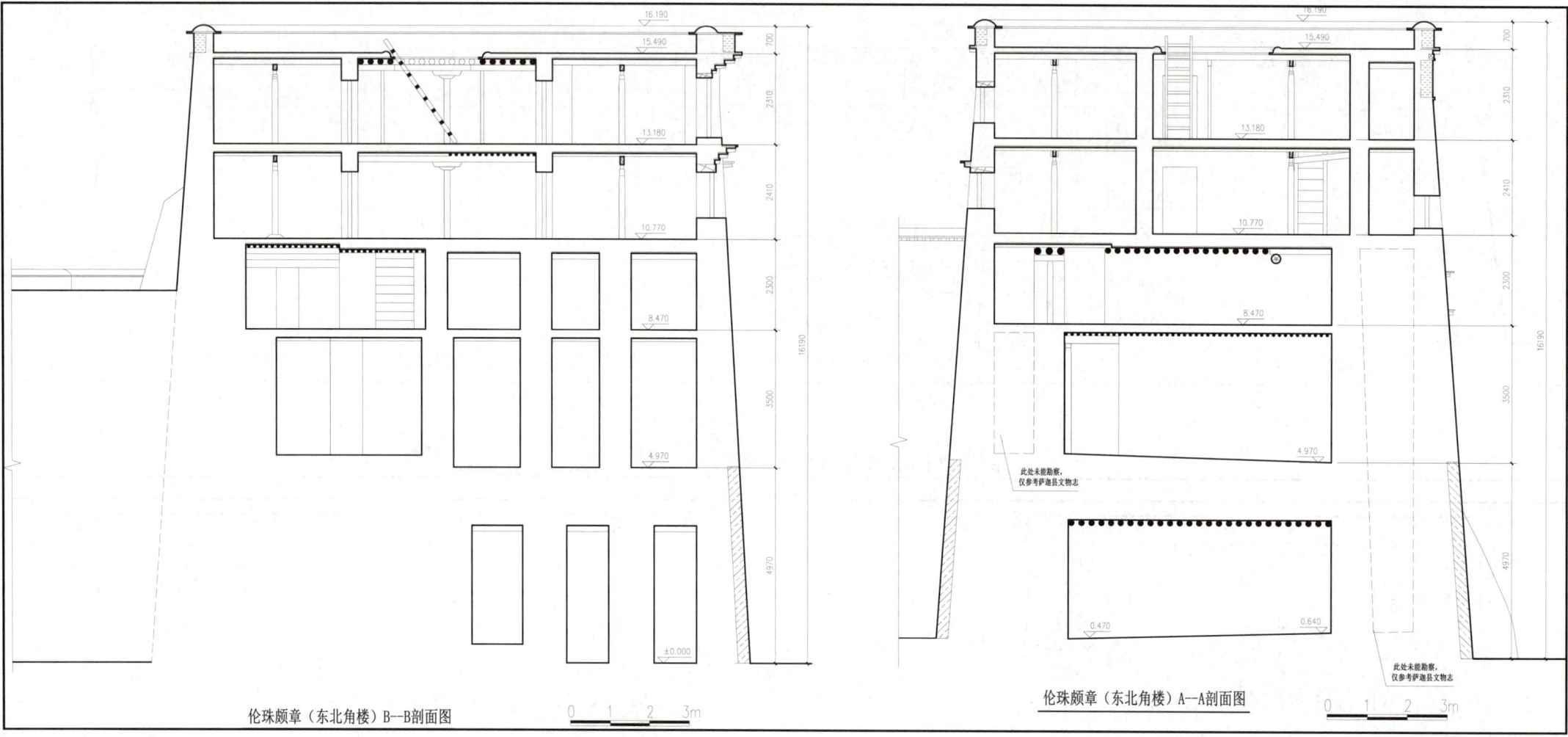

伦珠颇章（东北角楼）B—B剖面图　　伦珠颇章（东北角楼）A—A剖面图

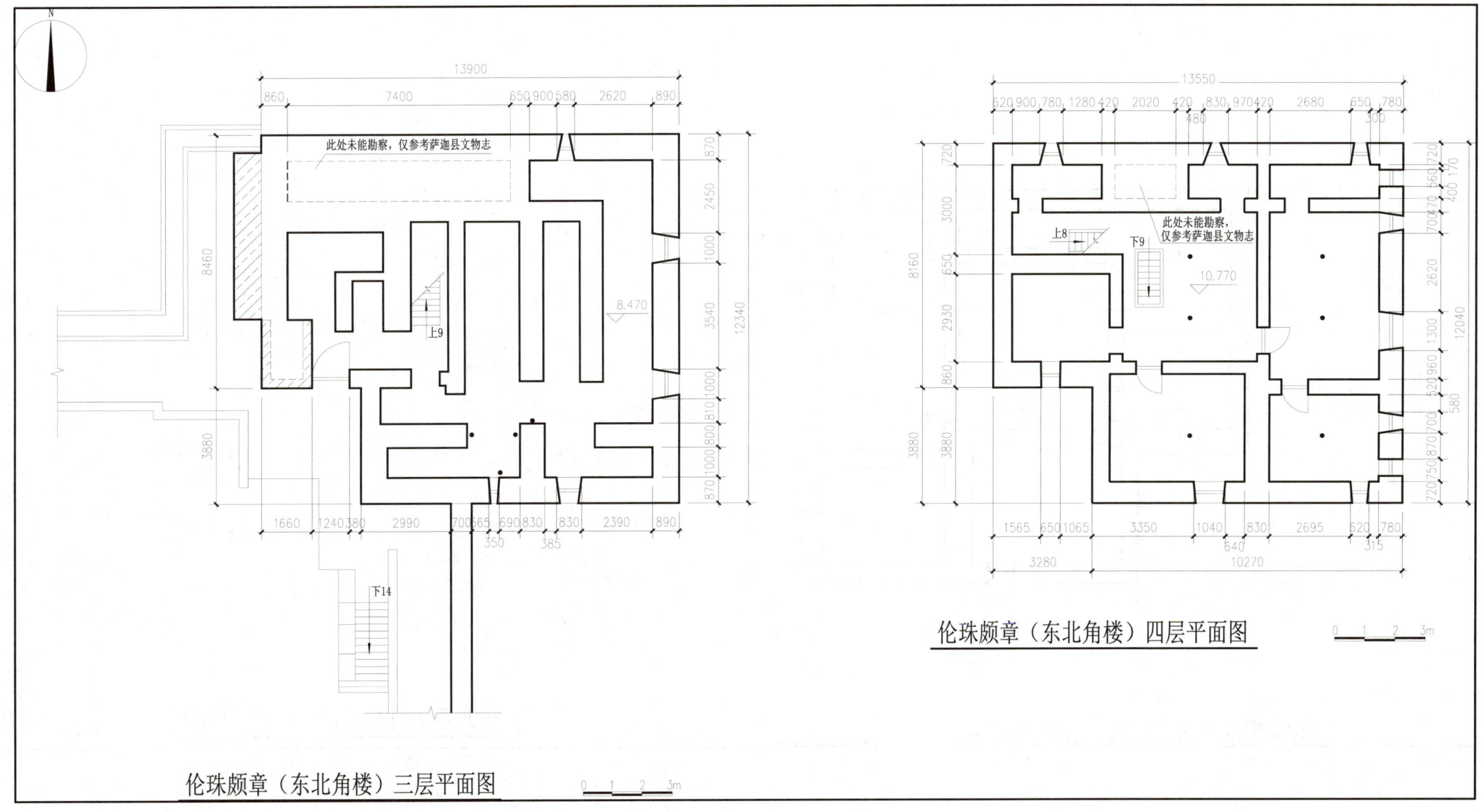

伦珠颇章（东北角楼）三层平面图

伦珠颇章（东北角楼）四层平面图

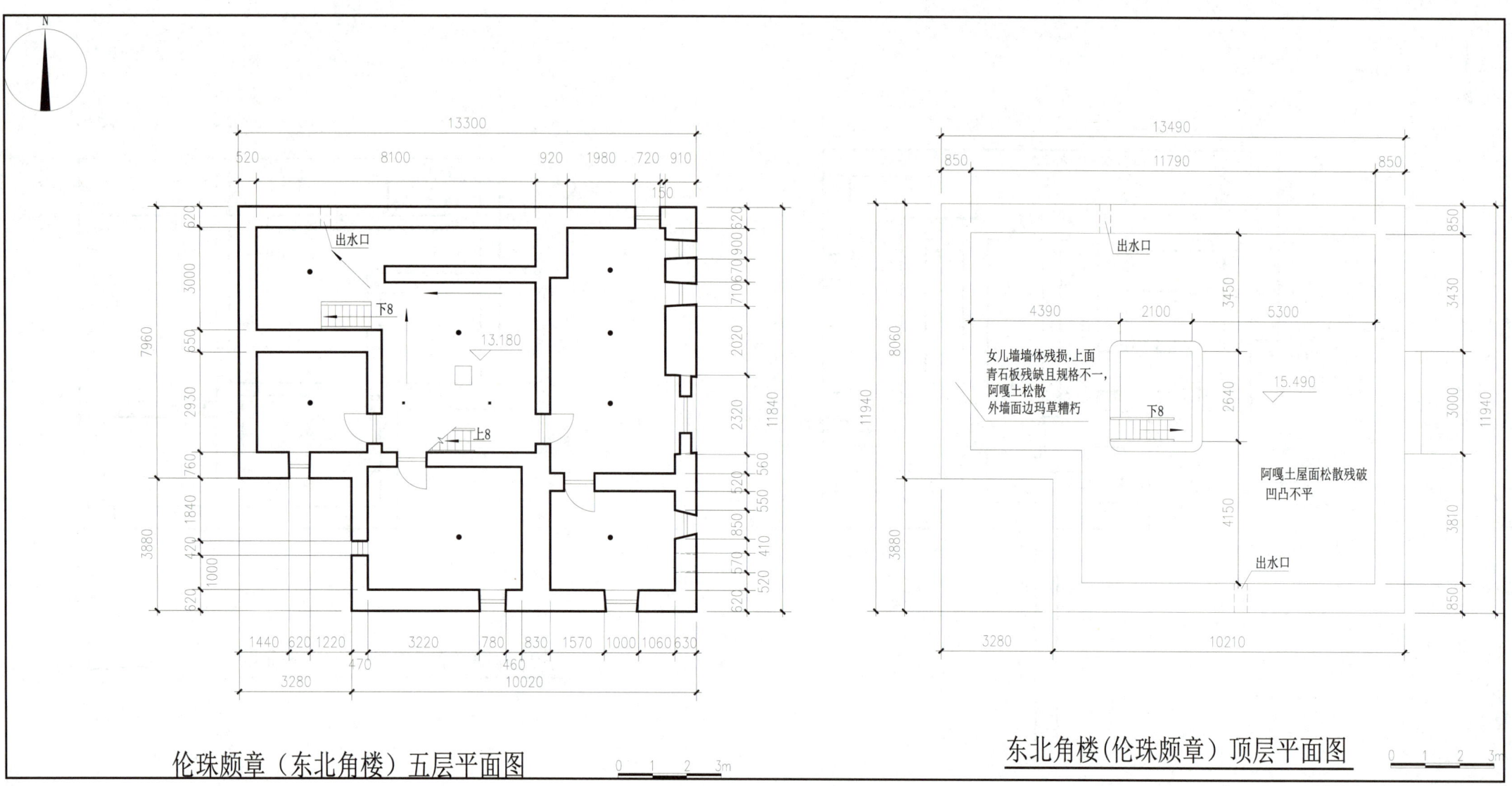

伦珠颇章（东北角楼）五层平面图

东北角楼（伦珠颇章）顶层平面图

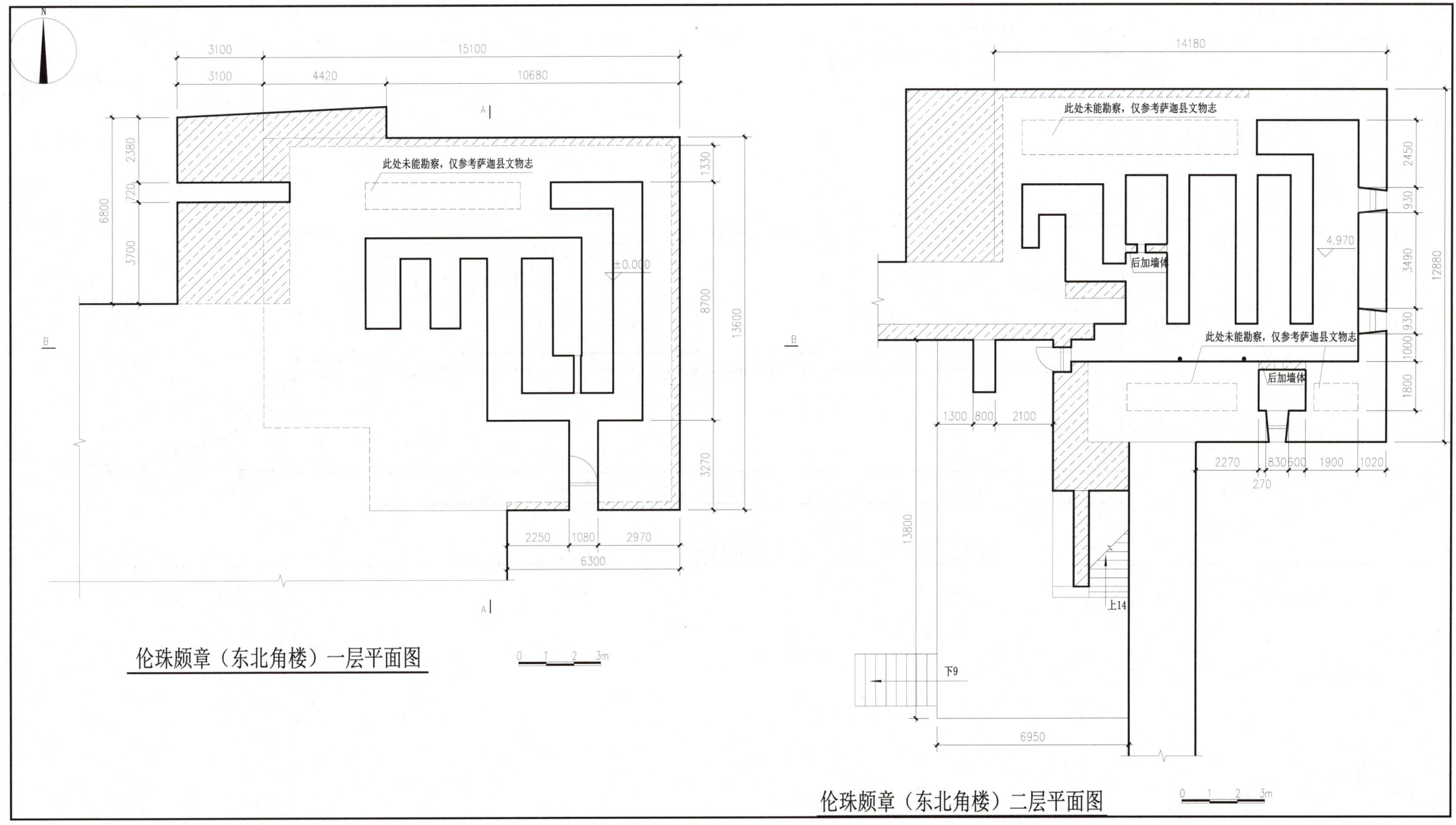

伦珠颇章（东北角楼）一层平面图

伦珠颇章（东北角楼）二层平面图

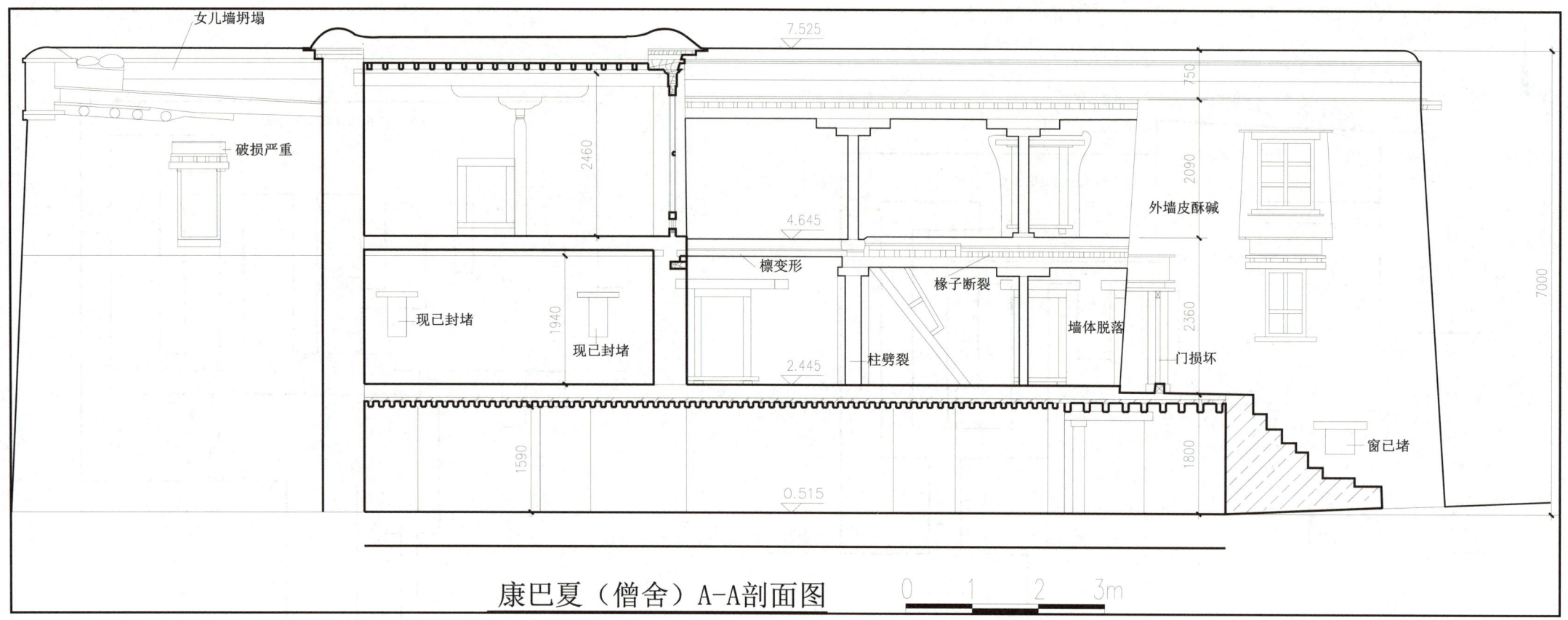

康巴夏（僧舍）A-A剖面图

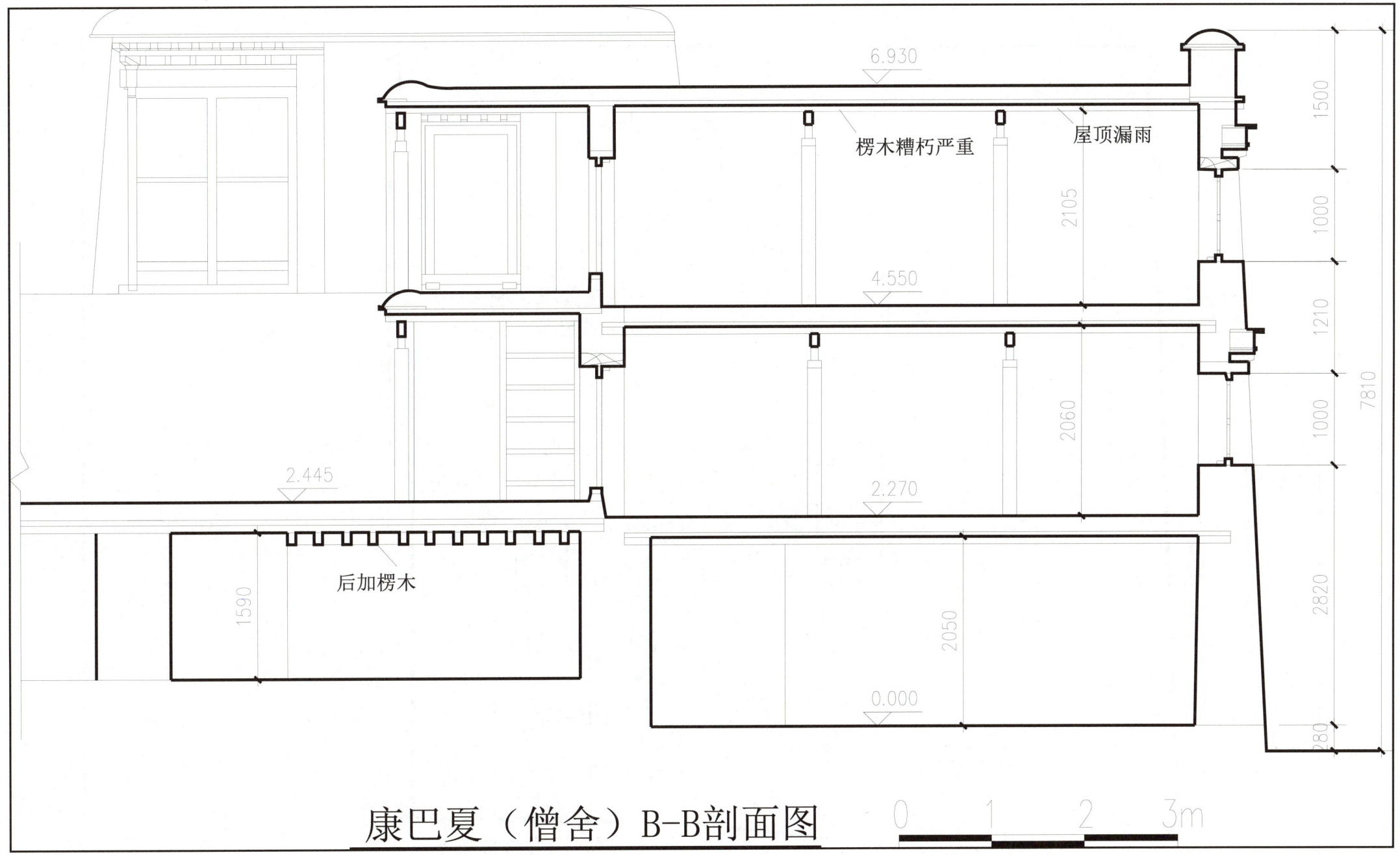

康巴夏（僧舍）B-B剖面图

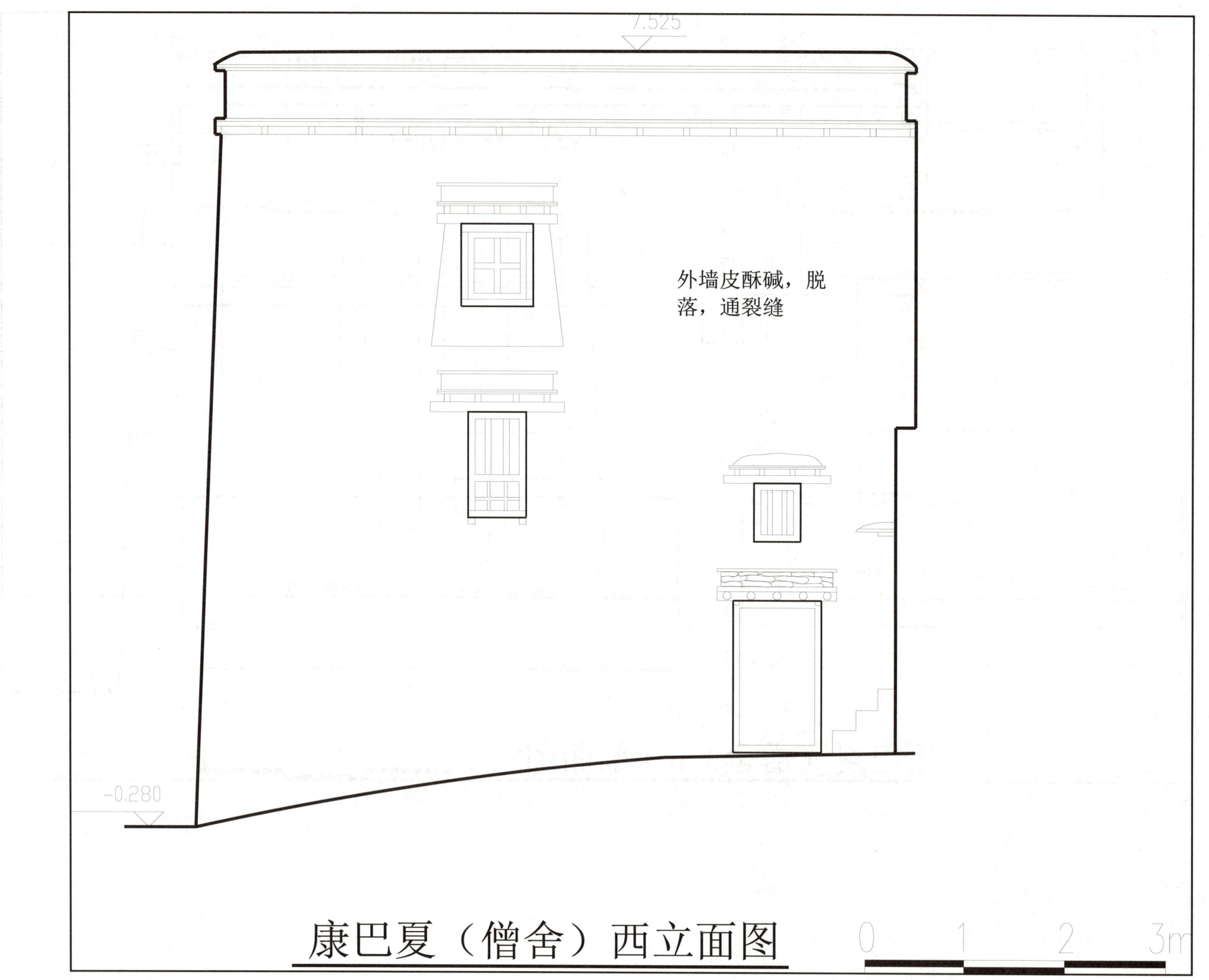

康巴夏（僧舍）西立面图

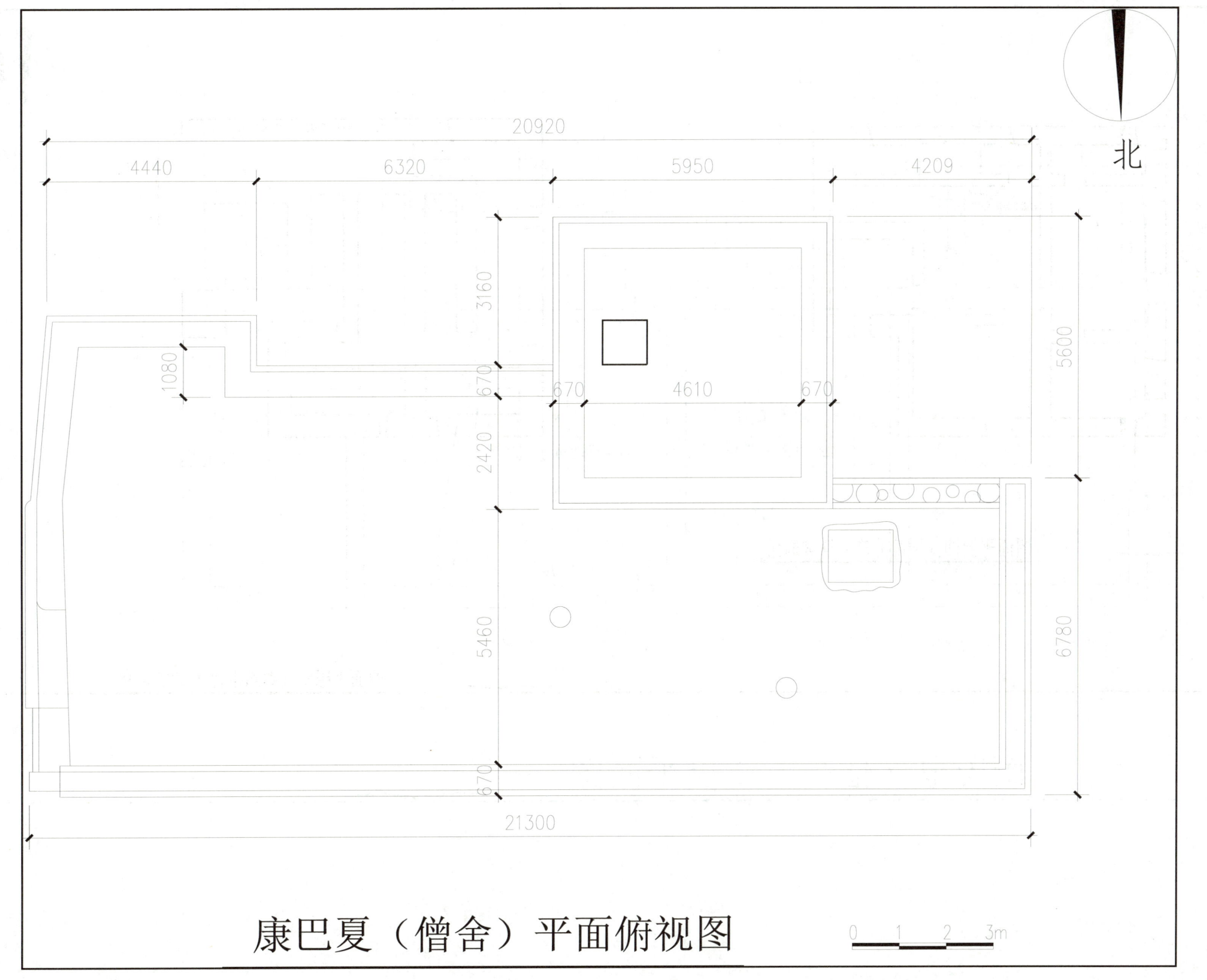

康巴夏（僧舍）平面俯视图

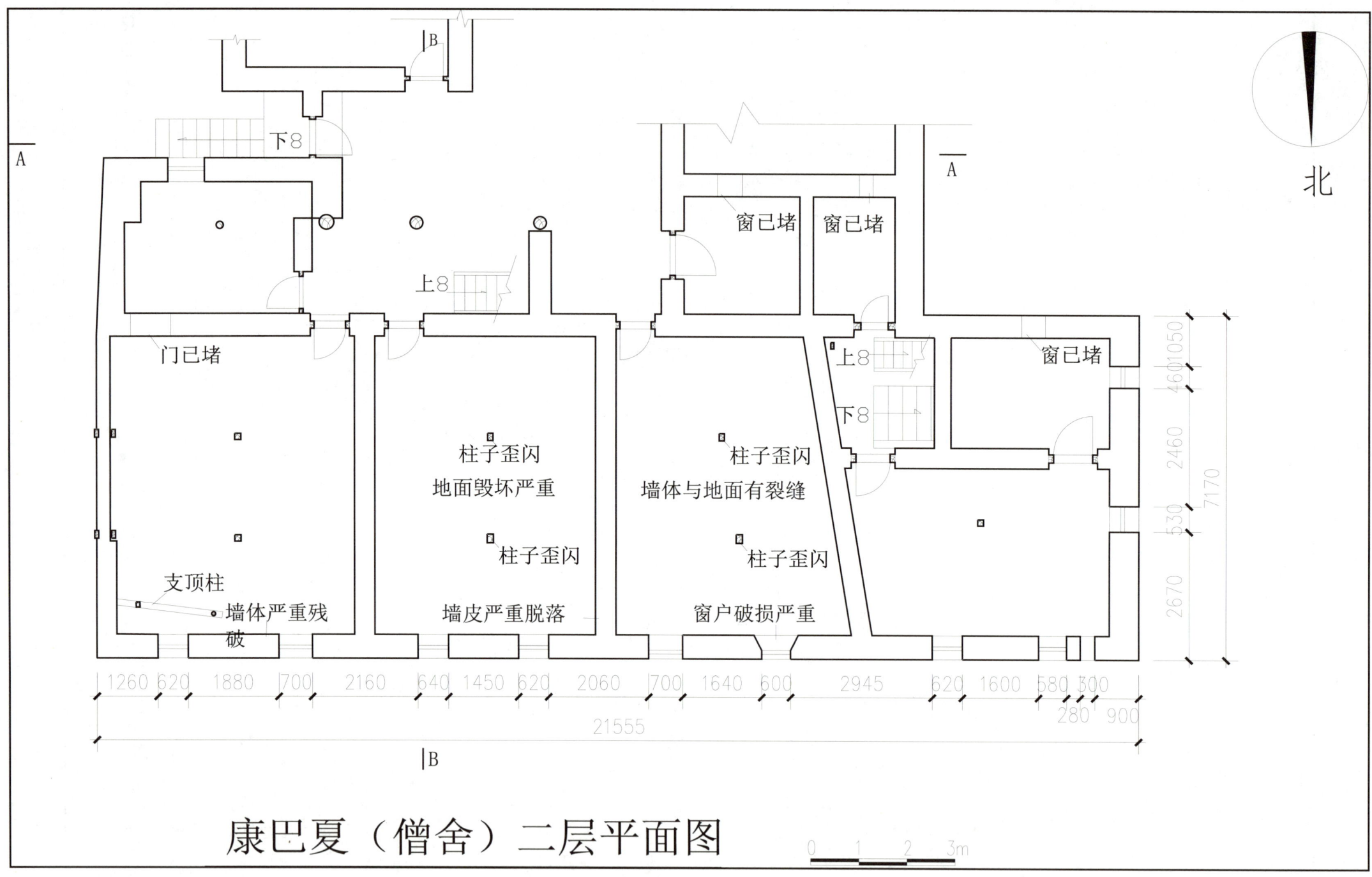

康巴夏（僧舍）二层平面图

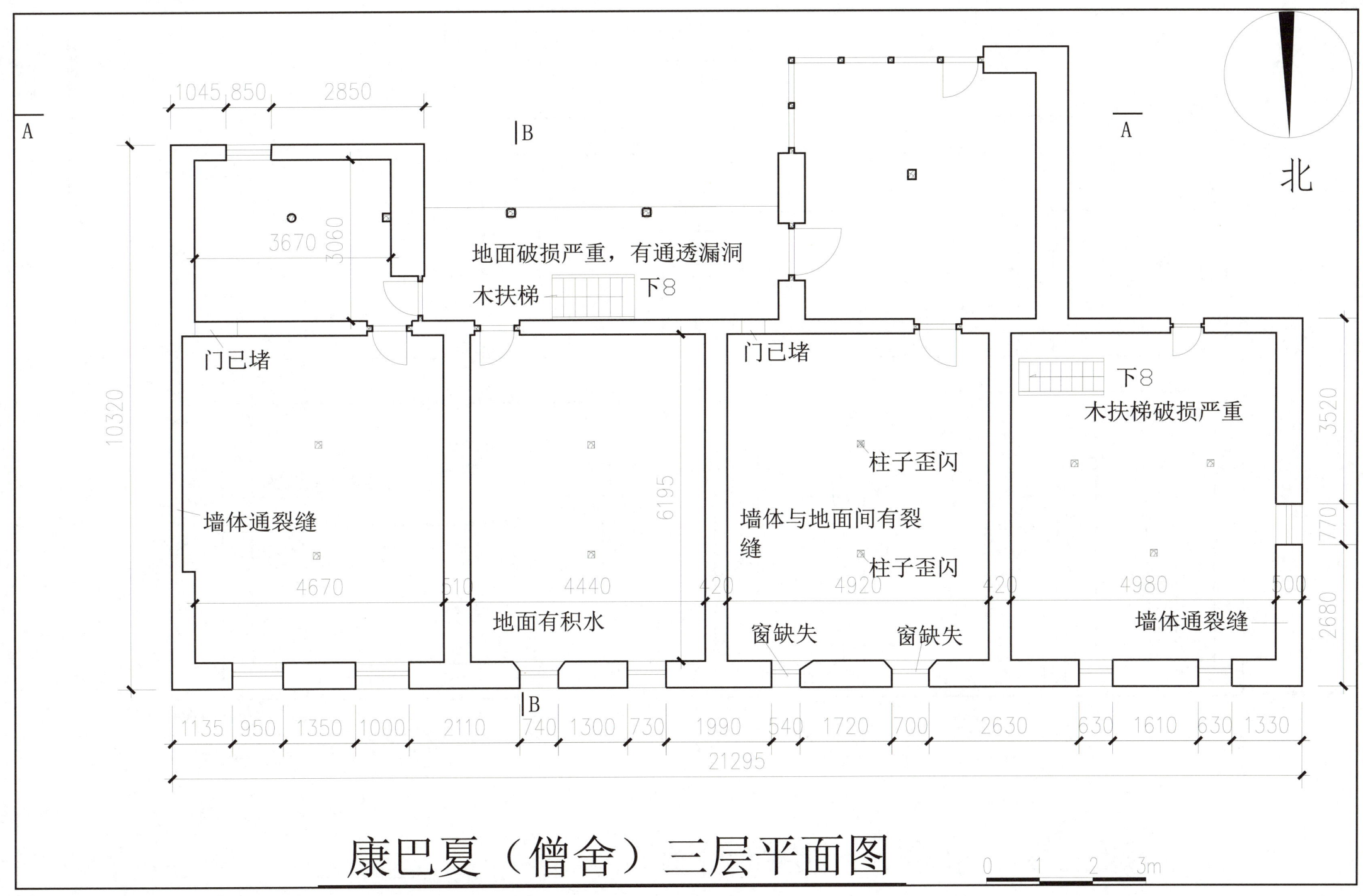

康巴夏（僧舍）三层平面图

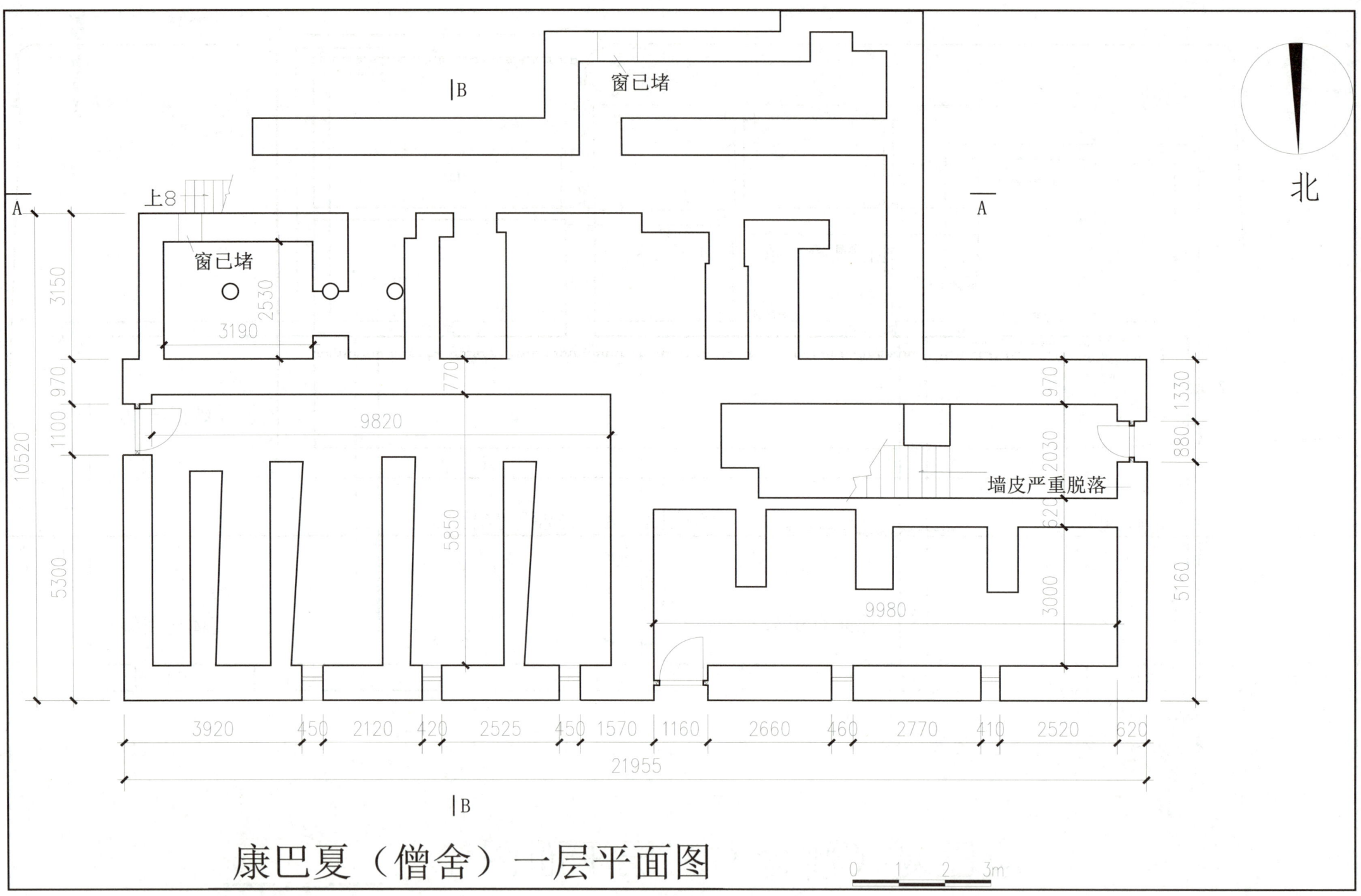

康巴夏（僧舍）一层平面图

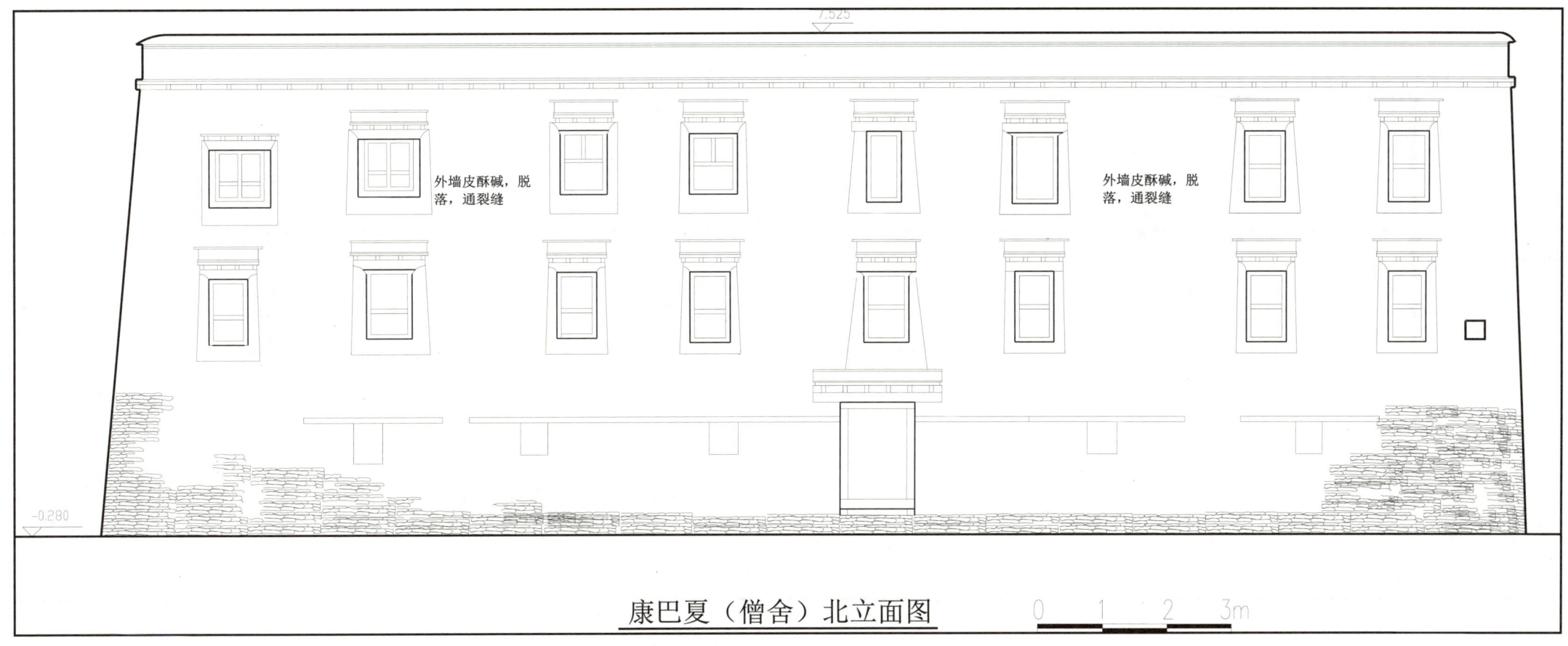

康巴夏（僧舍）北立面图

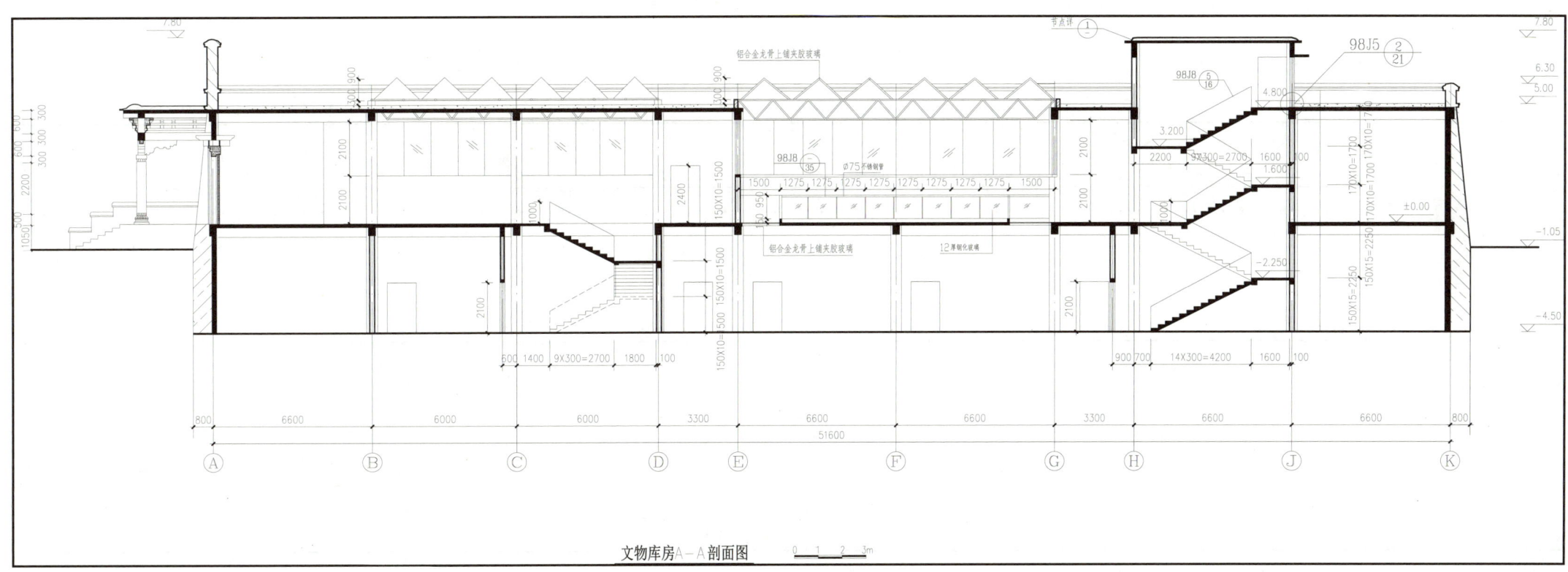

文物库房A—A剖面图

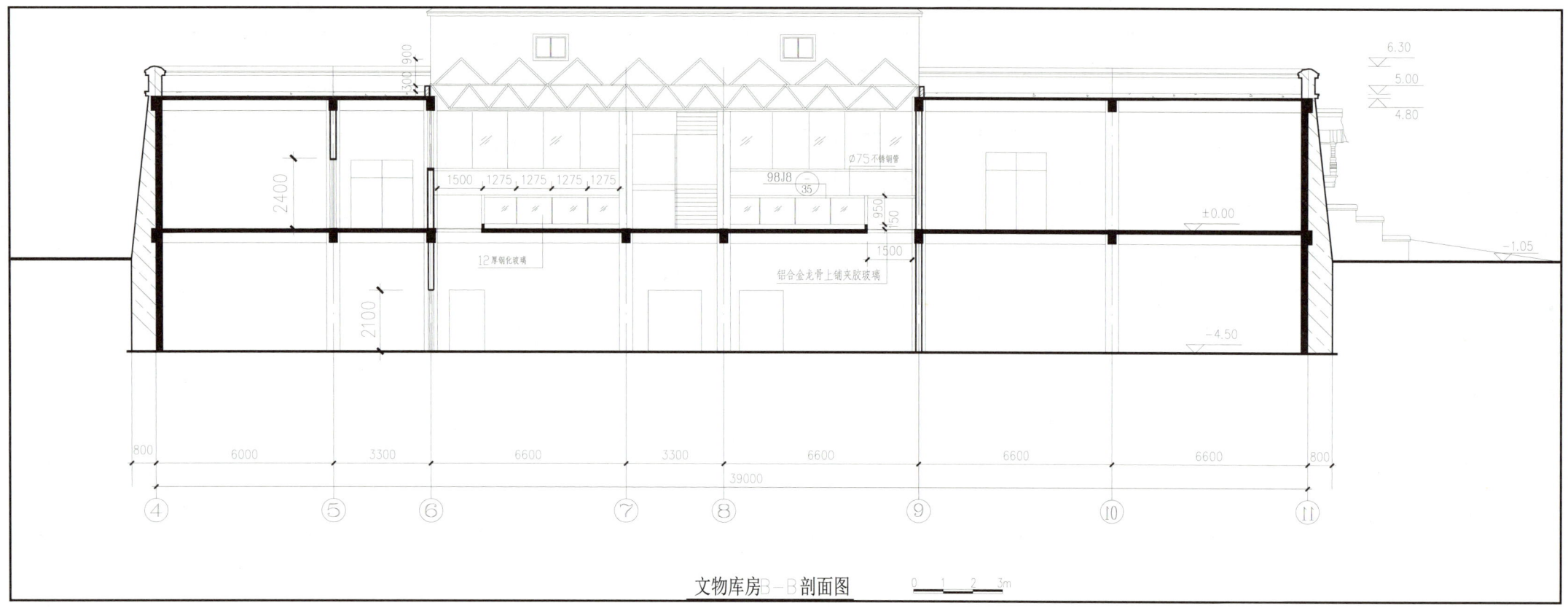

文物库房B-B剖面图

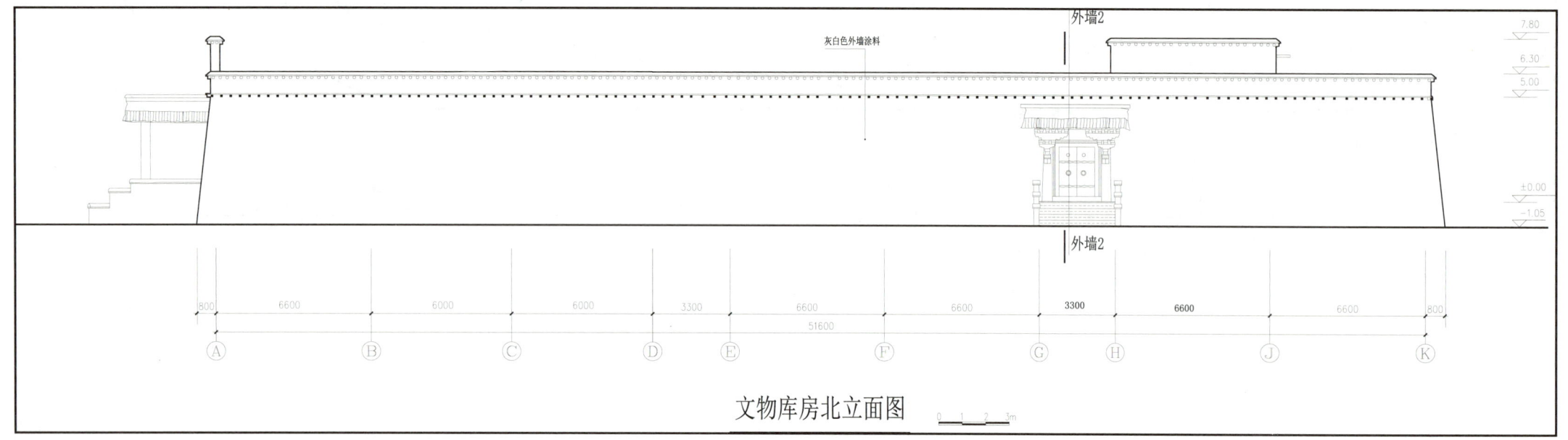

文物库房北立面图

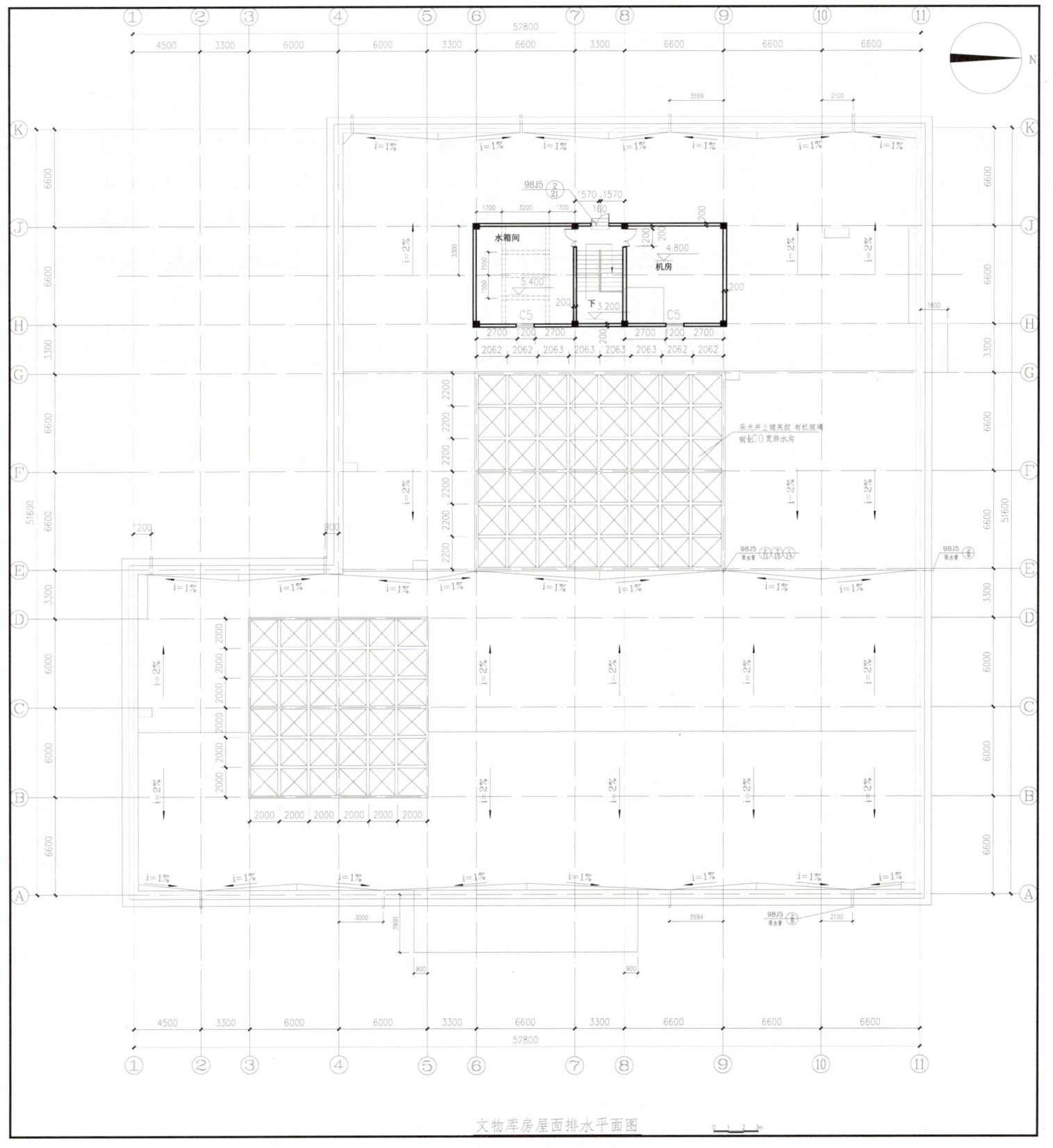

文物库房屋面排水平面图

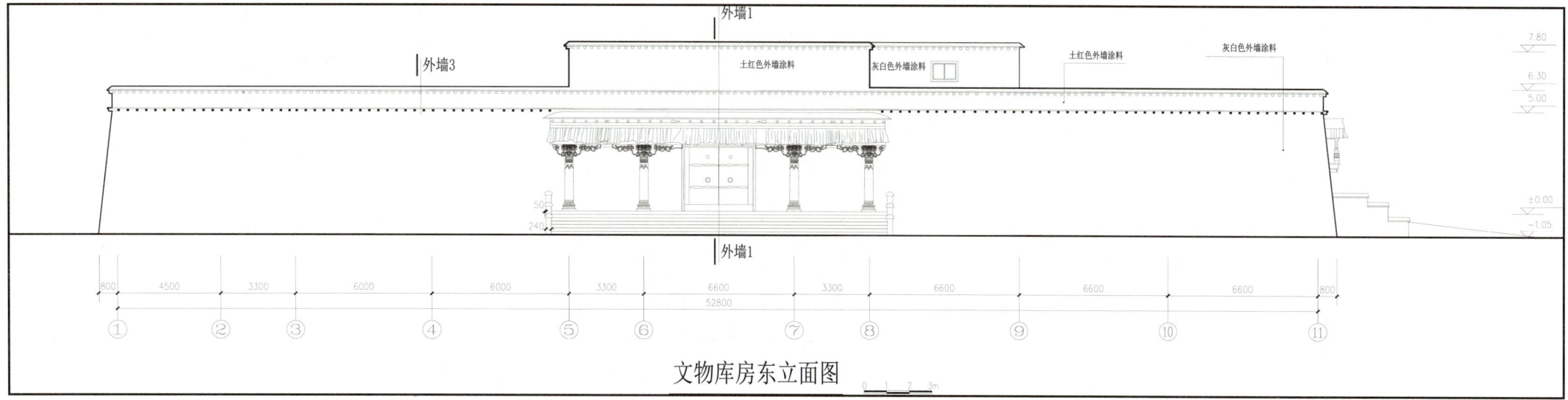

文物库房东立面图

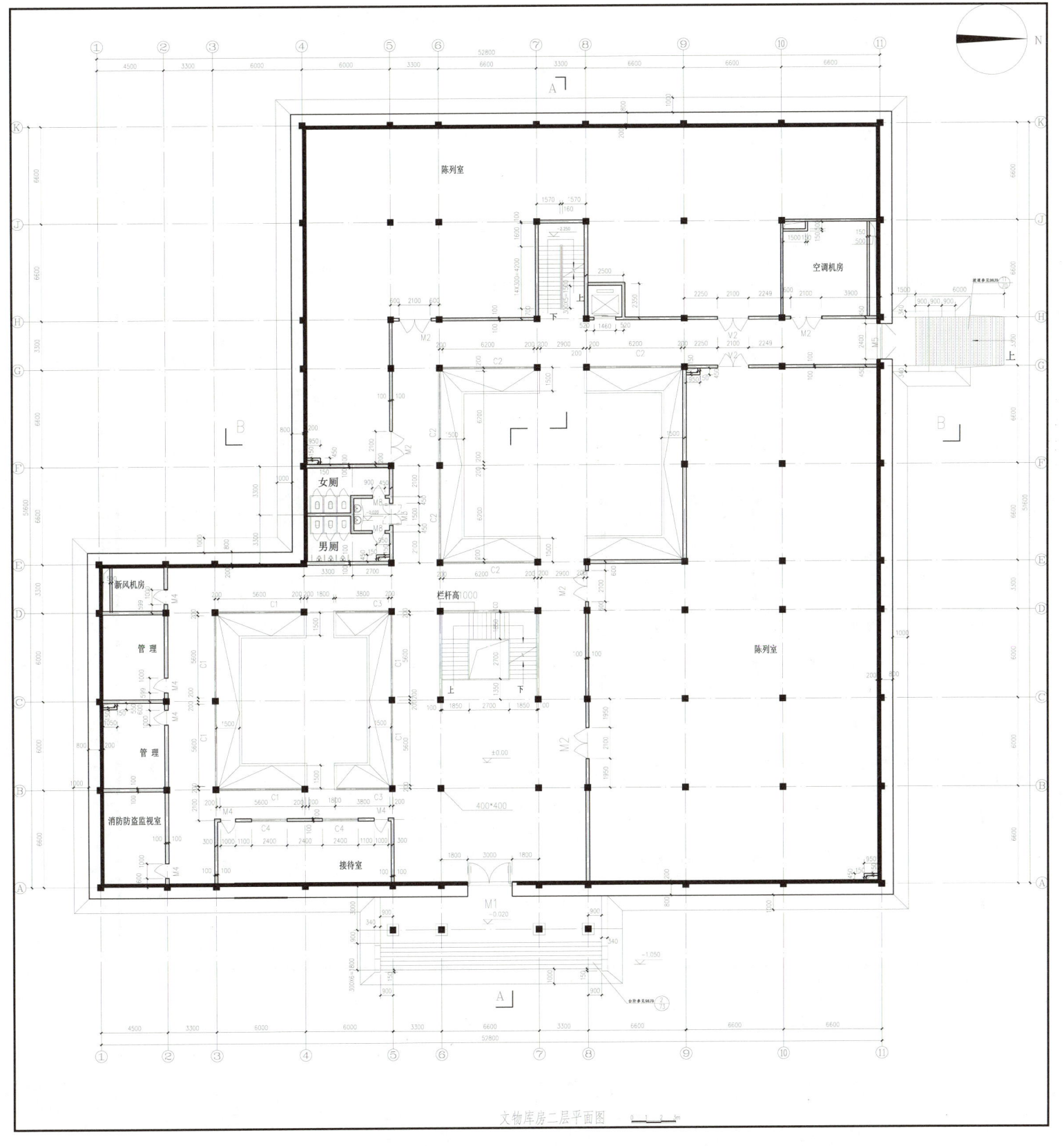

文物库房二层平面图

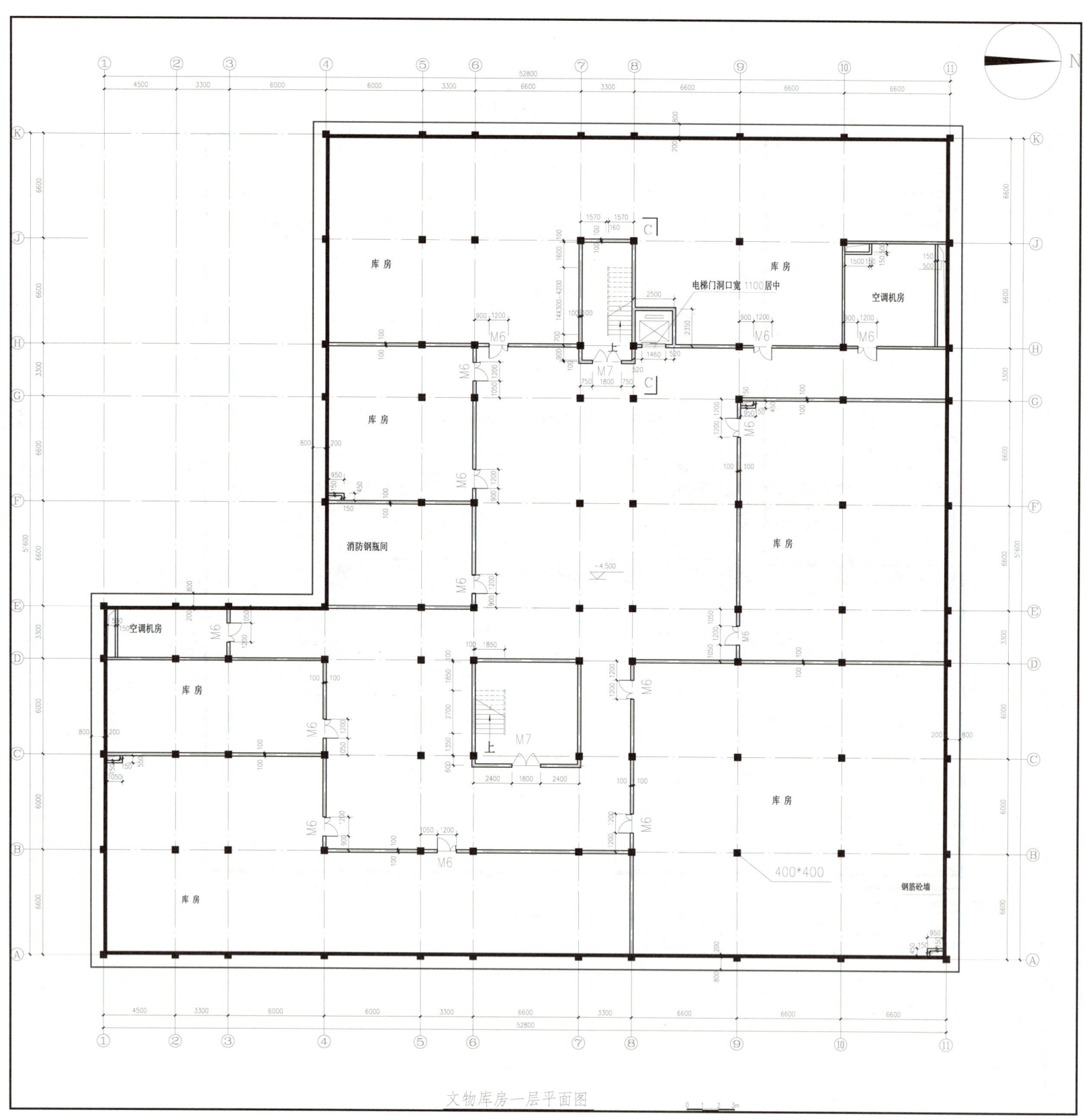

文物库房一层平面图

工程图纸

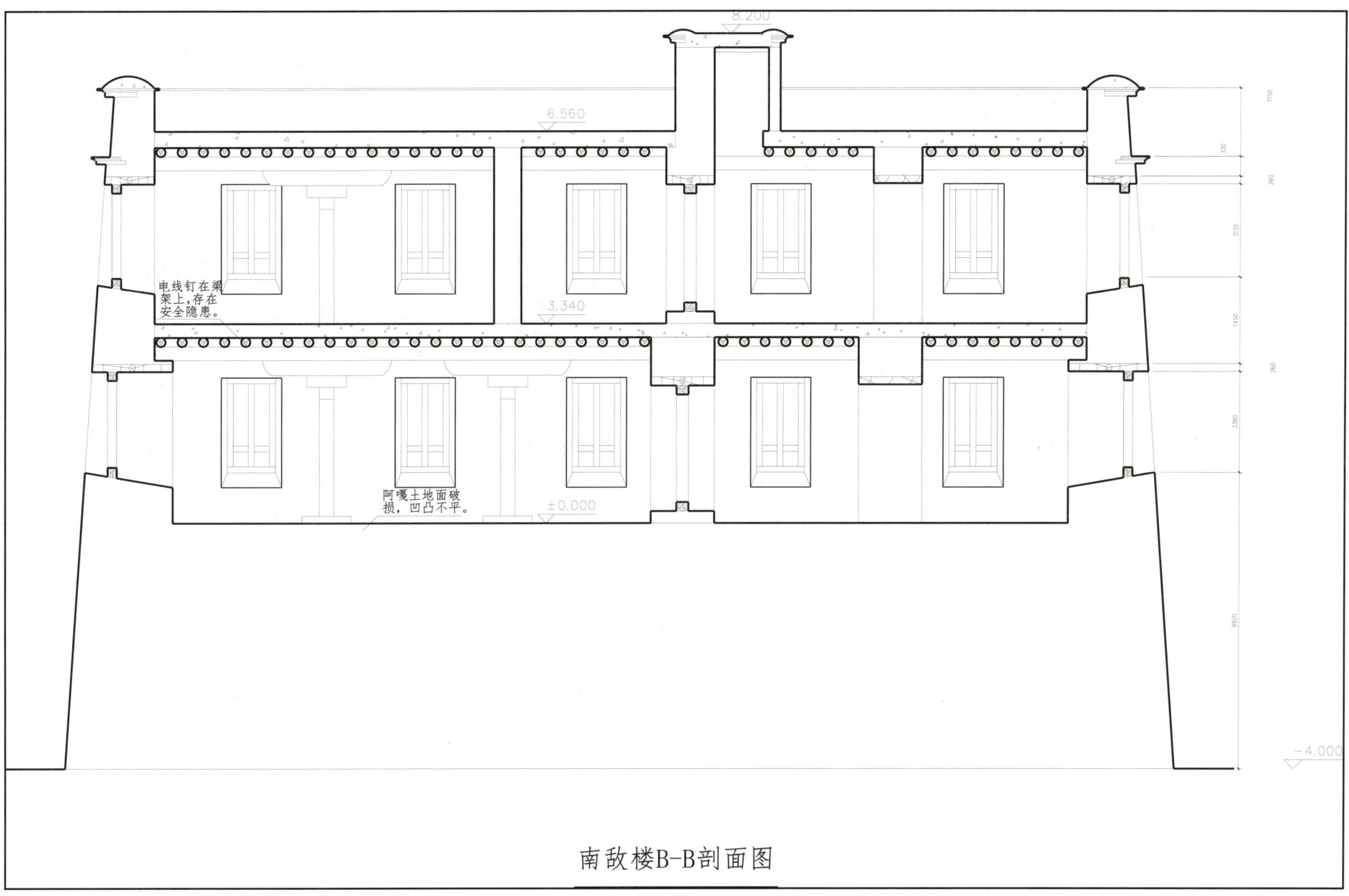

南敌楼B-B剖面图

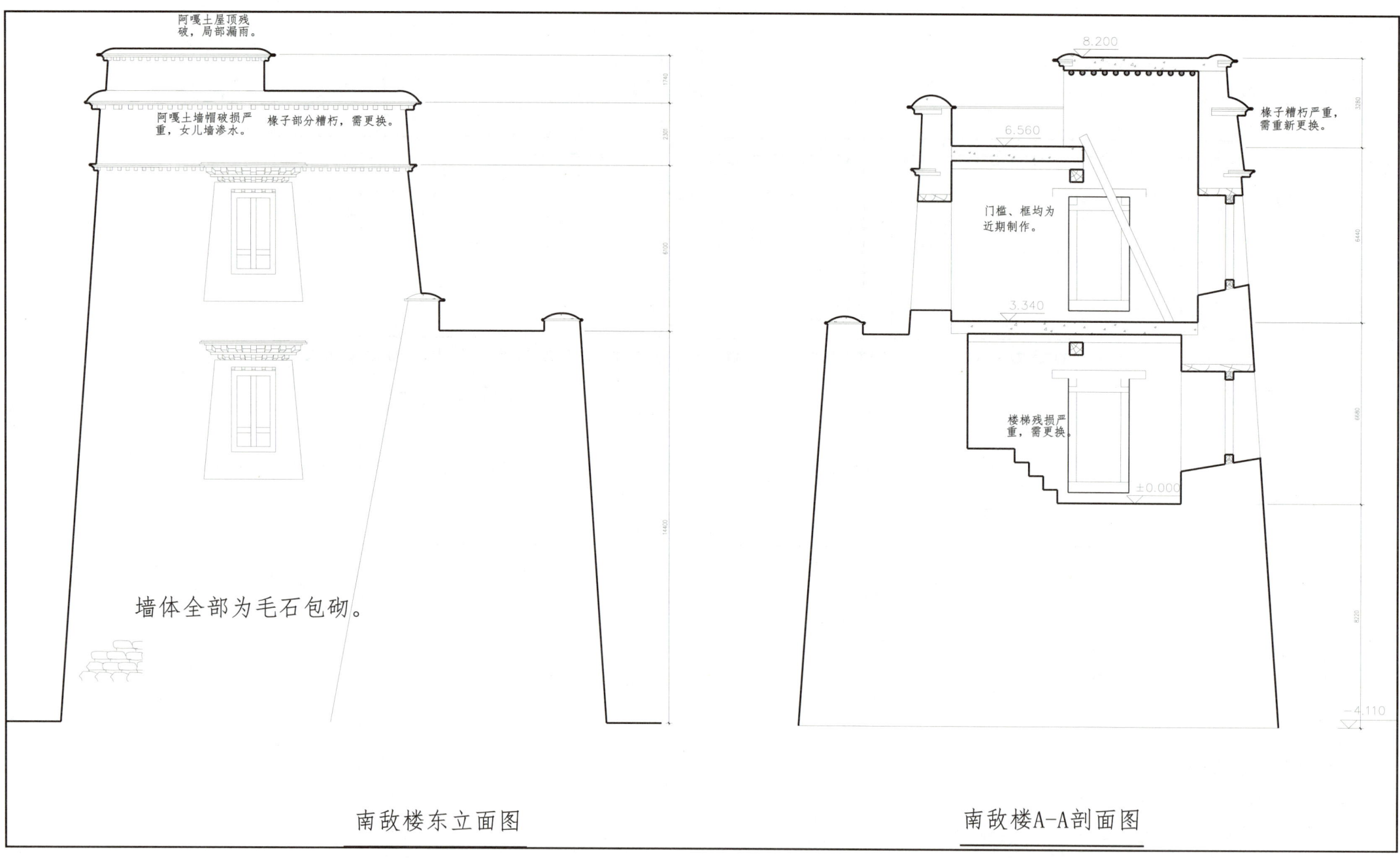

南敌楼东立面图　　　南敌楼A-A剖面图

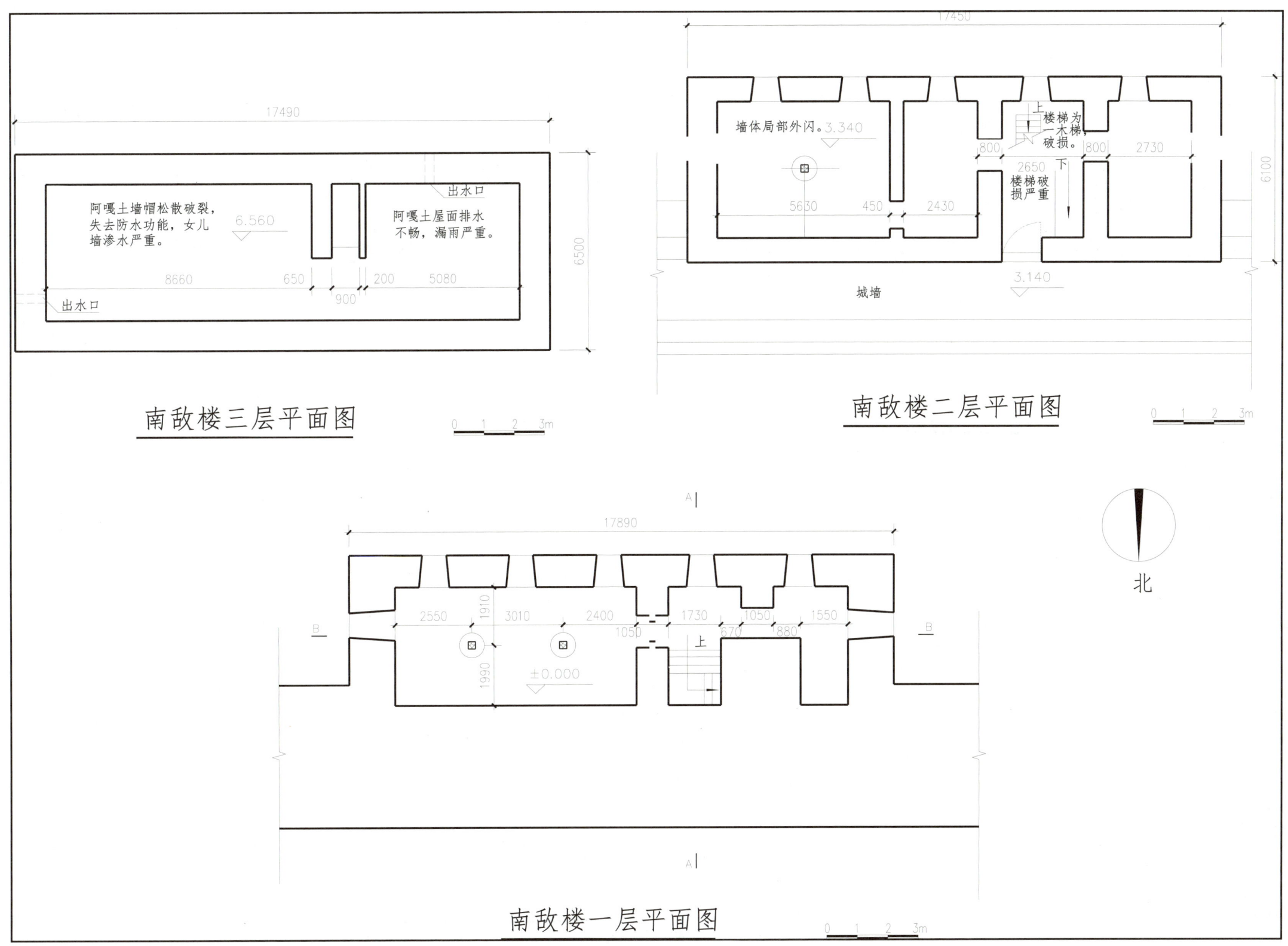

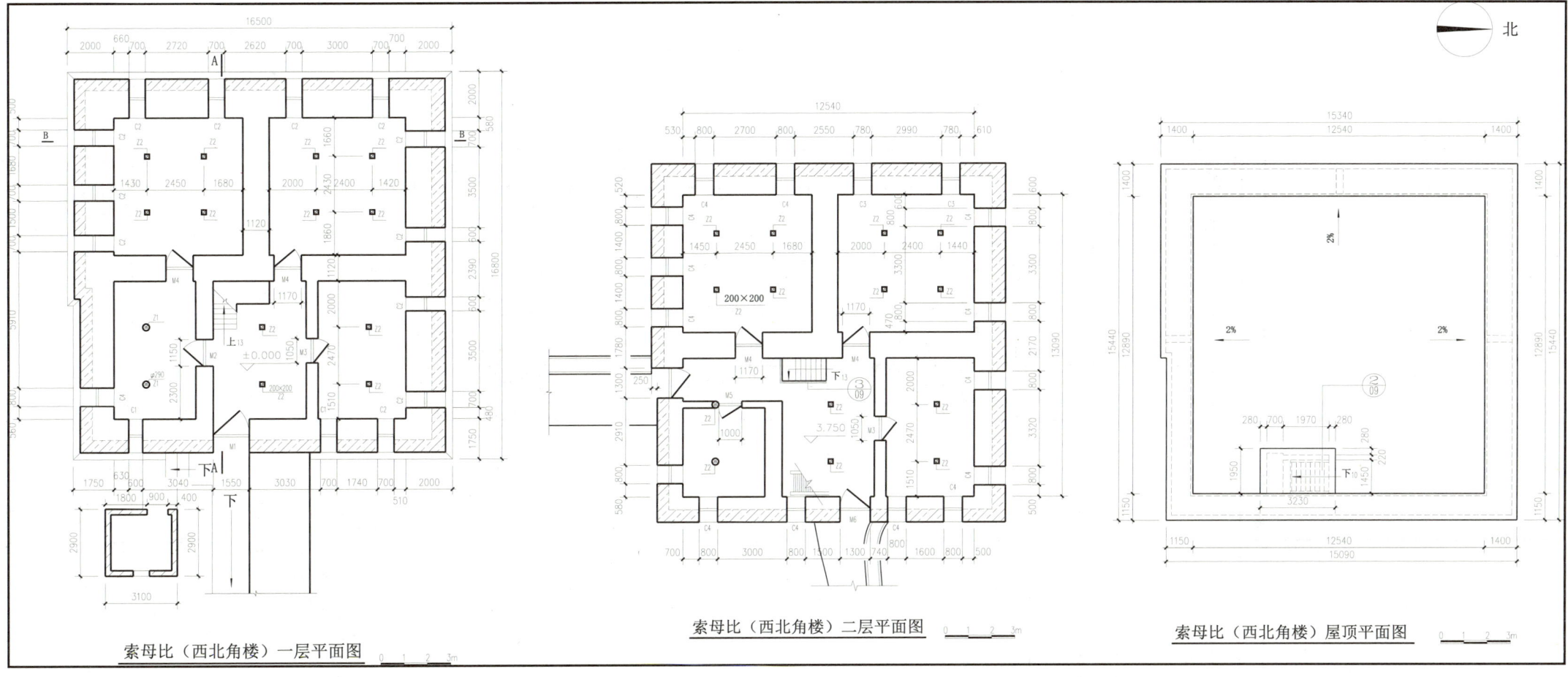

索母比（西北角楼）一层平面图　　　索母比（西北角楼）二层平面图　　　索母比（西北角楼）屋顶平面图

西藏三大重点文物保护维修工程实录

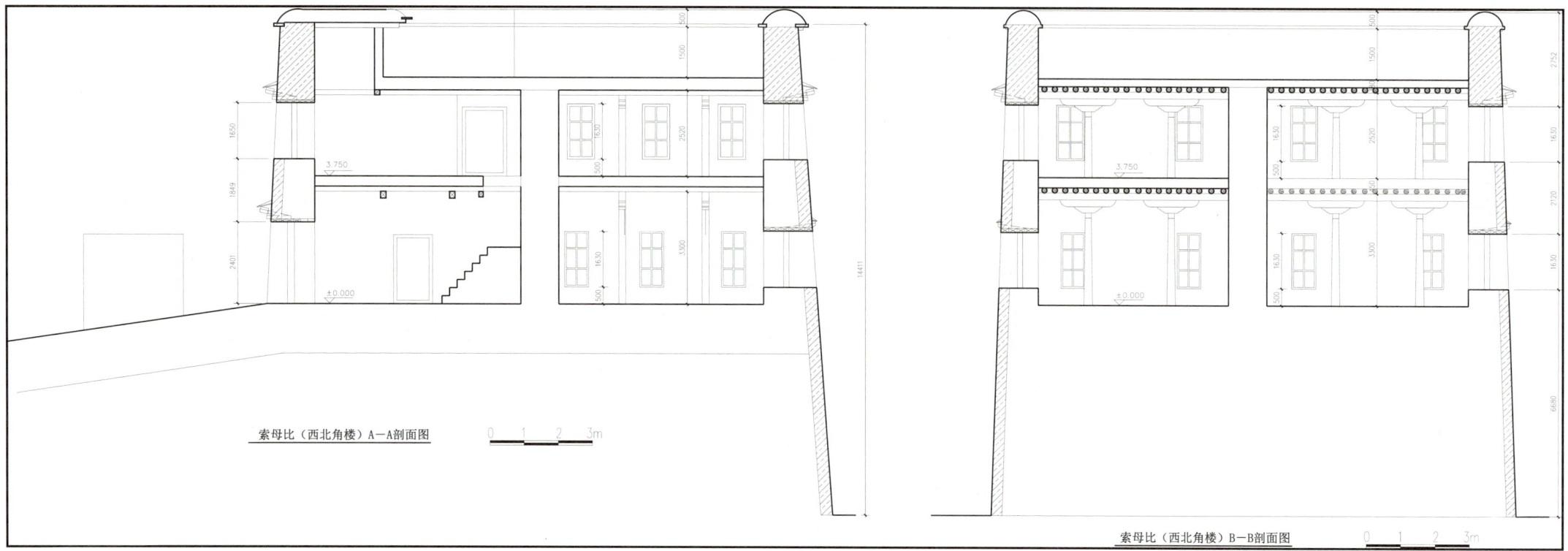

索母比（西北角楼）A—A剖面图

索母比（西北角楼）B—B剖面图

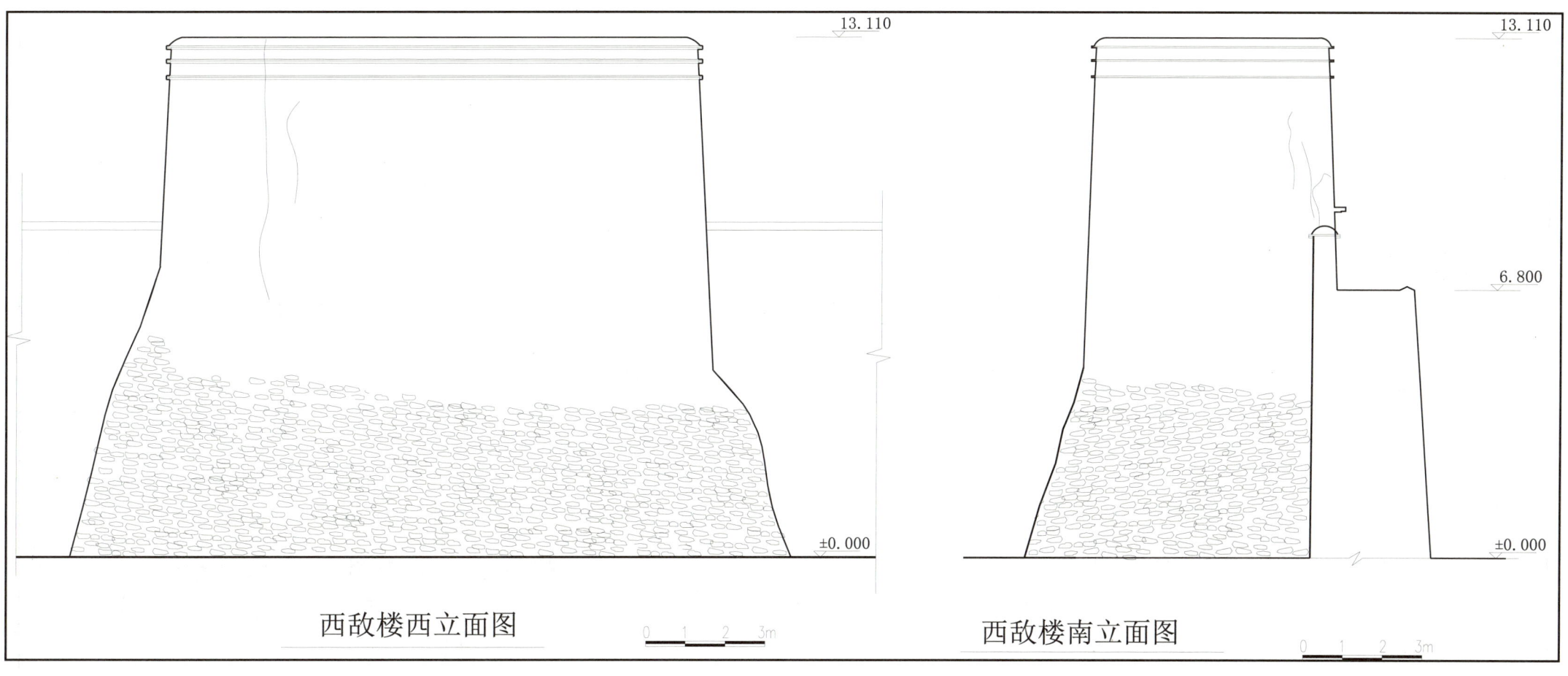

西敌楼西立面图　　　西敌楼南立面图

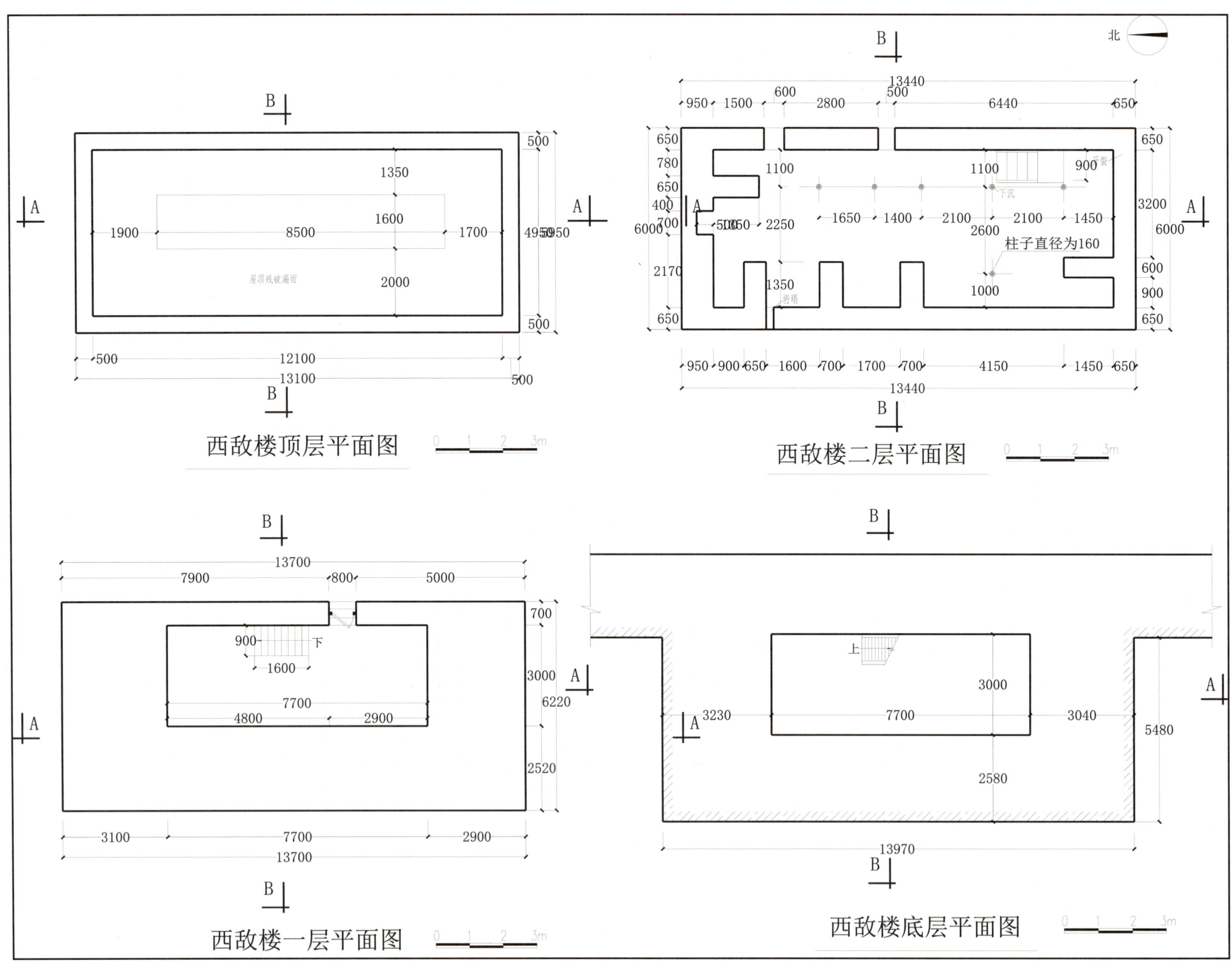

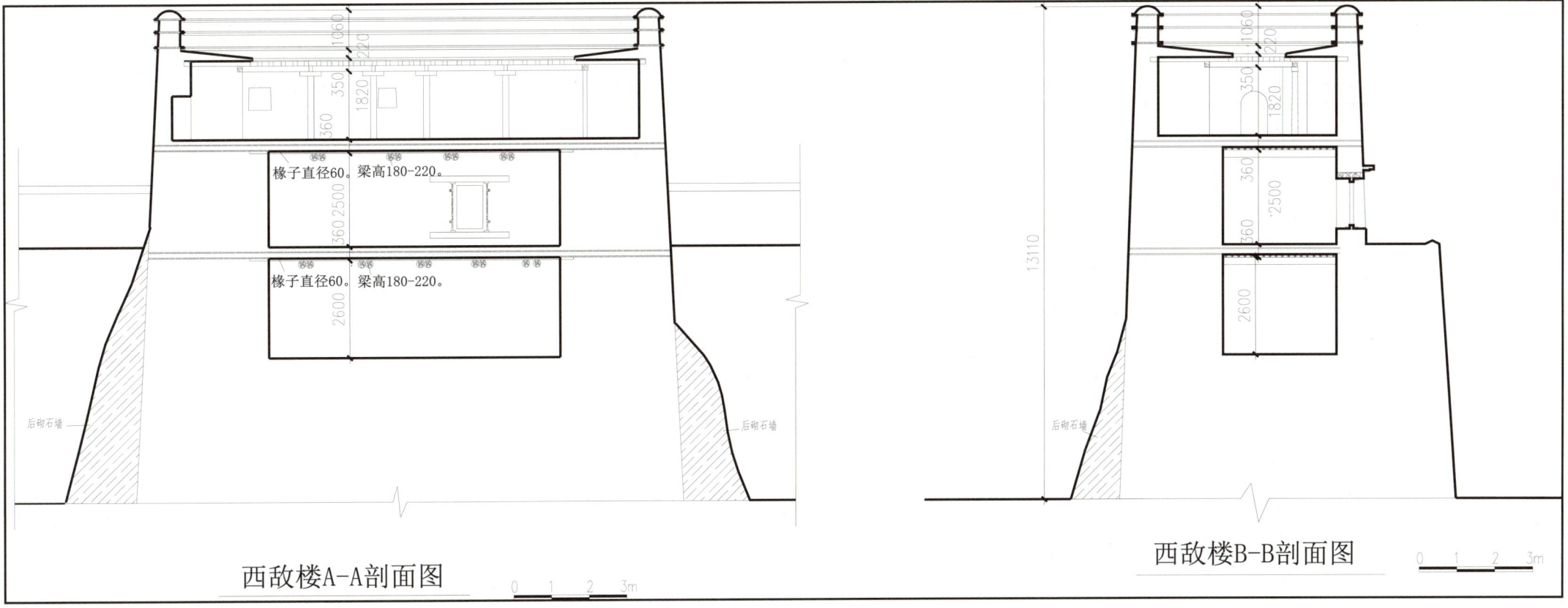

西敌楼A-A剖面图

西敌楼B-B剖面图

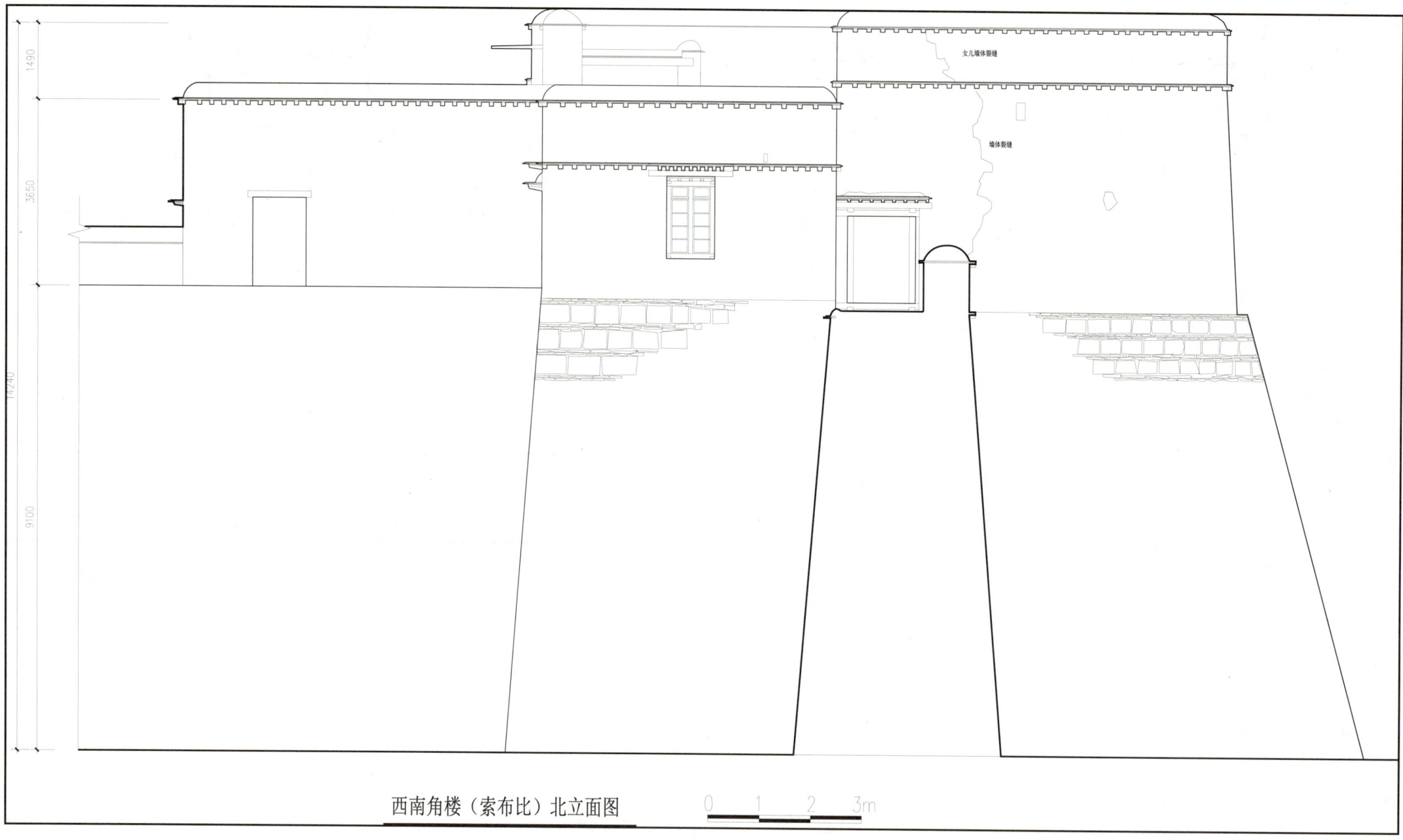

西南角楼（索布比）北立面图

西南角楼（索布比）一层平面图

西南角楼（索布比）顶层平面图

西南角楼（索布比）B-B剖面图

西南角楼（索布比）A-A剖面图

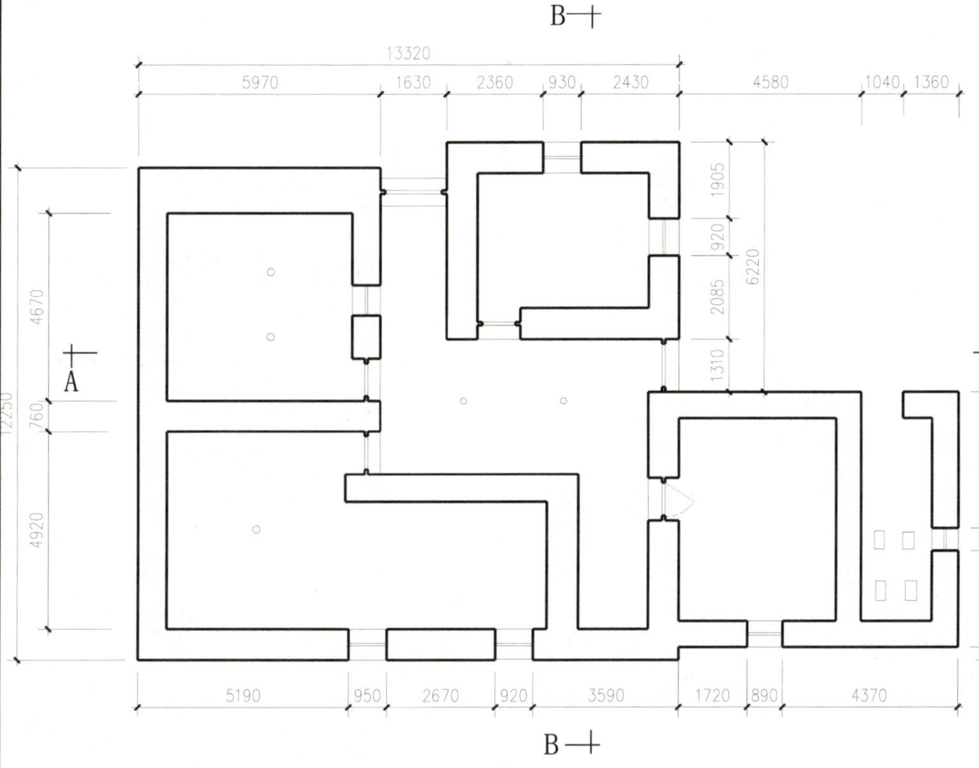

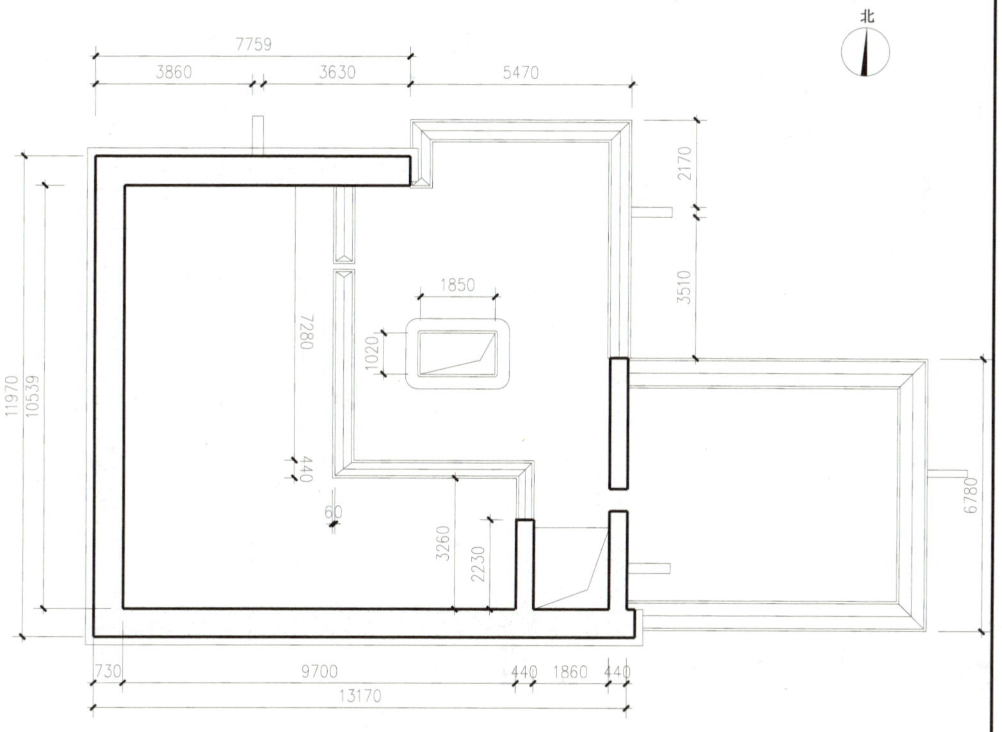

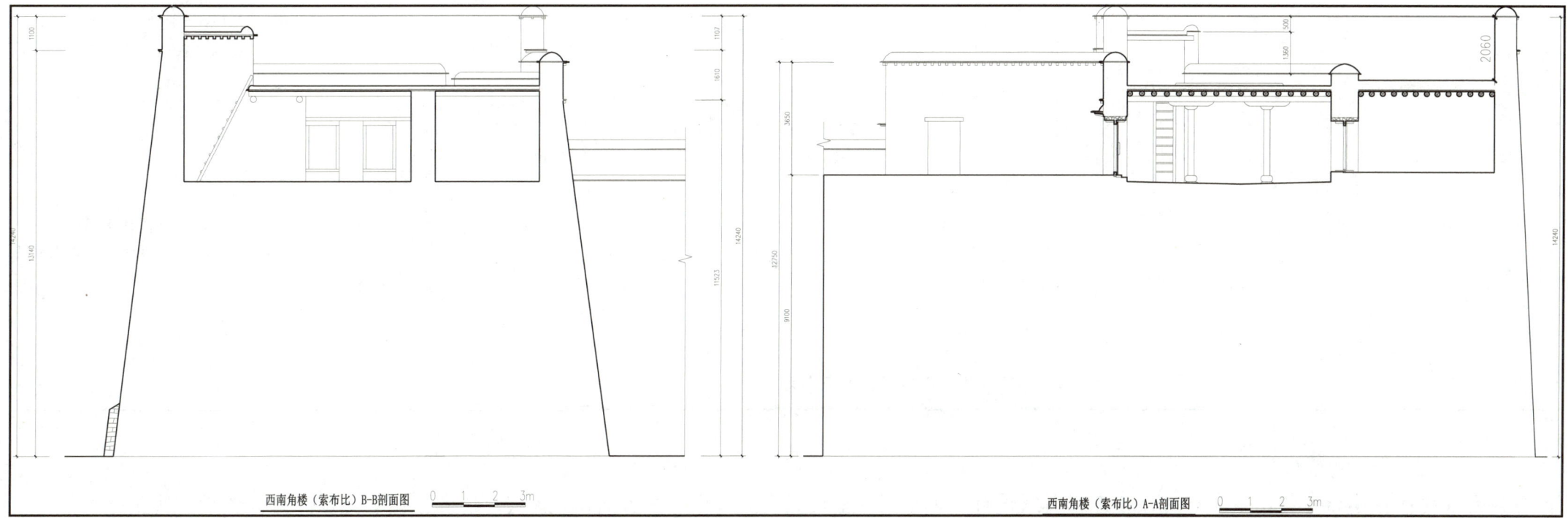

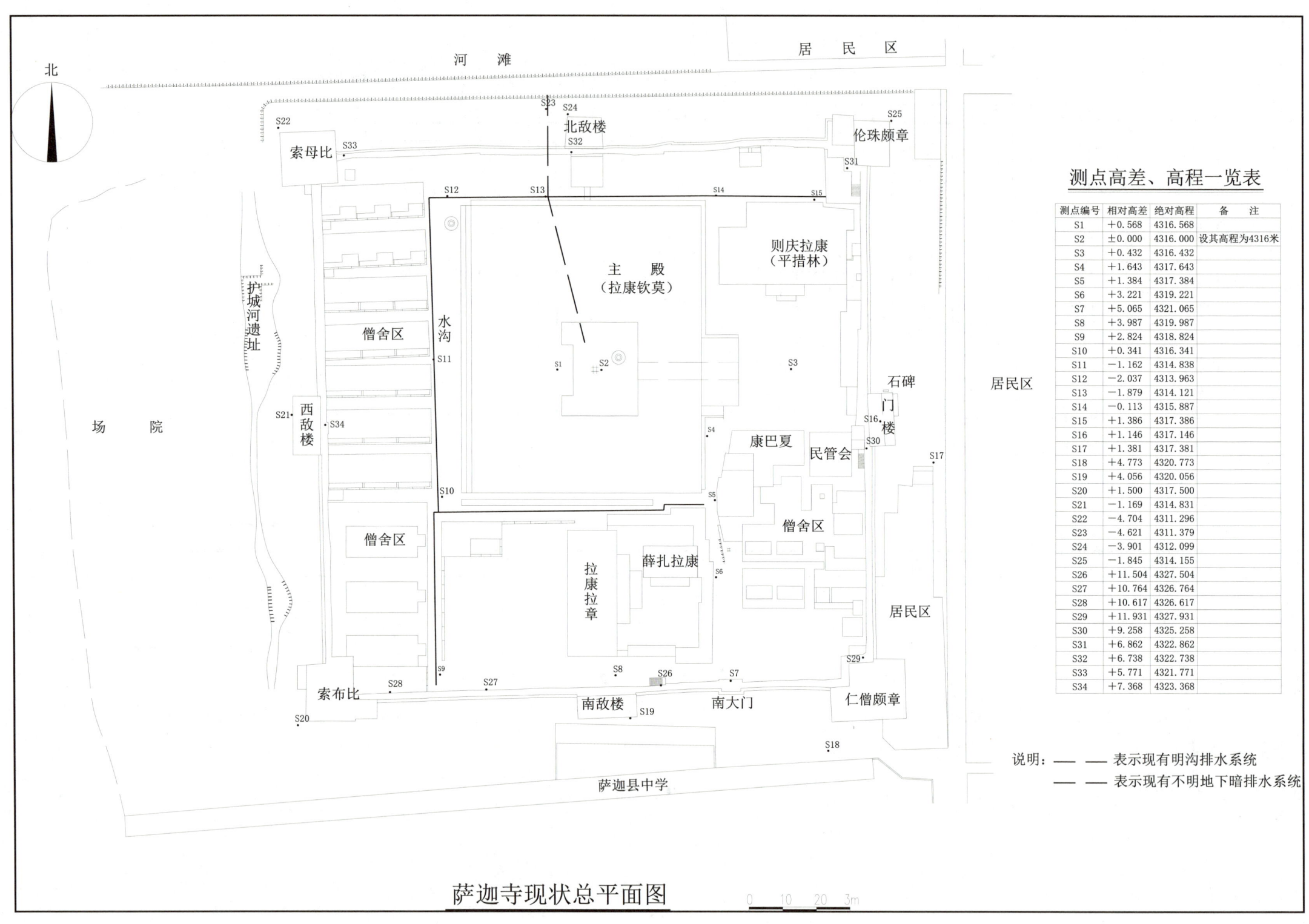

萨迦寺现状总平面图

※ 为最大限度保存原始资料，本章节对部分工程图纸进行了等比例的呈现。因此造成部分图纸较为模糊，请各位读者见谅。另，图纸主次不分前后。

# 附　　录

# 【附录1】

**工程管理机构及人员组成**

为顺利推进西藏三大重点文物保护维修工程,国务院在京成立了以国家计委、财政部、文化部、国家民委、国家文物局、国家宗教局和西藏自治区人民政府有关领导组成的"西藏三大重点文物保护维修工程中央有关部门碰头会",由国家计委牵头。西藏自治区党委、政府和国家文物局联合成立了西藏三大重点文物保护维修工程领导小组,下设办公室,内设综合组、工程组、计划财务组、安全保卫组和宣传组;办公室下设布达拉宫、罗布林卡、萨迦寺维修工程指挥部。

构建起了碰头会、领导小组、办公室、指挥部四级管理体系。

**西藏三大重点文物保护维修工程管理机构**

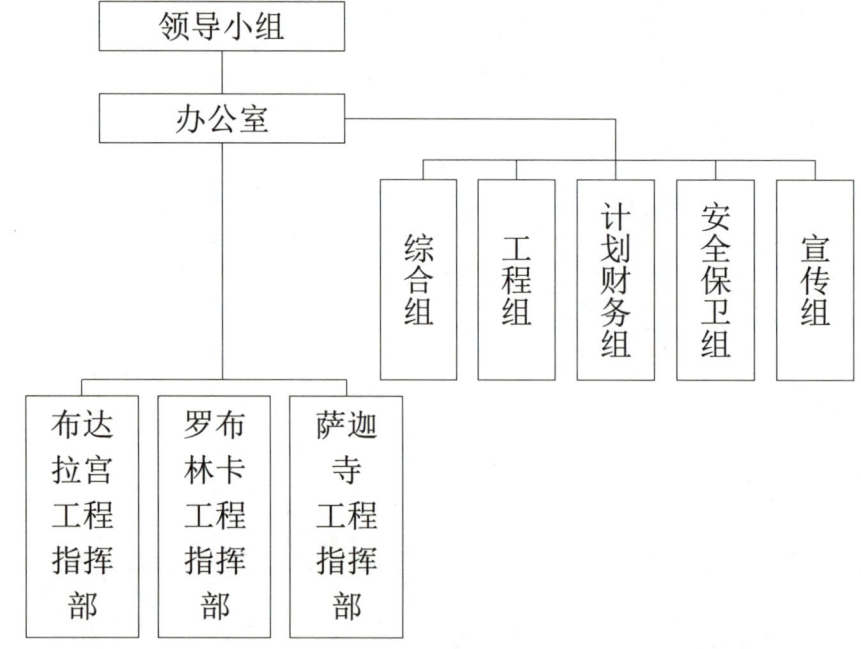

## 西藏三大重点文物保护维修工程领导小组主要职能

研究处理工程中遇到的重大问题；定期向中央有关部门报告工程进展情况；负责组建领导小组办公室及其组成人员；部署工程年度计划，及时召开会议研究决定工程办公室提交的意见、建议和重大事项；协调解决工程实施过程中遇到的困难和问题。

### 西藏三大重点文物保护维修工程领导小组组成名单

| 职别 | 姓名 | 单位及职务 |
|---|---|---|
| 组长 | （先）徐明阳 | 区党委副书记、自治区常务副主席 |
| | （中）胡春华 | 区党委常务副书记、自治区常务副主席 |
| | （后）郝鹏 | 区党委副书记、自治区常务副主席 |
| | （先）张文彬 | 国家文物局党组书记、局长 |
| | （后）单霁翔 | 国家文物局党组书记、局长 |
| 副组长 | （先）次仁卓嘎 | 西藏自治区政府副主席 |
| | （后）甲热·洛桑丹增 | 西藏自治区政府副主席 |
| | 张柏 | 国家文物局党组副书记、副局长 |
| | 董军社 | 自治区政府副秘书长 |
| 成员 | （先）李国勇 | 自治区发改委党组副书记、主任 |
| | （后）格桑次仁 | 自治区发改委党组副书记、副主任 |
| | （先）张子剑 | 自治区财政厅党组副书记、厅长 |
| | （中）马国超 | 自治区财政厅党组成员、副厅长 |
| | （后）尹分水 | 自治区财政厅党组成员、副厅长 |
| | 王槐生 | 自治区公安厅党委副书记、厅长 |
| | （先）格桑朗杰 | 区党委宣传部常务副部长 |
| | （后）马如龙 | 区党委宣传部副部长 |
| | 边巴 | 日喀则地委副书记、人大工委主任 |
| | 陈锦 | 自治区住建厅党组副书记、厅长 |
| | 李本珍 | 自治区发改委党组成员、副主任 |
| | （先）甲央 | 自治区文物局局长 |
| | （中）仁青次仁 | 自治区文物局局长 |
| | （后）尼玛次仁 | 自治区文物局局长 |
| | 王明星 | 自治区文化厅党组副书记 |
| | 邹通 | 自治区消防总队总队长 |
| | 参木群 | 日喀则地区行署副专员 |
| | （先）许成仓 | 拉萨市副市长 |
| | （后）塔杰 | 拉萨市副市长 |
| | 土登 | 自治区民族宗教事务委员会助力巡视员 |

本表所列工作单位及职务为在西藏三大重点文物保护维修工程领导小组担任职务期间本人原单位及原职务。

## 领导小组办公室主要职能

在领导小组直接领导下，作为领导小组办事机构和项目法人单位，负责工程组织实施，及时向领导小组汇报有关重大情况，落实领导小组决定精神；及时召开主任办公会研究解决具体事宜和制定年度计划；负责工程经费预（决）算编制，工程款项拨付；负责工程招投标、签定各类合同；负责施工进度、质量控制和管理；负责召开技术审查会和技术评估会，检查指导施工技术问题和组织开展项目分部分项验收和竣工初验，及时向国家文物局提交终验报告；承办领导小组交办的其它事项。

### 西藏三大重点文物保护维修工程领导小组办公室组成名单

| 职别 | 姓名 | 单位及职务 |
|---|---|---|
| 主任法人代表 | 李国勇（先） | 自治区发改委党组副书记、主任（兼职） |
| | 甲热·洛桑丹增（后） | 西藏自治区政府副主席（兼职） |
| 常务副主任 | 陈锦 | 自治区住建厅党组副书记、厅长（兼职） |
| | 仁青次仁（先） | 区文化厅党组成员、文物局局长（兼职） |
| | 尼玛次仁（后） | 区文化厅党组成员、文物局局长（兼职） |
| 副主任 | 边巴 | 日喀则地委副书记（兼职） |
| | 李本珍（女） | 自治区发改委党组成员、副主任（兼职） |
| | 徐非（女） | 自治区文物局副局长（专职） |
| | 常兴照（援藏干部） | 中国文物信息中心、援藏干部（专职） |
| | 杨方宇 | 自治区发改委投资处处长（兼职） |
| | 袁毓杰 | 中国文化遗产研究院援藏干部（兼职） |
| 综合组 | | |
| 组长 | 徐非（女）（先） | 自治区文物局副局长（兼职） |
| | 尼玛次仁（后） | 布达拉宫管理处副县级（专职） |
| 副组长 | 庄怀忠 | 自治区计委社发处处长（兼职） |
| | 尼玛次仁 | 布达拉宫管理处副县级（专职） |
| | 罗斌 | 区党委宣传部理论处副处长（负责宣传） |
| 组员 | 白玛顿珠 | 布达拉宫管理处文保科科长（专职） |
| | 王协峰 | 自治区文物局正科级（专职） |
| | 陈慧琳（女）（先） | 三大工程办综合组打字员（聘请） |
| | 卓玛（女）（后） | 三大工程办综合组打字员（聘请） |
| | 尼玛（女） | 三大工程办档案员（聘请） |
| | 张绘青 | 自治区文物局驾驶员 |

续表

| 职别 | 姓名 | 单位及职务 |
|---|---|---|
| 组员 | 次仁 | 自治区文物局驾驶员 |
| | 次多 | 自治区文物局驾驶员（聘请） |
| | 仓木（女） | 三大工程办综合组清洁工（聘请） |
| 工程技术组 | | |
| 组长 | 杨方宇（先） | 自治区发改委投资处处长（兼职） |
| | 常兴照（中）（兼） | 国家文物局第四批援藏干部（研究员） |
| | 袁毓杰（后）（兼） | 国家文物局第五批援藏干部（高级工程师） |
| 副组长 | 尚国华 | 第三批援藏干部、区文物局文博处长（专职） |
| | 小尼玛 | 拉萨市电业局副局长（兼职） |
| 组员 | 觉旦 | 布达拉宫管理处维修科科长（专职） |
| | 次仁旺堆 | 罗布林卡管理处园林科科长（专职） |
| | 索珍（女） | 自治区文物局鉴定中心主任科员（兼职） |
| | 阿旺洛珠 | 自治区文物局古建专家（专职） |
| | 扎西玉珍（女） | 自治区文物局文博处主任科员（专职） |
| | 小德央（女） | 罗布林卡管理处园林科干部（专职） |
| 计划财务组 | | |
| 组长 | 王念东（先） | 自治区发改委社发处副处长（兼职） |
| | 马琳（后） | 自治区文物办公室主任（专职） |
| 副组长 | 马琳 | 自治区文物办公室主任（专职） |
| | 赵华（先） | 自治区财政厅行财处副处长（兼职） |
| | 卢明秀（后） | 自治区财政厅教科文处副处长（兼职） |
| 会计 | 大德央（女） | 罗布林卡管理处办公室（专职） |
| 出纳 | 强巴卓嘎 | 布达拉宫管理处财务室（专职） |
| 安全保卫组 | | |
| 组长 | 尼玛次仁（先） | 自治区公安厅治安总队副总队长（专职） |
| | 次仁旺堆（后） | 自治区公安厅三处副处级（专职） |
| 副组长 | 王增华（先） | 拉萨市消防支队副支队长（兼职） |
| | 丁建云（中） | 自治区消防总队防火部建审处长（专职） |
| | 加阿次登（后） | 自治区消防总队防火部建审处长（兼职） |
| 民族宗教事务组 | | |
| 组长 | 波米·强巴洛追 | 佛协西藏分会会长（兼职） |
| 副组长 | 强巴格桑 | 布达拉宫管理处处长（兼职） |
| | 强巴格桑 | 佛协西藏分会常务理事（兼职） |

本表所列工作单位及职务为在西藏三大重点文物保护维修工程领导小组办公室担任职务期间本人原单位及原职务。

## 维修工程指挥部

维修工程指挥部的主要职能是：在领导小组办公室的统一领导下，具体负责工程现场指挥、监督、协调和管理工作。

### 布达拉宫保护维修工程指挥部组成名单

| 职别 | 姓名 | 单位及职务 | 备注 |
|---|---|---|---|
| 指挥长 | 强巴格桑 | 布达拉宫管理处处长 | 专职 |
| 副指挥长 | 丁长征 | 布达拉宫管理处副处长 | 专职（兼文保组长） |
| 成员 | 穷达 | 布达拉宫管理处副处长 | 兼职 |
| | 旺堆多吉 | 布达拉宫管理处副处长 | 兼职 |
| | 边巴 | 布达拉宫管理处保卫科科长 | 专职（安保组长） |
| | 平措饶旦 | 布达拉宫管理处保卫科副科长 | 专职（安保副组长） |
| | 觉旦 | 布达拉宫管理处维修科副科长 | 兼职 |
| | 甲央曲扎 | 布达拉宫管理处维修科技术员 | 专职（现场监督） |
| | 扎西次仁 | 布达拉宫管理处文保科摄影 | 兼职（摄影记录） |
| | 玉达 | 布达拉宫管理处维修科干部 | 专职（现场监督） |
| | 中旺杰 | 布达拉宫管理处工人 | 驾驶员 |

说明：1. 其他曾经参与此次维修工程的布达拉宫管理处工作人员（含灯香师、正常维修施工队技术工人等）共计约50人。

2. 本表所列工作单位及职务为在布达拉宫二期保护维修工程指挥部成立之时本人原单位及原职务。

### 罗布林卡保护维修工程指挥部组成名单

| 职别 | 姓名 | 单位及职务 | 备注 |
|---|---|---|---|
| 指挥长 | 尼玛（先） | 罗布林卡管理处处长 | 专职 |
| | 马宜刚（中） | | 专职 |
| | 尼玛旦增（后） | | 专职 |
| 副指挥长 | 尚国华（先） | 自治区文物局文博处长 | 兼职 |
| | 格平（中） | 罗布林卡管理处副处长 | 专职 |
| | 尼玛旦增（后） | 罗布林卡管理处副处长 | 兼职 |
| 成员 | 晓多吉 | 罗布林卡管理处保卫科科长 | 专职（安保组长） |
| | 次仁旺堆 | 罗布林卡管理处园林科科长 | 兼职 |
| | 萨利玛 | 罗布林卡管理处文保科科长 | 专职（文保组长） |
| | 扎西曲达 | 罗布林卡管理处维修科副科长 | 专职（技术组长） |
| | 旦增曲扎 | 罗布林卡管理处副研究员 | 兼职（摄影记录） |
| 成员 | 巴桑 | 罗布林卡管理处工人 | 专职（用电保障） |
| | 旺堆次仁 | 罗布林卡管理处工人 | 专职（驾驶员） |

说明：1. 其他曾经参与此次维修工程的罗布林卡管理处工作人员（含灯香师）共计约10人。

2. 本表所列工作单位及职务为在罗布林卡保护维修工程指挥部成立之时本人原单位及原职务。

### 萨迦寺保护维修工程指挥部组成名单

| 职别 | 姓名 | 单位及职务 | 备注 |
|---|---|---|---|
| 指挥长 | 格桑 | 日喀则党校党（组）书记 | 专职 |
| 副指挥长 | 刘永颇 | 日喀则地区计委主任 | 兼职 |
| | 达桑 | 日喀则地区文化局党组书记 | 兼职 |
| | 其美 | 日喀则地区计委副主任 | 兼职 |
| | 扎西 | 日喀则地区财政局副局长 | 兼职 |
| | 顿珠 | 萨迦县人民政府副县长 | 专职（兼工程组组长）|
| | 班典顿玉 | 萨迦寺民管会主任 | 专职（兼佛事组组长）|
| 成员 | 达贵 | 日喀则地区财政局监督科科长 | 财务组组长 |
| | 拉巴次仁 | 日喀则地区文物局副局长 | 文保组副组长 |
| | 丹木拉 | 日喀则地区文化局主任科员 | |
| | 多吉 | 萨迦县统战部副部长 | |
| | 扎西顿珠 | 日喀则地区编译局 | 驾驶员 |
| | 桑珠 | 日喀则地委办公室 | 炊事员 |

说明：1. 其他曾经参与此次维修工程的工作人员还有萨迦县政府、县公安局、县消防中队、寺庙民管会其他负责人（含灯香师）共计约15人。

2. 本表所列工作单位及职务为在萨迦寺保护维修工程指挥部成立之时担任本人原单位及原职务。

## 工程技术咨询与勘察设计组成人员

西藏三大重点文物保护维修工程当地专家咨询委员会

当地专家咨询委员会的主要职能是：在三大工程办的统一领导下，发挥当地专家在藏式传统施工工艺和藏式传统古建筑、壁画、金属锻造等不同领域具有丰富经验和掌握特殊技艺的优势，具体负责工程中传统工艺和施工方法的指导，论证审定相关技术方案，解决传统施工技术性问题，评估维修工程成效，参与工程竣工验收等。

### 当地专家咨询委员会组成人员名单

| 职别 | 姓名 | 单位及职务 |
|---|---|---|
| 组长 | 甲央 | 原区文化厅巡视员、文物局局长 |
| 成员 | 丹巴饶旦 | 西藏大学艺术学院教授 |
| | 木雅·确吉建才 | 区建筑勘察设计院古建专家、高级工程师 |
| | 索朗 | 区建筑勘察设计院国家一级注册建筑师 |
| | 强巴格桑 | 区佛教协会常务理事、古建专家 |
| | 平措旺堆 | 拉萨市城关区建筑公司著名工匠（木匠）|
| | 白玛旺堆 | 拉萨市城关区哈达集团老工匠（木匠）|
| | 平措 | 布达拉宫管理处维修科藏地工匠（石匠）|
| | 丹巴曲塔 | 拉萨市城关区古建公司古建专家 |

### 西藏三大重点文物保护维修工程勘察设计单位组成人员

根据《中华人民共和国文物保护法》和《中国文物古迹保护准则》以及《文物保护工程管理办法》相关要求，经国家文物局批准，组成了以中国文物保护研究所、河南省古建研究所、河北省古建研究所为主体，相关科研院校参与的西藏三大重点文物保护维修工程勘察设计团队。

主要职责是：在国家文物局专家组的指导下，根据三大工程办与各设计单位签定的设计合同，开展三个文物点的勘察设计和统筹设计工作。

### 工程勘察设计单位组成人员

| 项目类别 | 姓名 | 单位及职务（职称）| 备注 |
|---|---|---|---|
| 布达拉宫建筑本体修缮 | 吴加安 | 中国文物研究所所长 | 单位法人 |
| | 张之平 | 中国文物研究所古建筑与古迹保护中心主任、高级工程师（教授级）| 项目负责人 |
| | 付清远 | 中国文物研究所总工程师 | 项目审定人 |
| | 杨新 | 中国文物研究所高级工程师 | 勘察设计 |
| | 刘忠平 | 中国文物研究所高级工程师 | 勘察设计 |
| | 袁毓杰 | 中国文物研究所工程师 | 勘察设计 |
| | 阎明 | 中国文物研究所工程师 | 勘察设计 |
| | 颜华 | 中国文物研究所工程师 | 勘察设计 |
| | 永昕群 | 中国文物研究所工程师 | 勘察设计 |
| | 章忠民 | 中国文物研究所特邀研究员 | 勘察设计 |

续表

| 项目类别 | 姓名 | 单位及职务（职称） | 备注 |
|---|---|---|---|
| 雪城规划与部分古建筑维修（含珍宝馆、游客服务中心） | 吕州 | 清华大学教授、国家一级注册建筑师 | 项目负责人 |
| | 魏青 | 清华大学硕士研究生 | （规划编制） |
| | 刘畅 | 清华大学博士研究生 | （规划编制） |
| | 方晓风 | 清华大学博士研究生 | （规划编制） |
| | 查群 | 中国文物研究所工程师 | （规划编制） |
| | 刘煜 | 清华大学硕士研究生 | （规划编制） |
| | 李建芸 | 清华大学硕士研究生 | （规划编制） |
| | 安佩君 | 清华大学博士研究生 | （规划编制） |
| | 曾雪华 | 北京建工学院教授 | （规划编制） |
| | 吴俊奇 | 北京建工学院副教授 | （规划编制） |
| | 张荣 | 清华大学博士研究生 | （珍宝馆建筑设计） |
| | 崔光海 | 清华大学博士研究生 | （珍宝馆建筑设计） |
| | 李青翔 | 清华大学博士研究生 | （珍宝馆建筑设计） |
| | 汤洒 | 清华大学博士研究生 | （珍宝馆建筑设计） |
| | 沈敏霞 | 清华大学博士研究生 | （珍宝馆结构设计） |
| | 刘程 | 清华大学博士研究生 | （珍宝馆结构设计） |
| | 徐京辉 | 清华大学博士研究生 | （珍宝馆水电设计） |
| | 郭红艳 | 清华大学博士研究生 | （珍宝馆水电设计） |
| 雪城保留古建维修 | 索朗 | 西藏圣益建筑勘察设计有限公司高级建筑师、国家一级注册建筑师 | 项目负责人 |
| | 阙龙开 | 西藏圣益建筑勘察设计有限公司建筑师 | 勘察设计（古建筑） |
| | 毛中华 | 西藏圣益建筑勘察设计有限公司工程师 | 结构负责人 |
| | 张楠 | 西藏圣益建筑勘察设计有限公司造价 | 概预算负责人 |
| | 陈未林 | 西藏圣益建筑勘察设计有限公司工程师 | 勘察设计（古建筑） |
| 罗布林卡本体修缮 | 杜启明 | 河南省古建研究所所长、高级工程师 | 项目负责人 |
| | 吕军辉 | 河南省古建研究所副所长、高级工程师 | 现场负责人兼七组组长 |
| | 赵刚 | 河南省古建研究所总工程师 | 勘察设计一组组长 |
| | 孙艳云 | 河南省古建研究所高级工程师 | 勘察设计二组组长 |
| | 杨东昱 | 河南省古建研究所高级工程师 | 勘察设计三组组长 |
| | 赵彤梅 | 河南省古建研究所高级工程师 | 勘察设计四组组长 |
| | 孙红梅 | 河南省古建研究所高级工程师 | 勘察设计五组组长 |
| | 杨华南 | 河南省古建研究所高级工程师 | 勘察设计六组组长 |
| | 参加考察设计和编制预算的还有：丁建杰、陈磊、王昌辉、宋常信、甄学军、王裕成、石虎、赵进峰、李斌、张高岭、张勇、郭永恒、高中明、郑学军、张超杰、张先忠、黄德功、宋尚、彭玉良、岳宗崇、李峰林、杨金国、黄文选、郑刻峰、邵亚楠、李东华、张帆、李晓刚、赵鹏、郭少卿。 | | |

续表

| 项目类别 | 姓名 | 单位及职务（职称） | 备注 |
|---|---|---|---|
| 萨迦寺本体修缮（含文物库房） | 张立方 | 河北省古建研究所所长 | 项目负责人 |
| | 刘智敏 | 河北省古建研究所副所长 | 现场负责人 |
| | 田林 | 河北省古建研究所高级工程师 | 勘察设计一组组长 |
| | 孙荣芬 | 河北省古建研究所工程师 | 勘察设计 |
| | 张长占 | 河北省古建研究所工程师 | 勘察设计 |
| | 徐聪慧 | 河北省古建研究所助理工程师 | 勘察设计 |
| | 檀平川 | 河北省古建研究所工程师 | 勘察设计 |
| | 张枫 | 河北省古建研究所馆员 | 勘察设计 |
| | 张洪英 | 河北省古建研究所馆员 | 勘察设计 |
| | 张芬玺 | 河北省古建研究所助理馆员 | 勘察设计 |
| | 朱新文 | 河北省古建研究所工程师 | 勘察设计 |
| | 郭建永 | 河北省古建研究所高级工程师 | 勘察设计二组组长 |
| | 张勇 | 河北省古建研究所助理工程师 | 勘察设计 |
| | 孙颖卓 | 河北省古建研究所助理工程师 | 勘察设计 |
| | 赵玲 | 河北省古建研究所助理工程师 | 勘察设计 |
| | 杨静 | 河北省古建研究所助理工程师 | 勘察设计 |
| | 辛勇 | 河北省古建研究所助理工程师 | 勘察设计 |
| | 张宏禄 | 河北省古建研究所政工师 | 勘察设计 |
| | 刘国宾 | 河北省古建研究所高级工程师 | 文物库房设计负责人 |
| 三大文物壁画保护维修 | 樊锦诗 | 敦煌研究院院长 | 单位法人 |
| | 李最雄 | 敦煌研究院副院长、研究员、博导 | 项目负责人 |
| | 王旭东 | 敦煌研究院副院长、高级工程师 | 技术指导 |
| | 汪万福 | 敦煌研究院保护所副所长、副研究员 | 现场负责人、方案设计 |
| | 苏伯民 | 敦煌研究院保护所副所长、副研究员 | 现场负责人、方案设计 |
| | 樊再轩 | 敦煌研究院馆员 | 方案设计、摄影 |
| | 马赞峰 | 敦煌研究院馆员 | 方案设计、制图 |
| | 张鲁 | 敦煌研究院副研究员 | 方案设计 |
| | 刘涛 | 敦煌研究院高级技工 | 现状调查 |
| | 杨韬 | 敦煌研究院高级技工 | 现状调查 |
| | 付有旭 | 敦煌研究院高级技工 | 现状调查 |
| | 李璐 | 敦煌研究院技工 | 现状调查 |
| | 乔海 | 敦煌研究院技工 | 现状调查 |
| | 王国华 | 敦煌研究院技工 | 现状调查 |
| | 胡小军 | 敦煌研究院技工 | 现状调查 |
| | 柴伯隆 | 敦煌研究院助理馆员 | 制图 |
| | 乔兆福 | 敦煌研究院助理馆员 | 摄影 |

续表

| 项目类别 | 姓名 | 单位及职务（职称） | 备注 |
|---|---|---|---|
| 三大文物公辅工程 | 历守生 | 中国建筑科学研究院高级工程师 | 项目负责人兼消防设计 |
|  | 李宏文 | 中国建筑科学研究院高级工程师 | 电气设计 |
|  | 孙虹 | 中国建筑科学研究院高级工程师 | 项目审核人 |
|  | 吴燕 | 中国建筑科学研究院工程师 | 安防设计 |
|  | 冉鹏 | 中国建筑科学研究院工程师 | 给排水设计 |
| 公辅工程深化设计 | 马骁利 | 西藏自治区建筑勘察设计院副院长 | 项目负责人 |
|  | 王世东 | 西藏自治区建筑勘察设计院总工程师 | 项目审核 |
|  | 德吉卓嘎 | 西藏自治区建筑勘察设计院工程师 | 建筑设计 |
|  | 边顿 | 西藏自治区建筑勘察设计院工程师 | 结构设计 |
|  | 姜月霞 | 西藏自治区建筑勘察设计院工程师 | 电气设计 |
|  | 傅治国 | 西藏自治区建筑勘察设计院工程师 | 给排水设计 |
|  | 康新乐 | 西藏自治区建筑勘察设计院高级工程师 | 消防给水设计 |
|  | 拉巴顿珠 | 西藏自治区建筑勘察设计院工程师 | 电气设计 |

## 三大工程技术服务单位现场负责人名单

| 序号 | 项目名称 | 姓名 | 单位、职务（职称） |
|---|---|---|---|
| 1 | 木材防虫防腐技术应用与西藏试材树种鉴定和力学性质检测 | 王平 | 中国林科院木材工业研究所高级工程师 |
| 2 | 改性阿嘎土现场试验与应用 | 曲雁 | 北京凯莱斯建筑技术有限公司项目经理 |
| 3 | 低压灌浆加固现场试验与应用 | 李旭 | 北京东洋机械建筑有限公司项目经理 |
| 4 | 布达拉宫结构监测 | 杨娜 | 北京交通大学土木建筑工程学院教授 |
| 5 | 三大文物古建筑火灾安全技术研究与试验 | 汪箭<br>王增华 | 中国科学技术大学教授<br>西藏消防总队防火部副部长 |
| 6 | 萨迦寺考古发掘 | 张建林 | 陕西省考古研究院副院长 |
| 7 | 布达拉宫红山地质勘察与评估 | 杨国兴 | 总装备部设计研究总院高级工程师 |
| 8 | 三大文物壁画修复技术试验 | 李最雄 | 敦煌研究院副院长、研究员 |

# 【附录2】国家文物局

文物保函〔2001〕798号

### 关于西藏布达拉宫二期维修工程设计方案的批复

**西藏区直重点文物工程办公室：**

你室所报《关于上报西藏布达拉宫二期维修工程设计方案的请示》（藏文物工办〔2001〕023号）及所附中国文物研究所制订的"布达拉宫二期维修工程设计方案和保护规划"收悉。经研究，我局批复如下：

一、布达拉宫是旧西藏政教合一的宫堡建筑群，是西藏人民创造的藏民族建筑艺术与民族文化的结晶。党和人民政府对布达拉宫的保护给予高度重视和关怀；中央领导同志亲自确定项目并加以指导。布达拉宫二期维修保护工程，要以全面保护其完整的格局，清理不良环境，排除险情和隐患，保证整体结构的稳定和安全为根本目标，以更好地发挥布达拉宫在两个文明建设中的作用。

二、布达拉宫的保护规划应该按照世界文化遗产和全国重点文物保护单位的要求，把规划范围扩大到缓冲区与建设控制地带。规划要充分反映出布达拉宫的历史价值和1959年前的历史原貌；有计划地拆除保护范围和建设控制地带内的违章建筑，对雪城内原有历史建筑加以维修和局部修复，根据其历史价值安排适当的功能。其中斋康改建为布达拉宫珍宝馆。

三、原则同意方案中15项工程的维修设计方案。并同意在已取得的阿嘎土改性实验成果的基础上，对阿嘎土进行改性，以求从跟根本上解决屋面的漏雨问题。

四、提高工程中的科技含量，利用新材料和新技术解决传统材料和工艺难以解决的问题和加强薄弱环节，这个思路是正确的与可行的。课题设置、研究进度要与工程需要紧密挂钩，切实解决工程需要。其中对于建筑的地基基础和结构安全的科学监测要尽早安排。

五、请组织设计单位，调整保护规划，雪城内原有历史建筑维修和局部修复设计方案与规划均根据维修方案中的工程分期计划，及时组织设计单位制定施工设计方案和工程预算，逐年报批，保证工程按计划有序进行。

此复。

国家文物局

二〇〇一年十月十一日

抄送：西藏自治区文物局、本局计财处。

国家文物局办公室秘书处　　2011年10月11日印发

# 【附录3】国家文物局

文物保函 [2001] 797 号

### 关于西藏罗布林卡维修工程设计方案的批复

**西藏区直重点文物工程办公室:**

你室所报《关于上报西藏罗布林卡维修工程设计方案的请示》[藏文物工办 (2001) 024 号]及所附河南省古代建筑研究所制订的"罗布林卡维修工程设计方案"收悉。经研究,我局批复如下:

一、罗布林卡是达赖喇嘛的夏宫,是全世界海拔最高,规模最大,融合了藏族和汉族以及其他民族特色的园林和建筑艺术的杰作。对它的保护要以保护其原有的园林格局,保存不同时期的建筑面貌与特点为目标。

二、我局原则同意所报设计方案,并强调以下几点意见:

1、文物保护单位保护范围内部的违章建筑和占用单位要按规划抓紧拆除与搬迁工作;建设控制地带内的环境景观的整治工作也应统筹安排。原藏兵营旧址区规划为遗址保护区,并增置绿地以满足藏族群众"过林卡"的需求。

2、阿嘎土屋面维修可以参照布达拉宫已取得的阿嘎土"改性"经验扩大应用范围。

3、园林区内新的排水网络的设置和木构件的防虫防腐问题应引起高度重视,应与维修工程衔接进行,并根据工程实际情况补充完善方案。

4、设计中计划设置 36 个厕所,要大大压缩。

三、清根据维修方案中的工程分期计划,及时组织设计单位制定施工设计和工程预算,逐年报批,保证工程按计划有序进行。

此复。

国家文物局

二〇〇一年十月十一日

抄送:西藏自治区文物局、本局计财处。

国家文物局办公室秘书处　　2011 年 10 月 11 日印发

# 【附录4】国家文物局

文物保函 [2001] 799 号

### 关于萨迦寺维修工程设计方案的批复

**西藏区直重点文物工程办公室：**

你办所报《关于上报西藏萨迦寺维修工程设计方案的请示》（藏文物工办〔2001〕025号）及所附河北省古代建筑研究所制订的"萨迦寺维修工程总体方案"收悉。经研究，我局批复如下：

一、萨迦寺是藏传佛教寺院的典型代表，其早期宗师对维护祖国领土完整和国内民族团结作出了重大贡献。寺院内珍藏的经书、佛像等佛教文物和元代以来中央政权颁赐的封诰、玺印、瓷器等重要文物使寺院成为文物宝库。对萨迦寺的保护维修应以完整保存南寺的整体格局，妥善保护寺藏经书文物，修复建筑的残损点，保证稳固安全为目标。

二、我局原则同意所报总体方案，并特别强调以下意见：

1、应该首先安排对萨迦北寺进行科学的考古发掘，搞清其布局与结构特点，并提出相应保护方案；此外，还应对南寺护城濠、羊马墙等现存遗迹进行小规模考古试掘，并根据试掘和勘探结果提出相应的保护措施。

2、萨迦南寺现有周边环境风貌要加以保护，南寺东侧的原有古老民居应予保留，并加以妥善保护；依寺墙搭建的违章民房应予拆除。

3、同意在所选位置建设文物库房。库房建设要为将来的发展留有余地，并要考虑北寺发掘文物的保存和展示问题；文物库房的保护设施要结合当地的客观实际情况，将传统的保护方法与新的保护科技相结合。新建库房的建筑设计方案，需另行报批。

4、阿嘎土屋面作法可参考吸取布达拉宫已取得的阿嘎土"改性"成功经验，进行试验和推广。

三、请根据维修方案，制订工程分期计划和投资计划，及时组织设计单位制定施工设计和工程预算，逐年报批，文物库房的设计要抓紧进行，以保证明年文物库房建设按计划实施。

此复。

国家文物局

二〇〇一年十月十二日

抄送：西藏自治区文物局、本局计财处。

国家文物局办公室秘书处　　2011年10月11日印发

# 【附录5】国家文物局

文物保函〔2002〕1163号

**关于西藏布达拉宫雪城保护规划的批复**

**西藏三大重点文物保护维修工程办公室：**

你办《关于上报西藏三大重点文物保护维修工程布达拉宫二期维修工程雪城保护规划的初审意见》（藏文保工办〔2002〕016号）及所附清华大学制订的《雪城保护规划》收悉。经研究，我局批复如下：

一、原则同意所报规划。

二、对规划提出以下修改完善意见：

1、应将三个城门楼和二个角楼纳入保护规划。

2、环境容量控制应区分总容量控制和分区域容量控制，区域容量控制要考虑到建筑结构因素（如游人在屋面活动造成的木基层微动有可能导致阿嘎土开裂，从而引发其他损坏），不能仅按面积计算。

3、室外地面处理不宜大面积规整铺墁。

4、建筑利用上要注意展示与使用功能相结合。

三、规划中所涉及的维修保护、建设项目设计方案，按程序另行报批。

此复

国家文物局

二〇〇二年十二月十二日

抄送：自治区文物局

国家文物局办公室秘书处　　2002年12月16日印发

# 【附录6】国家发展和改革委员会文件

发改投资 [2008]1280 号

**国家发展改革委关于核定西藏三大重点文物保护维修工程投资概算的通知**

**国家文物局：**

你局《关于请核定西藏三大重点文物保护维修工程投资概算的函》（文物办函 [2007] 771 号）收悉。经审核，现通如下：

一、核定西藏三大重点文物保护维修工程概算总投资 38059 万元。其中，布达拉宫维修工程 20499 万元；罗布林卡维修工程 8086 万元；萨迦寺维修工程 9474 万元。 相应核减你局上报该工程初步设计概算总投资 1006 万元。分项审核如下（详见附表）：

（一）核定布达拉宫维修工程投资 20499 万元，相应核减投资 27 万元。

1. 核定主体工程投资 9219.70 万元。取消雪城二期粮仓顶广场复建工程中计列的工程建设其他费用，核减投资 83.78 万元。

2. 核定公辅工程投资 3323.72 万元。调整主体给排水系统水泵单价、主体供电系统改造中开关柜单价、消防系统及火灾报警系统消防联动控制设备单价、火灾报警主机单价、摄像机及火灾报警控制器设备单价，调整保安监控系统快球摄像机价格和软件费用等，核减投资 46.12 万元。

3. 核定新增项目投资 371.35 万元。 鉴于对德央夏平台和藏军司令部古建维修是必要的，同意将该工程维修项目纳入维修改造范围内。取消重复计列的工程建设其他费用，核减投资 5.65 万元。

4. 核定强庆塔拉姆坡道坍塌处理、雪城斋康后墙坍塌处理、新增屋面阿嘎土施工等费用 1077.46 万元，核增投资 1077.46 万元。

5. 核定壁画保护修复费 631.85 万元，核增投资 71.85 万元。

6. 核定工程建设其他费用 5411.52 万元。调减建设单位管理费，核减投资 380.16 万元。

7. 核定不可预见费 463.40 万元。按未结算工程投资 4% 计列不可预见费，核减投资 660.60 万元。

（二）核定罗布林卡维修工程投资 8086 万元，相应核减投资 337 万元。

1. 核定主体工程投资 3362.19 万元。增加漏计的阿嘎土施工费用以及部分已完工程按实际结算投资计列，核增投资 154.43 万元。

2. 核定公辅工程投资 2439.85 万元。调整主体给排水系统水泵单价、主体供电系统改造中开关柜单价、消防系统及火灾报警系统消防联动控制设备单价、火灾报警主机单价、摄像机及火灾报警控制器设备单价，调整保安监控系统快球摄像机价格和软件费用等，核减投资 264.17 万元。

3. 核定服务用房装修、格桑颇章文物搬迁、金色颇章围墙坍塌处理、保留住房改造为办公用房等费用 230.97 万元，核增投资 230.97 万元。

4. 核定壁画保护修复费 191.7 万元。

5. 核定工程建设其他费用 1681.48 万元。调减建设单位管理费和搬迁费用，核减投资 206.04 万元。

6. 核定不可预见费 179.81 万元。按未结算工程投资 4% 计列不可预见费，核减投资 252.19 万元。

（三）核定萨迦寺维修工程投资 9474 万元，相应核减投资 642 万元。

1. 核定主体工程投资 4227.03 万元，核减投资 170.27 万元。部分已完工程按实际结算价计列，核增投资 9.33 万元；拉康钦莫大殿按合同价计列，核减投资 179.60 万元。

2. 核定公辅工程投资 1250.57 万元。调整主体给排水系统水泵单价、主体供电系统改造中开关柜单价、消防系统及火灾报警系统消防联动控制设备单价、火灾报警主机单价、摄像机及火灾报警控制器设备单价，调整保安监控系统快球摄像机价格和软件费用等，核减投资 64.27 万元。

3. 核定新增项目投资 582.77 万元。鉴于对僧舍群古建维修、顿觉拉康古建维修及地垄灌浆加固、卓玛拉康古建维修是必要的，同意将该工程维修项目纳入维修改造范围内。取消重复计列的工程建设其他费用，核减投资 67.23 万元。

4. 核定僧人大净厨房改建、新发现部分角楼、厕所灌浆加固、经书编目整理、古建材料设备库房等费用 195.61 万元，核增投资 195.61 万元。

5. 核定壁画保护修复费 1076.04 万元。按修复面积和修复单价计算，核减投资 123.96 万元。

6. 核定工程建设其他费用 1805.97 万元。调减建设单位管理费，核减投资 195.89 万元。

7. 核定不可预见费 336.01 万元（其中包括核定工程投资执行情况审核费 46 万元）。按未结算工程投资 4% 计列不可预见费，核减投资 215.99 万元。

二、该项目总投资 38059 万元中，国家发改委安排 19196 万元，其中：已安排 13900 万元，待安排 5296 万元；财政部安排 18863 万元，其中：已安排 17867 万元，待安排 996 万元。

三、请你局据此审批初步设计，并请你局和西藏自治区人民政府负责组织实施。要加强工程管理，杜绝不合理支出，严格按核定的初步设计概算控制工程投资，如超出核定的初步设计概算投资，由你局和西藏自治区人民政府负责自行解决。

附表：西藏三大重点文物保护维修工程初步设计概算核定表

中华人民共和国国家发展和改革委员会
二〇〇八年五月二十九日

主题词：文物 初步设计 概算 通知
抄送：财政部，西藏自治区发展改革委、财政厅

## 附表

**西藏三大重点文物保护维修工程初步设计概算核定表**

单位：万元

| 序号 | 工程或费用名称 | 报送概算 | 调整概算 | 核定概算 | 备注 |
|---|---|---|---|---|---|
| | 总投资 | 39065.00 | -1006.00 | 38059.00 | |
| I | 布达拉宫维修工程 | 20526.00 | -27.00 | 20499.00 | |
| 一 | 工程部分 | 13050.32 | 941.91 | 13992.23 | |
| （一） | 主体工程 | 9303.48 | -83.78 | 9219.70 | |
| （二） | 公辅工程 | 3369.84 | -46.12 | 3323.72 | |
| （三） | 新增项目 | 377.00 | -5.65 | 371.35 | |
| （四） | 强庆塔拉姆坡道坍塌处理、雪城斋康后墙坍塌处理、新增屋面阿嘎土施工等 | | 1077.46 | 1077.46 | |
| 二 | 壁画保护修复 | 560.00 | 71.85 | 631.85 | |
| 三 | 其他 | 5791.68 | -380.16 | 5411.52 | |
| 四 | 不可预见费 | 1124.00 | -660.60 | 463.40 | |
| II | 罗布林卡维修工程 | 8423.00 | -337.00 | 8086.00 | |
| 一 | 工程部分 | 5911.78 | 121.23 | 6033.01 | |
| （一） | 主体工程 | 3207.76 | 154.43 | 3362.19 | |
| （二） | 公辅工程 | 2704.02 | -264.17 | 2439.85 | |

续表

| 序号 | 工程或费用名称 | 报送概算 | 调整概算 | 核定概算 | 备注 |
|---|---|---|---|---|---|
| （三） | 服务用房装修、格桑颇章文物搬迁、金色颇章围墙坍塌处理、保留住房改造为办公用房等 | | 230.97 | 230.97 | |
| 二 | 壁画保护修复 | 191.70 | | 191.70 | |
| 三 | 其他 | 1887.52 | -206.04 | 1681.48 | |
| 四 | 不可预见费 | 432.00 | -252.19 | 179.81 | |
| III | 萨迦寺维修工程 | 10116.00 | -642.00 | 9474.00 | |
| 一 | 工程部分 | 6362.14 | -106.16 | 6255.98 | |
| （一） | 主体工程 | 4397.30 | -170.27 | 4227.03 | |
| （二） | 公辅工程 | 1314.84 | -64.27 | 1250.57 | |

续表

| 序号 | 工程或费用名称 | 报送概算 | 调整概算 | 核定概算 | 备注 |
|---|---|---|---|---|---|
| （三） | 新增项目 | 650.00 | -67.23 | 582.77 | |
| （四） | 僧人大净厨房改建，新发现部分角楼、厕所灌浆加固、经书编目整理、古建材料设备库房等 | | 195.61 | 195.61 | |
| 二 | 壁画保护修复 | 1200.00 | 123.96 | 1076.04 | |
| 三 | 其他 | 2001.86 | -195.89 | 1805.97 | |
| 四 | 不可预见费 | 552.00 | -215.99 | 336.01 | 包括工程投资执行情况审核费46万元 |

# 【附录7】西藏自治区财政厅文件

藏财教指〔2015〕204号

西藏自治区财政厅关于下达自治区文物局西藏三大重点文物保护维修工程缺口资金预算指标的通知

**自治区文物局：**

你局《关于申请拨付西藏三大重点文物保护维修工程缺口资金的请示》（藏文物字〔2015〕537号）收悉。为确保三大重点文物保护维修工程能够按照自治区要求年内完成项目建设任务，经研究，现下达你局三大重点文物保护维修工程缺口资金1500万元。请三大文物工程领导小组办公室加强和规范资金使用管理，确保资金使用安全有效，确保如期完成项目建设任务，请专款专用。年终列"2070204文物保护"功能科目、"31006大型维修"经济科目，并向我厅编报决算。

西藏自治区财政厅

2015年11月23日

# 【附录 8】西藏自治区人民政府

藏政函〔2001〕31号

**西藏自治区人民政府关于划定罗布林卡保护范围的批复**

**区文物局：**

你局《关于申请罗布林卡保护范围的请示》（藏文物字〔2001〕52号）收悉。现批复如下：

一、罗布林卡绝对保护范围（含罗布林卡现状围墙以内）

1. 东侧：规划民族路西红线以西（含规划停车场13630平方米）；
2. 南侧：规划罗布林卡南路红线以南50米范围林卡西南现状建设用地处，沿罗布林卡现状围墙外侧范围；
3. 西侧：沿罗布林卡现状西围墙外50米范围；
4. 北侧：规划罗布林卡北路南红线以南范围。

二、罗布林卡I类建设控制地带

1. 东侧：无
2. 南侧：绝对保护区以外50米范围；
3. 西侧：绝对保护区以外50米范围；
4. 北侧：规划罗布林卡北路红线以北50米范围。

三、罗布林卡II类建设控制地带

1. 东侧：规划民族路东红线以外50米范围；
2. 南侧：I类保护区以南50米范围；罗布林卡西南建设用地范围（即：规划罗布林卡南路北线以北至I类建设控制地带之间范围）；
3. 西侧：I类建设控制地带以西50米范围；
4. 北侧：I类建设控制地带以北50米南范围。

四、罗布林卡II I类建设控制地带（II I调整到位）

1. 东侧：II类保护区以东100米范围并需按罗布林卡与布达拉宫、药王山通视要求进行景观分析实际控制；
2. 南侧：II类保护区以南100米范围；
3. 西侧：II类保护区以西100米范围；
4. 北侧：II类保护区以北100米范围。

对罗布林卡沿线一定范围，结合与布达拉宫、药王山、大昭寺间通视走廊做一次城市研究，为研究制定切实可行的罗布林卡文物保护范围提供更为精确的科学依据，使之形成技术性法规。

二〇〇一年五月二十一日

# 【附录9】西藏自治区人民政府专题会议纪要

〔2001〕77号

2001年4月28日下午，自治区常务副主席杨传堂、副主席次仁卓嘎、杨晓渡召集自治区计委、财政厅、建设厅、文物局、拉萨市人民政府的负责同志，就"布达拉宫宫墙内居民搬迁的有关问题"进行了专题研究，现将会议决定的事项纪要如下：

一、会议认为，布达拉宫是世界著名历史文化遗产，中央领导和国家有关部门高度重视布达拉官的建筑和文物的保护及周边环境的整治工作，在自治区党委、政府的正确领导下，自治区有关部门和拉萨市委、市政府做了大量认真细致的工作。会议强调，自治区各有关部门和拉萨市委、市政府必须从讲政治的高度，从实践"三个代表"的高度，认真落实好李岚清副总理的重要指示精神，既要对历史负责，又要对人民负责，管好和用好国家的每一分钱，认真做好搬迁群众的思想政治工作，把道理讲清楚，把工作做细，做扎实，让中央放心，让人民群众放心。

二、关于选址和搬迁问题。同意区计委关于布达拉宫宫墙内居民搬迁工程方案评审意见，搬迁具体地点是：拉萨市扎基路以南，区藏药厂以西菜地作为布达拉宫城墙内第三期居民搬迁的建设用地。为达到全面整治、统一规划的目的，同意宫墙内的居民全部搬迁，一次性安置303户。

三、关于资金问题。同意拉萨市人民政府将投资规模控制在4230万元以内包干使用（不包括搬迁后原围墙场地整治）的意见。在国家拿出大头的同时，自治区和拉萨市要积极努力作贡献，向国家申请3800万元不再变动，剩下的430万元由自治区和拉萨市各承担215万元。具体工作由拉萨市全权负责，拉萨市人民政府要尽快向自治区计委申请专项拨款报告，国家资金不到位时，由自治区先垫付，抓紧进行开工建设，保质保量地完成建设搬迁任务。

参加会议的有：甲热·洛桑丹增、甲央、陈锦、李正、罗布次仁、单增多吉、洛桑、曹边疆、多布杰、欧珠等同志。

送：政府领导（23），区党办（10），区人大办（5），区政协办（5），区计委、财政厅、建设厅、文物局（8），拉萨市人民政府（10），秘书一、二、三处（12），督查处（2），存档（7）。

西自治区人民政府办公厅秘书处
2001年4月30日印发

# 后　　记

文物是中华优秀传统文化遗产的精髓，保护文物是党和人民赋予我们的历史使命和神圣职责。

布达拉宫、罗布林卡、萨迦寺西藏三大重点文物保护维修工程，在党中央、国务院的亲切关怀和自治区党委、政府的坚强领导下，在国家文物局、国家发改委、财政部等中央有关部门的大力支持下，经过工程管理机构和区内外百余位专家学者、工程技术人员，以及6000多名施工人员历时10年的精心施工，前后跨越16载的通力协作和艰苦付出，遵循文物保护维修"保持原状"的原则，确保严格依照"尊重传统、尊重科学、精心设计、精细施工、确保有效"的目标要求，圆满完成了各项既定任务、顺利竣工，向党和人民交上了一份合格的答卷。

为贯彻落实《中华人民共和国文物保护法》《文物保护工程管理办法》有关重大文物维修工程须编辑出版竣工报告的规定，记录、整理和保存"三大文物"保护维修工程重要文献和工程资料，项目法人单位组织专人用4年多的时间筛选和整理，编撰出版了《布达拉宫、罗布林卡、萨迦寺西藏三大重点文物保护维修工程实录》。其中布达拉宫、萨迦寺概况文稿和布达拉宫、罗布林卡、萨迦寺维修工程技术总结以及附录由尼玛次仁执笔和整理；罗布林卡概况由普智（女）执笔；大事记由扎西玉珍（女）负责整理；图片由自治区文物局、布达拉宫管理处、罗布林卡管理处、萨迦寺管委会和三大工程办提供；设计图选用原设计单位提供的图纸；编辑、审校和印刷由西藏藏文古籍出版社负责并出版发行。

在筛选整理和编撰出版全过程中，得到了自治区副主席甲热·洛桑丹增同志的高度重视和关心支持并为本书撰写了序言。自治区文物局和布达拉宫管理处、罗布林卡管理处、萨迦寺管委会给予了大力支持。国家文物局古建专家张之平（女）先生在百忙中给予指导，萨迦寺管委会常务副主任洛卓加措、河北省古建研究所高级工程师檀平川、北京交通大学土木工程学院教授杨娜女士、中国林科院木材工业研究所高级工程师王平、北京东洋机械工程公司项目经理李旭等多领域专家和工程技术人员提供了诸多方便。在此，谨致以崇高的敬意和由衷的感谢！

由于编者专业水平有限，难免会有疏漏和错误之处，祈请专家和广大读者予以点拨指正。

尼玛次仁

2023年3月21日

## 参考文献（书目）资料

［1］第司·桑杰嘉措.《南瞻部洲唯一庄严目录》[M].拉萨：西藏人民出版社,1990.

［2］萨迦·索南坚赞.《西藏王统记》（藏文版）[M].民族出版社,1981.

［3］五世达赖喇嘛·阿旺洛桑嘉措.《西藏王臣记》[M].刘立千释注.拉萨：西藏人民出版社,1991.

［4］扎雅·洛丹西绕.《西藏宗教艺术》[M].谢继胜译.拉萨：西藏人民出版社.1989.

［5］索朗旺堆,张仲立.拉萨文物志[M].拉萨：西藏自治区文物管理委员会,1985.

［6］牙含章.《达赖喇嘛传》[M].北京：华文出版社,2001.

［7］尼玛次仁,扎西才旦,多吉平措.《布达拉宫导览手册》.拉萨：布达拉宫管理处

［8］成俊卿.《木材学》[M].北京：中国林业出版社,1985.

［9］成俊卿.《中国林材志》 北京：中国林业出版社,1992.

［10］中国科学院青藏高原综合科学考察队.《西藏森林》北京：科学出版社,1985.

［11］汪永平.《拉萨建筑文化遗产》.南京：南京大学出版社,2005.

［12］西藏建筑勘察设计院.《西藏建筑艺术丛书·罗布林卡》.北京：中国建筑工业出版社,2001.

［13］阿旺贡嘎索南.陈庆英等译注.《萨迦世系史》.拉萨：西藏人民出版社,1989.

［14］土观·洛桑确吉尼玛.刘立千译注.《土观宗派源流》.拉萨：西藏人民出版社,1984.

［15］宿白.《藏传佛教寺院考古》.北京：文物出版社,1996.

［16］扎寺历史小组.《萨迦寺简介》.

［17］萨迦·罗追嘉措.《福地萨迦》.北京：中国藏学出版社,2009.

## 引用工程资料

［1］中国文物研究所 《布达拉宫维修工程施工设计方案》

［2］清华大学建筑学院 《布达拉宫雪城保护规划》

［3］清华大学建筑学院 《布达拉宫雪城维修工程施工设计方案》

［4］西藏 圣益建筑勘察设计有限公司《布达拉宫雪城保留古建筑维修工程施工设计方案》

［5］河南省古代建筑保护研究所《西藏罗布林卡维修工程施工设计方案》

［6］河北省古代建筑保护研究所 《西藏萨迦寺（南寺）维修工程设计总体方案》

［7］中国建筑科学研究院《布达拉宫、罗布林卡、萨迦寺公用辅助工程施工设计方案》

［8］西藏自治区建筑勘察设计院《西藏布达拉宫、罗布林卡、萨迦寺公用辅助工程深化设计》

［9］敦煌研究院《西藏布达拉宫、罗布林卡、萨迦寺壁画保护修复工程设计方案》

［10］《西藏布达拉宫、罗布林卡、萨迦寺维修工程》施工资料3598件

［11］陕西省考古研究院《西藏萨迦寺考古报告》

## 节选重要文件档案资料

［1］国务院办公厅批转文件8件

［2］国家文物局 《西藏三大重点文物保护维修工程系列批复》158件

［3］西藏自治区人民政府办公厅文件16件

［4］《西藏三大重点文物保护维修工程领导小组办公会纪要》58期

［5］《西藏三大重点文物保护维修工程领导小组办公室办公会纪要》249期

［6］西藏自治区有关部门文件98件

［7］布达拉宫、罗布林卡、萨迦寺维修工程指挥部来文来函368件

**作者简介：**

尼玛次仁，藏族，西藏江孜县人，生于1965年，曾任布达拉宫管理处副处级干部，布达拉宫、罗布林卡、萨迦寺西藏三大重点文物保护维修工程领导小组办公室综合组组长，西藏自治区文化厅文化产业处处长兼西藏自治区群众艺术馆（自治区非物质文化遗产保护中心）党委书记等职务。长期从事文物保护、文化产业、工艺美术领域管理和研究工作，先后参与编写《西藏自治区文物保护条例（不可移动文物保护章节）》《布达拉宫管理办法（全文）》《布达拉宫世界遗产申报书（汉文版）》《布达拉宫游览指南》《走进布达拉宫（视频脚本、解说词）》，编撰的《藏羌彝文化产业走廊建设研究报告》入选中国文化发展蓝皮书，《西藏文化产业发展的几点思考》入选西藏唐卡艺术博览会学术论文集，《藏族唐卡产业化发展路径与对策研究》入选拉萨市哲学社会科学项目研究成果汇编。2017年退休后从事公益事业，目前担任中国工艺美术协会副会长、西藏自治区工艺美术协会会长。

图书在版编目（CIP）数据

西藏三大重点文物保护维修工程实录 / 尼玛次仁主编． -- 拉萨：西藏藏文古籍出版社，2022.6

ISBN 978-7-5700-0720-2

Ⅰ．①西… Ⅱ．①尼… Ⅲ．①文物保护－研究－西藏 Ⅳ．① K872.75

中国版本图书馆 CIP 数据核字（2022）第 074289 号

## 布达拉宫　罗布林卡　萨迦寺西藏三大重点文物保护维修工程实录

| | |
|---|---|
| 主　　编 | 尼玛次仁 |
| 责任编辑 | 索朗次旦　达娃卓玛 |
| 出　　版 | 西藏藏文古籍出版社（拉萨市色拉路 22 号）　邮政编码：850000 |
| | 打击盗版：0891-6930339 |
| 印　　刷 | 北京盛通印刷股份有限公司 |
| 经　　销 | 全国新华书店 |
| 开　　本 | 8 开（889×1 194） |
| 印　　张 | 68 |
| 字　　数 | 254 千字 |
| 印　　数 | 01-3,000 |
| 版　　次 | 2023 年 3 月第 1 版第 1 次印刷 |
| 标准书号 | ISBN 978-7-5700-0720-2 |
| 定　　价 | 380.00 元 |

**版权所有　翻印必究**